VICTORIA FORNER

HISTORIA PROSCRITA
La actuación de agentes judíos en la Hª Contemporánea

I

LOS BANQUEROS Y LAS REVOLUCIONES

VICTORIA FORNER

HISTORIA PROSCRITA
La actuación de agentes judíos en la Hª Contemporánea
I
LOS BANQUEROS Y LAS REVOLUCIONES

Ilustración de la portada:
"*The Rothschild family praying*".
Pintado por Moritz Daniel Oppenheim (1800–1882).
Londres, Roy Miles Gallery

Publicado por
OMNIA VERITAS LTD
OMNIA VERITAS®
www.omnia-veritas.com

© Omnia Veritas Ltd – Victoria Forner – 2017

Reservados todos los derechos. No se permite la reproducción total o parcial de esta obra, sin autorización previa y por escrito de los titulares del *copyright*. La infracción de dichos derechos puede constituir un delito contra la propiedad intelectual.

A Ernst Zündel, Robert Faurisson, Germar Rudolf, Fredrick Töben, Horst Mahler, Sylvia Stolz y a todos los revisionistas acosados y encarcelados por exponer la falsificación de la realidad histórica. Entre ellos figura en España el librero y editor Pedro Varela, víctima del odio y la violencia de grupos sectarios y de una persecución judicial ignominiosa que viola la Constitución y pervierte la democracia española. En solidaridad con él, donaremos durante dos años al Sr. Varela los dividendos que nos correspondan por esta edición en español con el fin de contribuir así a su defensa.

INTRODUCCIÓN 13
CAPÍTULO I 20

Los sionistas no son semitas 20
1ª Parte Sobre los judíos semitas 20
El origen del problema 23
Limpieza étnica 26
Aparición de Jesús 30
El Talmud 32
España, centro del judaísmo talmúdico 36

2ª Parte Los judíos no semitas: los kázaros 40
Las crónicas 43
La conversión al judaísmo 48
La correspondencia Kázara: Hasdai Ibn Shaprut 53
Más fuentes hebreas y cristianas 57
Aparecen los vikingos 59
Los magiares y los kázaros 62
De los rus a los rusos 64
El hundimiento del Imperio Kázaro 66
Las migraciones y la mentalidad de gueto 70
Los sefardíes en Europa occidental 73
Aportación de la lingüística: elementos léxicos del yídish 79

CAPÍTULO II 83

Los banqueros y las revoluciones (1) 83
1ª Parte Cromwell, agente de los banqueros judíos de Amsterdam ... 83
2ª Parte Adam Weishaupt, agente de los Rothschild 90
Frankistas e Iluminados 93
Mirabeau 97
El Congreso de Wilhelmsbad 101
La conspiración al descubierto 104
Robison, Barruel y Scott 107
Robison 109

3ª Parte La Revolución Francesa 116
La revolución está servida 119
La facción orleanista pretende el poder 122
Por el terror hacia la República 126
Marat y Danton, agentes de los Iluminados de Londres 129
Las masacres de septiembre 132
Prosigue el terror 135
Las facciones jacobinas se despedazan 140
Joseph Fouché llega a París 143
El turno de Robespierre 145

CAPÍTULO III 151

Los Rothschild 151
El tesoro del Elector de Hesse-Kassel 153
El legado de Mayer Amschel Rothschild 157
Nathan, comandante general 159
Jaque mate en Waterloo 162

Los Rothschild y Napoleón 166
Los Rothschild reinan en Europa 170
Judíos talmudistas 174
Los Rothschild en la literatura. Sus escritores: Heine y Disraeli 175
La muerte de Nathan 182

CAPÍTULO IV **184**

LOS ROTHSCHILD Y EL "DAMASCUS AFFAIR" 184
Orígenes del Purim y de la Pascua judía. 185
Algunos antecedentes del crimen de Damasco 187
El dominio judío en el siglo XIX 194
El crimen de Damasco 195
El rabino Abu-el-Afieh se convierte al Islam 199
El asesinato del criado Ibrahim Amara 200
Los verdugos se convierten en víctimas... 201
Palmerston recibe y da instrucciones 207
Metternich, a las órdenes de Salomón Rothschild 209
James Rothschild no consigue doblegar a Thiers... 211
Un niño cristiano desaparece en Rodas... 213
Thiers resiste... 215
La misión hacia el Este 218
Muhammed Ali y los cónsules en Alejandría 220
Crémieux, Montefiore y Muhammed Ali... 222
Libertad para los asesinos del padre Tomaso 226
Nacionalismo y protosionismo. 228
James Rothschild y la caída de Thiers 233

CAPÍTULO V **236**

"NUESTROS BUENOS MASONES, CON LOS OJOS VENDADOS" 236
La Cábala, la herejía mística del shabbetaísmo y el frankismo 237
Del iluminismo al comunismo 248
Karl Marx y Moses Hess, judíos frankistas-shabbetaístas 251
Marx, Heine y Hess en París... 253
La Liga de los Justos y el Manifiesto Comunista.. 257
Las revoluciones de 1848 259
James Rothschild y Alexander Herzen 268
Giuseppe Mazzini, Albert Pike y Adriano Lemmi.. 271
B'nai B'rith y la Alianza Israelita Universal... 282
B'nai B'rith y la masonería, intrumentos de Inglaterra y de la banca judía en la guerra civil norteamericana.. 285
Bismarck, la guerra franco-prusiana y los Rothschild....................................... 304
La Comuna de París, Marx y Bakunin 314

CAPÍTULO VI **321**

PROTOCOLOS DE LOS SABIOS DE SIÓN, EL PLAN MAESTRO DEL GOBIERNO MUNDIAL 321
Biarritz, la extraña novela del espía Hermann Goedsche................................. 322
Los Protocolos llegan a Rusia y se editan en todo el mundo 325
Henry Ford planta cara: The Dearborn Independent.. 328
Sobre la autoría de los Protocolos... 331

Lord Northcliffe también planta cara: el control de The Times 336
  Los juicios de Berna 340
  Peter Myers sostiene la autenticidad de los Protocolos 348
  Sobre los veinticuatro Protocolos 352

CAPÍTULO VII 356

EL SIONISMO Y LA I GUERRA MUNDIAL 356
LOS BANQUEROS Y LAS REVOLUCIONES (2) 356

1ª Parte Los banqueros judíos y sus agentes logran sus objetivos 356
  Los bóeres, Cecil Rhodes, Nathaniel Rothschild y la Round Table 357
  Woodrow Wilson y su entorno de conspiradores sionistas 362
  La creación del Sistema de la Reserva Federal 367

2ª Parte El sionismo y la I Guerra Mundial 374
  Los buenos masones y el magnicidio de Sarajevo 375
  Responsabilidades por el estallido de la guerra. La labor de la masonería 379
  Sobre los primeros años de la guerra. 385
  El sionismo apuesta definitivamente por Inglaterra y traiciona a Alemania. 393
  Los sionistas cumplen su parte: Wilson declara la guerra a Alemania 397
  El documento Landman 400
  Lord Milner y su misión en Rusia 404

3ª Parte Los banqueros y las revoluciones (2). 407
La Revolución Judeo-bolchevique 407
  Organización social y política de la Rusia zarista 409
  La agricultura antes y después de la Revolución 410
  La industria antes de la Revolución 414
  Los transportes en la Rusia zarista 415
  Las finanzas en la Rusia de los zares 417
  La revolución de 1905 419
  Stolypin y la reforma agraria 428
  Febrero/marzo de 1917: segundo acto revolucionario y golpe de Estado 437
  León Trotsky (Leiba Bronstein) 448
  Lenin 454
  Kerensky, primer ministro: comienza la cuenta atrás 459
  ... y Kerensky entrega el poder a los bolcheviques 465
  Los conspiradores utilizan la Cruz Roja 469
  Trosky y Lenin, enfrentados en Brest-Litovsk 475
  Judíos talmudistas asesinan a la familia imperial 479
  Trotsky y el intento de asesinato de Lenin 489

4ª Parte La revolución se expande a Alemania y a Hungría 507
  Sublevación de los marinos en Kiel 509
  De la desmovilización al levantamiento espartaquista 511
  La República Soviética de Baviera 517
  La Hungría de Bela Kun 520

ÍNDICE 527

OTROS LIBROS PUBLICADO POR OMNIA VERITAS 555

INTRODUCCIÓN

"Que la vida iba en serio uno lo empieza a comprender más tarde..." En estos versos lo advirtió el poeta y tenía razón. Ciertamente, muchas cosas en la vida se comprenden "más tarde". De que este trabajo iba en serio empecé a darme cuenta pasado ya algún tiempo. Ahora, en el momento de escribir estas líneas, no podría decir si son nueve o diez los años transcurridos desde que lo inicié sin saber muy bien cómo acabaría. Comprendí que iba en serio por dos razones: la primera, porque a medida avanzaba el camino que seguía no ofrecía atajos, sino que se ensanchaba y se alargaba, lo cual obligaba a un trayecto abrumador, cuyo final en un horizonte lejano parecía casi inalcanzable; la segunda era el riesgo que conllevaba llegar hasta el final. Saber que los pensamientos y reflexiones que me impulsaban están prohibidos, que son crímenes de pensamiento en muchos países europeos, invitaba a no seguir hacia adelante para evitar contingencias innecesarias. Sí, fue más tarde cuando comprendí que iba en serio, que no iba a retroceder y que estaba decidido a proseguir la ruta de esta *Historia proscrita*.

El hecho de que se hostigue implacablemente a quienes se atreven a criticar a los judíos con acusaciones rancias de antisemitismo invita a suponer que nuestro libro no será bien recibido por quienes se sienten intocables y persiguen la libertad de expresión y de pensamiento, pues en él se desvela el papel desempeñado por innumerables judíos/as al servicio de una élite de banqueros judíos y de otros capitostes que han venido determinando la historia moderna. El subtítulo, *La actuación encubierta de agentes judíos en la Hª Contemporánea,* fue una hipótesis de trabajo que, si estaba bien fundamentada, debía acabar convirtiéndose en tesis a medida que los hechos narrados la confirmaban en los más de 250 años de historia contenidos en la obra. Presentar de manera continuada acciones de agentes judíos a lo largo de centenares de páginas no habría sido posible si éstas no se hubieran producido.

Para qué fueron utilizados estos hombres y mujeres y cuáles eran sus misiones queda explicado detalladamente en el libro. Anticipamos ya que las revoluciones francesa y bolchevique fueron llevadas a cabo mediante estos agentes. En la primera se utilizó a la masonería, impregnada y manejada por los Illuminati fundados por Adam Weishaupt, agente de la dinastía Rothschild. En cuanto al comunismo internacionalista, se verá que fue desde el principio un fraude que conllevó la explotación y opresión de las masas obreras, un embuste gigantesco ideado con el fin de perpetrar un robo a escala planetaria, el mayor de la historia. Para poder ejecutar un golpe tan ambicioso, en Rusia y en China se cometieron las mayores matanzas que recuerdan los siglos. Si el comunismo se hubiera impuesto en Asia y en Europa como se pretendía, no hubiera sido preciso el globalismo neoliberal, pues los recursos y las riquezas de todo el mundo hubieran acabado en manos de quienes habían financiado las revoluciones con este propósito.

Puesto que es muy probable que seamos acusados de antisemitismo, odio racial, negacionismo y cosas por el estilo, vaya por delante que, por supuesto, ni somos antisemitas, ni odiamos a nadie, aunque sí cuestionamos que el Holocausto sea una realidad histórica. En nuestra obra abundan los nombres de autores judíos, está atestada de ellos. Con algunos no compartimos nada en absoluto y sólo hemos acudido a sus libros y artículos para conocer sus puntos de vista o para obtener información y aprender de ellos. En cambio, abrazamos fraternalmente a todos aquellos judíos no racistas que, lejos de considerarse seres elegidos por un dios exclusivo, desean compartir sus vidas con el resto de la humanidad. Aprovecharemos una parte de esta introducción para mencionar a aquellos con quienes nos sentimos más identificados y con los que compartimos ideas y actitudes. Con ellos tenemos contraída deuda de gratitud, pues han sido fuentes imprescindibles en las que hemos bebido durante los años que ha durado nuestra labor. Queremos rendirles tributo de admiración por su valentía y honestidad, por su aportación a la verdad histórica y por su voluntad de "contaminarse" con los demás seres humanos.

El multimillonario judío Benjamín H. Freedman, una figura asombrosa, es una de estas fuentes que merece párrafo propio. Tras haber convivido con los principales responsables de las dos guerras mundiales (llegó incluso a colaborar con Bernard Mannes Baruch), Freedman se convirtió al cristianismo y dedicó el resto de su vida y parte de su fortuna a denunciar a los judíos talmudistas y al sionismo. Advirtió al mundo sobre una tiranía oculta (*The Hidden Tyranny*) que ha falsificado la historia. Anunció que fueron los sionistas quienes introdujeron a Estados Unidos en la Primera Guerra Mundial con el fin de obtener Palestina (Declaración Balfour). Freedman fue uno de los primeros en desvelar públicamente el origen kázaro de los judíos askenazis (*Facts are facts*). En 1961 pronunció en el Willard Hotel, en Washington D. C., un discurso histórico que ha sido conocido con el título "A Jewish Defector Warns America" (Un desertor judío alerta a América). En él avisaba como patriota americano de que Estados Unidos iba a ser utilizado como brazo ejecutor del sionismo para futuras guerras en Oriente Medio, que podían desencadenar la III Guerra Mundial.

Otro judío que delató antes de morir en 1955 la conspiración mundial fue Henry H. Klein, quien como Freedman se convirtió al cristianismo. Ejerció como abogado en el "Great Sedition Trial" de 1944, un proceso sobre el que hemos estado tentados de escribir en el capítulo sobre la II Guerra Mundial. Fue un juicio orquestado por el "American Jewish Committee" y la logia judía B'nai B'rith con el propósito de encarcelar a cerca de un centenar de patriotas americanos anticomunistas que se oponían a la política de Roosevelt. Klein fue condenado por el juez a noventa días de cárcel por falta de respeto a la corte y tuvo que abandonar el juicio tras recibir varias amenazas de muerte. En 1946 denunció en un opúsculo de veinticuatro páginas el plan de dominio mundial trazado en los *Protocolos de los Sabios de Sión*, cuya autenticidad consideraba indiscutible. Klein se refirió a la existencia de un Sanedrín político y financiero internacional controlado por los amos del dinero, a cuya cabeza situaba a los Rothschild.

Nuestras fuentes judías aparecen diseminadas en el interior de los trece capítulos; pero en este párrafo queremos agrupar apretujados en unas líneas los nombres de aquellos más entrañables, que no son pocos. Helos aquí: Israel Shamir, convertido al cristianismo, autor de *Los maestros del discurso*, una trilogía traducida al español en la que desenmascara al sionismo y al lobby judío internacional. Israel Shahak, quien denunció desde Jerusalén el talmudismo, el mesianismo sionista y la política imperialista de Israel. Gilad Atzmon, exsoldado, filósofo, jazzman, activista propalestino, autor de varias obras. Joseph Ginsburg, revisionista conocido como Joseph Burg, al que se denegó el derecho a ser enterrado en un cementerio judío. Haviv Schieber, revisionista, exalcalde de Beersheba, perseguido por el Estado sionista, activista y luchador incansable por la igualdad de derechos y la convivencia en paz de musulmanes, judíos y cristianos en Palestina. David Cole, joven revisionista obligado a retractarse ante las intimidaciones contra su familia. Ilan Pappé, historiador exiliado en Inglaterra tras ser amenazado de muerte en Israel por haber expuesto la limpieza étnica en Palestina en un libro ya clásico. Alfred Lilienthal, autor de obras importantes sobre Israel y Oriente Medio, amigo del pueblo palestino y crítico en extremo con el sionismo. Paul Eisen, revisionista que denuncia la religión secular del Holocausto, fundador de una asociación para recordar la matanza de palestinos en Deir Yassin. Jeffrey Blankfort, periodista y activista propalestino muy crítico con Noam Chomsky, al que considera un criptosionista, ha señalado al Estado de Israel como la mayor amenaza para el Planeta. Jonathan Cook, periodista laureado que escribe desde Nazareth para varios medios occidentales, cuyos artículos en *The Electronic Intifada* evidencian su compromiso inequívoco con el pueblo palestino. Roger Guy Dommergue Polacco de Menasce, que colaboró con Ernst Zündel e intervino públicamente en defensa de Robert Faurisson.

Podríamos escribir otro párrafo extenso con nombres de judíos que desprecian el supremacismo sionista y talmudista, cuyos textos han aportado ideas a nuestra obra: El hermano Nathanael Kapner, convertido al cristianismo, cuya página *Real Jew News* es un auténtico filón de información; Henry Makow, Jonathan Offir, Miko Peled, hijo del general Matti Peled. Y hay más. Revisionistas como Ditlieb Felderer o David Irving, pasan normalmente por ser autores gentiles; sin embargo sus madres fueron judías y, consecuentemente, ellos también lo son. De todos nos sentimos deudores. A ellos no pueden llamarlos antisemitas, pero los sionistas los acusan frecuentemente de ser judíos que se odian a sí mismos por el hecho de ser judíos.

Antes de proseguir con otras cosas, es pertinente constatar asimismo que los planes de dominio mundial no sólo han sido revelados por judíos críticos. También han sido reconocidos desde posiciones militantes. En 1924, por ejemplo, el intelectual sionista Maurice Samuels publicó el célebre libro *You Gentiles*, en el que proclama la superioridad absoluta de su raza sobre las demás y la imposibilidad de reconciliación entre judíos y gentiles, toda vez que la asimilación sería contemplada como una humillación. Otro caso célebre es el de Harold W. Rosenthal, cuyas declaraciones se hallan en una entrevista que ha pasado a la historia como el "Documento Rosenthal". El 12 de agosto de 1976, treinta días después de haber hablado más de la cuenta, ingenuamente y por dinero, este joven bocazas fue asesinado en Estambul durante un supuesto intento de secuestro de un avión de El-Al. Rosenthal, de 29 años, viajaba en la comitiva del senador sionista Jacob Javits, del cual era asistente personal en Nueva York. La entrevista, realizada por Walter White, editor de la revista mensual *Western Front*, no tiene desperdicio. Fue publicada con posterioridad al asesinato y editada en un opúsculo de diecisiete páginas. Tanto White como otros observadores interpretaron el asesinato como una operación de falsa bandera. Los lobbies judíos se apresuraron, como siempre, a descalificar a White y a proclamar que era un impostor. Rosenthal admitió en la entrevista que la Reserva Federal estaba en sus manos, que también lo estaban los medios de comunicación, que el presidente Franklin D. Roosevelt era uno de los suyos, que eran el supergobierno del mundo..., y otras cosas más graves que preferimos callar ahora.

Sobre el contenido y la estructura de nuestra obra, hemos dicho que cubre unos 250 años de historia, pero en realidad el periodo estudiado es mayor, toda vez que el primer capítulo, que funciona como telón de fondo permanente a lo largo de todo el recorrido histórico, plantea hechos fundamentales en relación al origen de los judíos, esenciales para poder entender en profundidad los hechos y la magnitud de la mentira histórica que se viene imponiendo. Por tanto, de los trece capítulos, el primero está dedicado a presentar la génesis de una impostura. En él, se verá que los judíos semitas representan hoy una minoría, puesto que más del ochenta por ciento de la judería actual es de origen askenazi. Este porcentaje es mayor en Israel, donde se cree que cerca del noventa por ciento de la población judía procede de este grupo étnico. Ello significa que los ancestros de los sionistas nunca estuvieron en Palestina, pues los judíos askenazis no son semitas, no descienden de los antiguos hebreos, sino de un pueblo de origen turco-mongol, los kázaros, que penetró en Europa procedente de Asia algunos siglos después de Cristo. Fuente fundamental de este primer capítulo es una vez más un autor judío, Arthur Koestler, cuyo libro *The Thirteenth Tribe* (*La décimotercera tribu*) es un clásico ineludible.

Tras este primer capítulo siguen otros doce, en los que se estudian hechos acaecidos desde la fundación en 1776 de la Orden de los Iluminados de Baviera hasta los atentados del 11 de septiembre de 2001 y sus consecuencias. En el capítulo II, no obstante, figura un periodo histórico anterior, pues hemos dedicado la primera parte del mismo, titulada "Cromwell, agente de los banqueros judíos de Amsterdam", a exponer de la manera más breve posible los cincuenta años que van desde la toma del poder de Oliver Cromwell hasta la fundación del Banco de Inglaterra. Somos conscientes de que en las cuatro páginas que conforman esta parte ofrecemos sólo unas pinceladas sobre lo ocurrido; pero no podíamos abarcar más si queríamos evitar una extensión desmedida de esta *Historia proscrita*. En cualquier caso, hemos considerado que podían servir como parte preliminar del capítulo y allí están.

Los capítulos constan de varias partes cuando lo requieren y éstas se dividen en apartados que van fragmentando el texto en función de la temática o de otros aspectos. Con el fin de ahorrar cuartillas a una obra ya excesivamente larga, hemos optado por prescindir de abreviaturas del tipo: "ib/ibid.", "op.cit.", "cf/cfr.", propias del trabajo científico, las cuales remiten una y otra vez a confrontaciones o comparaciones engorrosas, a citas o a otras notas, con lo que el número de páginas aumenta innecesariamente. Los títulos de los libros de referencia figuran en letra cursiva en el interior del texto y si la utilización de una obra es recurrente, aludimos a ello para que no se nos pueda atribuir el mérito o el demérito de cosas que han escrito otros. Las citas textuales, si son largas o prolongadas, figuran intercaladas en párrafo aparte, van entrecomilladas y con un cuerpo algo reducido. Sólo en el capítulo II hemos mantenido las citas de la obra de John Robison en el interior del texto pese a su extensión, pues el apartado "Robison" así lo requería.

En cuanto a las notas, cuya finalidad es la ampliación o explicación complementaria del texto, remitimos a ellas con un número y hemos optado por ubicarlas al pie de la página en que aparecen. Invitamos al lector a no prescindir de ellas, pues en general, no siempre, su contenido es necesario y de utilidad para una mejor comprensión de aquello que se viene narrando. Somos conscientes de que algunas se nos han escapado de las manos y son exageradamente prolijas. Pedimos disculpas por ello, pero nos han parecido de interés y hemos optado por mantenerlas.

En relación a otros aspectos formales del texto, cabe comentar que en el índice onomástico no aparecen los nombres de lugares, instituciones u organismos. Sólo los apellidos de los personajes figuran en él. Por ello, en ocasiones, un apellido incluye distintas personas. Hubiéramos querido precisar los nombres propios, pero no ha sido posible en esta edición. El lector, por tanto, tendrá que demorarse un poco en sus indagaciones.

Tuvimos dudas sobre la acentuación de los nombres, pues consideramos la conveniencia de mantenerlos sin tilde cuando son homógrafos con los españoles y no la llevan en su lengua original. Finalmente, quizá de manera errónea, optamos por acentuarlos siguiendo nuestras normas ortográficas. De todos modos, habrá casos en los que no supimos mantener el criterio. También hemos decidido señalar la sílaba tónica en muchos de los nombres y apellidos rusos con el fin de indicar su pronunciación correcta. Así, por ejemplo, en los apellidos "Kamenev" o "Zinoviev" las sílabas tónicas son la primera y la segunda respectivamente. Para advertirlo, se ha escrito "Kámenev" y "Zinóviev". El hecho de que nombres y apellidos aparezcan escritos de manera diferente en las distintas lenguas que hemos leído ha provocado que algunos puedan figurar en el texto con algunas variaciones formales, por lo que pedimos disculpas. Consideremos un nombre modelo. Nikita Jrushchov, por ejemplo, en la transcripción en español figura también como "Jruschov"; en inglés aparece como "Khrushchev"; en francés, Khrouchtchev"; en alemán, "Chruschtschow". Pensamos que en este caso hemos sabido mantener la misma escritura, pero nos tememos que no siempre habrá sido así.

Puesto que para realizar nuestro trabajo hemos leído obras y utilizado fuentes escritas en inglés, en francés y en alemán, en el interior del texto y en la bibliografía que figura al final de la obra se citan los títulos de los libros en la lengua original en que los hemos consultado. En el caso del libro *Der erzwungene Krieg*, de David L. Hoggan, obra fundamental para comprender el inicio de la Segunda Guerra Mundial, hemos manejado la edición alemana; pero puesto que nuestro dominio del idioma germano no nos permitía leer íntegramente y con fluidez esta obra de más de ochocientas páginas, nos hemos servido también de la edición en lengua inglesa, *The Forced War: When Peaceful Revision Failed*, editada por el Institute for Historical Review (IHR). Sólo cuando los títulos de las obras citadas en el interior del texto no son fáciles de comprender por lectores con un nivel básico del idioma, se ha optado por ofrecer una traducción de los mismos entre paréntesis.

Para finalizar, queremos anticiparnos con unas palabras a lo que pueda ocurrir en el futuro como consecuencia de haber expuesto en libertad el resultado de tantos años de trabajo intelectual. Es seguro que las organizaciones judías y/o sionistas acudirán a los estereotipos habituales para descalificar la obra: justificación del genocidio, antisemitismo, odio racial, neonazismo, etc. Por supuesto, no podríamos aceptar ninguna de estas imputaciones porque son falsas. Nuestra condición de cristianos constituye una vacuna contra el odio y la justificación de cualquier crimen, por pequeño que sea. Por otra parte, el Tribunal Constitucional (STC 235/2007) falló el 7 de noviembre de 2007 que cuestionar el Holocausto no es un delito en España, aunque sí lo sería justificar el genocidio. Años más tarde, el 12 de abril de 2011, el Tribunal Supremo dictó la Sentencia 259/2011, según la cual la publicación de obras como la nuestra no implica la justificación del genocidio ni la incitación al odio. De todos modos, en la parte del capítulo XII que trata de la persecución de los revisionistas en Europa por crímenes de pensamiento, hemos expuesto con claridad meridiana cuál es la triste realidad en muchos países.

Sabemos perfectamente, pues, el poder que detentan quienes con excusas banales no aceptan la crítica, atentan contra la libertad de expresión y persiguen de manera despiadada a cuantos se atreven a exponer una serie de hechos históricos objetivos, demostrables si se admiten las pruebas existentes. Por ello, queremos en estas líneas agradecer a Omnia Veritas la acogida que ha dispensado a nuestra obra y su determinación en editarla íntegra, sin oponer ningún reparo en relación con sus contenidos.

Reconocemos, por otra parte, que la historia es interpretable y que la opinión de los autores sobre determinados episodios es variada. En consecuencia, reivindicamos el derecho a expresar nuestra interpretación. Todos los historiadores, por ejemplo, coinciden en que Hitler no quiso apresar a los británicos en Dunkerque y permitió su evacuación. Éste es un hecho objetivo que nadie niega. Lo opinable o interpretable es por qué lo hizo. Veamos un segundo caso: los campos de la muerte de Eisenhower constituyen una realidad histórica, aunque mayoritariamente desconocida porque ha sido ignorada u ocultada por la historiografía oficial. Es un hecho objetivo que el futuro presidente de Estados Unidos propició la muerte de cerca de un millón de prisioneros alemanes en 1945. Lo que admite distintas opiniones y puede discutirse es por qué el general permitió los campos de la muerte, pero no su existencia. El lector conocerá nuestro punto de vista sobre estos acontecimientos y sobre muchos otros, por lo que tendrá ocasión de juzgar su idoneidad.

La presentación y denuncia de las actuaciones de agentes judíos en todos los hechos históricos relatados tiene como finalidad principal ofrecer a los lectores una versión revisionista ignorada por los historiadores ortodoxos. Sólo este deseo ha estimulado nuestra voluntad a lo largo de los años dedicados a escribir esta *Historia proscrita*. Sin necesidad de comentar nada más, quedamos, pues, con la satisfacción de haber trabajado honestamente en la búsqueda de la verdad histórica. Como advirtió acertadamente Rémy de Gourmont, "Ce qu'il y a de terrible quand on cherche la vérité, c'est qu'on la trouve." (Lo que hay de terrible cuando se busca la verdad, es que uno la encuentra).

CAPÍTULO I

LOS SIONISTAS NO SON SEMITAS

1ª PARTE
SOBRE LOS JUDÍOS SEMITAS

Dos grandes grupos componen la judería mundial: sefardíes o sefarditas (Sefarad significa España en hebreo) y askenazis o askenazíes (Askenaz es la palabra hebrea para Alemania). Los primeros descienden de los judíos expulsados de España por los Reyes Católicos; son de origen canaanita y por tanto, semitas. Los segundos; sin embargo, no son étnicamente judíos, sino que proceden de una tribu asiática de origen turco-mongoloide, los kázaros, que se convirtieron al judaísmo en el siglo VIII de nuestra era y no son semitas. Se trata de una de las grandes mixtificaciones de la Historia, sin duda asombrosa para el lector que por primera vez tenga noticia de este hecho. Los sionistas, los usurpadores de Palestina, son mayoritariamente (el noventa por ciento) de origen askenazi y ninguno de sus antepasados, por consiguiente, procede de Canaán. Estamos, pues, ante un fraude de trascendencia histórica, ante una impostura macabra: aquéllos que acusan de antisemitismo a quienes osan criticar el sionismo y al estado judío no son semitas.

    Antes de abordar la historia de los judíos askenazis y por consiguiente de los kázaros, es conveniente esbozar muy sucintamente, pero con pinceladas profundas y significativas, la historia de los judíos auténticos, de los que sí son semitas. Y lo primero que hay que decir es que la Biblia no está escrita por una serie de cronistas que relataban los hechos poco después de que ocurrieran, sino por una secta de sacerdotes de la tribu de Judá, los levitas, quienes, muchos siglos después de los supuestos hechos narrados, ofrecieron su versión de acuerdo con sus propósitos e intereses. En todo caso, de los textos originales no queda rastro y las copias más antiguas que se tienen son versiones parciales encontradas en los Rollos del Mar Muerto (de 200 a. C. a 100 d. C.)

    La arqueología aporta hoy en día pruebas que están obligando a revisar las historias bíblicas. Paradójicamente las excavaciones arqueológicas en Palestina comenzaron impulsadas por cristianos y judíos militantes que querían demostrar la veracidad de los relatos de la Biblia; pero los descubrimientos están sirviendo para todo lo contrario. Ze'ev Herzog, prestigioso arqueólogo israelí de la Universidad de Tel Aviv, afirma que los israelitas nunca estuvieron en Egipto, que no conquistaron la tierra en una campaña militar y que "la monarquía unida" (Israel y Judá) de David y Salomón fue como mucho un pequeño cacicazgo de escaso territorio e influencia. Esto último debe de ser muy duro para los sionistas de Israel, cuya bandera simboliza su delirio expansionista: la estrella de David acotada por dos barras azules que representan los ríos Nilo y Éufrates alude al pretendido imperio de la "monarquía unida". Los judíos ultraortodoxos, apoyados por los sionistas laicos, afirman que la tierra de Israel, desde Egipto a Mesopotamia, les fue dada por Dios (su Jehová) y no pueden permitir que caiga en otras manos. "Cada intento de cuestionar la fiabilidad de las descripciones bíblicas –dice el profesor Herzog- es percibido por la conciencia pública de Israel como un intento de minar nuestros derechos históricos a la tierra".

Pero si los hebreos no provenían de Egipto, ¿de dónde procede la idea del Éxodo y cómo aparecieron en Palestina? Niels Peter Lemche, profesor de estudios del Viejo Testamento en el Departamento de Estudios Bíblicos de la Universidad de Copenhague, responde a la primera parte de la pregunta: "los autores de las narraciones bíblicas deben de haber tomado la historia de los recuerdos de algún grupo pequeño de personas que alguna vez estuvieron en Egipto". Otros autores proponen que podría tratarse de más de un grupo que llegó a Canaán desde Egipto y sugieren que Moisés iría al frente de alguno de estos grupos; aunque podría ser también el líder de una tribu nómada, los 'apiru', que había entrado en Canaán procedente de Mesopotania. Esta segunda hipótesis tiene ya mayor base histórica.

John C. H. Laughlin aclara quiénes eran dichos 'apiru' o 'habiru' en su obra *La arqueología y la Biblia*. Este autor escribe que la situación política en Oriente Próximo durante el periodo de 1400 a 1200 a. C. (Bronce tardío II) se ha visto iluminada gracias a un grupo de tablillas de arcilla escritas en acadio, descubiertas en 1887 en Tell el-Amarna, lugar situado en el margen oriental del Nilo, a unos 305 kilómetros de El Cairo. La trascendencia del hallazgo originó que dicho periodo sea conocido como la "Época de Amarna". De estas tablillas, 350 son cartas entre varios reyes y vasallos y el Faraón. Unas 150 de ellas vienen de la propia Palestina. Las cartas de los vasallos palestinos describen "un panorama de constantes rivalidades, coaliciones cambiantes y ataques y contraataques entre las pequeñas ciudades-estado". En una carta de Abdu-Heba de Jerusalén, Lab'ayu es acusado de dar la tierra de Shechem a los apiru, a los que a su vez se acusa de dedicarse al pillaje en "todas las tierras del rey". Las cartas, pues, dibujan un escenario de deterioro político con los dirigentes locales luchando entre ellos, a veces incitados por un grupo al que se identifica como 'apiru'. Estas referencias a los apiru (originariamente Hab/piru), sigue escribiendo C. H. Laughlin, atrajeron enseguida la atención de los estudiosos, muchos de los cuales pensaron que los apiru estaban relacionados con los hebreos (F. Bruce, 1967; N. P. Lemche, 1992). Algunos (E. F. Campbell, 1960) equipararon los ataques de los apiru con el relato bíblico sobre Josué y la invasión de Canaán. La relación fonética hapiru>habiru>hebrew o hebreo parece evidente. M. L. Chaney (1983) llegó a la conclusión de que "el mejor paradigma con el que describir a los apiru en las cartas de Amarna, y en otros textos, es el bandidaje social". Chaney argumentó que existía una continuidad socio-política entre los apiru de la época de Amarna y los "israelitas" premonárquicos de la Edad del Hierro I (1200 a 1000 a. C.), que ocuparon el mismo territorio de Palestina que previamente habían habitado los apiru. Chaney pregunta: "¿Puede no haber continuidad, por tanto, entre la dinámica social de la Palestina de la época de Amarna y la de la formación de Israel, cuando las áreas de fuerza del Israel premonárquico, sus enemigos y sus formas de organización social fueron todas coincidentes con las de los apiru de Amarna y sus aliados?" John C. H. Laughlin saca la conclusión de que el desorden político y militar asociado a los apiru en las cartas de Amarna ayuda ciertamente a generar la agitación social y política que hizo posible la emergencia de Israel 200 años más tarde aproximadamente.

El panorama sería, pues, el siguiente: amorreos y cananeos, de los cuales son descendientes originarios los palestinos, constituían la población autóctona del país, al que fueron entrando oleadas sucesivas de pueblos vecinos o de grupos nómadas como los apiru. Hay que incluir además a los filisteos, un pueblo del mar que durante el siglo XII a. C. controló la región costera de Palestina. En *Jueces* se dice: "Y los israelitas habitaron en medio de los cananeos, hititas, amorreos, perizitas, jivitas y jebuseos; se casaron con sus hijas, dieron sus propias hijas a los hijos de aquellos y adoraron a sus dioses". Aquí la Biblia coincide con los estudiosos que venimos citando, o sea: los hebreos ni escaparon de Egipto ni entraron en la zona con una religión recibida durante su vagabundeo por el desierto. Tampoco conquistaron Canaán, ni siquiera lo intentaron. Por las razones que sean, se establecieron en las tierras altas centrales de Palestina. Israel Finkelstein, figura prominente de la investigación arqueológica actual en Oriente Medio y director del Departamento de Arqueología de la Universidad de Tel Aviv, en *From Nomadism to Monarchy. Archeological and Historical Aspects* (1994) dice: "Israel no existió hasta el siglo XI a. C., cuando a ambos lados del Jordán se fundaron también nuevas monarquías (Moab, Amón, Filistia)". Sin embargo en *The Archaeology of the Israelite Settlement* (1996) habla de protoisraelitas, retrasa las fechas y rectifica diciendo que el "verdadero Israel" no nace antes de los siglos IX-VIII a. C.

Asentados estos principios, queda por aclarar el asunto de la monarquía unida de David y Salomón. Los narradores bíblicos pretenden que el reino del norte, Israel, con capital en Samaria, y el del sur, Judea, con capital en Jerusalén, al unirse crearon el gran imperio entre el Nilo y el Éufrates. Pero Thomas L. Thompson, catedrático de estudios bíblicos de la

Universidad de Copenhague, en su obra *The Mythic Past. Biblical Arqueology and the Myth of Israel* afirma que "no existe evidencia alguna de una Monarquía Unida, ni de una capital en Jerusalén ni de ninguna fuerza política unificada coherente que dominara la Palestina occidental". A Thompson le sorprende que haya existido un imperio rodeado de vecinos y vasallos y que no exista un solo documento que dé noticia de él. "No hay espacio ni contexto -añade- artefacto o archivo que apunte a las historias descritas en la Biblia sobre la Palestina del siglo X".

En cualquier caso, no hay más opción que tratar de interpretar lo que dice la Biblia para seguir la trayectoria histórica de los judíos canaanitas, que es el propósito de esta primera parte. Arrancaremos, pues, de la unión entre los reinos de Israel y Judá, que tuvo ciertamente una existencia efímera, puesto que a la muerte de Salomón se produjo el cisma y en 937 a. C. las diez tribus de Israel se desprendieron de las de Judá y Benjamín, las cuales constituyeron un reino aparte al sur de Israel que duró hasta 587-86 a. C., fecha en que fueron deportados a Babilonia. Hay que recordar que Judá, de quien procede el nombre de la tribu, fue el cuarto hijo de Jacob, el que vendió a su hermano José a los ismaelitas por veinte monedas de plata (mucho más tarde Judas, el único apóstol de la tribu de Judá, traicionó a Jesús por treinta monedas de plata). La pequeña tribu de Judá fue identificada como la de los levitas, la secta sacerdotal que alegaba haber recibido su poder directamente de Jehová en el Sinaí.

El origen del problema

En su obra *History and destiny of the Jews*, el Dr. Josef Kastein escribe lo siguiente: "Los dos Estados no tuvieron nada más en común, para bien o para mal, igual que dos países con una frontera que los separa. De tanto en tanto estuvieron en guerra el uno contra el otro o firmaron tratados, pero estuvieron completamente separados. Los israelitas habían dejado de pensar que tenían un destino diferente del de otros pueblos vecinos y el rey Jeroboam se separó de Judá por completo, tanto en lo político como en lo religioso". Luego el Dr. Kastein dice lo siguiente sobre los judaítas: "Ellos decidieron que estaban destinados a desarrollar una raza aparte... exigieron un tipo de vida diferente al de los pueblos vecinos de su alrededor. Se trataba de unas diferencias que les prohibían cualquier proceso de asimilación con otros. Reclamaron para ellos diferenciación absoluta y separación."

He aquí expresado en pocas palabras el origen de un problema que dura ya tres mil años. La secta sacerdotal de los levitas impuso un credo de discriminación racial y segregación desconocido para las otras tribus durante los días de la asociación entre Israel y Judá. Recordemos que la Biblia nos ofrece múltiples ejemplos de confraternización racial. En realidad los más destacados israelitas dieron ejemplo una y otra vez: Abraham cohabitó con Hagar, una egipcia. José se casó con Asenté, que además de ser egipcia era hija de un sacerdote. Moisés casó con una madianita, Zipporah, una de las siete hijas de Jetró, quien también era sacerdote e iniciador de Moisés. La madre del rey David era una moabita y él mismo se casó con una princesa de Gesur. Salomón, cuya madre era una hitita, amó a muchas mujeres extranjeras, incluida la hija del faraón, con la que contrajo matrimonio, se casó también con mujeres moabitas, edomitas, hititas, ammonitas y llegó a tener cientos de esposas. Y así seguiría la "crónica escandalosa".

En el año 722 a. C. el reino del norte, Israel, fue atacado y conquistado por Asiria y los israelitas fueron llevados al cautiverio. Finkelstein dice que el reino norteño era un Estado rico, a diferencia de Judá, tan pobre y aislado que ni siquiera había desarrollado la organización administrativa. Según Finkelstein Judá recibió súbitamente gran cantidad de refugiados hasta tal punto que en quince años creció demográficamente unas quince veces. Judá fue, pues, perdonado en aquel momento y durante más de un siglo fue vasallo primero de Asiria y después de Egipto. La secta de los levitas continuó teniendo en Judá su baluarte. El Dr. Kastein interpreta que Israel quedó "totalmente, merecidamente perdido porque rechazó el credo de los levitas y escogió el acercamiento con pueblos vecinos", palabras que ponen en evidencia su ideología sionista.

Durante los años que siguieron a la conquista asiria de Israel, los levitas en Judá empezaron a compilar la Ley escrita. Sobre el 621 a. C. habían redactado el *Deuteronomio* y lo leían a la gente en el templo de Jerusalén. Así nació la Ley Mosaica, la cual Moisés nunca conoció. Es llamada así porque se le atribuye a Moisés, pero las autoridades están de acuerdo en que es un producto de los levitas, quienes desde entonces hicieron repetidamente que Moisés (y a través de él Jehová) dijese lo que a ellos les convenía. En realidad habría que hablar pues de la Ley Levítica o de la Ley Judaica. Antes de la compilación del *Deuteronomio*, sólo existía la tradición oral de lo que Dios había dicho a Moisés. Los levitas reclamaron ser consagrados como los depositarios y guardianes de esta tradición. Desde aquel momento el *Deuteronomio* se convirtió en la base de la Torá, la Ley, contenida en el Pentateuco, que es a la vez el material sin refinar del *Talmud*. La nueva ortodoxia combatió con ferocidad los cultos que competían con el de Jehová y exterminó a sus sacerdotes. Alrededor de 587 a. C., unos treinta años después de la lectura de la Ley en Jerusalén, Judá fue conquistada por el rey de Babilonia y todo indicaba que el asunto iba a quedar zanjado.

Sin embargo el episodio de Babilonia tuvo consecuencias decisivas no sólo para la tribu de Judá en aquel tiempo, sino para el mundo occidental de hoy. Durante el periodo babilónico los levitas añadieron al *Deuteronomio* los cuatro libros que iban a conformar el Pentateuco y así quedó compuesta una Ley de intolerancia racial y religiosa que, convenientemente reforzada, iba a separar a los judaítas del resto de la humanidad. Allí se forjaron las cadenas que iban a atar para siempre al pueblo judío. En Babilonia los levitas encontraron a través de la experimentación mecanismos para fortalecer la

Ley y lograron que sus seguidores se mantuvieran segregados, separados de aquellos entre los que vivían. Se tiende a pensar que el cautiverio babilónico fue un periodo negro, sin posibilidades de libertad. Nada más lejos de la realidad. La benevolente conducta de los conquistadores babilonios hacia los prisioneros judaítas les permitió en palabras del Dr. Kastein "completa libertad de residencia, de culto, de trabajo y una administración propia".

Douglas Reed, maestro de periodistas e historiador revisionista acusado de antisemitismo, como lo son todos aquellos que, aun siendo amigos de los judíos, se atreven a denunciar los crímenes del sionismo y el racismo excluyente de Israel, escribe en su obra *The Controversy of Zion* que "la libertad que se les concedió permitió a los levitas constreñir a su propia gente en comunidades cerradas y experimentar la autosegregación. De esta manera nacieron el gueto y el poder de la secta sacerdotal".

Aunque *Génesis* y *Éxodo* fueron compuestos después del *Deuteronomio*, el tema del fanatismo tribal es en ellos más débil. El crescendo se produce en *Deuteronomio*, *Levítico* y *Números*. No obstante en *Éxodo* aparece algo de suma importancia: la promesa de Jehová con "su pueblo" es sellada con sangre. A partir de este momento la sangre corre a raudales a través de los libros de la Ley. Un buen ejemplo puede ser cuando los levitas escriben cómo fueron elegidos por Moisés tras la adoración del becerro de oro. He aquí el pasaje del *Éxodo*:

> "'¡A mí el que esté por Yavé!' Todos los hijos de Leví se reunieron en torno a él. 'Así habla Yavé, Dios de Israel –les dijo-. Ceñíos cada uno la espada al muslo. Recorred el campamento de una punta a otra y matad cada uno a su hermano, a su amigo, a su pariente'. Cumplieron los levitas la orden de Moisés y aquel día cayeron unos tres mil hombres. Moisés dijo: 'Hoy os habéis consagrado como sacerdotes de Yavé porque cada uno ha atacado a su hijo, a su hermano; por ello él os da hoy la bendición'".

Douglas Reed reflexiona sobre la imagen de los sacerdotes salpicados de sangre y desde la distancia se pregunta por qué en los libros de la Ley se insiste una y otra vez en sacrificios de sangre. "la respuesta parece estar -escribe- en el misterioso genio de la secta en instalar el miedo a través del terror".

Es en el último libro, *Números*, donde Jehová fija todas las funciones de los levitas y se dan los toques finales a la Ley. Entonces se recuerda que el propio Moisés se ha convertido en un transgresor, pues en *Éxodo* se relata que ha buscado refugio entre los madianitas, se ha casado con la hija del sumo sacerdote y ha recibido de éste instrucciones sobre sus ritos sacerdotales. Puesto que toda la estructura de la Ley reside en Moisés, en cuyo nombre se han establecido las órdenes contra este tipo de acciones, algo tiene que hacerse con él antes de que los Libros queden completados. En estos últimos capítulos Moisés, tras mostrar su conformidad con todos los estatutos y mandamientos de la Ley, para redimir sus maldades y transgresiones deberá masacrar a toda la tribu de los madianitas, excepto a las vírgenes. De este modo deshonra a sus salvadores, a su mujer a sus dos hijos y a su suegro, pero queda redimido de su pecado y puede validar el dogma racial y religioso que los levitas han inventado. De este modo el benevolente patriarca de las primitivas leyendas orales anteriores a la Ley escrita, aquél que recibe los diez mandamientos que son asumidos por toda la humanidad, aquél que es reconocido por el Islam y por el cristianismo, aquél del no matarás a quien Jesús recuerda una y otra vez a lo largo de su vida, se transforma en el padre fundador de la Ley del odio y la exclusión racial, puesto que quienes no pertenecen a la tribu dejan de ser su prójimo, como ratificará escandalosamente el *Talmud* cientos de años más tarde.

Limpieza étnica

Tras la caída de Babilonia, los judaítas regresaron a Jerusalén sobre el 538 y el impacto de la Ley sobre otros pueblos comenzó. Ello fue posible porque Ciro, el rey de los persas y fundador de un imperio que se extendió por todo el oeste de Asia, dio libertad a las naciones que tenía subyugadas para que practicaran su religión y mantuvieran sus instituciones. El libro histórico que registra la caída de Babilonia, compuesto también varias centurias después de los hechos, es el atribuido a Daniel. En él se dice que era un cautivo que alcanzó el sitio más elevado en la corte de Nabucodonosor gracias a su habilidad para interpretar los sueños.

Cuando el rey Ciro conquistó Babilonia y permitió que los judíos regresaran a Judea, los cinco libros de la Ley no habían sido completados y la secta de los levitas seguía trabajando en ellos. Es por ello que un grupo selecto no regresó y permaneció en Babilonia acabando la redacción. La masa de los judaítas no sabía aún nada de la ley de intolerancia racial que se había estado preparando para ellos, aunque la intolerancia religiosa sí les era familiar. Los primeros en experimentar el impacto de la Ley Mosaica fueron los samaritanos, que recibieron calurosamente a los que volvían y en prueba de amistad les ofrecieron ayuda en la reconstrucción del templo destruido por los babilonios; pero fueron rechazados por orden de los levitas y la restauración se retrasó así hasta 520 a. C. Los samaritanos eran israelitas que probablemente habían mezclado su sangre con otras. Adoraban a Jehová, pero no reconocían la supremacía de Jerusalén y quizá de ahí venía la desconfianza de los levitas, que temían ser absorbidos de nuevo. Los samaritanos fueron, pues, proscritos hasta el punto de que sólo por coger un trozo de pan de la mano de un samaritano, un judaíta quebrantaba la Ley y se ensuciaba de modo abominable. El odio racial contra ellos continuó a lo largo de los siglos hasta nuestros días.

Se estima que fueron cerca de cuarenta mil los que regresaron desde Babilonia a Judea, lo cual no era mucho, tal vez un diez o un veinte por ciento del total de personas que se habían ido dispersando voluntariamente por otras tierras. Comenta D. Reed que los levitas tuvieron la misma dificultad que los sionistas en el siglo XX para convencer a sus correligionarios de que fuesen a la tierra prometida. Además los propios líderes no encabezaban el regreso, sino que querían continuar en Babilonia, exactamente igual que hoy los líderes sionistas desean permanecer en Nueva York. La solución fue similar a la encontrada en 1946: los zelotes estaban dispuestos a ir y unos pocos desgraciados que eran demasiado pobres para poder escoger fueron los reclutados para que acompañasen a la masa. A aquellos que pedían el privilegio de seguir en Babilonia con su príncipe, el Exilarca, se les exigía contribuir con dinero, exactamente igual que a los judíos millonarios norteamericanos, a quienes se les piden fondos para la causa sionista.

Una de las fuentes de Douglas Reed es el profesor J. Welhausen, quien en su *Historia de los israelitas y de los judaítas*, publicada en alemán en 1897, señala que la nación judía estaba irremediablemente dispersada y obviamente no podía ser reagrupada en Canaán. Welhausen insiste en que "del exilio no regresó la nación, sino sólo una secta religiosa"; pero este simbólico "regreso" fue de la mayor importancia para los sacerdotes que pudieron establecer su poder sobre las masas atemorizadas. De este modo la secta que "regresó" a Jerusalén fue también el corazón de la nación dentro de naciones, el Estado dentro de Estados. La secta sacerdotal se había demostrado a sí misma que era capaz de mantener su teocracia sin un territorio propio y bajo un rey extranjero. Había gobernado a los suyos con su propia Ley. El Dr Kastein dice: "En lugar del poder del Estado, se acabó por establecer otro poder más seguro y duradero: el severo e inexorable régimen reforzado por la obligación de rendir una obediencia incuestionable a las normas del ritual".

Entre los sacerdotes más importantes estaba Ezequiel, que vivió la caída de Judá y el traslado a Babilonia. Sin duda él fue uno de los arquitectos de la Ley, puesto que su libro es de los más significativos del Antiguo Testamento. En él se recogen los más feroces sanciones para aquellos que no observan la Ley. Página tras página se suceden las maldiciones y las promesas de Jehová de utilizar a los gentiles como instrumento para el castigo. Adorar otros dioses conlleva represalias implacables. Sirva de muestra este pasaje:

> "El Dios de Israel llamó al hombre vestido de lino que llevaba a la cintura la cartera de escriba y le dijo: 'Pasa por la ciudad, recorre Jerusalén y pon una señal en la frente de los hombres que gimen y lloran por las abominaciones que se hacen dentro de ella'. Y pude oír lo que les dijo: 'Recorred la ciudad detrás de él y herid. No se compadezcan vuestros ojos ni tengáis piedad. Matad a viejos, jóvenes, doncellas, niños y mujeres, hasta el exterminio. Pero no toquéis a los que tengan la señal en la frente'."

Mientras la escuela de escribas fundada por Ezequiel continuó durante ochenta años en Babilonia para acabar la compilación de la Ley, los judaítas repatriados, quienes nunca antes habían conocido el régimen de fanatismo y exclusión que había sido preparado para ellos, fueron desarrollando gradualmente relaciones normales con sus vecinos. Entonces ocurrió un hecho de importancia trascendental: la secta sacerdotal en Babilonia iba a conseguir que un dirigente extranjero, el rey persa que era su señor, pusiese soldados y dinero a su disposición para que pudieran imponer su Ley. Era la primera vez que lo hacían. Posteriormente han repetido la misma estratagema: durante el siglo veinte lo han conseguido varias veces, como veremos en otros capítulos, y en el siglo XXI la guerra de Iraq es un último ejemplo de utilización de soldados y dinero ajenos.

En 458 a. C., los levitas se disponían a hacer cumplir su Ley, que ya estaba terminada. A partir de esta fecha los judaítas en Jerusalén fueron finalmente segregados, excluidos del resto de la humanidad. Este fue el verdadero principio de un asunto que llega hasta nuestros días. La historia se cuenta en los libros de Esdras y Nehemías, los emisarios levitas de Babilonia que fueron enviados a Jerusalén para imponer la Ley. Esdras, un alto sacerdote, llegó con unos mil quinientos seguidores y lo hizo en nombre del rey persa Artajerjes I, apodado el Longímano en las fuentes latinas, con soldados persas y oro persa. A través de qué medios consiguió la secta someter a su voluntad a Artajerjes nadie puede ahora descubrirlo. Esdras trajo consigo la nueva Ley racial, que entró en vigor entre sus compañeros de viaje que, sólo después de haber podido probar que eran descendientes de Judá o levitas, habían sido autorizados a ir con él. "A todo aquél que no cumpla la Ley de tu Dios y la ley del rey -rezaba el texto de Artajerjes- apliquesele una rigurosa justicia: muerte, destierro, multa en dinero o cárcel". El Dr. Kastein escribe que cuando Esdras llegó a Jerusalén "comprobó con consternación y horror que predominaban los matrimonios mixtos... Al tolerar el entrecruzamiento racial con las tribus vecinas, habían establecido relaciones pacíficas basadas en los lazos familiares". El texto bíblico lo cuenta así:

> "... 'Ellos y sus hijos se han casado con las mujeres de esas gentes y los consejeros han sido los primeros en prevaricar'. Al oír esto rasgué mis vestiduras y mi manto, me mesé los cabellos y la barba, y caí abrumado. Ante esta prevaricación de los repatriados, todos los temerosos de las palabras del Dios de Israel se acercaron a mí, y yo estuve anonadado hasta el sacrificio vespertino."

El Dr. Kastein admite que los judaítas al entremezclarse "observaban su tradición tal y como la entendían en aquel momento". En su condición de emisario del rey persa, Esdras reunió a los jerusalemitas y les anunció que todos los matrimonios mixtos iban a ser disueltos; de allí en adelante "extraños" y todo lo extranjero iba a ser rigurosamente excluido. Fue creada una comisión de ancianos para deshacer los matrimonios y acabar con "las pacíficas relaciones basadas en lazos familiares". Kastein reconoce que "la medida de Esdras era indudablemente reaccionaria y no estaba entonces incluida en la Torá".

Trece años más tarde, en 445 a. C., los ancianos en Babilonia enviaron a Nehemías, copero de Artajerjes, que fue nombrado gobernador persa de Judea, con más poderes aún para que terminara las reformas iniciadas por Esdras. Llegó a Jerusalén con poder dictatorial y bastante dinero para reconstruir las murallas de la ciudad. Cuando estuvieron terminadas, Nehemías ordenó que uno de cada diez judaítas fuese escogido por sorteo para residir en su interior. Entonces, en 444 a. C., Nehemías y Esdras introdujeron la prohibición de los matrimonios mixtos en la Torá. Los cabezas de los clanes y de las familias fueron reunidos y se les exigió que firmasen la promesa de que guardarían los estatutos y los mandamientos de la Torá, especialmente esta última prohibición.

En *Levítico* se produjo esta necesaria inserción: "Os he separado de otros pueblos para que fueseis míos". De allí en adelante ningún judaíta podía casarse con extranjeros bajo pena de muerte. En Nehemías se dice que cualquier hombre que se case con una mujer extranjera comete un pecado contra Dios (así continúa siendo hoy la ley en el Estado sionista). Se prohibió a los extraños entrar en la ciudad a fin de que los judaítas estuviesen purificados de cualquier cosa extranjera. De esta manera nació el primer gueto. Nehemías permaneció doce años en Jerusalén y luego regresó a la corte de Babilonia.

La estructura artificial que había establecido comenzó a desintegrarse enseguida y por ello, años más tarde, tuvo que bajar de nuevo a la ciudad, donde una vez más se habían contraído matrimonios mixtos. Los disolvió por la fuerza y ordenó severos castigos contra futuras transgresiones. A continuación, con el propósito de aplicar rigurosamente el principio selectivo, estudió otra vez el registro de nacimientos y expulsó a todos aquellos en cuyos descendientes podía ser detectada la más ligera imperfección o defecto. Por último purgó despiadadamente a la comunidad de aquellos que habían transgredido la ley sobre matrimonios mixtos y obligó a todos a renovar la promesa. Una vez consideró acabado su trabajo, regresó a su casa en Babilonia. Estos hechos constituyen "la Nueva Alianza". De esta forma, la insignificante tribu de Judá, anteriormente repudiada por los israelitas, produjo un credo racial de efectos más devastadores que los de cualquier epidemia; así fue como la teoría de la raza elegida fue convertida en "la Ley".

Douglas Reed denuncia lúcidamente el hecho de que con frecuencia se alega que cristianos, musulmanes u otras personas religiosas deben respetar el judaísmo por el hecho pretendidamente incontestable de que fue la primera religión universal, en el sentido de que todas las religiones universales descienden de él. "En realidad -escribe Reed- la idea de un Dios para todos los hombres era conocida desde mucho antes de que se formase la tribu de Judá y el judaísmo se convirtiese por encima de todo en la negación de esta idea". *El Libro de los Muertos* (manuscritos del cual fueron encontrados en tumbas de faraones egipcios que vivieron 2600 años a. C.) contiene el siguiente pasaje: "Tú eres el único, el Dios del principio del tiempo, el heredero de inmortalidad, originado y nacido por ti mismo, tú creaste la Tierra e hiciste al hombre". Precisamente -sigue escribiendo Reed- "la secta que forjó las cadenas de la tribu de Judá tomó este concepto de un Dios para todos los pueblos y lo destruyó para forjar un credo basado en su negación. El Dios universal es negado sutilmente, pero con desprecio, y como su credo está basado en la teoría de la raza elegida, su negación es necesaria e inevitable. Una raza elegida, si hubiese una, debería ser ella misma Dios".

La tradición oral de los israelitas recogía la idea de un solo Dios para toda la humanidad, aquel cuya voz ha sido oída brevemente en la zarza ardiendo; pero a lo largo de los cinco libros de la Ley queda transformado en otro racial, Jehová, que les promete territorio, tesoros, sangre y poder sobre otros a cambio de un sacrificio ritual que ha de ser realizado en un preciso lugar y en una tierra específica. De este modo encontraron el permanente movimiento contrario a todas las religiones universales e identificaron a Judá con la doctrina de la autoexclusión de la humanidad y el odio racial.

Aparición de Jesús

El acontecimiento más importante de los trescientos años que siguieron fue la traducción de las escrituras judaicas (el Antiguo Testamento) a una lengua extranjera, el griego, lo cual posibilitó a los gentiles conocer parcialmente la Ley que ordenaba su esclavitud y la supremacía de Judá. Por ello es en cierto modo sorprendente que se hiciese la traducción, realizada, según dice la tradición, por setenta y dos eruditos judíos en Alejandría entre 275 y 150 a. C.. La Enciclopedia Judía señala que el *Talmud* prohibió incluso la enseñanza de la Torá a los gentiles. Sería, pues, "merecedor de la muerte" aquel que la enseñase. Ciertamente, el *Talmud* vio el peligro de que los gentiles adquiriesen el conocimiento de la Ley.

La traducción al griego fue, casi con toda seguridad, debida a que los propios judíos la necesitaban. Los judaítas habían perdido su lengua hebrea en Babilonia y hablaban caldeo. Sin embargo la mayor concentración de judíos se encontraba en Alejandría, donde adoptaron el griego como lengua de uso diario. La mayoría no podían ya entender el hebreo por lo que una versión griega de la Ley se hizo necesaria como base para las interpretaciones rabínicas de la misma. Los viejos rabinos no podían prever que unos siglos más tarde iba a nacer una nueva religión que iba a coger sus escrituras como parte de su propia Biblia. Quizá si lo hubieran sabido, la traducción griega nunca se hubiera realizado.

A medida que nos acercamos a la aparición de Jesús en Palestina, es necesario prestar atención a otro hecho especialmente significativo: la ascensión de los fariseos, que iban a conformar el principal partido político en la pequeña provincia romana de Judea. La palabra fariseo significa "uno que se separa a sí mismo" o se guarda de personas o cosas impuras. Ellos fueron la secta dominante y se proclamaron portadores de la ideología de los levitas en su forma más fanática. "Habían jurado - dice la Enciclopedia Judía- la estricta observancia de la pureza levítica". Sin embargo, el impulso instintivo de liberarse de esta esclavitud ha tenido siempre su reflejo en un partido moderado, que en aquel tiempo fue el de los saduceos, enemigos declarados de los fariseos, aunque también los esenios se les oponían. Hoy los rabinos de Neturei Karta son enemigos declarados del Estado sionista, al que acusan de oprimir a los judíos. Neturei Karta denuncia los crímenes de Israel y exige su desaparición. Durante la primera mitad del siglo XX las comunidades de judíos establecidas en Gran Bretaña, Alemania y Estados Unidos eran hostiles a los sionistas de Rusia, pero el sionismo consiguió silenciar cualquier oposición. Es decir, pese a la existencia de tendencias moderadas, los partidarios de la segregación y de la destrucción se han impuesto siempre, como veremos.

En este contexto aparece Jesús de Galilea, el Nazareno. Los sionistas afirman por razones políticas que Jesús fue un judío: "Jesus was a jew". Incomprensiblemente, también sacerdotes cristianos y teólogos suscriben dicha aserción. Sin embargo, sabios judíos rechazan la idea. Antes de continuar nuestro recorrido histórico, es conveniente un inciso aclaratorio sobre este asunto. La abreviatura inglesa "jew" es reciente y no se corresponde a lo que griegos y romanos entendían por "judaíta" o "judean", término derivado de Judea. De hecho algunos diccionarios ofrecen definiciones absurdas de la palabra "jew", como por ejemplo: "Una persona de raza hebrea". La aserción "Jesús fue un judío" podía significar en aquel tiempo tres cosas: que Jesús era de la tribu de Judá (por tanto judaíta), que tenía domicilio en Judea (por tanto habitante de Judea) o que practicaba la religión judía (como los kázaros, que no eran hebreos ni los son sus descendientes sionistas). La Enciclopedia Judía insiste en que Jesús era natural de la ciudad de Nazareth y se admite sin discrepancias que era galileo, a pesar de haber nacido en Belén de Judea. Galilea, donde pasó casi la totalidad de su vida, estaba políticamente separada de Judea, tenía su propio tetrarca romano y su relación con Judea era equivalente a la de "un país extranjero" (Heinrich Graetz). El matrimonio entre una judaíta (supuestamente la virgen María) y un galileo (José) estaba prohibido. Además, antes del nacimiento de Jesús los miembros de la tribu de Judá que vivían en Galilea habían sido obligados por Simon Tharsi, uno de los príncipes Macabeos, a emigrar a Judea. Así pues los galileos eran racial y políticamente distintos de los judíos de Judea.

El hijo de un carpintero de Galilea no tenía evidentemente instrucción y no se entendía como Jesús podía saber sin haber estudiado. Sus enemigos, los fariseos, se preguntaban: "¿De dónde procede la sabiduría de este hombre?" Douglas Reed considera que lo que confiere a las enseñanzas de Jesús una luz inédita, por primera vez revelada, es el fondo negro de la ley levítica y la tradición farisea, contra las que se posicionó cuando fue a Judea, y añade: "Incluso hoy la repentina plenitud de la luz en el Sermón de la Montaña asombra al estudiante que emerge de la lectura crítica del Viejo Testamento; es como si la medianoche se convirtiese en mediodía". Jesús reduce toda la Ley a dos mandamientos: "Ama a Dios con todo tu corazón y al prójimo como a ti mismo". Esto equivalía al desenmascaramiento y a la condena de la herejía de base que los levitas y los fariseos, a lo largo de los siglos, habían urdido en la Ley. En *Levítico* existe el mandato: "Ama a tu prójimo como a ti mismo"; pero el prójimo, en el judaísmo clásico y en el ortodoxo de nuestros días, queda restringido a los correligionarios de raza. Jesús iba incluso un poco más lejos: "Habéis oído que ha sido dicho odia a tu enemigo. Pero yo os digo, amad a vuestros enemigos". Era sin duda un desafío total a la Ley que los fariseos representaban. El final es conocido.

Después de la muerte de Jesús los fariseos, según la Enciclopedia Judía, encontraron en Agripa I, el último rey de Judea, el apoyo que necesitaban para deshacerse de los saduceos, que desaparecieron de la escena. De este modo todo el poder recayó en ellos del mismo modo que había recaído en los levitas cuando Judá se separó de Israel. Antes de la destrucción del segundo templo de Jerusalén en el año 70 d. C., previendo lo que iba a suceder, los fariseos se trasladaron a los nuevos cuarteles de Jamnia (aún en Palestina), desde los cuales la secta dirigente ejercería su poder. Desde el principio comprendieron que la nueva religión tendría que ser destruida si su Ley debía prevalecer y no se dejaron disuadir por las voces que se oían dentro de sus propias filas. Gamaliel, por ejemplo, cuando los sacerdotes y el consejo consideró si había que azotar a Pedro y a Juan por predicar en el templo les dijo: "Considerad bien lo que vais a hacer. Si esta es una obra de hombres, pronto acabará en nada; pero si es una obra de Dios, no podréis destruirla". La mayoría de los fariseos, en cumplimiento de su Ley, se sintió con fuerzas para destruirla aunque fuera necesario trabajar durante siglos para conseguirlo.

El Talmud

La Ley necesitaba ser reinterpretada constantemente para que pudiera ser aplicada según requerían los acontecimientos. Los fariseos en Jamnia invocaron una vez más su pretensión de poseer los secretos orales de Dios y comenzaron a reinterpretar los estatutos y los mandamientos. De este modo iba a surgir el *Talmud*, la extensión anticristiana de la Torá, que con el paso de los siglos iba a constituirse en "la cerca alrededor de la Ley". El Dr. Kastein explica la importancia de Jamnia:

> "Un grupo de profesores, eruditos y educadores se encaminaron hacia Jamnia cargando el destino de su pueblo sobre sus espaldas para hacerse responsables de él a través de los siglos... En Jamnia se estableció el cuerpo central para la administración de los judíos... Por norma, cuando una nación ha sido completamente derrotada como lo fueron los judíos en esta ocasión, perecen todos. Pero el pueblo judío no pereció... Ellos habían aprendido cómo cambiar su actitud durante el cautiverio en Babilonia... Y ellos siguieron una senda semejante ahora".

El viejo Sanedrín, la fuente de toda autoridad legislativa, administrativa y judicial, se estableció en Jamnia. Se creó además una academia para el posterior desarrollo de la Ley. En ella los escribas continuaron la revelación del pensamiento de Jehová y la interpretación de la Ley, que fue administrada desde allí y se levantó como una infranqueable barrera contra el mundo exterior. Se reforzó la disciplina con el objetivo de hacer que la vida de los judíos fuese completamente diferente a la de los gentiles. Cualquier ley que fuese aprobada con la mayoría de los votos del Sanedrín se convertía en una imposición de obligado cumplimiento para todas las comunidades dispersas. A los opositores se les amenazaba con un edicto que significaba la exclusión de la comunidad. El periodo de gobierno desde Jamnia duró cerca de un siglo y luego fue transferido a Usha, en Galilea, donde se instaló el Sanedrín. Desde allí siguieron emanando leyes que según el Dr. Kastein "establecían más limitaciones para el judaísmo que lo hicieron aún más exclusivo".

En el año 320 d. C. el emperador Constantino se convirtió al cristianismo y promulgó leyes que prohibían que los judíos tuvieran esclavos cristianos. Constantino prohibió asimismo el matrimonio entre judíos y cristianos. Se trataba de la respuesta a la Ley de exclusión administrada por el gobierno de Usha. Entonces, alegando que se trataba de persecución, trasladaron el centro nuevamente a Babilonia, donde la colonia que ocho siglos antes había preferido permanecer allí en lugar de regresar a Jerusalén seguía todavía intacta. Con el tiempo el gobierno talmúdico se asentó en Sura. Allí y en Pumbedita se crearon academias.

El *Talmud* ocupó el lugar de la Torá, del mismo modo que la Torá había suplantado anteriormente las tradiciones orales. Los líderes espirituales o directores de las academias de Sura y Pumbedita eran llamados gaonim (gaon significa eminencia o excelencia) y comenzaron a ejercer una autoridad autocrática. De hecho a las escuelas talmúdicas de Sura y Pumbedita, junto al río Éufrates, se las ha denominado las Universidades de Oxford y Cambridge del judaísmo mesopotámico. Los Exilarcas en la sombra (luego Nasim o Príncipe) dependían de la aprobación de los gaonim e incluso el Sanedrín renunció a sus funciones o quizá fue privado de ellas. Esta época es conocida como la del gaonato.

Llegados a este punto es imprescindible explicar de la manera más concisa posible qué es el *Talmud*, puesto que la experiencia enseña que pocas personas conocen el contenido y su importancia para el judaísmo. En *Historia judía, religión judía*, Israel Shahak nos advierte de que "lo primero que hay que tener claro es que la fuente de autoridad para todas las prácticas del judaísmo clásico y del judaísmo ortodoxo de hoy, la base determinante de su estructura legal, es el *Talmud*". Concretamente se refiere al *Talmud* babilónico, ya que existe también el de Palestina. La interpretación legal de los textos sagrados está rígidamente fijada por el *Talmud* más que por la Biblia.

En el *Talmud* hay dos partes. La primera, la *Mishnah*, escrita en hebreo y arameo cuando el fariseísmo se había convertido ya en talmudismo, fue redactada en Palestina en torno al 200 d. C. a partir de una material oral mucho más extenso acumulado durante los dos primeros siglos de nuestra era. Consta de seis volúmenes, cada uno de los cuales se subdivide en varios tratados. La segunda parte, la que predomina, es la *Gemarah*, consiste en una voluminosa recopilación de discusiones sobre y en torno a la Mishnah. Hay dos colecciones de *Gemarah*: una compuesta en Babilonia entre los años 200 y 500 d. C. y otra compuesta en Palestina entre el 200 d. C. y una fecha desconocida bastante anterior al 500 d. C.. El *Talmud* babilónico, o sea, la *Mishnah* más la *Gemarah* mesopotámicas, es mucho más extenso y está mejor organizado que el palestino. Es considerado definitivo y su autoridad es indiscutible. La lengua predominante en el *Talmud* babilónico es el arameo. Dicho esto, lo siguiente que hay que decir es que en el *Talmud* el racismo es repugnante hasta lo increíble y el odio hacia el cristianismo, visceral. No podemos ahora ejemplificar por extenso, puesto que nuestro objetivo es demostrar la impostura racial de los sionistas. No obstante, algunas muestras de la afirmación anterior siguen a continuación.

Las alegaciones sexuales insidiosas contra Jesús son numerosas. El *Talmud* afirma que su castigo en el infierno consiste en ser sumergido en excremento ardiendo. Existe un precepto en el cual se ordena a los judíos que quemen, en público si es posible, toda copia del Nuevo Testamento que caiga en sus manos. Quienes piensen que del dicho al hecho hay un buen trecho se equivocan: el 23 de marzo de 1980 cientos de copias del Nuevo Testamento se quemaron pública y ceremonialmente en Jerusalén bajo los auspicios de Yad Le'akhin, organización religiosa judía subvencionada por el Ministerio para las Religiones de Israel. Más recientemente, el 22 de mayo de 2008, el reverendo Ted Pike denunció públicamente en Estados Unidos que el 20 de mayo del mismo año, en cumplimiento de la obligación impuesta en el *Talmud* (Shabbethai 116), se había procedido en la ciudad israelí de Or Yehuda a la quema de ejemplares del Nuevo Testamento. El acto tuvo lugar en respuesta a una orden del alcalde, Uzi Aharon, que recorrió la ciudad en un coche con megafonía desde el que se ordenaba a los jóvenes que recogieran todos los libros que encontrasen y los convocaba para que los quemasen en público. Es fácil imaginar la bronca que la prensa sumisa (casi toda) hubiera montado si un Estado cualquiera (antisemita por supuesto) hubiera quemado públicamente el *Talmud*. En el Estado sionista los niños aprenden hoy en día el precepto talmúdico según el cual al pasar cerca de un cementerio judío deben pronunciar una bendición, pero si el cementerio es no-judío deben maldecir a las madres de los muertos. No hay que olvidar que los niños judíos de Israel aprenden el *Talmud* en las escuelas. Recientemente el profesor Daniel Bar-Tal de la Universidad de Tel Aviv ha realizado un estudio sobre ciento veinticuatro libros de primaria, de secundaria y de enseñanza superior y ha llegado a la conclusión de que el odio racial está en la base de la educación.

Los ejemplos de racismo en el *Talmud* son interminables. Los gentiles somos también llamados goyim. Según parece la palabra procede de la onomatopeya goy, que pretende reproducir el gruñido de los cerdos. Veamos unas pocas muestras: "una mujer judía se contamina si se relaciona con cristianos" (Iore Dea 198,48). "Los cristianos y los animales son comparables" (Orach Chaiim 225,10) "La simiente de los cristianos vale lo mismo que la de los animales" (Kethuboth, 3b). "Los judíos poseen una dignidad que ni los ángeles pueden compartir" (Chullin, 91b). "Un judío es considerado bueno a pesar de los pecados que pueda cometer" (Chagigah, 15b). "La propiedad de un cristiano pertenece al primero que la reclame" (Babha Bathra, 54b). "Está permitido engañar a cristianos" (Babha Kama, 113b). "Un judío puede mentir y perjurar para condenar a un cristiano" (Babha Kama, 113ª). "No salves a los cristianos en peligro de muerte" (Hilkkoth Akun, X,1). "Los cristianos deben ser destruidos por idólatras" (Zohar I, 25ª). "Incluso el mejor de los goyim debería ser asesinado" (Abhodah Zarah (26b)T.). "Si un judío mata a un cristiano, no peca" (Sepher Or Israel, 177b.). "El exterminio de los cristianos es un sacrificio necesario" (Zohar II,43ª). Estos dechados traducidos del inglés proceden de la edición Soncino (Londres 1935).

Un movimiento como el hasidismo, de clara inspiración talmudista, tiene cientos de miles de adeptos en todo el mundo que siguen fanáticamente a sus rabinos sagrados, algunos de los cuales -comenta Israel Shahak en su obra *Historia judía, religión judía*- han adquirido una considerable influencia política en Israel entre los líderes de todos los partidos, y aún más entre los altos mandos del Ejército (Tsahal). Su libro fundamental, el famoso *Hatanya*, enseña que "todos los no judíos son criaturas totalmente satánicas en las que no hay absolutamente nada bueno". Hasta un embrión no-judío es cualitativamente distinto de uno judío. La existencia misma de un no-judío es "inesencial", mientras que toda la creación tuvo lugar exclusivamente en aras de los judíos. "En Israel -insiste Israel Shahak- estas ideas están muy difundidas entre el público en general, en las escuelas y en el Ejército".

La honestidad intelectual y el rigor moral de Israel Shahak, uno de los muchos judíos antisionistas dignos de admiración que aparecen en esta obra que pretende desvelar las grandes imposturas de la Historia, le llevan a denunciar en sus observaciones sobre el hasidismo al filósofo Martín Buber (premio Goethe de la Universidad de Hamburgo 1951. Premio Paz de la Cámara del Libro alemana 1953. Premio Erasmus 1963). Shahak escribe estas palabras sobre Buber:

> "Un impostor fundamental en este caso, y un buen ejemplo del poder del engaño, fue Martín Buber. Las numerosas obras en las que ensalza a la totalidad del movimiento hasídico no llegan siquiera a insinuar las verdaderas doctrinas del hasidismo en relación con los no judíos. El crimen de fraude es aún mayor si se tiene en cuenta el hecho de que los elogios de Buber al hasidismo se publicaron por primera vez en Alemania durante el periodo de ascenso del nacionalsocialismo... Pero a la vez que aparentemente se enfrentaba al nazismo, Buber glorificó un movimiento que sostenía y, de hecho, enseñaba doctrinas relativas a los no judíos que no se diferenciaban de las doctrinas nazis respecto a los judíos".

España, centro del judaísmo talmúdico

Hecho este inciso necesario sobre el *Talmud*, podemos retomar el hilo de la narración donde lo habíamos dejado. Durante cientos de años el gobierno talmúdico, en Jamnia, en Usha, en Sura, permaneció cerca de su nativo clima oriental, pero con la llegada del Islam iba a producirse su traslado a Europa, concretamente a España. Las instrucciones del Califa a los conquistadores árabes en 637 eran las siguientes: "No actuaréis traicioneramente, deshonestamente, no cometeréis ningún exceso ni mutilación, no mataréis ni a niños ni a ancianos, no cortaréis ni quemaréis palmeras o árboles frutales, no mataréis ninguna oveja, vaca o camello y dejaréis solos a aquellos que encontréis dedicados a la oración en sus celdas". Compárese esta orden con la de Jehová en *Deuteronomio*: "De las ciudades de estas gentes que el Señor vuestro Dios os da en herencia no dejaréis con vida nada que respire". Así, pues, gracias a la humanidad de los árabes, los nativos habitantes de Palestina, los palestinos, que habían vivido allí desde dos mil años antes de la entrada de los hebreos, se convirtieron al Islam libremente o bien continuaron siendo cristianos sin ningún impedimento.

Los judíos españoles, los sefarditas que vivían en España a comienzos del siglo VIII, jugaron un papel determinante en la conquista árabe de la Península. En *Orígenes de la Nación Española. El Reino de Asturias*, Claudio Sánchez Albornoz escribe:

> "Sin la colaboración de los judíos y de los vitizianos..., aun después de la derrota de Guadalete, la conquista musulmana hubiera sido mucho más

difícil y mucho más lenta y quizá no habría llegado a consumarse por entero. Si Tariq no hubiese podido dejar guarnecida Toledo por los judíos y por un puñado de sus hombres, ¿habría podido perseguir a los patricios que se refugiaron en Amaya y cruzar después los Campos Góticos? Es dudoso que Abd al-Aziz, hijo de Muza, hubiese logrado conquistar el sureste sin la ayuda de los judíos de Granada y de las otras ciudades de la zona... No habría sido dable a Muza avanzar sobre Mérida, capital de la Lusitania, si no hubiese asegurado la alcazaba de Sevilla con una guarnición hebrea".

Los judíos apoyaron la conquista de España no sólo con hombres, sino también con dinero y por ello fueron tratados de manera muy especial por los árabes, que fueron dejando bajo su control ciudad tras ciudad. Debido a las circunstancias muy propicias que siguieron a la invasión, el gobierno talmúdico acabó siendo trasladado de Babilonia a España. El Dr. Kastein explica que el judaísmo, disperso como estaba sobre la faz de la Tierra, estuvo siempre dispuesto a establecerse en un Estado ficticio en sustitución del que había perdido y aspiraba por tanto a un centro desde donde pudiese guiar a los judíos. "Este centro fue situado entonces en España –confirma el Dr. Kastein- a donde la hegemonía nacional fue transferida desde el este. Del mismo modo que Babilonia había tomado el lugar de Palestina, ahora España reemplazaba oportunamente a Babilonia, que, como centro del judaísmo, no era capaz de seguir funcionando".

Así pues, el gobierno de la nación dentro de naciones continuó en Córdoba, a donde se trasladó el gaonato y estableció la academia talmúdica. Es probable que en algún momento un Exilarca en la sombra reinase sobre la judería. Todo ello pudo hacerse bajo la protección del Islam. Los árabes y los moros, como había ocurrido antes en Babilonia y en Persia, fueron extremadamente benevolentes con una fuerza incrustada entre ellos, que progresivamente fue copando más parcelas de poder. Durante el califato de Abd-al-Rahman III, el máximo poder en España fue detentado por un judío, Hasdai Ibn Shaprut. Él fue el creador de la escuela de estudios talmúdicos en Córdoba, que con el tiempo iba a romper la hegemonía de las escuelas babilónicas de Sura y Pumbedita. Con posterioridad dicha escuela se trasladó a Lucena y finalmente a Toledo. Este personaje es clave en la segunda parte de esta narración, en la que acabaremos de comentar el destino de los judíos sefarditas tras la expulsión decretada por los Reyes Católicos.

Un documento indicativo del odio que iba a generar la expulsión se halla en la *Silva curiosa*, de Julián de Medrano, editada en París en 1583 por Nicolas Chesneau. De ella, con ortografía actualizada, procede esta correspondencia:

> "Esta carta siguiente fue hallada por el Ermitaño de Salamanca en los archivos de Toledo, buscando las antigüedades de los Reinos d'España; y pues ella es sentida y notable, quiero escribírtela aquí

Carta de los judíos d'España a los de Constantinopla.

'Judíos honrados, salud y gracia. Sepades que el Rey d'España por pregón público nos hace volver cristianos, y nos quitan las haciendas, y las vidas, y nos destruyen nuestras sinagogas, y nos hacen otras vejaciones, las cuales nos tienen confusos, y inciertos de lo que hemos de hacer. Por la Ley de Moysen os rogamos, y suplicamos tengáis por bien de hacer ayuntamiento, y enviarnos con toda brevedad la deliberación que en ello hubiéredes fecho.'

CHAMORRA, Príncipe de los judíos d'España.'

Respuesta de los judíos de Constantinopla, a los judíos de España.

'Amados hermanos en Moysen vuestra carta recibimos, en la cual nos significáis los trabajos y infortunios que padecéis, de cuyo sentimiento nos ha cabido tanta parte como a vosotros. El parecer de los grandes Sátrapas y Rabi es lo siguiente.

A lo que decís que el Rey de España os hace volver cristianos, que lo hagáis pues no podéis hacer otro. A lo que decís que os mandan quitar vuestras haciendas, haced vuestros hijos mercaderes, para que poco a poco les quiten las suyas. A lo que decís que os quitan las vidas, haced vuestros hijos médicos y boticarios, para que les quiten las suyas. A lo que decís que os destruyen vuestras sinagogas, haced vuestros hijos clérigos y teólogos, para que les destruyan sus templos. Y a lo que decís que os hacen vejaciones, procurad que vuestros hijos sean abogados, procuradores, notarios, consejeros que entiendan en negocios de Repúblicas, para que sujetándolos ganéis tierra, y os podáis vengar dellos, y no salgáis desta orden que os damos, porque por experiencia veréis que de abatidos, vendréis a ser tenidos en algo.

USSUS FF., Príncipe de los judíos de Constantinopla.'"

A partir de la expulsión de los judíos de España comienza el misterio para muchos historiadores, toda vez que el gobierno talmúdico fue trasladado a Polonia. ¿Pero por qué fue trasladado A Polonia? No hay ni un solo documento que haga referencia a una gran migración de judíos del oeste de Europa hacia allí. Tras salir de Sefarad los sefarditas se esparcieron principalmente por el norte de África, Italia, Grecia y Turquía. También se formaron colonias en Francia, Inglaterra, Holanda y Alemania. Sin embargo, cuando en el siglo XVI el centro del gobierno se asentó en Polonia, más de medio millón de judíos se encontraban ya en la zona. Poblaciones de estas magnitudes no aparecen por arte de magia. ¿De dónde habían salido?

El Dr. Kastein comprende que algo falla y que es necesaria una explicación; pero se muestra poco dispuesto a buscarla, pues descarta cualquier causa que elucide este hecho "misterioso" que no sea la de la inmigración procedente de Francia, Alemania y Bohemia. Cuando un historiador sionista pasa por encima de un hecho tan importante con conjeturas azarosas, cabe pensar que algo se oculta. Y lo que se quiere encubrir es que el gobierno talmúdico, después de haber hecho del credo racial la base de su doctrina, increíblemente, pasó a manos de una numerosa comunidad de "judíos" que no tenían ni gota de sangre semítica: los kázaros de origen turco-mongoloide, un pueblo cuyos antepasados nunca habían conocido Judea, pero que se habían convertido al judaísmo en el siglo VIII. Este gobierno talmúdico autónomo fue llamado Kahal. En su propio territorio el Kahal fue un gobierno habilitado para ejercer su poder bajo soberanía polaca: tenía capacidad independiente para recaudar sus propios impuestos en sus guetos y comunidades, de los que debía entregar una parte al gobierno polaco. Pero todo esto se verá en la segunda parte, que cuenta la historia de los kázaros.

2ª PARTE
LOS JUDÍOS NO SEMITAS: LOS KÁZAROS

Durante siglos se ocultó todo o casi todo sobre los kázaros. Douglas Reed cuenta en *The Controversy of Zion* que en 1951 un editor de Nueva York fue presionado por el jefe judío de un despacho político para que no publicase uno de sus libros, con el pretexto de que Reed se había inventado a los kázaros. Tuvo que ser un desertor judío, el multimillonario Benjamín Freedman, quien, tras convertirse al catolicismo en 1945, desveló públicamente uno de los secretos mejor guardados de la Historia. En su famosa y significativa carta al Dr. David Goldstein, fechada el 10 de octubre de 1954 y editada posteriormente en inglés con el título de *Facts are facts*, Freedman explica que en 1948, en el Pentágono, en Washington, se dirigió a una numerosa asamblea de oficiales de alto rango del Ejército de Estados Unidos, muchos de los cuales pertenecían a una rama de la Inteligencia Militar, para conferenciar sobre la explosiva situación en Europa y en Oriente Medio. Allí les habló a los militares asistentes del reino de Kazaria y de los kázaros. Al terminar su discurso, se le acercó un coronel para decirle que era jefe del departamento de Historia de una de las más importantes instituciones de educación superior de Norteamérica, que había enseñado historia durante dieciséis años y que nunca a lo largo de su carrera como profesor había oído la palabra kázaro. Esta anécdota permite, escribe Freedman en su carta, "hacernos una idea del éxito conseguido por este misterioso poder secreto en su conspiración para soterrar el origen y la historia de los kázaros con el fin de ocultar al mundo el verdadero origen de los judíos del este de Europa".

La información que Benjamín Freedman ofrece sobre los kázaros en *Facts are facts*, extraída principalmente de la *Jewish Enciclopedia*, ha sido ya superada ampliamente; pero aun así sus apreciaciones no dejan de tener interés, como iremos viendo. En cualquier caso la obra fundamental para conocer con detalle la historia de estos kázaros o jázaros es *The Thirteenth Tribe*, de Arthur Koestler, publicada en 1976. De ella vamos a resumir las informaciones pertinentes para conocer la tesis. Conviene decir antes de nada que Koestler fue él mismo un sionista en su juventud. Nacido en el seno de una familia judía de Budapest en 1905, tuvo en Wladimir Jabotinsky (el creador de la Legión Judía y de los grupos terroristas Irgun Zvai Leumi y Stern), a su primer ídolo. El 14 de mayo de 1948 incluso asistió en Tel Aviv a la proclamación del Estado de Israel. Afortunadamente, acabó distanciándose de la locura del sionismo y en su obra *La sombra del dinosaurio* escribió: "Me considero miembro de la comunidad europea, ciudadano británico por naturalización, de origen racial incierto y mixto. Acepto los valores éticos, pero renuncio a los dogmas de nuestra tradición grecolatina-judeocristiana. No me considero hebreo racial y no creo en la religión judía". Desde entonces nunca regresó a Israel, aunque siguió defendiendo el derecho a existir del Estado judío, lo cual implica que en el fondo nunca dejó de ser un sionista. Enfermo de leucemia y Parkinson y tras haber defendido la eutanasia, se suicidó junto a su mujer en 1983.

Quiénes eran, pues, estos kázaros, de ascendencia turca, y dónde levantaron su imperio es lo primero que interesa conocer para poder examinar su historia. Tres magníficas fronteras naturales delimitaban el territorio de Kazaria: al sur la gran barrera de montañas del Cáucaso; al oeste, el mar Negro y el mar de Azov; al este, el Caspio o Mar de los Kázaros. Las estepas y los ríos Volga, Don y Dnieper se abrían al norte, hacia donde expandieron sus dominios. En el momento culminante de su poder controlaron o exigieron tributo a más de treinta diferentes naciones y tribus que habitaban los vastos territorios comprendidos entre el Cáucaso, el mar de Aral, los Urales la ciudad de Kiev y las estepas ucranianas. Desde el norte se accedía a las principales ciudades del imperio a través del estrecho paso entre el Don y el Volga, conocido como la ruta de los kázaros. Desde esta posición estratégica sirvieron de parachoques a Bizancio, puesto que se interponían en el camino de las tribus bárbaras de las estepas: búlgaros, pechenegos, magiares y, más tarde, de los rusos y los vikingos, que bajaban desde el norte navegando por los ríos. Además también salvaguardaron a los bizantinos de los árabes.

Entre los autores a quienes Koestler cita en su bibliografía selecta está el renombrado orientalista Douglas Morton Dunlop. De su obra *The History of the Jewish Khazars*, (Princeton, 1954) reproduce lo siguiente:

> "El país de lo kázaros se extendía a lo largo de la línea natural de avance de los árabes. A los pocos años de la muerte de Mahoma, los ejércitos del Califato avanzando de manera arrolladora hacia el norte entre las ruinas de dos imperios..., alcanzaron la gran barrera montañosa del Cáucaso. Una vez atravesada esta barrera se abría el camino hacia las tierras del este de Europa. Fue así como en los bordes del Cáucaso los árabes se encontraron con las fuerzas bien organizadas de una potencia militar que de manera eficaz les impidió extender sus conquistas en esta dirección. Las guerras entre árabes y kázaros, que duraron más de cien años, aunque poco conocidas, son de una importancia histórica considerable... Los victoriosos musulmanes fueron detenidos por las fuerzas del reino de Kazaria... Sin la existencia de los kázaros en la región del norte del Cáucaso, Bizancio, el baluarte de la civilización europea en el este, se hubiera encontrado flanqueado por los árabes y la historia de la cristiandad y del Islam podría haber sido muy diferente."

No es extraño en estas circunstancias que en 732 -tras una resonante victoria de los kázaros sobre los árabes- el futuro emperador Constantino V se uniera a una princesa kázara. Con el tiempo el hijo nacido de este matrimonio se convirtió en el emperador Leo IV, conocido como Leo el

Kázaro. Irónicamente la última batalla de la guerra, en 737, acabó con una derrota de los kázaros; pero en aquel tiempo el ímpetu de la guerra santa había pasado y el Califato estaba ya sacudido por disensiones internas.

Pocos años después, probablemente en 740, informa Koestler, el rey, su corte y la clase militar dirigente abrazaron el credo judío y el judaísmo se convirtió en la religión de los kázaros. "Sin duda sus contemporáneos quedaron tan perplejos por la decisión -opina Koestler- como los modernos investigadores cuando comprobaron la evidencia a través de fuentes árabes, bizantinas, rusas y hebreas". Todas estas fuentes difieren sólo en detalles menores y la mayor parte de los hechos son indiscutibles.

Lo que sí se discute es el destino de los kázaros judíos tras la destrucción de su imperio, entre los siglos XII y XIII, puesto que sobre este problema las fuentes son escasas. Se tiene conocimiento de colonias kázaras en Crimea, Ucrania, Hungría, Polonia y Lituania. Reproduzco aquí el texto de Koestler: "El cuadro general que emerge de los trozos de información fragmentaria es el de una migración de las tribus y comunidades kázaras hacia estas regiones del este de Europa -principalmente Rusia y Polonia-, donde al principio de la historia moderna se encontraban las mayores concentraciones de judíos. Esto ha llevado a varios historiadores a conjeturar que una parte sustancial, y quizá la mayoría de los judíos del este de Europa -y por tanto de la judería mundial- sería de origen kázaro y no de origen semita".

El alcance de las implicaciones de esta hipótesis para los creyentes en el dogma de la raza elegida explicaría la gran precaución de los historiadores en su aproximación a este asunto, cuando no procuran evitarlo. Entre quienes proponen con más vehemencia esta idea de los orígenes kázaros de los judíos se encuentra el profesor de Historia Judía Medieval A. N. Poliak[1], de la Universidad de Tel Aviv. De su libro *Kazaria* (en hebreo), publicado en Tel Aviv en 1944 y reeditado en 1951. Koestler cita este fragmento de la introducción:

> "Los hechos exigen una nueva aproximación, tanto el problema de las relaciones entre los judíos kázaros y otras comunidades judías, como la cuestión de hasta qué extremo podemos considerar a los judíos kázaros como el núcleo de la amplia colonia judía del este de Europa... Los descendientes de esta colonia -aquellos que permanecieron donde estaban, los que emigraron a Estados Unidos o a otros países y los que

---

[1] Abraham N. Poliak nació en 1910 en Kiev. Llegó con su familia a Palestina en 1923. Ocupó la cátedra de Historia Judía Medieval en la Universidad de Tel Aviv. Autor de numerosos libros. Su ensayo *La Conversión Kázara al Judaísmo,* apareció en 1941 en el periódico hebreo *Zion*, desencadenó vivas controversias. Lo mismo ocurrió con su libro *Kazaria*, que fue recibido con hostilidad y fue considerado un intento de socavar la sagrada tradición que relaciona la descendencia de la judería mundial con la tribu bíblica. Su teoría no es mencionada en la edición de la *Enciclopaedia Judaica* de 1971-72.

fueron a Israel- constituyen ahora la amplia mayoría de la judería mundial."

Si esto es así, significaría que los ancestros de los sionistas no proceden del Jordán sino del Volga; no de Canaán, sino del Cáucaso. Genéticamente están más cerca de los hunos y de las tribus magiares que de la simiente de Abraham, Isaac y Jacob, en cuyo caso, afirma Koestler, el término antisemitismo quedaría vacío de significado. Según él, tal como emerge del pasado, la historia del Imperio Kázaro sería el origen de la farsa más cruel que jamás haya perpetrado la Historia.

Las crónicas

Las primeras noticias que se tienen proceden de escribanos georgianos o armenios, cuyos países, de culturas más antiguas, habían sido devastados repetidamente por los jinetes kázaros. Un cronista georgiano se refiere a ellos como "salvajes de caras espantosas y modales de bestias indómitas, bebedores de sangre". Un escribano armenio habla de "horribles multitudes de kázaros de expresión insolente e imperturbable y con largos cabellos como mujeres". Posteriormente, el geógrafo árabe Istakhri, una de las principales fuentes árabes escribe: "Los kázaros no se parecen a los turcos. Tienen el cabello negro y los hay de dos tipos: los llamados Kara-Kazars (kázaros negros), que son de un moreno tan oscuro como el de los hindúes; y los Ak-Kazars (kázaros blancos), que son sorprendentemente atractivos".

La antropología y la lingüística aparecen como ciencias imprescindibles para aclarar múltiples cuestiones sobre los orígenes de docenas de tribus que, como los hunos, los alanos, ávaros, búlgaros, magiares, uigures, kirguises, pechenegos, etc., llegaron en sus migraciones a relacionarse en un momento u otro con el Imperio kázaro. En *The Thirteenth Tribe*, Koestler constata que incluso los hunos, a quienes conocemos más, son de origen incierto. Aparentemente su nombre derivaría del chino Hiung-un, que designaría a guerreros nómadas en general. A partir del siglo V muchas de estas tribus que se desplazaban hacia el oeste eran llamadas genéricamente "turcos". El término también es supuestamente de origen chino y era usado para referirse a todas las tribus que hablaban lenguas con características comunes a este grupo lingüístico. Así el término turco, en el sentido en que lo usaban los escritores medievales, haría referencia esencialmente a la lengua y no a la raza. En este sentido los hunos y los kázaros eran pueblos turcos, pero no los magiares, cuya lengua pertenece al grupo de las fino-ugrias (no indoeropeas). La lengua de los kázaros era pues seguramente un dialecto del turco. El nombre kázaro derivaría de la raíz turca gaz, que significa nómada.

Una de las más tempranas referencias a los kázaros se encuentra en una crónica siria de Zacharia Rhetor, de mediados del siglo VI, que los menciona como habitantes de la región del Cáucaso. Otras fuentes indican, no obstante, que un siglo antes ya habrían llegado a la zona y estarían íntimamente relacionados con los hunos. En el año 448 el emperador bizantino Teodosio II envió una embajada a Atila en la que iba un afamado retórico de nombre Priscus. Gracias a él tenemos información sobre los hábitos y las costumbres de los hunos. Pero Koestler lo cita porque Priscus tiene también cosas que contar sobre una gente sometida a los hunos a los que llama Akatzirs, que se parece mucho a Ak-Kazars (kázaros blancos). Según Priscus el emperador de Bizancio trató de ganarse a esta raza de guerreros, pero un codicioso jefe kázaro llamado Karidach consideró el soborno que se le ofreció inadecuado y optó por permanecer con los hunos. Atila derrotó al cacique rival de Karidach y lo sitúo a él como único gobernante de los Akatzirs. En definitiva, concluye Koestler en su obra, la crónica de Priscus confirma que los kázaros aparecen en la escena europea a mitad del siglo V como una tribu subordinada a la soberanía de los hunos y debe ser contemplada junto a los magiares y otras tribus como descendientes tardíos de la horda de Atila.

Tras la muerte de Atila, el colapso del imperio de los hunos dejó un vacío de poder en el este de Europa. Los kázaros durante este tiempo anduvieron asaltando y saqueando las ricas regiones trans-caucásicas de Georgia y Armenia, en donde obtenían enormes botines. Fue durante la segunda mitad del siglo VI cuando se convirtieron en la fuerza dominante entre las tribus del norte del Cáucaso. Quizá fueron los poderosos búlgaros quienes ofrecieron la resistencia más dura; pero finalmente también ellos fueron derrotados de manera aplastante (hacia 641). Como resultado de la debacle, la nación búlgara se dividió en dos: algunos de ellos migraron hacia el oeste, al Danubio, y se establecieron en la región donde se halla hoy la moderna Bulgaria. Otros se dirigieron hacia el noreste, al curso medio del Volga, y quedaron sometidos a los kázaros.

Pero antes de obtener una soberanía plena, los kázaros habían hecho su aprendizaje bajo otro poder de corta vida del que fueron su principal fuerza de choque, el llamado Imperio Turco del Oeste, que era una confederación de tribus gobernadas por un Kagan o Khagan, título que los futuros monarcas kázaros iban a adoptar en el futuro. Este primer estado turco, muy anterior a las dinastías de turcos selyúcidas y otomanos que dominaron Asia Menor y Oriente Medio a partir del siglo XI, duró cerca de una centuria (hacia 550-650). Así, pues, los kázaros habían estado tutelados por los hunos y por dichos turcos. Tras el eclipse de estos últimos a mediados del siglo VII, les llegaba el turno de convertirse en el Reino del Norte, como lo llamaban persas y bizantinos.

Arthur Koestler considera que a partir de este momento comienza la ascensión del poder de los kázaros, que para él arranca en 627. En este año el emperador romano de Bizancio, Heraclius, concertó una alianza militar con ellos -la primera de una serie que iban a seguir- con objeto de preparar su decisiva campaña contra la Persia de Cosroes, aliada con los ávaros. Los kázaros aportaron a Heraclius una fuerza de 40.000 hombres a caballo comandada por un jefe llamado Ziebel. Koestler reproduce un pasaje del volumen V de *The History of the Decline and Fall of the Roman Empire* de E. Gibbon, el cual basándose en Teófanes describe el primer encuentro que se produjo entre el emperador bizantino y el tal Ziebel. Según parece, los cuarenta mil guerreros habrían sido conseguidos tras el compromiso de Heraclius de ofrecer en matrimonio a su única hija, Eudocia, al jefe bárbaro, lo cual indicaría el alto valor que la corte bizantina otorgaba a la alianza con los kázaros. Sin embargo la boda quedó en nada porque Ziebel murió mientras Eudocia y su séquito iban a su encuentro.

Koestler da también noticia de una orden de movilización para una segunda campaña contra los persas emitida por el gobernante de los kázaros y reproduce un fragmento de un cronista armenio, Moses of Kalankatuk, citado por D. M. Dunlop en la obra antes mencionada. La orden va dirigida "a todas las tribus y pueblos (se entiende sometidos a la autoridad de los kázaros) que habiten en las montañas o en las grandes llanuras, que vivan bajo techo o a cielo abierto, que tengan sus cabezas afeitadas o que lleven el pelo largo". Este texto da idea del heterogéneo mosaico étnico que componía el Imperio kázaro. Los auténticos kázaros, la clase dirigente, opina Koestler, serían probablemente una minoría, como era el caso de los austríacos en la monarquía austro-húngara.

El estado persa no se recobró nunca de las derrotas cosechadas frente al emperador Heraclius. Hubo una revolución y el rey fue asesinado por su propio hijo, quien a su vez murió meses después. Un niño fue elevado al trono y tras diez años de caos los primeros ejércitos árabes irrumpieron en la escena y dieron el golpe de gracia al Imperio Sasánida. Veinte años después de la Hégira los musulmanes habían conquistado Persia, Siria, Mesopotamia, Egipto y habían rodeado Bizancio en un semicírculo que se extendía desde el Mediterráneo hasta el Cáucaso y las riberas del sur del Caspio. Un triángulo de tres poderes quedaba pues constituido: El Califato islámico, Bizancio cristiano y el reino pagano de Kazaria en el norte.

Los árabes no se detuvieron ante el formidable obstáculo natural que constituía el Cáucaso, del mismo modo que no lo hicieron ante los Pirineos. Dos eran las puertas tradicionales para atravesar la formidable cadena de montañas: el paso de Dariel por el centro, y el desfiladero de Darband por el este. La puerta de Darband, próxima a la ribera del mar Caspio, llamada por los árabes Bab al Abwab, la Puerta de las Puertas, fue el paso a través del cual los musulmanes irrumpieron una y otra vez entre 642 y 652 en el interior de Kazaria con la intención de tomar la ciudad de Balanjar. Su voluntad era establecerse en la parte europea del Cáucaso. No lo consiguieron. Se tiene noticia de una gran batalla en 652 en la que ambos bandos utilizaron artillería (catapultas). Cuatro mil árabes perdieron la vida, incluido su comandante, Abd-al-Rahman ibn-Rabiah; los demás huyeron en desorden a través de las montañas. Tras esta derrota no intentaron nuevas incursiones durante treinta o cuarenta años. Sus principales ataques fueron entonces dirigidos contra Bizancio y en varias ocasiones sitiaron Constantinopla por mar y tierra.

Mientras tanto los kázaros, habiendo sometido a búlgaros y magiares, completaron su expansión hacia el oeste en Crimea y Ucrania. No se trataba ya de incursiones al azar para amasar botín y capturar prisioneros, sino de guerras de conquista que incorporaban a los pueblos vencidos al Imperio, que se había dotado de una administración estable y estaba dirigido por un todopoderoso Kagan. A comienzos del siglo VIII su estado estaba lo suficientemente consolidado como para emprender una ofensiva contra los árabes.

El segundo periodo de guerras (entre 722-37) repitió el mismo guión una vez y otra: la caballería kázara, por la Puerta de Darband o por el paso de Dariel, irrumpía en los dominios del Califato hacia el sur y los árabes respondían con contrataques a través de los mismos pasos hacia el Volga. Y vuelta a empezar. En una de las incursiones más importantes, los kázaros invadieron Georgia y Armenia, infligieron una derrota sonada a los ejércitos árabes en la batalla de Ardabil (730) y llegaron hasta Mosul, en dirección a Damasco, capital del Califato. La movilización de un ejército musulmán de refresco cambió el curso de los acontecimientos y los kázaros tuvieron que retirarse a través de las montañas. El siguiente año Maslamah ibn-Abd-al-Malik, el más prestigioso general árabe de su tiempo, que años atrás había dirigido el sitio de Constantinopla, atravesó el Cáucaso, tomó por fin la ciudad de Balanjar y llegó incluso hasta Samandar, otra importante ciudad situada más al norte; pero no consiguió establecer guarniciones permanentes y hubo de retroceder. Es posible que la plaza fuerte de Balanjar, en las estribaciones del norte del Cáucaso, fuera la primera capital de los kázaros y que como consecuencia de dichas incursiones fuese trasladada a Samandar, en las riberas occidentales del Caspio. Posteriormente la capital sería Itil, en el estuario del Volga, ciudad construida a ambos lados del río profusamente descrita por los cronistas.

La última campaña árabe fue conducida por el futuro califa Marwan II y acabó en una Victoria pírrica. Marwan hizo una oferta de alianza al Kagan kázaro y luego atacó por sorpresa a través de los dos pasos. El ejército kázaro, incapaz de sobreponerse tras la sorpresa inicial, tuvo que retirarse hasta el Volga y el Kagan se vio forzado a pedir condiciones para la paz. Marwan, siguiendo el esquema rutinario empleado en anteriores conquistas, exigió la conversión del Kagan al Islam. El Kagan cumplió, pero su conversión debió de ser de boquilla, puesto que nada más se dice de este episodio en las fuentes árabes o bizantinas, en contraste con los efectos duraderos que tuvo la adopción del judaísmo como religión del Estado, la cual ocurrió pocos años más tarde (hacia 740), como veremos.

En cualquier caso, lo que ocurrió puede resumirse así: Marwan, contento con los resultados alcanzados se despidió de Kazaria y regresó con su ejército a Transcaucasia sin dejar a sus espaldas guarniciones, gobernador o un aparato administrativo. Las razones de su magnanimidad son objeto de conjetura. Quizá los árabes se dieron cuenta de que, a diferencia de los civilizados persas, armenios o georgianos, aquellos feroces bárbaros del norte no podían ser gobernados por un príncipe títere musulmán y una pequeña guarnición. Hay que considerar asimismo que Marwan necesitaba a todos los hombres de su ejército para hacer frente a las rebeliones que estaban en proceso en Siria y en otras partes del Califato Omeya. El propio Marwan lideró la guerra civil que se desencadenó y llegó a ser el último califa Omeya en 744. Seis años más tarde sería asesinado y el Califato pasaría a manos de la dinastía Abasida.

Hecha esta somera introducción, puede ya entenderse quiénes eran los kázaros y en qué contexto histórico va a producirse su conversión al judaísmo. No obstante, antes de abordar la cuestión principal, conviene considerar unos últimos aspectos que pueden ayudar a comprender mejor. Koestler asegura sin lugar a dudas que se acabó otorgando o atribuyendo al Kagan un papel divino que llegó a una especie de veneración hacia su persona. De este modo, el Kagan viviría en un celoso apartamiento y su contacto con la gente estaría dosificado en extremo hasta el momento de su entierro, el cual estaba revestido de un ceremonial extraordinario. Los asuntos de Estado, incluida la jefatura del ejército, estaban en manos de un Bek (una especie de primer ministro), que a veces era llamado Kagan Bek, quien detentaba de hecho el poder efectivo. Los modernos historiadores coinciden en esto con las fuentes árabes. Describen el sistema de gobierno como un "double Kingship", es decir una doble dignidad o doble realeza o monarquía en la que el Kagan representaría el poder divino y el Bek, el secular o laico. Este sistema, considera Koestler, podría compararse con el japonés desde la Edad Media hasta 1867, cuando el poder secular se concentró en manos del Shogun, mientras que el Mikado fue venerado desde la distancia como una figura divina.

Paulus Cassel, teólogo protestante de origen judío, sugiere una analogía entre este sistema de gobierno y el juego del ajedrez. La doble dignidad es representada por el rey (el Kagan) y la reina (el Bek). Mientras dura la partida, se mantiene al rey apartado y protegido al máximo. Tiene poco poder y sólo puede moverse de manera muy limitada. La reina, por el contrario, es la pieza más poderosa del tablero y domina. Se puede perder a la reina y el juego continúa; pero si cae el rey es el máximo desastre y todo acaba. Este sistema de doble dignidad indica, pues, una distinción categórica entre lo sagrado y lo profano en la mentalidad de los kázaros. Los atributos divinos del Kagan se ponen de manifiesto en el siguiente texto de Ibn Hawkal, historiador y geógrafo árabe del siglo X:

"El Kagan debe ser siempre de la raza imperial (familia de los notables). Nadie puede acercarse a él si no es por asunto de mucha importancia: dado el caso se postrarán ante él y rozarán con sus caras el suelo hasta que autorice que se le acerquen. Cuando un Kagan... muere, quienquiera que pase cerca de su tumba debe hacerlo a pie y rendir sus respetos; y cuando se vaya no debe montar a caballo hasta que se encuentre a una distancia desde la que no se vea el sepulcro. Tan absoluta es la autoridad de este soberano, y hasta tal punto son obedecidas sus órdenes, que si le parece conveniente que uno de sus nobles debe morir, con decirle 've y quítate la vida', el hombre irá inmediatamente a su casa y se suicidará sin dudarlo."

Así, pues, el Kagan tenía que ser elegido de entre los miembros de la "raza imperial" o de la "familia de notables". Éste es asimismo el punto de vista de M. I. Artamanov, arqueólogo que en los años treinta excavó la fortaleza kázara de Sarkel en Rusia. Artamanov sostiene que los kázaros y otros pueblos turcos eran dirigidos por descendientes de la dinastía Turkut, dinastía del desaparecido Imperio Turco del Oeste (550-650), mencionado anteriormente. Otros estudiosos del tema sugieren que la "raza imperial" o "familia de notables", a la cual el Kagan debe pertenecer, se refiere a la antigua dinastía de Asena, mencionada en fuentes chinas, una especie de aristocracia basada en el mérito, de la cual los gobernantes turcos y mongoles alegaban descender. De todos modos, opina Koestler, todo esto no explicaría satisfactoriamente la división de poderes (divino y secular) única en aquellos tiempos en la región.

El mismo Artamanov propone una respuesta especulativa a dicha alegación. Sugiere que la aceptación del judaísmo como religión del Estado fue el resultado de un "coup d'etat", el cual redujo al mismo tiempo al Kagan, descendiente de una dinastía pagana cuya lealtad a la ley de Moisés era poco segura, a un papel de símbolo. Para Koestler se trata de una hipótesis tan buena como cualquier otra, pero con pocas evidencias que la apoyen. Sin embargo, admite que parece probable que ambos acontecimientos -la adopción del judaísmo y la doble dignidad- puedan estar conectados de alguna forma. En cualquier caso, antes de la conversión se tienen informaciones sobre el papel activo que desempeñaba el Kagan, como por ejemplo sus relaciones con Justiniano.

La conversión al judaísmo

La conversión de los kázaros al judaísmo constituye un hecho único en la historia. Cómo se produjo y por qué es lo que vamos a tratar en este apartado. Veremos que los motivos de esta decisión trascendente se explican plausiblemente en términos de poder político. A principios del siglo VIII el mundo estaba polarizado entre dos grandes superpoderes que representaban al cristianismo y al Islam. Estas dos religiones actuaban unidas ideológicamente a poderes políticos que procedían de acuerdo a los clásicos métodos de propaganda, subversión y conquista militar. El Imperio kázaro representaba la tercera fuerza; pero sólo podía mantenerse independiente, argumenta Koestler, si rechazaba tanto el cristianismo como el Islam, puesto que la aceptación de uno de los dos credos llevaba implícita de manera automática la subordinación a la autoridad del Califa de Bagdad o del Emperador romano. Había habido varios intentos por parte de ambas cortes de convertir a los kázaros: alianzas militares, matrimonios e incluso, como se ha visto, imposiciones. Confiando en su fortaleza militar y en el vasallaje de las tribus de las estepas (su "hinterland"), carentes de compromiso religioso, el reino de Kazaria estaba determinado a mantener su posición de tercera fuerza.

Sin embargo, al mismo tiempo, sus íntimos contactos con Bizancio y el Califato habían enseñado a los kázaros que su primitivo chamanismo no sólo era bárbaro y desfasado en comparación con los grandes credos monoteísticos, sino también incapaz de conferir a sus líderes la autoridad espiritual y legal que detentaban los dirigentes de los dos poderes teocráticos. Puesto que la conversión a una u otra religión llevaba aparejada sumisión y pérdida de independencia, abrazar un tercer credo no comprometido con ninguno de los otros dos debió de parecerles, sin duda, la solución más lógica.

Aunque la conversión fue motivada por razones políticas, sería absurdo imaginar que ciegamente, de la noche a la mañana, los kázaros abrazaron una religión cuyos dogmas eran desconocidos para ellos. De hecho, asegura Koestler, habían tenido relaciones con judíos y sabían de sus preceptos religiosos desde, por lo menos, un siglo antes de la conversión, gracias al flujo continuo de refugiados que huían de la persecución religiosa de Bizancio. Las persecuciones, que habían comenzado con Justiniano (527-565) y se habían endurecido bajo el periodo de Heraclius en el siglo VII, continuaron con Leo III en el siglo VIII y con Leo IV en el siglo IX. De hecho Leo III, que gobernó durante las dos décadas que precedieron la conversión al judaísmo, en un intento de acabar de golpe con la anomalía del estatus tolerado de los judíos, ordenó que todos sus súbditos judíos fueran bautizados. Sin duda esta orden contribuyó al aumento de la emigración hacia Kazaria. Estos exiliados poseían una cultura superior y fueron un factor importante en la creación de un ambiente de tolerancia y cosmopolitismo. Su influencia y su celo proselitista se habría hecho sentir principalmente en la corte y entre la nobleza dirigente. En sus esfuerzos misioneros, los refugiados habrían combinado argumentos teológicos y profecías mesiánicas con astutas valoraciones sobre las ventajas políticas derivadas de la adopción de una religión "neutral".

Estos judíos habrían traído consigo artesanía, arte bizantino, métodos superiores en comercio y agricultura y, además, el alfabeto hebreo. Se desconoce el tipo de escritura que utilizaban los kázaros antes, pero tanto Dunlop como Poliak, a los que Koestler acude con frecuencia, citan la *Kitab al Fihrist* de Ibn Nadim, una especie de enciclopedia bibliográfica escrita cerca de 987, para confirmar que a finales del siglo X los kázaros usaban el alfabeto hebreo. Servía para una doble función: el discurso erudito (de manera análoga al uso del latín en la Europa del oeste) y como alfabeto escrito para las diversas lenguas habladas en Kazaria (igual que se usaba el alfabeto latino por las lenguas vernáculas del oeste de Europa). Desde Kazaria la escritura hebrea parece haberse extendido a los países vecinos. Se han encontrado en Crimea epitafios en dos sepulturas escritos con grafías hebreas, pero con contenidos correspondientes a lenguas no semíticas que no han podido ser descifrados. Los hispanistas entendemos bien estos lances lingüísticos, toda vez que en España existe una literatura llamada aljamiada (aljamía, del árabe ayamiya: lengua extranjera) que alude a escritos en castellano o mozárabe con caracteres árabes. Nuestras jarchas mozárabes constituyen el mejor ejemplo de lo que venimos comentando, pues son consideradas las primeras manifestaciones líricas en lengua románica. Escritas en mozárabe están transcritas con caracteres árabes o hebreos y fueron encontradas en moaxajas hebreas (Stern 1948), y en moaxajas árabes (E. García Gómez 1951).

Así, pues, la conversión estuvo inspirada por motivos de oportunidad y concebida como una sagaz maniobra política; pero a la vez trajo consigo acontecimientos que difícilmente podrían haber sido previstos por quienes la iniciaron. El alfabeto hebreo fue el principio; pero tres siglos más tarde, informa Koestler, el declive del Estado kázaro estuvo marcado por estallidos de sionismo mesiánico, como fue el caso de David El-Roi, héroe de la novela de Benjamín Disraeli, que lideró cruzadas de judíos fanatizados para reconquistar Jerusalén.[2]

---

[2] Benjamín Disraeli (1804-1881) nacido en una familia sefardí, fue primer ministro de Gran Bretaña dos veces por el partido tory (1867-68 y 1874-80). Sus mandatos se caracterizaron por la agresividad en política exterior: control del canal de Suez, guerras coloniales en Afganistán y Sudáfrica, freno del expansionismo ruso apoyando al imperio otomano, que lo compensó con la entrega de Chipre en 1878, etc.. Podría decirse que Disraeli, como el héroe de su novela, fue un sionista "avant la lettre". Considerado como el más poderoso e influyente líder judío que jamás haya dirigido los destinos de una nación de gentiles, se cuenta que en una ocasión la reina le preguntó: "¿Es usted judío o cristiano?" y su respuesta fue: "Señora, yo soy la página que falta entre el Viejo y el Nuevo Testamento". En círculos sionistas se asegura sin ambages que aspiraba a la restauración de los judíos en la Tierra Prometida. Benjamín Disraeli escribió *The Wondrous Tale of Alroy* (1833) y *Coningsby* (1844). Alroy (El-Roi) un personaje maravilloso para Disraeli, era en realidad el líder de un movimiento mesiánico nacido en Kazaria en el siglo XII que se puso al frente de una cruzada judía para reconquistar Palestina por la fuerza de las armas. Este judío kázaro, Salomón ben Duji (o Ruhi o Roy), escribió cartas a los judíos de tierras cercanas diciéndoles que había llegado el tiempo en que Dios los llevaría a Israel. En el Kurdistán reunió un ejército de judíos locales, probablemente reforzado con kázaros, y consiguió tomar la fortaleza de Amadie, cercana

Las circunstancias de la conversión están oscurecidas por la leyenda, pero los principales relatos árabes y hebreos del hecho comparten los rasgos básicos. Una de las fuentes árabes citada por Koestler es Al-Masudi, el cual confirma que durante el Califato de Harum al-Rashid (786-809) el rey de los kázaros se había ya convertido al judaísmo y que hacia él habían convergido judíos de todas las tierras del Islam y del país de los griegos (Bizancio). Parece ser que un libro previo del Al-Masudi que describía exactamente los hechos se habría perdido; no obstante existen narraciones basadas en él. Koestler reproduce la de Al-Bakri, contenida en un libro del siglo XI, cuyo título en inglés es *Book of Kingdoms and Roads*.

La razón para la conversión al judaísmo del rey de los kázaros, que había sido previamente pagano, es como sigue. Él había adoptado el cristianismo (aquí Koestler puntualiza que no conoce ninguna otra fuente que haga mención de este hecho y considera que se trata de una versión más aceptable para lectores musulmanes que vendría a sustituir el corto periodo de adopción del Islam impuesto por Marwan ll, comentado anteriormente). Entonces reconoció su falsedad y discutió este asunto que le preocupaba enormemente con un alto funcionario, el cual le dijo: "Oh rey, aquellos que poseen las sagradas escrituras conforman tres grupos. Reúnelos y pídeles que te informen cada uno de su credo. Sigue luego a aquel que esté en posesión de la verdad". Entonces envió a buscar a un obispo entre los cristianos. Estaba con el rey un judío hábil en la argumentación que entabló una disputa con él. Le preguntó al obispo: "¿Qué dices de Moisés, el hijo de Amran, y de la Torá, que le fue revelada?" El obispo replicó: "Moisés es un profeta y la Torá dice la verdad". Entonces el judío dijo al rey: "Acaba de admitir la verdad de mi credo: Pregúntale ahora en qué cree él". Así pues el rey le preguntó y el contestó: "Yo digo que Jesús, el Mesías, es el hijo de María, él es la Palabra y él ha revelado los misterios en nombre de Dios". Entonces el judío dijo al rey de los kázaros: "Predica una doctrina que yo desconozco, mientras que él acepta mis proposiciones". El obispo no fue entonces capaz de demostrar lo que predicaba. Entonces el rey ordenó que le trajesen a un musulmán. Le enviaron a un erudito, un hombre inteligente, hábil en la

---

a Mosul. Desde allí a través de Siria pretendía entrar en la Tierra Prometida. Parece ser que uno de sus mensajeros viajó a Bagdad, donde la jerarquía de los rabinos, temiendo represalias de las autoridades, adoptó una actitud hostil hacia el falso Mesías y lo amenazaron con un edicto de expulsión. No es extraño que David El-Roi acabase asesinado. En *Coningsby* Disraeli presenta un cuadro en el que los judíos gobiernan el mundo tras los tronos. En un pasaje significativo Sidonia, que representa a Lionel Rothschild, comenta a Coningsby sobre un viaje realizado por varios países europeos en el que se entrevista con judíos que detentan el poder en todos ellos. Al llegar a España procedente de Rusia, el personaje con el que debe negociar un empréstito es Mendizábal (presidente del Gobierno entre 1835-36 y ministro de Hacienda en dos ocasiones, vinculado a la masonería, fue autor de la ley de desamortización de los bienes eclesiásticos, que despojó de sus propiedades a la Iglesia). "Un cristiano nuevo - dice Sidonia - el hijo de un judío de Aragón".

argumentación. Pero el judío contrató a alguien que lo envenenó durante el viaje y murió. De este modo el judío consiguió ganar al rey para su fe y abrazó el judaísmo.

Ciertamente los historiadores árabes, advierte Koestler, tenían un don para endulzar la píldora. Si el erudito musulmán hubiera podido participar en el debate, habría caído en la misma trampa que el obispo, puesto que ambos habrían aceptado el Antiguo Testamento, mientras que se hubieran enfrentado entre ellos al defender uno el Corán y el otro el Nuevo Testamento. Según él, la aceptación de este razonamiento por parte del rey es simbólica: sólo está dispuesto a aceptar doctrinas que son compartidas por los tres –su común denominador– y rechaza comprometerse con ninguna de las alegaciones de los rivales que vayan más allá de eso. Se trata una vez más del principio del mundo no comprometido, aplicado a la teología. Koestler se apoya en John Barnell Bury, quien, en su obra *A History of the Roman Eastern Empire*, señala que toda esta historia de la conversión implica que la influencia judía en la corte de Kazaria debe de haber sido muy fuerte incluso antes de la conversión formal, toda vez que se tuvo que ir a buscar al obispo y al erudito musulmán, mientras que el judío estaba ya con el rey.

Otra versión moderna de los detalles de la conversión nos la da Alfred Lilienthal, historiador y periodista de origen judío, destacado antisionista y amigo del pueblo palestino, que formó parte como consultor de la delegación de Estados Unidos en la reunión fundacional de la ONU en San Francisco. Lilienthal, en su obra *What Price Israel?*, confirma que el nombre del Kagan que se convirtió al judaísmo era Bulan, y que le siguieron en primer lugar sus nobles y posteriormente su pueblo. La correspondencia entre Joseph de Kazaria y el judío cordobés Hasdai Ibn Shaprut, primer ministro del Califa de España Abd-al-Rahman III, que veremos ampliamente a continuación, le sirve de fuente para relatar una ligera variante de cómo fue el debate. Explica Lilienthal que Bulan reunió a representantes de los tres credos monoteístas y les hizo discutir en su presencia; pero ninguno pudo convencer a los demás ni al propio soberano de que su religión era la mejor. Entonces, Bulan decidió hablar separadamente con cada uno de ellos. Al obispo cristiano le preguntó: "Si no fueras cristiano o tuvieras que dejar de serlo, ¿qué escogerías el Islam o el judaísmo? El obispo contestó: "Si tuviera que abandonar el cristianismo entonces escogería el judaísmo". A continuación le hizo la misma pregunta al musulmán y también este escogió el judaísmo. Fue así como Bulan decidió convertirse a la religión de los judíos.

El sucesor de Bulan adoptó ya un nombre hebreo y se llamó Obadiah. Bajo su reinado el judaísmo cobró mucha fuerza en Kazaria. Se construyeron sinagogas y escuelas para enseñar la Biblia y el *Talmud*. Lilienthal añade que el profesor H. Graez en su obra *Historia de los judíos* confirma que Obadiah hizo serios esfuerzos para fomentar la nueva religión y para ello invitó a sabios judíos a establecerse en sus dominios y los recompensó con generosidad. Estableció asimismo una ley fundamental según la cual era condición indispensable ser judío para acceder al trono.

La correspondencia Kázara: Hasdai Ibn Shaprut

La principal fuente judía es, pues, la llamada Correspondencia Kázara, un intercambio de cartas en hebreo entre Hasdai Ibn Shaprut, primer ministro del Califa de Córdoba, y Joseph, el Rey de Kazaria. Dicho intercambio epistolar tuvo lugar entre 954-61, según comenta Koestler, quien califica a Hasdai Ibn Shaprut como quizá la figura más brillante de la "Edad de Oro" (900-1200) de los judíos en España.

En 929, Abd-al-Rahman III, de la dinastía de los Omeya, fundó el Califato del oeste, cuya capital, Córdoba, con una biblioteca de 400.000 volúmenes catalogados, se convirtió en la gloria de España y en centro de la cultura europea. Hasdai, nacido en 910 en Córdoba en el seno de una distinguida familia judía, atrajo primero la atención de Abd-al-Rahman por sus conocimientos prácticos de medicina y lo nombró médico de su corte. Tanto confío en sus juicios y opiniones que Hasdai fue requerido para que pusiera en orden las finanzas del Estado y después para actuar como ministro de Exteriores del Califato. Koestler considera a Ibn Shaprut un auténtico "uomo universale" siglos antes del Renacimiento, pues entre los complicados asuntos de Estado encontraba todavía tiempo para traducir libros de medicina al árabe, escribirse con los rabinos más sabios de Bagdad y actuar como mecenas para poetas y gramáticos hebreos.

Este judío ilustrado y devoto (se ha dicho ya en la primera parte que había fundado en Córdoba la academia talmúdica) usó sus contactos diplomáticos para conseguir información sobre las comunidades judías dispersas por el mundo y para intervenir en su favor cuando era posible. Las persecuciones en el Imperio bizantino bajo el mandato de Romanus le preocuparon. Ibn Shaprut manejó su influencia para interceder en favor de sus correligionarios y aparentemente tuvo éxito porque la corte bizantina estaba interesada en la benevolente neutralidad de Córdoba durante las campañas de Bizancio contra los musulmanes del este. Según su propio relato, Hasdai Ibn Shaprut tuvo las primeras noticias de un reino judío independiente a través de unos mercaderes persas; pero dudó de la veracidad de la historia. Posteriormente preguntó a los miembros de una misión diplomática de Bizancio en Córdoba y estos no sólo se lo confirmaron, sino que le proporcionaron múltiples detalles, incluido el nombre de Joseph, entonces el Rey. Por consiguiente, decidió enviar correos con una carta.

La carta contiene una serie de cuestiones sobre el Estado kázaro, su gente, su método de gobierno, fuerzas armadas etc. Incluye asimismo una pregunta sobre a cuál de las doce tribus pertenecen. Dicha pregunta indica que Ibn Shaprut pensaba que los judíos kázaros procedían de Palestina, como era el caso de los judíos españoles, y que quizá podían ser una de las tribus perdidas. Lógicamente, al no ser de ascendencia judía, no pertenecían a ninguna de las tribus. En su respuesta a Hasdai, Joseph le proporciona información genealógica, pero el principal tema es el de la conversión, que había ocurrido doscientos años antes, y las circunstancias en que se produjo.

El texto de Joseph empieza con el elogio de su antepasado, el rey Bulan, un gran conquistador y un hombre inteligente que expulsó de su tierra a los hechiceros y a los idólatras (Benjamín Freedman especifica que rendían culto al falo entre otras formas de adoración practicadas en Asia por los pueblos paganos). Con posterioridad, se asegura en el relato, un ángel se le apareció en sueños y lo exhortó a adorar al único Dios verdadero prometiéndole a cambio que multiplicaría su descendencia, pondría en sus manos a sus enemigos y haría que su reino durase hasta el fin de los tiempos. Todo ello está inspirado, por supuesto, en la historia de la Alianza en el Génesis e implica que también los kázaros, aunque no fueran descendientes de Abraham, reclamaban asimismo el estatus de raza elegida que hizo su propia Alianza con el Dios. Al llegar a este punto, advierte Koestler con sutil perspicacia, el relato toma un rumbo inesperado. Bulan se muestra dispuesto a servir al Todopoderoso, pero vislumbra una dificultad. Koestler reproduce este fragmento de la carta: "Mi señor conoce los secretos pensamientos de mi corazón y la profundidad de mi confianza, pero la gente sobre la que yo gobierno tiene una mente pagana y no sé si me creerán. Si soy merecedor ante vuestros ojos de favor y misericordia, os suplico entonces que os aparezcáis también a su Gran Príncipe ("Great Prince") para persuadirle de que me apoye". El Eterno garantizó la petición de Bulan, se le apareció a este Príncipe en un sueño, y cuando se levantó por la mañana fue hacia el Rey y se lo hizo saber...

Koestler comenta que no hay nada ni en el Génesis ni en las narraciones árabes de la conversión sobre un gran príncipe cuyo consentimiento tiene que ser obtenido. Según él se trata de una inequívoca referencia al sistema kázaro de la doble dignidad o doble realeza. El Gran Príncipe, aparentemente es el Bek; pero es posible también que el Rey fuese el Bek y el Príncipe, el Kagan. Por otra parte, recuerda Koestler, según las fuentes árabes y armenias el líder del ejército árabe que invadió Transcaucasia en 731 (unos pocos años antes de la conversión) se llamaba Bulkan.

En nuestra modesta opinión, si hasta aquí se ha venido sosteniendo la tesis de que la conversión tuvo motivaciones políticas y que en el fondo se trató de una astuta maniobra frente a las presiones de los otros dos poderes (Bizancio y el Califato), lo más lógico es pensar que la decisión fue tomada en el ámbito de lo político, por tanto en la esfera de decisiones del Bek, en quien recaían la jefatura del ejército y el manejo de los asuntos de Estado. Por consiguiente Bulan sería el Kagan Bek, y el Gran Príncipe que tiene que ser convencido de la idoneidad de la medida sería el Kagan, símbolo indiscutible a los ojos del pueblo, imprescindible para el Bek de cara a la credibilidad y aceptación de la decisión que se quería tomar.

La carta de Ibn Shaprut, ampliamente comentada por Koestler, comienza con un poema hebreo (piyut) que contiene alusiones escondidas o acertijos. El poema exalta las victorias militares del rey Joseph y al mismo tiempo las letras iniciales de los versos forman un acróstico en el que se lee el nombre completo de Hasdai bar Isaac bar Ezra bar Shaprut, seguido del nombre de Menahen ben-Sharuk. Este último era un famoso poeta, lexicógrafo y gramático, secretario y protegido de Ibn Shaprut, al cual se le habría encomendado el trabajo de redactar la epístola al rey kázaro y de embellecerla con la mejor ornamentación caligráfica. Ben Sharuk no desaprovechó la ocasión de inmortalizarse insertando su propio nombre en el acróstico detrás del de su patrón.

Después del poema, los cumplidos y demás florituras diplomáticas, se hace en la carta un encendido relato de la prosperidad de la España árabe y de las excelentes condiciones de vida de los judíos bajo el califa Abd-al-Rahman. Se dice que el país en que viven se llama Sefarad en hebreo, pero que los ismaelitas que lo habitan lo llaman al-Andalus.

A continuación Hasdai Ibn Shaprut le cuenta al rey Joseph los primeros esfuerzos realizados para contactar con él. Primero había enviado a un mensajero, un tal Isaac bar Nathan, con instrucciones de presentarse ante la corte kázara; pero Isaac llegó sólo hasta Constantinopla, donde, aunque fue cortésmente tratado, se le impidió proseguir el viaje (aquí Koestler comenta que ello es comprensible dada la ambivalente actitud del imperio bizantino hacia el reino judío. Sin duda al emperador Constantino no le interesaba en absoluto facilitar una alianza entre Kazaria y el Califato de Córdoba con su primer ministro judío). Así, pues, el mensajero de Ibn Shaprut tuvo que regresar a España sin haber cumplido su misión. Sin embargo, pronto se presentó una nueva oportunidad con la llegada a Córdoba de una embajada del este de Europa entre cuyos miembros había dos judíos, Mar Saul y Maar Joseph, los cuales se ofrecieron para entregar la misiva al rey kázaro. Fue, no obstante, una tercera persona, Isaac ben Eliecer, quien acabó presentado la carta, según se desprende de la respuesta del rey Joseph.

El contenido de la epístola es sumamente interesante. Hasdai formula una serie de preguntas que demuestran la avidez de información sobre mútiples aspectos, entre ellos los ritos de observancia del Sabbath. He aquí uno de los párrafos que Koestler reproduce en su obra:

"Siento una necesidad urgente de conocer la verdad sobre si realmente existe en este mundo un lugar donde el hostigado Israel puede gobernarse a sí mismo, donde no esté subyugado por nadie. Si llegase a saber que éste es en efecto el caso, no dudaría en abandonar todos los honores, en dimitir de mi alto cargo, en abandonar a mi familia y viajar a través de montañas y llanuras, sobre el mar y sobre la tierra, hasta llegar al lugar donde gobierna mi señor el Rey... Y tengo aún una pregunta más, concerniente a si se tiene información alguna sobre (una posible fecha) el Milagro Final (la llegada del Mesías), el cual, errantes de país en país, estamos todos esperando. Deshonrados y humillados en nuestra dispersión, tenemos que escuchar en silencio a quienes dicen: cada nación tiene su propia tierra, sólo vosotros no poseéis tan siquiera un amago de país en esta tierra."

Koestler después de la cita comenta: "Al principio de la carta se elogia el bienestar de los judíos en España; en el final se respira la amargura del exilio, el fervor sionista, y la esperanza mesiánica. Pero estas actitudes opuestas han coexistido siempre en el corazón dividido de los judíos a través de su historia. La contradicción en la carta de Hasdai le otorga un toque añadido de autenticidad. Hasta dónde debe ser tomado en serio el ofrecimiento implícito de entrar al servicio del rey de Kazaria es ya otra cuestión a la que no podemos responder. Quizá ni él mismo pudiera hacerlo".

Quien sí respondió lleno de orgullo fue el rey Joseph, quien aseguró a Ibn Shaprut que el reino de Kazaria desmentía a todos aquellos que decían que el cetro de Judá había caído para siempre de las manos de los judíos y que no había sitio en la tierra para tener su propio reino. Sin embargo, al trazar la genealogía de los kázaros no puede reclamar para su pueblo descendencia semítica y no lo hace. Alude a sus ancestros no a partir de Sem, sino del tercer hijo de Noé, Jafet, o más concretamente de un nieto de Jafet, Togarma, el antepasado de todas las tribus turcas. "Hemos encontrado en los registros familiares de nuestros padres –declara audazmente Joseph– que Togarma tuvo diez hijos cuyos nombres son: Uigur, Dursu, Avars, Huns, Basili, Tarniakh, Kazars, Zagora, Bulgars, Sabir. Nosotros somos los hijos de Kazar, el séptimo".

El reinado de Obadiah, del cual, como ya hemos constatado, se dan detalles en la carta del rey Joseph, parece marcar un punto de inflexión en el proceso de judaización de los kázaros, que se produjo en varias etapas. La conversión del rey Bulan y sus seguidores habría sido un paso intermedio, una etapa durante la cual se abrazó una forma primitiva o rudimentaria de judaísmo basada exclusivamente en la Biblia. Se prescindió así del *Talmud* y de toda la literatura rabínica y las enseñanzas que de ella se derivan. En este sentido los primeros kázaros judíos se parecerían a los karaítas, una secta fundamentalista surgida en Persia en el siglo VIII que no acepta otra doctrina que la Biblia y que ignora el *Talmud* y la literatura rabínica. Estos karaítas se expandieron entre los judíos de todo el mundo y abundaron en Crimea. Dunlop y otras autoridades suponen que entre los reinados de Bulan y Obadiah (aproximadamente entre 740 y 800) alguna forma de karaísmo prevaleció en el país, por lo que el judaísmo rabínico ortodoxo, talmúdico, se introdujo sólo a partir de las reformas religiosas de Obadiah.

Así, pues, la judaización de los kázaros fue un proceso gradual, que se desencadenó por conveniencia política, que penetró después lentamente en las mentes de los kázaros y que acabó produciendo fenómenos de mesianismo en el periodo de declive. El compromiso religioso sobrevivió al colapso del Estado kázaro y persistió, como veremos, en los asentamientos de kázaros judíos en Rusia y Polonia.

En cuanto a la pregunta de Ibn Shaprut acerca de noticias sobre la posible llegada del Mesías, en la carta del rey Joseph se dice lo siguiente: "Tenemos la mirada puesta en los sabios de Jerusalén y Babilonia, y aunque vivimos muy lejos de Sión, hemos oído no obstante que los cálculos son erróneos por causa de la gran profusión de pecados y nada sabemos (de la venida del Mesías). Sólo el Eterno sabe calcular el tiempo que falta".

El intercambio de cartas entre el hombre de estado español y el rey de Kazaria, la llamada Correspondencia Kázara, ha fascinado durante largo tiempo a los historiadores y su autenticidad es hoy indiscutible. Las primeras menciones de dicha Correspondencia se producen en los siglos XI y XII y corresponden a Rabbi Jehuda ben Barzillai, de Barcelona, quien alrededor del año 1100 escribió en hebreo su *Libro de los Festivales*, en el que hay una larga referencia. La primera impresión se halla en un panfleto hebreo, *Kol Mebaser*, publicado en Constantinopla sobre 1577 por Isaac Abraham Akrish. Dos copias que pertenecen a dos ediciones diferentes se guardan en la Bodleian Library. La única versión manuscrita que contiene ambas cartas, la de Ibn Shaprut y la replica del rey Joseph, está en la biblioteca de Christ Church en Oxford.

Más fuentes hebreas y cristianas

Veamos otras fuentes hebreas citadas por Koestler que aluden a los kázaros judíos. Un siglo después de la Correspondencia Kázara, otro judío español, Jehuda Halevi (1085-1141), considerado el mayor poeta hebreo de España, escribió en árabe el libro titulado *Kuzari*, (los kázaros), posteriormente traducido al hebreo. Halevi fue también un sionista "avant la lettre" que murió en una peregrinación a Jerusalén. *Kuzari*, obra escrita un año antes de su muerte, es un tratado de filosofía en el cual se afirma que la nación judía es la única mediadora entre Dios y el resto de la humanidad. Al final todas las naciones acabarán convirtiéndose al judaísmo. La conversión de los kázaros es para Halevi un símbolo, una premonición. A pesar del título, se dice más bien poco sobre los kázaros, pero le sirve como telón de fondo para ofrecer aún otra versión del legendario relato de la conversión: el ángel, el Rey, el erudito judío y los diálogos filosóficos y religiosos entre el monarca y los representantes de las tres religiones.

Hay, sin embargo, referencias que indican que Halevi había leído la correspondencia entre Ibn Shaprut y Joseph o, si no, que dispuso de otras fuentes de información sobre los kázaros. Halevi cuenta que después de la aparición del ángel, el Rey reveló el secreto de su sueño al primer general de su ejército y éste tuvo un papel decisivo o de gran importancia posteriormente. Aquí Koestler opina que se trata nuevamente de una referencia obvia a la doble dignidad entre el Kagan y el Bek. Halevi menciona también historias y libros de los kázaros, lo cual recuerda las alusiones de Joseph sobre "nuestros archivos" donde se guardan los documentos de Estado. Finalmente, por dos veces, en partes diferentes del libro, Jehuda Halevi da la fecha de la conversión, que habría ocurrido "400 años antes", en el año 4500 según el calendario judío, lo cual nos lleva nuevamente a la fecha ya dada de 740.

Sobre la idea antes esbozada de que una secta karaíta de kázaros judíos se habría asentado en Crimea, se dispone del testimonio de un famoso viajero judío alemán, Rabí Petachia de Ratisbona, quien visitó la Europa del este y el oeste de Asia entre 1170 y 1185. En su obra *Sibub Ha'olam* (*Viaje alrededor del mundo*), relata su asombro por las observancias primitivas de los kázaros judíos del norte de Crimea, que atribuye a su adhesión a la herejía karaíta. Otro autor judío del siglo XI, Japheth ibn-Ali, que asimismo participaba en las creencias de la secta karaíta, explica que a los kázaros judíos se los llamaba mamzer (bastardos), puesto que habían llegado a ser judíos sin pertenecer a la raza elegida.

También fuentes cristianas dan noticia de la condición de judíos de los kázaros. Una de ellas es incluso bastante más antigua que las que acabamos de citar. En alguna fecha anterior a 864, el monje de Westfalia Christian Druthmar de Aquitania escribió *Expositio in Evangelium Mattei*, un tratado en latín en el cual se informa de que "existen gentes bajo el cielo en regiones donde no se encuentran cristianos, cuyo nombre es Gog y Magog, y que son hunos; entre ellos hay unos, llamados Gazari, que están circuncidados y practican el judaísmo en su totalidad".

Más o menos en las mismas fechas en que el monje de Westfalia escribía lo anterior, un renombrado misionero cristiano enviado por el emperador de Bizancio intentó convertir a los kázaros judíos al cristianismo. Se trata de San Cirilo, apóstol de los eslavos, a quien se atribuye la creación del alfabeto cirílico. A él y a su hermano mayor, San Metodius, les confió el emperador Miguel III misiones de proselitismo. Como es sabido, los esfuerzos proselitistas de Cirilo tuvieron éxito entre los pueblos eslavos del este de Europa, pero no entre los kázaros, a cuyo país viajó vía Cherson, en Crimea, donde se detuvo seis meses para preparar su misión y aprender hebreo. Emprendió luego el camino kázaro (el paso entre el Don y el Volga) hacia la capital Itil. Se sabe que se entrevistó con el Kagan y que tuvieron lugar las ya consabidas discusiones teológicas, las cuales impactaron mínimamente en los kázaros judíos. Cirilo, no obstante, causó buena impresión al Kagan: unas pocas personas fueron bautizadas y cerca de doscientos prisioneros cristianos fueron liberados como gesto de buena voluntad.

Aparecen los vikingos

Los historiadores coinciden en la afirmación de que en la segunda mitad del siglo VIII, entre la conversión de Bulan y las reformas religiosas de Obadiah, el imperio de los kázaros alcanzó la cúspide de su gloria. No obstante, según las fuentes árabes, a finales de esta centuria se reprodujeron los incidentes con los árabes. El más serio aconteció alrededor del año 798. El Califa ordenó al gobernador de Armenia, miembro de la poderosa familia de los Barmecidas, que, con objeto de hacer más seguras las fronteras del norte, se casase con la hija del Kagan. La princesa kázara le fue enviada con su cortejo y su dote en una lujosa cabalgata; pero ella y el hijo que había engendrado murieron durante el parto. Sus correos al regresar a Kazaria insinuaron que había sido envenenada. Al Kagan le faltó tiempo para invadir Armenia y, según las fuentes árabes, capturó cerca de 50.000 prisioneros. La incursión obligó al Califa a liberar a miles de criminales de las cárceles y a darles armas para contener el avance de los kázaros.

De este modo, sin más noticias de luchas entre árabes y kázaros, concluye el siglo. Las amistosas relaciones con Bizancio y un pacto tácito de no agresión con los árabes conllevaron décadas de paz en la primera mitad del siglo IX. Durante este idílico periodo un hecho merece mención. En 833 los kázaros enviaron una embajada al emperador bizantino, Teófilo, y le pidieron buenos arquitectos y obreros para construirles una fortaleza en las riberas del Don. El emperador mostró una excelente predisposición y envió una flota a través del mar Negro y el mar de Azov hacia la desembocadura del Don con objeto de que remontase el río hasta el lugar estratégico en que debía ser construida la fortificación. Así nació Sarkel, la famosa fortaleza que con el tiempo se convertiría en un lugar de inapreciable valor arqueológico que iba a proporcionar pistas e indicios sobre la historia de los kázaros. Constantino Porfirogénito relata el episodio con algunos detalles y por él sabemos que, puesto que no había piedras disponibles en la región, Sarkel fue construida con ladrillos endurecidos en hornos especialmente fabricados. No menciona sin embargo el hecho (descubierto por los arqueólogos soviéticos) de que los constructores utilizaron también columnas de mármol del siglo VI recuperadas de alguna ruina de origen bizantino.

Los enemigos potenciales contra los que, con el esfuerzo conjunto de bizantinos y kázaros, se construyó esta impresionante fortificación eran unos recién llegados a la escena internacional: los vikingos para los occidentales, los varegos para los cronistas árabes o los rus para los historiadores de la Europa del este. Mientras se levantaba Sarkel en las riberas del Don para prevenir los ataques de los vikingos del este, la rama de vikingos del oeste había irrumpido en las rutas marítimas de Europa y había conquistado la mitad de Irlanda. En las décadas siguientes colonizaron Islandia, conquistaron Normandía, saquearon repetidamente París, incursionaron en

Alemania, en el delta del Rin, en el golfo de Génova, circumnavegaron la península Ibérica y atacaron Constantinopla a través del Mediterráneo y los Dárdanelos. No es pues de extrañar que se insertase en las letanías de la Europa occidental una oración especial: "A furore Normannorum, libera nos Domine". Ni es tampoco extraño, pues, que Constantinopla necesitase a sus aliados kázaros como escudo protector contra los dragones tallados en las proas de las naves vikingas, como los había necesitado siglos antes contra las verdes banderas del Profeta. Los kázaros iban a tener que soportar por tanto la acometida del ataque y finalmente, como veremos, iban a contemplar su capital en ruinas.

La rama de los vikingos a los que los bizantinos llamaban rus y los árabes varegos procedía del este de Suecia; mientras que los que llegaron a España y cometieron estragos en Asturias, Galicia, Lisboa, Algeciras, Murcia y asolaron las Baleares procedían de Noruega y Dinamarca, según afirma C. Sánchez Albornoz en la obra citada en la primera parte. La palabra rus informa A. J. Toynbee, cuya obra *Constantino Porfirogénito y su mundo* es una de las fuentes de Koestler para narrar este periodo histórico, procedería del vocablo sueco "rhoder" (remero). La palabra finlandesa "Ruotsi", que significa Suecia en finés, podría quizá proceder del lexema rus. En fin, fueron estos vikingos, que inicialmente se habían establecido cerca del lago Ladoga, quienes en el siglo IX sometieron a los eslavos de la ciudad de Novgorod (852) y luego a los de Kiev (858). Desde esta ciudad en 860 lanzaron su primer ataque sobre Constantinopla tras penetrar en el mar Negro a través del río Dnieper. La primera crónica rusa, la *Crónica de Néstor*, informa que los varegos exigieron el pago de tributos a las tribus eslavas y fino-ugrias del centro y norte de la actual Rusia.

Con la llegada del buen tiempo y del deshielo, los convoys de los rus navegaban por los ríos hacia el sur y eran a la vez flotas comerciales y armadas militares. Era imposible saber en qué momento los mercaderes se convertían en guerreros. El tamaño de estas flotas era formidable. Masudi, cronista árabe, escribe sobre una armada de cerca de quinientos barcos, cada uno con cien hombres a bordo, que en 912-13 entró en el Caspio a través del Volga, en cuyo estuario se levantaba Itil, la capital de Kazaria, pero no adelantemos acontecimientos.

Vista la amenaza formidable de los nuevos invasores, bizantinos y kázaros tuvieron que ir con mucho cuidado. Durante un siglo y medio, tras la construcción de la fortaleza de Sarkel, los acuerdos comerciales y el intercambio de embajadas alternaron con guerras salvajes. De manera gradual los rus construyeron asentamientos permanentes y fueron eslavizándose al entremezclarse con sus vasallos sometidos. Finalmente, gracias a los esfuerzos de san Cirilo, acabarían adoptando la fe de la iglesia de Bizancio. A finales del siglo X los rus habían llegado a transformarse en rusos. Las primeras princesas y nobles rusos, observa Koestler para reforzar esta tesis objeto de diversas discusiones entre historiadores, llevaban nombres escandinavos que habían sido eslavizados: de Hrörekr, Rurik; de Helgi, Oleg; de Ingvar-Igor; de Helga, Olga, etc. Toynbee, en la obra antes citada, alude a un tratado comercial en 945 entre los bizantinos y el príncipe Ingvar-Igor, el cual contiene una lista de nombres de los compañeros del príncipe: sólo tres son de origen eslavo frente a cincuenta de origen escandinavo. Según Koestler, que sigue a Toynbee, los varegos perdieron progresivamente su identidad como pueblo y su tradición nórdica se desvaneció en la historia de Rusia.

Sarkel fue construida justo a tiempo. Permitió a los kázaros la vigilancia de las flotillas de los rus en el curso bajo del Don y también el control del paso entre el Don y el Volga (la ruta de los kázaros). Durante el primer siglo de su aparición en escena, las correrías de pillaje de los feroces rus tuvieron como objetivo preferente Bizancio, donde obviamente podían obtenerse botines más ricos. Mientras tanto sus relaciones con los kázaros estuvieron basadas en el comercio. Pese a ello, se produjeron fricciones y algunos enfrentamientos. De todas formas, Koestler puntualiza que al principio los kázaros fueron capaces de controlar las rutas comerciales de los rus hasta el punto de que exigieron un impuesto de paso del diez por ciento sobre las mercancías que a través de su país iban hacia Bizancio o hacia las tierras árabes.

Los kázaros ejercieron también cierta influencia cultural sobre aquellos hombres del norte, lo cuales, a pesar de sus modales violentos y toscos, mostraban buena voluntad para aprender de los pueblos con los que establecían contacto. El hecho de que los primeros gobernantes de Novgorod adoptasen el título de Kagan es buena muestra del alcance de esta influencia. Fuentes árabes y bizantinas confirman esta circunstancia. Por ejemplo Ibn Rusta informa que tenían un rey que era llamado Kagan Rus. Más aún, Ibn Fadlan asegura que el Kagan Rus tenía un general que mandaba el ejército y lo representaba. Esta delegación del mando del ejército era desconocida entre los pueblos germánicos del norte, entre los cuales el rey tenía que ser el primer guerrero. Algunos historiadores consideran que los rus imitaron el sistema kázaro de la doble dignidad. Ello no es improbable si se tiene en cuenta que los kázaros fueron el pueblo más próspero y culturalmente avanzado con quienes los rus entraron en contacto en los primeros años de sus conquistas. Dicho contacto debió de ser bastante intenso, puesto que hubo una colonia de mercaderes varegos en Itil y asimismo una comunidad de kázaros judíos se estableció en Kiev.

El intenso comercio y los intercambios culturales no evitaron que los rus fueran mermando progresivamente el territorio kázar a la vez que se apropiaban de sus vasallos eslavos. Según la *Crónica de Néstor*, hacia 859, es decir, unos veinticinco años después de la construcción de Sarkel, el tributo de los pueblos eslavos estaba dividido entre los kázaros y los varegos. Estos últimos recaudaban tributo a las tribus eslavas del norte: krivichi, chuds, etc.; mientras que los kázaros lo exigían a los vyatichi, severyane y sobre todo a los polyane de la región central de Kiev, aunque no por mucho tiempo. Tres años más tarde, si se aceptan las fechas de la primera crónica rusa, Kiev, la ciudad clave sobre el río Dnieper que estaba bajo soberanía kázara, pasó a manos de los rus.

Según la *Crónica de Néstor*, en este tiempo Novgorod estaba gobernada por el semilegendario príncipe Rurik (Hrörekr), el cual tenía bajo su dominio a los eslavos del norte, a varias tribus de etnia finlandesa y todos los asentamientos vikingos. Dos hombres de Rurik, Oskold y Dir, navegando por el Dnieper vieron un lugar fortificado sobre una montaña que les gustó. Averiguaron que se trataba de Kiev, tributaria de los kázaros. Ambos se establecieron en la ciudad con sus familias y fueron reuniendo en torno a ellos a muchos hombres del norte. En poco tiempo consiguieron gobernar sobre sus vecinos eslavos a pesar de que Rurik seguía gobernando Novgorod. Unos veinte años más tarde Oleg (Helgi), el hijo de Rurik, bajó hasta la ciudad, mató a Oskold y a Dir y anexionó Kiev a sus dominios. Pronto Kiev eclipsó a Novgorod, la superó en importancia y llegó a ser la capital de los varegos y la madre de las ciudades rusas. El principado de Kiev se convirtió en la cuna del primer estado ruso.

La carta del rey Joseph comentada anteriormente, escrita casi un siglo después de la ocupación sin lucha de Kiev por los rus, no menciona la ciudad en la lista de las poseídas. Sin embargo la influencia de las comunidades de kázaros judíos sobrevivió tanto en la ciudad como en la provincia de Kiev. Después de la destrucción final del reino de Kazaria, dichas comunidades se vieron reforzadas por numerosos emigrantes que se desplazaron hacia el oeste.

Los magiares y los kázaros

The Tthirteenth Tribe, la obra de Arthur Koestler que venimos siguiendo, no sólo ilumina los oscuros orígenes de los judíos askenazis, sino que aclara también los avatares de otro pueblo europeo: los magiares, que conforman la actual Hungría. Lo que les aconteció ocurre paralelamente a la ascensión del poder de los rus y afecta a la historia de los kázaros. Es necesario pues, antes de explicar la caída del imperio de Kazaria, ver brevemente qué dice sobre ellos Koestler, nacido él mismo en el seno de una familia judía de Budapest en 1905.

Los magiares habían sido aliados y vasallos de los kázaros desde el principio. Su origen es un enigma histórico que ha inquietado siempre a los investigadores. Lo que se sabe con certeza es que estaban emparentados con los fineses y que su lengua pertenece al grupo de las fino-ugrias. Originariamente no estaban, pues, relacionados ni con los pueblos eslavos de las estepas ni con los de origen turco. Ellos y los finlandeses, sus primos lejanos en el tiempo y en el espacio, constituyen una curiosidad étnica que permanece hoy en día. En una fecha desconocida, quizá próxima al comienzo de la era cristiana, esta tribu nómada migró desde los Urales hacia el sur a través de las estepas y se asentó en la región situada entre los ríos Don y Kuban, en las cercanías del mar de Azov. Fueron pues vecinos de los kázaros desde antes de que éstos comenzaran a destacar. Desde mediados del siglo VII hasta finales del IX formaron parte del imperio kázaro. Koestler destaca el hecho de que durante este periodo no hubo ni un solo conflicto entre magiares y kázaros y cita de nuevo a Toynbee para aclarar que los magiares dominaban a las tribus eslavas vecinas y los kázaros los utilizaban como agentes para recaudar tributos, de lo cual sin duda sacaban provecho.

La llegada de los rus cambió radicalmente las cosas. En el tiempo en que se construyó la fortaleza de Sarkel, se produjo un importante movimiento de los magiares, que atravesaron el Don en dirección al oeste. Desde 830 en adelante el grueso de la nación magiar se reasentó en una región situada entre el Don y el Dnieper conocida después como Lebedia. Toynbee argumenta que la decisión se habría tomado de acuerdo con los kázaros y obedecería a razones tácticas y defensivas relacionadas con la construcción de Sarkel.

Durante medio siglo este reajuste funcionó bastante bien: mejoró las relaciones entre ambos pueblos y culminó con dos acontecimientos que iban a dejar huella duradera en la nación húngara. El primero fue que los kázaros les dieron un rey que fundó la primera dinastía magiar. El segundo, que varias tribus kázaras se unieron a los magiares y transformaron profundamente su carácter étnico. El primer acontecimiento es descrito por Constantino Porfirogénito en *De Administrando Imperio* (sobre 950) y queda confirmado por el hecho de que los nombres que menciona aparecen independientemente en la primera Crónica Húngara (siglo XI). Constantino nos dice que antes de que los kázaros intervinieran en sus asuntos internos, las tribus magiares no habían tenido un rey supremo, sino únicamente jefes de tribu, de los cuales el más destacado era llamado Lebedia (de ahí el nombre de la región donde se establecieron). Sobre el segundo acontecimiento, Constantino informa que se produjo una rebelión (apostasía) contra los gobernantes. Los insurgentes fueron tres tribus, llamadas kavars o kabars, de la propia raza de los kázaros. Algunos de estos rebeldes fueron matados y otros huyeron del país y se establecieron con los magiares.

La influencia que ejercieron estos kabars en los magiares fue considerable: no sólo les enseñaron la lengua kázara, que compartieron con la propia, sino que además los magiares adoptaron, como los rus, una forma modificada del sistema de la doble dignidad o doble monarquía, lo cual indica que de facto los kabars ejercieron cierto liderazgo sobre las tribus magiares. Hay evidencias de que entre las tribus kabars disidentes había judíos o partidarios del judaísmo. Artamanov, el historiador y arqueólogo ruso ya citado, ha sugerido que la apostasía kabar estaba de algún modo conectada con, o fue una reacción contra, las reformas religiosas iniciadas por el rey Obadiah. La ley rabínica, las estrictas normas diarias, el *Talmud* habrían sido ya demasiado para aquellos guerreros de las estepas. Koestler especula sugiriendo que si profesaban la religión judía, debió de ser un judaísmo cercano a la fe de los antiguos hebreos y alejado de la ortodoxia rabínica. Concluye que habrían sido quizá karaítas y por ello considerados heréticos.

La cooperación entre kázaros y magiares acabó cuando a finales del siglo IX los segundos se despidieron para siempre de las estepas de Eurasia, cruzaron los Cárpatos y conquistaron el territorio que ocupan en la actualidad. Las circunstancias de esta migración han originado controversia. Según Koestler, otro actor irrumpió en escena en las últimas décadas del siglo IX, los pechenegos. Lo que se sabe de esta tribu de origen turco, una más, lo resume Constantino, quien los describe como una tribu bárbara de insaciable codicia, que por dinero podían luchar contra los rus o contra otros bárbaros. Vivían entre el Volga y los Urales bajo soberanía de los kázaros, que realizaban con frecuencia algunas correrías para obligarlos a entregarles el tributo que les debían.

Hacia el fin del siglo IX una catástrofe aconteció a los pechenegos: fueron expulsados de su territorio por sus vecinos del este, los ghuzz, otra de las interminables tribus de origen turco que de tiempo en tiempo se desplazaban desde Asia central hacia el oeste. Los pechenegos desplazados trataron de establecerse entre los kázaros, los cuales los rechazaron y los obligaron a continuar su migración. Por fin cruzaron el Don e invadieron el territorio de los magiares, quienes como resultado del choque fueron empujados a su vez hacia el oeste, a la región situada entre los ríos Dnieper y Sereth. Los pechenegos, sin embargo, aliados ahora con los búlgaros del Danubio, siguieron presionándolos y los magiares acabaron retirándose a través de los Cárpatos hasta los territorios que conforman la actual Hungría.

Pese a todo, es decir, la integración de los kabars y los cerca de sesenta años de acometidas y de migración, los húngaros pudieron mantener sus señas de identidad y después un periodo de bilingüismo consiguieron asimismo preservar su lengua fino-ugria original pese a estar rodeados de pueblos germánicos y eslavos. No tuvieron el mismo éxito los búlgaros, por ejemplo, que perdieron su lengua de origen turco y hoy hablan una lengua eslava. No obstante, la influencia de los kabars continuó y a través de los Cárpatos la conexión kázaros-magiares no fue cortada del todo. En el siglo X el duque húngaro Taksony invitó a un número indeterminado de kázaros a establecerse en sus dominios. Es probable que entre ellos hubiese una mayoría de kázaros judíos.

De los rus a los rusos

Podemos ahora regresar al relato de la ascensión de los rus al poder donde la dejamos: la incruenta anexión de Kiev sobre 862. Por esta misma época los magiares eran desplazados hacia occidente por los pechenegos y los kázaros quedaban sin su protección por el flanco del oeste. Quizá ello explica por qué los rus consiguieron el control de Kiev tan fácilmente. Por otra parte, el debilitamiento del poder militar de los kázaros dejó a los bizantinos expuestos a los ataques de los rus, cuyos barcos, navegando el Dnieper río abajo desde la nueva ciudad anexionada, entraban en el mar Negro y atacaban Constantinopla. En este momento de los hechos históricos, Arthur Koestler introduce de nuevo un comentario de Toynbee, el cual escribe que en 860 los rusos (nótese que ya no alude a los rus, sino a los rusos), estuvieron a punto de conquistar Constantinopla. Toynbee comparte la tesis, junto a otros historiadores rusos, de que "el ataque de la flotilla de los hombres del norte a través del mar Negro fue coordinado con un ataque simultáneo de la armada de los vikingos del oeste, que se aproximó a Constantinopla a través del Mediterráneo y los Dardanelos".

El tamaño del nuevo poder que iba gestándose fue advertido por la diplomacia bizantina. Constantinopla, según permitía la situación, practicó un doble juego que alternaba entre la guerra, si no había otro remedio, y el apaciguamiento con la esperanza de que los rusos serían con el tiempo convertidos al cristianismo e incorporados al rebaño del Patriarca del Este. Los kázaros judíos quedaron en una situación delicada. Durante casi doscientos años las relaciones entre bizantinos y rusos alternaron, pues, entre tratados de amistad y conflictos armados. Después del sitio de Constantinopla estuvieron en guerra en 907, 941, 944, 969-71, enfrentamientos que concluían con tratados de amistad.

Durante cien años no hubo progresos significativos en el proceso de cristianización de los rusos; pero sus visitas a Constantinopla y los contactos con Bizancio acabarían dando frutos. A comienzos del siglo X marinos escandinavos eran reclutados para servir en las flotas bizantinas. Los gobernantes de Kiev llegaron incluso a suministrar tropas al emperador bizantino. Famosa fue en su tiempo la "guardia varega", un cuerpo de élite formado por rus y otros mercenarios nórdicos. A mediados del siglo X era frecuente presenciar desplegadas en el Bósforo las velas de las armadas del Principado de Kiev. El comercio estaba meticulosamente reglamentado, y en los tratados se regulaba incluso el acceso a Constantinopla de los rus a través de una puerta específica, que no podían traspasar a la vez más de cincuenta personas. Para asegurar que todas las transacciones fuesen limpias y decorosas, los tratos en el mercado negro eran castigados con la amputación de una mano.

En 957 ocurrió por fin un hecho significativo: la princesa Olga de Kiev, viuda del príncipe Igor, fue bautizada con ocasión de su visita estatal a Constantinopla. Hubo todavía un retroceso cuando el hijo de Olga, Svyatoslav, rechazó las súplicas insistentes de su madre y regresó al paganismo. Svyatoslav organizó una flota aguerrida y emprendió varias campañas, entre ellas una guerra decisiva contra los kázaros y otra contra los bizantinos. No fue hasta 988, en el reinado de su hijo Vladimir, como veremos a continuación, que la dinastía reinante de los rusos adoptó definitivamente la fe de la Iglesia Ortodoxa Griega. Por el mismo tiempo húngaros, polacos y escandinavos se convertían al cristianismo de la Iglesia de Roma.

El creciente acercamiento entre Kiev y Constantinopla propició que la importancia de Itil menguase progresivamente y la presencia transversal de los kázaros en las rutas comerciales, exigiendo el pago del diez por ciento sobre el cada vez mayor flujo de mercancías, acabó por irritar tanto a la tesorería bizantina como a los guerreros-mercaderes rusos. La política de alianzas con los kázaros tocaba a su fin. En 988 Vladimir ocupó la ciudad bizantina de Cherson, el importantísimo puerto de la península de Crimea que kázaros y bizantinos se habían disputado durante siglos.

El hundimiento del Imperio Kázaro

Las relaciones ruso-bizantinas en los siglos IX y X tienen en la *Primera Crónica* Rusa y en *De Administrando Imperio* dos buenas fuentes. Pero para la confrontación ruso-kázara, que se produce durante el mismo periodo, no existen materiales semejantes. Los archivos de Itil, si alguna vez los hubo, no existen y sólo a través de las fuentes árabes se conocen algunos episodios. El periodo en cuestión abarca desde 862, fecha de la ocupación rusa de Kiev, hasta 965, año en que Svyatoslav, el hijo de Olga que rechazó el cristianismo, destruye Itil. Después de la pérdida de Kiev y el desplazamiento de los magiares hacia Hungría, los kázaros fueron perdiendo progresivamente el control de los territorios del oeste y el príncipe de Kiev pudo dirigirse sin obstáculos a las tribus eslavas para decirles que no pagasen nada más a los kázaros.

Pero los accesos al Caspio los controlaban los kázaros, puesto que pasaban inevitablemente por la capital de Kazaria, Itil, en el delta del Volga. Por ello, los rus tenían que pedir permiso de paso para sus flotillas y pagar el diez por ciento de derechos de aduana. Durante cierto tiempo hubo un precario "modus vivendi". Fue en 912-13 cuando se produjo un incidente importante descrito con bastante detalle por Masudi. Como adelantábamos más arriba, una armada de quinientos barcos con cien personas a bordo en cada uno, lo que equivale a cincuenta mil hombres, se aproximó a territorio kázaro. Enviaron una carta al rey de los kázaros en la que le pedían licencia para descender por el Volga y entrar en el Mar de los Kázaros (así llamaban al Caspio) con la condición de que le entregarían la mitad del botín que lograsen a costa de los pueblos ribereños. Obtenido el permiso, los barcos de los rus se esparcieron por el mar y atacaron Jilan, Jurjan, Tabaristan, Azerbaiyán... "Los rus –escribe Masudi- derramaron sangre, mataron a mujeres y niños, tomaron botín y arrasaron y quemaron en todas direcciones". Saquearon incluso la ciudad de Ardabil, que se hallaba a tres jornadas tierra a dentro.

Según Masudi, cuando quisieron entregar la parte del botín prometida al rey de los kázaros y regresar hacia el norte, las cosas no fueron según lo previsto: los arsiyah (mercenarios árabes en el ejército kázaro) y otros musulmanes que vivían en Kazaria, tras conocer las matanzas y tropelías cometidas contra sus hermanos, pidieron al rey que les dejase ajustar cuentas con los rus. El rey no pudo negarse, pero envió un mensaje a los nórdicos informándoles de la determinación de los musulmanes de luchar contra ellos. Así, pues, los musulmanes de Kazaria, a los que se añadieron algunos cristianos que vivían en Itil, reunieron un ejército de unos quince mil hombres en el estuario del Volga y se enfrentaron a los rus. La lucha duró tres días. "Dios ayudó a los musulmanes –cuenta Masudi-. Los rus fueron pasados a espada. Algunos fueron matados y otros murieron ahogados. Treinta mil muertos fueron contados en las riberas del río de los kázaros". Una vez más Koestler considera sesgada la información de la fuente árabe, aunque admite que gracias a ella se vislumbra claramente el dilema que iban a tener que afrontar los kázaros.

En 943 una flota mayor aún repitió la incursión y en esta ocasión las fuentes árabes no mencionan que los kázaros fueran a compartir el botín. Por contra, la carta del rey Joseph a Ibn Shaprut, escrita unos años después, dice: "Guardo la desembocadura del río y no permito a los rus, los cuales vienen con sus barcos, que invadan las tierras de los árabes... Entablo con ellos duras guerras". La campaña que marcó el principio del derrumbe de Kazaria ocurrió en 965 y fue liderada, como ya se ha dicho por el príncipe Svyatoslav, hijo de Igor y Olga. La Crónica Rusa dice lo siguiente:

> "Svyatoslav fue hacia el Volga, contactó con los vyatichians (una tribu eslava que habitaba una región situada al sur del moderno Moscú) y les pidió a quién pagaban tributo. Respondieron que pagaban tributo por arar la tierra a los kázaros. Cuando estos tuvieron noticia del acercamiento, fueron a su encuentro con su príncipe, el Kagan... Cuando se desencadenó la batalla, Svyatoslav derrotó a los kázaros y tomó su ciudad de Biela Viezha".

Biela Viezha era el nombre eslavo de la famosa fortaleza de Sarkel sobre el Don. La Crónica informa que también Svyatoslav conquistó a osetios y circasianos a la vez que derrotó a los búlgaros del Danubio; pero los bizantinos lo derrotaron y en el camino de regreso hacia Kiev fue asesinado por una horda de pechenegos, quienes: "cortaron su cabeza, fabricaron una copa con su cráneo, la recubrieron con una capa de oro, y bebieron de ella". La destrucción de Sarkel en 965 significó el final del imperio kázaro, pero no del Estado kázaro. El control de las tribus eslavas acabó, pero el corazón territorial de Kazaria entre el Cáucaso, el Don y el Volga permaneció intacto.

Tras la muerte de Svyatoslav estalló la guerra civil entre sus hijos, de la cual salió como vencedor el más joven, Vladimir, quien empezó siendo pagano como su padre, pero acabó aceptando el bautismo como su abuela Olga. Si la conversión de los kázaros al judaísmo fue trascendental para la historia del mundo, también lo fue el bautismo de Vladimir en 989, el cual fue precedido de una serie de maniobras diplomáticas y discusiones teológicas similares a las acontecidas en el caso de los kázaros.

La Crónica Rusa cuenta que tras una victoria lograda contra los búlgaros del Volga (recuérdese que siglos atrás la nación búlgara se había dividido en dos) se firmó un tratado de amistad en el que los búlgaros declararon: "Que la paz prevalezca entre nosotros hasta que las piedras floten y las pajas se hundan". Vladimir regresó entonces a Kiev y poco después los búlgaros enviaron una misión religiosa musulmana con intención de convertirlo al Islam. Le describieron las delicias del Paraíso, donde cada hombre gozaría de setenta hermosas mujeres, pero cuando se le advirtió de la abstinencia del cerdo y del vino, dijo: "Beber es la alegría de los rusos. No podemos existir sin este placer". Se presentó después una delegación germana de católicos practicantes del rito latino de Roma, quienes no tuvieron mejor suerte cuando sacaron a colación el tema del ayuno. Entonces Vladimir respondió: "Fuera de aquí; nuestros padres no aceptarían tal principio". La tercera misión fue la de los kázaros judíos. Vladimir les preguntó por qué ya no gobernaban en Jerusalén. Ellos respondieron que Dios se enfadó con sus antepasados y los dispersó entre los gentiles a causa de sus pecados. El príncipe les pidió entonces: "¿Cómo podéis pretender enseñar a otros cuando vosotros mismos habéis sido desechados y dispersados por Dios? ¿Pretendéis que nosotros aceptemos también este destino?" Llegó por fin la cuarta y última delegación enviada por los griegos de Bizancio, cuyos eruditos acusaron a los musulmanes de suciedades escatológicas, a los judíos de haber crucificado a Cristo y a los católicos de Roma de haber modificado los ritos. Sólo tras estos preliminares comenzaron la exposición de su credo. Al final, sin embargo, Vladimir se mostró poco convencido y expresó su voluntad de dilatar un poco la decisión. Envió entonces una delegación de hombres sabios y virtuosos a varios países con el fin de que observasen sus prácticas religiosas. A su debido tiempo, esta comisión le informó de que el rito bizantino superaba las ceremonias de otras naciones "y no sabíamos si nos encontrábamos en el cielo o en la tierra".

En cualquier caso, todo indica que la decisión se tomó tras la ocupación de Cherson en la península de Crimea en 988. Vladimir envió mensajes a los emperadores Basilio y Constantino, que gobernaban conjuntamente por aquel entonces, y les solicitó que le diesen a su hermana para casarse con ella. Los emperadores replicaron: "Si estás bautizado, te la daremos como esposa, heredarás el reino de Dios y serás nuestro compañero en la fe". Fue así como Vladimir aceptó el bautismo y se casó con la princesa bizantina Ana. Pocos años más tarde el cristianismo de los ortodoxos griegos se convirtió no sólo en la religión de los gobernantes, sino también del pueblo ruso y desde 1037 en adelante la Iglesia rusa fue gobernada por el patriarca de Constantinopla. Sin duda, al margen de los ingenuos relatos de la Crónica Rusa, la asunción por Bizancio de la pérdida del importante puerto de Cherson fue parte del precio que aceptó pagar la diplomacia bizantina para lograr la nueva alianza contra los kázaros.

Al comentar anteriormente la importancia de la toma de Sarkel por Svyatoslav, ha quedado pendiente lo ocurrido con la capital de Kazaria, Itil. Sobre la destrucción de Itil hay cierto desconcierto, pues las fuentes no coinciden en la explicación de los hechos. La Crónica Rusa menciona sólo la destrucción de Sarkel, pero no la de Itil. Por distintas fuentes árabes se sabe, no obstante, que la capital de los kázaros fue saqueada y devastada, aunque hay divergencias sobre cómo y cuándo ocurrió. Ibn Hawkal, la principal fuente en opinión de Koestler, dice que fueron los rus quienes asolaron Itil y Samandar en 965. Sin embargo otro historiador, J. Marquart, sugiere que Itil no fue arrasada por Svyatoslav, que sólo habría llegado hasta Sarkel, sino por otra oleada de refresco de vikingos. Para complicar más aún este asunto, otras fuentes apuntan a una tribu de origen turco, los pechenegos, una horda de los cuales habría descendido hasta la capital en aquel año crítico para los kázaros.

A pesar de que las fuentes coinciden en que Itil fue arrasada en 965, se desprende de posteriores escritos que la ciudad fue más o menos reconstruida. Pero la debilidad de Kazaria era ya un hecho manifiesto y en 1016 los kázaros fueron nuevamente derrotados en una campaña conjunta de bizantinos y rusos. Durante el siglo XI, pese al declive que iba a conducir al colapso definitivo, los kázaros de una u otra forma siguen apareciendo en la escena. La Crónica Rusa, por ejemplo, menciona en una lacónica entrada que en 1079 apresaron al príncipe ruso Oleg y lo llevaron a Constantinopla. Koestler especula sobre las intrigas latentes en esta acción, pero anécdotas y digresiones no son ya de interés.

Las fuentes que hablan de los kázaros durante el siglo XII son cada vez más escasas, ello indica que su posibilidad de influir en los eventos internacionales era cada vez menor. Por otra parte nuevos actores seguían apareciendo. Los selyúcidas, una tribu de origen turco asentada en las cercanías del mar de Aral que abrazó el Islam en el siglo X, protagonizaron los hechos más importantes al este y al sur de Kazaria. Durante el siglo XI habían levantado un imperio con capital en Teherán, habían ocupado Jerusalén, se habían adentrado en Anatolia y llegaron a amenazar Constantinopla. Ellos iban a ser los auténticos fundadores de la Turquía musulmana que siglos más tarde consolidarían los turcos otomanos. Su relación con los kázaros tuvo algunos episodios no exentos de interés, pero no atañen directamente a nuestra historia y no podemos detenernos en ellos. Durante el siglo XII el imperio selyúcida fue desmembrándose y acabarían siendo vasallos de los mongoles.

De los mongoles hay que señalar brevemente que el imperio instituido por Gengis Kahn en 1206 acabó extendiéndose desde Hungría hasta China y fue, en el momento de su máxima expansión, uno de los más grandes de la historia de la humanidad. Según algunas fuentes abarcaba casi la mitad de la población mundial de la época. En su avance imparable hacia el oeste, todos los territorios del reino de Kazaria quedaron sometidos a su dominio en la década de 1250. No es pues de extrañar que las ya escasas fuentes de información sobre los kázaros acaben secándose casi del todo en el siglo XIII.

La última referencia que se tiene de ellos procede de 1245-47. En esta fecha el papa Inocencio IV envió una misión a Batu Khan, nieto de Gengis Khan, que gobernaba la parte occidental del imperio mongol, con objeto de explorar las posibilidades de entendimiento con el nuevo poder mundial. El jefe de esta misión, informa Koestler, fue un franciscano sexagenario, Juan de Plano Carpini, contemporáneo y discípulo de san Francisco de Asís, viajero experimentado y diplomático curtido que había desempeñado múltiples cargos en la jerarquía eclesiástica. La misión se inició el día de Pascua de 1245 desde Colonia y llegó un año más tarde a la capital de la horda de Batu Khan en el estuario del Volga. El nombre de la ciudad era Sarai Batu, es decir, la antigua Itil. Así pues los mongoles establecieron el centro de su imperio en territorio kázar. A su regreso a Europa, Carpini escribió la *Historia Mongolorum*, que contiene una lista de las gentes que habitaban las regiones por él visitadas. En ella cita a distintos pueblos del norte del Cáucaso y junto a los alanos y circasianos cita a los kázaros que profesan la religión judía. Es la última vez que se los menciona antes de que caiga el telón definitivamente.

Las migraciones y la mentalidad de gueto

Del mismo modo que antes de la destrucción de Jerusalén los judíos semitas habían iniciado ya la diáspora, también lo kázaros judíos, antes del cataclismo de los mongoles, habían comenzado a desplazarse hacia las tierras de los pueblos eslavos de occidente no sometidos. En ellas implantarían los grandes centros judíos del este de Europa que iban a constituir en el futuro la parte más numerosa y culturalmente dominante de la judería mundial. Su religión, basada como hemos visto en el exclusivismo, fomentó la tendencia de mantenerse juntos para establecer sus comunidades con sus propios lugares de oración, sus propias escuelas, sus propios barrios; es decir, las juderías o guetos, que ellos mismos, por voluntad propia, se imponían a sí mismos en los países o ciudades donde se establecían. Tanto los judíos semitas como los kázaros judíos compartían pues la mentalidad de gueto, que ambos grupos reforzaban con esperanzas mesiánicas y el orgullo de considerarse la raza elegida, a pesar de que los últimos no procedían de Sem, como hemos visto, sino de Jafet. Son equivocadas, pues, las acepciones de algunos diccionarios que definen el gueto como barrio en que eran obligados a vivir los judíos.

Arthur Koestler sigue las huellas de los primeros kázaros judíos, sus propios ancestros, en su Hungría natal. Según informa, los kabars, las tribus kázaras que migraron con los magiares, y los que, como se recordará, fueron invitados por el duque Taksony a establecerse en sus dominios en el siglo X, desempeñaron un papel importante en la más temprana historia de Hungría. Juan Cinnamus, un cronista bizantino, dos siglos más tarde escribe sobre tropas que observan la Ley judía luchando en 1154 contra el ejército húngaro en Dalmacia. Koestler asegura que serían poquísimos los "auténticos judíos" de Palestina que vivirían en Hungría y no tiene ninguna duda de que quienes protagonizaban el enfrentamiento eran los kázaros-kabars. El hecho de que en la Carta Magna húngara de 1222, promulgada por Endre II (Andrés), se prohibiera que los judíos actuaran como acuñadores de la moneda, cobradores de impuestos y controladores del monopolio real de la sal, indica que antes del edicto los kázaros judíos ocupaban estos puestos y quizá otros aún más influyentes.

El origen kázaro de la población judía de Hungría durante la Edad Media está relativamente bien documentado y puede parecer que Hungría constituye un caso especial vista la conexión magiar-kázara; sin embargo no es así. En el siglo XII hay ya establecidos asentamientos y colonias de kázaros en varios lugares de Ucrania y en el sur de Rusia. Ya se ha comentado que en Kiev floreció una comunidad de kázaros judíos. Hay abundantes topónimos en Ucrania y en Polonia que derivan de "kazar" o de "zhid" (judío): Zydovo, Kozarzewek, Kozara, Kozarzov, Zhydowska Vola, Zydaticze, etc. Dichos lugares habrían sido seguramente, en opinión de Koestler, pueblos o campamentos temporales de comunidades de kázaros judíos en su largo viaje hacia el oeste. Topónimos similares se encuentran también en los Cárpatos y en provincias orientales de Austria. Mientras la principal ruta del éxodo kázaro conducía al oeste, algunos grupos fueron quedando atrás, especialmente en Crimea y en el Cáucaso, donde formaron enclaves judíos que permanecen actualmente. Pero la principal corriente migratoria de los kázaros se estableció en Polonia y en Lituania, como se ha apuntado ya en la primera parte del capítulo.

Sobre este asunto de la migración kázara a Polonia, Koestler aporta importante información que nos permite consolidar algunas apreciaciones y aserciones hechas anteriormente sobre Polonia como centro del judaísmo tras la expulsión de los judíos de España en 1492. En *The Thirteenth Tribe* se explica que alrededor de 962 varias tribus eslavas formaron una alianza liderada por la más fuerte, los polans, que iba a convertirse en el núcleo del estado polaco. Así, pues, la importancia de los polacos comenzó a la vez que declinaba el poder de los kázaros con la destrucción de Sarkel en 965. Es significativo, comenta Koestler, que los judíos jugasen un papel importante en una de las primitivas leyendas que aluden a la fundación del reino polaco. Parece ser que cuando las tribus coaligadas quisieron elegir un rey, escogieron a un judío llamado Abraham Prokownik (la fuente de Koestler es el profesor A. N. Poliak), que debió de ser un rico mercader kázaro. Prokownik renunció a la corona en favor de un campesino nativo llamado Piast, quien de este modo se convirtió en el fundador de la histórica dinastía Piast, que gobernó Polonia desde 962 hasta aproximadamente 1370.

Si la leyenda es o no cierta, si Prokownik existió o no, es relativamente importante, pues lo cierto es que los judíos inmigrantes de Kazaria eran bien recibidos por sus aportaciones a la economía del país y a la administración del Gobierno. Monedas acuñadas en los siglos doce y trece tenían inscripciones en lengua polaca escritas con grafías hebreas. Bajo la dinastía Piast los polacos y sus vecinos del Báltico, los lituanos, que por una serie de tratados formaron parte del reino polaco desde 1386, expandieron rápidamente su territorio y necesitaron inmigrantes para colonizar los territorios y desarrollar las ciudades. En primer lugar animaron a los agricultores, burgueses y artesanos alemanes y luego a los emigrantes de los territorios ocupados por los mongoles entre los que abundaban los kázaros (Polonia y Hungría fueron sólo brevemente invadidas por los mongoles en 1241-42, pero no fueron ocupadas).

Desde el principio, Polonia se orientó hacia occidente y adoptó el catolicismo, pero ello no impidió que se concediesen todo tipo de privilegios a los kázaros judíos. En la Carta promulgada por Boleslav el Piadoso en 1264 y confirmada por Casimiro el Grande en 1334, se permitió a los judíos el derecho a mantener sus propias sinagogas, escuelas y tribunales, sus haciendas, y a desarrollar todas las actividades comerciales que deseasen. Bajo el reinado de Esteban Báthory (1575-86) se les concedió disponer de su propio Parlamento que se reunía dos veces al año y tenía el poder de recaudar tributos a sus propios correligionarios. Sin duda la judería kázara, opina Koestler, había entrado en un nuevo capítulo de su historia.

Que la Iglesia de Roma estaba al corriente del poder que ostentaban los judíos en Polonia lo demuestra un documento pontificio, un breve de la segunda mitad del siglo XIII, probablemente del Papa Clemente IV, dirigido a un príncipe polaco no mencionado. En él se dice que las autoridades eclesiásticas de Roma están enteradas de la existencia de numerosas sinagogas en varias ciudades polacas, concretamente no menos de cinco en una sola ciudad. El Papa deplora el hecho de que dichas sinagogas sean más altas que las iglesias, más majestuosas y mejor adornadas, con techos recargados con placas pintadas, lo cual hace que las iglesias católicas adyacentes en comparación parezcan pobres. Las quejas contenidas en el breve papal son posteriormente refrendadas por una decisión del legado papal, cardenal Guido, fechada en 1267, en la cual se estipula que no se debería permitir a los judíos más de una sinagoga por ciudad. De estos documentos contemporáneos de la conquista de Kazaria por los mongoles se desprende la certidumbre de que ya en el siglo XIII la presencia de judíos kázaros era muy numerosa en Polonia.

Se sabe que en el siglo XVII el número de judíos en el reino polaco-lituano sobrepasaba el medio millón. Según el artículo "Estadísticas" de la *Enciclopedia Judía*, en el siglo XVI la población judía en todo el mundo ascendía a un millón de personas, lo cual indica, según Koestler, que cita a Poliak y Kutschera[3], que durante la Edad Media la mayoría de los judíos no sefarditas que profesaban el judaísmo eran kázaros. Una parte sustancial de esta mayoría fueron a Polonia, Lituania, Hungría y los Balcanes, donde fundaron la comunidad de judíos del este que iba a convertirse en mayoritaria de la judería mundial. Existen razones suficientes para atribuir el liderazgo a la comunidad judía en Polonia, de origen kázaro, y no a los inmigrantes que procedían del oeste tras la expulsión de España, como veremos a continuación.

Los sefardíes en Europa occidental

La transformación de los judíos kázaros en judíos polacos no supuso una ruptura brutal con su pasado. Fue un proceso gradual de cambio que les permitió preservar unas formas de vida que corroboran su origen; unas formas de vida que no se encuentran en ningún otro lugar en la diáspora mundial. Nos referimos a las pequeñas ciudades judías: "ayarah" en hebreo, "shtetl" en yiddish, "miastecko" en polaco. Las tres denominaciones son diminutivos; sin embargo en algunos casos se trataba de ciudades bastante grandes.

No debe confundirse el shtetl con el gueto, que, como ya se ha dicho, era un barrio dentro de la ciudad de los gentiles en el que los judíos se obligaban a vivir para evitar ser contaminados con creencias y formas de vida que repudiaban. El shtetl, que existe sólo en Polonia-Lituania y en ningún otro lugar del mundo, era un pueblo con población exclusivamente judía. Sus orígenes se remontan al siglo XIII y es seguramente la conexión entre las ciudades de mercado kázaras y las colonias judías en Polonia. Las funciones económicas y sociales de estas aglomeraciones semi-urbanas, semi-rurales eran similares en Kazaria y en Polonia; es decir, constituían una

---

[3] Hugo barón de Kutschera (1847-1910) fue uno de los primeros en proponer la teoría del origen kázaro de los judíos del este. Diplomático de carrera, estudió en la Academia Oriental de Viena, donde se convirtió en un experto lingüista que llegó a dominar el turco, el árabe, el persa y otras lenguas orientales. Tras servir como agregado en la embajada austro-húngara de Constantinopla, llegó a ser director de la Administración en Sarajevo. Después de retirarse en 1909, dedicó sus últimos días a la que había sido su inquietud a lo largo de su vida: la conexión entre los judíos europeos y los kázaros. Siendo aún joven había quedado impresionado por el contraste entre los judíos sefarditas y los judíos askenazis en Turquía y en los Balcanes. Su estudio de las antiguas fuentes en la historia de los kázaros le llevó a la convicción de que estos ofrecían por lo menos una respuesta parcial al problema. Su Estudio de la Historia de los Kázaros fue publicado póstumamente y es raras veces mencionado por los historiadores.

red de centros comerciales que suplían las necesidades de las grandes ciudades y del campo.

Según Poliak, estas ciudades surgieron como consecuencia de la migración general que originó la conquista de los mongoles, cuando las ciudades eslavas y los shtetl kázaros deambulaban errantes hacia el oeste. Los pioneros de dichos asentamientos fueron probablemente ricos comerciantes kázaros que viajaban constantemente hacia Hungría a través de las rutas comerciales de Polonia, que se estaba convirtiendo así en territorio de tránsito entre las dos comunidades judías. Poliak afirma que de este modo el shtetl kázaro fue trasplantado y se convirtió en el shtetl polaco que iría poco a poco dejando de lado la agricultura.

La desaparición de la nación kázara de su hábitat histórico y la aparición simultánea de grandes concentraciones de judíos en regiones adyacentes del noroeste son dos hechos conectados. Los historiadores están de acuerdo en que la inmigración procedente de Kazaria contribuyó a aumentar el número de judíos en Polonia. La discusión reside en saber si estos judíos kázaros constituían en efecto el grueso de los asentamientos. Para dar una respuesta, Koestler estudia las posibilidades y el tamaño de una posible migración de los "auténticos judíos" del oeste de Europa hacia Polonia.

Hacia el final del primer milenio las comunidades de judíos de Europa occidental residían en Francia y en las proximidades del Rin (los judíos de España no deben ser tenidos en cuenta para dicha investigación histórica, toda vez que por aquellos años vivían en Sefarad su "Edad de Oro" y no participaron en ningún movimiento migratorio hasta 1492). Algunas de estas comunidades se habían constituido probablemente en tiempos de los romanos, puesto que entre la destrucción de Jerusalén y la caída de Roma los judíos se habían establecido en muchas de las grandes ciudades del Imperio. Más tarde estos núcleos serían reforzados con nuevos inmigrantes procedentes de Italia y del norte de África. Se tiene constancia desde el siglo IX en delante de comunidades judías en toda Francia, desde Normandía hasta Provenza y el Mediterráneo. Un grupo incluso cruzó el Canal de la Mancha en la estela de la invasión normanda, invitados por Guillermo el Conquistador, que necesitaba su capital y su iniciativa. Su historia ha sido resumida por A. W. Baron:

> "Fueron posteriormente convertidos en una clase de usureros reales cuya principal función era proveer créditos para empresas políticas y económicas. Después de acumular gran riqueza gracias a los altos tipos de interés, estos prestamistas se vieron obligados a devolverla de una u otra forma en beneficio del tesoro real. El prolongado bienestar de muchas familias judías, el esplendor de sus residencias y su influencia en los asuntos públicos cegaron incluso a observadores experimentados, que no vieron el peligro que se ocultaba en el creciente resentimiento de los deudores de todas las clases y en la exclusiva dependencia de su

protección por parte de la casa real... El descontento fue calando y culminó en estallidos de violencia en 1189-90 que presagiaban la tragedia final: la expulsión de 1290. El meteórico ascenso y el aún más rápido declive de los judíos ingleses en el breve espacio de algo más de dos siglos (1066-1290) puso de manifiesto los factores fundamentales que originaron los destinos de los judíos del oeste en la crucial primera parte del segundo milenio".

La principal lección que Koestler extrae de lo acaecido en Inglaterra es que la influencia social y económica de los judíos era totalmente desproporcionada en relación con su escaso peso demográfico. Había, aparentemente, no más de 2500 judíos en Inglaterra en el momento de su expulsión y esta pequeñísima comunidad en la Inglaterra medieval jugaba un papel dirigente en la economía del país. Lo ocurrido compendiaba los acontecimientos que iban a producirse más tarde cuando los judíos de Francia y Alemania afrontaron la misma situación. Cecil Roth escribe que el comercio en la Europa del oeste estaba mayoritariamente en manos de judíos, inclusive el tráfico de esclavos, y en los cartularios carolingios los términos judío y mercader eran intercambiables. La época de bonanza en Francia terminó en 1306 cuando Felipe el Hermoso desterró a los judíos de su reino. Algunos regresaron, pero hubo nuevas expulsiones y a finales del siglo la comunidad de judíos en Francia se había extinguido. La moderna comunidad judía de Francia fue fundada por exiliados procedentes de España que huían de la Inquisición en los siglos XVI y XVII.

De la historia de los judíos en Alemania se tienen referencias incompletas. La *Germanica judaica* es una de las obras que aporta referencias históricas sobre algunas comunidades en 1238. Gracias a ella se sabe cuál era la distribución territorial de estos grupos de judíos alemanes durante el periodo en que la inmigración de judíos kázaros en Polonia alcanzaba su cima. Se sabe que en el siglo X, XI y XII había judíos en Spira, Worms, Trèves, Metz, Estrasburgo, Colonia, es decir, en una estrecha franja en Alsacia y a lo largo del Rin. Benjamín de Tudela visitó estas ciudades en el siglo XII y escribió que había en ellas muchos israelitas cultos y ricos. Koestler se pregunta cuántos eran muchos y acaba respondiendo que en realidad eran muy pocos.

Koestler asegura que a finales del siglo XI los judíos de las comunidades de Alemania, como consecuencia de la primera cruzada (1096), fueron perseguidos y asesinados en masa por el populacho, cuyos estallidos de histeria eran incontrolables. Cita una fuente hebrea que considera fiable, el cronista Solomón Bar Simon, para destacar el caso de los judíos de Maguncia, quienes ante la alternativa de bautizarse o morir a manos de las turbas decidieron suicidarse colectivamente dando ejemplo a otros grupos. Fuentes hebreas dan la cifra de 800 muertos entre masacres y suicidios en Worms y entre 900 y 1200 en Maguncia, aunque sin duda muchos prefirieron el bautismo. Nuevamente habría que saber cuántos son muchos, pero las fuentes no hablan del número de supervivientes, si bien A. W. Baron los estima sólo en centenares. Tampoco podemos estar seguros, admite Koestler, de que no se exagera el número de mártires.

En cualquier caso, parece evidente que antes de la primera cruzada el número de judíos que había en las zonas citadas de Alemania era pequeño. En el centro y norte no había comunidades de judíos ni las habría en mucho tiempo. Koestler rechaza por completo la tesis tradicional de muchos historiadores judíos, según la cual como consecuencia de la cruzada de 1096 se produjo una migración masiva de judíos alemanes hacia Polonia. Considera que se trata simplemente de una leyenda o una hipótesis inventada ad hoc, puesto que muy poco o nada se conocía de la historia de los kázaros y no se veía otro modo posible de explicar la impresionante concentración de judíos en el este de Europa. Además, concluye Koestler "no existe ninguna fuente contemporánea de una migración, grande o pequeña, desde el Rin hacia el este de Alemania y menos aún hacia la lejana Polonia".

En este sentido, un grupo de genetistas judíos acudieron recientemente en ayuda de los historiadores tradicionales. Harry Oster, de la Yeshiva University, publicó en 2012 el libro *Legacy: A Genetic History of the Jewish People*, donde se mantiene la tesis de que los judíos pertenecen a un único grupo étnico. Estos científicos comprometidos con la historiografía oficial insistían en mantener la teoría de que los judíos del este de Europa procedían de la zona del Rin. Recibieron una respuesta contundente de un joven investigador judío de la Universidad Johns Hopkins, Eran Elhaik, especializado en genética molecular, quien calificó las aserciones de Oster y compañía de "estupideces". El 4 de diciembre de 2012, Elhaik publicó *The Missing Link of Jewish European Ancestry: Contrasting The Rhineland and the Khazarian Hypotheses*, un trabajo de investigación de unas cuarenta páginas publicado en el periódico "online" *Genome Biology and Evolution*, en el que aportaba pruebas contundentes sobre la procedencia kázara de los judíos askenazis. El artículo de Elhaik fue comentado el mismo mes de diciembre de 2012 por Shlomo Sand, profesor de historia en la Universidad de Tel Aviv. Autor del libro *The Invention of the Jewish People*, Sand dio la bienvenida a la aportación científica de Elhaik, pues confirmaba su tesis. "Es obvio para mí -dijo Sand- que alguna gente, historiadores e incluso científicos, cierran los ojos a la verdad. A veces decir que los judíos eran una raza fue antisemítico, ahora decir que no son una raza es antisemítico. Es absurdo como juega la historia con nosotros". En su artículo, Elhaik argumenta que la conversión de los kázaros al judaísmo en el siglo VIII tuvo que ser necesariamente generalizada, pues los ocho millones de judíos en Europa a principios del siglo XX no pueden explicarse a partir de las pequeñas poblaciones de la Edad Media.

Simon Dubnov, uno de los historiadores de la vieja escuela, llega a decir que la primera Cruzada puso en movimiento a masas de cristianos hacia el este asiático y al mismo tiempo a masas de judíos hacia el este de Europa.

Sin embargo, admite después que de este movimiento migratorio tan importante para la historia judía no se tiene información, con ello queda claro que sus aserciones son meras especulaciones. Por el contrario, sí se tiene conocimiento de lo que hicieron las hostigadas comunidades de judíos durante las sucesivas cruzadas que siguieron a la de 1096. Los que consiguieron escapar de las muchedumbres encolerizadas buscaron refugio durante los periodos de emergencia en el castillo fortificado del obispo, quien en teoría era responsable de su protección. Una vez que las hordas de las cruzadas habían pasado, los supervivientes regresaban invariablemente a sus hogares saqueados para comenzar de nuevo. Este modelo de comportamiento se halla repetidamente documentado en diversas crónicas: en Trèves, en Metz y en muchos otros sitios. Durante el tiempo de las cruzadas se convirtió casi en una rutina. Al empezar la agitación por una nueva cruzada, muchos judíos de Maguncia, Worms, Spira, Estrasburgo, Würzburg y otras ciudades, escapaban a los castillos vecinos dejando sus posesiones en custodia de gentiles considerados amigos. Una de las fuentes principales citadas por Koestler es el *Libro del Recuerdo* de Efraín Bar Jacob, quien a la edad de trece años había estado entre los refugiados de Colonia que se acogieron a la protección del castillo de Wolkenburg. Solomon Bar Simon informa que durante la segunda cruzada los supervivientes de Maguncia encontraron refugio en Spira y luego regresaron a su ciudad y construyeron una nueva sinagoga. Esto es lo que repiten las crónicas una y otra vez y no se encuentra una sola palabra sobre grupos que emigran hacia el este de Alemania, que se mantuvo sin población judía durante varios siglos.

El siglo XIII fue un periodo de recuperación parcial y se tiene noticia por primera vez de judíos en regiones adyacentes al Rin: el Palatinado (1225), Friburgo (1230), Ulm (1243), Heildelberg (1255), etc.. Pero a comienzos del siglo XIV las cosas se complicaron en Francia, como ya se ha comentado más arriba, con la expulsión decretada por Philip le Bel (Felipe el Hermoso). Los refugiados emigraron a otras regiones francesas como Provenza, Borgoña, Aquitania, que se hallaban fuera del dominio del Rey; pero no hay registros históricos que permitan concluir que Alemania vio incrementado el numero de judíos con correligionarios procedentes de Francia. Por supuesto ningún historiador ha sugerido nunca la posibilidad de que los judíos franceses emigrasen a Polonia a través de Alemania ni en esta ocasión ni en ninguna otra.

La peor catástrofe del siglo XIV fue la peste negra, que entre 1348 y 1350 mató a un tercio de la población europea y en algunas regiones a dos tercios. Los judíos, que habían sido acusados de sacrificios rituales de niños cristianos, fueron señalados como causantes del envenenamiento de los pozos para esparcir la peste negra. El rumor se propagó y la consecuencia fue la quema de judíos en toda Europa. La diezmada población del oeste de Europa no alcanzó el nivel demográfico anterior a la plaga hasta el siglo XVI. En cuanto a la población judía, que había sufrido el ataque de las ratas y de los hombres, sólo una fracción sobrevivió. Según Kutschera, que cita historiadores contemporáneos, no quedaron prácticamente judíos en Alemania cuando remitió la epidemia. Constata que jamás prosperaron allí, donde nunca pudieron establecer importantes comunidades, y se pregunta cómo en dichas circunstancias se puede sostener la tesis de que fueron capaces de establecer colonias densamente pobladas en Polonia.

Koestler considera que después de las cruzadas y de la peste negra se puede decir que el número de judíos en Europa occidental era insignificante. Sólo en España y Portugal había una gran población judía. Fueron pues los sefarditas quienes, tras ser expulsados de la Península, fundaron las modernas comunidades de Francia, Holanda e Inglaterra en los siglos XVI y XVII. La idea tradicional de un éxodo hacia Polonia a través de Alemania es históricamente insostenible.

Antes de proclamar que el cien por cien de los judíos del este son de origen kázaro, queda aún por examinar un último grupo de judíos en Europa: aquellos que a finales de la Edad Media se localizaban en Viena, en Praga, en los Balcanes, en los Alpes Carintios y en las montañas de Stiria. Koestler se pregunta de dónde procedían. "Ciertamente no del oeste" es su respuesta. Koestler admite que entre los judíos inmigrados en Austria había seguramente un componente de genuinos judíos semitas procedentes de Italia, país que, como Kazaria, había recibido su cuota de inmigrantes hebreos procedentes de Bizancio. De todos modos no existen documentos que demuestren dicha migración y hay que pensar por ello que fue poco significativa. Por el contrario hay numerosas evidencias y pruebas de una migración en sentido contrario, es decir, de judíos que a finales del siglo XV entran en Italia como consecuencia de su expulsión de las provincias alpinas. Los perfiles del proceso migratorio son claramente perceptibles para Koestler, para quien con toda probabilidad los asentamientos alpinos eran ramales de la migración general de los kázaros hacia Polonia que se extendió a lo largo de varios siglos y siguió diferentes rutas: a través de Ucrania, de las regiones eslavas, del norte de Hungría y quizá también de los Balcanes. La *Enciclopedia Judía* da noticia de una invasión en Rumanía de judíos armados.

Existe asimismo una leyenda sobre los judíos de Austria lanzada por cronistas cristianos durante la Edad Media; pero repetida con toda seriedad por otros historiadores a comienzos del siglo XVIII. Según dicha leyenda, las provincias austriacas fueron gobernadas por una sucesión de príncipes judíos. La *Crónica Austriaca*, compilada por un escriba vienés en el reinado de Alberto III (1350-95), contiene una lista de no menos de veinte nombres, algunos de los cuales fonéticamente denotan un origen uralo-altaico, en la que se menciona incluso la extensión del reinado y el sitio en que están enterrados. La leyenda es repetida con algunas variaciones por Henricus Gundelfingus en 1474 y por varios otros, el último de los cuales es Anselmus Schram en su *Flores Chronicorum Austriae* de 1702.

El origen de la leyenda está claro para Koestler, el cual recuerda que por más de medio siglo, hasta 955, una parte de Austria estuvo bajo el dominio de los magiares, que habían llegado a su nuevo país en 896 en compañía de las tribus de Kázaros-Kabars, las cuales, como se ha visto, tuvieron mucha influencia en la nación magiar. Los húngaros en aquel tiempo no se habían convertido aún al cristianismo, hecho que ocurrió un siglo más tarde, y la única religión monoteística que conocían era el judaísmo kázaro. Recordemos que el cronista bizantino Juan Cinnamus menciona el enfrentamiento de tropas judías con el ejército húngaro. Parece que todo encaja.

Aportación de la lingüística: elementos léxicos del yídish

Posterior evidencia en contra de la teoría del origen occidental de la judería del este de Europa la proporciona la estructura del yídish, la lengua popular de millones de judíos que aún hoy se usa entre algunas minorías tradicionalistas de Estados Unidos y Rusia. El yídish es una curiosa amalgama de hebreo, alemán medieval, eslavo y otros caracteres, que se escribe con grafías hebreas. Ahora que va camino de desaparecer ha suscitado numerosos estudios en Estados Unidos y en Israel; pero hasta el siglo XX fue considerado por los lingüistas occidentales una estrambótica jerigonza. Salvo unos pocos artículos periodísticos, no se le dedicó mayor atención hasta que en 1924 M. Mieses publicó el primer estudio científico serio, *Die Jiddische Sprache*, una gramática histórica.

A primera vista, el predominio de préstamos del alemán en el yídish parece contradecir la tesis de Koestler sobre el origen de los judíos del este de Europa. Lo primero que Koestler indaga es cuál de los dialectos alemanes se introdujo en el léxico del yídish y para ello acude al citado M. Mieses, que fue el primero en prestar atención sobre esta cuestión. Basándose en el estudio del vocabulario, de la fonética y de la sintaxis en comparación con los principales dialectos alemanes en la Edad Media, Mieses concluye que no hay elementos lingüísticos procedentes de las partes de Alemania fronterizas con Francia y tampoco los hay de las regiones centrales de la zona de Frankfurt, por lo cual descarta cualquier influencia en el yídish de las regiones de Alemania occidental. Luego escribe: "¿Podría ser que la teoría generalmente aceptada, según la cual los judíos alemanes en algún tiempo pasado emigraron a través del Rin hacia el este, sea equivocada? La historia de los judíos alemanes, de la judería askenazi, debe ser revisada. Los errores de la historia a menudo son rectificados gracias a la investigación lingüística. El punto de vista convencional sobre la migración de judíos askenazis desde Francia y Alemania pertenece a la categoría de errores históricos que deben ser revisados".

Este es precisamente el error que comete Joan Ferrer, profesor de la Universidad de Girona, quien en un trabajo titulado *Historia de la lengua yídish* intenta explicar su origen partiendo de la teoría tradicional de la emigración de los judíos del oeste de Europa, muchos de los cuales debían de hablar lenguas románicas. Es probable que este profesor ni siquiera tenga noticia de los judíos kázaros, toda vez que ni siquiera los menciona en su estudio.

Mieses confirma que el componente alemán en el yídish procede de las regiones del este de Alemania adyacentes al cinturón eslavo del este de Europa, lo cual es una nueva prueba en contra del origen occidental de la judería polaca y de la judería de Europa oriental en general. Sin embargo esto no explica cómo un dialecto del este de Alemania combinado con elementos eslavos y con el hebreo se convirtió en la lengua de la judería de origen kázaro.

La evolución del yídish fue un proceso largo y complejo que comenzó presumiblemente antes del siglo XV. Durante largo tiempo permaneció como una lengua oral, una especie de lingua franca, que sólo apareció escrita en el siglo XIX. No había pues ninguna gramática y se dejaba además que los individuos introdujeran palabras extranjeras según su voluntad. No había normas sobre pronunciación u ortografía. Las reglas establecidas por la *Jüdische Volks-Bibliothek* ilustran el caos ortográfico: (1) Escribe como hablas. (2) Escribe de manera que los judíos polacos y lituanos puedan entenderte. (3) Escribe de manera diferente las palabras que suenen igual y tengan significados distintos.

De esta manera el yídish se desarrolló a través de los siglos sin trabas, absorbiendo ávidamente palabras, frases hechas, construcciones sintagmáticas u oracionales de los ambientes sociales que lo envolvían. Socialmente y culturalmente, el elemento dominante alrededor de la Polonia medieval eran los alemanes. Sólo ellos entre las poblaciones inmigrantes eran más influyentes que los judíos desde un punto de vista intelectual y económico. Kutschera afirma que no menos de cuatro millones de alemanes se desplazaron a Polonia y constituyeron una clase media urbana como nunca antes había tenido el país. No sólo la burguesía educada, sino también el clero era predominantemente alemán, lo cual era una consecuencia natural de la adopción del catolicismo y de la inclinación hacia el oeste de Polonia. La primera universidad polaca fue fundada en 1364 en Cracovia, que entonces era una ciudad predominantemente alemana (Koestler recuerda que un siglo después Nicolás Copérnico estudió allí y polacos y alemanes lo reclaman como uno de los suyos). Aunque al principio los colonos alemanes eran mirados con desconfianza, pronto supieron afianzarse con firmeza e introdujeron el sistema educativo alemán en Polonia. Los polacos aprendieron a apreciar las ventajas de la cultura superior introducida por estos inmigrantes e imitaron sus maneras. La aristocracia se aficionó a las costumbres alemanas y encontró bello y placentero todo cuanto procedía de Alemania.

Se comprende, por tanto, por qué los inmigrantes kázaros asentados en el país tenían que aprender alemán si querían medrar. Aquellos que tenían tratos con la población local tenían que aprender sin duda un poco de polaco, de ucraniano, de lituano o de esloveno. Sin embargo el alemán era de primera necesidad para cualquier contacto en las ciudades. A todo esto hay que añadirle la sinagoga y el estudio de la Torá en hebreo. Es fácil visualizar, escribe Koestler, a un artesano en un Shtetl o a un mercader de madera tratando de hablar alemán con sus clientes, polaco con sus vecinos y luego en casa mezclando ambas lenguas con un poco de hebreo. De este modo fue formándose una lengua íntima. Cómo este batiburrillo consiguió ser un código común normalizado es una cuestión para los lingüistas.

Koestler recuerda que los descendientes de las doce tribus constituyen un ejemplo de adaptabilidad lingüística. Primero hablaron hebreo. En el exilio de Babilonia, caldeo. En tiempo de Jesús, arameo. En Alejandría, griego. En España, árabe; pero más tarde ladino, que es una mezcla de español y hebreo escrita con grafías hebreas: para los judíos sefarditas el ladino sería el equivalente al yídish. Los kázaros no eran descendientes de las doce tribus, pero, como se ha visto, compartían con sus correligionarios la facilidad para cambiar de lengua según convenía.

En nuestros días, la editorial Santillana incluye imprudentemente en sus libros de texto para bachillerato el yídish entre las lenguas germánicas. Paul Wexler, de la Universidad de Tel Aviv, que ha publicado varios estudios (los más importantes en 1992 y 2002) lógicamente desconocidos por Arthur Koestler, niega tajantemente que el yídish sea un dialecto del alemán. No es este el lugar ni el momento para profundizar en cuestiones lingüísticas; pero veamos muy sucintamente algunas de sus conclusiones. Según Wexler, el yídish sólo puede provenir de los kázaros hablantes de una lengua turco-irania, puesto que el léxico y la gramática del yídish revelan conexiones con lenguas turco-iranias que no han sido valorados. Este lingüista afirma que el yídish comenzó como una lengua eslava con la característica inusual de poseer un léxico predominantemente alemán. Curiosamente, el único componente importante del yídish que no desarrolló innovaciones significativas en sus características formales o semánticas es el componente eslavo, lo cual sugiere que el yídish era una lengua eslava que únicamente explotó sus dos componentes no eslavos: el alemán y el hebreo (hemos visto con Koestler cómo y por qué fue así). Wexler argumenta que diversos estudios de morfosintaxis y fonología del yídish han demostrado las similitudes entre éste y las gramáticas eslavas y afirma que la consideración del alemán como componente original del yídish y el componente eslavo como no original es errónea.

A pesar de no ser un lingüista, Benjamín Freedman advierte en *Facts are facts* que, por razones obvias, mucha gente está interesada en que se crea que el yídish es un dialecto alemán y se pregunta: "¿Si el yídish es un dialecto alemán adquirido de los alemanes entonces qué lengua hablaron los kázaros durante casi mil años? Los kázaros debían de hablar alguna lengua cuando penetraron en el este de Europa. ¿Cuál era esta lengua? ¿Cuándo la rechazaron? ¿Cómo pudo la totalidad de la población kázara descartar una lengua y adoptar otra de repente? La idea es demasiado absurda para discutirla. El yidish es el nombre moderno para la antigua lengua materna de los kázaros con el añadido del alemán y de lenguas eslavas y bálticas".

Una vez esbozada la aportación de la lingüística al tema, ya sólo queda comentar en unas líneas la última fase de la migración de los judíos kázaros, cuyas comunidades, ya en los guetos, ya en los shtetls, tuvieron que afrontar problemas de superpoblación, pues se vieron en la necesidad de absorber a nuevos inmigrantes que huían de los cosacos en las ciudades de Ucrania. El deterioro de las condiciones de vida originó una nueva oleada de emigración masiva hacia Hungría, Bohemia, Alemania y Rumanía, donde los judíos que habían sobrevivido a la peste negra estaban esparcidos en pequeños grupos. De este modo se reanudó el gran viaje hacia el oeste que iba a continuar todavía durante tres siglos y se convirtió en la principal fuente para las poblaciones de judíos semitas que quedaban en Europa, América y Palestina.

Los hechos son evidentes y los modernos historiadores austriacos, israelíes y polacos coinciden en reconocer que la mayor parte de judería mundial no es de origen palestino, sino de origen caucásico. La principal corriente de migraciones judías no fluye desde el Mediterráneo a través de Francia y Alemania hacia el este del Continente para posteriormente hacer otra vez el recorrido a la inversa. La corriente se mueve sin retrocesos en dirección al oeste, desde el Cáucaso a través de Ucrania hacia Polonia y desde allí a Europa central y a América. El viaje hacia el este (Palestina) de los sionistas en el siglo XX es tema que será tratado aparte. Estos "judíos" de origen turco-mongol han acabado imponiendo completamente sus tesis a los sefarditas, que durante el siglo XIX estaban mayoritariamente por la emancipación y la asimilación progresiva a las sociedades en las que residían.

CAPÍTULO II

LOS BANQUEROS Y LAS REVOLUCIONES (1)

1ª PARTE
CROMWELL, AGENTE DE LOS BANQUEROS JUDÍOS DE AMSTERDAM

Una vez explicado el origen racial de los sionistas, se irá viendo a partir de ahora de qué manera una élite de judíos sefardíes y askenazis, unidos en su afán de someter y dominar el mundo, fueron constituyéndose en un poder oculto que ha sido determinante en todos los acontecimientos históricos. Este poder actúa ya a cara descubierta, pues considera irreversible su hegemonía global.

A lo largo de las páginas que siguen se estudiará cómo esta fuerza oculta, de la que nada se dice en los libros de historia utilizados en institutos y universidades, se ha ido convirtiendo en un poder omnímodo, en una tiranía absoluta, ejercida gracias a su poder económico, a los medios de comunicación y a la enseñanza manipulada de todas las disciplinas académicas que crean opinión, en especial la Historia, que ha sido tergiversada completamente. Como escribió George Orwell, "quien controla el pasado controla el futuro. Quien controla el presente controla el pasado". En realidad la revisión histórica que se acomete en esta obra arranca con la irrupción de los Rothschild en el escenario de la política y las finanzas europeas; sin embargo, para comprobar cómo una élite de judíos talmudistas venía ya desde tiempo atrás condicionando y programando los hechos históricos según sus intereses, veremos escuetamente de qué manera en el siglo XVII Cromwell se hizo con el poder en Inglaterra.

Para la mayoría de europeos Cromwell es conocido por haber decapitado al rey Carlos I y por haber derogado en 1655 el edicto de expulsión de los judíos[4], que había sido promulgado por Eduardo I en 1290

---

[4] Los judíos habían llegado a Inglaterra en 1066 e instalaron en el trono a William I, quien para recompensar su apoyo permitió y protegió la práctica de la usura, que tuvo consecuencias desastrosas para la gente, puesto que en un periodo de dos generaciones una cuarta parte de las tierras inglesas estaban en manos de los usureros judíos. El rey Offa, uno de los siete reyes de la heptarquía anglo-sajona, había prohibido la usura en

(habían sido expulsados sobre el papel, pero en realidad nunca habían abandonado Inglaterra y su "readmisión" requería un formalismo legal). Quizá los estudiantes más ilustrados sepan también que Cromwell ordenó la masacre de 40.000 católicos irlandeses; pero veamos quiénes estaban detrás de él.

Aprovechando un desacuerdo convenientemente preparado entre el rey y el Parlamento, se fraguó en Holanda el plan que había de acabar años después con la dinastía de los Estuardo y la implantación de los Orange holandeses. El rabino Manasseh Ben Israel, uno de los barones del dinero establecidos entonces en Amsterdam, contactó a través de sus agentes con Oliver Cromwell, al cual ofrecieron enormes sumas de dinero si se atrevía a liderar un conjura que pretendía derrocar al rey. Tan pronto éste se avino al plan, Manasseh Ben Israel y otros prestamistas judíos de Alemania y Francia financiaron a Cromwell. Según John Buchan, autor de la obra *Oliver Cromwell*, los judíos de Amsterdam controlaban el comercio de España, Portugal y buena parte del Levante, a la vez que dominaban el flujo de lingotes de oro.

En su obra *Pawns in the Game (Peones en el juego)*, William Guy Carr explica que el judío portugués Antonio Fernández Carvajal, conocido como "El Gran Judío", se convirtió en el contratista militar de Cromwell. Él fue quien reorganizó a los parlamentarios opuestos al rey (en su mayoría puritanos y presbiterianos). Gracias a su dinero, los convirtió en un ejército moderno, con el mejor equipamiento y las mejores armas. Una vez puesta en marcha la conspiración, cientos de revolucionarios entrenados pasaron clandestinamente a Inglaterra y se camuflaron en el "underground" judío, cuyo máximo líder era el embajador portugués Francisco de Sousa Coutinho, el cual, después de haber sido representante de Portugal en La Haya durante la década de 1640, había sido enviado a Londres merced a la influencia ejercida por Fernández Carvajal. Era en su casa donde, protegidos por la inmunidad diplomática, se reunían los líderes revolucionarios judíos para urdir en secreto los hilos del complot.

La evidencia absoluta que confirma sin lugar a dudas que Cromwell fue un peón que se movía en función de los intereses de la conjura revolucionaria judía figura en una publicación semanal editada por Lord Alfred Douglas, *Plain English*, un semanario publicado por North British Publishing Co. En un artículo del 3 de septiembre de 1921, Lord Alfred

---

787. Las leyes contra la usura habían sido posteriormente afianzadas por el rey Alfredo el Grande (865-99), quien ordenó que las propiedades de los usureros fueran confiscadas. En 1050 Eduardo el Confesor decretó no sólo la incautación de las propiedades, sino que también estableció que el usurero fuera declarado un bandido y desterrado para toda la vida. Tras la expulsión de los 16.000 judíos de Inglaterra decretada por Eduardo I en 1290, se tomaron aún nuevas medidas contra la usura: en 1364 Eduardo III otorgó a la ciudad de Londres una "Ordinatio contra Usurarios". Una nueva ley fue aprobada todavía en 1390.

Douglas explica cómo su amigo L. D. Van Valckert, de Amsterdam, se hallaba en posesión de un volumen de archivos de la sinagoga de Mulheim que se había perdido. Dicho volumen, extraviado durante las guerras napoleónicas, contenía documentos, concretamente cartas, dirigidas a y contestadas por los directores de la sinagoga. William Guy Carr, en la obra citada, reproduce dos de ellas textualmente. La primera, con fecha de entrada de 16 de junio de 1647, es de O. C. (Oliver Cromwell), a Ebenezer Pratt. Dice así:

> "A cambio de la ayuda financiera, abogaremos por la admisión de judíos en Inglaterra; sin embargo, esto es imposible mientras Carlos viva. Carlos no puede ser ejecutado sin haber sido juzgado, para lo cual no existen actualmente fundamentos. Por lo tanto aconsejo que se asesine a Carlos, pero no tendremos nada que ver con los preparativos para encontrar un asesino, aunque estamos dispuestos a ayudarlo a escapar."

En respuesta a este envío, E. Pratt escribió una carta dirigida a Oliver Cromwell con fecha de 12 de julio de 1647:

> "Garantizamos ayuda financiera tan pronto como Carlos sea destituido y los judíos admitidos. Asesinato, demasiado peligroso. Deberíamos dar a Carlos una oportunidad de escapar. Su nueva captura haría entonces posibles el juicio y la ejecución. La ayuda será generosa, pero es inútil discutir los términos hasta que empiece el juicio."

El 12 de noviembre del mismo año 1647 se dio a Carlos I la oportunidad de escapar. Naturalmente, volvió a ser capturado enseguida. Tras la nueva detención los acontecimientos se precipitaron. Cromwell se dedicó a purgar el Parlamento de los miembros leales al rey. A pesar de esta drástica acción, cuando el 5 de diciembre de 1648 la Cámara de los Comunes se reunió durante toda la noche, la mayoría de parlamentarios consideraron que "las concesiones ofrecidas por el rey eran satisfactorias para un acuerdo."

Tal acuerdo habría inhabilitado a Cromwell para recibir el dinero ensangrentado que le habían prometido los barones internacionales del dinero a través de su agente Ebenezer Pratt, por lo cual Cromwell atacó de nuevo. Ordenó al Coronel Pryde una nueva purga, "Pryde's Purge", de aquellos miembros de los comunes que habían votado a favor del acuerdo. Acabada la purga, quedaron tan sólo cincuenta parlamentarios, "The Rump Parliament" (el Parlamento rabadilla), que usurpó así el poder absoluto. En enero de 1649 se proclamó una "Alta Corte de Justicia" con el propósito de juzgar al rey de Inglaterra, dos tercios de cuyos miembros procedían del ejército de Cromwell. Los conspiradores no encontraron a ningún abogado inglés que pudiera presentar un cargo criminal contra el rey. Fernández Carvajal dio entonces instrucciones a un judío extranjero, Isaac Dorislaus, agente de Manasseh Ben Israel en Inglaterra, para que redactara una acusación por la cual se pudiera juzgar a Carlos I. Como era previsible, Carlos fue considerado culpable de los cargos levantados contra él por los prestamistas judíos internacionales, pero no por el pueblo inglés. El 30 de enero de 1649 el rey de Inglaterra fue decapitado públicamente. Cromwell, como Judas, obtuvo su dinero y además recibió nueva financiación para que extendiese la guerra a la católica Irlanda.

Del 7 al 18 de diciembre de 1655, Cromwell organizó una conferencia en Whitehall (Londres) con el fin de obtener el visto bueno para una inmigración de judíos a gran escala. A pesar de que la conferencia estaba plagada de incondicionales de Cromwell, los delegados, que eran principalmente sacerdotes, abogados y mercaderes, decidierron por aplastante consenso que no se debía permitir a los judíos entrar en Inglaterra. A pesar de las fuertes protestas que habían sido interpuestas por el subcomité del Consejo de Estado, que había declarado que estos judíos "serían una grave amenaza para el Estado y para la religión cristiana", en octubre de 1656 se permitió subrepticiamente la entrada de los primeros judíos. A. M. Hyamson en su obra *A History of the Jews in England* confirma que "los mercaderes sin excepción se pronunciaron en contra de la admisión de los judíos. Declararon que los inmigrantes que se proponían serían moralmente nocivos para el Estado y que su admisión enriquecería a extranjeros a costa de los ingleses".

Inglaterra y Holanda pronto se vieron envueltas en una serie de guerras que acabarían con la proclamación de Guillermo de Orange como rey de los ingleses. Cuando en 1658 murió Cromwell, quien en 1653 se había proclamado a sí mismo Lord Protector de Inglaterra, llegó el turno de su hijo Richard, llamado también Protector; pero en 1659, tras nueve meses de gobierno y asqueado de tantas intrigas, renunció. En 1660 el general Monk ocupó Londres y Carlos II, hijo del monarca decapitado, fue proclamado rey. Los judíos holandeses siguieron prestándole temporalmente ayuda financiera, pero pronto sufragaron los costes de la expedición de Guillermo de Orange contra el hermano y sucesor de Carlos II, el duque de York, que reinó como Jacobo II entre 1685-88.

Muy sucintamente expuestas, las cosas ocurrieron de este modo. Cuando en 1674 Inglaterra y Holanda firmaron la paz, quienes estaban detrás de las maquinaciones que habían originado las guerras civiles inglesas se convirtieron en casamenteros: elevaron a William Stradholder al rango de capitán general de las fuerzas holandesas y se convirtió así en el Príncipe de Orange. Todo se había concertado para que conociese a Mary, la hija mayor del duque de York, hermano del rey, quien estaba previsto le sucediera en el trono. En 1677 Mary y William Stradholder, Príncipe de Orange, se casaron. Para colocar a este último en el trono de Inglaterra era necesario deshacerse de ambos, de Carlos II y del duque de York. En 1683 el complot para asesinarlos a los dos a la vez, "The Rye House Plot", se había ya ideado, pero falló. En 1685 murió Carlos II y el duque de York, que se había convertido al catolicismo, reinó con el nombre de Jacobo II. Inmediatamente comenzó una campaña de infamias, a la que siguieron insurrecciones y rebeliones orquestadas por los "Poderes Secretos", que movían una vez más los hilos de la nueva conspiración mediante sus recursos predilectos de ayer y de hoy: el soborno y el chantaje. El primero en sucumbir fue el Duque de Marlborough, John Churchill, antepasado de Winston Churchill, que ostentaba la jefatura del Ejército, por lo cual su apoyo era crucial. Eustace Mullins, en su obra *The Curse of Canaan (La maldición de Canaan)*, asegura que John Churchill fue sobornado con 350.000 libras esterlinas por Medina y Machado dos banqueros sefardíes de Amsterdam. El descaro del Duque de Marlborough fue tal que el 10 de noviembre de 1688 firmó un juramento renovado de fidelidad al rey y dos semanas después, el 24 del mismo mes, se unía a las fuerzas de Guillermo de Orange. La *Enciclopedia Judía* informa que "por sus muchos servicios, el Duque de Marlborough recibió del banquero judío holandés Salomón Medina no menos de 6000 libras esterlinas anuales." Guillermo de Orange desembarcó en Inglaterra en 1688 y en 1689 él y su esposa Mary fueron proclamados reyes de Inglaterra. Jacobo II no quiso ceder el trono sin luchar y había desembarcado en Irlanda el 15 de febrero. Puesto que el rey era católico, se proclamó a Guillermo de Orange campeón de la fe protestante calvinista. El 12 de julio de aquel mismo año aconteció la famosa batalla de "The Boyne", que desde entonces los "orangemen" celebran anualmente con provocadores desfiles conmemorativos.

Uno de los fines de la importación del calvinismo a Inglaterra era introducir una cuña entre la Iglesia y el Estado. El calvinismo ponía énfasis en que la usura en los préstamos y la acumulación de riqueza eran maneras nuevas de servir al Señor. La gran noticia para los prestamistas y la nueva clase emergente de mercaderes era que Dios quería que nos enriqueciésemos. "Enriqueceos" era el grito de batalla que proponían los calvinistas. El profeta de la secta fue un criptojudío francés llamado Jean Cauin, el cual fundó el calvinismo en Ginebra, donde al principio era conocido como Cohen (pronunciación de Cauin). Entonces dio forma inglesa a su nombre y pasó a ser John Calvin. El calvinismo se basó en la interpretación literal judía de los Mandamientos y del Antiguo Testamento. Los discípulos iniciales eran conocidos como hebraístas cristianos. El calvinismo facilitó el trabajo a los prestamistas judíos y propició su expansión en el comercio europeo. De ahí la frase: "Calvino bendijo a los judíos". Desde sus inicios el calvinismo fue brutalmente despótico y se mostró como la secta más tiránica y autocrática de Europa. En noviembre de 1541 Calvino publicó sus Ordenanzas Eclesiásticas, un cuerpo de instrucciones que imponían bajo pena de muerte una disciplina absoluta a los ciudadanos. Su principal crítico, Jacques Gruet, fue decapitado por blasfemia. Miguel Servet, otro de sus oponentes, fue quemado en un poste. Por norma, los críticos eran torturados y decapitados.

Todas las guerras y rebeliones acaecidas entre 1640 y 1689 fueron fomentadas por los prestamistas judíos internacionales con el propósito de controlar la política y la economía británicas. Su principal objetivo fue la obtención del permiso para fundar el Banco de Inglaterra (1694), con el fin de asegurar las deudas que Gran Bretaña tenía contraídas con ellos por los préstamos que le habían hecho para librar las guerras instigadas por ellos mismos. Los libros de historia atribuyen a William Patterson y a Sir John Houblen su fundación; pero en realidad ambos actuaron como representantes del Gobierno en la negociación con los prestamistas. Tan pronto como el general holandés se sentó en el trono de Inglaterra, persuadió al Tesoro Británico para que pidiera un préstamo de 1.250.000 libras esterlinas a los banqueros judíos que lo habían puesto allí. Los prestamistas internacionales aceptaron alojar esta provisión en las arcas del Tesoro, pero impusieron sus condiciones. Una de ellas era la concesión de unos estatutos para establecer el Banco de Inglaterra[5]. Otra condición imponía mantener en secreto el nombre de quienes concedieron el préstamo. La identidad de las personas que controlan el Banco de Inglaterra sigue siendo secreta. En 1929 se creó un comité, el Comité Macmillan, con objeto de arrojar un poco de luz sobre este asunto, pero fracasó ante las continuas evasivas de quien era entonces su director: Norman Montagu. Para concluir, falta añadir que los prestamistas internacionales exigieron que los directores del Banco de Inglaterra tuvieran el derecho de adoptar el patrón oro y el privilegio especial de emitir billetes. También, con objeto de consolidar la deuda de la nación y asegurar el pago de las cantidades y sus intereses, consiguieron imponer impuestos directos a la gente. El sistema actual, basado en la deuda y en los impuestos de todo tipo a las personas, quedaba así instaurado. Desde entonces hasta hoy, quienes controlan el crédito y especulan con el dinero han ido usurpando progresivamente las funciones de los Estados soberanos. Democracia es el nombre que se ha dado a un sistema que, en realidad, no es otra cosa que el régimen corrupto que permite encubrir el paraíso de los prestamistas y los especuladores internacionales. Entre 1698 y 1815 la deuda nacional de Gran Bretaña fue incrementada hasta 885.000.000. Libras esterlinas.

Además del Banco de Inglaterra, el primer banco central de propiedad privada del mundo moderno, se crearon otras dos sociedades anónimas asociadas a las finanzas del Estado: en 1698, la nueva East India Company (Compañía de las Indias Orientales), que iba a monopolizar el comercio

---

[5] En 1694 la Cámara de los Comunes tenía 512 miembros: 243 Tories, 241 Whigs y 28 de afiliación desconocida. Dos tercios eran terratenientes y se cree que un 20% de los parlamentarios eran analfabetos. La ley fue debatida en el mes de julio, cuando la mayor parte de los componentes del Parlamento estaban en los campos recogiendo las cosechas. El 27 de julio, cuando se produjo la votación que había de conceder la cédula de constitución del banco, sólo estaban presentes 42 miembros, todos ellos Whigs que votaron a favor. Los Tories se oponían a la ley.

allende el Cabo de Buena Esperanza, y en 1711, la Compañía del Pacífico, que tendría el privilegio del comercio en aguas sudamericanas.

2ª PARTE
ADAM WEISHAUPT, AGENTE DE LOS ROTHSCHILD

Libertad, democracia, independencia son palabras prestigiosas a las que nadie asociaría ninguna matiz negativo. El término revolución es otra de esas palabras cuyas connotaciones son positivas y por ello goza de un prestigio generalmente admitido. ¿Quién no ha pensado alguna vez que hace falta una revolución que cambie todo? La historia enseña a los estudiantes que las revoluciones suceden porque el pueblo, harto de sufrimientos y arbitrariedades, se levanta contra una serie de hechos o cosas inadmisibles que provocan la revolución. No importa cuántos crímenes hayan tenido que cometer los revolucionarios para conseguir sus objetivos: el fin justificará los medios. La historia explica que tras las revoluciones se consigue instaurar un nuevo orden que acaba con la injusticia anterior y que constituye un avance hacia la libertad, la democracia o la independencia.

Isaac Disraeli, padre de Benjamín Disraeli (Lord Beaconsfield), de quien ya hemos citado algunos textos en el primer capítulo y sobre quien habrá que volver más adelante, escribe con detalle sobre la revolución inglesa en su obra de dos volúmenes *The Life of Charles I*. El segundo volumen comienza con esta críptica frase: "Estaba predestinado que Inglaterra sería la primera de una serie de revoluciones, que todavía no ha terminado." Puesto que cuando escribió estas palabras la Revolución Francesa ya había tenido lugar, parece evidente que aludía a otra posterior, la que sería conocida como Revolución Bolchevique. En esta obra Disraeli afirma que cuando los calvinistas tomaron el país en su poder "pareció que la religión consistía principalmente en los rigores del Sabbath y que el Senado británico había sido transformado en una compañía de rabinos hebreos". Más adelante declara lo siguiente: "En 1650, después de la ejecución del rey, se aprobó una ley que imponía castigos por la violación del Sabbath." Isaac Disraeli señala las grandes semejanzas que existen en los patrones de las actividades que precedieron a las revoluciones inglesa y francesa, con lo cual, en cierto modo, descubre los preparativos de los directores secretos del Movimiento Revolucionario Mundial.

Como hemos visto en el caso de la revolución inglesa, las cosas no son a veces lo que aparentan. Los procesos revolucionarios necesitan agentes, organización y, sobre todo, financiación, dinero. Se verá en su momento que el ejemplo paradigmático lo constituye la Revolución Bolchevique, financiada por banqueros judíos de Wall Street. Sin embargo, la izquierda internacional es incapaz de vislumbrar la verdad. Marx, Trotsky, Lenin siguen siendo para "progresistas" de todo el mundo santones intocables, benefactores de la humanidad. No obstante, Trotsky (Bronstein) fue un agente del banquero sionista Jacob Schiff, quien declaró orgulloso en público que gracias a su ayuda financiera la revolución había tenido éxito.

Max Warburg, otro banquero sionista, el 21 de septiembre de 1917 abrió por cable desde Hamburgo una cuenta en el Nya Banken de Estocolmo (banco de los Rothschild) a nombre de Trotsky. Olaf Aschberg, judío también y jefe máximo del Nya Banken, fundaría en 1921 el Banco Comercial ruso y se convertiría así en el director de las finanzas soviéticas. Todo se relatará detenidamente en el capítulo que dedicaremos a la revolución en Rusia. Vayamos ahora paso a paso y veamos cómo fue preparándose la revolución en Francia.

Los Rothschild, una familia de judíos talmudistas de Frankfurt, entraron en escena en el último tercio del siglo XVIII. Rápidamente a lo largo del siglo XIX iban a convertirse en los amos de las finanzas y de la política internacionales. Mayer Amschel Bauer (1744-1812), un hombre de extraordinaria inteligencia, fundó la dinastía y fue quien adoptó el nombre de Rothschild. Antes de morir, impuso a sus cinco hijos la endogamia entre ellos y sus descendientes. Todo ello será narrado con detalle más adelante. Según William Guy Carr (*Pawns in the Game*), en 1773 Mayer Amschel Rothschild habría sido el organizador de una reunión en Frankfurt a la que asistieron otras doce personas muy adineradas e influyentes. Su propósito era convencer a las familias allí representadas de que si unían sus recursos podrían financiar y dirigir el Movimiento Revolucionario Mundial y usarlo como manual de acción para conseguir el control total de las riquezas, de los recursos naturales y el poder en el mundo entero. El análisis de cómo había sido organizada la revolución inglesa permitió constatar los errores y equivocaciones que se habían cometido: el periodo revolucionario había sido demasiado largo y la eliminación de los reaccionarios no se había llevado a cabo con suficiente rapidez. Según Guy Carr, que no cita cuál es su fuente, fue en esta reunión donde se trazó un plan de acción que iría perfeccionándose con el paso de los años. Muchas de las ideas esenciales del proyecto iban a figurar en los documentos que años después fueron incautados a los Iluminados de Baviera y han ido reapareciendo desde entonces en los manuales de distintas sociedades secretas. Finalmente, ampliado y con pocas modificaciones, el programa quedaría plasmado en los *Protocolos de los Sabios de Sión*, que constan de veinticuatro apartados y fueron publicados a principios del siglo XX. Por ello, cabe deducir que en realidad los famosos *Protocolos* no son otra cosa que la paráfrasis de una confabulación para controlar el mundo que estaba latente desde finales del siglo XVIII.

El plan de actuación propuesto partía de la base de que el fin justifica los medios. Consecuentemente, se consideraba que la honestidad y la moral eran vicios políticos y se apostaba por la violencia y el terror para conseguir objetivos y por el liberalismo para la obtención del poder político. La idea de Libertad debía ser utilizada para provocar la lucha de clases. Otra de las ideas fundamentales tenía que ver con la necesidad de mantener el poder (el suyo) oculto hasta el triunfo final. Según Guy Carr, en la reunión de

Frankfurt se habría considerado por primera vez la importancia de comprender la psicología de las masas con el fin de modificar su comportamiento y controlarlas despóticamente. Ente las ideas más relevantes apuntadas por las trece familias que han sido práctica habitual desde entonces destacan: el derecho de apoderarse de la propiedad por cualquier medio; el financiamiento de ambos bandos en las guerras y el control de las conferencias de paz posteriores; la utilización del poder del dinero para situar en los gobiernos a políticos serviles y obedientes; el uso de la propaganda mediante el control de la prensa y los libros; la utilización de la masonería para llevar a cabo la subversión y expandir la ideología materialista y atea; La revolución y el subsiguiente reino del terror como medio más económico para someter con rapidez a la gente; el control de las naciones y de los asuntos internacionales mediante la diplomacia secreta de agentes; el establecimiento de grandes monopolios y colosales reservas de riqueza con el fin de establecer el Gobierno Mundial; la adecuación de las leyes nacionales e internacionales a los intereses del "Poder Secreto".

Tres años después de la reunión de Frankfurt, el primero de mayo de 1776, nacía en Ingolstadt la Orden de los Perfectibilistas, mejor conocida como la Orden de los Iluminados de Baviera, los Illuminati, la sociedad secreta que debía poner en marcha el programa revolucionario concebido en Frankfurt y que Rothschild había encargado fundar a Adam Weishaupt (1748-1830), un criptojudío, hijo del rabino George Weishaupt, muerto cuando él tenía sólo cinco años. En 1771 Adam había conocido a un judío cabalista danés, Kölmer, quien recién llegado de Egipto lo impresionó profundamente con su saber oculto y lo inició en los secretos de la magia de Osiris y en la Cábala. Weishaupt escogería más tarde la pirámide como símbolo de los Illuminati, cuyo emblema, ya célebre en todo el mundo, es El Ojo que Todo lo Ve ("The All Seeing Eye"). La ceremonia de fundación tuvo lugar en los bosques bávaros la famosa noche de Walpurgis (30 de abril -1 de mayo). Esta fecha no fue casual, pues entre los cabalistas judíos el 1 de mayo simbolizaba el número sagrado de Yahvé y se había convertido en una fiesta oculta para ellos. Según Johann Wolfgang Goethe, el primero de mayo, el día que sigue a la noche de Walpurgis, es cuando son celebradas las oscuras fuerzas místicas. Se sabe que entre el grupo de personas desconocidas que asistieron al acto había varios estudiantes, subyugados por las ideas de su profesor: Weishaupt, nacido en la misma ciudad, se había convertido en 1772 en profesor de derecho canónico y civil de la Universidad de Ingolstadt. En 1773, tras la disolución de la Compañía de Jesús por el papa Clemente XIV, Weishaupt ocupó el cargo de decano de la Facultad de Leyes, que desde hacía noventa años había estado desempeñado por jesuitas. La circunstancia de que Weishaupt hubiese sido educado por los jesuitas, lo cual le permitió penetrar su sistema organizativo y conocer con detalle el funcionamiento interno de la orden, fue seguramente un factor tenido en cuenta a la hora de confiarle la creación de la Orden de los Iluminados de

Baviera. De hecho, adoptó para los illuminati el diagrama organizativo de la Compañía, de la cual acabó convirtiéndose en su peor enemigo.

Frankistas e Iluminados

Que Adam Weishaupt era un agente de los banqueros de Frankfurt es una realidad en la que coinciden numerosos autores a los que iremos acudiendo a lo largo de nuestra exposición. Sin embargo, hay una fuente poco citada y de gran interés por tratarse de una autoridad muy significativa. Se trata del rabino Marvin S. Antelman, que a partir de 1974 ejerció como juez principal de la "Supreme Rabbinic Court of America" (SRCA). Antelman, en su obra *To Eliminate the Opiate* (obra en dos volúmenes publicados con un intervalo de veintiocho años 1974 y 2002), declara que fue el fundador de la dinastía de los Rothschild, Mayer Amschel, quien convenció a Adam Weishaupt para que aceptase la doctrina de Jacob Frank (frankistas) y quien después financió a los Iluminados de Baviera. Los frankistas, una secta anterior a los Illuminati a la que pertenecían los financieros e intelectuales judíos más influyentes de Europa, eran a su vez seguidores de Shabbetay Zeví[6] y sólo se casaban entre ellos. Jacob Frank

---

[6] Las doctrinas de Shabbetay Zeví (1626-1676) y Jacob Frank son consideradas por rabinos como Marvin S. Antelman un movimiento satánico que puso las enseñanzas judías patas arriba. Shabbetay Zeví, de origen sefardí, nació en Esmirna en 1626. Estudió para ser rabino, pero pronto se interesó por la Cábala. Yitshac Luria había anunciado en el S. XVI que el Mesías reinaría a partir de 1648. En esa misma fecha, en la sinagoga de su ciudad natal, Shabbetay Zeví proclamó que él era el Mesías esperado. Excomulgado, marchó a Tesalónica, de donde fue expulsado. Pasó a Egipto y allí contactó con un grupo cabalista liderado por el judío Rafael José, que era tesorero del virrey y controlaba las actividades bancarias en Egipto, provincia otomana. En 1662, con mucho dinero, llegó a Jerusalén donde estuvo dos años. En 1664 regresó a Egipto y se casó con una prostituta judía llamada Sara, quien siete años antes había asegurado en Amsterdam que Dios le había ordenado casarse con el nuevo Mesías. Este matrimonio fue consumado para dar cumplimiento a la leyenda de que el Mesías se casaría con una mujer impura. Shabbetay necesitaba un profeta y este fue Nathan de Gaza, el cual afirmaba tener visiones en las que Dios confirmaba que Shabbetay Zeví era el Mesías. En 1665 ambos se juntaron y comenzaron a enseñar a los rabinos de Jerusalén y a sus seguidores que Shabbetay gozaba de permiso divino para romper los mandamientos de Moisés y que el incesto y la fornicación no eran pecado. Fue expulsado una vez más, pero numerosos judíos empezaron a creer en él. Pasó a Alepo y desde allí regresó a Esmirna, donde se produjo una división entre quienes seguían a los rabinos y los que lo proclamaban Mesías. El 30 de diciembre de 1665 embarcó hacia Constantinopla, pues según una profecía el sultán se rendiría y comenzaría así su reinado. Cuando llegó el 8 de febrero de 1666, el sultán lo estaba esperando y lo encarceló. Luego le presentó un ultimátum: o se convertía al Islam o sería ejecutado. Shabbetay, frente al sultán y su corte, se quitó el sombrero, escupió sobre él y renunció a su fe judía. Su esposa y quienes estuvieron con él en prisión también se convirtieron. Hubo una conmoción mundial entre quienes lo habían aceptado. Fue Nathan de Gaza quien explicó que cometiendo apostasía Shabbetay salvó a todos los

(1726-1791), cuyo nombre original era Jacob Leibowicz, nació en Galicia, Polonia, en el seno de una familia shabbetaica. A los 25 años se autoproclamó como una reencarnación de Zeví.

Gershom Scholem en su obra *Le messianisme juif* define a Frank como "el caso más espantoso de la historia del judaísmo." El pensamiento de Frank, explica Scholem, se sitúa en la interpretación cabalística de Shabbetay Zeví: La redención cósmica (ticún) se realiza por medio del pecado (Erlösung durch Sünde): "es violando la Torah que se la cumple." Su doctrina está resumida en su libro *Las palabras del Señor,* en el que afirma que el Dios creador no era el mismo que se había revelado a los israelitas. Frank creía que Dios era Satanás y juró no decir la verdad y rechazar cualquier ley moral. Declaró que el único camino hacia una nueva sociedad era a través de la destrucción de la actual civilización. Asesinatos, violaciones, incesto y beber sangre eran acciones perfectamente aceptables y rituales necesarios.

Frank fundó su propia secta, evidentemente satánica, basada en la transgresión y el desenfreno orgiástico. En 1752 se casó con una bella judía de origen búlgaro llamada Hanna, a la cual utilizó, según costumbre de los miembros de la secta, para cautivar y atrapar a decenas de hombres que mantuvieron actividades licenciosas con ella. Hanna tuvo dos hijos, Joseph y Jacob, y una hija, Eva, quien, según la *Enciclopedia Judía,* siguiendo el ejemplo de su madre, se iba a acostar años más tarde con los hombres más prominentes de la época, entre los que hay que contar al emperador de Austria, José II. En Turquía, imitando a Shabbetay Zeví, Frank se convirtió al Islam y pasó a ser un "doenmé"[7]. Después, organizó en Polonia una red shabbetaica clandestina que se extendió por Ucrania y Hungría. Para protegerse de los rabinos ortodoxos, Jacob Frank llegó incluso a pedir la protección de la Iglesia Católica. Frank afirmaba que para completar la misión mesiánica hay que actuar con doble lenguaje: se actúa como se cree, pero no se dice lo que se cree (Weishaupt diría exactamente lo mismo). Esta estrategia de la mentira llegó hasta el extremo de que se bautizó por el rito

---

judíos que creían que era el Mesías. Shabbetay murió en el Día de la Expiación de 1676 y su círculo más próximo difundió que había resucitado al tercer día.

[7] En España se dio el nombre de marranos a los judíos conversos, muchos de ellos infiltrados en la Iglesia y en el Estado, que seguían practicando el judaísmo. En Turquía, a raíz de la famosa conversión al Islam de Shabbetay Zeví, se dio el nombre de doenmé (apóstata) a los criptojudíos que exteriormente se comportaban como musulmanes, pero en realidad seguían siendo fieles a la religión judía. Mustafa Kemal Atatürk y los jóvenes turcos que instauraron en 1923 el estado laico en Turquía eran shabetaicos, doenmés. Para Shabbetay Zeví y Jakob Frank la apostasía y el marranismo son necesarios, con la obligación del secreto sobre la verdadera fe judaica conservada por el falso converso. Frank explicó a sus discípulos que "el bautismo sería el comienzo del fin de la Iglesia y de la sociedad, y ellos, los frankistas, había sido elegidos para realizar la destrucción desde el interior, como soldados que toman por asalto una ciudad pasando a través de las cloacas."

católico. Así, mientras en 1683 el shabbetaísmo penetró el Islam, los frankistas hicieron otro tanto con el catolicismo en 1759. Frank fue bautizado en la catedral de Varsovia y su padrino fue nada más y nada menos que el rey Augusto III. Jacob Frank llegó incluso a concebir un plan para penetrar en el seno de la Iglesia Ortodoxa y subvertir el régimen imperial ruso.

Las autoridades polacas pronto descubrieron su doble juego y lo encarcelaron en la ciudadela de Czenstockova. Liberado en 1773 por los rusos en la víspera de la primera partición de Polonia. Jakob Frank adoptó entonces el nombre de Dobrushka y se instaló en Brno. Convertido en un consumado maestro de la subversión política y la manipulación propagandística, organizó en esta ciudad un movimiento con campos de entrenamiento paramilitar donde recibían formación como terroristas 600 de sus partidarios. Cabe pensar, pues, que tenía dinero en abundancia y todo invita a pensar que procedía de su amigo Mayer Amschel Rothschild. Gershom Scholem reconoce que en 1786 Frank tenía instalada en las inmediaciones de Frankfurt, en el castillo de Offenbach, una central internacional de subversión especializada en infiltración, terrorismo y enriquecimiento mediante chantaje. En un artículo titulado "The Deutsch Devils" (Los diablos alemanes) fechado el 31 de diciembre de 2003, Barry Chamish[8], otro autor judío y sionista, lo confirma: "Por aquel tiempo Frankfurt era el cuartel del imperio de los Rothschild y de Adam Weishaupt, fundador de los Iluminados. Cuando Jacob Frank entró en la ciudad, la alianza entre los dos había ya comenzado. Weishaupt proporcionó los recursos de conspiración de los jesuitas, mientras los Rothschild aportaban el dinero. Faltaban únicamente los medios para expandir el programa de los Iluminados. Entonces los frankistas añadieron su red de agentes esparcidos en los países cristianos e islámicos. Jacob Frank de repente fue rico porque recibió un bonito regalo de los Rothschild. No hay otra explicación."

El rabino Antelman aclara lo siguiente: "Hay que señalar que cuando los Illuminati y los frankistas infiltraron a los masones, no significaba que abrigasen en particular ningún sentimiento de amor por la masonería. Por el contrario, la odiaban y sólo deseaban utilizar su cobertura como medio de expandir su doctrina revolucionaria y proveerse de un lugar donde pudieran reunirse sin despertar sospechas." Conviene tener presentes estas palabras, pues más abajo se explica cómo se produjo la infiltración.

Años más tarde, en 1818, Mary Shelley, esposa del poeta Percy Bysshe Shelley, situaría también en la Universidad de Ingolstadt al profesor Víctor Frankenstein, un personaje novelesco que fue el creador de otro monstruo descontrolado. Veamos, aunque la cita sea algo extensa, lo que el rabino Antelman dice al respecto en *To Eliminate the Opiate*:

---

[8] Barry Chamish, fallecido el 23 de agosto de 2016, popularizó las revelaciones del rabino Antelman sobre los judíos shabbetaicos y los Illuminati. En el libro *Who Murdered Yitzhak Rabin?* Chamish desveló la participación del "Shin Bet" en el asesinato de Isaac Rabin.

"Podemos ver de nuestro estudio de los frankistas y su élite que eran verdaderos monstruos. Efectivamente el concepto fue conservado y no por accidente en la novela *Frankenstein*. Mary Shelley y su marido, el famoso poeta Shelley, eran miembros de los Illuminati. El simbolismo inherente al nombre Frankenstein es el siguiente: El nombre Frank proviene de Jacob Frank, fundador de los frankistas. La EN es un inglesismo y abreviación de la palabra hebrea de tres letras 'Ayin', que significa ojo (eye). Stein en alemán significa piedra. En el símbolo del culto al ojo que todo lo ve y en el sello que se encuentra en el dólar norteamericano, el ojo está sobre las piedras que forman la base de la pirámide. Así Frankenstein=Frank+ojo+piedra. ¿Pero cuál es el simbolismo del monstruo Frankenstein? Como hemos señalado, los frankistas estaban vinculados con el cabalismo místico y hay una tradición cabalística de unos monstruos llamados Golems. El concepto de Golem es discutido en detalle en el libro del profesor Scohlem *La Cábala y su Simbolismo*. [...] En la clásica construcción de un Golem, los cabalistas forman una figura humana de tierra o arcilla, escriben uno de los nombres secretos de Dios en un pergamino y lo colocan en una cavidad de la cabeza del Golem. Después de escribir el código pertinente, el Golem adquiere vida. El simbolismo críptico del monstruo Frankenstein es que sabios místicos, proveedores de sabiduría, utilizando los grandes secretos del universo, han de dar nueva vida a las ideas muertas y decrépitas del viejo mundo."

El conocido autor judío Bernard Lazare escribió en su obra *L'Antisemitisme* (1894) que mayoritariamente judíos cabalistas rodeaban a Weishaupt. Documentos confiscados muestran inequívocamente que la mitad de los Illuminati con posiciones importantes eran judíos, proporción que aumenta cuanto más alto era el rango. Según informa la publicación *La Vieille France* en su número de 31 de marzo de 1921, había cuatro judíos especialmente importantes en el liderazgo de los Iluminados de Baviera: Naphtali Herz, Moses Mendelssohn, Isaac Daniel von Itzig (banquero) y su yerno David Friedländer. Tanto Itzig como Friedländer eran destacados frankistas. Es de interés apuntar que los Itzigs proveían de plata a Prusia para acuñar moneda. El rabino Antelman realiza en la obra citada un seguimiento de los sucesivos matrimonios de esta familia de iluminados-frankistas para demostrar las intrigas políticas de dicha élite, cuya estrategia de enlaces entre ellos cumplía un papel fundamental en la acaparación del poder.

Entre 1773 y 1775 Weishaupt había viajado a Francia, donde entabló amistad con dos masones, Maximilien Robespierre, quien en 1794 acabaría en la guillotina tras atreverse a denunciar la conspiración de los Iluminados, y el Marqués de Lafayette, que intervendría después en la revolución norteamericana e iba a tener un papel destacado durante los tres primeros años de la revolución en Francia. También Lafayette acusó públicamente a la secta, como se verá más adelante. En 1777, casi dos años después de haber fundado la Orden de los Iluminados de Baviera, Weishaupt se hizo masón e ingresó en la logia muniquesa Teodoro del Buen Consejo gracias a su amistad con el barón protestante Adolph Franz Friedrich Ludwig von Knigge. Sin duda todas estas experiencias fueron aprovechadas para impregnar a la masonería con el programa de los Iluminados de Baviera, pues en 1778 Weishaupt dio ya a conocer su plan de amalgamar las dos sociedades.

Trece miembros componían el Consejo Supremo de la Orden de los Iluminados, los cuales constituían el cuerpo ejecutivo del Consejo de los Treinta y Tres. El Consejo Supremo decidió que se utilizaría la logia de Ingolstadt para organizar la campaña de penetración en la masonería continental mediante sus agentes o células, los cuales podían incluso fundar nuevas logias con el fin de hacer proselitismo y contactar con no judíos ricos o bien establecidos en la Iglesia o en el Estado. Las logias que se fundasen en Francia debían asociarse al Gran Oriente, el cual agrupaba a casi todas las logias del país y tenía como Gran Maestro al duque de Orleans, primo del rey Luis XVI. El acontecimiento que iba a marcar un antes y un después de cara a la consecución del propósito de controlar a la masonería fue el congreso de Wilhelmsbad.

Mirabeau

Entre los contactos dignos de mención que se establecieron figura Honoré-Gabriel Riquetti, conde de Mirabeau (1749-1791), que a la muerte de su padre, en 1789, pasó a ostentar el título de cuarto marqués de Mirabeau. Unas apresuradas pinceladas biográficas ayudarán a entender su captación por los agentes de Weishaupt. La pésima relación de Honoré-Gabriel con su progenitor, el tercer marqués, marcó su vida. Al ingresar en el Ejército, en 1767, su padre rehusó comprarle un cargo y él se dedicó a acumular deudas. Tras una intriga con la amante de su coronel, fue arrestado y encarcelado. Pese a todo en 1771 se le recibió en la corte de Versailles; pero tras una grave trifulca con su padre, la abandonó. En 1772 se casó sin dote con Emilie de Marignane, hija del marqués de Marignane. Con la esperanza de heredar a la muerte de la madrastra de Emilie, se endeudó escandalosamente, por lo que su padre interpuso una demanda de prohibición en su contra y acabó otra vez en prisión. Recuperada la libertad, se batió en duelo con un noble de Grasse y, nuevamente perseguido por su padre, acabó en el fuerte de Joux en régimen de semi-libertad. Pronto quedó cautivado por los encantos de la marquesa Sophie de Monnier, una joven casada con un quincuagenario, a la que siguió hasta Dijon cuando ésta abandonó a su marido. Allí fue arrestado. El padre pidió su internamiento en Lyon. Tras múltiples peripecias embarcó para Holanda y fue recibido por los miembros de la logia "La Bien Amada" de Amsterdam, donde escribió un *Plan de Reorganización de la*

Francmasonería, en el cual desaconsejaba la admisión de gente de nula importancia y sin poder adquisitivo. Tras una violenta polémica con su padre, Mirabeau acabó condenado a ser decapitado por la justicia de Pontarlier y a pagar una multa de 40.000 libras por "rapto" al marqués de Monnier. La pobre Sophie obtuvo una condena de reclusión perpetua en un correccional y su contrato matrimonial quedó anulado. Gracias a una extradición que le supuso un nuevo internamiento, Mirabeau escapó por los pelos de la ejecución. Finalmente, ya en 1782, mediante "transacciones" con Monnier obtuvo la anulación de la sentencia de Pontarlier. Un año después demandó judicialmente por abandono del hogar conyugal a su esposa, que por fin había heredado una gran fortuna. Para su desgracia, la demanda fue rechazada.

Es comprensible que personas como Mirabeau fueran presas ideales para los agentes de Weishaupt. Desde cuándo reclutaron a Mirabeau los Illuminati no es fácil de saber, pues en la vorágine de acontecimientos esbozados falta reseñar las huidas y viajes al extranjero: Amsterdam, Ginebra, Potsdam, Viena y Berlín, a donde el ministro Calonne lo había enviado en una misión oficial que dio mucho que hablar. En cualquier caso, es seguro que Mirabeau perteneció a la Orden y conoció al jefe. John Robison, cuya obra *Proofs of a Conspiracy Against All the Religions and Governments of Europe (Pruebas de una Conspiración contra todas las Religiones y los Gobiernos de Europa)* será comentada más abajo, aclara que el propio Weishaupt lo iba observando y que se decidió por fin a contactar con él a través de un teniente coronel llamado Mauvillon, que estaba al servicio del duque de Brunswick. Robison explica que Mirabeau publicó con total desfachatez un folleto de intenciones ambiguas, *Essai sur la secte des illuminés (Ensayo sobre la secta de los iluminados),* en el que parece como si no se hubiera percatado bien de dónde se había metido, pues imprudentemente se refiere a los Iluminados como fanáticos absurdos llenos de supersticiones y comenta incluso algunos rituales y ceremonias de la Orden. En el ensayo demuestra incluso que estaba enterado de la intención de Weishaupt de infiltrar las logias y de sus motivos. En otra obra asimismo polémica que le creó enemistades en Alemania, *Historia secreta de la corte de Berlín,* se refiere a Weishaupt y a los iluminados y dice: "La logia Teodoro del Buen Consejo en Munich, donde había unos pocos hombres con cabeza y corazón, estaba cansada de permanecer a merced de las promesas vanas y las peleas de la masonería. Los líderes decidieron injertar en ella otra asociación secreta a la cual dieron el nombre de Orden de los Iluminados. Usaron como modelo la Sociedad de Jesús, aunque sus propósitos eran diametralmente opuestos." Estas palabras de Mirabeau invitan a pensar que conocía prácticamente desde el principio lo que se estaba preparando, pues sabía que la intención de la sociedad secreta era conseguir el control de la masonería y utilizarla para instigar y dirigir la revolución a través de ella. Gracias a los documentos que más tarde serían incautados por la policía bávara, se supo que el nombre secreto de Mirabeau en la Orden fue primero Arcesilas y más tarde Leónidas. Es probable que Mirabeau, resentido por los problemas sociales vividos y quizá con ánimo de venganza, llegase a proferir el juramento de obediencia ilimitada bajo pena de muerte.

El Consejo Supremo de la Orden debió de considerar que Mirabeau podía serles de mucha utilidad de cara a la consecución de sus fines: pertenecía a la nobleza, conocía los círculos de la corte, era un extraordinario orador y, además, intimaba con Luis Felipe José, uno de los hombres más ricos de Francia, el cual había sido duque de Montpensier hasta los cinco años y después duque de Chartres hasta 1785, año en que murió su padre y pasó a ostentar finalmente la dignidad de duque de Orleans. El duque de Chartres el 5 de abril de 1772 había firmado un documento en el que aceptaba la proclamación "para Gran Maestro de todos los Consejos, Capítulos y Logias escocesas del gran globo de Francia, oficios que Su Alteza Serenísima se ha dignado aceptar por amor al arte real y a fin de concentrar todas las operaciones masónicas bajo una sola autoridad." Luis Felipe de Orleáns (1747-1793) había sido escogido como cabecilla para liderar la revolución en Francia y Mirabeau era el enlace ideal. Seguramente, con el pretexto de la amistad y la admiración, agentes de los banqueros prestamistas que financiaban a los Iluminados ofrecieron a Mirabeau ayuda para salir de sus dificultades financieras. Cuando lo tuvieron ya en su poder, fue presentado a Moses Ben Mendel, que había germanizado su nombre y se hacía llamar Moses Mendelssohn (1729-1786), quien se convirtió en su mentor. Tanto fue así que, poco después de su muerte, en 1787, Mirabeau publicó una memoria sobre *Moses Mendelssohn y la reforma política de los judíos*. Quizá fue el propio Mendelssohn quien lo presentó a Enriqueta de Lemos, esposa del Dr. Herz, una judía de origen sefardita famosa por su belleza y encanto personal. Para un tipo como Mirabeau, el hecho de que esta mujer tan atractiva estuviera casada sólo la hacía más interesante y deseable. La señora Herz recibía a sus amistades en salones abiertos en Berlín, París y Viena. Discípulos de Moses Mendelssohn que formaban parte de la conspiración los frecuentaban.

En *Under the Sign of the Scorpion, (Bajo el Signo del Escorpión)* Jüri Lina atribuye gran importancia a Moses Mendelssohn dentro de la Orden de los Iluminados. Según él, Mendelssohn era "el guía invisible de Weishaupt." En 1776 había fundado el movimiento Haskala (en otro capítulo se verá con más detenimiento la importancia de este movimiento), cuyo objetivo aparente era modernizar el judaísmo a fin de que la gente aceptase a los judíos cuando abandonasen el talmudismo y asimilasen la cultura occidental. El libro que escribió Mirabeau sobre su plan de reformas políticas pretendía a la vez consagrar la figura de Mendelssohn, quien, según Lina y otros autores, era el líder de los Illuminati en Berlín. Mientras oficialmente Mendelssohn predicaba la asimilación, secretamente seguía animando a sus correligionarios a mantener fielmente las creencias raciales talmúdicas de sus padres.

Todo indica que el trabajo esencial de Mirabeau consistía en convencer al duque de Orleáns, Gran Maestro de la masonería francesa, el cual se haría llamar más tarde Philippe Egalité (Felipe Igualdad), para que se pusiera al frente del Movimiento Revolucionario en Francia. Quedaba sobrentendido que una vez el rey hubiera sido forzado a abdicar, él se convertiría en el soberano democrático de la nación. Hay que añadir aquí que en 1780 Luis Felipe de Orleáns estaba asimismo endeudado hasta el extremo y que, pese a su falta de escrúpulos ante los negocios que se le proponían, sus deudas no paraban de crecer. También a él los banqueros prestamistas le habían ofrecido consejo y ayuda financiera. Claro está que para asegurar sus préstamos le habían pedido como aval sus propiedades (estados, palacios, casas y el Palais Royal). El duque de Orleáns llegó a firmar un acuerdo con sus financieros judíos mediante el cual éstos quedaban autorizados a administrar sus propiedades o estados con el fin de asegurarle los fondos suficientes que necesitaba para hacer frente a sus obligaciones financieras y vivir a la vez adecuadamente. Eustace Mullins (*The Curse of Canaan*) y William Guy Carr (*Pawns in the game*) coinciden en informar que se nombró a Choderlos de Laclos, autor de *Les Liaisons Dangereuses*, para que administrase y dirigiese el Palais Royal y los estados del duque de Orleans. Laclos hizo viajar a París para que le ayudase a un judío de Palermo, el famoso Cagliostro, (Giuseppe Balsamo), quien había tenido como maestro cabalista a un tal Altotas, que para algunos autores se trataba de la misma persona que había iniciado a Weishaupt, es decir, Kölmer. Cagliostro era el Gran Maestro de los Caballeros Rosacruces de Malta. Según Mullins y Guy, entre ambos convirtieron el palacio en "uno de los prostíbulos más selectos del mundo" y lo utilizaron a la vez como cuartel general de la propaganda revolucionaria. Allí se imprimieron miles de panfletos inflamatorios que inundaron París. Cuando estalló la revolución, el palacio se convirtió en el centro de operaciones. Cuenta Hippolyte Taine en su *Historia de la Revolución Francesa* que los agitadores estaban allí en sesión permanente: "El Palacio Real es un club al aire libre donde de día y de noche los agitadores se excitan mutuamente y provocan en la muchedumbre estallidos de violencia. En su recinto, protegidos por los privilegios de la casa de Orleans, la policía no se atreve a entrar. [...] El palacio, centro de prostitución, de juego, de ocio y de panfletos, atrae a toda la población desarraigada que se mueve por la gran ciudad sin casa ni ocupación."

También el abad Agustín Barruel en *Memoires pour servir à l'Histoire du Jacobinisme* da por segura la pertenencia de Mirabeau a los Iluminados. Barruel sostiene que en 1788 Mirabeau y Charles-Maurice de Talleyrand-Périgord, que eran los directores de la logia "Amis Reunis", escribieron a sus hermanos en Alemania pidiendo asistencia e instrucción. El incombustible Talleyrand, conocido también como "le diable boiteaux" (el diablo cojo), iba a ser el descubridor de Napoleón y fue él también quien lo iba a poner en contacto Mayer Amschel Rothschild. Dos sectarios destacados de la Orden, Bode, conocido como Amelio, y el barón de Busche, alias Bayardo, viajaron a Francia para ayudarles a introducir el iluminismo en las logias de su país. Barruel dice que en la logia de los "Amis Réunis", donde se hallaban congregados miembros de todas las logias masónicas de Francia, los emisarios de Weishaupt dieron a conocer los misterios del iluminismo. Confirma de este modo que, sin que los masones en general supieran ni tan siquiera el nombre de la secta, puesto que sólo un número pequeño había sido iniciado en los verdaderos secretos, a comienzos de 1789 las doscientas sesenta y seis logias que estaban bajo el control del Grande Oriente habían sido iluminadas.

El Congreso de Wilhelmsbad

Según Nesta Webster, la importancia del Congreso de Wilhelmsbad para entender el devenir histórico nunca ha sido correctamente apreciada por los historiadores. En el Congreso de Wilhelmsbad, celebrado en un convento cercano a Hanau, en Hesse, se selló definitivamente la alianza entre el iluminismo y la masonería. Jüri Lina precisa en *Under the Sign of the Scorpion* que las dependencias congresuales se hallaban realmente en un castillo cuyo propietario era Mayer Amschel Rothschild. Al congreso, inaugurado el 16 de julio de 1782 y finalizado a comienzos de septiembre, acudieron representantes de sociedades secretas de todo el mundo, agrupados en tres grandes tendencias: martinistas, masones e iluminados. Un judío portugués llamado Martínez Pasqualis habría fundado en 1754 la sociedad secreta de los martinistas, basada en un sistema inspirado en el cristianismo judaizante y en filosofías greco-orientales. En opinión de Nesta Webster la secta se había dividido en dos ramas: la de los seguidores de Saint Martin, de donde procede el nombre, y otra más revolucionaria que había fundado la logia de los Philalethes en París. Saint Martín en su libro *Des erreurs et de la verité (Sobre los errores y la verdad)*, publicado en 1775, menciona la fórmula "libertad, igualdad, fraternidad" y la considera como "la terna sagrada". David Livingstone, en la obra *Terrorism and the Illuminati*, refuerza esta tesis, pues dice que Pasqualis era un místico judío que era conocido por haber organizado un movimiento cuyo nombre era *Ordre des Chevaliers Maçons Elus-Coën de L'Univers (Orden de los Caballeros Masones Elegidos Sacerdotes del Universo)*. Según Livingstone, el trabajo de Pasqualis fue continuado por su discípulo Louis-Claude de Saint Martin, quien más tarde fundaría la orden de los Martinistas.

En Wilhelmsbad afloraron enseguida las ideas sobre la emancipación de los judíos. En agosto de 1781, bajo la influencia de Moses Mendelssohn, Christian Wilhelm von Dohm (1751-1820) había publicado *Sobre el mejoramiento de la condición civil de los judíos*, una obra de gran influencia en el movimiento revolucionario que, según el historiador judío Heinrich Graetz, "describía a los cristianos como bárbaros crueles y a los judíos como mártires ilustres." Dohm, asiduo visitante de los salones de Enriqueta de Lemos, donde trabó amistad con Mirabeau, puso de manifiesto con esta obra la existencia de un proyecto completo en favor del judaísmo. También en 1781 el barón prusiano Jean Baptiste Cloots (Anacarsis), un iluminado de origen judío que se había declarado "enemigo personal de Cristo" y al que Robespierre ordenó decapitar, había publicado un folleto prosemítico: *Cartas acerca de los judíos*. La primera consecuencia de tanta propaganda en favor de los judíos fue su admisión inmediata en todas las logias.

Los Iluminados de Baviera sabían muy bien cómo maniobrar en el congreso, puesto que eran los únicos que habían acudido a él con el plan preconcebido de hacerse con el control de la masonería. Cushman Cunningham, en *The Secret Empire*, considera que después de 1782 la masonería europea pasó a estar dominada por los Illuminati. Una incorporación destacada que consiguieron en Wilhelmsbad fue la del duque Fernando de Brunswick, Gran Maestre de la masonería alemana llamado Isch Zadik (hombre justo), aunque años después se arrepentiría. Otra personalidad que confirmó su pertenencia a los iluminados fue el príncipe Carlos de Hesse-Kassel, quien junto con Daniel Itzig, el banquero frankista berlinés, eran los líderes más destacados de los Hermanos Asiáticos u Orden Asiática, cuyo nombre completo era Orden de los Hermanos de San Juan Evangelista de Asia en Europa ("Die Brüder St. Johannes des Evangelisten aus Asien in Europa"), la cual estaba mayoritariamente integrada por judíos, turcos, persas y armenios. Cuatro de las logias de los Illuminati en Viena pertenecían a la Orden Asiática, también conocida como Orden de Abraham. Según el rabino Marvin S. Antelman, un hombre clave para la conexión entre los Illuminati, los jacobinos y la Orden Asiática fue el frankista Moses Dobrushka (1753-1794), primo segundo de Jacob Frank, alias Schönfeld, alias ben Joseph, alias Junius Frey, quien en 1780-81 fue uno de los fundadores de la Orden Asiática en Viena.

En el primer volumen de *To eliminate the opiate*, el rabino Antelman, apoyándose en el libro *Paris in the Terror*, de Stanley Loomis, y en la obra *Judíos y masones en Europa 1723-1939*, de Jacob Katz, atribuye al frankista Moses Dobrushka la creación de la Orden Asiática. Dobrushka, emparentado con Jacob Frank, siguió el ejemplo del líder de la secta y se convirtió al catolicismo en 1775 para poder medrar en la corte de José II de Austria, donde tomó el nombre de Franz Thomas von Schönfeld. Como masón se hizo llamar Isaac ben Joseph. Más tarde se incorporó a la revolución francesa con el nombre de Junius Frey y fue un fervoroso jacobino. Acusado de espionaje y de estar al servicio de la Compañía de las Indias Orientales, fue finalmente guillotinado con los dantonistas en 1794. Un libro casi definitivo sobre Jacob Frank y sobre su pariente Moses Dobrushka es *Le Messie Militant ou la Fuite du Ghetto* (*El Mesías Militante o la huida del Getto*), de

Arthur Mandel. En esta obra fundamental se explican con todo detalle los avatares de Dobrushka-Schönfeld-Frey; que era hijo de una prima de Jacob Frank llamada Sheindel Hirschel. Jacob Frank contactó con ellos cuando se trasladó a Brno, toda vez que se alojó inicialmente en casa de su prima, a la que el rabino ultraortodoxo Jacob Endem llama "esta gran puta de Brno" ("cette grosse putain de Brünn") En dicha obra se confirma plenamente que Dobrushka, con el nombre de Franz Thomas von Schönfeld, figura como uno de los fundadores de la Orden Asiática. Su papel era de suma importancia, pues era él quien traducía los textos originales escritos en hebreo y en caldeo, de donde procedían los misterios orientales y cabalísticos que tanto deslumbraban a algunos nobles. La dirección de la Orden tras el Congreso de Wilhelmsbad fue ejercida por un Sanedrín en el que figuraban el banquero Daniel Itzig y Carlos de Hesse. Por debajo de este Sanedrín todopoderoso estaba el Capítulo general. Carlos de Hesse, designado en la Orden como Ben Our Ben Mizram, era hermano de Guillermo (1743-1821), quien con el nombre de Guillermo IX fue landgrave de Hesse-Kassel desde 1785 y con el nombre de Guillermo I, príncipe elector de Hesse-Kassel desde 1803 hasta 1821. Los Rothschild deben su supremacía absoluta en el mundo de las finanzas y en la banca mundial a su relación con Guillermo IX. En el siguiente capítulo habrá ocasión de explicarlo.

Nesta Webster explica de qué manera el iluminismo se ramificó por toda Alemania tras el Congreso de Wilhelmsbad: "la logia de Eichstadt iluminó a Bayreuth y otras ciudades imperiales. Berlín iluminó las provincias de Brandeburgo y Pomerania. Frankfurt iluminó Hanover, etc. Todas estas secciones estaban dirigidas por Weishaupt, quien desde la logia de Munich tenía en sus manos todos los hilos de la conspiración." Los profesores Cossandey y Renner, obligados a prestar declaración a causa de la incautación por la policía bávara de documentos que revelaban el complot, testimoniaron en Munich en abril de 1785 que "todos los iluminados eran masones, pero ni mucho menos todos los masones era iluminados." El profesor Renner confesó ante el tribunal que "los iluminados nada temían tanto como ser conocidos con ese nombre." Ello se debía a que se amenazaba con terribles castigos a los que no guardasen el secreto.

Entre las decisiones relevantes que se adoptaron en Wilhelmsbad destaca la de trasladar el cuartel general de la masonería iluminada a Frankfurt, donde vivían los miembros más prominentes de las finanzas judías: Rothschild, Oppenheimer, Wertheimer, Speyer, Stern. Eustace Mullins menciona como integrantes de la logia de Frankfurt en 1811 a Sigismund Geisenheimer, jefe administrativo de la casa Rothschild, a los banqueros Adler, Speyer, Hanauer, Goldschmidt y a Zevi Hirsch Kalisher (1795-1874), uno de los pioneros del sionismo que sería más tarde el principal rabino de Frankfurt. Niall Ferguson, en su obra *The House of Rothschild*, añade que el propio Salomon Rothschild, segundo hijo varón de Mayer Amschel, acudía a las sesiones. Puede extrañar que Zevi Hirsch

Kalisher en 1811, con sólo dieciséis años, asistiera ya a las reuniones de la logia, pero es creíble. En cualquier caso su obra *Drishal Zion* (*La búsqueda de Sión*) junto con *Roma y Jerusalén*, de Moses Hess, son considerados los dos libros precursores del sionismo, los cuales serán objeto de comentario en el capítulo cuarto de esta obra. En *La Revolución Mundial*, Nesta Webster, quien a su vez cita la obra *The X-Rays in Freemasonry*, de A. Cowan, y *Archivos Israelitas*, asegura que fue en la logia principal de Frankfurt, cuartel general de los Rothschild, donde se llevó adelante el gigantesco plan de la revolución mundial, y que fue allí donde, con ocasión del congreso masónico celebrado en 1786, se decretó definitivamente la muerte de Luis XVI y de Gustavo III, así como la creación de la Guardia Nacional Republicana para la protección del nuevo régimen. Jüri Lina añade que también se decidió el asesinato del emperador Leopoldo II de Austria, hermano de la reina María Antonieta de Francia, quien fue envenenado el 1 de marzo de 1792 por el judío Martinowitz, según el autor estonio.

Gustavo III de Suecia, que era masón, fue efectivamente asesinado: murió a consecuencia del disparo que le propinó otro masón, Jacob Johan Anckarström, el día 16 de marzo de 1792 en el teatro real de Estocolmo. La opera de Verdi, *Un ballo in maschera*, tiene como argumento este crimen. Gustavo III, aliado de la familia real francesa, planeaba combatir a los jacobinos, para lo cual organizaba una coalición de las monarquías de Europa. El rey Luis XVI, como se sabe, fue guillotinado el 21 de enero de 1793.

La conspiración al descubierto

Las primeras revelaciones sobre la existencia de la Orden de los Iluminados de Baviera se produjeron en 1783. Johann Baptist Strobl, un librero de Munich que había sido rechazado como candidato, realizó la primera denuncia. Weishaupt lo acusó de ser un calumniador desinformado; pero aquel mismo año, según una publicación sueca (*Guidance for Freemasons*) editada en Estocolmo en 1906 y citada en *Under the Sign of the Scorpion*, el profesor Westenrieder, la Duquesa María Anna y el profesor Utzschneider, que habían abandonado la secta, dieron asimismo la voz de alarma.

También una personalidad dentro de los illuminati, el masón Freiherr von Knigge, alias Filón, que había ingresado en la organización en 1780 y se había convertido en uno de los hombres claves de cara a las pretensiones de Weishaupt de infiltrar la masonería, tuvo un enfrentamiento con el jefe y abandonó temporalmente la organización, si bien más tarde reingresó en ella. Knigge había pactado con Weishaupt que los Illuminati recibieran los tres primeros grados de la masonería, pero no consiguió que le desvelase ninguno de sus secretos. El 20 de enero de 1783 escribió estas palabras a Catón, nombre secreto del abogado Zwack: "La causa de nuestras divisiones es el jesuitismo de Weishaupt y la tiranía que ejerce sobre los hombres que quizá no tienen tanta imaginación y astucia como él. [...] Declaro que nada puede hacerme tratar con Espartaco (Weishaupt) de la misma manera que trataba antes." Más adelante, quizá ya en 1784, otra carta de Filón a Catón confirmaba que las relaciones con Espartaco habían empeorado: "Aborrezco la perfidia y la maldad, y por eso lo abandono a él y a su orden para que se los lleve la trampa."

En 1784 la Orden tenía ya más tres mil miembros esparcidos por Europa y, como cabía prever, algunos decidieron dar marcha atrás. Entre estos estaban los profesores Grünberg, Renner, Cossandey y Utzchneider, de la Academia Mariana de Munich, cuyas declaraciones no dejaron dudas sobre la naturaleza diabólica del iluminismo. La empresa del librero Strobl comenzó a publicar artículos polémicos dirigidos a los Illuminati. Jüri Lina cita uno de ellos a modo de ejemplo, cuyo título es *Babo, Gemälde aus dem menschlichen Leben (Babo, impresiones sobre la vida humana)*. Todo ello coincidió con la llegada al poder en Baviera del Duque Charles Philipp Theodore, un regente más patriota y conservador, el cual el 22 de junio de 1784 prohibió todas las sociedades secretas.

Un libro editado en Moscú en el año 2000, *The Brothers of the Night*, escrito por la condesa Sofía Toll, es la fuente que cita Jüri Lina en su libro sobre la información que sigue a continuación. Todas las fuentes aluden al rayo que abatió en Regensburg (Ratisbona) en 1785 al jinete-correo de los Illuminati; pero ninguna da detalles. Veamos estos pormenores novedosos. El 11 de febrero de 1785, Weishaupt había sido cesado de sus cargos y tenía prohibido vivir en Ingolstadt. Al mismo tiempo se había informado a la Universidad de que sería arrestado. El 16 del mismo mes pasó a la clandestinidad y fue escondido por su hermano iluminado Joseph Martin, que era cerrajero. Pocos días después escapó de Ingolstadt hacia Nuremberg disfrazado de obrero artesano. Permaneció allí poco tiempo y viajó luego a la ciudad libre de Regensburg, donde prosiguió con su labor. Durante la investigación iban apareciendo cada vez más evidencias contra los Illuminati, quienes pese a la prohibición continuaban con sus actividades. Por ello, el 2 de marzo se emitió un nuevo decreto que hizo posible la confiscación de los bienes de la Orden de los Iluminados. El destino quiso que el 20 de julio de 1785 ocurriese un hecho que puso definitivamente a la policía sobre la pista. Jakob Lanz, un sacerdote, correo de la Orden que pretendía viajar a Berlín y a Silesia, fue impactado por un rayo en Regensburg y murió. Todo invita a pensar que Weishaupt, el cual vivía escondido en la ciudad, y Lanz se habían visto y éste había recibido instrucciones de su jefe. Se encontraron cosidos en las ropas de Lanz papeles comprometedores así como una lista de nombres. La policía local buscó luego en la casa del sacerdote y descubrió otros documentos de importancia, incluidas instrucciones relativas a la revolución en Francia dirigidas al Gran Maestro del Grande Oriente. Todo fue entregado a las autoridades bávaras, las cuales el 4 de agosto de 1785 promulgaron una nueva prohibición para las sociedades secretas. El 31 del mismo mes ordenaron la detención de Weishaupt y pusieron incluso un precio por su cabeza en Baviera. Weishaupt huyó a Gotha donde el iluminado Ernesto, gran duque de Sajonia-Gotha, le otorgó el título de consejero privado y pudo protegerlo en su santuario hasta su muerte, el 18 de noviembre de 1830. Un busto de Weishaupt se expone en el Museo Germánico de Nuremberg.

Jüri Lina declara en su libro que en el verano de 1986 trabajó en los archivos de Ingolstadt y pudo estudiar cuidadosamente algunos de los documentos relacionados con el caso. De este modo averiguó que la búsqueda de otros importantes miembros de la Orden prosiguió lentamente. Los papeles encontrados en casa de Lanz eran comprometedores para el Dr. Franz Xaver Zwack, Catón, cuya casa en Landshut, donde los Illuminati guardaban importantes documentos, fue registrada el 11 y el 12 de octubre de 1786. En 1787 también el castillo del barón Bassus, Aníbal, fue registrado por la policía. Se confiscaron allí más papeles relacionados con la conspiración de los Iluminados de Baviera, en los cuales se exponían los planes para una revolución mundial llevada a cabo por sociedades secretas. La correspondencia privada que se encontró en Landshut y en el castillo del barón Bassus fue publicada y comentada una década después por el profesor escocés John Robison. Más abajo tendremos ocasión de examinarla.

Entre los textos y documentos publicados aquellos años sobre los Illuminati destacan dos libros en 1786: *Drei merkwürdige Aussagen (Tres exposiciones curiosas)*, donde se recogen las declaraciones efectuadas por lo profesores Grünberg, Cossandey y Rener, y *Grosse Absichten des Ordens der Illuminaten (Grandes intenciones de la Orden de los Iluminados)*, con el testimonio del profesor Joseph Utzschneider. El Elector de Baviera, Karl Theodor, también ordenó en 1787 la impresión de dos trabajos que contenían los documentos secretos confiscados: *Einige Originalschrifften des Illuminaten-Ordens (Algunos documentos originales de la Orden de los Iluminados)* y *Nachtrag von weitern Originalschrifften (Suplemento de nuevos documentos originales)*. Finalmente el librero Johann Baptist Strobl publicó también en 1787 una nueva colección de documentos relativos a los Illuminati. Estos libros fueron enviados por las autoridades bávaras a los gobiernos en París, Londres, San Petersburgo y a otros, pero sólo cuando era ya demasiado tarde fueron tomados en serio.

En Ingolstadt y en Munich existen, pues, los documentos a disposición de quien quiera verlos. Es innegable la existencia de una poderosa organización secreta que proyectaba una revolución mundial que debía acabar con todas las religiones y con todos los gobiernos. Evidentemente, las sociedades secretas no pueden ser suprimidas por decreto. Por ello, tras ser descubiertos, los conspiradores se escondieron en sus madrigueras y aparentemente desaparecieron; aunque su plan subsistió, como comprobaremos a medida que avancemos en nuestra exposición. Los objetivos de base de los Iluminados de Baviera eran estos: 1. Abolición de todos los gobiernos establecidos. 2. Abolición de la propiedad privada. 3. Abolición de la herencia. 4. Abolición de toda religión. 5. Abolición del patriotismo. 6. Abolición de la familia. 7. Creación de un nuevo Orden Mundial o Gobierno Mundial. No es preciso ser muy suspicaz para advertir que estos puntos reaparecen en 1848 en el *Manifiesto Comunista*, redactado por el judío Karl Marx, masón del grado 31, por encargo de la Liga de los Justos ("Der Bund der Gerechten"), sociedad secreta auspiciada por los Illuminati de la que se origina el Partido Comunista. Estos mismo puntos fueron en 1917 la aspiración de los internacionalistas que aplicaron el programa en la URSS. Hoy el objetivo del "New World Order" (Novus Ordo Seclorum) es la máxima aspiración de los banqueros que detentan el poder real en el mundo. Paul Warburg, el banquero sionista que diseñó el proyecto de la Reserva Federal, lo dijo con estas palabras el 17 de febrero de 1950 en declaración ante el Senado de Estados Unidos: "We will have a world government whether you like it or not. The only question is whether that government will be achieved by conquest or consent." ("Tendremos un gobierno mundial nos guste o no. La única duda es si se establecerá por concesión o por imposición").

¿Puede alguien creer que un plan tan gigantesco, el plan de la Revolución Mundial, se diseñase en la mente de un hombre solo, que además ha permanecido prácticamente desconocido? No cabe duda de que Adam Weishaupt era un superagente, lo hemos explicado a lo largo de estas páginas, que trabajaba para hombres poderosos, para banqueros judíos principalmente, a los que nos referiremos de ahora en adelante con asiduidad, pues se hallan detrás de todos los acontecimientos decisivos de la historia contemporánea.

Robison, Barruel y Scott

A medida que iba tomando forma, el Movimiento Revolucionario Mundial iba dejando, como acabamos de ver, evidencias de su existencia; sin embargo, pocos se atrevieron a denunciarlo y a exponerlo públicamente. Entre los contemporáneos que dejaron a la posteridad obras que desvelan la verdadera naturaleza de los acontecimientos revolucionarios destacan tres grandes intelectuales que tuvieron el coraje de escribir cuanto sabían sobre la conspiración. Hoy son fuentes indispensables a las que deberían acudir los estudiosos en la materia.

El primero es John Robison (1739-1805), profesor de Filosofía Natural en la Universidad de Edinburgo y secretario general de la Sociedad Real de esta ciudad escocesa. Des Griffin en *Fourth Reich of the Rich (El Cuarto Imperio de los Ricos)* afirma que el propio Adam Weishaupt, viendo en este profesor a la persona idónea para expandir el iluminismo en Gran Bretaña, invitó a Robison a formar parte de su organización. En palabras de

Griffin, "Weishaupt malinterpretó completamente el carácter de Robison. En lugar de descubrir a un hombre vanidoso y con insaciable sed de poder, encontró a una persona de gran integridad, profundamente comprometido en el bienestar de los seres humanos y en el de su propia nación en particular. Robison fue un hombre que no pudo ser comprado." Es decir, John Robison, que era masón de alto grado y había frecuentado en el Continente distintas logias de Bélgica, Francia, Alemania y Rusia, no cayó en la trampa y no creyó que los fines de los Illuminati fueran limpios y honorables. Guardó para sí, no obstante, sus pensamientos y conoció a los conspiradores. Como resultado de su experiencia, Robison escribió un libro sorprendente e inesperado: *Proofs of a Conspiracy Against All the Religions and Governments of Europe Carried on in the Secret Meetings of Freemasons, Illuminati and Reading Societies (Pruebas de una conspiración contra todas las religiones y gobiernos de Europa llevada a cabo en las reuniones secretas de masones, iluminados y sociedades de lectura)*. El libro fue publicado en Londres en 1797 y en Nueva York en 1798.

El segundo es el abad Agustín Barruel (1741-1820), un jesuita que también en 1797 publicó en francés *Mémoires pour servir à l'Histoire du Jacobinisme (Memorias para servir a la Historia de Jacobinismo)*, obra que fue traducida al inglés y publicada en Londres en 1798. Robison y Barruel, sin conocerse mutuamente, ofrecen una visión semejante de la organización de la secta u Orden de los Iluminados de Baviera. El libro de Barruel fue traducido al español por un religioso de Santoña, Simón Antonio de Rentería (1762-1825), que murió en Santiago de Compostela siendo su arzobispo. Que sepamos, no puede encontrarse esta traducción; sin embargo Raymundo Strauch i Vidal, obispo de Vich, realizó una segunda traducción al castellano y la obra del abate Barruel se editó en Vich en 1870 en dos volúmenes.

El tercer hombre es Sir Walter Scott (1771-1832), el famoso novelista escocés, que, por cierto, también era masón. Scott ofrece en *The Life of Napoleón Buonaparte* (1820) un estudio preliminar de la Revolución Francesa, en el cual revela que los hechos que desembocaron en la revolución y que instauraron el reino del terror fueron orquestados por banqueros de Frankfurt, cuyos agentes guiaban a las masas. Walter Scott desvela que el Poder Secreto escondido detrás de la conspiración era de origen judío y señala que las principales figuras de la revolución fueron extranjeros. Scott observa que se usaban palabras típicamente judías, como "directores" o "sabios" ("elders") y utiliza los términos "sanedrín" para referirse a la Diputación de París durante las masacres de septiembre de 1792 y "sinagoga" en alusión a los clubs jacobinos, cuyos líderes eran Danton, Marat y Robespierre. Los *Archivos Israelitas* admiten con ambigüedad calculada o quizá con disimulado orgullo la mano judía detrás de los hechos y textualmente reconocen: "La Revolución Francesa tiene un carácter hebreo muy expresivo." Curiosamente, esta obra de Walter Scott, cuya fama como novelista es universal, prácticamente no se conoce.

Los libros de Robison y Barruel, por contra, vieron numerosas ediciones y merecieron la atención de sus contemporáneos, aunque pronto fueron atacados con descalificaciones e insultos que pretendían desacreditarlos. Ambos escritores fueron acusados de pretender una caza de brujas, de alarmistas, de intolerantes que perseguían la libertad de opinión o la libertad académica. En aquellos días los periódicos estaban superando su etapa de nacimiento o desarrollo inicial y comenzaban a ser codiciados por quienes pretendían crear y controlar la opinión de la gente. Los ataques concentrados que sufrieron estos dos autores por haber dicho que los Iluminados de Baviera habían desencadenado la revolución en Francia demuestran que el control de la prensa, que hoy en día es absoluto, comenzaba a ser efectivo en América e Inglaterra. Si ahora se busca en Wikipedia, por ejemplo, información sobre Barruel, aparecen pronto acusaciones de falsedad y antisemitismo. También hoy los investigadores que pretenden revisar la historia son acusados inmediatamente de antisemitas, reaccionarios o neonazis.

Precisamente en el capítulo de la obra de John Robison donde se explica todo lo relativo a las Sociedades de Lectura ("Reading Societies") queda patente la importancia que otorgaban los Illuminati al control de la escritura, edición y venta de libros. Estas que siguen son palabras de Adam Weishaupt: "Con nuestros escritores hemos de tener cuidado de inflarlos y que los críticos no los rebajen; hemos de esforzarnos por todos los medios posibles en ganarnos a los críticos y a los periodistas; y debemos también procurar ganarnos a los libreros, que con el tiempo se darán cuenta de que su interés está en ponerse de nuestro lado. [...] Si algún escritor publica algo que llame la atención y es bueno lo que dice, pero no está de acuerdo con nuestros planes, hemos de esforzarnos por ganarlo o desacreditarlo." Las ideas de Weishaupt tuvieron continuidad un siglo después en los *Protocolos de los Sabios de Sión*, cuya autenticidad ha sido cuestionada infructuosamente por los sionistas a lo largo de todo el siglo XX. En ellos se dice lo siguiente: "Empuñaremos las riendas de la prensa en nuestras manos. Procuraremos también controlar todas las demás publicaciones. [...] De todas partes del mundo se reciben todas las noticias en unas cuantas agencias en las cuales se concentran. Cuando hayamos adquirido poder, estas agencias serán nuestras enteramente y sólo publicarán las noticias que nosotros les permitamos. [...] Ninguno de los que intentase atacarnos con su pluma encontraría quien se lo publicase. [...] Si alguna gente quiere escribir contra nosotros, no encontrará ningún editor."

Robison

El hecho de disponer de una reimpresión facsímil en inglés del libro de Robison nos permite traducir algunos textos que ayudarán a comprender el proyecto que pusieron en marcha los Illuminati. Veamos, pues, algunas ideas esenciales que enseñan la verdadera naturaleza de la conspiración y sus fines más profundos. En la introducción Robison advierte de que, pese a haber sido disuelta oficialmente, la Orden de los Iluminados seguía activa en 1797: "He visto como esta Asociación trabaja sistemáticamente con entusiasmo y se ha convertido casi en irresistible. Y he visto que los líderes más activos de la Revolución Francesa eran miembros de esta Asociación y condujeron los primeros movimientos de acuerdo con sus principios, a través de sus instrucciones y mediante asistencia, previamente solicitada y obtenida. Y finalmente he visto que esta Asociación existe todavía, trabaja aún en secreto..." El profesor escocés confirma que los illuminati ascendieron aprovechándose de las logias y de su protección; denuncia que introdujeron en ellas innovaciones cargadas de corrupción y violencia; constata que la incertidumbre y la oscuridad se ciernen sobre la misteriosa Asociación, la cual es diferente de la masonería.

Como hemos ido señalando, los miembros de la secta tenían nombres secretos que encubrían los verdaderos. También todos los líderes bolcheviques ocultaron en 1917 sus nombres judíos y los cambiaron por otros rusos. Robison ofrece la relación de los principales "alias" que adoptaron los miembros más conspicuos de la secta y explica asimismo el diagrama organizativo en forma de estructura piramidal, tantas veces reproducido en numerosas publicaciones. Su funcionamiento era el siguiente: en la cúspide el "general" de la Orden tenía a dos hombres de confianza, quienes a su vez tenían cada uno de ellos a otros dos, cada unos de los cuales volvía a tener bajo su dependencia a otros dos y así sucesivamente. En los escalones inferiores, cada individuo conocía sólo a una persona o mentor de la que dependía y de la que recibía formación e instrucciones. Se podía saber que existían superiores de distinto rango, pero normalmente nunca eran vistos o conocidos. Todo el proceso de información y formación iba siendo filtrado a medida que se iba subiendo o bajando en la estructura piramidal. Lógicamente los componentes de los escalones inferiores de la pirámide nada sabían de la organización para la que trabajaban y sólo iban siendo merecedores de más confianza a medida que por méritos y tras procesos minuciosos de observación se iba ascendiendo.

Entre las ideas que se inculcaban a los novicios o minervales estaba la de la felicidad universal, que se conseguiría con la abolición de las naciones y la unión de la raza humana y de todos los habitantes de la tierra en una gran sociedad. Conceptos como el patriotismo o la lealtad eran considerados prejuicios de mentes estrechas e incompatibles con la benevolencia universal. El suicidio se justificaba: había que introducir en las mentes de los hombres que el acto de privarse uno mismo de la vida proporcionaba cierto placer voluptuoso (actualmente proliferan en internet las redes sociales o clubes que fomentan el suicidio entre los jóvenes). En cierto momento podía ya decirse a quienes habían sido admitidos en rangos superiores que los Illuminati gobernarían el mundo.

En la correspondencia entre los dirigentes las cosas eran mucho más claras. En carta de 6 de febrero de 1778 a Catón (Zwack), Espartaco (Weishaupt) escribe: "Sólo aquellos que con seguridad sean adecuados serán escogidos de entre las clases inferiores para conocer los misterios más elevados, que contienen los principios y los medios para alcanzar una vida feliz. En ningún caso han de aceptarse principios religiosos entre estos. [...] Cada persona se ha de convertir en un espía de otra y de todas las que estén a su alrededor. Nada ha de escapar a nuestra mirada. [...] Ningún hombre es adecuado para nuestra Orden si no es un Bruto o un Catilina" (Es decir, capaz de los peores crímenes). En otro escrito de marzo de 1778, Espartaco le propone a Catón un serie de "inventos" propios de "benefactores de la humanidad", entre los que destacan: una caja-bomba que explosionaría al ser forzada, una bebida para provocar abortos, un líquido que cegaría o mataría al ser arrojado en la cara, recetas para una especie de "aqua toffana" de efectos mortales, perfumes venenosos que llenarían las habitaciones de vapores pestilentes y una receta "ad excitandum furorem uterinum".

En otro texto de Espartaco a Catón cuya fecha no se especifica, pero que es ya posterior a los años de la prohibición de la Orden, Weishaupt escribe: "...Mediante este plan dirigiremos a toda la humanidad. De esta manera y con los medios más sencillos, pondremos todo en funcionamiento y en llamas. Los empleos (cargos) deben ser asignados y concebidos de manera que podamos, en secreto, influir en todas las operaciones políticas." Los hechos históricos demuestran que este objetivo se ha cumplido absolutamente: los agentes que rodearon a Wilson y a Roosevelt, como se verá en su momento, obedecían las órdenes del Poder Secreto y provocaron la entrada de Estados Unidos en las dos guerras mundiales. Eran hombres colocados en puestos claves, concebidos y preparados para tales fines. En la misma carta Espartaco dice lo siguiente: "He considerado todas las cosas y he preparado todo de manera que si la Orden va hoy a la ruina, yo la restableceré en un año y más fuerte y brillante que nunca." Aquí el profesor Robison interrumpe el texto y hace un inciso para precisar que, efectivamente, resurgió según lo previsto en el tiempo predicho bajo el nombre de "Deutsche Union" (Unión Alemana) y bajo la forma de "Reading Societies" (Sociedades de Lectura). Por tanto hay que entender que esta nueva sociedad secreta era una prolongación de los Illuminati. La carta sigue así: "Estoy tan seguro del éxito, a pesar de todos los obstáculos, que me es indiferente si tuviera que costarme la vida o la libertad. [...] Pero yo poseo el arte de sacar ventaja incluso de la desgracia; y cuando tú me creas hundido hasta el fondo, me levantaré con nueva energía. ¿Quién hubiera pensado que un profesor de Ingolstadt iba a llegar a ser el instructor de los profesores de Gotinga y de los más grandes hombres de Alemania?"

En otro texto Espartaco, después de recordar la necesidad de inculcar a quienes aleguen pretextos morales que el fin justifica lo medios, reconoce la importancia de Knigge (Filón) a la hora de infiltrar la masonería y de conseguir prosélitos. Espartaco explica a Diómedes (el Marqués de Constanza) que Filón es uno de los hombres más utilizables y prácticos de la Orden y que fue principalmente gracias a sus esfuerzos entre los masones de los países protestantes que el "Sistema Ecléctico" fue introducido y se consiguió que aceptasen la dirección de los Illuminati, conquista ésta cuyo mérito es enteramente atribuible a las amplias conexiones que tenía Filón en la masonería. Espartaco admite que Knigge, antes de su iluminación, viajó como un filósofo de ciudad en ciudad, de logia en logia e incluso de casa en casa.

Weishaupt iba construyendo la idea de que las Sociedades de Lectura serían elemento estructural básico de la Unión Alemana. El texto que sigue, citado por Robison sin especificar fecha ni destinatario, es muy significativo: "La gran fuerza de nuestra Orden radica en la ocultación. Nunca debe aparecer en ningún sitio con su verdadero nombre, sino siempre escondida bajo otro nombre y otro quehacer. [...] A propósito de esto, la forma de una sociedad de sabios o literaria es la que más se adecúa a nuestros propósitos; y si la masonería no hubiera existido, hubiera sido empleada esta tapadera; pero debe ser mucho más que una pantalla, puede ser una máquina poderosa en nuestras manos. Estableciendo sociedades de lectura, y librerías suscritas, y teniéndolas bajo nuestra dirección, y suministrándoles nuestros trabajos, podemos amoldar el pensamiento del público como queramos. Es de esta manera que debemos tratar de influenciar en las academias militares (esto puede tener tremendas consecuencias), en imprentas, en librerías, cabildos, en definitiva en los lugares donde podamos tener efecto en la formación o en el manejo o incluso en la dirección de la mente de las personas. La impresión y los grabados merecen nuestra máxima preocupación. Una Sociedad Literaria es la forma más adecuada para la introducción de nuestra Orden en un Estado donde aún no nos hemos introducido (¡anota esto!)". Viendo cómo funciona hoy la industria de la cultura y en concreto el negocio literario y su mercado, es evidente que todo se ha cumplido: está demostrado objetivamente que cadenas de televisión, agencias de información y editoriales, las cuales incluyen periódicos, revistas y libros, están mayoritariamente en manos de capitalistas judíos y de sus amigos. Es innegable que leemos lo que toca, o sea, lo que quieren que se lea.

En relación a cómo los Illuminati iban copando puestos claves en distintas instituciones, Robison reproduce una carta manuscrita de Catón (Zwack) dirigida a un destinatario desconocido, que bien podría ser el propio Espartaco. En ella se dice que han comprado una casa en Munich y que el jardín está ocupado por especies botánicas que dan a la casa (una logia) la apariencia de una sociedad de naturalistas entusiastas. En dicha casa se ha establecido el sistema de los Illuminati y se ha acogido a las logias de Polonia. Textualmente la carta sigue así: "Gracias a la actividad de nuestros hermanos, los jesuitas han sido desposeídos de todos sus cargos en Ingolstadt y todos los profesores pertenecen a la Orden. Cinco de ellos son excelentes y los estudiantes serán preparados por nosotros. [...] Hemos tenido mucho éxito contra los jesuitas y las cosas han llegado al extremo de que sus rentas, tales como la misión, las limosnas en oro, los ejercicios y el archivo de las conversiones están ahora bajo el control de nuestros amigos. Todas las escuelas alemanas y la Sociedad de Benevolencia son por fin dirigidas por nosotros. Tenemos a varios miembros incondicionales en las cortes de justicia y podemos permitirnos el lujo de darles un sueldo y otras buenas ventajas. Últimamente hemos conseguido colocar a un clérigo joven en la Fundación de San Bartolomé y nos hemos asegurado así a sus partidarios. De esta manera seremos capaces de suministrar sacerdotes adecuados para Baviera. Gracias a una carta de Filón, hemos sabido que hemos conseguido uno de los cargos más altos de la Iglesia para un fervoroso iluminado, pese a la oposición del obispo de Spire, que pasa por ser un sacerdote intolerante y tiránico."

Dos publicaciones de la época son citadas por el profesor Robison en relación a la Unión Alemana y la creación de las Sociedades de Lectura. La primera, *Más notas que texto o la Unión Alemana de los XXII, una nueva sociedad secreta para el bien de la humanidad,* fue publicada por el librero Goschen en Leipzig en 1789, el cual dice que el texto llegó a él a través de una mano desconocida y que lo publicó rápidamente considerando los daños que esta sociedad, de la cual ya había oído ciertos informes, podía producir en el mundo y en el comercio si se permitía que trabajase en secreto. También en 1789 se publicó el segundo libro, cuyo título en alemán era *Nähere Beleuchtung der Deutsche Union (Más información sobre la Unión Alemana).* En la primera publicación aparecían planos y cartas sólo para miembros de confianza o seguros, cuya impresión habían autorizado los Veintidós Hermanos Unidos. En las primeras páginas se introduce el Plan de los Veintidós: "Trabajamos en primer lugar para atraer a nuestra asociación a todos los buenos escritores. Imaginamos que esto será fácil de conseguir, pues ellos pueden obtener evidentes ventajas. Además pretendemos ganarnos a los jefes y secretarios de las oficinas de correos a fin de que nos faciliten la correspondencia." Más adelante se exponen los enormes beneficios que la humanidad alcanzará mediante los "altruistas" propósitos de la Unión: "Todos podrán notar la progresiva influencia moral que adquirirá la Unión dentro de la nación. Veamos que superstición se perderá y que enseñanza se obtendrá cuando, 1. En cada Sociedad de Lectura los libros sean seleccionados por nuestra Hermandad. 2. Cuando tengamos personas de confianza en cada barrio que se preocupen por extender a todos los hogares los propósitos de ilustrar a la humanidad. 3. Cuando tengamos la voz del público de nuestro lado y cuando seamos capaces de eliminar los escritos fanáticos que aparecen en las revistas que normalmente se leen o de avisar al público sobre ellos; y, por otro lado, podamos dar publicidad y recomendar las obras que iluminan la mente de los hombres. 4. Cuando poco a poco tengamos todo el comercio de libros en nuestras manos (pues los buenos escritores introducirán sus obras en el mercado a través de nosotros), haremos que los escritores que trabajan por la causa de la superstición y la moderación no tengan ni editores ni lectores. 5. Cuando finalmente nuestra Hermandad se extienda y todos los corazones sensibles y las buenas personas se nos adhieran, les facilitaremos que trabajen en silencio a fin de influir en administradores, mayordomos, secretarios, oficiales de juzgado, párrocos, funcionarios públicos, tutores privados..."

Sorprende constatar que efectivamente grandes escritores y artistas de talento fueron captados inicialmente por los Illuminati. El poeta inglés Percy Bysshe Shelley y su esposa, Mary Shelley, como hemos visto antes, fueron deslumbrados por la propaganda. Por suerte un libro de Barruel cayó en manos de Shelley. Al descubrir la verdadera naturaleza de la conspiración, se preocupó de avisar a sus amistades entre las que estaba el poeta y ensayista Leigh Hunt. También el gran Johann Wolfgang Göthe, alias Abaris, cayó en la trampa, según desvela en 1906 un iluminado destacado, Leopold Engel, en *Geschichte des Illuminaten Ordens (Historia de la Orden de los Iluminados)*. Afortunadamente también él sospechaba de la verdadera naturaleza de la secta. En una carta suya dirigida a Bode, alias Amelio, escribe: "Créeme, nuestro mundo moral está socavado por túneles subterráneos, sótanos y alcantarillas, como lo está habitualmente una gran ciudad, sin que nadie sospeche sus conexiones. Es comprensible para mí o para cualquier otra persona ilustrada que a veces el humo se filtre a través de las grietas o se oigan voces extrañas..." Friedrich von Schiller, poeta y dramaturgo que asimismo había sido engatusado por la Orden, planeaba escribir una obra de teatro, *Demetrio,* que pretendía desvelar algunas atrocidades. Weishaupt lo supo a través de Heinrich Voss, un "hermano insinuante" (los "hermanos insinuantes" eran en cierto modo la policía secreta de Weishaupt), y quería impedirlo a toda costa. Schiller murió tras una larga enfermedad el 9 de mayo de 1805. Hermann Ahlwardt en su libro *Mehr Licht (Más luz)* asegura que Schiller fue asesinado por los Illuminati.

La obra de John Robison y los textos en ella publicados merecerían quizá más espacio, pero debemos proseguir. Es evidente que lobos disfrazados de corderos pretendían supervisar y controlar la creación literaria e intelectual. Planeaban condenar al ostracismo a quienes no comulgasen con sus ideas, con el pretexto de que producían escritos perniciosos para la humanidad, a la que ellos, filántropos iluminados, pretendían mejorar. Cualquiera puede notar, sin embargo, que en sus escritos no hay ni una palabra para los pobres, para los que sufren. Sobre la reforma social tampoco se lee nada que no esté relacionado con el deseo de dominio para obtener el poder mundial. El principal objetivo era adquirir riqueza, poder e influencia a toda costa. Para conseguirlo, pretendían abolir el cristianismo y sustituir los principios morales por un libertinaje, que se presentaba enmascarado de humanidad y benevolencia. Medio siglo más tarde comprenderán que para ganarse a las masas de trabajadores será preciso acondicionar y adaptar su discurso. Cuando Weishaupt murió en 1830, probablemente su Orden estaba más fuerte que nunca; pero iba a cambiar de nombre y se iba a presentar en público bajo el nombre de comunismo.

3ª PARTE
LA REVOLUCIÓN FRANCESA

La historia oficial explica que la Revolución Francesa fue el choque inevitable entre una estructura feudal y una realidad social que estaba en desacuerdo con ella. Nos enseña que los escritores y filósofos enciclopedistas habían desatado una tormenta ideológica que cuestionaba a la Iglesia y al Estado y propiciaba el naufragio de las antiguas ideas morales, políticas y económicas. Rousseau, que en su *Discurso sobre la desigualdad de las condiciones sociales* expresaba su desprecio a la monarquía de Luis XV, apoyaba las quejas del pobre contra el rico y atacaba a los privilegiados, proclamaba en el *Contrato Social*, a diferencia de Voltaire, que se detenía en las reformas administrativas, el derecho de las naciones a modificar sus gobiernos. Rousseau se dirigía a las masas y las había impelido a la revolución política. En 1770 escribe: "Nos aproximamos al estado de crisis del siglo de las revoluciones. Me parece imposible que duren mucho tiempo las monarquías de Europa." Debe admitirse, sin duda, que sus obras y las de otros pensadores influyeron en el desarrollo de las ideas revolucionarias y en las teorías republicanas; pero en ningún caso fueron determinantes para desencadenar unos hechos que estaban planificados, organizados y financiados en el extranjero. En realidad las ideas de Rousseau habían concienciado a buena parte de la nobleza de la necesidad de emprender reformas. El primero que estaba convencido de la importancia de poner en práctica una política reformista era el rey, Luis XVI, que en 1774, con veinte años, había sucedido a su abuelo Luis XV.

En cualquier caso, Francia no era diferente a las demás naciones europeas. Entre los males generales del siglo en Europa podríamos citar: mala administración; códigos penales desfasados y muy injustos; mala organización de la Hacienda pública; corrupción en la recaudación de contribuciones; privilegios y franquicias del clero y la nobleza; injusta distribución y explotación de la tierra; falta de libertades individuales; descuido, cuando no abandono, de la sanidad y la educación e instrucción del pueblo. No puede negarse, pues, que se necesitaban reformas profundas en Francia y en todos los países. Sin embargo, según el político socialista Louis Blanc, autor de una *Historia de la Revolución Francesa* de doce tomos, incluso el socialista Babeuf, alias Graco, que era un iluminado y un discípulo de Weishaupt, había declarado que Francia no se encontraba en peores condiciones que los pueblos de otras naciones. A pesar de los defectos señalados, el antiguo régimen de Francia era tal vez el mejor del Continente. Durante el siglo XVIII Francia había multiplicado por diez sus exportaciones y los avances en la industria y en la agricultura eran evidentes. En cuanto a las comunicaciones, era la admiración del Continente, pues tenía una red de más de cuarenta mil kilómetros de caminos empedrados.

Durante los dos primeros años del reinado de Luis XVI, ministros como Turgot y Malesherbes emprendieron con decisión el camino de las reformas. Turgot, que en lugar de pedir nuevos empréstitos consiguió en veinte meses pagar más de cien millones de la deuda pública sin aumentar los impuestos, intentó suprimir la corvea, que suponía un abuso para los campesinos, los cuales podían ser obligados a trabajar para los nobles. Proyectó asimismo un plan descentralizador, y quería poner en marcha un vasto plan de instrucción pública. Su colaborador Malesherbes reformó la justicia con la supresión de la censura, la abolición del tormento como prueba judicial y la adopción de un sistema de salud en las prisiones. Desgraciadamente, en 1776 los adversarios de ambos ministros forzaron su salida del Gobierno y, en contra del deseo de Turgot, Francia, que necesitaba la paz para el saneamiento de las finanzas, iba a dar un paso mortal al apoyar a las colonias sublevadas de América. Necker, un banquero suizo calvinista, fue nombrado nuevo ministro de Hacienda y para costear la guerra aumentó pavorosamente la deuda pública. En 1781, para sostener la confianza pública, publicó por primera vez los presupuestos estatales, amañados con un superávit de diez millones de libras cuando en realidad arrojaban un déficit anual de setenta millones. Necker fue sustituido, aunque volvería a ser nombrado ministro de finanzas en dos ocasiones más, en 1788 y 1789. Es curioso constatar que Necker, a pesar de su pésima gestión, gozaba de una extraña popularidad: la prensa sostenía sus actuaciones y sus nombramientos eran saludados con entusiasmo por el pueblo. Su sucesor, Calonne, se hundió más en el abismo de la deuda, cuyos intereses llegaron a absorber el 50% de los ingresos estatales. El déficit presupuestario llegó hasta los 126 millones, lo cual equivalía al 20% del presupuesto global y situaba a Francia al borde de la bancarrota. Calonne intentó entonces una reforma tributaria basada en la igualdad fiscal y en la supresión de los privilegios que eximían del impuesto a los sectores más poderosos. Lógicamente el intento fracasó y el ministro, tras perder la protección del monarca, emigró a Inglaterra en abril de 1787. A estas alturas la táctica de los revolucionarios, que en lugar de impulsar las reformas había consistido en retardarlas con el objetivo de aumentar el descontento popular, estaba dando sus frutos: la agitación social crecía y se presagiaba la catástrofe.

La revolución que llevó a la independencia a los norteamericanos consistió en la consecución de la propiedad por parte de aquellos que habían trabajado para desarrollar el país, los cuales sentían que nada debían a los propietarios terratenientes de la Corona británica. La revolución estuvo, por tanto, libre de reinos de terror, de multitudes dirigidas por agentes o de las atrocidades asociadas a las revoluciones francesa y bolchevique; pese a que Lord Shelburne intentó, como haría después en Francia con éxito, colocar en posiciones cruciales a sus agentes entre los revolucionarios norteamericanos. Los hombres de Lord Shelburne aparecieron en momentos críticos y se presentaban como audaces patriotas. Según Eustace Mullins, del mismo modo que los banqueros suizos influyeron en la corte francesa para que colocase al financiero Necker en el ministerio de Hacienda, un puesto clave para precipitar la depresión económica, así Lord Shelburne jugó un papel importante en la manipulación de las fuerzas americanas durante la revolución. El más famoso entre estos agentes fue Benedict Arnold, un general estadounidense que traicionó a los suyos y pasó los años de postguerra cómodamente instalado en Inglaterra.

Francia y España jugaron por distintas razones la carta de los independentistas. Francia pronto envió ayuda a los sublevados, los cuales en diciembre de 1774 celebraron un congreso en Filadelfia y decidieron abolir los impuestos, dictar leyes, crear papel moneda y conferir el mando de sus fuerzas a George Washington. El 4 de julio de 1776, en plena guerra contra Inglaterra, los Estados Unidos de América del Norte proclamaron su independencia. Uno de los primeros actos de soberanía fue enviar diplomáticos a los principales países europeos. Francia los recibió con agasajos, pero no los aceptó aún oficialmente. Fue dos años después, en marzo de 1778, cuando París reconoció la independencia de Norteamérica bajo la promesa de los sublevados de no someterse jamás a la corona de Inglaterra. La notificación de este hecho a Gran Bretaña equivalió a una declaración de guerra. Inmediatamente comenzaron los combates navales en América y en Europa entre las flotas de ambos países. Carlos III y su ministro Floridablanca, pese a que el Conde de Aranda, embajador en París, era partidario de hacer la guerra a los ingleses, resistieron al principio las presiones de los Borbones franceses. Finalmente, con la esperanza de recuperar Menorca y Gibraltar y de poner fin al hostigamiento de Londres al comercio con las colonias, España, tras acusar a los británicos de haber amenazado sus dominios en América, declaró en junio de 1779 la guerra a Gran Bretaña. Las vicisitudes del enfrentamiento caen fuera del alcance de esta narración. En definitiva, la intervención de Francia y España impidió que los británicos sofocaran a tiempo la revolución en sus colonias americanas. Cuando en septiembre de 1783 se firmó la paz de Versalles, la independencia de los norteamericanos era un hecho irreversible.

Benjamín Franklin, uno de los padres de la Constitución de Estados Unidos, que a su vez era masón de alto grado, en una de las sesiones de redacción del texto constitucional pronunció unas palabras proféticas en relación al papel histórico que han desempeñado los judíos en la política de los Estados que los han acogido. Doscientos años después se han cumplido totalmente. Helas aquí, extraídas del documento original que se encuentra en el Instituto Franklin de Filadelfia:

> "Existe un gran peligro para los Estados Unidos de América. Ese gran peligro es el judío. Caballeros, en cualquier lugar de la tierra en el que los judíos se han asentado, han reducido el nivel moral y el grado de honestidad comercial, se han mantenido aparte e inasimilados, han creado

un Estado dentro de un Estado. Y han tratado de estrangular económicamente a quienes se les han opuesto, como fue el caso de España y Portugal.

Durante más de 1700 años se han lamentado de su triste destino, a saber, que fueron expulsados de su patria, pero caballeros, si el mundo civilizado les diera hoy la propiedad de Palestina, enseguida buscarían razones imperiosas para no regresar allí. ¿Por qué? Porque son vampiros y no pueden vivir entre ellos. Tienen que vivir entre cristianos y otras personas que no pertenecen a su raza.

Si ellos no son excluidos constitucionalmente de Estados Unidos, en menos de cien años van a entrar en nuestro país en tal número que nos gobernarán y nos destruirán. Cambiarán nuestra forma de gobierno, por la cual nosotros americanos hemos derramado nuestra sanagre y sacrificado la vida, la propiedad y la libertad personal. Si los judíos no son excluidos, en menos de doscientos años nuestros hijos estarán trabajando en los campos para alimentar a los judíos, mientras ellos permanecen en la "Counting House" frotándose las manos con regocijo. Les advierto, caballeros, si no excluyen al judío para siempre, los hijos de sus hijos les maldecirán desde su tumba.

Sus ideas no son las de los americanos, aunque hayan vivido entre nosotros durante generaciones. El leopardo no puede cambiar sus manchas. Los judíos son un peligro para esta tierra, y si se les permite entrar, pondrán en peligro sus instituciones. Deben ser excluidos a través de la Constitución".

Más adelante, cuando llegue el momento de explicar el golpe de Estado encubierto que supuso la creación de la Reserva Federal en 1913, habrá ocasión de comentar esta advertencia de B. Franklin.

La revolución está servida

Un amenazante folleto inglés dirigido a Luis XVI le avisaba claramente de que sus días como monarca estaban contados y anticipaba en cierto modo el papel que iba a jugar Inglaterra en la futura revolución. Tras recriminar al rey francés por su intervención a favor de los norteamericanos y contra Gran Bretaña, el texto concluía de este modo: "¿Qué peligro no hay en poner lo selecto de vuestros oficiales en comunicación con hombres entusiastas de la libertad? Os inquietaréis, si bien que tarde, cuando oigáis repetir en vuestra corte axiomas vagos meditados en las selvas norteamericanas ¿Cómo podrá ser que después de haber derramado su sangre en pro de una causa que dicen de la libertad, hagan respetar vuestras órdenes absolutas? ¿De dónde os viene esta seguridad cuando en América se hace pedazos la estatua del rey de Gran Bretaña, cuando se ultraja y vilipendia su nombre? Inglaterra quedará bien vengada de vuestros designios hostiles cuando vuestro gobierno sea examinado, juzgado y condenado conforme a los principios que se profesan en Filadelfia y se aplauden en vuestra capital."

Vistos someramente los antecedentes, podemos ya pormenorizar algunos de los hechos revolucionarios que en pocos años iban a derribar la Monarquía y el Antiguo Régimen. El 5 de mayo 1789 se celebró en Versalles la apertura de los Estados Generales en el Salón de los Menús, que se designó con el nombre de Salón de los Tres Estados. Enseguida quedó patente el distanciamiento entre el trono y el Tercer Estado. El 17 de junio, a propuesta de Sieyès, la mayoría de los diputados se erigieron en Asamblea Nacional. Tras días de forcejeo entre los tres estamentos, la Asamblea Nacional proclamó el principio de la soberanía de la nación por encima del propio rey.

El 11 de julio de 1789 Necker, que había sido nombrado director general de finanzas el 25 de agosto de 1788, fue destituido por segunda vez; pero cinco días después el rey, presionado por los orleanistas, se vio obligado a ponerlo de nuevo al frente de las finanzas de Francia. En el Palais Royal del duque de Orleans, centro neurálgico de la agitación como ya se ha dicho, Camille Desmoulins, un pésimo abogado que balbuceaba al hablar y que acabaría en la guillotina el 13 de abril de 1794, subido en una silla con una pistola en la mano arengó al pueblo el 12 de julio con estas palabras: "¡Ciudadanos, no hay que perder tiempo; la destitución de Necker es el toque de rebato de una San Bartolomé de patriotas, y esta misma noche saldrán los batallones extranjeros del campo de Marte para degollarnos. No nos queda más que un recurso; correr a las armas!" La gente reaccionó apoderándose de los bustos de Necker y del duque de Orleans y los paseó en triunfo por las calles de la capital. Este fue el primer acto, un ensayo de lo que sucedería dos días después. Las tropas intentaron disolver a la multitud y se desató la violencia, favorecida enseguida por bandidos a sueldo que se confundieron con el pueblo para propiciar saqueos y avivar el terror. En realidad, pese a su buena prensa, Necker, el brujo de las finanzas de aquellos años y padre de la famosa madame de Staël, a la que intentó casar con el primer ministro inglés William Pitt, había desencadenado la inflación con sus políticas económicas y estaba siendo el instrumento de banqueros suizos y británicos que planeaban recoger buenos beneficios de la debacle que estaba a punto de estallar. Edmund Burke llegó a decir en la Cámara de los Comunes que Necker era el mejor amigo de Inglaterra en el Continente.

Tras la proclamación que pretendía otorgarle el papel de monarca constitucional, Luis XVI intentó disolver la Asamblea por medio de las tropas del duque de Broglie. El rumor de este intento se sumó a la agitación general que se había instalado en París tras los hechos del día 12 y provocó el levantamiento burgués de la capital el 14 de julio de 1789, que culminó con la famosa toma de la Bastilla. Según la historia oficial, el pueblo liberó a muchos presos políticos que eran torturados en dicha cárcel; pero en realidad había sólo siete presos: dos locos llamados Tabernier y Whyte; el conde de Solanges, un libertino condenado por diversos crímenes; y cuatro defraudadores llamados Laroche, Bechade, Pujade y La Corrége, encarcelados por falsificar letras de cambio. M. Gustave Bord en *La toma de la Bastilla* afirma que "una mano invisible pagaba el desorden y lo pagaba generosamente". La distribución de dinero entre los amotinados que tomaron la Bastilla está ampliamente confirmada por numerosos autores contemporáneos. El único desacuerdo estriba en la cantidad que se pagaba a los agitadores, que oscilaba entre seis y doce francos por día. Definitivamente, estos hechos posibilitaron la transferencia del poder político a la Asamblea, que iba a convertirse en Constituyente. Cuando el duque de la Rochefoucauld-Liancourt anunció por la noche al rey la toma de la Bastilla, éste preguntó: "¿Es una revuelta, pues?". A lo que el duque respondió: "Señor, ¡es una revolución!". La revolución había estallado y, como por arte de magia, lo había hecho al mismo tiempo en toda Francia gracias al trabajo de las sociedades secretas. El rey fue consciente enseguida de que era inútil resistirse y sólo cabía intentar encauzarla. Se dirigió entonces a pie y sin escolta a la Asamblea y se puso en sus manos.

Ocho días después de la toma de la Bastilla, el 22 de julio, agentes de la masonería iluminada, entre los que se menciona a Adrián Dupont como impulsor principal de la estratagema, desencadenaron lo que ha pasado a la historia como "El Gran Temor". Simultáneamente en todas las provincias de Francia, aprovechándose de la hambruna que se vivía en el país, se esparcieron noticias que alarmaban a la población y la invitaban a armarse: se avisaba de que grupos de bandidos vagabundos violaban y mataban a mujeres y niños. Se creó asimismo el pánico anunciando el ataque inminente de tropas alemanas e inglesas. El mismo día 22 y casi a la misma hora jinetes a caballo que simulaban ser correos del rey leían por pueblos y ciudades un edicto real cuyo texto decía: "El rey ordena que todos los castillos sean quemados. Desea conservar únicamente los suyos". El pueblo obedeció las órdenes y empuñando las armas se entregó a la obra de destrucción. Nesta Webster, que atribuye esta conspiración a la masonería, recuerda que, antes de ser iluminadas, las logias planeaban hacer una revolución en beneficio de la burguesía valiéndose del pueblo como instrumento.

En Caen, ciudad natal de la famosa Charlotte Cordey, se produjo ya el 12 de agosto un hecho que puede considerarse un presagio funesto del terror que iba a desatarse en Francia en años venideros. Stanley Loomis lo narra en su obra *Paris in the Terror, june 1793-july 1794*. En Caen se había festejado la formación de la Asamblea con la colocación de una pirámide de madera en la plaza principal. Un joven oficial monárquico, Henri de Belzunce, incapaz de comprender el alcance de los hechos, pretendió acabar con las celebraciones, lo que provocó que su nombre corriera de boca en boca. El 11 de agosto, Belzunce incitó a algunos de sus soldados a romper las medallas de Necker que llevaban colgadas del cuello. No tardó en extenderse el rumor de que Belzunce planeaba incendiar la ciudad y destruirla. Como resultado de tanta agitación algunos hombres de Belzunce intercambiaron disparos con otros de la guardia civil de Caen. Al anochecer el joven oficial fue convocado para que se presentase en el Ayuntamiento y Belzunce, que además de arrogante debía de ser bastante estúpido, abandonó vestido de paisano la seguridad de su acuartelamiento y se presentó solo. Apenas se le vio separado de su soldadesca, fue rodeado por una masa enfurecida. Apelando a "su propia seguridad", fue encerrado en la fortaleza de la ciudad, donde pasó la noche. Cuando a la mañana siguiente abandonó la prisión, tuvo que pasar entre una turba de gente armada con guadañas y mosquetes que pedía su cabeza. "Antes de ser despedazado por la multitud -escribe Loomis- decidió quitarse la vida allí mismo e intentó arrebatar el arma a uno de sus guardianes, quien lo golpeó y lo arrojó al suelo. En un instante el gentío se le echó encima. Fue golpeado hasta la muerte. La muchedumbre lo descuartizó en pedazos. Un hombre abrió su pecho con unas tijeras y extrajo su corazón aún palpitante. La horrible prenda fue lanzada al aire como si fuese el juguete de un niño. Una mujer finalmente lo cogió, lo ensartó en un palo y gritando enloquecida lo devoró. Atrocidades inenarrables fueron cometidas con el resto de su cuerpo".

La facción orleanista pretende el poder

Durante los tres primeros años el plan de los Iluminados iría quemando etapas y fue abriéndose paso entre las intrigas de las facciones políticas. La facción orleanista había provocado la carestía artificial de granos en la primavera y en el verano de 1789. También a ella hay que otorgar el principal protagonismo en el sitio de la Bastilla. El 5 de octubre del mismo año, la marcha sobre Versalles puso definitivamente en evidencia al duque de Orleans, quien estaba convencido de que había llegado su momento y se produciría el cambio de dinastía. Viendo el final de este personaje, no cabe duda de que fue tratado en el verdadero espíritu de la Orden de los Iluminados, pues fue utilizado como una simple herramienta, engañado, arruinado y ejecutado. Veamos su actuación en aquellos días de octubre de 1789, que se halla recogida en las declaraciones del Châtelet.

Sepamos antes que el Châtelet de París fue bajo el Antiguo Régimen una de las jurisdicciones más eminentes del reino de Francia. Sus archivos son hoy en día masivamente consultados por los historiadores, pese a la dificultad de abrirse paso entre las series de documentos que allí se albergan. Los procedimientos en las distintas salas del Châtelet eran orales y sus competencias podían ser civiles, criminales y de policía. En 1789 se reclamó su demolición, pues no gozaba de buena prensa. Una ley de 24 de agosto de 1790 suprimió su jurisdicción y ocasionó el cierre de los fondos de archivos y la demolición del edificio. El 22 de enero de 1791 la municipalidad de París decidió precintar los archivos del Châtelet. Seis meses más tarde un antiguo escribano de la sala de lo civil, Jean Charles Gabé, fue encargado del levantamiento de los precintos y el procesamiento de los archivos pudo empezar. Los archivos del Châtelet entraron en el palacio Soubise en 1847 y constituyen junto a los archivos del Parlamento y de otras jurisdicciones parisinas la llamada sección judicial de los Archivos Nacionales.

La discusión sobre el derecho de veto del rey suscitó duras discusiones en la Asamblea y choques violentos en las calles. En el Palais Royal se amenazaba con destituir a los diputados realistas. Además la carestía aumentaba sin cesar. Marat y Desmoulins exigían desde sus periódicos "otro exceso de revolución". Fue en este contexto que una mujer recorrió las calles tocando un tambor y pidiendo pan. Miles de mujeres se le añadieron y también hombres armados con hachas. Saquearon el depósito de armas de la milicia de la Guardia Nacional y llevándose carros, armas y cañones marcharon hacia Versalles, donde estaba la corte. Se trataba de una estratagema de los orleanistas. Las declaraciones del Châtelet prueban que durante aquellos días (5 y 6 de octubre) Felipe Igualdad fue visto repetidamente, y cuando la muchedumbre lo reconocía era aclamado con gritos de "Viva Orleans" y "Viva nuestro rey Orleans". Entonces se retiraba y aparecía en otros lugares. Su última aparición del día 5 se produjo sobre las nueve de la noche, hora en que fue visto conversando en una esquina con hombres que vestían ropas de mujeres y otros disfrazados con ropas humildes, entre los cuales estaban Mirabeau, Barnave, Duport y varios diputados del partido republicano. Al día siguiente, se le vio nuevamente con las mismas personas que llevaban vestidos de mujer. Más tarde, estaba en lo alto de unas escaleras mostrando con su mano a los asaltantes por dónde debían ir. Acto seguido, corría por otro camino para situarse junto al monarca, que era su primo. Cuando el rey fue llevado entre insultos hacia París, Luis Felipe de Orleans fue visto de nuevo acechando en el balcón, detrás de unos niños, mientras desfilaba la procesión.

Dos batallones del Regimiento de Flandes fueron enviados hacia Versallles para proteger a la familia real. Entonces los orleanistas, como buenos discípulos de Weishaupt, pusieron en práctica sus instrucciones sobre la utilización de las mujeres[9]. John Robison cita las declaraciones número

---

[9] Entre los papeles incautados a por la policía bávara a Catón (Zwack), se encontró un proyecto para una hermandad de mujeres que pudiera servir a los planes de los Illuminati. En el texto se dice lo siguiente: "Será de gran utilidad y nos aportará información y dinero, a la vez que irá de maravilla para satisfacer el gusto de muchos de nuestros miembros más fieles que son aficionados al sexo. Deberá haber dos tipos de hermanas, las virtuosas y las viciosas. No deben conocerse entre ellas y deben ser dirigidas por hombres, pero sin que lo sepan. Hay que poner en sus manos libros adecuados y otras cosas que exciten sus pasiones". En otro documento se insiste en la importancia de utilizar a mujeres para conseguir sus objetivos. "No hay manera más poderosa de influir en los hombres que las mujeres. Ellas, por consiguiente, deben ser objeto principal de nuestro estudio. Debemos ganárnoslas con consejos sobre su emancipación de la tiranía de la opinión pública. Será un consuelo para sus mentes esclavizadas liberarse de cualquier atadura o represión. Ello las excitará y provocará que trabajen para nosotros con más entusiasmo sin que lo sepan; pues ellas sólo complacerán su propio deseo de admiración personal."

177 y número 317 del Châtelet como fuente de la información que sigue. Cerca de trescientas "ninfas" procedentes del Palais Royal, pagadas con escudos y luises de oro por el abad Sieyès, fueron enviadas al encuentro de los dos batallones. Soldados de uno de los regimientos informaron a sus jefes del intento de quebrar su lealtad mediante el soborno. Mademoiselle Théroigne de Mericourt, la favorita del momento en el Palais Royal, era de las más activas entre la turba armada de París. Vestida de amazona, con toda la elegancia de la ópera, hizo perder la cabeza a más de un joven. El populacho que se encaminó a Versalles pidiendo pan al rey tenía sus bolsillos llenos de monedas. Orleans fue visto por dos caballeros con una bolsa de dinero tan pesada que la llevaba atada a la ropa con una correa. El propio duque de Orleans reconoció antes de su muerte que había gastado cerca de 50.000 libras esterlinas en sobornar al Regimiento de Guardias Franceses.

El conocido cuadro de Goya *Saturno devorando a sus hijos* nos ofrece la imagen perfecta de lo que pasó en Francia a medida que la revolución fue quemando etapas y la mano de los Illuminati se hizo más evidente. Una de las primeras víctimas ilustres fue Mirabeau. Sólo las contradicciones propias de los seres humanos, los errores de cálculo o de apreciación, el exceso de confianza en sí mismo o el autoengaño pueden explicar la actuación de este personaje, que se había comportado como un energúmeno a lo largo de su vida, y que finalmente, de manera incoherente con sus actuaciones anteriores, intentó salvar los principios de la monarquía, lo cual le costó la vida.

En paralelo a los trabajos de la Asamblea Constituyente, fueron formándose los clubs y desde ellos se fiscalizaba la labor de los diputados. Fue en los clubs donde se empezó a pedir la cabeza de Mirabeau. Según la *Enciclopedia Británica*, en agosto de 1790 había ya ciento cincuenta y dos en funcionamiento. El más célebre fue el Club Bretón, donde más tarde dominaría Robespierre, dirigido entonces por Duport, Barnave y los hermanos Lameth. Sus sesiones tenían lugar en el convento de los jacobinos, del cual tomó su nombre. Los jacobinos establecieron una red que abarcaba toda Francia y sus fondos alcanzaban treinta millones de libras. La historia de los jacobinos está sin duda ligada a la de los Illuminati: no en vano entre los títulos de Adam Weishaupt figuraba el de "Patriarca de los jacobinos". El primero en pedir la cabeza de Mirabeau por traidor a la revolución fue Marat (Mosessohn), judío de origen sefardita, cuyo cómplice inseparable era otro judío llamado Jacob Pereira. Marat en un artículo pedía al pueblo que levantase ochocientas horcas y que ahorcara el primero a Mirabeau.

Incomprensiblemente, teniendo en cuenta que en teoría estaba aliado con el duque de Orleans, Mirabeau intentaba en la Asamblea, de la cual llegó a ostentar el cargo de presidente, moderar con sus brillantes dotes oratorias a los diputados que pretendían privar al rey de casi todas sus competencias. Pronto se multiplicaron los folletos amenazadores. Uno de ellos, titulado "La gran traición de Mirabeau", decía: "Guárdate de que el pueblo no haga destilar oro en tu garganta de víbora, ese néctar abrasador, para apagar para siempre la sed que te devora; guárdate de que el pueblo no pasee tu cabeza como llevara la de Foulon con la boca henchida de heno". Mirabeau sabía demasiado. Un juicio público no interesaba a los conspiradores que lo habían utilizado en tantas circunstancias. Lo mejor manera de quitarlo de en medio sin estrépito era simular una muerte natural y por ello se escogió el envenenamiento. La noche del 26 de marzo de 1791 sintió agudos dolores. Al día siguiente, pese a las súplicas de sus amigos, asistió por última vez a la sesión de la Asamblea. El día 28 comenzó la agonía. Cada día Luis XVI enviaba a un emisario para saber cómo evolucionaba el "enfermo", que solicitaba opio para mitigar el dolor. Finalmente, entre los atroces sufrimientos ocasionados por el veneno y tras una noche de tormentosa agonía, Mirabeau falleció el 2 de abril a la edad de cuarenta y un años. La versión oficial que pretende atribuir esta muerte fulgurante a una enfermedad repentina no es creíble. Pouget de Saint-André en *Les auteurs cachés de la Révolution Française* (*Los autores ocultos de la Revolución Francesa*), obra de sumo interés, revela que el propio Mirabeau creyó que había sido envenenado y cita los nombres de siete médicos que, a pesar de que se había ordenado atribuir la causa de la muerte a sus excesos, concluyeron en que había sucumbido a causa de un veneno mineral.

La muerte de Mirabeau fue un toque de atención para la familia real, que estaba ya en contacto con las potencias extranjeras. Luis XVI y María Antonieta trataron de huir, pero fueron detenidos en Varennes. Devueltos a París, quedaron desde entonces recluidos en las Tullerías. Por su parte, el duque de Orleans, Felipe Igualdad, siguió confiando en que su momento podía llegar todavía; pero los acontecimientos evolucionaban con mucha rapidez y pronto iban a esfumarse asimismo sus posibilidades. En septiembre de 1791, la Asamblea pasó de Constituyente a Legislativa tras unas elecciones en las que participó sólo el 10% del cuerpo electoral. Los diputados elegidos pertenecían mayoritariamente a las clases medias. Brissot y los girondinos formaron el último gobierno de Luis XVI, cuya cuota de poder político quedó limitada a la elección del primer ministro y a un derecho de veto sobre las decisiones de la Asamblea. En las gradas superiores (la Montaña) se sentaban los representantes de los clubs y del pueblo llano. Su representación era limitada y sus hombres fuertes (Danton, Marat, Robespierre) estaban fuera de la Asamblea.

La emigración, concentrada en Coblenza y compuesta básicamente de nobles y oficiales que habían abandonado el Ejército, constituía el partido realista. Contra ellos iba uno de los primeros decretos de la Asamblea, cuyo texto consideraba a los franceses reunidos en la otra parte del Rin sospechosos de conjuración y les avisaba de que si continuaban reunidos el primero de enero de 1792 serían perseguidos y castigados con la muerte. El rey opuso su derecho de veto y se negó a firmar este decreto. Tampoco sancionó días después otro que atentaba contra los bienes de los clérigos y su derecho de culto.

Tras la muerte de Gustavo III, que, como sabemos, fue asesinado el 16 de marzo de 1792 cuando organizaba una coalición de las potencias extranjeras contra Francia, varios países europeos amenazaban con la intervención. Austria fue el primero dispuesto a romper las hostilidades y la Asamblea le declaró la guerra el 20 de abril de 1792. La invasión francesa de Bélgica, siempre descontenta bajo la dominación austríaca, sorprendió a Europa; sin embargo, en medio de la indisciplina y el caos llegaron pronto las primeras derrotas. Un ejemplo de la confusión reinante y de la insubordinación fue el asesinato del general Dillon, cuya unidad de Dragones se retiró en desbandada sin haber visto al enemigo. En Lille, al grito de traición, los soldados mataron a su general. Tras la consternación creada al conocerse la retirada de las tropas que invadían Bélgica, los jacobinos se mostraban cada día más violentos. Marat, desde el fondo de los subterráneos de la intriga, donde burlaba las pesquisas de la autoridad pública, aprovechaba las sospechas de traición y pedía que el Ejército diera muerte a todos sus generales.

Por el terror hacia la República

En París la agitación crecía y mientras Francia movilizaba batallones de voluntarios y de guardias nacionales, Austria-Hungría, Prusia y el reino del Piamonte-Cerdeña formaron la primera coalición. Lafayette, el comandante masón del derrotado ejército del norte, que había conocido personalmente a Adam Weishaupt y que, como Mirabeau, sabía que una mano oculta manejaba a los jacobinos, el 18 de junio de 1792 dirigió una carta a la Asamblea, de la que proceden estas palabras: "¡Esta facción ha sido la causa de todos los desórdenes, y de ello la acuso abiertamente! Organizada como un imperio aparte, ciegamente dirigida por algunos jefes ambiciosos, esa secta constituye una corporación distinta en medio del pueblo francés, cuyos poderes ha usurpado a sus representantes y mandatarios...". Dos días después una multitud asaltó el palacio de las Tullerías, donde residía el rey, el cual, ultrajado y amenazado, fue obligado a ponerse el gorro frigio encarnado y a beber un vaso de vino. El alcalde Petion, que había favorecido abiertamente la insurrección, consiguió encauzarla con sus palabras y logró que se evacuara el palacio. El día 28, Lafayette, pensando ingenuamente que podía acabar con los jacobinos, se dirigió a la Asamblea e insistió en el contenido de la carta anterior: "Pido a la Asamblea el pronto castigo de los instigadores y la destrucción de una secta que invade la soberanía, que tiraniza a los ciudadanos, y cuyos debates públicos no dejan duda alguna sobre la atrocidad de los proyectos concebidos por aquellos que la dirigen".

El duque de Brunswick, Gran Maestro de la masonería alemana que había asistido al decisivo Congreso de Wilhelmsbad y cuyo nombre secreto entre los Illuminati fue Aaron, era el comandante en jefe de los ejércitos de la coalición austro-prusiana, cuyo estado mayor estaba conformado mayoritariamente por militares masones. El 25 julio de 1792 envió a los parisinos el conocido manifiesto de Coblenza, redactado por el príncipe de Condé (Luis José de Borbón, primo del rey). En él se amenazaba con marchar sobre París, instaurar la ley marcial y hacer una gran matanza si la familia real sufría algún daño. Dos años más tarde, arrepentido, Fernando de Brunswick iba a denunciar con toda claridad que los Illuminati se habían infiltrado en la masonería para llevar a cabo la revolución en Francia y que serían la causa de otras revoluciones. Avanzamos ahora la cita de sus palabras, que es algo extensa, pero muy valiosa:

> "...Vemos nuestro edificio (la masonería) desmoronándose y cubriendo la tierra de ruinas; vemos destrucción que nuestras manos ya no pueden detener .[...] Surgió una gran secta que, con el pretexto de procurar el bien y la felicidad de los hombres, trabajó en la oscuridad de la conspiración para convertir a la humanidad en una víctima. Esta secta es conocida por todos. Sus hermanos son tan conocidos como su nombre. Son ellos los que han socavado los fundamentos del orden hasta el punto de derrocarlos por completo. Es debido a ellos que toda la humanidad ha sido envenenada y llevada a la perdición por varias generaciones. [...] El plan que establecieron para romper todos los lazos sociales y destruir todo el orden se puso de manifiesto en todos sus discursos y actos. Reclutaron aprendices de cada categoría y de cada posición; engañaron a los hombres más perspicaces alegando diferentes intenciones. [...] Sus jefes no tienen en vista otra cosa que los tronos de la tierra y pretenden dirigir los gobiernos de las naciones desde la nocturnidad de sus clubs. Esto es lo que se ha hecho y lo que se sigue haciendo. Advertimos no obstante que los príncipes y la gente no es consciente de qué manera y a través de qué medios lo están consiguiendo. Por eso les decimos con toda franqueza: la utilización de nuestra Orden ha originado todas las convulsiones políticas y morales que el mundo debe hoy afrontar. Vosotros, que habéis sido iniciados, debéis unir vuestras voces con las nuestras para enseñar a los príncipes y a la gente que los sectarios, los apóstatas del nuevo orden, han sido los autores de la presente revolución y lo serán de las futuras. [...] Así, pues, para cortar de raíz el abuso y el error, debemos desde este momento disolver toda la Orden..."

El manifiesto de Coblenza parecía pensado para enardecer e indignar a los franceses, muchos de los cuales se alistaron voluntariamente. Reclutamientos masivos se efectuaron en todo el país. La Asamblea, cada vez más presionada por los jacobinos y por las turbas de "sans culottes", se vio obligada a votar el procesamiento del general La Fayette, que no cesaba de denunciar la conspiración y la situación de anarquía que se vivía en París, a la vez que exigía que se juzgase al alcalde por colaborar con los insurrectos en el asalto a las Tullerías. Petion, en lugar de dar marcha atrás, exigió la destitución del rey. Los jacobinos pedían la cabeza de los diputados constitucionales y decían abiertamente que ya no había que contar con la Asamblea para llevar a cabo la revolución. Fue en este ambiente que Danton, quien había pedido desde el club de los Cordeliers el destronamiento del rey, organizó el segundo asalto a las Tullerías, un auténtico golpe de Estado que tuvo lugar el 10 de agosto de 1792 y sirvió para derrocar a Luis XVI.

Los comisarios de las secciones de París, perfectamente organizados, se apoderaron del Hotel de Ville (Casas Consistoriales) y los jefes de los amotinados se constituyeron al momento en Municipalidad. El rey y su familia, aconsejados por Roederer y previendo la carnicería que iba a originar la lucha en las Tullerías, buscaron refugio en la Asamblea, donde cerca de trescientos diputados, casi todos cómplices o partidarios de la insurrección, se habían reunido en el salón de deliberaciones. A las once de la mañana el triunfo era completo y las masas armadas, que ostentaban prisioneros y objetos suntuosos tomados en el asalto al palacio, fueron dirigidas hacia la Asamblea, que acabó invitando al pueblo francés a formar una convención nacional, es decir, una república. El rey y su familia quedarían bajo custodia de los ciudadanos. A primeras horas de la mañana del día 11 de agosto, Camille Desmoulins y Fabre d'Églantine despertaron a Danton. "Eres ministro", gritaban. Soñoliento y exhausto por los esfuerzos del día anterior, los miró incrédulo y preguntó: "¿Estáis totalmente seguros de que he sido nombrado ministro?". Ellos le dijeron que los votos habían sido para él y le confirmaron que eran el nuevo ministro de Justicia. No había duda: Danton era el nuevo héroe del momento.

La Convención Nacional o Primera República Francesa ejerció el poder ejecutivo en Francia desde el 20 de septiembre de 1792 hasta el 26 de octubre de 1795 y se formó tras unas elecciones en las que participó algo menos del 15% del censo electoral. La Asamblea podía vetar aquellas candidaturas consideradas "no patrióticas" y las votaciones de los diputados deberían ser siempre en voz alta. Los cuarenta días transcurridos desde el 10 de agosto al 20 de septiembre fueron terribles, pues al terror desencadenado en el interior se sumaba la guerra en el exterior. Durante este periodo la Asamblea, que se había declarado en sesión permanente, declaró que aprobaba todos los actos municipales. La Municipalidad sólo conservó la Asamblea para dictarle su voluntad; es decir, para legalizar las usurpaciones y sancionar, según palabras de Danton, "todas las medidas extraordinarias que impulsara el pueblo reunido en las asambleas primarias". Más tarde, en el momento estelar de su influencia, llegó a declarar: "El terror es el orden del día". La Municipalidad de París o "Commune" se adjudicó de este modo el poder absoluto: asumió la dirección militar de toda Francia y suspendió de modo indefinido la inviolabilidad de los domicilios y patrimonios. Esta Comuna Insurreccional desplegó una actividad febril, puesto que expedía unos cien decretos por día. El traslado de la familia real a la torre del Temple, el encarcelamiento de los redactores de los periódicos realistas (sólo en París fueron clausurados once diarios), la destrucción de las estatuas de los reyes y la creación de una "Junta de Vigilancia" para la capital fueron algunas de sus primeras decisiones. Tres hombres que no se habían conocido antes personalmente dirigían el Consejo General: Danton, Robespierre y Marat. Este último, según él mismo afirmaba, "había entrado en el Ministerio por la brecha de las Tullerías". Marat, cuya prisión había sido decretada múltiples veces por sus publicaciones sanguinarias y por sus calumnias contra todo el mundo, había salido de las cloacas en las que estuvo escondido durante tres años y se había arrogado la dirección de la Junta de Vigilancia.

Marat y Danton, agentes de los Iluminados de Londres

El criptojudío Marat fue sin duda el más depravado y cruel de los agentes extranjeros que durante aquellos días desataron la orgía de sangre en París y en toda Francia. Casi con seguridad Marat conoció personalmente a Lord Shelburne (William Petty) y a Jeremy Bentham, los cerebros ingleses que dirigieron desde Londres el proceso revolucionario en Francia. Durante la década de los setenta Marat ya había viajado a Holanda y a Inglaterra, donde encontró respaldo entre los masones ingleses. En 1772 publicó allí un trabajo de inspiración masónica titulado *Un ensayo sobre el alma humana*. Su segunda obra, *Las cadenas de la esclavitud*, seguiría en 1774. En 1777 regresó a Francia, pero fue sometido a vigilancia por su trabajo de agitación incendiaria desde *L'Ami du Peuple*, su periódico (que fue subvencionado y se convirtió en *Journal de la Republique* cuando estuvo en el poder), por lo que se vio obligado a pasar de nuevo a Inglaterra, donde permaneció hasta 1790.

Puesto que el papel desempeñado por Lord Shelburne y Jeremy Bentham fue de primer orden, es pertinente demorarse un poco para presentar a estos personajes, sobre los cuales nada dicen los historiadores oficiales. Lord Shelburne fue uno de los iluminados ingleses que asistieron al congreso de Wilhelmsbad, al que acudió en compañía de otros siete hermanos de Inglaterra. Shelburne, que había sido primer ministro por breve tiempo entre 1782 y 1783, año en que William Pitt le sucedió en el cargo hasta 1801, ocupaba el puesto de jefe del Servicio de Inteligencia Británico durante los años de la revolución en Francia. Según Eustace Mullins (*The Curse of Canaan*), Lord Shelburne y sus asociados habían pagado las numerosas deudas que abrumaban a William Pitt, el cual a cambio se sometió a las maniobras y decisiones políticas que dictaban en la sombra Shelburne y Bentham.

En un libro de 1989, *Les hommes de Londres, histoire secrète de la terreur (Los hombres de Londres, historia secreta del terror)*, Olivier Blanc explica que William Petty (Lord Shelburne) sembró el caos en Francia financiando a la vez a miles de reaccionarios y a los jacobinos. Según este autor, Marat, Danton y Choderlos de Laclos, secretario personal del duque de Orleans, eran agentes que trabajaban para los servicios secretos de Lord Shelburne. Ya en 1789, cuando Danton era prácticamente un desconocido, el embajador francés en Londres, La Luzerne, había denunciado con rotundidad al ministro de Exteriores, conde de Montmorin, que dos individuos llamados Danton y Paré (secretario de Danton) recibían dinero del Gobierno inglés. M. Albert Mathiez (1874-1932), una autoridad en la Revolución Francesa, denunció asimismo en 1916 a Danton como agente al servicio de Inglaterra. En *Danton et l'or anglais (Danton y el oro inglés)*, este historiador francés desvela que el banquero pruso-suizo Perrégaux habría sido el encargado de hacer efectivas las retribuciones. Mathiez cita una carta oficial del "Foreing Office", documento que formaba parte de los papeles incautados en casa de Danton, cuyo texto es el siguiente: "Deseamos que continúe usted sus esfuerzos y que avance 3.000 libras a M. C. D., 12.000 a W. T. y 1.000 a de M., por los servicios que nos han hecho inflamando el fuego y llevando a los jacobinos al paroxismo del furor. [...] Ayude a C. a descubrir los canales por los cuales el dinero puede ser distribuido con el mayor éxito".

Un artículo de Jeffrey Steinberg aparecido el 15 de abril de 1994 en la *Executive Intelligence Review* y titulado "The Bestial British Intelligence of Shelburne and Bentham" (La Bestial Inteligencia Británica de Shelburne y Bentham) aclara el alcance de las actividades de ambos personajes e incide en sus escasos principios éticos. Bentham publicó en 1780 *An Introduction to the Principles of Morals and Legislation,* obra que fundó los principios del radicalismo filosófico británico y, según Steinberg, "lo catapultó en el mismo centro de los entonces renovados Ministerio de Exteriores Británico (British Foreign Ofiice) y Servicio de Inteligencia Británico, consolidados por Shelburne, un hombre que entonces era *de facto,* sino *de jure,* el Dogo de Gran Bretaña". En realidad, las operaciones de inteligencia habían estado en manos de la East India Company (Compañía de las Indias Orientales) y pasaron desde entonces a ser controladas por el SIS (Secret Intelligence Service). De hecho Lord Shelburne era el hombre de los financieros oligarcas anglo-holandeses y presidía el todopoderoso Comité Secreto ("Secret Committee") de la Compañía de las Indias Orientales, que estaba compuesto por tres personas. Bernard Lazare, judío sionista y amigo de Theodor Herzl, ofrece en *L'Antisemitisme* los nombres de los financieros judíos que apoyaban desde Inglaterra los objetivos revolucionarios de sus colegas continentales, que eran: Benjamín Goldsmid, su hermano Abraham Goldsmid, Moses Mocatta y Moses Montefiore. Según Pouget de Saint-André, que cita los "Archives Nationales", otros dos banqueros judíos que operaban en París, Boyd y Kerr, eran agentes secretos al servicio de Inglaterra.

Bentham, que rechazaba cualquier diferencia entre el hombre y las bestias más bajas y había escrito en 1785 un ensayo en defensa de la pederastia, impactó en Shelburne, que lo financió, lo instaló en un apartamento en Bowood y le asignó editores en Suiza e Inglaterra para asegurar la amplia difusión de sus trabajos en inglés y en francés. En 1787 Jeremy Bentham publicó un panfleto muy significativo titulado *In Defense of Usury (En Defensa de la Usura)*, en el cual criticaba a Adam Smith, que también trabajaba para Lord Shelburne en el seno de La Compañía de las Indias Orientales, por quedarse corto en su obra *The Wealth of Nations (La Riqueza de las Naciones)* y no ser absolutamente partidario de la dictadura desenfrenada del dinero. Smith inmediatamente reconoció por escrito que la obra de Bentham "era el trabajo de un hombre superior".

Jeffrey Steinberg, que coincide en su artículo con Olivier Blanc y con Eustace Mullins, escribe lo siguiente: "Shelburne pretendía destruir Francia como rival económico y militar en el Continente. Desde el principio el terror jacobino fue un asunto orquestado desde la Compañía de las Indias Orientales y el Servicio de Inteligencia Británico. La sangrienta masacre de la élite de los científicos franceses fue llevada a cabo sistemáticamente por manos francesas, pero los guías eran británicos". Tanto Mullins como Steinberg argumentan que la crisis económica auspiciada por Necker fue la condición previa para provocar el caos político y la insurrección, a los que Shelburne contribuyó creando un taller de escritores radicales, una especie de "think tank", en su estado de Bowood. Steinberg escribe: "los textos eran preparados por Bentham, se traducían y eran transportados por valija diplomática y otros medios a París, donde los líderes del terror jacobino, Jean-Paul Marat y Georges Jacques Danton, pronunciaban los feroces discursos. Documentos de la Compañía de las Indias Orientales que confirman los pagos a estos líderes jacobinos siguen aún en los archivos de Museo Británico". En la obra *Les auteurs cachés de la Révolution Française (Los autores ocultos de la Revolución Francesa)*, Pouget de Saint-André afirma que también el judío Étienne Clavière, ministro de Finanzas entre el 10 de agosto de 1792 y el 13 de junio de 1793, era un agente de Londres. Pouget de Saint-André explica que Clavière, tras ser encarcelado, recibía visitas frecuentes del banquero Bidermann, un correligionario que fue tesorero del Ministerio de Exteriores en 1792.

El 25 de noviembre de 1791, Bentham, que sería recompensado con una ciudadanía honoraria en la Francia jacobina, había incluso escrito una carta al diputado de la Asamblea J. P. Garran, en la que se ofrecía para viajar a París con objeto de hacerse cargo del sistema penitenciario francés. Su propuesta consistía en construir centros de reclusión y trabajo esclavo basados en su famoso Panóptico (antecedente del Gran Hermano), donde los detenidos, merced a un sistema de observación (óptico) global se sentirían angustiosamente observados a todas horas, incluso en sus acciones más elementales, por un guardián que desde una sala diseñada con espejos podría ver todo (pan).

Sabiendo pues quiénes y desde dónde orquestaban el terror, podemos volver a Marat, el cual según su médico, el Dr. Cabanes, "padecía un eccema repugnante y muy doloroso que le afectaba desde el escroto hasta el peritoneo y supuraba sin cesar. Con frecuencia, un dolor de cabeza atroz, la fiebre y fuertes dolores en brazos y piernas se sumaban al tormento que padecía". Marat ejemplifica mejor que nadie todos los excesos. Tras colocarse a sí mismo al frente del Comité de Salud Pública con el apoyo de las secciones de París, ordenó la detención de cerca de cuatro mil personas y dio comienzo la carnicería.

Las masacres de septiembre

Las matanzas estuvieron perfectamente planificadas y existen pruebas de ello en los documentos de los registros de la Comuna. Dichos registros fueron destruidos por otra Comuna, la de 1871; pero anteriormente pudieron ser examinados, copiados y publicados en extracto por algunos investigadores. De este modo se ha sabido que los asesinos fueron contratados por veinticuatro libras cada uno. M. Granier de Cassagnac publicó una lista de sus nombres, direcciones y profesiones. Stanley Loomis, en *Paris in the terror, june 1973 - july 1974,* afirma que muchos de ellos habían llegado ya a París a finales del mes de julio de 1792 y destaca que la mayoría no eran franceses. Obedecían a un líder de nacionalidad polaca llamado Lazowski. Recordemos aquí que en 1772, Jacob Frank, protegido de Mayer Amschel Rothschild, había recibido dinero para organizar campos de entrenamiento paramilitar en Brno, donde formó para el terror a seiscientos de sus seguidores. Además del grupo de terroristas extranjeros, la Comuna tenía a su disposición en las prisiones a decenas de hombres que habían sido condenados por crímenes de violencia, los cuales fueron liberados días antes de que comenzasen las masacres. Los responsables más directos de la organización fueron los hombres que junto a Marat se hallaban al frente de la Junta de Vigilancia, o sea, Billaud-Varenne, Collot d'Herbois, Danton, Tallien y Panis.

Entre las primeras víctimas figuran veinticuatro sacerdotes que el 2 de septiembre de 1792 fueron acuchillados y golpeados hasta la muerte por un grupo de doscientos energúmenos. En el convento de los carmelitas ciento cincuenta personas fueron masacradas en una orgía de sangre. Los verdugos rechazaban el uso de armas de fuego y se daban la satisfacción de acabar con las víctimas con hachas, palas y cuchillos. Un cronista de la época, Philippe Morice, escribe que los gritos de dolor y terror de las víctimas se mezclaban con los alaridos de júbilo y placer de los criminales. La escena invita a sospechar un vez más que entre los asesinos podía haber terroristas de Jakob Frank. Las cárceles del Chatelet y de la Conserjería fueron invadidas por dos grupos de hombres entrenados para matar, los cuales ejecutaron a doscientos veinticinco presos en el primer sitio y a trescientos veintiocho en el segundo, supuestamente por ser enemigos del pueblo. Durante estas matanzas realizadas en las prisiones, los asesinos hacían señales masónicas a sus víctimas y perdonaban a quienes sabían responder. Billaud-Varenne, andando entre los cadáveres gritaba a los criminales: "¡Estáis salvando a la patria! ¡Continuad vuestra obra, esforzados ciudadanos!

El Dr. John Moore, un viajero inglés que vivía en París, escribió un diario de lectura fascinante. Para él no hay ninguna duda de que las masacres estaban planificadas a sangre fría por ciertos políticos. "El modelo -escribe- se repetía sin interrupción como una toxina para excitar al populacho". En realidad el pueblo de París respondía ciegamente a la agresión perpetrada por criminales y agitadores a sueldo procedentes del exterior. Un año más tarde, poco antes de ser guillotinado, Robespierre iba a denunciarlo con toda claridad. Tanto John Moore como Stanley Loomis denuncian los crímenes cometidos en la prisión de Bicêtre, donde estaban encerrados ciento setenta reclusos que procedían de los estamentos más marginales de la sociedad. Todos sin excepción fueron asesinados. Entre las víctimas había treinta y tres chicos de entre doce y catorce años.

Madame Roland, esposa del que semanas antes había sido ministro del Interior, denunció por escrito las atrocidades cometidas en la cárcel de Salpetrière, en la que se encerraba a prostitutas y a mujeres denunciadas por sus maridos o por sus padres. "Si conocierais -escribe- los terribles detalles. Las mujeres eran brutalmente violadas antes de ser despedazadas por aquellos tigres". El ejemplo más célebre que demuestra la veracidad de las palabras de Madame de Roland lo constituye el caso de María Luisa de Saboya-Carignan, la princesa de Lambelle. Esta aristócrata de mediana edad había buscado refugio en Inglaterra; pero movida por la lealtad hacia su amiga María Antonieta, regresó a París para estar cerca de ella. La princesa fue capturada en la torre del Temple, donde acompañaba a la familia real en su cautiverio, y conducida a la prisión de La Force, donde los criminales, excitados hasta el límite mediante el alcohol, demostraron una ferocidad inaudita y llegaron incluso al canibalismo. Antes de ser asesinada la princesa fue interrogada por Hébert, quien le exigió: "Jurad amar la libertad y la igualdad, jurad odiar al rey, a la reina y a la monarquía". Heroicamente la pobre mujer dijo: "Haré fácilmente el primer juramento, pero no puedo hacer el segundo, porque no está en mi corazón". Alguien entre el público le gritó que jurase si no quería morir, pero ella sólo supo esconder la cara entre las manos. Hébert pronunció entonces la frase fatal: "Llevaos a la señora". Dos hombres la arrastraron hasta la calle, donde había un montón de cadáveres que ya habían sido despojados. Sin más preámbulos, un sable se abatió sobre su cuello y varias picas penetraron en su cuerpo. Acto seguido la desnudaron y la dejaron tirada en la calle. Poco después le arrancaron el corazón, la despedazaron y la destriparon. Sus partes íntimas fueron paseadas en triunfo como trofeos. Su cabeza fue llevada frente a las ventanas de la celda del Temple que ocupaba la reina y alzada para que Maria Antonieta viera de este modo a su amiga íntima. Por cierto, un judío llamado Rosenthal era el comandante encargado de las tropas que guardaban el Temple y no impidieron esta acción macabra. Después la cabeza fue presentada al duque de Orleans, quien, atraído por los gritos, se levantó de la mesa y sin inmutarse saludó desde un balcón del Palais Royal a los asesinos de la princesa, que era cuñada suya.

Mientras estos horrores acontecían, el 30 de setiembre de 1792 los ejércitos franceses, que habían defenestrado a Lafayette, comandados por Dumouriez y Kellermann, conseguían derrotar a prusianos y austríacos en la decisiva Victoria de Valmy. Muchas son las dudas con respecto a la actuación de los prusianos, puesto que cuando hubieran podido aplastar al ejército de Dumuriez, muy inferior en número, le dieron tiempo a recibir refuerzos y provisiones. Para algunos críticos Valny fue "una comedia". El día siguiente la Convención proclamó la República como gobierno único de Francia. El duque Fernando de Brunswick pretendía pese a la derrota entablar negociaciones, pero la República se negó a escuchar ninguna proposición antes de que las tropas enemigas hubieran evacuado por completo el territorio. Las Victorias de las armas francesas se confirmaban más al norte, a lo largo del Rin, donde el general Custine había pasado también a la ofensiva y tomado las ciudades de Espira, Worms y Maguncia. En los Alpes, el general Montesquieu conquistó la Saboya.

La Convención se componía de setecientos cuarenta y nueve miembros, de los cuales setenta y cinco habían formado parte de la Asamblea Constituyente y ciento setenta y cuatro de la Legislativa. La Gironda formó el lado derecho y la Montaña, que se apoyaba en los clubs y en la Municipalidad, el lado izquierdo. Entre ambos partidos estaba el centro, llamado la Llanura o la Huerta. Pese a que el rey era inviolable según las leyes admitidas y una vez destituido nada se podía hacer contra él, pronto los montañeses exigieron que se formase proceso. Danton pronunció estas palabras: "Puesto que las naciones nos amenazan echémosles como guante de desafío una cabeza de rey." De este modo la Convención se erigió en juez, a pesar de ser a la vez la acusadora, y citó al rey a comparecer ante ella. Sólo Malesherbes se atrevió a aceptar la peligrosa defensa de Luis XVI. Pero, como ya se ha dicho, la muerte del rey había sido decidida con antelación en el congreso masónico celebrado en Frankfort en 1786 y había llegado el momento de proceder a la ejecución. Los jacobinos pidieron su muerte como medida de salvación pública. El día 17 de enero de 1793 comenzó a las siete de la noche la votación nominal, que duró veinticinco horas y aconteció entre amenazas e insultos en un ambiente de agitación extrema. Las palabras de Camilo Desmoulins fueron: "Un rey muerto no es un hombre de menos. Voto la muerte". Barère se expresó en estos términos: "El árbol de la libertad no puede crecer sin regarse con la sangre de los reyes". Sieyès sentenció: "La muerte sin frases". La expectación fue máxima cuando subió a la tribuna Felipe Igualdad, el duque de Orleans. Todos pensaban que el hecho de ser pariente del rey le serviría de excusa; pero con toda tranquilidad dijo: "Únicamente ocupado de mi deber, y convencido de que todos los que han atentado o en adelante atenten a la soberanía del pueblo merecen la muerte, voto la muerte". Finalmente, por trescientos ochenta y siete votos contra trescientos treinta y tres, se decidió la ejecución de la sentencia en un plazo de veinticuatro horas. Luis XVI pidió un plazo de tres días "para prepararse para comparecer ante Dios", pero se le negó.

El 21 de enero de 1793, Samson, un judío masón que actuaba como verdugo jefe en las ejecuciones y que presumía de haber cortado veintiuna cabezas en tan sólo treinta y ocho minutos, guillotinó al rey, cuyas últimas palabras expresadas con voz firme delante de todos fueron estas: "Muero inocente de los crímenes que se me imputan. Perdono a los autores de mi muerte y deseo que la sangre que vais a derramar no caiga sobre Francia". Un joven de la Guardia Nacional cogió la cabeza sangrante y la enseñó al pueblo. Se empezó a cantar la Marsellesa y algunos bailaron en círculo alrededor del cadalso. Otros recogieron la sangre que se filtraba entre las maderas del patíbulo y algunos la bebieron. Es inevitable volver a pensar en los depravados frankistas, que bebían sangre en sus rituales macabros. Quizá sea pertinente constatar aquí que los asesinos del Zar Nicolas II fueron también judíos, como se verá, y también lo era el verdugo que ejecutó a los líderes nazis condenados en el vergonzoso juicio de Núremberg.

Prosigue el terror

Tras la ejecución del rey nuevamente se formaron en Europa alianzas contra Francia y se reanudó la guerra. Dumouriez, el héroe de Valmy, que por su cuenta había entablado en secreto negociaciones con el enemigo, fue denunciado como traidor ante la Convención por Marat y por Francisco de Miranda. Este general venezolano, próximo a los Illuminati y considerado el padre de la masonería latinoamericana, era asimismo un agente de Lord Shelburne que había ascendido rápidamente en el ejército francés. Poco a poco fue creándose un ambiente de desconfianza que llevó a que se anulase la inviolabilidad de los diputados y se decidió que la Convención podía proceder contra cualquiera de sus miembros. Este decreto fatal sirvió para que los partidos comenzaran pronto a diezmarse mutuamente. El encarcelamiento de Felipe de Orleans, pese a su voto a favor de la muerte del rey, fue el primer acto de una guerra intestina. En un ambiente de acusaciones y calumnias, Marat, a quien el populacho idolatraba, fue denunciado por un diputado girondino, Gaudet. Los girondinos consiguieron que la Convención votase su arresto. El movimiento fue un error, puesto que los miembros del recién creado Tribunal Revolucionario que debía juzgarlo eran todos agentes de la Comuna y lo absolvieron. Inmediatamente, el 24 de abril de 1793, se coronó a Marat con laureles y entre las aclamaciones de la muchedumbre fue paseado por París en una silla a hombros de cuatro hombres, que lo llevaron hasta la Convención en medio de una lluvia de flores y lazos que caían desde las ventanas. Lo que hubiera podido ser un triunfo de los girondinos iba a volverse en su contra, ya que Marat se encarnizó entonces con ellos y el 2 de junio promovió la detención de veintinueve de sus diputados y también la de sus ministros, Clavière y Lebrun Tondu.

Mientras los ejércitos enemigos atacaban en todas las fronteras, las insurrecciones se desataron en distintos puntos del país. La situación de la República, cercada por tierra y por mar, y desgarrada por las revueltas internas, se hizo desesperada. Mención especial merece la terrible rebelión de la Vendée, guerra civil que dio lugar a una de las mayores masacres de la historia contemporánea. En estos departamentos del oeste de Francia tan diferentes del resto del país, el régimen feudal era patriarcal y beneficioso: los señores, de escasa riqueza, sencillos y virtuosos, vivían con sus vasallos como padres y amigos; el clero era ignorante, aunque piadoso y de costumbres sencillas. Los campesinos no podían comprender una revolución totalmente ajena a su situación. Una leva masiva de trescientos mil hombres fue el detonante de una sublevación general del campesinado que arrastró a sus señores. Los rebeldes se organizaron al sur del Loira como Ejército Católico y Real y comenzó la guerra que iba a desatar una represión feroz. En la proclama de la Convención quedó expresada con toda claridad cuál fue desde el principio la intención de los jacobinos: "Se trata de exterminar a los bandoleros de la Vendée para purgar completamente el suelo de la libertad de esa raza maldita." El problema consistía en que los "bandoleros" eran toda la población. Los profesores Reynald Secher, y Pierre Chaunu (1986) coinciden en considerar que en las matanzas perpetradas por los jacobinos existía una voluntad genocida. En 1992 Michel Ragon vio una programación en las masacres y denunció las intenciones oficiales de aniquilación de todo un pueblo. Actualmente cada vez son más los historiadores que consideran que el exterminio de por lo menos 120.000 campesinos de la Vendée constituye el "Primer Genocidio de la Historia Moderna". Los supervivientes fueron deportados en masa, las cosechas arrasadas, las casas destruidas y los bosques incendiados. Esta fértil región permaneció prácticamente deshabitada durante veinticinco años. Ya en 1795 Gracchus Babeuf, primer precursor del comunismo moderno, había considerado pertinente utilizar el término "populicidio", para calificar la masacre.

El asesinato de Marat fue un acontecimiento inesperado que ocurrió cuando Francia se hallaba inmersa en guerras internas y externas. Charlotte Corday, una bella girondina convencida de que con su acto podía salvar a Francia, consiguió introducirse el 13 de julio de 1793 en la casa del líder jacobino con el pretexto de ponerlo al corriente sobre las reuniones que mantenían los líderes girondinos en Caen. Marat no supo rechazar el ofrecimiento y ordenó que se permitiese su entrada en la habitación donde, debido a los dolores que sufría por el deterioro que el eccema producía en su piel, pasaba buena parte del tiempo con el cuerpo sumergido en un bañera de agua caliente. Marat la invitó a sentarse en un taburete y le preguntó qué podía hacer por ella. Charlotte le dijo que venía de Caen y que podía proporcionarle información de interés sobre la sublevación que allí se tramaba. Inmediatamente Marat cogió un papel y mojando en tinta la plumilla le pidió los nombres de los girondinos que estaban en la ciudad. Ella los fue citando: Gaudet, Barbaroux, Pétion, Buzot... Cuando hubo terminado, Marat esbozo una sonrisa y dijo: "¡Excelente! En unos cuantos días los habré guillotinado a todos en París". Entonces Charlotte Corday se levantó y sacando del pecho un cuchillo de cocina que tenía quince centímetros de hoja se lo clavó en el pecho hasta la empuñadura y lo sacó. En el curso del interrogatorio a que fue sometida por la policía se le preguntó por qué había matado a Marat. Su respuesta fue: "Porque él fue quien organizó las masacres de septiembre". Cuando se le preguntó qué pruebas tenía, replicó: "No puedo darle ninguna prueba. Es la opinión de toda Francia. El futuro descubrirá algún día las pruebas". Tras la ejecución, el día 17, el cuerpo de Charlotte Corday fue llevado a un hospital, donde se le practicó la autopsia y se constató que había muerto siendo virgen. El pintor neoclásico Jacques-Louis David, como se sabe, inmortalizó el asesinato de su amigo en el óleo titulado *La muerte de Marat*, firmado el mismo año. En los funerales, organizados y diseñados por el mismo David, se quemaron grandes cantidades de incienso y pirámides simbólicas de papel se exhibieron por todo París en un acto de exaltación masónica.

Tras la desaparición de Marat, una nueva Junta de Salud Pública, donde destacaban Robespierre, Saint-Just, Collot-d'Herbois, Billaud-Varennes, Saint-André, Couthon, Hérault de Séchelles, se constituyó como un poder dictatorial en Francia hasta julio de 1794. Entre las medidas adoptadas enseguida estaban la represión sanguinaria contra los vendeanos y la apertura de juicio a María Antonieta; pero también se constató por fin que el Gobierno británico pagaba a asesinos e incendiarios. A pesar de que los agentes de Lord Shelburne eran internacionales e incluso franceses, se ordenó la prisión de los súbditos británicos. El 23 de agosto de 1793 se decretó la obligación del servicio militar para todos los franceses hasta que los enemigos fueran expulsados del territorio nacional. La dictadura de la Junta dispuso de todas las fortunas y condenó a cuantos se negaron a armarse o a plegarse a sus dictados. La Convención, utilizada para dar visos de legalidad a las actuaciones de la Junta, contemplaba aterrorizada como proliferaban los decretos de prisión contra sus propios miembros. El Terror, como había dicho Danton, era efectivamente el orden del día: la sangre corría en los cadalsos y cerca de cien mil "sospechosos" abarrotaron los calabozos del país.

Entre las ejecuciones más destacadas de aquellos días figura la de María Antonieta, decapitada el 16 de octubre de 1793. El proceso verbal que se inició contra ella fue firmado por el alcalde de París, Jean-Nicolas Pache, un francés de origen suizo apodado "Papa Pache". Según el historiador Paul Thureau Dangin en *Royalistes et Republicains* (1874), informes del Ministerio del Interior lo señalaron más tarde como uno de los agentes ingleses. El desprestigio de la reina ante el pueblo francés se había logrado con la campaña del famoso collar de diamantes, orquestada antes de la Revolución contra ella desde Londres por un judío llamado Ephraïm. Los primeros panfletos fueron publicados allí por otro judío llamado Angelucci, que se hacía llamar W. Hatkinson. Fouquier Tinville, el acusador público, en su afán de presentarla ante el tribunal revolucionario como una mujer monstruosa y despiadada, hizo declarar contra ella al Delfín, manipulado por sus guardianes revolucionarios. El pobre niño acusó falsamente a su madre y a su tía de haberlo incitado a masturbarse ante ellas y a participar en ciertos juegos sexuales. El propio Hébert le imputó haber abusado sexualmente de su hijo. María Antonieta, indignada, apeló inútilmente a las madres presentes en la sala para que la defendieran. Días después de la muerte de la reina, fueron acusados una veintena de líderes girondinos, que marcharon al patíbulo entonando la Marsellesa.

Mención aparte merece la ejecución del infausto duque de Orleans, Felipe Igualdad, que había sido Gran Maestro del Gran Oriente de Francia durante veinte años. Sin duda sabía demasiado sobre los preparativos de la revolución y también le tocó el turno de pasar por la guillotina, inventada por el masón Joseph-Ignace Guillotin. Felipe de Orleans explicó su abandono del Gran Oriente de Francia con estas palabras: "Yo ya no sé quién pertenece al Gran Oriente. Por tanto creo que la República no debería permitir más la existencia de sociedades secretas. No quiero tener nada que ver con el Gran Oriente y las reuniones masónicas". Las logias masónicas ya habían representado su papel y los jacobinos habían comenzado a cerrarlas. En 1794 sólo funcionaron ya doce logias, aquellas que seguían siendo útiles a los Illuminati. El duque de Orleans murió totalmente desengañado el 6 de noviembre de 1973. El judío Benjamín Calmer, agente de cambio y hermano del violento Isaac Calmer, fue nombrado comisario de la liquidación de los bienes de "Philippe Egalité".

En provincias hubo matanzas llevadas a cabo por perturbados mentales que parecían especialmente reclutados para tal propósito. Varios autores dan noticia de un tal Carrier, quizá el más famoso de estos criminales. Eustace Mullins escribe lo siguiente sobre él:

> "tenía un deseo obsesivo por torturar y matar a niños pequeños, como hacía su asistente, el jorobado DuRel, un maníaco homicida que se deleitaba en sacrificar a niños pinchando reiteradamente sus cuerpos con palos afilados. Estos dos dementes llevaron en manada a más de quinientos jóvenes campesinos de ambos sexos a un campo en las afueras de Nantes, donde, con la ayuda entusiasta de lunáticos inadaptados como ellos, los apalearon hasta la muerte. Carrier fue famoso por haber

inventado los infames ahogamientos en el Loira. Grandes balsas de víctimas eran puestas a flote sobre el río, se provocaba su hundimiento y las personas a bordo perecían ahogadas. Carrier practicaba también el ritual conocido como 'los matrimonios republicanos'. Hombres y mujeres eran desnudados, atados en posición de acoplarse y arrojados al río".

Fueron tantas las víctimas tragadas por el río que se prohibió beber de sus aguas. En realidad, aunque Mullins no debió de averiguarlo pues nada dice sobre ello, los ejecutores eran una horda de bandidos llamada la compañía de Marat, los cuales se saciaron de violaciones, robos y asesinatos. Los ciudadanos de Nantes, acusados de federalismo, y los vendeanos fueron sistemáticamente aniquilados. El número de víctimas de Carrier y sus secuaces, que encontraron dignos cómplices en la junta revolucionaria de Nantes, ascendió a cerca de quince mil. En marzo 1919 los chekistas judeo-bolcheviques imitarían Carrier, pues tras encarcelar a miles de huelguistas de la ciudad de Astracán, los embarcaron en gabarras, desde donde fueron precipitados al Volga con una piedra al cuello. Del 12 al 14 de marzo de 1919, entre dos mil y cuatro mil obreros fueron ahogados y fusilados.

En Arras, ciudad natal de Robespierre, sitúa Mullins a otro criminal notorio, Joseph Lebas, seguidor de Robespierre. Este individuo y su mujer, que era una antigua enfermera, experimentaban una especie de frenesí orgiástico con las ejecuciones en la guillotina. Lebas ejecutó primero a todos los ricos que cayeron en sus manos a fin de robarles sus bodegas y sus joyas. Se instaló después en una casa requisada ubicada sobre la plaza de la ciudad. Cuando ya no encontró a más ricos, la emprendió con algunos pobres, a los cuales mandaba golpear hasta la muerte delante de él y sus amigos, que lo contemplaban divertidos desde los balcones.

En Lyon, ciudad que se había levantado contra los jacobinos de París, dos hebertistas, Collot d'Herbois y Joseph Fouché, dirigieron las masacres. Ambos fueron autores de la *Instruction de Lyon*, un texto prácticamente desconocido y silenciado por la historiografía socialista, que constituye el primer manifiesto comunista de la historia. El 9 de octubre de 1793 la ciudad capituló. La Convención decidió que Lyon debía ser destruida; sin embargo Couthon, que pasaba por ser el brazo derecho de Robespierre, pretendió practicar una política de moderación y de indulgencia, lo cual fue imposible: el Comité de Salud Pública desautorizó dichas intenciones, ordenó el regreso de Couthon a París y se envió a Lyon a Collot y a Fouché. Durante el invierno de 1793-94 la segunda ciudad de Francia fue objeto de un hecatombe tras otra. Los horrores a gran escala comenzaron el 4 de diciembre. Fouché, conocido como "le mitrailleur de Lyon" (el ametrallador de Lyon), al considerar que la guillotina era muy lenta, decidió matar a los detenidos a cañonazos en una explanada. Los cuerpos de los heridos que se incorporaban mutilados o destrozados eran rematados a sablazos o con golpes de pico, de azada o de hacha. Muchos cadáveres ensangrentados fueron posteriormente arrojados al Ródano. Ya en el mismo mes de diciembre, cuando la carnicería estaba en su punto culminante, llegaron a la capital los primeros informes sobre las brutalidades que acontecían en la ciudad: una diputación de Lyon llamada por los robespieristas apareció en la Convención. Collot d'Herbois tuvo que regresar a París para dar explicaciones. El 21 de diciembre entró como triunfador en la Convención y lejos de disculparse hizo aprobar sus crímenes. Puesto que el camarada Collot ya no regresó y permaneció en la capital, donde iba a desencadenarse la pugna entre hebertistas, dantonistas y robespieristas, Fouché quedó al mando en Lyon. Desde entonces fue el único responsable de las atrocidades que allí siguieron cometiéndose.

Las facciones jacobinas se despedazan

Los odios políticos surgieron enseguida entre los propios miembros de la Montaña, que de este modo tuvo su propia derecha, liderada por Danton y Desmoulins, y su izquierda, al frente de la cual estaba Jacques-René Hébert, sucesor de Marat y editor del diario radical *Le Père Duchesne*, donde se abogaba por hacer del terror el sistema de gobierno de Francia. Entre unos y otros se hallaban Robespierre, Couthon y Saint-Just, supuestamente el centro del partido. Hébert y los suyos, entre los que, además de los dos citados arriba, destacaban el judío Jacob Pereira, antiguo lugarteniente de Marat, Chaumette (el iluminado Anaxágoras) y Cloots (el iluminado Anacarsis), llevaron hasta el extremo la campaña contra la religión. Los hebertistas fomentaban el derribo de los templos, la fundición de las campanas, urnas, custodias y relicarios, que se fueron amontonando en la Convención y en las Casas Consistoriales. Las esculturas de las iglesias fueron mutiladas. Triunfaba el ateísmo y se instauraron las fiestas de la diosa Razón, a la que dieron por templo la basílica de Nuestra Señora de París. Es significativo que quienes reivindicaban comportamientos racionales actuasen como esclavos de los instintos más violentos y reprobables. Chaumette, erigido en pontífice máximo de la nueva religión, entró en la iglesia el 10 de noviembre de 1793 para instituir el nuevo culto. Todos los cuerpos constituidos de la República ocupaban los estrados magníficamente decorados. Mujeres vestidas de blanco escoltaban a la diosa, una joven apellidada Maillard, que iba descalza y apenas vestía una túnica blanca. En *La Revolución Mundial* Nesta Webster señala que las fiestas de la diosa Razón eran simple consecuencia de las enseñanzas de Weishaupt, según el cual "la razón debe ser la única ley del hombre". John Robison asegura que cuando "mujeres corrompidas fueron entronizadas como diosas, se había puesto en práctica el plan ideado por Weishaupt en su *Eroterion* o festival en honor del dios del Amor". El diputado girondino Louis Sébastien Mercier, que estuvo un año en prisión, confirma que algunas mujeres danzaban en la iglesia con el pecho desnudo y añade que "en la oscuridad de la sacristía se satisficieron los deseos que habían sido excitados durante todo el día".

A principios de 1794 el partido de los montañeses había destruido a todos sus oponentes y los tiburones que lo integraban se disponían a despedazarse entre ellos. Robespierre, después de tantas moratorias y capitulaciones, parecía al fin resuelto a emprender la lucha contra la facción hebertista. Fouché, que contaba con la protección de Collot en el Comité de Salud Pública, recibió el apoyo a sus operaciones; sin embargo un sexto sentido le hizo ver el peligro: la cuerda en París estaba tensándose en demasía y podía romperse en cualquier momento. Lentamente comenzó a cambiar de actitud y acabó interrumpiendo la represión criminal en Lyon: el 6 de febrero de 1794 ordenó el cese de las matanzas y el día 18 publicó un decreto en el que se prohibían las detenciones. En efecto, la popularidad de Hébert tocaba a su fin y, asustado, había renegado cobardemente del iluminado Chaumette, del ateísmo y del comunismo. Danton, que parecía contar con el apoyo mayoritario de la Convención, se mostraba asqueado. Por fin el 13 de marzo Robespierre, apoyado por el centro y una partida de dantonistas, consiguió la detención de Hébert y el día 18 la de Chaumette. A partir de este momento los hechos se desencadenaron con rapidez. Acusados por Danton, Desmoulins y Robespierre de intentar un golpe de Estado, los hebertistas, una veintena, fueron ejecutados en la plaza de la Revolución el 24 de marzo. Hébert, que sin ningún escrúpulo había enviado a tantas personas a la guillotina, provocó las burlas del populacho, que ahulló divertido al comprobar que gritaba más incluso que la pobre Mme. Du Barry, que había sido decapitada en diciembre. Hébert, pues, se comportó como un cobarde de la peor especie y demostró ante todos su vileza. Entre los papeles intervenidos a Jacob Pereira figuraban noventa y seis cartas y cientos de textos y artículos escritos en inglés, que constituirían las pruebas de la acción del Gobierno inglés sobre Pereira y sus amigos. Collot d'Herbois y Joseph Fouché, que seguía en Lyon, se habían librado de la guillotina.

Cuatro días después, el marqués de Condorcet, destacado filósofo, matemático, historiador y politólogo, se suicidó. Condorcet, que estaba con los girondinos y había votado en contra de la ejecución de Luis XVI, fue acusado y condenado por traición. Huyó y permaneció escondido cinco meses en casa de Mme. Vernet. El 25 de marzo intentó salir de París, pero fue detenido y encarcelado. El día 28, a causa de la ingestión de un veneno, fue hallado sin vida en su celda.

El día 5 de abril Danton, Desmoulins y sus partidarios fueron llevados a la guillotina. Robespierre y Saint-Just, que para deshacerse de los hebertistas se habían apoyado en ambos, los acusaron, entre otras cosas, de mantener contactos secretos con las potencias extranjeras y de estar involucrados en el desfalco de la Compañía de las Indias Orientales, cuyos establecimientos habían sido cerrados cautelarmente mediante un decreto de la Convención[10]. En su obra *Paris in the terror*, Stanley Loomis menciona entre los guillotinados a los hermanos Frey, Junius y Emmanuel, dos sobrinos de Jacob Frank que vivían en París y actuaban como destacados dirigentes jacobinos. Recordemos que Junius Frey había sido uno de los fundadores de la Orden Asiática en 1781, el cual medró en la corte austríaca con el título de barón Thomas von Schönfeld. Los hermanos Frey, que como buenos frankistas eran aparentemente apóstatas del judaísmo, se movían en el seno de la Compañía de las Indias Orientales.

Junto a ellos también fue conducido al patíbulo François Chabot, que tenía bajo su control a la policía política y estaba casado con Leopoldine Frey. François Chabot, antiguo monje capuchino, "el primer revolucionario de Europa", era un demagogo que aparecía por la Convención con pantalones raídos, zuecos de madera y la camisa abierta sobre su pecho velludo; aunque en determinadas circunstancias era capaz de vestir a lo dandy. Chabot era miembro del todopoderoso Comité de Seguridad y tenía bajo su mando a la policía política. El frankista e iluminado Junius Brutus Frey vio en él al incauto presuntuoso que podía permitirle el acceso a valiosa información. Por ello le ofreció en matrimonio a su hermana, Leopoldine, a la que hizo pasar por una virgen de dieciséis años, pese a que tenía veintiuno. Además le ofreció una pensión anual de cuatro mil francos, casa y comida durante cinco años y una dote de doscientos mil francos, a pagar en el mismo periodo. Tanta generosidad indica sin duda alguna que este frankista "revolucionario" contaba con buenas fuentes de financión y manejaba dinero en abundancia. Fue el mismo Chabot quien, con intención de salvar su propio pellejo, delató a Robespierre todos los detalles del complot. El rabino Antelman confirma que los tres, además de frankistas, eran príncipes iluminados que trabajaban al servicio de la Compañía de las Indias Orientales.

Tras la muerte de Danton Francia entró en un breve periodo de su historia conocido como el Gran Terror. El 8 de mayo le toco el turno a Antoine-Laurent de Lavoisier, considerado el padre de la química moderna. El presidente del tribunal que lo condenó pronunció estúpidamente la famosa

---

[10] El 3 de abril de 1790 la Asamblea Nacional decretó que el comercio más allá del cabo de Buena Esperanza era libre para todos los franceses, con lo cual privó a la Compañía de las Indias Orientales de su monopolio. Los accionistas, no obstante, reunidos en asamblea general el 10 de abril, nombraron a ocho comisarios encargados de mantener pese a todo sus actividades. La Convención acusó a la Compañía de financiar acciones contrarrevolucionarias y el 26 de abril de 1793 decretó el cierre cautelar de sus establecimientos. Un segundo decreto sometió la transferencia de acciones a un elevado impuesto. Fabre d'Églantine, secretario de Danton cuando era ministro de Justicia, aprovechó la ocasión para montar en su provecho un lucrativo negocio. Tentado por los cofres de la Compañía, Fabre, mediante la falsificación de documentos y de firmas, modificó el decreto que ordenaba la liquidación de la Compañía y la requisa de todos sus bienes, que ascendían a más de 28 millones de libras. Cuando se descubrió el fraude, Robespierre y Saint-Just lo denunciaron como una conspiración y acusaron a Danton de estar implicado.

frase: "La República no necesita sabios". Entre el 12 de junio y el 28 de julio no menos de mil doscientas ochenta y cinco personas fueron guillotinadas en París, entre ellas estaban los generales Noailles, Beauharnais y Mouchy; los poetas André Chenier y Jean Antoine Roucher; e incluso un niño de dieciséis años. La muerte de Chenier a los treinta y un años interrumpió una carrera literaria de altura, toda vez que la crítica considera que su maestría y sensibilidad son evidentes en las obras que legó a la posteridad. Céline destaca a Chenier entre los mejores poetas franceses. La campaña de persecución contra los hombres de talento formaba parte de los planes de los Illuminati. La máxima favorita de Weishaupt, "El fin justifica los medios", puesta en labios de los jacobinos se expresaba así: "Tout est permis a quiconque agit dans le sens de la Révolution" (Todo está permitido a quienquiera que actúa en el sentido de la revolución).

Joseph Fouché llega a París

El 6 de abril de 1794, un día después de la ejecución de Danton, Joseph Fouché había llegado a Paris procedente de Lyon. Este misterioso personaje, que había sobrevivido a la purga que llevó a la guillotina a los hebertistas, iba a ser determinante en la caída de Robespierre. Su figura política constituye uno de los misterios mejor guardados de la historia, por ello se presta a todo tipo de especulaciones. Dos obras de referencia para tratar de comprender las actuaciones de este hombre son *Joseph Fouché: The Portrait of a Politician*, de Stefan Zweig, y *Fouché*, de Louis Madelin. De está segunda obra existe una edición en español de Espasa-Calpe. Fouché, que figuraba entre los hebertistas radicales y había escrito la *Instruction de Lyon*, lo cual lo sitúa inevitablemente en la órbita de los Illuminati, tras deshacerse de Robespierre se mantuvo en la sombra durante los años del Directorio. En 1799 reapareció inesperadamente para ser nombrado ministro de Policía de la República. Tras la toma del poder de Napoleón se convirtió en el hombre clave, del cual no pudo prescindir Bonaparte por mucho que lo intentó de diversas maneras. En 1802, mediante el regalo de un millón doscientos mil francos, quiso retirarlo de la escena. Fouché se instaló en Ferrières, una preciosa finca que en 1829 -¡qué casualidad!- pasó a ser propiedad de James Rothschild, que la compró a los herederos. En un par de años, el hombre que había redactado el primer manifiesto comunista se convirtió en uno de los más ricos capitalistas y terratenientes del país. En 1804 Napoleón volvió a nombrarlo ministro. Pronto se hizo evidente que, pese a la mutua desconfianza, ambos se necesitaban. Fouché, a quien el emperador había otorgado el título de duque de Otranto, fue nombrado una vez más ministro de Policía durante los cien días; pero desde el cargo acabó negociando la restauración de la monarquía borbónica. En 1815 Luis XVIII lo ratificó al frente del Ministerio. Stefan Zweig lo calificó con estos términos: "traidor nato, miserable intrigante, puro reptil, transfuga profesional, vil alma de corchete, deplorable inmoralista". Según este autor su secreto fue siempre "cambiar rápidamente de chaqueta siguiendo la dirección del viento".

Presentado así el personaje, veamos lo poco que se sabe de su actuación y de su enfrentamiento con Robespierre tras su llegada a París después de nueve meses de ausencia. El día 7 de abril, en lugar de presentarse ante el Comité de Salud Pública para dar explicaciones sobre su actuación en Lyon, la cual en opinión de algunos miembros del Comité se había moderado en exceso, Fouché se dirigió directamente a la Convención, lo cual equivalía a depreciar la autoridad de Robespierre. Enseguida un diputado le aconsejó que pasase el informe al Comité de Salud Pública. Entre las habilidades de Fouché estaba la de saber pedir perdón o simular humildad si era preciso. Con esta intención se dirigió el día siguiente a la casa del carpintero Duplay, en la rue de St. Honoré, donde vivía Robespierre. El contenido de la entrevista entre ambos no se conoce, pero todo indica que Fouché fue tratado con el menosprecio que se trata a los vencidos. Sin duda, Robespierre debió de considerar que la batalla contra los hebertistas estaba ya ganada y no supo calibrar adecuadamente al hombre que tenía delante.

El 6 de mayo de 1794 Robespierre anunció a la Convención que en nombre del pueblo francés el Comité de Salud Pública había decidido reconocer la existencia de Dios. En su discurso se dirigió a Fouché en términos durísmos, reproducidos por Stanley Loomis. "Dinos -dijo mirando fijamente a Fouché- quien os ha encargado que anunciéis al pueblo que Dios no existe... Qué derecho tenéis de robar a la gente inocente el cetro de la razón y entregarlo en manos del crimen. Sólo un villano que se desprecia a sí mismo y es horrible ante los ojos de los otros siente que la naturaleza no puede regalarle nada mejor que la aniquilación". No cabe duda de que estas palabras constituían una declaración pública de hostilidad. Al salir de la sala de sesiones, los diputados amigos de Fouché procuraron rehuirle, ya que para muchos de ellos era un hombre muerto.

Durante las semanas que siguieron al anuncio del inminente regreso de Dios a Francia, Fouché desapareció. Quizá Robespierre pudo pensar que, como tantas otras víctimas que habían sido marcadas por él para la muerte, se escondía amedrentado. Si así lo hizo, se equivocó. Fouché comenzó a trabajar en la sombra, donde seguramente contactó con Collot d'Herbois y con aquellos jacobinos que odiaban a Robespierre. El 6 de junio estuvo preparado para responder a las acusaciones del 6 de mayo, toda vez que maniobrando había conseguido que se le eligiese presidente del Club de los Jacobinos. Cuando supo que Fouché había buscado refugio nada menos que en el santuario de la revolución, el "sancta sanctorum" de los altares que él supuestamente presidía, Robespierre acusó el golpe y comprendió que lo había subestimado. El movimiento era peor que un desafío, era una amenaza. Alarmado ante tanta audacia, decidió realizar a su vez dos movimientos no menos osados antes de arrebatarle la presidencia de los Jacobinos: el primero sería la celebración del Festival del Ser Supremo, que se celebró el 8 de junio. El segundo era la ley del 22 de Pradeal (10 de junio), que privaba del derecho de defensa a los conspiradores.

El turno de Robespierre

Nesta Webster denuncia un dato callado sistemáticamente por los historiadores. Bajo el dominio de Robespierre el Comité de Salud Pública dividió el mes en tres décadas. De este modo desaparecieron los domingos y todas las fiestas religiosas, lo cual agravó en realidad la triste condición de los obreros, que se vieron obligados a trabajar más que antes. Según Nesta Webster, "en tiempo de la Monarquía era día de vacación no sólo el consagrado a alguna fiesta religiosa, sino también el siguiente, y no se trabajaba ni el domingo ni el lunes. Al reemplazar el domingo por las 'decadas', es decir, un día de cada diez y concediendo sólo media vacación, los nuevos amos de Francia añadieron tres días y medio de trabajo por cada dos semanas".

Robespierre, pese a que tras la desaparición de los hombres que podían hacerle sombra parecía tener todo el poder en sus manos, también fue finalmente guillotinado. Antes de narrar los hechos inesperados que provocaron su ejecución, quizá sean de interés algunos datos sobre este desconcertante personaje. En primer lugar hay que constatar que tanto el conde Cherep-Spiridovich, en *The Secret World Government or "The Hidden Hand"* (*El Gobierno Secreto Mundial o La Mano Oculta*), como el ya mencionado Yüri Lina citan a Louis Joseph Marchand para desvelar que Robespierre era un judío de Alsacia, cuyo nombre era Ruban. Spiridovich, que murió probablemente asesinado el 22 de octubre de 1926, aunque, como casi siempre en estos casos, oficialmente se atribuyó su muerte a un suicidio, manejó la primera edición de la obra de Marchand (1895). Juri Lina cita la misma obra reeditada en san Francisco en 1998 con el título de *In Napoleon's Shadow (A la sombra de Napoleón)*. El libro consta de 791 páginas y constituye la primera edición en inglés de las memorias completas de Louis Joseph Marchand, ayuda de cámara, amigo y ejecutor testamentario de Napoleón. Marchand, muerto en 1876, entró en 1811 al servicio del emperador, que apreció enseguida su inteligencia y su abnegación y lo nombró su ayudante de cámara. Él lo acompañó al destierro de Santa Elena, donde lo sirvió como lector, copista y secretario. Por tanto, la fiabilidad de la fuente es altísima, pues hay que suponer que Marchand obtuvo la información sobre el origen de Robespierre del propio Napoleón, el cual, según diversos autores, en 1793 había trabado en Toulon amistad íntima con Agustin, el hermano menor de Robespierre.

Aunque Kropotkin asegura categóricamente que Maximilien Robespierre, que sin duda era masón, pertenecía a una de las logias de los Illuminati fundada por Weishaupt, hay discrepancias acerca si había sido iniciado. Sea como fuere, todo invita a pensar que Robespierre, como anteriormente Mirabeau, pensó que podía obrar por su cuenta y no supo apreciar adecuadamente los límites impuestos a su actuación por el Poder Oculto. El conde Cherep-Spiridovitch cita un libro de 1851, *Memoires et correspondance de Mallet du Pan pour servir a l'Histoire de la Revolution Française [1794 a 1800]/ Recueillis et mis en ordre par A. Sayous* (*Memorias y correspondencia de Mallet du Pan para servir a la Historia de la Revolución Francesa [1794-1800] Recogidas y ordenadas por A Sayons*) y extrae de él estas palabras de Robespierre dirigidas a Amar, un miembro del Comité de Salud Pública: "Tengo la sensación de que estamos siendo empujados por una 'Mano Oculta' por encima de nuestra voluntad. Cada día el Comité de Salud Pública hace lo que el día anterior había decidido no hacer. Hay una facción cuyo comportamiento todo lo arruina y cuyos directores no hemos sido capaces de descubrir".

Pero las palabras que iban a costarle la vida a Robespierre, el cual había alcanzado la cima de su poder y presidía la Convención, fueron las pronunciadas ante la cámara en un discurso de más de dos horas el 26 de julio de 1794. Resueltamente dijo: "Desconfío de todos estos extranjeros cuyos rostros están cubiertos con máscaras de patriotismo y que intentan aparecer más republicanos y enérgicos que nosotros mismos. [...] Son agentes de poderes extranjeros, pues yo sé bien que nuestros enemigos no fallaron cuando dijeron: 'nuestros emisarios deben simular el más exacerbado patriotismo' a fin de ser instalados en nuestras asambleas. Estos agentes deben ser aplastados a pesar de su pérfida simulación y de las máscaras que siempre adoptan". En otro momento del discurso lleno de acusaciones contra los ultraterroristas añadió: "No me atrevo a nombrarlos en este momento y en este lugar. No puedo permitirme hacer jirones del velo que cubre este misterio profundo de iniquidad. Pero puedo afirmar con la mayor seguridad que entre los autores de este complot están los agentes de un sistema de corrupción y extravagancia, el más poderoso de todos los medios inventados por extranjeros para arruinar la República. Me refiero a los apóstoles impuros del ateísmo y de la inmoralidad que está en su base". Aunque no mencionó nombres, sí realizó una alusión muy clara a los hermanos Frey, y en concreto a Junius Brutus Frey, el pariente de Jacob Frank: "Desde los primeros días de la Revolución, han venido a vivir a París dos desalmados, cuyo arte de la simulación hace de ellos instrumentos perfectos en manos de los tiranos, dos hábiles malvados que Austria ha vomitado entre nosotros. Uno de ellos ha añadido a su supuesto nombre de familia el nombre del fundador de la libertad de Roma". La alusión a "Junius Brutus" es indudable. Además Robespierre parecía saber que el apellido Frey, era un nombre falso. En todo el discurso la alusión a los Illuminati, a los que según Kropotkin había conocido y pertenecido, es bastante clara. G. J. Renier, autor de la obra *Robespierre,* de donde proceden las citas, comenta que si no hubiera pronunciado este discurso quizá todavía hubiera podido triunfar.

La confusión y la falta de rigor predominan en los textos que pretenden explicar cómo fueron los últimos días de Robespierre. La obra *Paris in 1789 to 1794*, de John Goldworth Alger, es, entre las consultadas, la que con más detalle da noticia de lo sucedido. De ella procede buena parte de lo que sigue. El 7 de mayo Robespierre, que, como se ha visto, había atacado las tendencias ateas y las consignas de descristianización de los hebertistas, consiguió aprobar en la Convención un decreto sobre la existencia del Ser Supremo. El 8 de junio se celebró la fiesta antes mencionada en honor de la existencia de este Dios que influía en el Universo, la cual, evidentemente, venía a contrarrestar la de la diosa Razón de los hebertistas en Nuestra Señora de París. Como presidente de la Convención, Robespierre presidió los actos. Tras un interminable discurso y siguiendo el guion de la representación, cuya escenografía, una vez más, había sido diseñada por el pintor David, agarró una antorcha y prendió fuego a una efigie que representaba el ateísmo. Desde el lugar elevado en que oficiaba la ceremonia contempló a sus pies a 300.000 personas que gritaban "¡Viva la República!" y "¡Viva Robespierre"!.

Dos días después, el 10 de junio de 1794, Robespierre presentó ante la Convención la mencionada ley del 22 de Pradeal, una auténtica bomba para quienes se atrevieran a conspirar contra la República, cuyo arresto venía a ser equivalente a la muerte. Parecía ser la respuesta adecuada para los intrigantes como Fouché. Con esta herramienta en la mano ya podía expulsarlo de los jacobinos y destruirlo en el momento adecuado. Con esta intención se presentó al día siguiente en el Club para denunciar a su enemigo. Su ataque fue tan violento que casi consiguió derribar a Fouché aquella misma tarde. Éste, que presidía el acto en calidad de presidente, utilizó su prerrogativa de cerrar el debate alegando que era ya tarde. Aprovechó entonces la coyuntura para retirarse rápidamente y no volvió a aparecer por allí. Robespierre se dirigió al Club para pronunciar un discurso en el que pidió que Fouché fuese convocado para la siguiente sesión con objeto de que se le juzgara como el líder de una conspiración que había que abortar. Los jacobinos le aplaudieron convencidos y por unanimidad decidieron expulsar a Fouché del Club. Con el temor de ser arrestado en cualquier momento y, sin duda, bien protegido por personas que escapaban al alcance de la policía de Robespierre, Fouché no sólo consiguió eludir su captura, sino que se dedicó además a preparar su último movimiento.

Algunos historiadores creen que durante la segunda mitad del mes de junio se produjo una seria disputa en el seno del Comité de Salud Pública. Según esta versión, Robespierre habría pedido las cabezas de Tallien, Barras y Fouché, pero sus colegas, temerosos de sus últimas intenciones, no accedieron a la demanda. Enrabietado, Robespierre no regresó al Comité y desapareció de la escena pública para retirarse durante seis semanas en casa de los Duplay, de cuya hija mayor estaba enamorado. En palabras de John Goldworth Alger, "esta ausencia de seis semanas era vergonzosa. Sin duda anunciaba una llamada o a la Convención o, como algunos temían, a las masas, por lo que fue convocado para que acudiese al Comité el 22 de julio y fue forzado a enseñar sus cartas". Unas semanas antes, el día 1 de julio, Robespierre había hablado de conspiraciones contra él en el Club de los Jacobinos y había dicho: "Si fuese obligado a renunciar a una parte de las funciones que me han sido confiadas, permanecería mi capacidad de representante del pueblo y mantendría una guerra a muerte contra tiranos y conspiradores".

El 26 de julio apareció por fin en la Convención y pronunció el famoso discurso mencionado antes, en el que pedía poner fin al terror y exigía la renovación de los comités de Salud Pública y de Seguridad General. La agitación fue grande y muchos se preguntaban en quiénes pensaba Robespierre. La Convención, movida por la elocuencia del orador, pasó al principio la propuesta; pero algunos miembros del Comité reaccionaron, en concreto el financiero Joseph Cambon, Vadier, Billaud-Varenne y Amar. Cambon lo acusó de haber paralizado la Convención y Billaud-Varenne exigió la impresión del discurso para pasarlo a los comités. Panis le conminó para que dijera si él y Joseph Fouché, que no asistió a la sesión, figuraban en la lista de proscritos. Se decidió imprimir el discurso para distribuirlo entre los diputados, pero Robespierre dijo al secretario que se lo entregaría al día siguiente. La Convención anuló los decretos y remitió las proposiciones a los comités. Por la noche Robespierre fue al club de los jacobinos y leyó allí el discurso. Una vez hubo acabado dijo: "Si he de retractarme de estas verdades, que se me ofrezca la cicuta".

Al día siguiente, 9 de Termidor (27 de julio), la Convención se reunió a las diez de la mañana. La crisis se mascaba en el ambiente y las gradas se habían ido llenando desde las cinco de la madrugada. Según Pouget de Saint-André, el público de las tribunas era con frecuencia cuidadosamente reclutado y recibía tres libras por sesión, aunque los jefes podían cobrar de diez a cincuenta libras. Maximilien Robespierre llevaba el mismo abrigo violeta oscuro que había vestido siete semanas antes en la celebración del Ser Supremo. Saint-Just, comenzó a hablar para defender las mociones de Robespierre; pero violentas interrupciones demostraron que en veinticuatro horas las cosas habían cambiado. "Abajo con el tirano" y "La sangre de Danton te ahoga" fueron algunos de los gritos que se oyeron. La convulsión fue en aumento hasta el punto de que ni siquiera se le otorgó la palabra a Robespierre. A las cinco de la tarde se ordenó su arresto y los de Couthon, Saint-Just, Lebas y Agustin Robespierre. Se suspendió luego la sesión para que los diputados pudieran comer.

No todo estaba aún perdido, pues los detenidos fueron sacados de la prisión por tropas de la Comuna y llevados al Ayuntamiento, donde Robespierre se vio arropado por sus fieles. Allí, en aquellas horas febriles en que se decidió todo, quizá contempló la posibilidad del triunfo de la Comuna o un juicio ante un tribunal que lo absolviese; pero los días en que la Convención estaba sometida a los designios de la Junta habían ya pasado. Tan pronto se tuvo noticia de la liberación de los detenidos, la Convención reanudó el debate a las siete de la tarde y, aunque la suspensión imprudente de la sesión había comprometido su posición, declaró fuera de la ley a Robespierre y a sus seguidores. La actitud de la Guardia Nacional iba a ser determinante. Las idas y venidas de los jefes y delegados de sus batallones fueron constantes. Las dudas sobre a quién debían obedecer no se resolvían. También en las secciones de la capital los debates se prolongaron hasta bien entrada la noche. Además del Club de los Jacobinos, otros once se mantuvieron fieles a la Comuna, pero treinta y nueve optaron por la Convención, que declaró también fuera de la ley a la Comuna. Sobre la una de la madrugada Barras condujo una columna hacia las Casas Consistoriales, donde, en resumen, ocurrió lo siguiente: Agustín Robespierre se lanzó por una ventana y quedó malherido. Lebas se pegó un tiro y probablemente ofreció una segunda pistola a Robespierre. Couthon, al tratar de bajar por una escalera, cayó y perdió el sentido al golpearse la cabeza con la pared. Robespierre fue hallado en el suelo cerca de una mesa con la mandíbula rota a causa de un disparo. No llevaba ni corbata ni zapatos. Su camisa y su traje estaban manchados de sangre y sus pantalones, desabrochados. Goldworth Alger se pregunta. "¿Había intentado suicidarse o le había disparado Merda? Nunca lo sabremos seguro". El gendarme Merda[11] realizó dos declaraciones y en la segunda se atribuyó la autoría del disparo; aunque un comunicado emitido por la Convención informaba en estos términos: "Robespierre se disparó en la boca y recibió a la vez un tiro de un gendarme. El tirano cayó bañado en su propia sangre y un 'sans culotte' se le acercó y fríamente pronunció estas palabras: 'Hay un Ser Supremo'". Es posible que Merda fallase, pues Barras y Barère insisten en el intento de suicidio.

Antes de ser puesto ante un tribunal, tras una noche agónica, un médico le vendó la herida y se le extrajeron los dientes rotos. Con una llave se mantuvo su boca abierta. Ya ante los jueces pidió repetidamente materiales para escribir, pero le fueron denegados. El tribunal consideró probado que era un proscrito y sin más dilación ni otro juicio lo sentenció a muerte. Junto a él fueron ejecutados el 28 de julio Couthon, Saint-Just, su hermano Agustín y diecisiete de sus seguidores. En los dos días siguientes setenta y tres miembros de la Comuna compartieron el mismo destino.

Con la muerte de Robespierre se cerraba una etapa. Durante más de 25 años, desde 1789 hasta 1815, los franceses fueron las víctimas de una

---

[11] Charles André Merda, de veintiún años, fue un gendarme del escuadron "Hommes du 14 Juillet". Con posterioridad fue nombrado subteniente en el 5º de Cazadores. Sirvió años más tarde en las campañas de Napoleón y ascendió a coronel en 1806. Murió por las heridas recibidas en Moscú en 1812. Cambió su nombre por el de Méda. No dejó descendencia. Su nieto, Meng, en 1867 adoptó el nombre de Méda.

conspiración organizada por banqueros internacionales y puesta en marcha por sus agentes, el más conspicuo de los cuales fue Adam Weishaupt, fundador de los Illuminati. En una sesión del Parlamento francés celebrada el 1 de julio de 1904 se produjo la siguiente discusión que figura en el diario de sesiones:

"M. de Rosanbo.- La francmasonería trabajó en sordina, pero de manera constante, para preparar la Revolución.
M. Junel.- ¡Es, en efecto, algo de lo que nos jactamos!
M. Alexandre Zevaés.- Es el elogio más grande que usted hubiera podido hacer.
M. Henri Michel.- Es la razón por la que usted y sus amigos la detestan.
M. de Rosanbo.- Estamos pues perfectamente de acuerdo sobre este punto de que la masonería fue el principal autor de la Revolución, y los aplausos que recibo de la izquierda, a los cuales estoy poco habituado, prueban, señores, que ustedes reconocen conmigo que ella hizo la Revolución Francesa.
M. Junel.- Nosotros hacemos más que reconocerlo, lo proclamamos."

Lo que no proclamaron los diputados masones de la Tercera República Francesa es que tras el congreso de Wilhelmsbad las logias europeas de la masonería habían sido penetradas por los Illuminati.

Tras la Revolución siguieron en Europa guerras interminables, cuyos beneficiarios máximos fueron el mismo grupo de financieros alemanes, ingleses y holandeses, mayoritariamente de origen judío. Un nuevo orden basado en el liberalismo económico y político fue entonces su objetivo principal. Francia perdió para siempre el papel dominante que había ostentado en el siglo XVIII en beneficio de Gran Bretaña; pero una nueva dinastía no coronada, como veremos a continuación, iba a reinar en el Continente a lo largo del siglo XIX: los Rothschild.

CAPÍTULO III

LOS ROTHSCHILD

A lo largo de las páginas precedentes se ha venido apuntando ya el papel primordial de los Rothschild en los hechos históricos que se han expuesto. Llega ahora el momento de dedicarles la atención que merecen. Digamos antes de nada que Rothschild significa en alemán escudo rojo, aunque se ha venido traduciendo este nombre compuesto como bandera roja. Moses Amschel Bauer, padre del fundador de la dinastía, ya había adoptado un escudo rojo como emblema (lo era también de los judíos revolucionarios askenazis del este de Europa). El verdadero creador de la saga fue el hijo de Moses, Mayer Amschel, quien no sólo adoptó el escudo rojo y lo colocó sobre la puerta de su edificio en la "Judengasse" de Frankfurt, donde por cierto vivía también la familia de Jacob Schiff, mentor de Trotsky y principal financiero de la revolución bolchevique, sino que además cambió el apellido Bauer por el de Rothschild. Durante la Revolución Francesa se vio ondear la bandera roja en momentos puntuales de extremismo revolucionario y desde entonces su presencia en las calles de Europa y del mundo no cesó de aumentar. Cuando los judeo-bolcheviques la tomaron como bandera, le añadideron la hoz y el martillo, que era el emblema de los Macabeos, protagonistas de la revuelta que culminó en la creación del segundo Estado judío en el año 67 a. de Cristo[12].

Desde que en 1887 John Reeves publicó *The Rothschilds: the Financial Rulers of Nations*, primera obra de referencia sobre esta familia de banqueros judíos, se ha escrito mucho sobre ellos. *The Rothschilds, Portrait of a Dynasty*, de Frederic Morton, austríaco de origen judío, fue durante bastante tiempo la obra más consultada. En 1928 se publicaron en inglés los dos volúmenes del conde Egon Caesar Corti, *The Rise of the House of Rothschild*, que abarca hasta 1830 y *The Reign of the House of Rothschild*, que cubre el periodo entre 1830 y 1871. En 1998 se editó *The House of Rothschild. Money's Prophets 1798-1848* y en 1999 *The House of Rothschild. The World's Banker 1848-1999*, una biografía autorizada de más de mil páginas publicada en dos volúmenes. Escrita por Niall Ferguson,

---

[12] El poeta romántico Heinrich Heine, íntimo amigo de los Rothschild, recuerda que en la vieja casa de la Judengasse, la viuda de Mayer Amschel, Guttle, decoraba en 1827 las ventanas con cortinas blancas y velas para celebrar el día de la victoria de Judas Macabeo y sus hermanos (Chanukkah).

amigo de la familia, hubiera podido ser la obra definitiva si no fuera tan favorable y tan poco crítica. Pese a ello, es una obra fascinante y una fuente de información valiosísima, ineludible, a la que acudiremos reiteradamente a lo largo de este capítulo y de otros. Más recientemente, en 2009, Michael Collins Piper ha publicado *The New Babylon, Those Who Reign Supreme*, una obra crítica en la que se denuncia el imperio de esta dinastía, la más rica del mundo, que, según este autor, es "la familia real de la judería internacional". Collins Piper los sitúa al frente del las fuerzas internacionales que pretenden el Nuevo Orden Mundial (New World Order) y denuncia el impacto de los Rothschild en el curso de la historia, su manipulaciones en las finanzas, la industria y la política de casi todos los Estados del mundo, así como su devastadora influencia sobre los medios de comunicación, la educación y otros medios de control de la opinión pública durante más de doscientos años.

Mayer Amschel Bauer (1744-1812), el fundador de la dinastía, tenía doce años cuando murió su progenitor, Amschel Moses Bauer. Hasta entonces los estudios del *Talmud* habían sido prioritarios, pues estaba destinado por su padre al rabinato. Pronto fue, no obstante, enviado a Hannover para que aprendiera los rudimentos de los negocios en la casa de Wolf Jakob Oppenheim, supuestamente un socio de su padre. El abuelo de Oppenheim, Samuel, había sido judío de corte y agente del emperador de Austria y su tío era agente del obispo de Colonia. Fue pues en Hannover donde Mayer Amschel adquirió la experiencia que precisaba para llegar a ser también él judío de corte. Allí se convirtió en experto en monedas raras y en medallas, una esfera de negocio en la que los clientes eran invariablemente coleccionistas de la aristocracia. En 1764, ya de regreso en Frankfurt, se produjo el contacto, que iba a ser determinante, con el príncipe heredero de Hesse-Kassel, Guillermo, a quien vendió medallas o monedas antiguas. El consejero de finanzas del príncipe, Carl F. Buderus, con quien Mayer estaba bien relacionado, jugó un papel importante en la relación que se estableció entonces. En *The Rothschild Dynasty*, John Coleman, que cita documentos del British Museum, escribe: "Carl Buderus, que era igual en sus ambiciones y enormemente tenaz, paciente y secreto, tuvo un encuentro con Mayer Amschel en el que hubo una comunión mental a través de la cual surgió un pacto de asistencia mutua". En 1769 Mayer Amschel se había convertido en el judío de corte de Guillermo de Hesse-Kassel. En agosto de 1770, a los veintiséis años, se casó con Guttle Schnapper, la hija de dieciséis años de Wolf Salomon Schnapper, a su vez agente de corte del príncipe de Saxe-Meiningen.

Guttle parió anualmente desde 1771 hasta 1792. De estos diecinueve hijos, diez sobrevivieron. Los cinco que interesan a esta historia son Amschel (Anselm) Mayer (1773), Salomon Mayer (1774), Nathan Mayer (1777), Carl o Kalman (1778) y Jakob o James (1792). Fue después del nacimiento del primer hijo que Mayer Amschel comenzó a introducirse en el negocio bancario. Pronto la banca pasó a constituir el eje central de sus actividades y él se convirtió en uno de los judíos más ricos de Frankfurt. Recordemos que, según William Guy Carr, en 1773 se habría producido la reunión de las trece familias más adineradas de Frankfurt, que decidieron la financiación del Movimiento Revolucionario Mundial y su utilización para adueñarse de las riquezas y los recursos del planeta. La sociedad secreta de los Illuminati, según se ha dicho en el capítulo precedente, fue creada en 1776 para poner en marcha el gran programa revolucionario.

La revolución francesa y la guerra europea brindaron a Mayer Amschel nuevas oportunidades de enriquecerse. Tan pronto comenzaron las hostilidades se aseguró un contrato para proveer al ejército austríaco de cereales y dinero para sus operaciones en la región del Rin. En 1798 Mayer Amschel decidió enviar a Inglaterra a su tercer hijo, Nathan, una decisión que iba a revelarse posteriormente como fundamental, pues allí fue, como veremos, donde se labró la supremacía de los Rothschild en Europa y en el mundo. También a finales del siglo XVIII Seligman Geisenheimer, un contable de Bingen muy talentoso que era a la vez un políglota, pasó a ser el jefe administrativo de la casa Rothschild. Recordemos también que Geisenheimer y Salomón Rothschild eran en 1811 miembros destacados de la logia de Frankfurt, donde tras el congreso de Wilhelmsbad residía el cuartel general de la masonería iluminada.

El tesoro del Elector de Hesse-Kassel

Los estudiosos de los Rothschild coinciden en considerar el tesoro del elector de Hesse-Kassel como el origen de la fortuna de la familia. No todos, sin embargo, interpretan los hechos de la misma manera. Guillermo de Hesse-Kassel tenía casi la misma edad que Mayer Amschel y ambos compartían interés no sólo por las monedas antiguas, sino por todo tipo de dinero. Su padre, Federico II de Hesse-Kassel, que fue Landgrave entre 1760 y 1785, se había convertido al catolicismo en 1747, lo cual había consternado a sus parientes protestantes y a su suegro, Jorge II de Inglaterra. Guillermo fue apartado de su progenitor y enviado a Dinamarca para que se formase en los principios del protestantismo. Allí contrajo matrimonio con la princesa Carolina, hija del monarca danés Federico V. La pareja residió en Dinamarca hasta que en 1785 Guillermo heredó el landgraviato y una de las fortunas más grandes de Europa en aquel tiempo. Según la *Enciclopedia judía*, Mayer Amschel "era el agente de corte de Guillermo IX, Landgrave de Hesse-Kassel, quien a la muerte de su padre había heredado la fortuna privada más grande de Europa, conseguida principalmente gracias al alquiler de tropas al Gobierno británico para luchar contra la revolución independentista en Estados Unidos". Antes incluso de suceder a su padre, Guillermo estaba ya involucrado en el comercio de soldados y había vendido un regimiento de unos dos mil mercenarios para luchar por Jorge III contra la rebelión en la colonia norteamericana. Consecuentemente, escribe Niall Ferguson, "las finanzas de Hesse-Kassel eran más parecidas a las de un gran banco que a las de un pequeño Estado". No es pues extraño que Mayer Amschel sintiera una atracción magnética hacia Guillermo.

Las hostilidades entre las fuerzas revolucionarias francesas y Hesse-Kassel, que habían comenzado en los primeros años de la década de 1790, culminaron con el bombardeo de Frankfurt por el ejército de Kleber en 1796. Los muros del barrio judío, que se remontaban al siglo XVI, fueron destruidos y también lo fueron algunas casas de la "Judengasse", la calle donde Mayer Amschel había comprado un edificio entero. Los lazos tradicionales entre Hesse-Kassel y Londres se reforzaron más aún y Guillermo, como de costumbre a cambio de dinero, puso ocho mil soldados en el campo de batalla para luchar contra Francia. John Coleman afirma que algunos años entre quince mil y diecisiete mil hessianos eran alquilados por el Gobierno británico. En 1801 El landgrave aceptó los términos de la Paz de Lunéville, por la que la parte izquierda del Rin fue transferida a Francia. Cuando la guerra entre Francia e Inglaterra estalló de nuevo en 1803, año en que Guillermo IX se convirtió en Píncipe Elector de Hesse-Kassel y pasó a ser Guillermo I, el compromiso con los británicos era demasiado estrecho y Guillermo no pudo adherirse a los dieciséis estados alemanes que conformaron la francófila Confederación del Rin en el verano de 1806. Cuando en el otoño de aquel mismo año el ejército prusiano fue derrotado en Jena y Auerstadt, el ya Príncipe Elector quedó a merced de Napoleón. Ni la apresurada desmovilización de sus tropas ni su tardía petición de integrarse en la Confederación del Rin aplacaron la cólera de Bonaparte, cuyo objetivo, según declaró abiertamente era "desposeer del gobierno a la Casa de Hesse-Kassel y tacharla de la lista de poderes en Europa".

No había otra opción que la huida y Guillermo buscó refugió en el territorio danés de Holstein, primero en el castillo de Gottorp, donde su hermano era el gobernador, y después en la ciudad de Itzehoe. El 2 de noviembre el general Lagrange se instaló en Kassel como gobernador general y dos días más tarde emitió una proclama en la que se anunciaba que todos los bienes del Príncipe Elector quedaban confiscados y se amenazaba a quien tratase de ocultarlos con un juicio ante un tribunal militar.

Comienza aquí la controversia sobre qué ocurrió realmente con el tesoro del Elector. Según una versión inspirada, sin duda, por los propios Rothschild, en el momento crítico de la huida, apresuradamente, Guillermo encargó a Mayer Amschel Rothschild, su "fiel judío de corte", el cuidado de la totalidad de su riqueza. En 1827, en la *Enciclopedia General Alemana para las Clases Educadas* se explicaba así lo sucedido:

> "El ejército francés estaba entrando en Frankfurt en el momento en que Rothschild consiguió enterrar el tesoro del príncipe en una esquina del pequeño jardín de su propia casa, la cual en mercancías y dinero valía

cerca de 40.000 thalers. Él no se escondió sabiendo que, si lo hacía, se pondría en marcha una frenética búsqueda y tanto sus bienes como el tesoro del príncipe serían descubiertos y saqueados. Los franceses, como los filisteos en la antiguedad, se lanzaron sobre Rothschild y no le dejaron un sólo thaler de sus propiedades. En realidad fue, como todos los otros judíos y ciudadanos, reducido a la absoluta pobreza, pero el tesoro del príncipe fue salvado".

Tanto altruismo y desinterés, tanta generosidad, son conmovedores. Seguramente el propósito de todo ello era recalcar la excepcional probidad de la familia como receptores de depósitos, dispuestos a arriesgar todo antes que fracasar y dejar de pagar sus intereses a los clientes.

La *Enciclopedia judía* informa que en 1806 el Príncipe Elector huyó a Dinamarca dejando su fortuna a Mayer Rothschild y añade: "Según la leyenda este dinero fue escondido en botellas de vino y escapó así de la búsqueda de los soldados de Napoleón cuando entraron en Frankfurt. En 1814 el dinero fue devuelto intacto en los mismos cascos, una vez que el elector regresó a Alemania". La propia *Enciclopedia* reconoce, no obstante, que la realidad fue menos romántica que la leyenda y tuvo que ver mucho más con los negocios.

En su obra *The Rothschild Money Trust,* George Armstrong aclara cómo la realidad fue efectivamente mucho menos romántica. Este autor explica que Mayer Amschel Rothschild hizo un desfalco o una malversación de los fondos que tenía bajo su custodia y los gastó. En lugar de poner el dinero en botellas de vino, lo envió a Londres, donde estaba ya instalado su hijo Nathan, quien gracias a elllo pudo levantar su imperio económico. Según Armstrong, fue con este dinero que los hijos de Mayer Amschel se establecieron en París, Viena y Nápoles. El propio Nathan declaró más tarde que cuando el Príncipe de Hesse-Kassel dio el dinero a su padre no había tiempo que perder y que él lo recibió en Londres de manera inesperada.

Muchos años más tarde, en 1861, la familia Rothschild seguía interesada en lavar su imagen en Europa, donde en una parte de la prensa abundaban las críticas en dibujos, panfletos y escritos. Para ello encargaron al pintor Moritz Daniel Oppenheim dos óleos en los que quedaba plasmada su versión de los hechos. En el primero, que representa el momento en que el Elector de Hesse-Kassel confía su tesoro a Mayer Amschel Rothschild, se ve a Guillermo tocando el hombro izquierdo de Mayer Amschel, quien con la mano izquierda sobre el corazón se inclina ante él respetuosamente. Dos sirvientes cargan cajas de madera de buen tamaño y las sacan de la habitación, al fondo de la cual, en segundo plano, aparece Guttle y su hija Henrietta. El segundo cuadro representa el momento en que se procede a la devolución del tesoro. Mayer Amschel ya ha fallecido. En el centro de la composición aparece el Elector sentado en una butaca con un bastón de mando en su mano izquierda haciendo una indicación con la derecha al mayor de los hermanos, Amschel Mayer, quien nuevamente inclinado le ofrece sus respetos. En la parte izquierda del cuadro, detrás de Amschel, aparecen los otros cuatro hermanos, uno de los cuales, James, coloca agachado valiosos jarrones en el interior de una cómoda. Detrás del Elector destaca la figura de un criado que se pierde caminando a la derecha del cuadro con dos cajas de buen tamaño, una en cada mano.

En realidad, las riquezas de Guillermo estaban ampliamente dispersas. Algunos de los valores más importantes, principalmente bonos, fueron contrabandeados con éxito por Buderus, quien actuaba en íntimo compadreo con Mayer Amschel. Las estrechas relaciones entre Rothschild y Buderus von Carlshausen se plasmaron en un acuerdo entre ambos del cual quedó constancia escrita. Según este documento Buderus se convirtió en un socio secreto de la firma Rothschild. En *The Rise of the House of Rothschild* Corti transcribe el documento:

> "El siguiente acuerdo confidencial ha sido hoy firmado entre el consejero privado Buderus von Carlshausen y la casa de negocios de Meyer Amschel en Frankfurt: considerando que Buderus ha entregado a la casa bancaria Meyer Amschel Rothschild el capital de 20.000 gulden (florín neerlandés) 24 florines y ha prometido aconsejar a dicha firma en todos los asuntos de negocios con todas sus capacidades y adelantar sus intereses hasta donde lo considere factible, la firma de Meyer Amschel Rothschild promete entregar a Buderus un saldo auténtico de los beneficios obtenidos en relación a la suma de capital de 20,000 gulden arriba mencionada, y permitirle acceso a todos los libros en cualquier momento, de manera que pueda quedar satisfecho con respecto a su provisión."

Entre 1808 y 1809 Carl Friedrich Buderus von Carlshausen realizó arriesgados viajes a través de las líneas francesas a Itzehoe, donde desde finales de noviembre de 1806 residía el Elector. Durante estos años, el consejero privado de Guillermo de Hesse-Kassel fue detenido temporalmente en varias ocasiones por orden de Napoleón. Sin duda, Buderus fue el hombre clave que permitió a Mayer Amschel Rothschild consolidar cada vez más su posición ante Guillermo. En cualquier caso los franceses, que habían conseguido hacerse con un inventario de la plata del Elector, hubieran podido hacerse con el control de una parte importante de sus bienes si no hubiera existido el soborno al general Lagrange, el cual por la modesta suma de 260,000 francos consintió en la desaparición de cuarenta y dos cajas que contenían valores diversos. Pronto, sin embargo, Lagrange comprendió que había sido sobornado por una suma insignificante, dadas las circunstancias. Se las ingenió entonces para interceptar algunas de las cajas que previamente había permitido sacar y pidió más dinero. Fergusson explica cómo se alcanzó un segundo acuerdo a cambio, esta vez sí, de una importante cantidad. El soborno y el chantaje han sido y siguen siendo recursos preferidos de los Rothschild, como se verá en páginas sucesivas.

El legado de Mayer Amschel Rothschild

Cuando el 19 de septiembre de 1812 Murió Mayer Amschel Rothschild, el tesoro del Elector había permitido a Nathan convertirse en el banquero de moda en Londres, y también que los otros hermanos se establecieran en las principales capitales europeas. El mayor, Amschel, permaneció en Frankfurt; Salomón regentó la casa de Viena; Nathan, según se ha dicho, operaba desde Londres; Carl se estableció en Nápoles; James iba a organizar el importante bastión de París. En septiembre de 1810 se había creado ya la firma "Mayer Amschel Rothschild & Sons".

"The Old Mann", el Viejo, en palabras de Salomón, dejó establecidos antes de morir los principios fundamentales que tanto sus hijos como sus descendientes debían observar inexcusablemente. Estos preceptos fueron mantenidos estrictamente durante más de un siglo. De manera repetida y enfáticamente excluyó a las hembras. Veamos el fragmento del testamento citado por Fergusson:

> "Aquí y ahora decreto y por tanto deseo que mis hijas y yernos y sus herederos no tengan parte en el capital de la firma 'Mayer Amschel & Sons' y menos incluso que puedan o se les permita realizar una reclamación bajo cualquier circunstancia. La mencionada firma pertenecerá exclusivamente a mis hijos y será regentada por ellos. Por tanto ninguna de mis hijas ni sus herederos tiene ningún derecho de reclamación sobre dicha firma y nunca podría perdonar a un hijo que, en contra de mi voluntad paternal, les permitiera molestar a mis hijos en la pacífica posesión de su negocio".

Entre las disposiciones más importantes del testamento destacan las siguientes:

1. El hijo mayor del hijo mayor sería quien se pusiera al frente del negocio para dirigirlo, a menos que la mayoría de los miembros de la familia decidiera otra cosa. Durante el siglo XIX, debido a la superioridad de Nathan, hubo algunas excepciones a esta regla, puesto que tras la desaparición de Nathan el liderazgo pasó a James y después a Lionel, hijo de Nathan.

2. Necesidad de practicar la endogamia, es decir, el casamiento entre primos e incluso con sobrinos con el fin de mantener intacta la fortuna de la familia. Esta regla fue mantenida sobre todo por los varones; pero las hembras no siempre la respetaron, pues se contempló la posibilidad de ventajosos matrimonios con otras familias de banqueros judíos. En cualquier caso se contabilizan cincuenta y ocho matrimonios entre primos. Especialmente destacable es el caso de James, el menor de los cinco hermanos, que se casó en 1824 con su sobrina Betty (1805-86), hija de su hermano Salomón, cuyo hijo mayor, Anselm (1803-74) contrajo matrimonio

en 1826 con su prima Charlotte (1807-59), hija de Nathan. A su vez el hijo primogénito de Nathan, Lionel (1808-79), se casó en 1836 con otra prima llamada también Charlotte (1819-84), hija de Carl. El tercer hijo varón de Nathan, Nathaniel (1812-70) se casó con otra prima también llamada Charlotte (1825-99), pero esta era hija de James. Una hija de Nathan, Louise (1820-94) contrajo matromonio en 1842 con su primo Mayer Carl, el heredero de Carl. Y así sucesivamente hasta cincuenta y ocho matrimonios endogámicos. Cada matrimonio iba acompañado de detallados acuerdos legales sobre el gobierno de la propiedad de las partes contratantes, cuya finalidad era prevenir que las cinco casas pudieran separarse y que personas ajenas a la familia tuvieran acceso a la inmensa fortuna de los cinco hermanos.

3. La obligación de mantenerse de manera inequívoca como miembros de la nación judía. Mayer Amschel Rothschild prougnaba las reformas políticas que iban a permitir la emancipación de los judíos y la modernización del judaísmo; pero como hemos visto en el capítulo anterior se trataba de una necesaria estratagema política. Mayer Amschel, como Mosses Mendelssohn, exhortaba en secreto a sus correligionarios, y muy especialmente a sus hijos, a mantener fielmente las creencias talmúdicas, según las cuales la superioridad de los judíos sobre los gentiles (goyim) es equivalente a la superioridad del hombre sobre los animales. En esto, como en tantas otras cosas, la influencia del fundador de la dinastía ha sido hasta hoy profunda y duradera. De hecho Mayer Amschel contrató como tutor de sus hijos a Michael Hess, Un seguidor y discípulo de Moses Mendelssohn, quien, como ya sabemos, era el líder de los Illuminati en Berlín. Hoy en Estados Unidos y en Europa tenemos múltiples ejemplos de judíos que gozan de todos los derechos de ciudadanía en su país de residencia, pero antes que nada se consideran miembros del estado sionista de Israel.

El convencimiento de la superioridad de la raza judía (supremacismo judío) era absoluto en Mayer Amschel. En 1813, S. J. Cohen publicó unas memorias tituladas *The Exemplary Life of the Inmortal Banker Mr. Meyer Amschel Rothschild*, una especie de biografía autorizada. En ella, Cohen recuerda una anécdota significativa, según la cual una vez un golfillo callejero le gritó "¡judío!". Mayer Amschel, muy tranquilo, se acercó a él y le ofreció dinero con la condición de que repitiese lo que había dicho. El golfillo cogió el dinero y con todas sus fuerzas gritó: "¡judío, judío!". Varios jóvenes se acercaron y se pusieron también a gritar. Rothschild los escuchaba con evidente placer y dijo en hebreo: "Alabado sea Él, que dio las leyes a Su pueblo de Israel".

De los múltiples consejos sobre negocios que dio a sus hijos, escribe Niall Ferguson, uno relacionado con el trato con políticos y personalidades no judías era citado con frecuencia por Salomón: "Nuestro difunto padre nos enseñó que si una persona situada en una posición elevada entra en asociación finaciera con un judío, pertenece al judío" ('gehört er dem

Juden'). Carl insistía en esta idea en 1817: "La mejor cosa en este mundo es estar al servicio de los judíos".

4. La obligación de mantenerse perpetuamente unidos en la asociación familiar. Un manojo de flechas no se puede romper, pero una sola flecha sí. Niall Fergusson cita un artículo de 1827 procedente de la *Brockhaus Encyclopaedia*, donde se dice lo siguiente: "Mayer Amschel obligó a los cinco hermanos a manejar el conjunto de sus negocios como una ininterrumpida comunidad de intereses. Esta fue la regla que les legó el padre moribundo a sus hijos. Desde su muerte, cualquier propuesta, no importa su procedencia, es objeto de discusión colectiva; cada operación, incluso si es de menor importancia, se resuelve de acuerdo a un plan acordado con sus esfuerzos combinados y cada uno de ellos tiene igual participación en los resultados".

La mayoría de autores coinciden en la naturaleza inquebrantable de la unidad impuesta por Mayer Amschel Rothschild a sus hijos y convergen en la idea de que nunca el último testamento de un padre se había llevado conscientemente a la práctica de manera más provechosa. Sobre los matrimonios endogámicos, practicados asimismo por la élite de la secta de los frankistas, diversos autores apuntan que entre los judíos askenazis se ha desarrollado una enfermedad llamada Tay-Sachs que daña fatalmente el cerebro y puede provocar la muerte. Esta enfermedad es el legado de siglos de matrimonios entre individuos que comparten la misma sangre.

Nathan, comandante general

"Mi hermano en Londres es el comandante general y yo soy su mariscal de campo". Estas palabras de Salomón Rothschild son suficientemente explícitas para demostrar hasta qué punto desde Londres Nathan llegó a dominar en los negocios de la familia. Gracias a Cromwell, como ya sabemos agente de los judíos de Amsterdam, a partir del siglo XVII se habían ido estableciendo en Londres comunidades de judíos prósperas y seguras de sí mismas. Entre ellas había familias de origen sefardí, como los Montefiore y los Mocatta, y de origen askenazi, como la del mercader Levi Barent Cohen. También a finales de 1790 Benjamín y Abraham Goldsmid, que habían financiado con otros banqueros judíos la revolución en Francia, desempeñaban un papel relevante en las finanzas.

El primer documento que se tiene de la presencia de Nathan en Londres es de 1800, se trata de una carta suya fechada el 29 de mayo, aunque se sabe que desde 1798 estaba ya en la capital inglesa. Pronto se instaló en Manchester, donde su primera ocupación estuvo relacionada con el negocio textil. No tardó, sin embargo, en diversificar sus actividades. En 1805 se asoció con otro judío inmigrante de Frankfurt, Nehm Beer Rindskopf (hijo de un socio de su padre) y ambos se involucraron en el comercio de perlas, marfil, conchas de tortuga y otras mercancías que procedían de las colonias del imperio. Como su padre, Nathan necesitó poco tiempo para pasar de mercader a banquero.

Para Nathan, que tras sesis años en Inglaterra obtuvo la nacionalidad británica, la incursión en el mundo de la banca empezó en 1806, cuando recibió de manera inesperada el dinero del Elector. En Octubre de dicho año se casó con Hannah Barent Cohen, la hija del principal mercader de Londres, Levi Barent Cohen, quien en 1812 casó a otra hija, Judith, con Moses Montefiore, uno de los líderes de la comunidad sefardí. Nathan con este matrimonio se convirtió en socio de una de las figuras más eminentes de la comunidad judía de Londres. Cohen animó a su yerno a ampliar la variedad de mercancías que exportaba al Continente. De este modo en 1807, en pleno bloqueo continental, Nathan emprendió el negocio del contrabando. Entre sus vías favoritas para el contrabando figuraban los puertos del Báltico y la pequeña isla alemana de Heligoland. Por supuesto que los envíos no podían ser legalmente asegurados, por lo que el riesgo que se corría era considerable; pero también lo eran los beneficios. En 1808 Nathan se había ganado una reputación de contrabandista y era considerado un hombre que siempre conseguía entregar las mercancías gracias a sus contactos y a sus dotes previsoras. En 1809, no obstante, un gran cargamento a Riga fue capturado y sólo por medio del soborno, como de costumbre, pudo ser liberado. Todos estos episodios fueron en el fondo sólo anécdotas para Nathan, quien había ya decidido que su principal actividad iba a ser el negocio bancario. Ya a principios de 1808 era banquero, aunque en Londres no se le tuvo aún como tal hasta 1810, cuando estableció la firma "N. M. Rothschild and Sons". En definitiva puede decirse que Nathan hizo uso del dinero del Elector como si fuese su propio capital.

Fue en la Guerra de la Independencia española o Guerra Peninsular donde Nathan, gracias a las dificultades financieras de Wellington, encontró una de las oportunidades decisivas de su carrera. En realidad, desde la guerra de la Independencia norteamericana hasta hoy, como se irá viendo, las guerras han sido siempre los mejores negocios de los Rothschild. Niall Fergusson en *The House of Rothschild* reconoce que los historiadores nunca han explicado adecuadamente cómo un oscuro mercader judío que se había enriquecido con el contrabando fue capaz de convertirse de la noche a la mañana en el principal conducto del Gobierno británico para hacer llegar el dinero a los campos de batalla. En 1812, el mercado ibérico estaba saturado de letras de cambio del gobierno inglés y Wellington tenía dificultades para que los mercaderes españoles la aceptaran. Para financiar al duque había que hacer llegar a España o a Portugal lingotes en forma de guineas de oro. Si esto no se conseguía, Wellington debía pedir dinero prestado a los banqueros locales vendiéndoles letras. El bloqueo continental hacía extraordinariamente arriesgada la opción de envíos de oro a gran escala. Si se decidía la segunda alternativa, los banqueros peninsulares exigían descuentos excesivos para comprar las letras.

Por aquel entonces los "Baring Brothers" eran los banqueros preferidos por el Gobierno británico, pero la competencia era muy fuerte y no sólo Nathan Rothschild intentaba emularlos, sino que también los hermanos Benjamín y Abraham Goldsmid, así como banqueros llegados a Londres desde Alemania, como los Schröder, pugnaban por el negocio de la financiación de la guerra y ofrecían sus servicios al Gobierno. En 1810 había muerto Francis Baring y el liderazgo de la firma había pasado a manos de su hijo Alexander en el momento en que la City vivía una crisis ocasionada por el informe del Comité de Lingotes, que recomendaba (en contra del consejo del Banco de Inglaterra) una pronta reanudación de los pagos en oro. La perspectiva de un periodo de dinero limitado produjo alarma y consternación, pues condujo a una caída en el precio de los bonos del Estado. Los Barings y los Goldsmid se encontraron con grandes cantidades de bonos del último préstamo al Gobierno. Barings perdió cerca de 43.000 libras y Abraham Goldsmid se suicidó. Además, simultaneamente, se produjo un colapso en el mercado de Amsterdam, ocasionado por la anexión de los Países Bajos por Napoleón.

Otro factor, incluso más importante, coadyuvó a la aparición de Nathan en escena. En octubre de 1811 John Charles Herries fue nombrado ministro del Tesoro. Ferguson opina que Herries fue el Buderus de Nathan, su "primer amigo" situado en un lugar prominente. Herries ascendió políticamente con rapidez desde que en 1798 había conseguido servir como empleado en el Tesoro. En 1801 fue nombrado secretario privado de Nicholas Vansittart, el secretario del Tesoro. Herries había sido también secretario privado de Spencer Perceval cuando éste fue ministro de Hacienda entre 1807-09. Antiguo estudiante en Leipzig, es probable que su amistad con los Rothschild empezase entonces. Siendo estudiante, se vio envuelto en una relación sentimental con una mujer que se había casado posteriormente con un mercader de tabaco, el baron Limburger. Fruto de la relación existía un hijo ilegítimo. Los Limburger alegaron más tarde que fue gracias a su recomendación que Herris había involucrado a Nathan en la financiación de la campaña de Wellington. De hecho debió de ser así, pues posteriormente reclamaron a Nathan un 1% de comisión, entre 30.000 y 40.000 libras, por el negocio que hizo. En junio de 1814 los Rothschild seguían contando con la influencia de Limburger sobre Herris, lo cual invita a pensar, escribe Ferguson, "que Limburger estaba chantajeando a Herris con la existencia de su hijo bastardo". Evidentemente, dejar a los Rothschild al margen del chantaje no parece creíble, pero así lo pretende "ingenuamente" Ferguson[13].

---

[13] Un caso similar de chantaje fue el realizado sobre el presidente norteamericano Woodrow Wilson, explicado con todo detalle por Benjamín H. Freedman en su opúsculo *The Hidden Tyranny*. El abogado judío Samuel Untermayer sorprendió al presidente Wilson anunciándole que su cliente, la esposa de un profesor de Princeton, estaría dispuesta a aceptar una importante suma de dinero por mantener en secreto la relación que habían mantenido con Wilson cuando también él era profesor en Princeton. Una de

Pero la razón definitiva que explica el papel de Nathan en la financiación de la guerra en la Península tiene que ver, cómo no, con el tesoro del Elector. Fue sobre todo gracias al dinero que su padre le había transferido desde Frankfurt que pudo comprar oro a la Compañía de las Indias Orientales (East India Company) por valor de 800.000 libras. En realidad, la compañía trató de vender el oro al Gobierno, pero el precio era muy alto. Mientras se esperaba que bajase el precio, apareció Nathan y lo compró todo. He aquí la versión escueta de lo ocurrido contada por el propio Nathan: "Cuando me hube establecido en Londres, la East India Company tenía 800.000 libras en oro para vender. Fui a la venta y lo compré todo. Sabía que el duque de Wellington lo necesitaba. Yo había comprado gran cantidad de sus letras con un descuento. El Gobierno envió por mí y me dijo que lo necesitaba. Cuando lo obtuvieron, no sabían cómo lo podían hacer llegar a Portugal. Yo asumí todo esto y lo envié a Francia; y este fue el mejor negocio que hice".

Veamos con algo más de detalle estos hechos. El Gobierno le hizo saber a Nathan Rothschild que necesitaba el oro para financiar a Wellington y tuvo que comprárselo a él, pero cuando lo hizo el precio había ya subido. Entonces Nathan ofreció sus servicios para burlar el bloqueo continental y trasladar el oro a Portugal. Lo que no debían de suponer era que pensaba hacerlo a través del territorio enemigo, es decir, a través de Francia. De este modo los Rothschild en marzo de 1811 se dipusieron a pasar de contrabando el oro hacia territorio francés, lo cual fue tolerado por el propio Napoleón, pues James Rothschild había informado secretamente a Bonaparte de que su hermano planeaba llevar el oro a Francia y que los británicos se oponían. El Gobierno francés tragó el anzuelo. En París cambiaron el oro por billetes y luego los Rothschild lo trasladaron a España. De este modo Francia facilitó la financiación de la guerra contra sí misma. Napoleón había aceptado el consejo de su ministro del Tesoro Público, François Nicholas Mollien, quien argumentó que cualquier fuga de lingotes de Gran Bretaña era un signo de debilidad económica y consecuentemente era ventajoso para Francia. A mediados de mayo de 1814 el Gobierno británico le debía a Nathan 1.167.000 libras, una cifra lo suficientemente grande para aterrorizar incluso a su hermano Salomón.

Jaque mate en Waterloo

Pese a tantas buenas jugadas, la partida continuaba y pronto se presentó la ocasión para un movimiento definitivo, una jugada que iba a permitir a los Rothschild ganar una partida que habían iniciado en 1806, lo

---

las finalidades del chantaje era el nombramiento del talmudista y sionista Louis Dembitz Brandeis como miembro de la Corte Suprema de Justicia de Estados Unidos. Habrá ocasión más adelante de narrar los pormenores de esta historia.

cual les iba a convertir en la familia de banqueros más poderosa de Europa y, consecuentemente, en los líderes de las finanzas internacionales.

Desde siempre supieron los Rothschild la importancia de disponer de información privilegiada. Por ello decidieron que era preciso interceptar y controlar las comunicaciones, cosa que lograron gracias a la alianza con la casa Von Thurn und Taxis[14], que tenían el monopolio del correo en Europa. Hay una anécdota muy extendida sobre la primera entrevista de Mayer Amschel Rothschild con el príncipe Carl Anselm, jefe de la Casa de Thurn und Taxis: Rothschild trabajaba en su escritorio y cuando entró el príncipe le dijo: "Tráigase usted una silla". El visitante, tras unos segundos de desconcierto, recalcó: "Soy el príncipe de Thurn und Taxis". Mayer Amschel replicó: "Muy bien, pues tráigase usted dos sillas". Chistes aparte, lo que cuenta es que una vez más debió de existir algún tipo de soborno o acuerdo secreto. Los Thurn und Taxis a partir del pacto con los Rothschilds vigilaron y examinaron para ellos cartas y comunicados de vital importancia en momentos históricos cruciales.

En cualquier caso los propios Rothschild tenían una red continental de agentes e informadores. Organizaron un servicio de espionaje que cubría las principales capitales europeas y también utilizaron palomas mensajeras para transmitirse con rapidez las noticias que podían darles ventaja en sus especulaciones bursátiles. Frederic Morton lo escribe así: "Los coches de los Rothschild circulaban a toda velocidad por las carreteras; los barcos de los Rothschild navegaban a través del canal; los agentes de los Rothschild eran sombras veloces a lo largo de las calles. Traían dinero, títulos, letras y noticias. Sobre todo, noticias, las últimas y exclusivas noticias para ser vigorosamente procesadas en la bolsa de valores".

Fue precisamente una jugada relacionada con el manejo de la información sobre el resultado de la batalla de Waterloo la que permitió a Nathan hacerse con el control de la Bolsa de Londres. Del resultado de la

---

[14] La familia Thurn un Taxis era de origen milanés, donde era conocida como della Torre. Inventaron la idea de un servicio de correos e introdujeron un sistema postal en Tirol a finales del siglo XV. En 1516 el emperador Maximiliano I, abuelo del futuro emperador Carlos V, les encargó que organizasen un servicio postal entre Viena y Bruselas. Ya entonces uno de sus miembros recibió el rango solemne de director general de correos. Este fue el inicio del impresionante desarrollo del sistema postal de Thurn und Taxis, que llegó a abarcar toda Europa. Las oficinas centrales estaban en Frankfurt. No satisfechos con el normal funcionamiento de su negocio, decidieron aprovecharse de la información escrita en las cartas que se les confiaban. A finales del siglo XVIII comenzaron a abrir la correspondencia y a anotar los contenidos que podían ser de interés. A fin de conservar el monopolio, la Casa de Thurn und Taxis ofreció al emperador poner a su disposición la información obtenida mediante la manipulación secreta de las cartas. Mayer Amschel se dio cuenta enseguida de cuán importante era para un banquero o un comerciante disponer con antelación de ciertas noticias e informaciones, especialmente en tiempo de guerra. Como en su ciudad natal residía la sede principal del servicio de correos, contactó fácilmente con la casa de Thurn und Taxis y llegaron a un acuerdo satisfactorio para ambas partes.

batalla de Waterloo dependía en 1815 el futuro de Europa. Si Napoleón emergía victorioso, Francia sería la potencia dominante; pero si el vencedor era Wellington, entonces Gran Bretaña podría expandir su esfera de influencia y controlaría el balance de poder en el Continente. Sobre cómo sucedieron en realidad los hechos hay varias versiones que difieren unas de otras. La más fantasiosa sitúa incluso al mismo Nathan en el campo de batalla. En *The Rothschilds: the Financial Rulers of Nations,* John Reeves asegura que Nathan se personó en el campo de batalla y se situó en una posición que le permitía divisar el escenario del choque entre los ejércitos. Así comiena su narración novelesca: "La batalla empezó. La densa humareda de los furiosos cañonazos envolvió pronto todo el campo en una nube; pero los ojos en tensión de Nathan Mayer eran capaces de ver de tanto en tanto las feroces cargas de la caballería francesa, debido a las cuales la seguridad de las líneas inglesas estuvo más de una vez en peligro..." Según Reeves, con la certeza de que Bonaparte iba a ser derrotado, Nathan Rothschild espoleó su caballo hasta Bruselas. Una vez allí se procuró un carruaje que, sin demora y a toda velocidad, lo condujo hasta Ostende, a donde llegó agotado la mañana del 19 de julio. Pese al mar tempestuoso, se propuso cruzar el canal; pero incluso los pescadores se negaban a intentarlo. Aunque les ofreció quinientos, seiscientos, ochocientos francos, ninguno se atrevía. Sólo con una oferta de dos mil francos aceptó uno, con la condición de que se pagase el dinero a su esposa antes de partir. Apenas zarparon, cambió el viento y mejoraron las condiciones, lo cual permitió acortar la duración de la travesía. Al atardecer llegaron a Dover. Sin concederse un mínimo descanso, Nathan se hizo con veloces caballos y continuó su viaje hacia Londres. "Al día siguiente -sigue narrando Reeves- se le vio inclinado contra su bien conocida columna de la Bolsa, aparentemente roto físicamente y espiritualmente, como si hubiera sido arrollado y aplastado por alguna funesta calamidad. El mayor pesimismo y abatimiento se habían instalado desde hacía días en la City y cuando vieron a Rothschild se llegó unánimemente a la conclusión de que había sucedido lo peor..."

Más creíble es la interpretación de Frederic Morton, quien explica que en la Bolsa de Londres el ambiente era febril mientras se esperaba la llegada de noticias. Si Napoleón vencía, los bonos consolidados de la deuda pública se hundirían; pero si el vencedor era Wellington, el valor de los bonos se dispararía. En la versión de Morton, hombres de Nathan Rothschild trabajaban sin descanso en ambos lados tratando de recoger noticias. Otros agentes iban trasladando los boletines de inteligencia a un puesto situado estratégicamente en las cercanías, donde se procesaba la información. Al atardecer del día 18 de junio un representante de Rothschild que llevaba un informe secreto sobre la crucial batalla saltó a una embarcación previamente contratada y cruzó el canal. Este agente era esperado al amanecer en Folkstone por el propio Nathan, quien una vez hubo examinado el informe se dirigió velozmente hacia la Bolsa. Cuando llegó, se situó como de costumbre al lado de su columna habitual, que era ya conocida como Columna Rothschild, "sin ningún signo de emoción, sin el mínimo cambio en sus expresiones faciales, con cara pétrea". Otro autor, Andrew Hitchcock, en *The History Of The House Of Rothschild,* informa que el agente de los Rothschild que embarcó y cruzó el canal era un tal John Rothworth. Hitchcock, John Coleman y George Armstrong sostienen que los Rothschild trabajaban en la financiación de ambos ejércitos (Nathan a Wellington desde Inglaterra y James a Napoleón en Francia). Según estos autores, comenzó así su política de financiar en las guerras a ambos lados.

En lo que coinciden casi todos los autores es en lo que ocurrió una vez que Nathan llegó a su columna. Tras una señal previamente convenida, sus agentes en la Bolsa comenzaron a inundar el mercado con los bonos consolidados de la deuda pública, cientos de miles de libras en bonos fueron vertidas en el mercado y el valor de los consolidados empezó a descender e incluso a desplomarse. Nathan continuaba apoyado en su columna con rostro inexpresivo, sin traslucir la más mínima emoción. Continuó vendiendo y vendiendo. No tardó a expandirse el rumor en la Bolsa de que Rothschild sabía que Wellington había perdido en Waterloo. La venta se convirtió en pánico cuando la gente se precipitó a deshacerse de sus bonos y a intercambiarlos por oro o plata con la esperanza de retener al menos parte de su riqueza. Tras varias horas de desesperadas operaciones, los consolidados se habían convertido en bonos ruinosos. Nathan, frío como siempre, apoyado en su columna, seguía emitiendo sutiles señales; pero entonces eran algo diferentes, tan ligeramente diferentes que sólo agentes altamente preparados sabían detectar el cambio. Siguiendo las indicaciones de su jefe, docenas de agentes de Rothschild comenzaron a comprar toda la deuda pública a precios de risa. Cuando más tarde llegaron a Londres noticias sobre el resultado de la batalla de Waterloo, los bonos consolidados subieron de inmediato hasta superar incluso su valor original. Nathan Rothschild había comprado el control de la economía británica y, según afirman los autores más entusiastas, de la noche a la mañana había multiplicado su ya inmensa fortuna por veinte, lo cual, ciertamente, parece una exageración.

Niall Ferguson es uno de los autores que rebaja de modo considerable los beneficios de las operaciones de Nathan en la Bolsa y llega incluso a minimizar la importancia de Waterloo. Curiosamente, sin embargo, también Ferguson da noticia de John Rothworth y transcribe incluso la narración que el propio Rothworth hace de "una agotadora jornada a pie desde Mons a Genappe, caminando de día en medio de una nube de polvo bajo un sol ardiente y abrasador y durmiendo de noche en el suelo bajo la boca de los cañones". Ferguson informa también de que una semana después de la jornada en la Bolsa, alguien le dijo a Rothworth: "Nathan ha sacado buen provecho de la información que tú tenías sobre la victoria lograda en Waterloo". Entonces Rothworth se atrevió a pedirle a Rothschild si podía participar en la compra de bonos del Gobierno "en el caso de que en su opinión pudiera ser ventajoso".

Palabras del popio Nathan Rothschild indican con claridad cuál era la percepción que él mismo tenía de su poder unos años después. En 1818 negoció un préstamo con Prusia. El ministro de Finanzas, Christian von Rother, intentó modificar los términos una vez ya firmados. Niall Ferguson cita la carta remitida por Nathan a von Rother, en la que, como admite el propio Ferguson, se aprecia la insolencia y la falta de respeto de Nathan hacia Prusia y su ministro:

> "Queridísmo amigo, he cumplido mi obligación por Dios, el Rey y el ministro de Finanzas von Rother, mi dinero le ha sido enviado a Berlín... Es su turno y obligación de cumplir su parte, de guardar su palabra y no venir ahora con cosas nuevas, y todo debe permanecer como fue acordado entre hombres como nosotros, y eso es lo que espero, como puede ver usted por mis entregas de dinero. El conciliábulo allí no puede hacer nada contra N. M. Rothschild, él tiene el dinero, la fuerza y el poder. La camarilla tiene sólo impotencia y el rey de Prusia, mi Príncipe Hardenberg y el ministro Rother deberían estar contentos y agradecidos a quien les envía tanto dinero que hace aumentar el crédito de Prusia".

En 1820, consciente de que el Banco de Inglaterra estaba bajo su poder, fue todavía más prepotente. Estas son sus palabras jactanciosas, citadas una vez más por Ferguson: "No me importa qué marioneta está colocada en el trono de Inglaterra para gobernar el Imperio. El hombre que controla la provisión de dinero a Gran Bretaña controla el Imperio Británico, y yo controlo la provisión de dinero a Gran Bretaña".

Los Rothschild y Napoleón

Napoleón es una de las grandes figuras históricas peor conocidas. Poco se ha escrito sobre su ascenso de la oscuridad a la fama. En *The Rothschild Dynasty*, John Coleman sostiene que, como lo fueron Disraeli, Bismarck, Trotsky, Kerensky o Lloyd George, en un principio Napoleón fue un hombre de los Rothschild. Napoleón era extremadamente pobre cuando fue presentado por el masón iluminado Talleyrand a los Rothschild. Fue Mayer Amschel, siempre tan inteligente y perspicaz, quien descubrió al nuevo talento. El fuego interno y la pasión del corso lo impresionaron y decidió ofrecerle dinero para que viviera decentemente. En 1796 Napoleón se casó con Josefina de Beauharnais, que una vez había pagado por su uniforme. Dama criolla oriunda de la Martinica con una líbido insaciable, Josefina era amante del vizconde Paul de Barras, hombre fuerte del Directorio. Según John Coleman, Mayer Amschel Rothschild arregló o pactó dicho matrimonio con Barras, quien por entonces andaba a la búsqueda de "una espada a la que manejar convenientemente para el repliegue conservador de la República". Fue Barras, el cual según distintas fuentes era también miembro de los Illuminati, quien nombró a Napoleón comandante en jefe del ejército de Italia. Parece ser que mientras su marido hacía la guerra contra austríacos y piamonteses, Josefina hacía el amor con Barras y otros miembros del círculo gubernamental.

Napoleón fue el primer líder europeo que concibió la idea de conquistar Jerusalén para los judíos y dar cumplimiento así a la profecía. Curiosamente los historiadores nada dicen sobre ello ni sobre los motivos que tenía, que no podían ser otros que granjearse el favor y la ayuda económica de los banqueros judíos. Prometiéndoles la ciudad tres veces santa, se adhería a la idea de una nación étnicamente pura, como más tarde hizo Hitler al pactar con los sionistas (Acuerdo Haavara). En 1799, año en que Napoleón estuvo al frente de la expedición francesa contra los ingleses en Egipto, el *Monitor* de París del 22 de mayo decía: "Bonaparte ha publicado una proclama en la cual se invita a todos los judíos de Asia y África a ir y a establecerse ellos mismos en la antigua Jerusalén bajo el amparo de su bandera". Unas semanas más tarde, un segundo texto aparecido en el *Monitor* añadía: "No es sólo para dar Jerusalén a los judíos que Bonaparte ha conquistado Siria. Tiene planes más amplios..."

Cinco años más tarde las percepciones que tenía Napoleón sobre los judíos y las relaciones mutuas habían cambiado de manera sustancial. La coronación imperial de Napoleón en 1804 fue contemplada con indiferencia por Mayer Amschel; pero para unos talmudistas como los Rothschild el hecho de que el Papa fuese invitado no gustó en absoluto. En 1806, tras la victoria de Austerlitz, las quejas de Napoleón contra los judíos y el uso terrible que hacían de la usura quedaron reflejadas en una sesión del Consejo de Estado. Joseph Pelet de Lozère, uno de los miembros del Consejo que asistía a las sesiones, publicó en París en 1833 *Opinions de Napoléon sur divers sujets de politique et d'administration recueillies par un membre de son Conseil d'Etat* (*Opiniones de Napoleón sobre diversos temas de política y administración recogidas por un miembro de su Consejo de Estado*). Se trata de una obra de gran interés que puede leerse íntegramente en Internet. En ella figuran las notas tomadas por Pelet de la Lozère. En el capítulo XX, titulado "Sur les Juifs" (Sobre los judíos), se hallan las anotaciones de la sesión del 30 de abril de 1806. He aquí la cita de las palabras de Bonaparte:

> "El Gobierno francés no puede ver con indiferencia que una nación envilecida, degradada, capaz de todas las bajezas, posea en exclusiva los dos bellos departamentos de la antigua Alsacia; hay que considerar a los judíos como nación y no como secta. Constituyen una nación dentro de la nación. Yo quisiera quitarles, al menos durante un tiempo determinado, el derecho de tomar hipotecas, pues es demasiado humillante para la nación francesa encontrarse a merced de la nación más miserable. Pueblos enteros han sido expropiados por los judíos; ellos han

remplazado el feudalismo, son verdaderas bandadas de cuervos. Se les vio tras los combates de Ulm que habían acudido desde Estrasburgo para comprar a los ladrones lo que habían robado... Sería peligroso dejar caer las llaves de Francia, Estrasburgo y Alsacia en manos de una población de espías que no se sienten vinculados al país."

La cuestión judía era tan importante para el emperador que aquel mismo año ideó una nueva manera de solventarla. Exigió entonces que los judíos escogieran públicamente entre una nación separada o la integración en la nación en la cual residían. Convocó a ciento doce representantes del judaísmo de Francia, Alemania e Italia para que respondieran a una serie de preguntas. Los delegados escogidos por las comunidades judías llegaron a París para solventar el dilema. Napoleón quería saber sencillamente si formaban parte de la nación que él gobernaba o si se consideraban parte de una nación que estaba por encima de todas las naciones. La pregunta era como una flecha disparada contra los principios de la Torah y el Talmud, sobre los cuales se había construido el muro entre los judíos y los demás hombres, los gentiles. Los temas básicos eran: ¿Permitía la Ley judaíca los matrimonios mixtos? ¿Contemplaban los judíos a los franceses como extranjeros o como hermanos? ¿Consideraban que Francia era su país nativo? ¿Establecía su Ley distinciones entre deudores judíos y deudores cristianos? Napoleón exigió la convocatoria del Gran Sanedrín con el fin de que el compromiso, caso de lograrse, tuviera la máxima fuerza legal.

De todas partes de Europa los tradicionales setenta y un miembros del Sanedrín, cuarenta y seis rabinos y veintiún seglares, acudieron a París en febrero de 1807. Fue un momento histórico, puesto que afirmaron que no existía ya una nación judía, que las leyes del Talmud no tenían ya vigor, que no deseaban vivir en comunidades cerradas y que eran a todos los efectos franceses y nada más. Fue una ilusión efímera, puesto que los judíos que se presentaron ante Napoleón no representaban a las grandes masas de judíos kázaros del este de Europa, los askenazis de Rusia y Polonia, quienes acabarían cancelando la respuesta de un Sanedrín que en aquel momento histórico no los representaba. No en vano los Rothschild eran talmudistas de origen askenazi y ostentaban el liderazgo indiscutible.

En 1809, un joven alemán llamado Friedrich Stapps, agente de los Illuminati según el propio Bonaparte, intentó asesinar al emperador en Viena. Tras una conversación con el joven, Napoleón declaró: "Estos son los efectos de los Illuminati alemanes. Se enseña a la nueva generación que asesinar es una virtud. De todas maneras creo que hay algo más de lo que se ve en el asunto". Stapps fue ejecutado por un pelotón de fusilamiento el 17 de octubre. En 1810, el emperador se divorció de Josefina y contrajo matrimonio con la archiduquesa María Luisa. Este es el punto que marcó de manera clara el inicio del distanciamiento entre Bonaparte y los Rothschild. Apartir de entonces quienes habían sido sus mentores comenzaron a financiar una liga en su contra y trabajaron sin cesar para enemistarlo con el Papa. Fue así como Napoleón acabó denunciándolo públicamente a los judíos. He aquí tres de sus opiniones: "Uno no puede mejorar el carácter de los judíos con argumentos. Para ellos deben establecerse leyes exclusivas". "Todo su talento se concentra en actos de rapacidad". "Tienen un credo que bendice sus robos y fechorías".

Cuando Napoleón comenzó la invasión militar de Rusia, los Rothschild trabajaban ya para que fuera derrotado. William Guy Carr, autor de *Pawns in the game*, explica de qué manera se saboteó a Napoleón en la campaña de Rusia. Guy Carr, oficial de inteligencia en la Armada Real de Cánada, era buen conocedor de cómo se funciona en estos niveles. Según este autor, la estrategia secreta usada para derrotar a Napoleón y forzar su abdicación fue muy simple. Se colocaron agentes en posiciones claves de los departamentos de aprovisionamiento, comunicaciones, transporte e inteligencia del ejército francés. De este modo se saboteaban suministros, se interceptaban órdenes, se emitían mensajes contradictorios o se desviaban o extraviaban transportes. La campaña de Rusia estuvo plagada de este tipo de problemas.

Los Rothschild no sólo se enriquecieron con la derrota de Napoleón en Waterloo, sino que pusieron también todos los medios a su alcance para que ésta se produjera. Tanto el conde Cherep-Spiridovitch en *The Secret World Government or "The Hidden Hand"*, como John Coleman en la obra citada desvelan que Napoleón fue traicionado por Soult, que era judío y obedecía las órdenes de los Rothschild. "Aunque Napoleón lo había ascendido a mariscal -escribe Cherep-Spiridovitch-, lo había hecho duque de Dalmacia y lo había recompensado con ingresos millonarios, este judío no dudó en traicionar a su generoso emperador". En Waterloo, Soult debía tomar y mantener Genappe, un pueblo importante para proteger el flanco del ejército del emperador. Napoleón se quejó amargamente de Soult: "Soult, mi segundo en el mando en Waterloo, no me ayudó como debería haberlo hecho... Su estado mayor, a pesar de mis órdenes, no estaba organizado. Soult perdió el ánimo muy fácilmente... Soult no me sirvió de nada. ¿Por qué durante la batalla no mantuvo el orden en Genappe". Hay que recordar aquí que, curiosamente, Genappe es el pueblo al que se dirigió John Roothworth, el agente de Nathan Rothschild, según se ha visto más arriba. John Coleman añade que también es incomprensible la actuación del mariscal Grouchy, quien supuestamente debía llegar con refuerzos, pero se presentó con veinticuatro horas de retraso, pese a que oía los cañonazos y sabía que la batalla se había iniciado. Grouchy fue acusado públicamente en 1846 por Georges Dairnvaell de haber sido sobornado por los Rothschild. En *The Rothschild Dynasty*, Coleman escribe lo siguiente sobre Soult y Waterloo:

> ... Tal es el poder de los Rothschild y la falsificación de la historia. Si no hubiera sido por la traición que se cometió contra él, Napoleón hubiera

derrotado estrepitosamente a Blucher y Wellington. Soult sirvió bien a su amos; ellos le dieron algunos de los más altos cargos en Francia. Que él fue el padre de Bismarck ha sido sugerido, pero nunca probado. Durante un tiempo la madre de Bismarck fue la amante de Soult como confirmó el propio Bismarck: 'No fui grande por mi talento o por mis capacidades, sino que todos me ayudaron por el hecho de que mi madre fue la amante de Soult'."

Sobre Soult, que reaparecerá en otro capítulo, podría escribirse largo y tendido. Hay que recordar que en España este judío ansioso de poder y riqueza robó y expolió cuanto pudo sin ningún escrúpulo. Después de haber robado en toda Europa, concretamente en Alemania, Austria e Italia, actuó en Sevilla como un auténtico virrey y fue preparando el hurto de los mejores cuadros de Murillo y los grandes maestros sevillanos, muchos de los cuales pasaron a engrosar sus colecciones en el castillo de Soultberg. Soult contó con la colaboración de un español, Alejandro Mª Aguado, potentado sevillano que fue coronel de su Estado Mayor y posteriormente acaudalado banquero parisino. Años después, Aguado vendió una de las mejores colecciones de pintura española. Durante su estancia en Sevilla, el mariscal acumuló cuadros suficientes para realizar hasta diez envíos a su esposa. Continuamente llegaban a su domicilio transportes repletos de objetos preciosos, con los que este ladrón y traidor pudo llenar Soultberg y la mansión de Villeneuve, sus palacios en París. En las caricaturas políticas que circularon a lo largo de su vida, se le representó a menudo rodeado de cuadros y objetos de arte. En una de 1834 "Les honneurs du Panthéon", se le ve ahorcado junto a otros dignatarios con el cuello dentro de un cuadro con la firma de Murillo.

Durante más de treinta años un estudioso de Napoleón, Ben Weider, se esforzó por hacer saber al mundo que en 1821 Bonaparte había muerto envenenado en Santa Elena. Por fin, el 2 de junio del 2005, en conferencia de prensa celebrada en Illkirch-Graffenstandem, el Dr. Pascal Kintz, presidente de la Asociación Internacional de Toxicólogos de Medicina Forense, confirmó la tesis de Weider y demostró que el arsénico se encontraba en el corazón de los cabellos de Napoleón, lo cual indicaba un recorrido por vía digestiva y no por contaminación externa como pretendía la revista *Science & Vie* por razones misteriosas. El Dr. Kintz reveló la naturaleza del tóxico utilizado: arsénico mineral, conocido vulgarmente como raticida.

Los Rothschild reinan en Europa

Hasta su muerte en 1836 Nathan lideró el clan desde Londres, donde, tras el golpe de Waterloo, siguió contando con la ayuda inestimable de Herris, gracias al cual fue creciendo su proximidad con el secretario del

Tesoro, Nicholas Vansittart. Refiriéndose a esta amistad con Vansittart, Salomón escribía a James en estos términos: "La relación de Nathan con este caballero del Tesoro es como de hermanos... Nuestra Nueva Corte me da la impresión de ser como una logia masónica. Quien entra se convierte en un Bono-masón". Pero si en la City, flanqueado por los Mocatta y los Goldsmid, reinaba Nathan Rothschild, pronto sus cuatro hermanos iban a comenzar en el Continente sus respectivos reinados en las distintas capitales europeas desde las que operaban. Según el profesor Werner Sombart en su obra *The Jews and Modern Capitalism*, "el periodo de 1820 en adelante se convierte en la era de los Rothschild, de modo que a mediados del siglo era generalmente aceptado que había un sólo poder en Europa, y ese era los Rothschild".

Durante veintiséis años, desde 1789 hasta 1815, Europa se vio envuelta en una espiral de violencia. Tras la sangrienta revolución en Francia, se sucedieron las guerras que dejaron exhaustos, desde Portugal hasta Rusia, a los pueblos del viejo continente. Del mismo modo que se enriquecieron enormemente con las guerras por ellos financiadas, los Rothschild iban a sacar también provecho de las consecuencias económicas de la paz. Disraeli lo explicaría posteriormente en su novela *Coningsby*: "tras la extenuación de una guerra de veinticinco años, Europa necesitaba capital para construir la paz... Francia quería algo; Austria, más; Prusia, un poco; Rusia, unos pocos millones". Pese a que al principio sus competidores trataron de frenarlos, los Rothschild acabaron haciéndose con todos los grandes negocios, incluido el ferrocarril: la construcción de líneas férreas en toda Europa iba a convertirse pronto en uno de los mejores negocios y ellos lo monopolizaron.

Tenían una serie de sustantivos alemanes para referirse a sus rivales, tales como "Schurken" (bellacos, canallas), Bösewichte (bribones, malvados) y "Spitzbuben" (Ladrones). Ya antes de Waterloo habían hablado mucho sobre las maneras de poner palos en las ruedas de sus "malvados" competidores, y eso fue lo que hicieron a partir de 1818 con los Baring, los Labouchère y otros banqueros que pretendían oponérseles. James Rothschild aspiraba a ser el equivalente en Francia a lo que su hermano Nathan era en Gran Bretaña; pero el Gobierno francés había negociado en 1817 un préstamo sustancial con la prestigiosa banca francesa de Ouvrard y con los hermanos Baring de Londres. El año siguiente, el Gobierno francés necesitó otro préstamo. Como los bonos emitidos en 1817 aumentaban su valor en el mercado de París y en otros centros finacieros de Europa, parecía seguro que Francia continuaría con los servicios de los mismos bancos. Los Rothschild utilizaron su vasto repertorio de artilugios para influir en el Gobierno francés, pero fue en vano. Los franceses, sin embargo, no tuvieron en cuenta o ignoraron la astucia y la capacidad de los banqueros judíos para especular y manipular el dinero. El 5 de noviembre de 1818 ocurrió algo inesperado: después de un año de constante apreciación, el valor de los bonos franceses comenzó a caer. Un día tras otro la depreciación se hacía más pronunciada. Pronto comenzaron también a devaluarse otros títulos del Gobierno. En la corte de Luis XVIII crecía la tensión. Lentamente los observadores comprendieron que Los Rothschild tenían algo que ver en el asunto. Una vez más habían provocado el pánico manipulando secretamente el mercado de valores. Durante el mes de octubre de 1818 sus agentes, utilizando sus reservas ilimitadas, habían comprado enormes cantidades de bonos del Gobierno francés emitidos por sus rivales, lo cual había hecho que aumentase su valor. Luego, el 5 de noviembre, empezaron a inundar los mercados (dumping) con grandes cantidades de títulos de la deuda francesa. De este modo desestabilizaron todas las bolsas europeas y crearon el pánico. No tardaron en ser llevados ante Luis XVIII. Fue de esta manera que también Francia pasó progresivamente a ser controlada por los Rothschild, quienes a finales de 1822 se habían convertido también en los banqueros de la Santa Alianza: "La alta Tesorería de la Santa Alianza".

Mención aparte merece la relación de Salomón Rothschild con Metternich, el hombre que hizo la política austríaca desde 1809 hasta 1848. No sólo fue su banquero, sino que se entendieron emocionalmente e intelectualmente. Aunque procedía de una familia aristocrática, el príncipe Klemens Wenzel Nepomuck Lothar von Metternick no tenía dinero. Durante las negociaciones de paz en París en 1815, surgió la posibilidad del primer préstamo de los Rothschld, concretamente con Carl y Amschel en Frankfurt. Metternich había demostrado ser un útil aliado de los Rothschild: les suministró en París informaciones políticas, les había ayudado a asegurar el negocio financiero en Austria y simpatizaba con su campaña por la emancipación de los judíos en Frankfurt. En octubre de 1821, acompañado de su amante, la princesa Dorothy de Lieven, se entrevistó con Amschel en Frankfurt en un gesto de apoyo a la comunidad judía de la ciudad. Menos de un año después obtuvo un segundo préstamo, concertado seis días antes de que los hermanos recibieran del emperador austríaco, Francisco I, el título de barón. Este préstamo selló la amistad entre los Rothschild y Metternich. En 1823, en Verona, Salomón lo dotó de liquidez para que pudiera hacer frente a sus considerables gastos personales. Dos años más tarde, James lo agasajó con una cena grandilocuente en París. Fue por esta época que Metternich empezó a utilizar el servicio de correo de los Rothschild para correspondencia de importancia. Desde entonces, él y Salomón se intercambiaron información regularmente: Metternich lo ponía al corriente de las intenciones políticas de Austria y el banquero le proporcionaba noticias que recibía de sus hermanos en París, Londres, Frankfurt y Nápoles. Los Rothschild utilizaban con frecuencia la palabra "uncle" (tío), para aludir a Metternich.

Una de las víctimas de la alianza entre Salomón y Metternich fue el banquero David Parish, cuyo banco vienés "Fries & Co" fue sacrificado. En 1820 Parish había sido socio de Salomón en ocasión del préstamo para organizar una lotería que fue ampliamente criticada y calificada como una "vergonzosa usura judía". Seis años más tarde fue el propio Parish quien utilizó virulentas expresiones contra los Rothschilds, quienes lo habían dejado tirado junto con su banco. Antes de suicidarse arrojándose al Danubio, escribió cuatro cartas: a su hermano John, al banquero Geymüller, a Metternich y al propio Salomón, en las cuales culpaba de su caída a los Rothschild y prometía desacreditarlos públicamente. "Metternich -decía Parish- me ha sacrificado a la codicia de una familia que, pese a todas su riquezas, no tienen corazón y sólo les preocupa la caja del dinero". Parish lamentaba haber sido engañado por Salomón de la manera más vergonzante y "haber sido pagado con la más negra ingratitud por los servicios". En la carta a Metternich se quejaba en estos términos: "Los Rothschild han entendido mejor que yo como atraparlo a usted en su esfera de intereses y como asegurarse su especial protección". En su carta a Salomón le decía que la nueva alianza entre ellos (los Rothschild) y Metternich lo había arruinado: "Bajo la protección del príncipe Metternich, usted ha conseguido asegurarse el exclusivo control de múltiples transacciones en las cuales yo tenía legal y moralmente derecho a una participación..." Metternich, pues, fue el hombre clave de los Rothschild en Austria. Recientemente se ha encontrado en Moscú una caja de plata con documentos que demuestran que Salomón guardaba cuentas bancarias y correspondencia financiera de Metternich. La importancia de esta relación condicionó claramente la política exterior austríaca. En el próximo capítulo habrá ocasión de comprobar cómo hacía valer Salomón su íntima relación con el príncipe.

Los aduladores de los Rothschild estaban a la orden del día. Según el economista Friedrich List, eran "el orgullo de Israel, ante quienes reyes y emperadores se inclinaban humildemente". La *Niles Weekly Register*, la revista de más circulación en América, en 1835 calificaba a los Rothschild como el asombro de la banca moderna y afirmaba tajantemente que ellos gobernaban el mundo cristiano, puesto que ningún gobierno se movía sin su consejo. "Ellos alargan su mano con igual facilidad -decía el articulista- desde San Petersburgo a Viena, desde Viena a París, desde París a Londres, desde Londres a Washington. El baron Rothschild, el jefe de la casa, es el verdadero rey de Judea, el príncipe de la cautividad, el Mesías tanto tiempo esperado por este extraordinario pueblo. Él tiene las llaves de la paz y de la guerra, de la bendición o de la maldición... Ellos son los agentes y los consejeros de los reyes de Europa y de los líderes republicanos de América. ¿Qué más pueden desear?"

Ir viendo de qué modo fueron esclavizados los distintos pueblos europeos a través de la deuda escapa a las posibilidades de este capítulo. Los Rothschild establecieron con una serie de figuras claves de la escena política en Europa una red de relaciones privadas carente de toda ética y condicionada por las finanzas. Tanto fue así que no tardaron en ser colocados por la opinión pública en el centro de una telaraña de corrupción. Su imagen, salpicada además por numerosos casos de soborno y chantaje, fue deteriorándose ante los ojos del gran público. Los chistes y caricaturas de denuncia proliferaron en buena parte de la prensa, que en el primer tercio del siglo todavía no habían conseguido controlar del todo. Pero lo que de veras importaba era que ya antes de 1830 los Rothschild se habían convertido en un coloso cuyos recursos, según explica su biógrafo Niall Ferguson, habían crecido tanto que eran diez veces superiores a los de su más cercano competidor.

Judíos talmudistas

En el primer capítulo de esta obra se ha explicado ya la importancia del *Talmud* para el judaísmo, superior incluso a la de la *Torá*, y se ha comentado el odio visceral que rezuman sus textos hacia el cristianismo. Por ello es preciso reflexionar ahora sobre las implicaciones que se derivan del hecho de que los banqueros más poderosos del mundo sean talmudistas (no sólo los Rothschild lo son). Mayer Amschel Rothschild iba para rabino y fue educado en los principios del *Talmud*, según los cuales sólo los judíos tiene el derecho de dominar a otros pueblos, puesto que los no judíos han sido creados para servir a los judíos. En el *Talmud* se enseña que saquear a los no judíos y ser hipócrita con ellos está permitido. Las consecuencias de seguir estas doctrinas, no sólo en el negocio bancario sino en cualquier ámbito de las relaciones interpersonales, son evidentemente catastróficas. August Rohling, profesor de la Universidad de Praga a finales del siglo XIX y traductor del *Talmud*, afirma que mientras esperan la llegada del Mesías, los judíos viven en constante estado de guerra con otros pueblos. Cuando la victoria llegue, todos los pueblos aceptarán la religión judía; pero no se permitirá este privilegio a los cristianos, sino que serán exterminados, puesto que pertenecen al diablo. Vistas así las cosas, cabe pensar que los orígenes del gran esquema del Nuevo Orden Mundial (New World Order) proceden del *Talmud* y que el tan ansiado Gobierno Mundial no es otra cosa que la realización de lo que se viene llamando la "utopía judía".

The jewish Utopia (La Utopía Judía) es el título de un libro de ciento treinta y cinco páginas publicado en 1932 por el sionista Michael Higger, quien lo dedicó a la Universidad Hebrea de Jerusalén, la cual representa, según Higger, "el símbolo de la utopía judía". Se puede acceder al texto en PDF. En él se revisa el plan completo de los sionistas para dominar el mundo. Robert H. Williams, un escritor nacionalista norteamericano que en la segunda guerra mundial organizó para la Fuerza Aérea Americana (AAF) un Servicio de Contrainteligencia, estudió el libro y lo parafraseó en su *The Ultimate World Order as pictured in "The Jewish Utopia"* (*El Orden Mundial Final, descrito en la "Utopía Judía"*), obra publicada en 1957 que puede leerse asimismo en inglés en Internet. Williams describe el libro como el compendio de profecías, enseñanzas filosóficas, planes e interpretaciones del *Talmud* que subyacen en lo que él llama "el Orden Mundial Final". Higger cita las palabras del *Talmud*, según las cuales los "justos" serán los judíos y aquellos que escojan alinearse a su lado para servirlos, mientras que los "malvados" serán aquellos que sean percibidos por los judíos como oponentes a sus intereses. Higger señala que en la utopía judía "todos los tesoros y recursos naturales del mundo estarán en posesión de los justos en cumplimiento de la profecía de Isaías". La acumulación de toda la riqueza de la humanidad es, por tanto, parte integrante de la antigua agenda judía para constituir un Nuevo Orden Mundial. Algunos autores afirman que en la actualidad los Rothschild poseerían la mitad de la riqueza del planeta.

Mayer Amschel Rothschild educó, pues, a sus cinco hijos según los principios del *Talmud*. Ya en tiempos de Moses Amschel Bauer, los rezos y otros rituales religiosos se observaban en familia. La religiosidad de los Rothschild ha quedado inmortalizada por Moritz Daniel Oppenheim. Este pintor, que realizó también los cuadros ya descritos sobre la entrega y la devolución del tesoro del Elector de Hesse-Kassel, es asimismo autor de una obra un tanto inquietante, titulada *La familia Rothschild durante la oración*. Niall Ferguson reproduce el cuadro en *The House of Rothschild. Money's Prophets*. En la pintura, doce personas aparecen envueltas hasta la cabeza con las tradicionales túnicas blancas de los levitas, que les cubren todo el cuerpo. La atmósfera fantasmal que se respira confiere al cuadro un halo enigmático. Once de ellas están sentadas alrededor de una mesa sobre la que arden seis candelabros de una sola vela. Casi todos sostienen libros en las manos y leen. La duodécima persona, envuelta desde los pies hasta la cabeza en el gran manto blanco característico de la tribu, aparece de espaldas en el umbral de una puerta que da a otra habitación en la que también se ven velas ardiendo. En su lecho de muerte Mayer Amschel leyó a sus hijos textos del *Talmud* y les impuso una serie de obligaciones. Queda, pues, suficientemente claro que, al margen de los negocios, los Rothschild mantenían una religiosidad talmudista. Se tiene constancia de que en 1820 el todopoderoso Nathan Rothschild era miembro en Londres de una sociedad donde se enseñaba la *Torá* y el *Talmud*, a la que ayudaba con aportaciones económicas.

Los Rothschild en la literatura. Sus escritores: Heine y Disraeli

Los libros y los periódicos eran en el siglo XIX los medios de propagación de las ideas. Por ello, como se ha visto, los Illuminati tenían entre sus prioridades seleccionar y controlar lo que había que leer y lo que no. A través de las Sociedades de Lectura, puestas en marcha por la Unión Alemana, se pretendía favorecer a los escritores que les eran propicios y arruinar a quienes se les oponían. En el primer tercio del siglo el proyecto seguía en gestación y las cosas no estaban aún del todo atadas, puesto que no se podían acallar todas las críticas. Ferguson, que se refiere a los Rothschild como los Medicis del siglo diecinueve, cita entre su protegidos a varios autores y también a los músicos Chopin y Rossini. Los Rothschild, pues, disponían de escritores que trabajaban servilmente para sus "protectores". El secretario de Metternich, Friedrich von Gentz, fue de los primeros en escribir sobre los banqueros en términos muy aduladores. Gentz llegó incluso a enviar instrucciones a periódicos como *Allgemaine Zeitung*, en las que se ordenaba que los Rothschild no fuesen criticados.

Sin embargo, algunos literatos los denunciaron. Uno de los primeros que se atrevió a criticarlos bajo la forma de la ficción novelesca fue Honoré de Balzac, quien aparte de sus obras literarias nos dejó la siguiente frase: "Hay dos historias: la oficial, embustera, que se enseña ad usum delphini, y la real, secreta, en la que se encuentran las verdaderas causas de los acontecimientos: una historia vergonzosa". En su novela *La casa de Nucingen* (1837) retrata a un pícaro banquero alemán que ha hecho su fortuna mediante una serie de quiebras fraudulentas y obligando a sus acreedores a aceptar papel depreciado como pago. Las semejanzas entre Nucingen y James Rothschild son demasiado evidentes para que sean casuales. En otra obra, *Esplendores y miserias de las cortesanas* (1838-47), Balzac llega a la conclusión de que toda riqueza acumulada con excesiva rapidez es el resultado de robos legales. Más dura fue la crítica de Georges Dairnvaell, quien en su panfleto *La edificante y curiosa historia de Rothschild I, rey de los judíos* (1846) insistía en que Nathan, con la noticia de la derrota de Napoleón en Waterloo, había ganado una enorme suma de dinero especulando en la Bolsa de Londres y lo acusaba también de haber sobornado al general francés Grouchy para asegurarse la victoria de Wellington. Otro escritor y periodista, Alphonse Toussenel, autor de *Los judíos, reyes de la época: una historia del feudalismo financiero* (1846) denunciaba en esta obra que Francia había sido vendida a los judíos y que las líneas del ferrocarril estaban controladas por el baron Rothschild, el rey de Francia. Toussenel defendía que la red ferroviaria francesa no podía estar en manos de capitalistas especuladores.

El escritor judío Ludwig Börne, nacido en Frankfurt como los Rothschild, acusó a sus amigos banqueros de ser los peores enemigos de las naciones porque habían prestado su dinero a los autócratas que se oponían al liberalismo. La hipocresía de la crítica de Börne quedaba en evidencia cuando más adelante este campeón del liberalismo se preguntaba patéticamente: "No sería una gran bendición para el mundo si todos los reyes fueran destituidos y la familia Rothschild ocupara sus tronos". El hipócrita Börne debía de saber seguramente que los Rothschild simplemente hacían negocio cuando prestaban dinero, aunque lo hacían sin olvidar en ningún momento la prioridad del Movimiento Revolucionario Mundial, que habían puesto en marcha a través de los Illuminati. Como siempre, financiaban a la vez a las dos partes, a las monarquías y al liberalismo, cuya ideología política les iba a permitir desencadenar las revoluciones en Europa.

Bastante claro lo tenía Lord Byron, quien ya en 1823, en el canto duodécimo de su *Don Juan*, preguntaba: "¿Quién sostiene la balanza del mundo? ¿Quién domina en el Parlamento sobre realistas o liberales? ¿Quién levanta a los patriotas descamisados en España? ¿Quién provoca en el viejo y el nuevo mundo dolor o placer? ¿Quién hace de todos los políticos unos charlatanes?". La respuesta que daba era: "El judío Rothschild y su colega cristiano Baring". Según parece, Byron desconocía que los hermanos Baring eran también de origen judío; pero lo importante de estos versos es que Byron veía claramente que Rothschild influía a la vez sobre monárquicos y liberales y que apoyaba la revolución en España y la insurrección en sus repúblicas latinoamericanas. Otro escritor, William Tackeray, comprendía también perfectamente lo que estaba ocurriendo y opinaba que "N. M. Rothschild jugaba con los nuevos reyes como las niñas juegan con sus muñecas".

Dos nombres judíos destacan entre los incondicionales de los Rothschild: Heinrich Heine (1797-1856), el famoso poeta romántico alemán que, según la crítica, influyó decisivamente en nuestro G. A. Bécquer, y Benjamín Disraeli (1808-1881), que fue por dos periodos primer ministro de Gran Bretaña, cargo desde el que realizó una política servil y determinante para los intereses de los banqueros judíos. Ambos merecen atención aparte.

Vayamos con el primero. Heinrich Heine fue intimísimo amigo de Karl Marx y de James Rothschild. Marx dijo de él que era "el más endurecido de los exiliados alemanes, el más irreductible y el más inteligente". Tanto Heine como el citado Börne fueron retratados por Moritz Daniel Oppenheim, el pintor de la familia Rothschild. El contacto de Heine con los Rothschilds tiene su origen en un tío suyo que le apoyó toda la vida, el acaudalado banquero Salomon Heine, llamado el Rothschild de Hamburgo, con quien en 1816 estaba ya trabajando en dicha ciudad. Se sabe que por esas fechas Heine frecuentaba con su padre en Frankfurt la logia masónica *Zur aufgehenden Morgenröte* (*Hacia el futuro amanecer rojo*). En 1822 conoció en Polonia el hasidismo, un movimiento de judíos talmudistas fundamentalistas, y quedó cautivado. Heine, que perteneció a los carbonarios, llegó exiliado a París el 19 de marzo de 1831 y comenzó entonces su relación personal con James, el menor de los cinco hermanos Rothschild, con quien durante la noche solía pasear por las calles de la ciudad cogidos del brazo.

Muy importantes y significativas son las referencias de Heine a los Rothschild y al comunismo. La profundidad de sus comentarios permite sospechar que sabía muy bien de lo que hablaba. En marzo de 1841 declaró lo siguiente: "Los Rothschild han reemplazado a la vieja aristocracia y ellos representan una nueva religión materialista. El dinero es el dios de nuestro tiempo y Rothschild es su profeta". Sobre la dirección de los movimientos revolucionarios escribió unas palabras sumamente esclarecedoras: "Nadie hace más para el progreso de la revolución que los propios Rothschild... y, aunque pueda parecer incluso más extraño, los Rothschild, los banqueros de los reyes, estos espléndidos administradores de dinero, cuya existencia debería considerarse en riesgo si colapsase el sistema actual de los Estados europeos, tienen por encima de todo en sus mentes la conciencia de su misión revolucionaria".

Pero donde más inquietante se muestra es en sus predicciones sobre el comunismo. No hace falta ser muy perspicaz para entender que su amistad con Marx y con los Rothschild le proporcionó toda la información que, seis años antes de la aparición del *Manifiesto Comunista*, desveló en el drama *Programa*, que no suele figurar en las bibliografías, pero que fue publicado en julio de 1842 en una revista de Hamburgo titulada *Französiche Zustände* (*Posiciones francesas*) y doce años después en el libro *Lutezia*. La cita es extensa, pero merece la pena:

> "El comunismo, que aún no ha aparecido, pero que aparecerá poderoso y será intrépido y desinteresado como el pensamiento... se identificará con la dictadura del proletariado. Será un duelo terrible. ¿Cómo terminará? Eso lo saben los dioses y diosas de quien es conocido el futuro. Sólo esto sabemos nosotros: el comunismo, aunque de él se hable poco ahora y yazga sobre jergones de paja en buhardillas desconocidas, es el héroe tenebroso a quien está reservado un magno, pero pasajero, papel en la moderna tragedia y que sólo espera la orden para entrar en escena. Por eso no perderemos nunca de vista a ese actor y hablaremos alguna vez de los ensayos secretos con los cuales se prepara para su debut en escena. Esto es quizá más importante que todas las informaciones sobre asuntos electorales, riñas de partido e intrigas de gabinete.
>
> ... La guerra entre Francia y Alemania será sólo el primer acto del gran drama, a saber, el prólogo. El segundo acto es el europeo, la revolución universal, el gran duelo de los desposeídos con la aristocracia de la propiedad; y entonces no se hablará de nación ni de religión, sólo existirá una patria, a saber, la Tierra, y una sola fe, a saber, la felicidad sobre la Tierra. ¿Se levantarán las doctrinas religiosas del pasado en todos los países en una resistencia desesperada, y será quizá este intento el tercer acto? ¿Volverá otra vez a entrar en escena la antigua tradición absoluta, pero con nuevos uniformes, nuevos lemas y nuevas contraseñas? ¿Cómo terminará ese drama? Existirá quizá tan sólo un pastor y un rebaño; un pastor libre con un cayado de hierro, y un rebaño humano esquilado y balando de modo uniforme.
>
> Salvajes, atroces tiempos nos amenazan. Y el profeta que quiera escribir este nuevo apocalipsis deberá inventar bestias completamente nuevas, y tan horribles que los viejos animales simbólicos de San Juan resultarán, comparados con ellas, dulces palomitas y amorcillos. Los dioses ocultan su rostro por compasión hacia los humanos y quizá también por temor a su propio destino".

El texto no tiene desperdicio. Heinrich Heine, un judío que se siente conmovido por el talmudismo hasidista, sobrino del banquero Salomon Heine, íntimo amigo de James y de Nathan Rothschild, a quien describe "sentado como si estuviera en un trono y hablando como un rey con cortesanos a su alrededor", íntimo amigo de Karl Marx, al que pone en contacto con Nathan en su exilio londinense, es históricamente el primer hombre que utiliza en público el término "dictadura del proletariado" (Proletarienherrschaft). Sus fuentes de información son evidentes, por lo cual no hay que pensar que estamos ante un profeta, sino ante alguien que sabía lo que los "dioses" estaban preparando para la humanidad. Él dijo que el dinero era el dios de nuestro tiempo y Rothschild, su profeta. Ya sabemos, pues, quiénes eran para él los dioses. Es también significativa su alusión a "los ensayos secretos" y al papel transitorio del comunismo "que sólo espera la orden para entrar en escena". Por lo demás todo se iba a cumplir según Heine había anunciado: primero la guerra franco-prusiana, que termina en la "Comunne" de París, donde los palacios de James Rothschild son custodiados y preservados de los saqueos por los propios revolucionarios; luego las revoluciones en Rusia, Hungría, Baviera, China y España y un mundo en el que media humanidad balará de un modo uniforme. Un nuevo apocalipsis del que incluso los "dioses" temen las consecuencias.

No hay duda, pues, y en un próximo capítulo tendremos ocasión de demostrarlo, de que las conexiones de Heine con los auténticos jefes del comunismo eran tan fuertes e íntimas que le permitieron conocer el plan trazado por ellos. Las razones que tuvo para desvelarlo con antelación habría quizá que buscarlas en la idiosincrasia del personaje, un hombre con un afán desmedido de protagonismo que lo impulsaba al exhibicionismo. En los Archivos del Estado en Viena existe con fecha de 28 de octubre de 1835 un informe de los servicios secretos austríacos sobre los revolucionarios alemanes en París. El conde Egon Caesar Corti cita en *The Reign of the House of Rothschild* el texto que hace referencia a Heine, considerado un "camaleón político y moral cobarde por naturaleza". El informe sigue en estos términos amargos: "un mentiroso y un hombre que sería desleal a su mejor amigo, mudable como una gallina, es totalmente inestable; malicioso como una serpiente, tiene toda la belleza y el brillo de este ser, y todo su veneno; sin ningún instinto noble o auténtico, es incapaz de una emoción sincera. Es tan vanidoso que querría desempeñar una labor destacada, pero ya ha representado su papel, ya no se lo toma en serio, pero su talento permanece."

El otro caso de escritor y político incondicional de los Rothschild fue Disraeli, quien en 1837 publicó *The Wondrous Tale of Alroy*, un relato cuyo protagonista es un kázaro que (se ha explicado en la nota 2 del primer capítulo), pretende conquistar Palestina en el siglo XIII. Benjamín Disraeli (Lord Beaconsfiled), hijo de Isaac Disraeli, fue primer ministro de Gran Bretaña en dos ocasiones (1867-68 y 1874-80) y estuvo por completo sometido a los intereses de los banqueros judíos que lo habían aupado hasta lo más alto. En *Coningsby* (1844), obra que la *Enciclopedia Judía* describe como un retrato idealizado del imperio de los Rothschild, Sidonia, un personaje que en la novela representa indistintamente a Nathan Rothschild y a su hijo Lionel, confirma que el mundo está gobernado por personas que se hallan ocultas entre bastidores y no aparecen en la escena pública. En este sentido, Sidonia, pese a confesar la enemistad de su familia con los zares de Rusia, presume de que en San Petersburgo se ha entrevistado con el ministro de Finanzas ruso, el conde Cancrin, hijo de un judío lituano. En su periplo europeo para negociar préstamos, los interlocutores son siempre judíos que se hallan situados en puestos decisivos: en España su interlocutor es Mendizabal, el hijo de un marrano de Aragón[15]; en París lo recibe el presidente del Consejo de Ministros, que es también el hijo de un judío. Sidonia presume de haber conseguido colocar en el gabinete de Prusia al conde Arnim, un judío prusiano. A la pregunta de si el mariscal Soult (ya se ha dicho, que traicionó a Napoleón) era un judío, responde que sí, y que también lo eran otros mariscales franceses, entre los cuales el más famoso es Massena, cuyo verdadero nombre es Mannaseh. Sidonia declara que su padre (Nathan) y sus hermanos, merced a los préstamos concedidos a los estados europeos, se convirtieron en los amos del mercado de valores de todo el mundo.

En 1847 Disraeli publicó una nueva obra, *Tancredo o la nueva cruzada*. En un pasaje de la novela, Eva Besso, personaje inspirado en Charlotte Rothschild, hija de Carl y esposa de Lionel, el hijo primogénito de Nathan, pregunta: "¿Quién es el hombre más rico de París?", a lo que Tancredo responde: "El hermano, creo, del hombre más rico de Londres". Tancredo puntualiza a continuación que ambos pertenecen a la misma raza y a la misma fe. Estos personajes novelescos de Disraeli inspirados en los Rothschild sirven para explicar a la perfección el poder financiero y político

---

[15] Juan de Dios Álvarez Mendizábal se apellidaba en realidad Méndez, pero para esconder mejor su origen se otorgó un apellido vasco. Los Rothschild conocieron a Mendizábal a través de Vicente Bertrand de Lys, un banquero de Madrid que tenía conexiones con la poderosa familia judía. Mendizábal trabajó estrechamente con los Rothschild y en 1835 consiguió para ellos un crédito de dos millones de libras para Portugal. A través de Nathan Rothschild especuló con títulos de la deuda y ganó un montón de dinero. En junio de 1835 fue nombrado ministro de Hacienda en sustitución del conde de Toreno, con quien, a causa de la confusa negociación de un préstamo, se había enemistado Nathan tras haber conseguido los derechos de explotación de las minas de mercurio de Almadén. En una reunión de familia, los Rothschild decidideron provocar el desplome de la deuda española en los mercados. Antes de lanzar el ataque bursátil, Nathan avisó a su amigo Mendizábal de lo que iba a suceder con el fin de que el nuevo ministro de Hacienda tuviera tiempo de desprenderse de sus títulos y no se arruinase. Durante el periodo de Mendizábal, que en Europa era considerado un agente de los banqueros de Londres, la deuda pública se incrementó sustancialmente. Con el fin de conseguir dinero, anunció la supresión de las órdenes religiosas y decretó la desamortización de sus bienes, la llamada Desamortización de Mendizábal.

de esta élite de judíos talmudistas. Por ello constituyen elementos de indudable valor histórico.

No deja de ser desconcertante que Disraeli, quien sin lugar a dudas debió toda su carrera política a la influencia de los Rothschild, advirtiese de que detrás de la revolución mundial se encontraban las sociedades secretas controladas por los judíos. En 1852, cuatro años después de los estallidos revolucionarios de 1848 y quince años antes de ser primer ministro por vez primera, pronunció en la Cámara de los Comunes estas palabras, citadas por Douglas Reed en *The Controversy of Zion*: "La influencia de los judíos puede ser trazada en el último estallido del principio destructivo en Europa. Una insurrección tiene lugar contra la tradición y la aristocracia, contra la religión y la propiedad... La natural igualdad de los hombres y la abolición de la propiedad son proclamadas por las sociedades secretas que forman gobiernos provisionales y hombres de raza judía se encuentran a la cabeza de cada uno de ellos". Y en su biografía política *Life of Lord George Bentinck* añadía: "El pueblo de Dios coopera con los ateos, los acumuladores más hábiles de propiedad se alían con comunistas, la peculiar raza elegida toca las manos de la escoria y de las clases bajas de Europa, y todo porque se quiere destruir a la cristiandad tan ingrata que le debe su nombre, y cuya tiranía nadie puede soportar más". Disraeli confirma, pues, de manera inequívoca la tesis esgrimida en el capítulo anterior y cuanto venimos escribiendo.

Si Heine desvelaba que los Rothschild eran conscientes de su misión revolucionaria y anunciaba con antelación la llegada del comunismo, Disraeli aludía en palabras precisas a un "principio destructivo" con el que se pretendía implantar un nuevo orden en Europa. Es muy curioso que dos hombres tan próximos a los Rothschild, Heine y Disraeli, no guardasen discreción y advirtieran claramente sobre la naturaleza de los acontecimientos que iban desembocar en la revolución bolchevique y posteriormente en la división del mundo en dos bloques.

Para terminar nos queda aludir a una obra de autor anónimo, *Hebrew Talisman*, un panfleto publicado en Londres en 1840, cuatro años después de la muerte de Nathan. En esta obra se atribuían los éxitos financieros de Nathan a la posesión de un talismán mágico. El poder de Nathan Rothschild había despertado tantas expectativas entre la judería europea, que se consideró que él era el hombre predestinado a restablecer el reino de Judá. De hecho ya en 1830 un periódico norteamericano sugería que, debido a las dificultades financieras, el sultán de Constantinopla podía decidirse a vender Jerusalén a los Rothschild. En 1836 también el socialista francés Charles Fourier apuntaba la misma posibilidad en su obra *La fausse industrie*. El mismo Benjamín Disraeli hablaba en 1851 de la reinstauración de los judíos en Palestina con la ayuda del dinero de los Rothschild.

Sin embargo, y de manera significativa, el autor de *El Talismán Hebreo* concluía acusando a Nathan de preferir las ventajas de la asimilación en Inglaterra, en lugar de asumir las dificultades y los rigores de su "sagrada misión". De hecho, el misterioso autor proclamaba ofendido que la repentina muerte de Nathan se había producido como castigo por su decisión de solicitar para sí un título de nobleza y una ley para la emancipación social de los judíos en Inglaterra, en lugar de continuar esforzándose por la recuperación de Jerusalén.

La muerte de Nathan

El conde Cherep-Spiridovich, al referirse a las veleidades de Nathan con respecto a sus pretensiones sociales en Inglaterra, formula una tesis muy atrevida. Según él, Nathan, carente de cualquier escrúpulo, en su afán de acumular más riqueza y conseguir títulos y poder en Inglaterra, constató que su credo religioso obstaculizaba su ascensión en la sociedad londinense y se mostró dispuesto a la apostasía. Supuestamente el hermano mayor, Anselm, habría sido el primero en conocer las intenciones de Nathan. En Frankfurt, donde en junio de 1836 se reunieron treinta y seis miembros de la familia con ocasión de la boda entre Lionel, hijo de Nathan, y Charlotte, la hija mayor de Carl, se habría tomado la decisión de no tolerar la traición. Según el conde Cherep-Spiridovich, apelando al testamento de Mayer Amschel Rothschild, Nathan habría sido condenado por sus hermanos. Evidentemente no existe ninguna prueba que demuestre la veracidad de esta teoría, que a primera vista parecería inverosímil.

Niall Ferguson, cuya obra de mil páginas sobre los Rothschild lo acredita como una fuente ineludible, considera que la enfermedad y muerte inesperada de Nathan constituye un caso de estudio por la ineptitud de los médicos que atendieron al enfermo y la imcompetencia de la medicina del siglo XIX. Ferguson escribe que a principios de junio de 1836 Nathan y su esposa Hannah llegaron a Frankfurt procedentes de Londres. Según él, la boda de su hijo Lionel con Charlotte no era la principal causa de la reunión de los cinco hermanos, sino que el asunto más importante de la agenda era la asunción de las futuras relaciones entre ellos, que desde 1810 no habían sido modificadas en profundidad, aunque sí revisadas con cierta periodicidad con el fin de incluir a los herederos en la asociación. Las bases de la sociedad seguían siendo básicamente las establecidas por su padre. Las negociaciones entre los hermanos se desarrollaron en estricto secreto y se excluyó de ellas al resto de los miembros de la familia: "Están ahora reunidos - informaba Lionel a su hermano Anthony-, o sea, los cuatro están solos en la habitación de Papá y a nosotros nos han dejado fuera".

Nathan mantenía todas estas reuniones estando enfermo, pues padecía frecuentes dolores a causa de un forúnculo, probablemente un absceso isquio-rectal que le supuraba. Los doctores alemanes optaron por practicar un corte y aseguraron que no se corría peligro alguno. La familia decidió seguir adelante con los preparativos de la boda: el 13 de junio se celebró el baile y el 15 la ceremonia nupcial, actos a los que asistió Nathan. Mientras los novios partieron hacia Wilhelmsbad, donde disfrutaron de una luna de miel de un día, Nathan se sometió por segunda vez al bisturí de los cirujanos.

Todo el mes de junio esperó la familia su recuperación, pero las negociaciones sobre el acuerdo de asociación entre los cinco hermanos fueron pospuestas, lo cual provocó la irritación de James, que deseaba regresar a París, y la impaciencia de Lionel, quien se dirigía a sus hermanos en estos términos: "Papá está mejorando, pero lentamente". Pese a esta supuesta mejoría, los doctores continuaron abriendo y drenando la herida. Finalmente, el 24 de julio, Nathan sufrió una fiebre violenta que puso su vida en peligro. Ferguson especula sugiriendo que se trataría del principio de una septicemia.

Al día siguiente, en un estado de extrema agitación nerviosa convocó a su hijo Lionel y le ordenó que trasmitiese a su hermano Nathaniel, que había permanecido en Londres, las siguientes instrucciones, que constituyen sus últimas operaciones financieras: "Quiere que sigas vendiendo los títulos ingleses y las letras del Tesoro, además de 20.000 libras más de las acciones de India. Debes asimismo enviar un informe sobre las diferentes acciones disponibles. No sé si lo he malentendido, pero no quise pedir ninguna aclaración. También dijo que tienes que vender... los títulos que el Gobierno portugués ha entregado por el dinero que nos deben, sin que importe una diferencia del uno o el dos por ciento".

Tres días después, el 28 de julio, Nathan murió. El interés que su muerte suscitó en Europa fue extraordinario, pues no en vano Nathan Rothschild era el hombre más rico de Inglaterra "y por consiguiente - opina Ferguson-, dado el liderazgo económico de Gran Bretaña en aquel entonces, casi con toda seguridad era el hombre más rico del mundo." Ferguson reconoce que fue un momento decisivo y extremadamente tenso en la historia de la firma Rothschild, puesto que el líder moría sin que se hubiera producido la firma de un nuevo acuerdo de asociación entre los hermanos. "Murió -escribió Salomón al canciller austríaco Metternich- en plena posesión de sus facultades, y diez minutos antes de su muerte dijo, al recibir las últimas palabras de consuelo habituales en nuestra religión: 'no es necesario que profiera tantas oraciones porque, creedme, según mis convicciones no he cometido ningún pecado'." Cinco días después de su muerte, una paloma mensajera salió de Boulogne y llevó a Londres la noticia en una frase de tres palabras: "Il est mort".

Una vez narrados escuetamente algunos de los hechos más significativos sobre el ascenso vertiginoso al poder de la dinastía de los Rothschild, avanzaremos a partir de ahora en nuestro trabajo teniendo siempre presente que ellos y sus agentes se hallan detrás de los principales episodios de la historia contemporánea, que estamos revisando.

CAPÍTULO IV

LOS ROTHSCHILD Y EL "DAMASCUS AFFAIR"

Cuando en febrero de 2007 Ariel Toaff, hijo del gran rabino de Roma, Elio Toaff, publicó en Italia *Pasque di sangue*, el revuelo mediático en el país transalpino fue de envergadura. Se trataba de la primera vez que desde ámbitos judíos se reconocía la veracidad de los crímenes rituales contra niños cristianos. Los rabinos reaccionaron furiosos y los mercenarios de la pluma se apresuraron a indignarse y a rasgarse las vestiduras, a desmentir, a criticar el atrevimiento, a pedir explicaciones. Se acusó a Ariel Toaff de haber proporcionado a Ahmadinejad la bomba atómica mediática. La "Islamic Anti-Defamation League" presentó querella contra el profesor Toaff y contra la editorial Il Mulino. Al cabo de más de un mes de recibir todo tipo de presiones, ataques y descalificaciones, incluidas las de su propio padre, Ariel Toaff, que incluso fue acusado de antisemitismo a pesar de ser judío, se vio obligado a pedir a la editorial que bloquease la distribución del libro y escribió una carta en la que pedía públicamente disculpas. Prometió también someterse a la censura judía y además anunció que entregaría todos los beneficios de la venta de su libro, una vez expurgado convenientemente, a la Liga Antidifamación del fanático Abe Foxman. En el momento de provocar el escándalo por escribir sobre unos hechos suficientemente demostrados, aunque siempre silenciados, Ariel Toaff trabajaba como profesor en la universidad judía de Bar Ilan, cerca de Tel Aviv, y era reconocido como especialista en la judería de la Edad Media.

Israel Shamir, un judío de origen ruso convertido al cristianismo, defensor asiduo del pueblo palestino y autor de diversas obras de denuncia del sionismo, fue uno de los pocos que en febrero de 2007 se atrevieron declarar abiertamente que cuanto decía Ariel Toaff era cierto. Shamir se apresuró a denunciar la campaña contra Toaff en su página web, *Working towards Peace through Education and Information*, donde publicó un artículo titulado "Las pascuas sangrientas del doctor Toaff", en el que se explicaba en qué consistían los crímenes rituales contra cristianos practicados ininterrumpidamente por los judíos a lo largo de toda la historia: investigadores internacionales como el profesor Toaff han encontrado y estudiado documentación de más de ciento cincuenta casos conocidos, que van desde el siglo XII hasta el siglo XX.

El 5 de febrero de 1840 tuvo lugar en Damasco uno de estos crímenes. Un fraile capuchino, el padre Tomaso, fue asesinado en el barrio judío de la capital siria y se extrajo toda la sangre de su cuerpo para confeccionar el 'matzo', un pan sin levadura que se confecciona en ocasión de la celebración de la Pascua judía (Pesach). Israel Shamir escribe en el artículo mencionado que en ciertos mercados se vendían 'matzos' amasados con sangre. Según explica Shamir, "los mercaderes judíos los vendían con las debidas cartas de autorización rabínica; la sangre más apreciada era la del 'goy katan', es decir, el niño gentil". Las repercusiones del asesinato del padre Tomaso alcanzaron una dimensión europea e histórica. La prensa continental, como ocurrió en 2007 en Italia, se ocupó del caso durante meses y los gobiernos de Francia, Gran Bretaña, Austria y Turquía protagonizaron una crisis que ha pasado a la historia como el "Damascus Affair".

El motivo de que en esta obra figure un capítulo dedicado a este asunto es el estudio del papel determinante que jugaron los Rothschild en la resolución del caso. De este modo se podrá comprender el poder que ya entonces ejercían sobre la política europea. En la primera mitad del siglo XIX, ya lo hemos comentado con anterioridad, el control de la prensa y de la industria editorial que pretendían los banqueros judíos internacionales, es decir, los Illuminati, no era todavía absoluto, como lo es actualmente. Los judíos eran ya muy influyentes, pero aún no todopoderosos. Como dice Shamir en su artículo, "no podían tratar al mundo como lo hicieron en 2002, después de la masacre de Jenin. No podían manejar el derecho de veto de Estados Unidos en el Consejo de seguridad de la ONU". Precisamente porque esta capacidad de control de los medios no era aún absoluta, adquiere una importancia significativa el estudio de lo ocurrido en 1840.

Orígenes del Purim y de la Pascua judía

Antes de revisar algunos casos famosos de estos crímenes rituales y de pasar al estudio en profundidad de las repercusiones del Damascus Affair, conviene ilustrar al lector sobre los antecedentes de esta bárbara tradición practicada por los judíos. El Purim se festeja en marzo y algunas veces a finales de febrero. El origen de esta fiesta se relata en los diez capítulos del libro de *Esther*, uno de los más tardíos que se incorporaron a la Biblia. La historia cuenta como Jerjes, que en la Biblia es mencionado como Asuero, tuvo una concubina judía llamada Esther, la cual desplazó a la esposa del rey. Haman, que para unos era el hermano del rey y para otros, un importante ministro, aunque seguramente no fuera otra cosa que una figura creada a conveniencia de los levitas, la secta sacerdotal que estaba redactando el Antiguo Testamento, se quejó ante Jerjes de que los judíos tenían leyes propias y no respetaban las leyes del reino como hacían los demás pueblos. A continuación, siempre según la versión de *Esther*, Haman pidió una orden que permitiera su destrucción, a lo que Jerjes accedió. Cartas fueron enviadas a todos los gobernadores provinciales en las que se ordenaba que se debía matar a todos los judíos en un día.

Se produjo entonces la intervención de Esther, quien había ocultado al rey que era judía. El rey no sólo canceló la orden, sino que ordenó que Haman y sus diez hijos fueran colgados en las horcas que él mismo había construido para el judío Mordejai, pariente y tutor de Esther. Por si no fuera suficiente, el rey dio carta blanca a Mordejai para que instruyera a los gobernadores de las ciento veintisiete provincias del imperio, que abarcaba desde India hasta Etiopía. Mordejai ordenó entonces una matanza de setenta y cinco mil súbditos del rey, hombres, mujeres y niños, que supuestamente eran enemigos de los judíos. Ordenó después que en adelante se festejase anualmente dicha matanza y así se ha hecho desde entonces. En Londres, por ejemplo, los panaderos judíos hacen pasteles en forma de orejas humanas, que son comidas en este día, y las llaman las "orejas de Haman". En Palestina y en algunas regiones de Rusia se hacen procesiones públicas, a la cabeza de las cuales se lleva la figura de Haman, que es apedreada, apuñalada y golpeada con palos. Los judíos de Monastyr (Rusia) celebraron el Purim en 1764 con un Haman vivo. Se trataba de un granjero llamado Adam-ko que murió al día siguiente. Previamente el posadero judío Moscho lo había emborrachado. El caso se llevó a juicio. Las autoridades de Kammetz guardaron los documentos hasta que los judíos bolcheviques los hicieron desaparecer.

Probablemente Haman, Esther y Mordejai sean personajes imaginarios, producto de la necesidad de los escribas levitas. Históricamente no existió nigún rey de nombre Asuero. En el caso de que el rey fuera Jerjes, entonces sería el padre de Artajerjes, el cual, como se ha visto en el primer capítulo, fue el rey que envió a Nehemías a Jerusalén custodiado por soldados persas para que impusiera las leyes de exclusión racial. En el caso de que toda la historia fuera cierta, Artajerjes habría favorecido a los judíos después de contemplar como mataban en su reino a setenta y cinco mil persas. Fuera del relato bíblico, no se encuentra una sola referencia histórica sobre estos hechos, ningún texto que pueda servir de base. Todo invita a pensar, pues, que se trata de propaganda chovinista. A propósito de esta historia bíblica, Martín Lutero, de quien la *Enciclopedia Judía*, en su volumen VIII, pág. 213, dice que relacionó a los judíos con los asesinatos rituales, escribe lo siguiente: "Oh como aman el *Libro de Esther*, que está tan en armonía con su sed de sangre y sus esperanzas y deseos de odio vengativo. El sol nunca ha brillado sobre un pueblo más sediento de sangre y hambriento de venganza que sobre éste que se cree él mismo el Pueblo Elegido, el cual ansía asesinar a los gentiles".

También la Pascua judía, que se celebra un mes después del Purim, tiene que ver con la salvación del pueblo judío y el genocidio de otro, en este caso, el egipcio. En ella se conmemora el paso del Ángel exterminador por las casas de los egipcios y la matanza de los primogénitos. El Ángel pasa por alto o salta, las casas de los hebreos, de ahí que el nombre Pascua derive de la palabra hebrea Phase o Phazahah, que significa "paso" o "salto". Como veremos a continuación mediante el examen de algunos casos destacados, es en ocasión de la celebración de estas fiestas cuando históricamente se han cometido la mayoría de los crímenes rituales.

Algunos antecedentes del crimen de Damasco

Entre los siglos IV y V San Agustín calificó a los judíos de 'servi regis' (siervos del rey) y recibieron la protección de los monarcas cristianos, que procuraban alojarlos en las cercanías del palacio real o de la catedral de cada ciudad importante. Además, las juderías solían estar protegidas por murallas con varias puertas. Tenían así su propio mundo, tal como habían ordenado Esdrás y Nehemías cuando habían impuesto la segregación racial tras el regreso de Babilonia. Además de su particular estatuto legal y civil, contaban también con sus propios cementerios, que, como prescribe el *Talmud*, no podían estar dentro de las murallas, sino fuera de los límites habitados de la ciudad cristiana, a ser posible en la parte más cercana a las juderías, las cuales tenían sus propios establecimientos: sinagogas, centros de estudio, baños públicos, un hospital para la comunidad, mataderos, hornos de pan e incluso, en las más importantes, su propia cárcel, toda vez que los rabinos poseían poderes legales sobre su comunidad e incluso podían infligir la pena de muerte. Para que se entienda hasta qué punto los rabinos querían mantener la segregación y detentar el poder, sirva esta cita de la obra *Historia judía, religión judía* de Israel Shahak: "A las mujeres judías que cohabitaban con gentiles se les cortaba la nariz por orden de los rabinos, que explicaban que así perderían su belleza y sus amantes no judíos acabarían por odiarlas. A los judíos que tenían la desfachatez de atacar a un juez rabínico les cortaban las manos. Se encarcelaba a los adúlteros tras hacerles sufrir el acoso de todo el barrio judío. En las disputas religiosas a los sospechosos de herejía se les cortaba la lengua".

En la España cristiana, donde, según Shahak, "la posición de los judíos fue la más alta jamás conseguida en ningún país antes del siglo XIX", los judíos estaban particularmente protegidos por leyes específicas que se promulgaban en los distintos reinos. Prueba de ello son los fueros, como el Fuero de Castrojeriz, el Fuero de León, el Fuero de Nájera. En general, pues, las ordenanzas contemplaban la igualdad de derechos entre cristianos y judíos. Al contar con grandes sumas de dinero, se convirtieron en los prestamistas de los monarcas. En ocasiones las autoridades, como ocurrió en Barcelona en el siglo XI, les encargaban la acuñación de moneda. Fue a partir de los siglos XIV y XV cuando en los reinos cristianos se les obligó a lucir alguna señal en la vestimenta que los distinguiese de la población gentil o, todo lo contrario, se les prohibió el uso de determinadas prendas. Ello hay que enmarcarlo en la creciente atmósfera de rechazo que fue surgiendo en el seno de las sociedades cristianas.

Como ya se ha comentado, el *Talmud*, que para los judíos es incluso más importante que la *Torá*, enseña todo aquello que puede y debe hacerse contra los cristianos. Es en el ámbito de las enseñanzas talmúdicas donde debe buscarse, pues, la explicación para entender por qué los judíos sacrificaban de manera cruel y despiadada a niños cristianos para sacarles la sangre. El gentil es un animal según la ley judaica y como tal puede ser sacrificado. Sólo el sacrificio de un judío sería pecado, según las leyes talmúdicas. No es de extrañar, por tanto, que el tan alabado Maimónides, un talmudista furibundo, intentase evitar que los gentiles leyeran el *Talmud* y declarase lo siguiente: "Si un no creyente lee el Talmud, es merecedor de la muerte".

Existen documentos que permiten estudiar varios crímenes rituales cometidos en Europa en el siglo XII, todos ellos en tiempo de Pascua: En 1144 en Norwich (Inglaterra), un niño de doce años llamado William constituye el primer caso conocido. Otros niños fueron sacrificados a lo largo de la centuria en Gloucester, Blois, Pontoise y Londres. En el siglo XIII una veintena de casos saltaron a la opinión pública. El de Fulda (Hesse), ocurrido el día de Navidad de 1235, fue especialmente famoso. Dos judíos atacaron a cinco niños en un molino cuando el molinero y su esposa se hallaban en misa. Les sacaron la sangre y la recogieron en recipientes que habían traído para tal efecto. Seguidamente incendiaron el molino para borrar las huellas de su bestial atrocidad; pero los cuerpos de los niños fueron llevados como prueba, "corpora delicti", ante el emperador Federico II, que se hallaba en Hagenau. Éste, que había sido generosamente sobornado, ante la estupefacción de la gente pronunció estas palabras: "si morti sunt, ite, sepelite eos, quia ad aliud non valent", o sea, "Si están muertos, id y enterradlos, puesto que ya no sirven para nada". Lógicamente, los ciudadanos de Fulda no eran de la misma opinión y con la ayuda de algunos cruzados presentes en la ciudad se tomaron la "justicia" por su mano y mataron a treinta y dos judíos.

En España, concretamente en Zaragoza, los judíos habían hecho una ley para ellos, según la cual cualquiera que secuestrara y entregara a un niño gentil quedaría exento de pagos y deudas. Es en este contexto que el 31 de agosto de 1250, reinando Jaime I y siendo obispo de Zaragoza Arnaldo de Peralta, un niño de siete años, Domingo del Val, que cantaba en el coro de la seo de Zaragoza, hijo del notario Sancho del Val, fue atraído engañosamente por un judío llamado Albayuceto, quien lo entregó a otros correligionarios para renovar en él la pasión de Cristo. El niño fue crucificado en una pared con tres clavos y se le abrió su costado. Tras seccionarle la cabeza y los pies, ocultaron su cuerpo en la ribera del Ebro. Hoy, los infanticos, los niños de la escolanía de la ciudad, lo tienen por protector y patrono.

En el mismo siglo XIII, Alfonso X el Sabio (1252-1284), ante la evidencia de que los judíos asesinaban en su reino a niños cristianos, pues varios casos de crímenes rituales fueron atestiguados judicialmente, ordenó escribir lo que sigue en el volumen 24 de *Las Partidas*, el código penal redactado bajo su dirección: "Toda vez que se ha establecido y probado legalmente que los judíos asesinan anualmente a niños cristianos antes de su fiesta de Pascua para burla y humillación de la Cristiandad y también con el fin de realizar un sacrificio de sangre, ordeno que todo judío que sea declarado culpable de tal crimen o que, incluso, con el propósito de realizar una burla simbólica de la Cristiandad, crucifique una figura reproducida en cera que represente a un cristiano, sea condenado a muerte".

Se tienen pruebas documentales de una docena de crímenes rituales a lo largo del siglo XIV; pero es entre los cerca de veinte casos conocidos a lo largo del siglo XV donde se hallan los más famosos, entre los que está el cometido en julio de 1462 en la persona del niño Andreas von Rinn, mártir de la Iglesia Católica, patrono de los niños y de los nonatos, protector del Tirol y de la casa de Habsburgo. El Papa Benedicto XIV, tras minucioso examen personal de las actas del martirio, confirmó su culto el 17 de diciembre de 1752. Sin embargo, como consecuencia del Concilio Vaticano II (1962-65), bajo la presión de sectores judíos, la Iglesia declaró nula la beatificación, prohibió su culto oficial y calumnió de antisemitas a quienes lo veneran. Las reliquias del niño mártir del Tirol eran veneradas en el altar mayor de la iglesia de Judenstein (piedra de los judíos), construida por orden del emperador Maximiliano I en el mismo lugar donde se hallaba la piedra sobre la que fue sacrificado el niño. En 1985 el obispo de Innsbruck, pese a la oposición de los lugareños, prohibió su culto y alejó sus reliquias, que fueron encofradas en un muro en el que se colocó una losa con la siguiente inscripción: "Aquí descansa el inocente niño Anderl (diminutivo de Andreas), el cual según la tradición fue asesinado en el año 1462 por desconocidos. Su muerte fue lamentablemente atribuida durante siglos a un crimen ritual de judíos en tránsito. Esta acusación, entonces frecuente y totalmente infundada, llevó a considerar erróneamente a Anderl como mártir de la fe. El niño Anderl descansa aquí no por cierto como martir de la Iglesia, sino como recuerdo exhortatorio de los numerosos niños que hasta nuestros días han sido víctimas de la violencia y del desprecio de la vida". No vamos ahora a detallar los pormenores del crimen de este niño de tres años. Lo ocurrido con su culto es prueba inequívoca de la claudicación y sumisión del Vaticano ante el poder de los judíos en el mundo.

Ya que este libro se escribe en España y en español, regresamos a la península ibérica, concretamente a la ciudad de Sepúlveda (Segovia) en 1468. Allí, nuevamente en tiempo de Pascua, a requerimiento del rabino Salomon Pecho, los judíos clavaron a una niña en una cruz y la pincharon por todo el cuerpo hasta desangrarla por completo. Este hecho se halla documentado en la *Historia de la insigne ciudad de Segovia* y en *Synopsis episcoporum Segoviensum* (pág 650). Por orden del obispo Juan Arias de Ávila, los culpables fueron llevados a Segovia, se siguió contra ellos un procedimiento judicial y los principales responsables fueron condenados a muerte en la hoguera, algunos de los que habían participado en la tortura de la niña fueron ahorcados y un grupo fue expulsado de la ciudad.

El caso más célebre de los crímenes rituales del siglo XV fue el del niño de dos años Simón Gerber, Simón de Trento. Los hechos tuvieron lugar en 1475 y existe información exhaustiva sobre todo lo acontecido. Grabados, piedras labradas, maderas talladas y un cuadro del prestigioso pintor renacentista Gandolfino d'Asti reproducen artísticamente el cruel asesinato. La confesión de los ocho principales acusados, que permanecieron confinados en solitario y fueron también interrogados separadamente, coincide hasta en los menores detalles.

En los primeros días de la Semana Santa, representantes de las familias judías de Trento se reunieron en la casa del más respetable de ellos, llamado Samuel, en cuyos dominios estaban situadas asimismo la sinagoga y la escuela judía. Lamentaron el hecho de que los matzos de Pascua no podían preparase porque carecían de la sangre de un niño cristiano. Samuel ofreció entonces cien ducados de oro por una víctima para el sacrificio. El judío Tobías salió a las calles, que estaban desiertas, pues era la hora en que se oficiaba la misa vespertina de Jueves Santo. Frente a la casa de sus padres un niño de veintiocho meses, Simón Gerber, estaba jugando. Atraído con marrullerías, fue conducido hasta la casa de Samuel y lo encerraron hasta que fue completamente de noche. El más viejo de los judíos, un anciano de ochenta años, Moses "el Viejo", empezó el sacrificio arrancando con unas pinzas un trozo de carne del pómulo derecho del niño. Los otros judíos siguieron el ejemplo. La sangre que fluía fue recogida en una bandeja de estaño. De manera parecida fue mutilada la pierna derecha. Las restantes partes del cuerpo fueron pinchadas con unas largas y gruesas agujas a fin de conseguir toda la sangre del niño. Finalmente, se le practicó la circuncisión. Para concluir, los verdugos sujetaron al pequeño Simón, que sufría aún convulsiones, y lo crucificaron cabeza abajo, mientras el resto de los judíos lo pinchaban otra vez con agujas e instrumentos puntiagudos. Los asesinos chillaban: "Esto es lo que hicimos con Jesús, tal fin alcancen siempre nuestros enemigos". El niño, que aún respiraba débilmente, fue rematado aplastando los huesos de su cráneo. En este momento los presentes comenzaron a cantar un himno de alabanza a Yahvé. La sangre del niño fue distribuida entre las familias judías. El banquete de Pascua ya podía ser preparado.

El cuerpo del niño fue exhibido sobre el altar de la sinagoga el Viernes Santo, donde fue objeto de burla y profanación por todos los judíos de Trento. Después de ocultarlo temporalmente bajo la paja de un almacén, fue finalmente arrojado a una acequia que fluía cerca de la casa. A fin de desviar las sospechas, los criminales decidieron ser los primeros en informar al obispo de Trento del horrible descubrimiento del niño, que había sido buscado infructuosamente por los padres y numerosos habitantes de la ciudad. Las evidencias en contra de los judíos fueron acumulándose y pronto fueron puestos a diposición de la justicia. Ocho fueron inculpados y declararon todos los detalles del vergonzoso asesinato. Las esposas de dos de los acusados admitieron que años antes se habían cometido crímenes similares que, sin embargo, no habían sido descubiertos. Durante el juicio fueron presentados documentos de testimonios concernientes al asesinato de cuatro niños en la diócesis de Constanza, dos más en Endingen, otro en Ravensburg (1430) y uno más en Pfullendorf (1461). El juicio, dirigido con todo rigor y meticulosidad por las autoridades de Trento, duró más de tres años. Hubo que esperar hasta el 7 de julio de 1478 para que en los documentos se escribiese la siguiente anotación: "causa contra judaeos finita".

Los motivos de la larga duración del proceso merecen una explicación. Tanto el citado artículo de Israel Shamir como el libro de Ariel Toaff explican lo ocurrido; pero nuestra fuente es *Der jüdische Ritual mord. Eine historische Untersuchung* (*El crimen ritual judío. Una investigación histórica*), obra del profesor Hellmut Schramm publicada en 1941 con profusión de citas y documentos. En 2001 R. Belser tradujo el texto al inglés y el libro está disponible "online" en formato PDF. Lo que ocurrió fue que los judíos ricos de Italia movieron cielo y tierra en su afán de liberar a los detenidos. Primero consiguieron que el duque Segismundo de Austria ordenara interrumpir el juicio a las pocas semanas de haberse iniciado. Seguidamente apelaron al Papa y éste interrumpió nuevamente el proceso con la justificación de que se debía esperar la llegada de su legado. Hinderbach, el obispo de Trento que dirigía la investigación, recibió una carta de Sixto IV en la que se le anunciaba que no debía seguir adelante con el procedimiento contra los judíos porque algunos príncipes desaprobaban absolutamente el caso. Por fin, apareció el "comisario" papal, el obispo Baptista dei Giudici di Ventimiglia, entusiásticamente recomendado como "profesor de Teología" y "vir doctrina ac integritate praeditus", i.e., un varón dotado de gran erudición e integridad. Antes de llegar a Trento, Ventimiglia se detuvo en Venecia, donde apareció acompañado de tres judíos, lo cual demuestra la influencia de estos en la corte del Papa.

Hinderbach, el obispo de Trento, recibió a Ventimiglia y lo alojó en las dependencias de su castillo, donde pronto entró en contacto con el espía enviado por los judíos, Wolfgang. A las tres semanas, para evitar que Hinderbach se enterase de sus contactos, se retiró a Roveredo, alegando que el palacio era muy húmedo e inadecuado para su salud. El 24 de septiembre de 1475, Ventimiglia informó a Hinderbach de que "los abogados de los judíos se le habían presentado con el fin de defender su caso..." Dichos abogados solicitaban además los documentos del juicio. El primero de octubre el obispo de Trento se quejaba de que "a través de intrigas los judíos y malos cristianos que habían sido comprados con dinero y regalos trataban de ganar para su causa a príncipes y prelados". El obispo Hinderbach denunció que desde Roveredo "trataban de que el Dogo de Venecia, Mocenigo, interviniera para que se liberase a los detenidos. Los judíos - seguía lamentándose Hinderbach- intentaban sobornar a todo el mundo".

Un supuesto sacerdote, Paul de Noravia, un espía judío, consiguió introducirse en el castillo del obispo y durante dos meses copió los documentos del jucio que Hinderbach se había negado a entregar. Luego los pasó a los abogados de los inculpados. En el juicio, Paul de Noravia admitió haber negociado con los judíos de Novara, Modena, Brescia, Venecia, Basano y Roveredo sobre la posibilidad de liberar a los presos. Admitió también haber recibido dinero para que sobornase al criado del obispo de Trento con el fin de que lo envenenase. 400 ducados le habían sido ofrecidos si el plan tenía éxito.

Con el fin de dar un vuelco al juicio, se intentó asimismo una nueva indecencia. Un ciudadano de Trento llamado Anzelin, hombre libre de sospecha con fama de incorruptible, fue atraído hacia Roveredo. Allí lo detuvieron y lo encerraron en las dependencias de Ventimiglia, donde fue torturado diariamente para que accediera a acusar a una pareja de Trento (Zanesus Schweizer) del asesinato del niño. Posteriormente, este desgraciado informó que el legado del Papa le había sometido a un "doloroso interrogatorio" para que declarase algo que él desconocía por completo. Finalmente, al ver que no podían conseguir nada de él, lo liberaron con la condición de que guardase silencio sobre el incidente. Vista la ineficacia de este recurso, Ventimiglia intentó un último remedio: esgrimiendo falsas instrucciones del Papa, intentó ilegalmente arrebatar el caso a las autoridades de Trento con el fin de que el juicio pasase a sus manos. De hecho su audacia fue tanta que, bajo amenaza de excomunión, prohibió al obispo de Trento que siguiera con el proceso contra los judíos.

Finalmente, Hinderbach, asistido por alemanes insensibles al soborno, salió victorioso. A finales de octubre escribió un informe y lo remitió a los príncipes elegibles. En él constaba todo lo relacionado con la detención de los culpables, las pesquisas efectuadas y las consistentes confesiones de los acusados. Tuvo el coraje de referirse a la investigación que había iniciado el legado papal, que calificaba de "corruptam inquisitionem". Veintimiglia había cavado su propia tumba; su intervención había sido tan escandalosa que el Papa no tuvo más opción que abandonarlo a su destino. El populacho comenzó a manifestarse contra él cantando canciones de burla, en las que se le tildaba de Caifás y de sumo sacerdote de los judíos. Para disgusto del Papa, se publicaron epigramas en su contra, así como reproducciones gráficas denigratorias. Ya a finales de 1477, el obispo Hinderbach, en una enérgica carta, se dirigió al Sixto IV y le pidió "que pusiera fin al escándalo y que nombrase a otra persona que fuese amante de la verdad".

En la Vienna Hofbibliotek (Librería de la Corte) existen los documentos del juicio escritos en latín: seiscientos trece folios manuscritos por Johann von Fatis. Además, la librería del Vaticano posee el códice de los años 1476-78. En el altar de San Pedro de Trento se conserva el sarcófago del niño, que contiene excepcionalmente bien conservado el cuerpo del "santo bambino" en una urna de cristal. Pese a todo la versión oficial judía que se sigue transmitiendo desde entonces figura en la *Enciclopedia Judía*. Allí se dice que "A Simón lo mataron cristianos que procuraban achacarles toda la maldad del mundo a los judíos".

No podemos dejar pasar el siglo XV sin referirnos al más famoso de los crímenes rituales perpetrados en España: nos referimos al caso del niño de La Guardia. Lope de Vega, el genial creador del teatro nacional, compuso en su memoria una obra titulada *El niño inocente de La Guardia*. En el tomo centesimoctogesimosexto de la Biblioteca de Autores Españoles se halla un estudio preliminar de Marcelino Menéndez Pelayo que nos es de gran ayuda para referirnos a este hecho histórico. Todas las noticias conocidas sobre el terrible crimen pueden ser consultadas en el tomo XI del *Boletín de la Real Academia de la Historia* (1887), en el que el P. Fidel Fita publicó por primera vez el *Proceso de Jucé Franco, judío*, quemado en Ávila el 16 de noviembre de 1491.

En demanda presentada el viernes 17 de setiembre de 1490, el bachiller Alonso de Guevara, promotor fiscal del Santo Oficio, acusaba a Jucé Franco, judío vecino de Tembleque, a los conversos Alonso Franco, Lope Franco, García Franco, Juan Franco, Juan de Ocaña y Benito García, vecinos de La Guardia, y mosén Abenamias, judío habitante en Zamora, del nefando crimen de haber crucificado en Viernes Santo a un niño cristiano. La declaración de Jucé Franco, de la que sigue un fragmento en castellano de la época, nos evitará añadir una sola palabra:

> "Estando este testigo e los dichos... en la cueva por él de suso declarada; vio este testigo como los dichos christianos (se refiere a los conversos) traxieron ende consigo un niño christiano, que seria de hedad de tres o cuatro años poco más o menos; e estando este testigo e todos los susodichos presentes en la dicha cueva crucificaron los dichos christianos al dicho niño en unos palos cruzados; e allí le extendieron los brazos estando desnudo en cuero e la cabeza fazia arriba, e le pusieron un badal en la boca, e lo bofetearon, e mesaron, e azotaron, e escupieron e le pusieron unas aulagas espinosas en las espaldas e en las plantas de los pies, e le ataron los brazos con unas sogas de esparto torcidas, e le fesieron otros muchos vituperios. E después de así puesto en los dichos palos e crucificado, el dicho Alonso Franco abrió las venas de los brazos amos a dos al dicho niño, e le dexó estar así un buen rato más de media hora desangrándose; e que cogia la sangre en una *altamia* amarilla, de las que se fasen en Ocaña toscas. E que Johan Franco susodicho, estando así el dicho niño en los dichos palos puesto, le fincó un cochillo por el costado al dicho niño; e que era un cochillo de un palmo destos *bohemios*. E el dicho Lope Franco le azotó, e el dicho Johan de Ocaña le puso las aulagas, e García Franco susodicho le sacó el corazón por debajo de la ternilla, e

le echó en el dicho corazón un poco de sal. E el dicho Benito García le daba al niño bofetadas e repelones".

La declaración es mucho más extensa, pero pensamos que lo transcrito es suficiente. Menéndez Pelayo escribe que del crimen de La Guardia "no puede humanamente dudarse", pues está judicialmente probado "hasta en sus ápices". Según el insigne polígrafo la indignación que produjo en Castilla este crimen feroz fue universal y "debió de entrar por mucho en acelerar el edicto de expulsión de los judíos, dado en 31 de marzo de 1492". William Thomas Walsh, en su obra *Isabella of Spain* (1931), dedica casi treinta páginas a sus investigaciones sobre este crimen ritual y coincide con Menéndez Pelayo en su apreciación de que este asesinato fue "uno de los factores principales, si no el mayor" para la expulsión de los judíos de España.

En cuanto a la obra teatral, Menéndez Pelayo considera que Lope de Vega tuvo a la vista y siguió con bastante rigor la *Historia de la muerte y glorioso martirio del Sancto Innocente que llaman de La Guardia*, publicada en Madrid en 1583 por el elegante prosista Fr. Rodrigo de Yepes. Para Menéndez Pelayo la crucificción del niño en escena debió de impresionar el ánimo de los espectadores. Admite, sin embargo, que la obra es tosca y estructuralmente imperfecta, cosa que atribuye al hecho de que Lope siga paso a paso el libro de Yepes. Asimismo reconoce que, siendo Lope de Vega familiar del Santo Tribunal, no puede evitar transmitir el sentimiento de odio hacia los judíos.

Podríamos continuar revisando a lo largo de los siglos XVI, XVII y XVIII los casos más escandalosos de asesinatos que trascendieron a la opinión pública; pero ello nos apartaría de nuestro objetivo, que es estudiar el papel desempeñado por los Rothschild en el crimen ritual más famoso del siglo XIX, así como las implicaciones que tuvo el "Damascus Affair" en el resurgir del nacionalismo judío, es decir, del sionismo.

El dominio judío en el siglo XIX

Quienes pretenden circunscribir los crímenes rituales a la Edad Media deberían buscar una explicación al incremento significativo de casos atestiguados a lo largo del siglo XIX. Se tiene constancia de alrededor de medio centenar de asesinatos, que fueron cometidos durante la celebración de las fiestas del Purim y la Pascua judía. Como se ha visto en el capítulo segundo, la emancipación y la asimilación en el seno de las sociedades que los acogían habían sido supuestamente los anhelos esgrimidos por los intelectuales judíos y sus amigos gentiles. Se había ido generando, pues, una legislación que tendía a suprimir la discriminación o la excepcionalidad de la población judía en los Estados europeos, la cual se consideraba medieval y ligada a la Iglesia. Esta reorganización legal confería a los judíos el status de ciudadanos con los mismos derechos que el resto de los nacionales. De esta manera fue instalándose en Europa y en América una era de dominio judío, personificada en la dinastía Rothschild. La influencia del oro de los Rothschild y el poder económico y político que les confería eran perceptibles en todas partes. La prensa judía comenzaba a dictar la opinión pública y cada vez eran más los judíos que ocupaban cargos determinantes en los gobiernos, en la judicatura, en las universidades. Ya hemos visto asimismo cuál era el plan de los Illuminati en este sentido y de qué modo iban acaparando poder real.

En el siglo XXI la soberanía de los Estados es ya del todo inexistente: compañías multinacionales de todo tipo, instituciones como el Fondo Monetario Internacional, el Banco Mundial, el Banco de Asientos Internacionales, la Reserva Federal, el Banco de Inglaterra, el Banco Central Europeo, la Organización Mundial del Comercio, etc., detentan el poder y el control absoluto sobre los países. Es bien sabido, por ejemplo, que en Estados Unidos no se puede ser presidente sin el apoyo de lobbies todopoderosos como el AIPAC (American Israel Public Affairs Committee), la ADL (Anti-Defamation League) y otros. En la obra *The Jewish Century* (2004), Yuri Slezkine sustenta la tesis de que el siglo XX fue sin lugar a dudas y en todos los sentidos el siglo judío. Sin embargo, es en el siglo XIX cuando se sientan sólidamente las bases de este poder. Puede decirse sin exagerar que el destino de los Estados estaba ya cada vez más determinado por las organizaciones judías. Una decisión de los Rothschild en contra de un Estado que no se avenía a cumplir con sus designios podía llevarlo a la bancarrota.

No es de extrañar, pues, que en dichas circunstancias la confianza en este poder cada vez más evidente llevase a la creencia de que se podía actuar sin miedo al castigo. Sólo así puede explicarse que el número de crímenes rituales realizados con increíble descaro y aparente seguridad aumentasen de modo alarmante. La impunidad se convirtió en una constante. Si una corte de justicia iniciaba procedimientos para castigar a los culpables, no conducían a ningún resultado, cuando no eran abortados de raíz. Como veremos en el caso del crimen de Damasco, los gobiernos no se atrevían a confrontar la plaga de crímenes rituales porque se sentían a merced de los financieros judíos internacionales.

El crimen de Damasco

Los documentos originales del juicio sobre el caso fueron depositados en el Ministerio de Asuntos Exteriores en París, pero desaparecieron sin dejar rastro en 1870, cuando el judío y masón de alto grado Crémieux, personaje fundamental en la historia que vamos a exponer, ocupaba el cargo de ministro de Justicia. Pese a ello, en la Biblioteca Nacional de París existen dos volúmenes redactados por Achille Laurent, cuyo título es *Relation historique des affaires de Syrie despuis 1840 jusqu'en 1842*. En el segundo de ellos se encuentran los documentos auténticos del tribunal. Asimismo, la revista *L'Univers et l'union catholique* publicó en 1843 un extracto de los textos árabes, que pudieron ser preservados en una traducción alemana realizada aquel mismo año. Algunos documentos oficiales del juicio figuran asimismo en una obra sobre el crimen de Damasco publicada por el ministro de Defensa de Siria, Mustafa Tlass. Según información aparecida el 27 de junio de 2002 en el número 99 del boletín informativo del Instituto MEMRI (The Middle East Media Research Institute), Tlass, uno de los padres fundadores del régimen baasista en Siria, publicó una primera edición en 1983, pero es en la segunda de 1986 donde se añaden apéndices con fotocopias de documentos oficiales.

Todo comenzó la tarde del 15 de febrero de 1840, día de la fiesta del Purim. Tomaso, un fraile capuchino muy apreciado que desde 1807 trabajaba en Damasco ayudando a la gente (conocido como el doctor de las vacunas, pues había puesto en marcha un programa de vacunación contra la viruela), se dirigió al barrio judío para colgar en la puerta de la sinagoga una notificación con respecto a una subasta con fines benéficos que iba a celebrarse en la casa de un residente fallecido. Al ponerse el sol, su criado, Ibrahim Amara, comenzó a preocuparse ante la tardanza del padre Tomaso y decidió ir en su busca. Ambos fueron vistos por numerosos testigos en el barrio judío antes de desaparecer.

Dos días más tarde una nota como la que el padre Tomaso había colgado en la sinagoga apareció en la barbería del judío Soliman, lo cual levantó sospechas. Se le preguntó cómo había llegado a él dicha notificación oficial. Su explicación pareció tan increíble e inventada que llevó a pensar que sabía algo sobre el asunto. Como el desaparecido era europeo, Sherif Pasha, gobernador general en Damasco del virrey de Egipto, Muhammed Ali, decidió mantenerlo retenido y otorgó al cónsul francés en Damasco, conde de Ratti-Menton, plena autoridad para dirigir las investigaciones preliminares. Hacía sólo tres meses que este cónsul había llegado a la capital siria. De acuerdo con el tratado franco-turco de 1740, los agentes diplomáticos franceses tenían el derecho de proteger a los sacerdotes católicos en el imperio otomano. Había además en dicho tratado una cláusula específica que aludía a la salvaguarda de las iglesias capuchinas.

El barbero negó saber nada durante varios días, pero cuando se le aseguró que no se le iba a castigar y se le ofreció protección, propuso que se fuera a buscar a una serie de correligionarios ante los cuales confesaría lo que sabía. Los rabinos Moses Salonicli y Moses Abu-el-Afieh, los tres hermanos David, Isaac y Aaron Harari, su tío Joseph Harari y un tal Joseph Laniado fueron llevados a su presencia. Todos negaron haber visto al padre Tomaso. Los interrogatorios en grupo no daban resultado y se optó por confinarlos en solitario. El barbero fue nuevamente interrogado, seguramente fue azotado, y se le instó a que confesara la verdad.

Según los protocolos del tribunal, en su confesión parcial el barbero desveló que las siete personas antes mencionadas habían llevado al padre Tomaso a la casa de David Harari. Media hora después de la puesta de sol, Murad-el-Fattal, criado de David Harari, lo había ido a buscar a la barbería. "Sacrifica a este hombre", con estas palabras, según el barbero Soliman, se le ordenó que matara al padre Tomaso, el cual estaba en la habitación con las manos atadas. El barbero dijo que se había negado y que entonces Aaron Harari le había dado la nota que informaba sobre la subasta para que la fijase en la puerta de la barbería. Añadió que, cuando fue arrestado, David Harari le dijo que fuese con cuidado, que no confesase nada y que le iban a dar dinero.

El siguiente detenido fue, consecuentemente, el criado de David Harari, Murad-el-Fattal, quien desveló detalles de importancia. Al ser confrontado con el jefe de la comunidad judía de Damasco, Raphael Farhi, el criado se desdijo de cuanto había declarado. Llevado de nuevo en presencia del gobernador Pasha, éste le preguntó por qué se había retractado. Según los documentos, dio esta explicación: "Fui preguntado en presencia de Raphael Farhi. Tenía miedo y por eso me desdije, y sobre todo por la mirada que me dirigió". Entonces Sherif Pasha reaccionó así: "¡Qué! ¿Temes más a Raphael que a mí?". Murad-el-Fattal respondió; "Sí. Tengo miedo de que me mate. Temo más a Raphael que a su Excelencia, porque su Excelencia me azotará con el látigo y luego me despedirá, mientras que él, si digo la verdad, me matará en el barrio".

A medida que las pesquisas indicaban que era muy probable que el barbero hubiera estado presente en el momento de la ejecución, Soliman fue de nuevo detenido y se le sometió a un duro interrogatorio, en el que seguramente se practicó algún tipo de tortura, que dio como resultado una confesión detallada, realizada en presencia de varios oficiales, de un médico y de representantes del Consulado. Todos confirmaron la declaración firmando el protocolo.

En resumen, el barbero relató que después de que se le ordenara la ejecución del capuchino, a la que se negó inicialmente, los Harari sacaron a relucir un cuchillo. Él mismo sujetó al padre Tomaso sobre un gran cuenco o palangana que había en el suelo y David Harari le practicó un corte en la garganta. Aaron lo remató con un segundo corte y la sangre fue recogida en el cuenco "sin que se perdiera ni una gota". Entonces se arrastró el cuerpo hasta otra habitación, donde fue desnudado y se quemó la vestimenta. Se presentó al momento el criado de David Harari, Murad, y se le ordenó que, junto con el barbero, desmembrasen rápidamente el cuerpo. Los huesos fueron aplastados en el suelo con un mazo. Hecho esto, introdujeron en un saco los restos y los arrojaron uno a uno en las alcantarillas cercanas a la casa del rabino Abu-el-Afieh. Regresaron después a la casa de David Harari, donde dijeron al criado que lo casarían y se harían cargo de todos los gastos de la ceremonia. Al barbero le prometieron dinero, pero también lo advirtieron de que lo matarían si se iba de la lengua. Tras esta declaración se interrogó al criado Murad, el cual confirmó en todos los detalles la narración del barbero.

Vista la coincidencia en los informes de ambos testigos, el coronel Hasez Beik propuso que se llevase a cabo inmediatamente una inspección de la casa de David Harari en presencia del cónsul francés, de algún alto oficial del consulado y del médico Dr. Massari. En la habitación donde se había desmembrado el cuerpo, salpicaduras de sangre fueron descubiertas en las paredes. En los lugares donde se habían machacado los huesos, el suelo se veía severamente golpeado. Además, fue hallado el mazo; sin embargo, el cuchillo había desaparecido y no pudo encontrarse.

Después se decidió buscar rigurosamente en los canales de desagüe. Los trabajadores que descendieron a las alcantarillas para efectuar la búsqueda encontraron trozos de los huesos fracturados con carne aún adherida, restos del cráneo, una parte del corazón y trozos de la capucha del padre Tomaso. Todo ello fue cuidadosamente reunido y enviado al Pasha a fin de que él y los médicos lo inspeccionasen. Enseguida el conde de Ratti-Menton, cumplimentó una diligencia en la que figuraban varios documentos informativos: 1. Una declaración del cónsul austríaco, Merlato, quien inmediatamente reconoció la capucha negra del padre, puesto que era el único que llevaba tal prenda. 2. Declaración de cuatro médicos europeos, Massari, Delgrasso, Raynaldi y Salina, en la cual reconocían que se trataba de restos de un cuerpo humano. 3. La misma declaración, pero realizada por siete médicos sirios. 4. Un documento informativo del barbero que solía servir al padre Tomaso.

Una vez hallados los restos del padre, no había ya dudas. Los siete acusados fueron de nuevo interrogados sin ejercer sobre ellos ninguna violencia. Se les advirtió de las graves circunstancias que los relacionaban inevitablemente con el crimen y ellos no intentaron negar nada. Posteriormente, los detenidos fueron interrogados por separado. Veamos textualmente algunas de sus declaraciones. Isaac Harari dijo: "Llevamos al padre a la casa de David Harari, mi hermano. Era un asunto concertado entre nosotros. Lo sacrificamos para obtener su sangre, que fue vertida en una botella y entregada al rabino Moses Abu-el-Afieh, concretamente por razones de tipo religioso, puesto que necesitábamos sangre para el cumplimiento de nuestros deberes religiosos". El rabino Moses Abu-el-Afieh, cuando fue preguntado sobre ello, replicó: "El rabino jefe de Damasco, Jacob Antebi, tuvo una conversación con los hermanos Harari y el resto de los acusados, con el fin de conseguir una botella de sangre humana. Los Harari prometieron suministrarla por el precio de 12.500 francos franceses. Cuando fui a casa de los Harari se me informó que habían conseguido un hombre para el sacrificio. Entré y ya se había completado la muerte. La sangre había sido obtenida y me dijeron que la entregase al rabino Jacob Antebi. Yo respondí que dejasen que la entregase Moses Salonicli, pero me dijeron que yo era un hombre sensato y que era mejor que yo la cogiera". Moses Abu-el-Afieh añadió que una parte de la sangre mezclada con harina fue enviada a Bagdad. Por su parte, David Harari confirmó en otro interrogatorio que, en efecto, el autor espiritual del crimen era el rabino jefe de Damasco, Jacob Antebi, quien en la sinagoga de Damasco había comunicado a los siete acusados el plan exacto para la ejecución del padre. Sobre dicho plan, Isaac Harari confirmó en otro interrogatorio que, con objeto de capturar al capuchino, los rabinos Moses Salonicli y Moses Abu-el-Afieh habían utilizado el pretexto de dejar que un niño fuese vacunado. El segundo había invitado al padre Tomaso a casa de David Harari y el fraile había aceptado la invitación sin ninguna sospecha, puesto que tenía una relación próxima y amistosa con los hermanos desde hacía ya años.

El rabino Abu-el-Afieh se convierte al Islam

Un episodio sorprendente del caso fue la conversión al islam del rabino Moses Abu-el-Afieh. Este rabino de unos cuarenta años, viendo el cariz que los acontecimientos iban tomando, temeroso de perder la vida, ya por sentencia del tribunal, ya porque sus correligionarios no le perdonarían haber implicado al rabino jefe de Damasco, seguramente con el fin de conseguir la protección del Pasha, se convirtió al Islam el 10 de mayo y adoptó el nombre de Mohammed Effendi. Éste era el nombre que había escogido Shabbetay Zeví, el Mesías herético, cuando en 1666 se hizo musulmán en Constantinopla para salvar la vida. Una de las primeras actuaciones del nuevo "creyente" fue la redacción de un informe dirigido al gobernador general, cuyo inicio era el siguiente: "Para obedecer al encargo de su Excelencia, tengo el honor de informarle sobre las siguientes circunstancias del asesinato del padre Tomaso. Porque ahora yo sé que no he de temer ya por mi vida, en virtud de mi fe en Dios Todopoderoso y en Muhammed, su profeta, a quien de esta manera imploro y alabo: así doy testimonio de la verdad como sigue..." Seguía a continuación la misma versión de los hechos que ya se ha narrado. En el informe, además, Mohammed Effendi añadía que no sabía nada sobre lo ocurrido con el criado del capuchino, Ibrahim Amara, aunque apuntaba que había seguido la misma suerte que el padre Tomaso. En la carta decía que había oído a Isaac preguntarle a su hermano David: "¿Cómo van las cosas en este negocio?" David había respondido: "No pienses más en ello. Él también ha recibido su parte".

Mohammed Effendi no sólo acuso al rabino Antebi de ser el cerebro del asesinato, sino que se avino, como leal musulmán, a localizar y traducir pasajes del *Talmud* que pudieran explicar la conducta criminal de los judíos. Este tema de los textos rabínicos había sido presentado a Sherif Pasha por los cristianos de Damasco, quienes estaban especialmente preocupados y habían empezado a buscar en sus bibliotecas libros que demostrasen que los sacrificios humanos estaban prescritos en el judaísmo. Un libro del siglo XVIII escrito en latín por Lucius Ferraris, *Prompta Bibliotecha*, prestaba atención a pasajes del *Talmud* en los que se expresaba un odio homicida hacia los cristianos. Según Jonathan Frankel, profesor de la Universidad Hebrea de Jerusalén y autor de *The Damascus Affair. "Ritual Murder", Politics and the Jews en 1840*, extractos de este libro del siglo XVIII fueron traducidos al francés y al árabe por iniciativa de Ratti-Menton y se repartieron copias en Damasco y sus alrededores.

Mohammed Effendi y el rabino jefe de Damasco fueron enfrentados días después para comprobar la interpretación del *Talmud*. Al acabar la discusión el Pasha no pudo evitar preguntarle de refilón al renegado: "¿Si un judío presta una declaración perjudicial contra otro judío o contra el pueblo judío qué castigo merece?" La respuesta fue: "Debería ser matado sin piedad. El *Talmud* no permite que siga viviendo. Esta religión está construida sobre este principio; es por ello que yo me he convertido al islam, a fin de poder hablar..." Al ser invitado a opinar sobre las palabras de Mohammed Effendi, el rabino jefe Jacob Antebi lo confirmó y añadió: "Se debería procurar que el Gobierno matase a dicho individuo. Si no, lo mataríamos con nuestras propias manos a la menor oportunidad". Confirmado, pues, que Mohammed Effendi había dicho la verdad, el gobernador general dio a entender que el Gobierno debía actuar conforme a sus intereses y volvió a preguntar qué harían ellos. Jacob Antebi repitió: "En función de las circunstancias, haríamos todo lo posible para matarlo; cualquier medio sería adecuado para nosotros. Esto enseña nuestra fe". Mohammed Effendi tuvo poco tiempo para, supuestamente desde el lado seguro, profundizar en su nueva religión y proseguir con sus traducciones del *Talmud*, pues murió poco tiempo después, según los periódicos judíos europeos, como consecuencia de los daños que le había producido la tortura a que había sido sometido.

El asesinato del criado Ibrahim Amara

Lo ocurrido con el criado del padre Tomaso lo declaró el criado de David Harari, Murad-el-Fattal. Ya en el barrio judío, Ibrahim Amara preguntó por su señor a los judíos Aaron Stambuli, Mehir Farhi, Aslan Farhi y Isaac Picciotto, que estaban saliendo a la calle. Señalando su casa, Mehir Farhi le indicó que el padre estaba con ellos vacunando a un niño y que si lo quería esperar podía ir y entrar. Murad-el-Fattal, que fue la correa de transmisión entre las dos casas e iba de una a otra obedeciendo las órdenes de David Harari, atestiguó que cuando fue por segunda vez a casa de Mehir Farhi estaba puesto el cerrojo. Una vez hubo entrado, dijo que su amo lo enviaba para saber si habían detenido al criado. Le dijeron que ya lo tenían y le preguntaron si quería quedarse o si se marchaba de nuevo. Se quedó y fue testigo del crimen. Isaac Picciotto y Aaron Stambuli lo ataron y amordazaron y luego entre todos lo echaron al suelo. Además de los mencionados estaban Murad Farhi y Joseph Farhi. Se colocó un recipiente de cobre bajo su cabeza y Murad Farhi lo apuñaló. Murad-el-Fattal confesó que él mismo y Meir Farhi le sujetaron la cabeza mientras Aslan Farhi y Isaac Picciotto se sentaron sobre él y le aguantarons las piernas. Lo tuvieron bien sujeto hasta que la sangre dejó de manar. Aaron Stambuli vertió luego la sangre en una larga botella blanca que debía entregarse a Moses Abu-el-Afieh. Posteriormente, el joven Aslan Farhi confirmó esta versión. Hay que resaltar que el padre de Aslan, Raphael Farhi, era uno de los miembros más distinguidos de la comunidad judía de Damasco

Después de los asesinatos de ambas víctimas los participantes se reunieron en la casa de David Harari para beber y hablar hasta el amanecer, según declaración del mismo criado, que llenó las pipas de los "distinguidos y ricos judíos". Se discutió en detalle sobre las matanzas y hubo intercambio de experiencias. Concretamente se habló sobre el tiempo empleado, pues podía ser valioso de cara a futuros casos.

Sherif Pasha, acompañado por oficiales de alta graduación y por el cónsul Ratti-Menton fue al barrio judío, de acuerdo con las citaciones del juzgado, y todos los extremos pudieron ser comprobados en el lugar. Se abrió una cañería de desagüe situada en la vecindad y se encontró el hígado, huesos y un cinturón de la víctima. Los doctores Massari y Raynaldi declararon que dichos restos pertenecían a un ser humano. El único de los detenidos que negó los hechos fue Meir Farhi. Confrontado con el joven Aslan Farhi y con el criado Murad-el-Fattal, que repitieron la historia del horrible crimen con todo tipo de detalles, Farhi comenzó a chillar: "Estáis locos, habéis perdido la cabeza". Luego intentó atacarlos en un ataque de rabia e impotencia. En cualquier caso, fue incapaz de ofrecer ninguna coartada y continuó detenido.

Varios de los inculpados por la participación en el asesinato de Ibrahim Amara, no obstante, consiguieron huir y, escondidos, lograron eludir la detención. A finales de abril de 1840, poco más de dos meses y medio después de los crímenes, el juicio podía considerarse concluido. Dieciséis judíos habían participado en el doble asesinato, de los cuales diez fueron condenados a muerte. La población de Damasco esperaba la ejecución de los sanguinarios.

Los verdugos se convierten en víctimas

Tan pronto llegaron a Europa las noticias de lo que estaba sucediendo en Damasco, se puso en marcha la maquinaria que había de convertir a los criminales en víctimas inocentes y a los que pretendían que se hiciera justicia en verdugos despiadados movidos por el odio hacia los judíos. Una campaña de difamación y desprestigio se orquestó inmediatamente en contra del cónsul francés, que quedó aislado y perdió el apoyo de sus colegas europeos. Todos los cónsules de la zona recibieron, como veremos, instrucciones de sus gobiernos para que dejasen de apoyar las actuaciones del conde de Ratti-

Menton. La obra de referencia para conocer todos los entresijos de las gestiones y maniobras realizadas es la ya citada de Jonathan Frankel, *The Damascus Affair "Ritual Murder". Politics and the Jews in 1840*. Lamentablemente, este profesor de la Universidad Hebrea de Jerusalén exculpa del crimen a sus hermanos de Damasco y lo hace con la hipocresía y el descaro que adoptan los judíos cuando mienten y lo saben (Chutzpah). Pese a ello, la obra está perfectamente documentada y es de gran valor por la cantidad de textos que en ella se reproducen.

Ya en el mismo mes de febrero llegaron a Europa las primeras cartas que alertaron a los judíos europeos. El rico mercader holandés de origen askenazi, rabino Abraham Zevi Hirsch Lehren, que en 1817 había asumido en Amsterdam el liderazgo de una organización protosionista llamada "Oficiales de la Tierra de Israel", fue el primero en contactar con los Rothschild. El 18 de marzo escribió dos cartas, una dirigida al ministro de Exteriores de Holanda, baron V. Van Soelen; la segunda, escrita en francés, era para James Rothschild. A éste le describía la grave situación de los judíos de Damasco. He aquí un fragmento: "Los judíos nunca estarán libres de persecución hasta que llegue nuestro Mesías, momento que esperamos con resolución; pero el buen Dios... nos ha dado siempre hombres eminentes con la influencia suficiente para aligerar sus desgracias. Y en nuestros tiempos nos ha dado la renombrada familia Rothschild, la cual tiene el poder de salvar a sus hermanos que sufren persecución... Aquí está la oportunidad de que se muestre como el ángel guardián de los oprimidos y de abrir para usted las puertas del Paraíso..."

Una semana más tarde, este rabino escribía dramatizando la situación: "la vida de muchos miles de nuestros correligionarios está en peligro". Hirsch Lehren pedía una respuesta a James Rothschild. Ocurría, sin embargo, que por aquellos días James estaba en Londres asistiendo a la boda de su nieto Anthony (1810-1876), el segundo hijo varón de Nathan, con Luisa Montefiore (1821-1910), nieta de Moses Montefiore. Por ello, aparentemente, no se emprendió ninguna acción en París hasta finales de marzo. Precisamente Montefiore, acompañado por Isaac Adolphe Crémieux, iba a convertirse en el máximo representante de los Rothschild para gestionar la crisis del Damascus Affair. Fue Albert Cohn, tutor de los niños de la familia para temas judíos, quien recibió la orden de contactar con el abogado Crémieux para que preparase una serie de artículos que contrarrestasen en la prensa hostil las informaciones que acusaban a los judíos de Damasco. Cremieux era desde hacía años uno de los hombres de máxima confianza de James Rothschild: en agosto de 1834, en un viaje relacionado con la explotación de las minas de Almadén, había ido a Madrid con Lionel, el heredero de Nathan, para negociar con el ministro de Hacienda español, el asturiano conde de Toreno. Entonces James consideraba a Toreno un "enemigo" y lo intentaron sobornar.

Fue también a la familia Rothschild a quien pidieron ayuda los líderes judíos de Constantinopla: Samuel de N. Trèves, I. Camondo y Salomon Fua escribieron cartas a los Rothschild de Londres, Nápoles, Viena y, posiblemente, también a los de París y Frankfurt. Los Rothschild eran bien conocidos en todo el Oriente Medio, pues estaban involucrados en los asuntos judíos y colaboraban con el rabino Hirsch Lehren en el apoyo a los judíos askenazis de Palestina. En definitiva, los Rothschild ya habían adquirido en 1840 un statuts mítico entre la judería de todo el mundo.

Antes de seguir adelante, es preciso explicar muy brevemente cuál era la estructura jerárquica y la situación política en la zona. La autoridad máxima con respecto a los sucesos de Damasco era el virrey de Egipto, Muhammed Ali (1769-1849), que había incorporado Siria a sus dominios y en 1838 había anunciado su deseo de independizarse del sultán otomano, entonces Abdulmecit I, y de convertir Egipto en un reino hereditario. Ello había provocado una guerra turco-egipcia, originada por un tratado entre británicos y otomanos que Egipto se negó a aceptar. En 1839 el ejército turco fue derrotado en Nísibis. Ante el creciente poder de Egipto, Gran Bretaña, Rusia y Prusia apoyaban la causa otomana y sólo Francia respaldaba a Egipto. Los cónsules europeos en Alejandría tenían de este modo preponderancia sobre los de Damasco y tenían, además, la posibilidad de entrevistarse directamente con el virrey. El cónsul general de Francia en Alejandría era Adrien-Louis Cochelet, diplomático de gran experiencia que había servido a Napoleón y había desempañado cargos de representación en Brasil, México, Portugal y Moldavia. Servía en Egipto desde 1837. Por otra parte, el consul general de Austria ante Muhammed Ali era Anton Joseph Laurin. Según Hellmut Schramm, Laurin era un criptojudío que, como Adam Weishaupt, se había formado entre los jesuitas en un centro de Eslovenia. Por último conviene aclarar que la máxima autoridad de la que dependían tanto los cónsules de Damasco como los de Alejandría eran los embajadores, que residían en Constantinopla.

El 27 de marzo, Laurin envió a su inmediato superior, barón Von Stürmer, embajador de Austria en Constantinopla, el primer informe de Merlato, quien, como se ha visto, había compartido inicialmente los planteamientos de su colega Ratti-Menton. Von Stürmer rechazó el informe y no aceptó los motivos religiosos para justificar el crimen. "Los acusados - escribió- son los judíos más ricos y prominentes de Damasco". Laurin transmitió las instrucciones a Merlato y le instó a no aceptar en adelante las acusaciones. Es muy probable que Salomón Rothschild y su buen amigo el príncipe Metternich hubieran tenido ya alguna entrevista en Viena para tratar el asunto. Ya se ha dicho en el capítulo anterior que los Rothschild habían hecho enormes préstamos al gobierno austríaco y tenían en sus manos el negocio de la construcción de líneas de ferrocarril en todo el imperio. Salomon Rothschild era el banquero de las principales familias de la aristocracia, entre las que estaba la del propio Metternich. Melanie Zichy-

Farrari, la tercera esposa de Metternich, mantenía estrechas relaciones con las cuñadas de Salomon, Betty en París y Adelheid en Nápoles.

Jonathan Frankel desvela que Laurin, que había servido anteriormente en varios puestos consulares en el reino de las Dos Sicilias, gozaba de amistad personal nada menos que con Carl Rothschild, con el que compartía interés por las monedas antiguas, joyas y otros objetos. Estando en Egipto, donde tenía cierta reputación como arqueólogo, había realizado algunas compras para Karl, quien lo recompensaba enviándole vinos, pastas y otros suministros napolitanos. Por si no queda claro que era un hombre de los Rothschild, Frankel añade que, como cónsul general en Alejandría, Laurin trabajaba en íntima cooperación con el rabino Hirsch Lehren y había enviado a funcionarios consulares a Palestina para obtener compensaciones en favor de los judíos askenazis allí establecidos.

El cónsul francés comprendió pronto que se estaba quedando solo, pero permaneció incorruptible, pese a que las tentativas de soborno llegaron incluso a su consulado. Ratti-Menton denunció que los judíos habían ofrecido a uno de sus oficiales, Beaudin, 150.000 piastras, e incluso le habían sugerido aumentar la suma si conseguía la exculpación de sus hermanos del crimen ritual. Tras este intento de corrupción fallido, los negociadores judíos trataron de acceder al cónsul francés a través de otro consulado. Esta vez se ofrecieron 500.000 piastras. Estos tanteos fueron denunciados públicamente por el *Allgemeine Zeitung* de Ausburgo que, aunque lentamente fue cediendo a las presiones, en los primeros meses demostró la suficiente independencia para publicar estas palabras:

> "El juicio contra los judíos no ha terminado y los criminales no han sido aún castigados; pero que el padre Tomaso fue asesinado por los judíos por motivos religiosos ha sido claramente demostrado. La revisión de varias carpetas de archivos a las que tuvimos acceso no deja lugar a dudas. El cónsul francés en Damasco, conde de Ratti-Menton, ha demostrado la mayor actividad posible en la búsqueda de la verdad... Los judíos allí han evidenciado que superan a todos en fanatismo. Al haber sido constantemente utilizados con anterioridad como hombres de negocios por el Pasha debido a su riqueza, poseen gran influencia y los cristianos allí se sienten aterrorizados. Aunque cada año en Damasco desaparecían de repente niños cristianos sin dejar rastro, aunque los judíos estaban siempre bajo sospecha a causa de ello, nadie se atrevía a acusarlos, de hecho nadie se atrevía a intentar un juicio sobre una bien fundada sospecha, tan grande era la influencia que les proporcionaba su dinero ante las corruptas autoridades turcas. Ahora, además, no han faltado las ofertas de dinero. Al secretario del cónsul francés se le ofreció un gran suma para que tratase de cambiar la actitud del cónsul en relación al caso..."

Enseguida la prensa europea controlada por el capital judío puso en circulación las más terribles historias de tortura. Veamos una selección de ellas extraídas del "informe oficial", editado y distribuido el 13 de mayo por el misionero anglicano George Wildon Pieritz, un judío camuflado, miembro de la "London Society for Promoting Christianiy Amongst the Jews", que fue la primera organización cristiana en empuñar la bandera de la protección de los judíos. El título del informe reza: *Statement of Mr. G.W. Pieritz, a Jewish Convert, and assistant missionary at Jerusalem, respecting the persecution of the Jews at Damascus: the result of a personal inquiry on the spot.* (*Informe del Sr. G.W. Pieritz, judío converso, y misionero ayudante en Jerusalén, con respecto a la persecución de los judíos de Damasco: resultado de una investigación personal sobre el terreno*). Según Pieritz, los "infortunados prisioneros" junto con sus hijos habían sido sumergidos en agua helada y luego asados lentamente. Mediante máquinas sus ojos habían sido estrujados en sus cuencas y hierros ardientes habían sido introducidos en sus cuerpos. Las "víctimas", pellizcadas de día y de noche, habían tenido que permanecer en pie durante tres días enteros, y con velas ardiendo les habían hecho cosquillas en sus torcidas narices. Cientos de niños judíos habían sido arrojados en cárceles donde iban cayendo como moscas, etc., etc.. Hellmut Schrammm desvela que G. W. Pieritz fue un judío que estudió para ser rabino y luego se convirtió al cristianismo. Este rabino se dirigió a Damasco, donde llegó el 30 de marzo, "en consideración a la misión cristiana que le obligaba a defender los derechos humanos en lugares de despotismo". Allí contactó con el cónsul británico Nathaniel Werry, quien le ofreció presentarlo a Ratti-Menton y a Sherif Pasha, pero él rechazó la propuesta. El 6 de abril Pieritz abandonó Damasco con destino a Beirut. En un despacho esclarecedor a su superior John Bidwell fechado el 24 de abril de 1840, Werry se refiere a Pieritz como un judío converso que tenía puntos de vista diferentes con respecto a lo sucedido y que planeaba publicar un panfleto extremadamente violento en contra de Ratti-Menton y Sherif Pasha. Gracias a una cita de Jonatahn Frankel, disponemos del texto. Werry, que compartía la versión oficial, escribe: "cómicamente me hace partícipe de su desagrado, pretendiendo que yo era el consejero del cónsul francés... Mr Pieritz está airado contra mí porque no ha podido convencerme de sus puntos de vista, cuando él ignora por completo la evidencia obtenida y sólo se basa en la información de sus hermanos de aquí. Él, que estoy convencido de que en su conciencia y en su corazón sigue siendo judío, rechaza cualquier información y está decidido a exculpar a los judíos e inculpar a la población cristiana y musulmana. Veremos lo que publica. Creo que el caso es sustancialmente correcto".

Sobre la base de que los criminales eran víctimas inocentes cuyas declaraciones autoinculpatorias habían sido obtenidas mediante las más atroces torturas, se desencadenó la campaña que tenía por objeto presionar y confundir a la opinión pública con el objetivo final de conseguir el indulto para los judíos detenidos en Damasco. La judería internacional se movilizó de manera simultánea. En las sinagogas los rabinos aullaban o amenazaban, según conviniera. Los discursos más encendidos se pronunciaron en Marsella, en Esmirna, en Munich, en Magdeburgo, en Leipzig, donde el rabino Isaac Levin Auerbach, con lágrimas en los ojos, apeló a Sión, a Jerusalén y al honor de su religión. En Viena, en la catedral de San Esteban, el día de la Ascensión, el Dr. Emmanuel Veith, un judío converso decano de la catedral, conocido por su brillante oratoria en el púlpito, dijo lo siguiente al acabar su sermón delante de miles de devotos cristianos: "Todos sabéis, mis queridos feligreses, y si quizá alguien no lo sabe puede saberlo ahora, que yo nací judío y me convertí al cristianismo. He dado consuelo y esperanza a todos los cristianos en mi pastoral. Y por ello juro aquí, en el nombre de la Trinidad, que la mentira esparcida mediante astucia diabólica de que los judíos en la celebración de su Pascua se sirven de sangre cristiana es una calumnia maliciosa y blasfema, y nada de ello se dice en el Antiguo Testamento ni en los escritos del *Talmud*, los cuales conozco a la perfección y he investigado cuidadosamente. Esto es la verdad. Que Dios me ampare".

Donde, no obstante, era más acuciante cambiar la opinión era en Francia. Durante el mes de febrero los informes procedentes de Damasco fueron recibidos por el mariscal Soult, el judío que había traicionado a Napoleón en Waterloo, que era entonces ministro de Asuntos Exteriores. El día 1 de marzo Soult fue sustituido por Adolphe Thiers, quien además de ocupar la Presidencia del Consejo asumió la cartera de Exteriores. A él le tocó afrontar las consecuencias del Damascus Affair. En Francia, como iremos comprobando, el papel jugado por Crémieux, el hombre de los Rothschild, fue determinante. El texto que propició el cambio de tendencia fue una larga carta de ocho páginas publicada el 8 de abril en dos periódicos de París, la *Gazette des Tribunaux* y el *Journal des Débats*. Jonathan Frankel asegura que "causó sensación y produjo una radical transformación en el tratamiento del tema del crimen ritual en la prensa francesa". En ella Crémieux comenzaba explicando el caso torticeramente, seguía con el rosario de torturas y finalizaba pidiendo a la prensa y a los franceses que protegieran a los judíos con apelaciones de este tipo: "¡Cristianos franceses, nosotros somos vuestros conciudadanos amigos, vuestros hermanos! Vosotros habéis dado al mundo el ejemplo de la más pura y delicada tolerancia. ¡Servid de escudo para nosotros, tal como nos habéis servido de protectores! Pero sobre todo, que la prensa francesa asuma la sagrada cuestión de la verdad y de la civilización con el noble celo que le ha conferido la gloria. ¡Es un bonito papel que le sienta bien y que desempeña tan magnánimamente!"

Palmerston recibe y da instrucciones

El papel de la prensa merecerá más atención en adelante, pero es pertinente constatar primero cómo los Rothschild y otros banqueros judíos pidieron a los gobiernos de sus respectivos países que presionaran a las autoridades egipcias y turcas con el fin de liberar a los criminales.

En Londres, el 21 de abril se reunió el Consejo de Representantes de los Judíos Británicos, en el que figuraban las figuras más prominentes de la élite financiera judía en Gran Bretaña. A este encuentro determinante asistieron el barón Lionel de Rothschild, Sir Moses Montefiore, Isaac y Francis Goldsmid, David Salomons y Louis Cohen. Para asistir a la sesión se desplazó desde París Adolphe Crémieux, a quien mediante una resolución se le agradeció la redacción de la carta citada anteriormente, escrita "por la causa de la verdad y la humanidad". Otras resoluciones fueron adoptadas con vistas a ser publicadas. En ellas se describía el crimen ritual como "un fenómeno estrictamente medieval que había desaparecido desde hacía ya tiempo". Se decidió exigir a los gobiernos de Inglaterra, Austria y Francia que intercedieran en Constantinopla y Alejandría con el fin de que acabasen las atrocidades contra los judíos. En este sentido, se imprimió un resumen del encuentro titulado *Persecution of the Jews in the East*. Se nombró una delegación para que se entrevistase con el secretario del Foreign Office, Lord Palmerston, y un comité encargado de hacer llegar a la prensa las decisiones adoptadas en el Consejo, que debían ser publicadas en no menos de treinta y un diarios y semanarios.

El 30 de abril Lord Palmerston recibió a los representantes del Consejo. Su presidente Joseph G. Henriques había previamente facilitado al ministro un dossier con los documentos procedentes de Oriente Medio y las resoluciones del Consejo. Al frente de la delegación estaban Lionel Rothschild, Goldsmid, Salomons y Montefiore. Palmerston se mostró decidido incluso a intervenir por la fuerza si las medidas persuasivas no surtían efecto: su idea era conseguir que Muhammed Ali devolviera los territorios de Siria, Libano y Palestina al sultán de Constantinopla. Palmerston se mostró decidido a actuar en beneficio de los judíos de Oriente Medio y no tuvo ningún problema en asegurar a los miembros de la delegación que enviaría los despachos más convenientes tanto al coronel Hodges en Alejandría como a Lord Ponsonby en Constantinopla. Expresó su "sorpresa por el hecho de que la calumnia que se había inventado hubiera recibido tanta credibilidad" y prometió que "toda la influencia del Gobierno británico se ejercería para poner fin a las atrocidades". Este encuentro del Consejo de los judíos británicos con Palmerston recibió enseguida atención pública tanto en Inglaterra como en el Continente. Ello contrasta con lo que acontecía en Austria, donde la amistad íntima de Salomón Rothschild con Metternich mantenía las gestiones en la esfera de lo estrictamente privado.

Henry John Temple, tercer vizconde de Palmerston (1784-1865), conocido como Lord Palmerston, participó en el gobierno desde 1807 hasta su fallecimiento. Además de ocupar la cartera de Exteriores en la época que nos ocupa, cargo que desempeñaba desde 1830, fue primer ministro en dos ocasiones, la primera entre 1855-1858 y la segunda entre 1859-1865. Antes de seguir adelante con su gestión es interesante conocer lo que ya en 1884, diecinueve años después de su muerte, escribe sobre él monseñor George F. Dillon en su obra *The War of Antichrist with the Church and Christian Civilization*, publicada en Edimburgo. Según monseñor Dillon, Palmerston no fue sólo Gran Maestro de la masonería, sino que llegó a convertirse en un patriarca de los Iluminados y por tanto coordinaba sociedades secretas de todo el mundo. Dillon asegura que fue el sucesor de Nubius[16] y lo vincula con los planes de los ateístas contra la cristiandad. Cuando Nubius murió en 1837, Mazzini, de quien se sospecha podría haber sido el encargado de su desaparición, fijó su domicilio en Londres de manera permanente. Fue quizá en estos años cuando Palmerston habría sido el elegido para llevar adelante los planes de los Iluminados, que incluían la formación del imperio alemán en el centro de Europa a partir de la unión de los pequeños Estados alemanes y la unión de Italia. Londres, donde los judíos tenían dos logias en las que no se permitía la entrada a los cristianos, se convirtió así en la sede de la revolución. Recordemos que Karl Marx se estableció en la ciudad en 1849 y ya no la abandonó hasta su muerte. En 1846, dos años antes de que estallasen en toda Europa y de manera simultánea las revoluciones de 1848, Palmerston volvió a ser ministro del Foreign Office.

Sabiendo, pues, quién era Lord Palmerston y a quiénes servía, no es de extrañar el papel determinante que desempeñó en el caso de los judíos de Oriente Medio. El 5 de mayo de 1840 envió dos despachos a Hodges y

---

[16] Nubius era el seudónimo del jefe de la Alta Venta, sociedad secreta que tenía en la terrible secta de los Carbonarios su brazo ejecutor. Los Carbonarios tenían como jefe indiscutible a Giuseppe Mazzini, sucesor de Adam Weishaupt, por tanto unos y otros formaban parte de los Illuminati. Uno de los hombres de máxima confianza de Nubius era un judío conocido como Piccolo Tigre, el cual viajaba bajo la apariencia de joyero y banquero itinerante. Una carta escrita en 1822 por Piccolo Tigre en la que se imparten instrucciones de la Alta Venta a las logias carbonarias del Piamonte es transcrita integramente por Monseñor Dillon. En ella se insiste en la necesidad de enviciar y depravar al ser humano y se ponen de manifiesto una vez más los fines criminales ya desvelados por Robison y el abate Barruel. Otra carta citada por diversos investigadores es la dirigida por Vindex, otro seudónimo, a Nubius, fechada en Castellmare el 9 de agosto de 1838. Se trata de un documento en el que se expresa la finalidad de destruir el catolicismo y se muestra un desprecio absoluto por la vida humana mediante la apología del asesinato. Según el historiador Jacques Crétineau-Joly, la desaparición misteriosa de Nubius se explicaría por el hecho de que fue asesinado mediante envenenamiento. El uso de seudónimos, ya se ha dicho, era utilizado por los Illuminatti para esconder su identidad. Weishaupt, como se sabe, era Espartaco, el barón Knigge era Philo, etc. Quién era Nubius no ha podido averiguarse. Según monseñor Dillon, detrás de Nubius se escondía un noble italiano.

Ponsonby en los que se les advertía con toda claridad que los intereses de la comunidad judía en el Levante estaban en peligro y les ordenaba que hicieran cuanto pudieran para evitar "las más graves persecuciones". Concretamente a Hodges se le pedía que dejase del todo claro a Muhammed Ali que las "enormes barbaridades" perpetradas en Damasco reflejaban una imagen desgraciada de su administración, que había dejado atónitos a los europeos, que no podían esperar que bajo su mandato se permitieran "atrocidades como las que se habían cometido". El nivel de desfachatez en la exigencia a Muhammed Ali no tiene desperdicio. El texto acababa así: "El Gobierno de su Majestad no alberga ninguna duda de que Muhammed Ali no sólo procederá inmediatamente a la más amplia reparación de los infortunados judíos, sino que también destituirá y castigará a aquellos oficiales que han abusado de manera tan ostensible de sus poderes".

Sin embargo, los primeros despachos de Nathaniel Werry llegaron poco después a la mesa de Palmerston. Eran aquellos en los que el cónsul británico en Damasco expresaba su total convencimiento en la culpabilidad de los judíos, explicaba las motivaciones rituales del *Talmud* y justificaba las actuaciones de Ratti-Menton y del gobernador Sheriff Pasha. La indignación del ministro puede fácilmente imaginarse. El 21 de mayo se apresuró a enviar a Werry una remesa de documentos relacionados con el caso y le advertía en el tono más imperioso con estas palabras: "He de informarle que he leído con absoluta sorpresa su informe que relata las atrocidades... cometidas con los judíos de Damasco, y he observado que... o demuestra que usted está completamente desinformado de lo que ocurre en la ciudad en la que vive o evidencia por parte suya una carencia absoluta de los principios y sentimientos que deben distinguir a un agente británico". A continuación repetía que Mohammed Ali tendría que compensar a los judíos y destituir a los oficiales responsables.

Metternich, a las órdenes de Salomón Rothschild

Como hemos apuntado antes, fue en Austria donde primero cundió la alarma sobre lo que acontecía en Damasco, y ello gracias a las relaciones íntimas entre Salomón Rothschild y Metternich. Ambos trabajaron en perfecta sintonía para ayudar a los "indefensos judíos". El profesor Frankel confirma que "uno solicitaba y el otro otorgaba favores personales, todo con total discreción y el debido respeto". Metternich, pues, no sólo discutió con Salomón sobre el caso, sino que se mostró dispuesto a llegar hasta donde hiciera falta para satisfacer las demandas del banquero.

Entre dichas demandas seguramente figuraba la de controlar a la prensa, como lo demuestra lo ocurrido con el *Österreichischer Beobachter*. Este periódico, el más importante del país, dedicó el 11 de abril de 1840 su primera página y alguna más en el interior a relatar de manera morbosa el asesinato del padre Tomaso por los rabinos y ancianos de la comunidad judía de Damasco. La consternación del príncipe Metternich y de su amigo Rothschild es fácil de imaginar. La intervención del primero fue inmediata y de efecto fulminante. En la edición del día siguiente, 12 de abril, el tratamiento de la información cambió radicalmente. Nuevamente en la primera página, aunque en esta ocasión de manera escueta, se publicaba que, según los informes oficiales que llegaban desde Beirut en relación al asesinato, "no había ninguna prueba de que el crimen hubiera tenido lugar; no se había establecido quiénes eran los culpables de la desaparición... y los doctores y cirujanos habían declarado que los huesos encontrados en las alcantarillas del barrio judío eran ya antiguos y, además, eran de animales". A continuación se pasaba a lamentar el ataque a que estaban siendo sometidos los judíos de Damasco. Según el profesor Frankel, en cuya obra se da noticia de este episodio, el repentino cambio en la línea editorial del periódico fue objeto de comentarios irónicos en algunos periódicos alemanes, pues puso claramente de manifiesto que el Gobierno austríaco no estaba dispuesto a tolerar acusaciones contra los judíos.

También los despachos que Metternich envió el 10 de abril fueron sin duda consecuencia de las reuniones con Salomón. En su escrito a Laurin, Metternich le recordó que había una serie de judíos en Siria que gozaban de la protección de Austria, entre los que estaba el consul general en Alepo[17], y le exigía que diera los pasos pertinentes para evitar que el asunto los agobiara. Le pedía también que urgiera a Muhammed Ali para que "sin interferir el curso de la justicia, controlase los crueles y estúpidos pasos seguidos por los oficiales subordinados". Sigue a continuación Un pasaje significativo del despacho de Metternich a Laurin citado por el profesor Frankel:

> "La acusación de que cristianos son asesinados deliberadamente en ocasión de una supuesta Pascua sangrienta es absurda por su propia naturaleza y las maneras que el gobernador de Damasco ha escogido para probar este crimen antinatural son completamente inapropiadas; no es así de extrañar que los verdaderos culpables no hayan sido descubiertos... Las autoridades egipcias están obligadas a asegurar pronta y estricta justicia. El abuso de poder, persecuciones y maltrato de gente inocente podrían, sin embargo, llegar a ser conocidos en Europa y estarían indudablemente en abierta contradición con lo que se espera del virrey".

---

[17] Se da la circunstancia de que Isaac Picciotto, acusado por el asesinato del criado Ibrahim Amara, además de pertenecer a una de las familias más influyentes de la zona, tenía a un familiar, su tío Elías Picciotto, que desempeñaba el cargo de cónsul general de Austria en Alepo, por lo cual el crimen de Damasco constituía una amenaza directa contra la familia de un diplomático austríaco. Austria ya en aquellos años acostumbraba a nombrar a judíos para que ejercieran la representación en posiciones consulares. Por esta razón Isaac Picciotto pasó de la prisión del consulado francés a la del cónsul de Austria, desde donde entre el 17 y el 27 de marzo, acompañado siempre por un oficial austríaco, apareció cuatro o cinco veces ante Sherif Pasha para ser interrogado.

Estas palabras demuestran que Metternich consideraba una buena táctica presionar y amenazar a Muhammed Ali con la pérdida de su reputación, tan cuidadosamente cultivada, que le presentaba ante Europa como el campeón de la civilización frente a la barbarie. En su respuesta enviada el 5 de mayo, Laurin expresaba su alegría por comprobar que sus puntos de vista eran plenamente compartidos en Viena.

El 7 de mayo, Salomón recibía una carta de su hermano James, quien desde París le urgía a que pidiese ayuda a Metternich para orquestar una campaña de prensa. Puesto que Laurin, el diplomático austriaco, le había enviado cartas, James Rothschild pedía a su hermano que consiguiese autorización del gobierno de Austria para poder publicar extractos de dichas cartas en la prensa francesa. A Metternich, que desconocía que Laurin, por otra parte amigo de Carl Rothschild, había enviado por su cuenta cartas a James, no le gustó la iniciativa de su consul en Alejandría y el 27 de mayo le envió un despacho en el que además de aprobar su "vigorosa actuación en la búsqueda de la justicia", lamentaba que se hubiera permitido "entrar en correspondencia directa con la Casa de Rothschild en París" y le recordaba que "las disputas entre los cónsules en Damasco eran asuntos del gobierno imperial".

Laurin se quedó obviamente pasmado por la reprimenda, pero no se encogió. Debe considerarse que el hecho de que Laurin hubiera enviado cartas a James Rothschild tenía cierta lógica, toda vez que James desempeñaba el cargo de cónsul de Austria en la capital francesa y en cierto modo era un agente austríaco. Laurin respondió inmediatamente que había escrito al Rothschild de París porque Isaac Picciotto había sido amenazado con una inminente ejecución y Cochelet, el cónsul general de Francia en Alejandría, se había negado a ayudarlo. "Para evitar esta desgracia -escribió a Metternich-, me sentí obligado a buscar ayuda a través de alguien que, como correligionario, estaría personalmente interesado".

James Rothschild no consigue doblegar a Thiers

Como Laurin había muy bien comprendido, sólo el Gobierno francés podía conseguir una rápida solución para el asunto de Damasco. Adolphe Thiers era, como se ha dicho, el primer ministro y estaba también al frente del Ministerio de Exteriores. Por otra parte Francia era el país que cincuenta años antes había emancipado a los judíos y que tras la revolución de 1830, que elevó al trono a Luis Felipe de Orleans, el "rey ciudadano", había reforzado el principio de la igualdad de los judíos. Además, Thiers tenía relaciones obligadas con James Rothschild, ya que desde los primeros días como presidente del Gobierno mantenía negociaciones con la banca Rothschild para la financiación de las líneas de ferrocarril que debían conectar Francia con Bruselas y Le Havre.

Pese a todo, Thiers no se doblegó inicialmente a los requerimientos y a las presiones. Alegó que necesitaba más tiempo para examinar los informes que le llegaban desde Oriente Medio y no ofreció más explicaciones. También la prensa progubernamental adoptó una postura de silencio y ni siquiera se daba respuesta alguna a las demandas de Crémieux. El 17 de abril Thiers había respondido al primer informe de Ratti-Menton desde Damasco. Fue este despacho el único que envió personalmente a su cónsul. En él Thiers escribía que el informe parecía escrito bajo el efecto de impresiones aún muy recientes, por lo que no podía formarse una opinión sobre "un asunto tan serio y envuelto todavía en la oscuridad". Decía al cónsul que esperaba impaciente nuevos informes que le permitieran disipar dicha oscuridad. Thiers, sin embargo, no recriminaba a Ratti-Menton el hecho de que abogase por la ejecución de los acusados, sino que elogiaba su determinación, la cual consideraba "basada en razones tanto de sabiduría como de humanidad". En el despacho, se pedía al cónsul que se esforzase por evitar que tan desgraciado asunto pudiese degenerar en "un pretexto para que se atacase a los judíos".

Este texto, cuyo tono difiere mucho de los empleados por Palmerston y Metternich, indicaba cuál era el camino que Thiers pensaba seguir con respecto al caso. Pretendía controlarlo y limitar el daño, pero sin desautorizar al conde de Ratti-Menton. En cuanto a la acusación de crimen ritual, Thiers tendía a atribuir el asesinato a un puñado de fanáticos religiosos. No obstante, decidió enviar a un funcionario consular a Damasco para que le preparase un informe sobre el asesinato de padre Tomaso. Pronto trascendió a la prensa que el hombre designado para tal encargo era el conde de Meloizes, un joven diplomático de veintiséis años que servía en Alejandría como vice-cónsul a las órdenes de Cochelet. Supuestamente los protocolos que de Meloizes iba a elaborar sobre el caso deberían confirmar o cuestionar cuanto había hecho el cónsul Ratti-Menton.

Lógicamente, los Rothschild no esperaban nada del futuro informe de Meloizes, como demuestra esta carta de James Rothschild a su hermano Salomón, escrita el 7 de mayo:

> "Desgraciadamente, las gestiones que he realizado no han obtenido los resultados deseados, puesto que el régimen se muestra inactivo. La realidad es que, considerando la loable conducta del cónsul austriaco, por este lado el cónsul no será reprendido adecuadamente. El asunto está muy lejos y no atrae suficientemente la atención. Todo lo que he sido capaz de conseguir lo publica hoy el *Moniteur* en unas pocas palabras. El vice-cónsul de Alejandría examinará la conducta del cónsul en Damasco. Esto, sin embargo, es sólo una medida evasiva, puesto que el vice-cónsul es un subordinado del cónsul y no cabe esperar que se reconvenga a este último por su conducta. En estas circunstancias sólo nos queda solicitar ayuda a un elemento que aquí es omnipotente, concretamente, la prensa".

En una carta posterior, enviada la semana siguiente, James Rothschild se mostraba aún más pesimista. En ella lamentaba que Thiers hubiera permitido que un periódico ministerial vespertino, el *Messager*, publicara una información según la cual el primer ministro francés le había dicho personalmente al banquero "que el caso estaba basado en la verdad, que lo mejor era desentenderse del asunto, que los judíos en la Edad Media eran suficientemente fanáticos como para haber requerido sangre cristiana para su Pascua, que los judíos en el este mantenían aún tales supersticiones, etc." Es decir, al margen de lo que los Rothschild dijeran o pensaran, Thiers creía sinceramente que sus diplomáticos en Oriente Medio le decían la verdad y así se lo había comunicado a James Rothschild.

Un niño cristiano desaparece en Rodas

Cuando la campaña para desacreditar al consul Ratti-Menton comenzaba a gestarse, otro supuesto crimen ritual aconteció en Rodas. El hecho de que se abortase la investigación no permite, sin embargo, afirmar categóricamente, como en el caso del padre Tomaso, que la autoría fuera de los judíos, aunque las posibilidades de que así fuera son elevadísimas. He aquí los hechos conocidos.

Varias semanas después del asesinato del padre Tomaso, en tiempo de la Pascua judía un niño griego de doce años natural de la ciudad norteña de Trianda desapareció sin dejar rastro. La madre denunció la desaparición ante el gobernador turco de la isla, Yusuf Pasha, quien comenzó las investigaciones. Dos testigos informaron que el día de su desaparición lo habían visto hablando con el jefe de la comunidad judía, Stamboli, y que había entrado en la casa del judío. Stamboli fue presentado ante las autoridades y entre lamentos declaró que no sabía nada. Trató de presentar una coartada, pero no tuvo éxito. Como resultado de la investigación, se supo también que tres extraños judíos habían sido vistos de camino hacia Trianda. La policía consiguió localizarlos y fueron llevados ante el gobernador, que los interrogó en presencia de varios cónsules extranjeros. También ellos declararon que no sabían nada. El rabino de Rodas, Jacob Israel, se explayó comentando que ni las leyes judías ni los libros religiosos decían nada sobre estos crímenes de los que los acusaban los cristianos. "Somos absolutamente incapaces de tal crimen. No mereceríamos ser hijos de Dios si mediante nuestra conducta pudiéramos ocasionar el más mínimo problema al Gobierno..." Aquí fue interrumpido por uno de los cónsules, quien le ordenó que acabase, pues "no querían oír justificaciones aparentes ni largas explicaciones, sino dónde podían encontrar al niño". El rabino aseguró asimismo que no sabía nada.

Por orden de Yusuf Pasha una unidad militar acordonó el barrio judío de Rodas con el fin de confeccionar una lista de los judíos que estaban presentes y registrar sus casas. La medida provocó grandes lamentaciones.

Varios cónsules extranjeros, un juez civil y representantes de la población islámica fueron asignados para tomar una decisión. Pese a todo, el gobernador se negó a levantar el cordón hasta que el niño hubiera sido encontrado.

Mientras tanto, agentes judíos en la isla se apresuraron a informar a Londres sobre las "calumnias y crueldades" a que se sometía a los judíos de Rodas. Pronto llegaron órdenes de Lord Palmerston a Constantinopla, en las que se urgía a "proteger a los afligidos judíos". Las presiones sobre Yusuf Pasha para que levantara el sitio del barrio surtieron efecto; pero el gobernador mantuvo en solitario confinamiento a los sospechosos y los interrogatorios prosiguieron en presencia de varios cónsules. Enseguida aparecieron grandes contradicciones, que no hicieron sino aumentar las sospechas de que dichos judíos estaban involucrados en la desaparición del niño.

El gran rabino de Constantinopla estaba entonces negociando con el gobierno turco y consiguió que tanto la madre del niño como los tres ciudadanos griegos que mantenían los cargos fueran llevados a Constantinopla junto con una amplia delegación de judíos de la isla. Catorce días después de la salida del grupo, llegaron órdenes desde la capital turca según las cuales se ordenaba al gobernador Yusuf Pasha que pusiera en libertad a los prisioneros[18]. Pese a que tanto la madre del niño desaparecido como los tres demandantes habían mantenido su postura ante las autoridades turcas, la Alta Corte de Justicia de Constantinopla anunció poco después en una declaración pública la "inocencia de los judíos de Rodas". Los judíos fueron "totalmente absueltos de la acusación de secuestro y asesinato de un niño, y como compensación tenían derecho a algunas ayudas... Aquellos que los han acusado ilegítimamente, debían pagar la compensación..."

La madre del niño fue enviada de vuelta a Rodas y ni siquiera le quedó la posibilidad de una posterior investigación. En contraste con lo que estaba ocurriendo en Damasco, las investigaciones judiciales en Rodas pudieron ser abortadas de manera abrupta, y ya el 20 de julio se había conseguido la exculpación de los supuestos implicados en la desaparición del niño cristiano. Posteriormente Yusuf Pasha fue formalmente degradado y reemplazado por un gobernador cercano a los judíos. En cualquier caso, la población no olvidó: las protestas y el malestar por la resolución del caso

---

[18] Jonathan Frankel comenta en *The Damascus Affair* que desde 1830 los Rothschild habían mantenido contactos con el sultán sobre la posibilidad de un posible préstamo, un proyecto que estaba apoyado por el propio Metternich, Lord Ponsonby y George Samuel, un nieto de Moses Montefiori que representaba los intereses de los banqueros en Constantinopla. El régimen turco arrastraba graves problemas de financiación y necesitaba urgentemente dinero, pero el préstamo no se producía debido a que el Gobierno otomano no ofrecía las adecuadas garantías exigidas por los Rothschild. Se rumoreaba incluso que la isla de Creta (entonces en posesión del virrey Muhammed Ali) había sido ofrecida en las negociaciones. Quizá esto ayude a entender la actitud de las autoridades turcas con respecto al crimen de Rodas.

fueron generales y los judíos, según el corresponsal del diario *Orient*, no se permitían aventurarse fuera de las puertas de la ciudad.

Thiers resiste

París, Londres y Alejandría fueron los lugares donde en los meses de junio y julio acontecieron distintos hechos que de un modo u otro iban a determinar la resolución de caso. En París hubo debates parlamentarios que pusieron de manifiesto la voluntad de Adolphe Thiers de resistir las presiones y apoyar a los cónsules franceses en Damasco y Alejandría. El 2 de junio Benoît Fould, destacado banquero judío y diputado en la Cámara, de Diputados arremetió con dureza contra Ratti-Menton. Sus palabras merecen la cita:

> "Caballeros, esta es una cuestión que no sólo afecta al honor nacional de Francia, sino que concierne al conjunto de la humanidad. Dos millones de personas se encuentra hoy bajo el yugo de la persecución... La obligación del cónsul era descubrir qué había ocurrido con el religioso... Pero, ante el asesinato, escogió acusar no a un individuo, no a una familia, sino nada menos que a una nación entera... De lo que se trata es de una persecución religiosa con el pretexto de que ha desaparecido un religioso. El cónsul francés incitó a la tortura... a pesar de que la nación francesa representa un ejemplo no sólo de igualdad ante la ley, sino también de igualdad religiosa".

Como puede apreciarse, ya en 1840 se engordaban las cifras y se aludía a la persecución de millones de personas cuando en realidad sólo se estaba acusando a un grupo de criminales. Benoît Fould declaró ante los diputados que todos los cónsules se oponían unidos a Ratti-Menton y criticó con vehemencia la decisión adoptada por Thiers de enviar a de Meloizes, el joven vice-cónsul, para que, en representación del Gobierno, investigase sobre el asunto. "Creo que se debería haber desplazado a un diplomático de rango superior cuando está en juego el destino de dos millones de personas", dijo dramatizando de nuevo con la cifra de los dos millones. Fould no resistió la tentación de referirse ante la Cámara al discurso (citado anteriormente) de Johann Emmanuel Veith, el judío converso predicador de los Habsurgo, que en la catedral de Viena había jurado por Cristo que las acusaciones contra los judíos de Damasco eran falsas y absurdas.

En su respuesta al banquero, Thiers apeló a la necesidad de contemplar el asunto con objetividad e hizo saber a los diputados que poseía informaciones secretas que no quería desvelar. El debate fue adquiriendo una virulencia no pretendida y Thiers replicó:

"Aunque he leído todos los interrogatorios y estoy, pues, familiarizado con los documentos, consideraría censurable que yo expresara en esta tribuna mi opinión sobre la inocencia o la culpabilidad de los acusados. Cualquiera que sea mi opinión, mi obligación es no expresarla aquí. Sólo quiero hacer una cosa... y es reivindicar la actuación de un diplomático que se ha comportado como debería hacerlo un agente que cumple con su obligación... Frente al deseo aquí expresado de que seamos justos con los judíos del Este, se nos debe permitir que seamos justos con diplomáticos franceses que se encuentran en una posición difícil".

Thiers dispuso de la última palabra en el debate y apeló al patriotismo. Defendió al cónsul describiendo el acoso al que se veía sometido por el resto de los agentes europeos. Consciente de que la crisis iba adquiriendo proporciones inesperadas y de que existía el peligro de que Francia quedara aislada, fue subiendo el tono de su intervención. Lamentó que algunos diputados pretendieran tener conocimientos del caso sin disponer de la información y les recriminó el hecho de que estuvieran más preocupados por unos judíos de Damasco que por representantes franceses que estaban siendo atacados injustamente. A quienes protestaban en nombre de los judíos, les dijo que él protestaba en nombre de un agente francés que había cumplido con su obligación "con honor y lealtad". Thiers acabó su intervención con las siguientes observaciones dirigidas a los judíos europeos:

"...Ellos (los judíos) se han levantado en toda Europa y se han dedicado a este asunto con un entusiasmo que los honra profundamente. Y, si se me permite, son más poderosos en el mundo de lo que pretenden ser. En este momento están presentando sus reclamaciones en todas las cancillerías europeas. Y lo están haciendo con un vigor extraordinario y con una pasión que difícilmente se puede imaginar. Un ministro precisa coraje para defender a sus agentes que están siendo atacados... Caballeros, deberían saber, lo repito, que los judíos están ahora presionando en todas las cancillerías y nuestro cónsul tiene sólo el apoyo del Ministerio de Asuntos Exteriores de Francia".

A la luz de estas ingenuas palabras: "son más poderosos en el mundo de lo que pretenden ser", está claro que Thiers no valoraba adecuadamente el significado de los hechos e ignoraba cuáles eran en realidad los auténticos propósitos de quienes estaban utilizando a los países europeos en contra de su Gobierno.

Un mes más tarde, el 10 de julio, el debate tuvo lugar en el Senado. Nuevos documentos que confirmaban la versión oficial habían sido enviados a París y el jefe del Gobierno había reforzado más aún su apoyo a la actuación de Ratti-Menton. "Debo informar -dijo Thiers- que, habiendo leído los protocolos del caso que me han sido remitidos, no hallo nada que permita reprochar a nuestro cónsul". Además, Thiers declaró a los senadores que

Cochelet, a quien describió como un diplomático de los más valiosos y prestigiosos de Francia, respaldaba absolutamente al cónsul de Damasco. Sin duda, Thiers tuvo meses para cambiar su postura y, como Palmerston y Metternich, podría haber desautorizado a sus subordinados en Oriente, pero no lo hizo. Era tal su convencimiento de que los judíos de Damasco eran los asesinos del padre Tomaso que, candorosamente, se lo dijo en privado a James Rothschild y a Crémieux. Este último anotó en su diario que el ministro le había dicho a la cara sin piedad: "Son culpables. Querían la sangre de un sacerdote. Usted no sabe hasta dónde llega el fanatismo de los judíos del Este. No es el primer caso de un crimen semejante".

Mientras en Gran Bretaña y en Austria la prensa estaba casi por completo controlada, en Francia publicaciones católicas y otras próximas al Gobierno mantuvieron sus posiciones. Así, el *Journal des Débats*, tras la sesión parlamentaria del 2 de junio, pedía que se esperase a tener los resultados definitivos de la investigación antes de pronunciarse en uno u otro sentido. Un periódico católico tildado de Bonapartista, *Commerce*, acusaba públicamente a James de Rothschild de interferir en los asuntos diplomáticos de Francia. Por su parte el *Univers* defendía sin ambages a Ratti-Menton y alababa la valentía de Thiers al protegerlo, pese a los ataques de los judíos y de las cancillerías de Europa. El periódico legitimista *Quotidienne* insistía tras el debate parlamentario en que la causa de Ratti-Menton era "la causa de la justicia, la causa de Francia". Además, se hacía eco de los rumores persistentes que acusaban a los judíos de haber intentado sobornar al cónsul francés. El *Quotidienne* atacaba asimismo a James de Rothschild, a quien acusaba de arrogancia y de gastar grandes sumas de dinero en apoyo de los acusados. "Debemos advertir al señor Rothschild - se decía en el periódico- que con su increíble persistencia no sólo no consigue justificar a sus correligionarios en Damasco, sino que de hecho se compromete a sí mismo y quizá también a sus correligionarios en Francia. Vaya con cuidado. No sabemos si puede comprar a cierto número de altos funcionarios, pero estamos seguros de que no puede comprar a la opinión pública". Otro periódico católico, la *Gazette de Languedoc*, reproducía textualmente el 12 de junio la advertencia que el *Quotidienne* había hecho a James de Rothschild.

También el *Leipziger Allgemeine Zeitung*, un periódico protestante, publicó una información firmada por su corresponsal en París sobre el debate que había tenido lugar en la Cámara de Diputados. El artículo se hacía eco del enfrentamiento entre los cónsules europeos e informaba de que se había producido en Francia un rechazo a James de Rothschild, a quien se veía como el instigador de una liga judía contra del Gobierno de Thiers. El texto hacía hincapié en el hecho de que, a pesar de su emancipación, los judíos franceses se mostraban incapaces de subordinar sus intereses étnicos y religiosos al interés nacional del país de adopción y se habían posicionado en contra de su Gobierno, al que habían declarado la guerra. El corresponsal del periódico alemán informaba también sobre las cantidades de dinero que los judíos franceses estaban empleando para comprar la posición política de varios diarios y, asimismo, sobre los intentos de sobornar incluso a los corresponsales alemanes en Francia para que escribieran en favor de su causa.

Ya en el mes de julio, concretamente el día 4, la *Gazette de Languedoc* insistía en la existencia de una cadena ininterrumpida de asesinatos que conectaba los crímenes rituales judíos desde la Edad Media hasta el presente. En aquella edición el periódico francés detallaba con cierta extensión el crimen de Hagenau, acontecido en el siglo XIII, del cual hemos dado sucinta información en las primeras páginas de este capítulo. Cómo se recordará, el emperador alemán Federico II fue sobornado entonces y los sanguinarios escaparon impunes. Para la *Gazette* existía una analogía exacta con el asesinato del padre Tomaso.

La misión hacia el Este

Mucho más favorable era la situación en Londres, donde el poder de la élite financiera judía era casi absoluto desde la creación del Banco de Inglaterra y la Compañía de las Indias Orientales. Allí fue donde se organizó una misión que había de desplazarse desde Marsella hasta Alejandría y Damasco con el fin de conseguir la liberación de todos los inculpados en los asesinatos del fraile capuchino y su criado.

Lo acontecido puede empezar a narrarse a partir de principios de junio, cuando Adolphe Crémieux escribió a Lionel Rothschild para decirle que lo ocurrido en el debate de la Cámara de Diputados no era precisamente "maravilloso para nuestros pobres judíos en Damasco". Crémieux confirmaba en la carta su inmediata salida hacia Londres. También Nathaniel Rothschild, Nat, hermano menor de Lionel que aquellos días estaba en París quizá preparando la boda con su prima Charlotte, hija mayor de su tío James, escribió el 3 de junio a sus hermanos para anunciarles el viaje de Crémieux. Es precisamente en otra carta de Nathaniel a Lionel escrita el día 4 donde se da noticia de los preparativos del viaje a Oriente. En ella Nat pide a su hermano que comience a organizar una gran suscripción para pagar los gastos del viaje de Crémieux al Este. Le sugirere que empiece con una donación de 1000 libras esterlinas y le confiesa que siente curiosidad por saber cuánto aportará Isaac Goldsmid.

Crémieux llegó a Londres el 8 de junio y pronto supo que Sir Moses Montefiore, un fatuo incorregible aficionado a la pomposidad y al autobombo personal que, además, estaba emparentado con los Rothschild, era la persona escogida para acompañarlo en su viaje a Alejandría. Seguramente en la elección había pesado el hecho de que en 1839 Montefiore había pasado los meses de mayo y junio en Palestina. Conocía, pues, personalmente al virrey de Egipto, toda vez que había regresado a Europa vía Alejandría, donde el 13 de julio se había entrevistado con Muhammed Ali. El anuncio se hizo el día 15 en la reunión de la asamblea del Consejo de los Judíos Británicos. Dicho Consejo decidió que fuera el propio Lionel Rothschild el encargado de recibir las aportaciones y convocó para tal efecto una asamblea pública en la Gran Sinagoga, conocida como Duke's Place.

El encuentro en la Gran Sinagoga se produjo el día 23 y constituyó una impresionante demostración de unidad de los judíos de Londres. Presidió la reunión el propio Moses Montefiore, que era el presidente del Comité de Londres de la Diputación de los Judíos Británicos. El máximo representante de los judíos franceses era Adolphe Crémieux y en representación de los judíos alemanes asistió el rabino Löwe. En primer lugar se expresaron menciones de gratitud al coronel Hodges, cónsul de Su Majestad en Alejandría; al príncipe Metternich, Su Alteza; a Merlato, cónsul austriaco en Damasco; a Laurin, cónsul general de Austria en Alejandría, y a James Rothschild. En seguida la asamblea decidió el envío a Siria de Crémieux y Montefiore en representación de los israelitas. El primer ministro Thiers fue acusado por uno de los oradores de "carecer de humanidad ante el fórum de la Europa civilizada". Montefiore confirmó que viajaría con Crémieux y dijo que "irían para defender los requisitos de humanidad, la cual estaba siendo ofendida en sus perseguidos y afligidos hermanos. Vamos -añadió- para traer luz sobre el oscuro caos de hechos diabólicos, para destapar la conspiración y avergonzar a los conspiradores... más aún, queremos tratar de infundir en los gobiernos del Este principios progresistas de legislación y de administración de justicia".

Un día antes, es decir, el 22 de junio, había tenido lugar una reunión de la Cámara de los Comunes a la que asistió Lord Palmerston. En dicha sesión Sir Robert Peel, quien en una carta personal había asegurado a Nathaniel que "harían que Thiers fuese un poco más prudente en las instrucciones que enviaba al Este", tomó la palabra para hacer referencia a la persecución abusiva a que estaban sometidos los judíos de Damasco. Este miembro del Parlamento refirió a la cámara los relatos de crueldad y tortura que Merlato y Pieritz habían puesto en circulación y pidió la intervención de Inglaterra: "los judíos de Inglaterra, así como los de otras naciones tendrían la confianza de que la intervención de Inglaterra conduciría al descubrimiento de la verdad". Palmerston le respondió que el tema que había traído a consideración de la Cámara había merecido ya desde hacía tiempo la atención del Gobierno, "el cual no perdería tiempo en la adopción de medidas pertinentes".

Otra de las grandes reuniones que acontecieron en Londres fue anunciada a tres columnas por el *Times*. El titular era el siguiente: "Persecución de los judíos en Damasco: gran reunión en la Mansion House". Dicho encuentro tuvo lugar el día 3 de julio, cuando ya la comitiva de Crémieux y Montefiore se encontraba en París. A él asistieron cerca de doscientas importantes personalidades de religión cristiana, entre las que había banqueros, mercaderes, estudiosos y expertos en finanzas que se movían en el ámbito de la City de Londres. También el alcalde de la ciudad estuvo presente. La finalidad de dicha reunión era "demostrar ferviente simpatía con respecto a la terrible opresión que sufrían los judíos". Pese a que se trataba de un encuentro de gentiles, los Rothschild, los Goldsmid y otros prominentes finacieros y hombres de negocios judíos se hallaban presentes en la sala.

Estos "cristianos", cuyos intereses personales debían sin duda de estar ligados al poder económico de la élite finaciera judía, compitieron entre sí por defender la causa de los pobres judíos de Damasco, cuyo sufrimiento, dijo uno de los oradores, "servirá para mejorar la situación de los judíos de todo el mundo". El torrente de palabrería hipócrita que fluyó en la reunión fue acogido con aplausos continuados. Por supuesto se leyó nuevamente el informe del reverendo Pieritz. Sobre Lionel Rothschild, se dijo que era un benefactor de Londres y que su nombre estaría ligado al de la ciudad mientras ésta existiese. Un pastor anglicano, B. Noel, en su afán de exculpar a los acusados dijo lo siguiente: "¿no sería lógico suponer que el padre Tomaso fue asesinado por su criado, ansioso de escapar con parte de su dinero?". Samuel Capper, otro orador, expresó su satisfacción al ver que hombres como Lord Palmerston y Sir Robert Peel defendían esta gran causa y afirmó que "Inglaterra nunca había demostrado estar tan preparada para liberar de la crueldad, la persecución y la tortura a la humanidad que sufre".

Muhammed Ali y los cónsules en Alejandría

En Alejandría el cónsul francés Cochelet y el austríaco Laurin libraban mientras tanto dura batalla ante Muhammed Ali, quien entonces temía que el perdón de los judíos inculpados podía originar una revuelta en Siria y abrigaba la esperanza de que en caso de un conflicto con Constantinopla y sus aliados europeos Francia acudiría en su ayuda. Tanto era así, que el coronel Hodges, que se presentó en dos ocasiones ante el virrey, el 28 de mayo y el 18 de junio, para entregar los mensajes de Palmerston, abandonó en ambas ocasiones el palacio sin esperanzas de que el caso pudiera resolverse fácilmente. En la segunda ocasión Muhammed Ali declaró a Hodges que no tomaría ninguna decisión hasta que conociera el informe oficial que preparaba el vice-cónsul francés, Maxime des Meloizes, que se encontraba en Damasco. Sabemos que ni los Rothschild ni Palmerston ni Metternich esperaban nada bueno de dicho informe.

Cochelet, para contrarrestar la campaña de Laurin y con el fin de que los europeos que residían en Alejandría pudieran familizarizarse con los protocolos del juicio de Damasco, hizo publicar un extenso documento redactado en árabe por Sibli Ayub, traducido por Jean Baptiste Beaudin, intérprete del consulado, y comentado por Ratti-Menton. En él se ofrecían con todo detalle las declaraciones y careos de los acusados, así como las pruebas forenses elaboradas por los médicos expertos. El impacto de dicho texto fue considerable, toda vez que incluso los cónsules de Prusia, von Wagner, y de Rusia, conde Medem, que eran aliados de Laurin, informaron a sus superiores que los protocolos estaban siendo leídos ampliamente y que la opinión pública consideraba culpables a los judíos. Hodges escribió en julio a Palmerston para informarle de que incluso el conde Medem le había dicho personalmente que "temía que fueran los judíos quienes habían asesinado al padre Tomaso".

Por su parte, Laurin, bien informado por Merlato de los acontecimientos en Damasco, continuaba su presión sobre Muhammed Ali y había conseguido que el virrey ordenase a Sherif Pasha que mejorase sustancialmente las condiciones de los detenidos. En una carta con fecha de 15 de julio escribía a Metternich para comunicarle que el virrey en su última entrevista le había dicho que: "la investigación había demostrado que los judíos eran culpables, pero a fin de no herir los sentimientos de sus correligionarios, concretamente los de Europa, estaba preparado para arrojar un velo acerca de la naturaleza de su crimen, por lo que trataría de presentar como motivo del asesinato la venganza personal en lugar de la obtención de sangre de cristianos". Otro de los logros conseguido por Laurin en sus entrevistas con Muhammed Ali fue su consentimniento para que los amigos europeos de los acusados enviasen a Damasco a dos abogados. Laurin escribió a su amigo Carl Rothschild y los hombres escogidos fueron Isaac Loria y un tal Mr. Ventura, quienes a mediados de julio estaban ya en la ciudad tratando de interferir en la tarea del vice-cónsul francés. Al comprobar que entre la comunidad cristiana no había nadie dispuesto a declarar en favor de los detenidos, estos abogados dedicaron sus esfuerzos a buscar a musulmanes prominentes que quisieran declarar en el sentido que les interesaba. Pronto fueron acusados de intentos de soborno e, inevitablemente, no tardó en producirse una colisión entre ellos y el equipo consular de Francia.

A finales de julio, pese a todo tipo de presiones, Maxime des Meloizes, el vice-cónsul nombrado por Thiers, había elaborado un informe de quinientas páginas que fue enviado a París. En él figuraban los interrogatorios que había mantenido con los prisioneros, así como entrevistas con sus familiares y otras indagaciones. Como era de esperar, la conclusión era que los judíos detenidos eran los asesinos del padre Tomaso. Sin embargo, el combate de fondo que se desarrollaba en la sombra comenzaba a hacer mella tanto en Sherif Pasha como en el propio Muhammed Ali, a quien todos excepto Francia presionaban para que ordenase la celebración de un nuevo juicio, el cual, si llegaba a celebrarse, podía ser conducido por juristas europeos o, quizá, por las autoridades egipcias. Cuando se organizó en Londres el viaje de Crémieux y Montefiore, se daba por descontado que Muhammed Ali había aceptado reabrir el caso y que permitiría una nueva investigación. Además, para que Muhammed Ali comprendiera sin lugar a dudas que además del caso de los judíos había otras cosas en juego, el 15 de julio Turquía, Inglaterra, Austria, Prusia y Rusia firmaron un tratado dirigido contra Egipto. Ponsoby en Constantinopla y Hodges en Alejandría recibieron a principios de agosto correos de Lord Palmerston en los que les explicaba el significado del tratado.

Crémieux, Montefiore y Muhammed Ali

Antes de zarpar de Marsella, Crémieux tuvo varios encuentros con Thiers con el fin de obtener algún tipo de acreditación gubernamental; pero no la obtuvo. Ni siquiera llevó consigo una carta de presentación para el cónsul general de Francia en Egipto. Por contra Montefiore viajaba con el respaldo del Foreign Office y era portador de cartas de Palmerston para los cónsules británicos en Alejandría, Damasco y Beirut.

El 4 de agosto Crémieux, Montefiore y los miembros de la numerosa comitiva que viajaba con ellos llegaron a Alejandría. Se instalaron en dos hoteles, que ocuparon casi exclusivamente, a la espera de emprender camino hacia Damasco. El 5 de agosto el coronel Hodges presentó a Montefiore, que vestía de uniforme, a Muhammed Ali. Crémieux no asistió, pues aún no había contactado con Cochelet. Montefiore, con la pretensión evidente de conseguir una revisión del caso, solicitó formalmente al virrey permiso para entrevistarse con testigos y recoger pruebas en beneficio de los prisioneros judíos. Crémieux realizó la misma petición días más tarde. En el texto, leído en voz alta por Montefiore en inglés, la pretensión de adular al virrey era evidente. Veamos unos breves retazos reproducidos por el profesor Frankel: "Los ojos de toda Europa se hallan puestos en Vuestra Alteza y... otorgándole nuestras plegarias todo el mundo civilizado se sentirá complacido... El gran hombre, que tiene ya tan glorioso nombre, debe amar encarecidamente la justicia. No puede haber mayor manera de rendir homenaje al genio de Vuestra Alteza... que esta misión enviada por los israelitas de todo el mundo para pedir justicia". Muhammed Ali prometió responder en unos días.

Enseguida se puso de manifiesto que Montefiore y Crémieux competían entre sí por atribuirse méritos. Por ello, ambos desarrollaron distintas estrategias. Montefiore se apoyó en Samuel Briggs, un británico que gestionaba negocios bancarios para los Rothschild en Alejandría y había amasado una enorme fortuna personal. Briggs había estado en Siria y había solicitado personalmente a Sherif Pasha que reabriese la investigación.

Por su parte, Crémieux mantuvo con Cochelet tensas entrevistas. El jefe judío presentó dos demandas como innegociables. La primera exigía que las autoridades egipcias proclamasen que la acusación de crimen ritual era falsa y difamatoria; la segunda, que se liberase a los acusados después de que se declarase su inocencia. En contrapartida se renunciaría por el momento a una revisión del caso. Cochelet, siguiendo lo que era ya la línea oficial, pareció dispuesto a aceptar la primera de las condiciones, pero se negó a considerar la segunda. Al comprobar que no conseguiría nada del cónsul, Crémieux decidió jugar sus bazas con Antoine Clot y Gaetani, dos renombrados doctores que atendían constantemente al envejecido Muhammed Ali. A ambos les pidió que le ayudasen a convencerlo. Jonathan Frankel desvela que, antes de abandonar Egipto, Crémieux pagó diez mil francos a cada uno de ellos por los servicios prestados al interceder por los judíos de Damasco ante el virrey, lo cual indica que, dicho sin eufemismos, fueron sobornados.

El 16 de agosto Rifaat Bey, el enviado del sultán otomano, desembarcó en Alejandría para presentar a Muhammed Ali el ultimátum firmado el 15 de julio en Londres por Turquía y cuatro potencias europeas, según el cual debía evacuar antes de diez días la mayor parte de los territorios en Siria y Líbano y renunciar a sus pretensiones hereditarias sobre Palestina si no quería perder todas sus posesiones excepto Egipto. Se advertía asimismo al virrey de que él y sus herederos perderían incluso Egipto si, pasado el plazo, no aceptaba las condiciones exigidas. Muhammed Ali rechazó el tratado y le dijo a Rifaat Bey que Francia estaba preparada para acudir en su ayuda y que en más de una ocasión le había ofrecido su intervención. Precisamente el mismo día 16 de agosto había llegado también a Alejandría el enviado de Thiers, el conde Walewski, quien dos días más tarde informó al presidente francés de que el virrey de Egipto había pedido formalmente la intervención diplomática de Francia, es decir, "la protección y mediación de Francia".

El 17 de agosto Montefiore y Crémieux fueron recibidos en audiencia por Muhammed Ali, quien se disculpó por haberse demorado tanto en responder a la petición de Montefiore. Reconoció que no había pensado demasiado en ella, pues tenía otras muchas cosas entre manos. Brigss, que estaba presente, le pidió al virrey que considerase que "los dos hombres iban en representación no sólo de Francia e Inglaterra, sino de toda la población judía del mundo". Pese a todo, Muhammed Ali se mostró inflexible y no accedió a que se abriese una nueva investigación. Se limitó a asegurar que los prisioneros en Damasco estaban siendo bien tratados.

Ante la evidencia de que reabrir el caso no era factible, Montefiore propuso presentar a Muhammed Ali una súplica en la que se le pedía que firmase un decreto que anunciase la inocencia de los prisioneros y su liberación. También se pretendía que el virrey proclamase su incredulidad sobre el hecho de que los israelitas hubieran cometido un crimen ritual de tipo religioso. Crémieux mostró su escepticismo, pero aún así el día 22 se hizo entrega del documento en palacio. Muhammed Ali rechazó de plano la petición. El 25 de agosto Montefiore escribió una carta a Londres en la que se relataba la tensión del momento ante la posibilidad de que, expirado el plazo de diez días, estallase la guerra. "Aquí -decía- esperamos una orden de embarco. Por lo que sabemos, el virrey no está dispuesto a ceder. El almirante inglés (Robert Stopford) ya está aquí navegando con su flota por el puerto en compañía de barcos de guerra austriacos... Por todos lados vemos preparativos de guerra..."

El día 26 Muhammed Ali convocó al enviado turco, que acudió en compañía de los cónsules generales de las cuatro potencias europeas aliadas, y le comunicó su decisión de rechazar el ultimátum. Aquel mismo día la flota inglesa que operaba en las cercanías de la costa libanesa interceptó varios barcos egipcios que transportaban suministros para el ejército en Siria. Cuando estas noticias llegaron a París, los rumores de una guerra europea se generalizaron en la prensa y los valores en la bolsa se desplomaron de manera alarmante.

Pero cuando ya la suerte parecía echada, inesperadamente, el virrey de Egipto cambió de manera radical sus planteamientos. El 27 de agosto, en el transcurso de una larga reunión con sus consejeros, anunció que estaba dispuesto a renunciar a sus pretensiones sobre Siria. Al día siguiente comunicó a Rifaat Bey y a los cónsules de las potencias aliadas que aceptaba los términos del segundo utimátum, que le garantizaba el gobierno hereditario de Egipto y le desposeía del resto de territorios. Sin embargo, se reservaba el derecho de realizar una "humilde súplica" al sultán, al que pedía que, en un acto de suma generosidad, le permitiese el control de Siria y Creta mientras viviera. Muhammed Ali pidió a Rifaat Bey que partiera enseguida hacia Constantinopla; pero los cónsules intervinieron para puntualizar que no bastaban meras palabras y que sólo la evacuación del ejército egipcio de Siria podía parar la guerra.

Cochelet se mostró consternado al saber que Muhammed Ali había tomado tan importante decisión sin consultarlo previamente. Fue tal su indignación que cuando se le pidió que acudiera al palacio, inicialmente rehusó. En un despacho enviado a Thiers el 30 de agosto, lamentaba la actuación del virrey de Egipto, puesto que consideraba que Francia debería haber sido avisada del cambio de política. Cochelet informó que al presentarse ante Muhammed Ali lo encontró deprimido, con voz débil y rota. Según Cochelet había sufrido una intervención menor a causa de unos furúnculos. "Sólo puedo explicar esta gran concesión como el resultado de un debilitamiento de su moral y el temor de una lucha amarga en la cual teme ser derrotado". Finalmente fue el enviado de Thiers, Walewski, y no Rifaat Bey, quien el 30 de agosto zarpó hacia Constantinopla con la petición de un acuerdo. Junto a la súplica, Walewski llevaba el aviso de que, si su oferta era rechazada, el ejército egipcio estaba listo para invadir Anatolia.

Volvamos ahora al asunto que más incumbe a este trabajo para constatar de qué modo llegaron las concesiones de Muhammed Ali a los líderes judíos europeos. Gracias a los diarios de Crémieux y Montefiore, editados posteriormente por el rabino Löwe, se sabe que Adolphe Crémieux y su esposa Amélie Crémieux abandonaron Alejandría con dirección a El Cairo a las siete de la mañana del viernes 28. Una hora más tarde, cuando se disponían subir a una barcaza para cruzar el Nilo, vieron acercarse un carruaje a toda velocidad. En él iban Clot y Gaetani, los doctores de Muhammed Ali, quienes relataron que al amanecer habían estado trabajando para extirpar un furúnculo de las nalgas del virrey, con quien habían hablado sobre los judíos de Damasco. Los doctores habían argumentado que con la crisis internacional en su punto más álgido la voz de seis millones de judíos en favor del virrey de Egipto podía ser de vital importancia. Durante la conversación Muhammed Ali había anunciado súbitamente: "Voy a otorgar la libertad a los prisioneros y permitir el regreso de los fugitivos. Voy a impartir las órdenes oportunas". Crémieux y su comitiva regresaron inmediatamente a Alejandría.

El profesor de la Universidad Hebrea de Jerusalén, Jonathan Frankel, considera que con esta decisión Muhammed Ali pretendía comenzar a distanciarse de Francia y asegurarse hasta donde fuera posible un entendimiento con el resto de poderes europeos. El enfrentamiento entre los cónsules en Alejandría había puesto de manifiesto que el Damascus Affair constituía un factor determinante en la disputa entre las grandes potencias. "La libertad de los prisioneros constituía evidentemente un gesto a la alianza anglo-austriaca -afirma Frankel- cuyos barcos surcaban las aguas del puerto de Alejandría".

A las dos de la tarde del mismo día 28 Montefiore se personó en el palacio y consiguió acceder ante el virrey, quien le confirmó que era cierto lo que los doctores le habían dicho a Crémieux. Por la noche fue Crémieux quien llegó hasta el palacio para dar las gracias a Muhammed Ali en nombre de "seis millones de judíos esparcidos por por todo el mundo". Entre las gentilezas que le dispensó destaca esta: "Kebler le dijo a Bonaparte: 'usted es tan grande como el mundo'. Usted, Señor, es en este momento tan grande como Napoleón".

El sábado día 29 copias de los documentos oficiales en favor de los prisioneros de Damasco y de los fugitivos fueron recogidos por miembros de la delegación judía. Pronto hallaron en el documento un término que no gustaba. En el decreto figuraba la palabra "perdón", que connotaba el sentido de culpa. Fue nuevamente Crémieux quien fue a entrevistarse con el virrey a fin de explicarle que la embajada judía se veía en la necesidad de protestar públicamente a menos que la palabra en cuestión fuera reemplazada. La discusión entre ambos se prolongó más de una hora, hasta que Muhammed Ali aceptó sustituirla por la expresión "poner en libertad".

Antes de abandonar Alejandría, Montefiore y Crémieux firmaron conjuntamente un texto de agradecimiento dirigido al virrey de Egipto, aunque en realidad estaba redactado pensando en la opinión pública europea que iba a leerlo en los periódicos del Continente. En la carta se decía:

> "Su Alteza ha demostrado al mundo que rechaza con desprecio las calumnias difamatorias que nuestros enemigos deseaban echar sobre la

religión judía... sobre el odioso principio del derramamiento de sangre humana para mezclarla con el pan ácimo, una acusación que convertiría nuestra vieja y pura religión en bárbara y sanguinaria. El acto que Su Alteza ha realizado ocupará su lugar en la historia junto a los dos decretos firmados por Suleiman II y Amurath (al Murad), quienes noblemente exculparon la religión judía de la misma acusación... príncipes cristianos e incluso papas han hecho lo mismo".

Libertad para los asesinos del padre Tomaso

El 6 de septiembre la orden de dejar en libertad a los asesinos del padre Tomaso y de su criado Ibrahim Amara llegó a Damasco. En el edicto firmado por Muhammed Ali se hacía constar que los señores Moses Montefiore y Adolphe Crémieux le habían presentado sus peticiones y esperanzas. Sigue así:

> "Ellos fueron enviados a Nosotros por toda la población de la religión mosaica en Europa y Nos imploraron que decretásemos la liberación de sus correligionarios que han sido arrestados y asegurásemos la paz de aquellos que, como consecuencia de las investigaciones que se han seguido por la desaparición (!) del padre Tomaso y de su criado Ibrahim, han huido. Y puesto que, siendo tan numerosos entre la población, consideramos desaconsejable rechazar su petición, ordenamos que todos los judíos que están encarcelados sean puestos en libertad. En lo concerniente a aquellos que han abandonado su hogar, ordeno que se les garantice la mayor seguridad para que puedan regresar. Cada uno de ellos irá otra vez a su comercio o a sus negocios y como antes podrá realizar su trabajo acostumbrado. Ordeno que se sientan totalmente seguros ante cualquier rechazo (de esta orden). Esta es Nuestra voluntad".

El conde de Ratti-Menton contempló atónito el giro imprevisto de los acontecimientos y expresó su amargura en una serie de cartas privadas que escribió a su colega des Meloizes. "Es difícil -escribió el mismo 6 de septiembre- describir la impresión... que se ha causado a la población cristiana y musulmana. Todo el día cristianos y muchos musulmanes han venido al consulado para averiguar qué puede haber motivado esta acción que para ellos es incomprensible". Unos días más tarde, informaba de la gran celebración que tuvo lugar en el barrio judío, en la cual "el padre Tomaso y yo participamos en forma de peleles". Ratti-Menton lamentaba en otra carta del 12 de septiembre que Sherif Pasha no hubiera podido evitar las celebraciones, donde se había gritado "¡Viva Austria! ¡Muera Francia! ¡Hurra por los otomanos! ¡Abajo con la Cruz!"

Años más tarde, uno de los hombres con más erudición sobre el *Talmud* y sobre el mundo judío en general, el antiguo rabino Simón Drach, que finalmente se convirtió al cristianismo, escribió lo siguiente: "los asesinos del padre Tomaso, convictos por su crimen, han, no obstante, eludido la condena gracias a los esfuerzos de judíos de todas las naciones. En este caso el dinero desempeñó el papel más importante... No se ha impartido justicia".

La verdad, pese a todo, se proclama hoy en día en el epitafio de una humilde sepultura que se encuentra en la iglesia de Tierra Santa, pero que estuvo hasta 1866 en el cementerio del convento de los capuchinos de Damasco. El texto, escrito en italiano y en árabe dice así: "Qui riposano le ossa del P. Tomaso da Sardegna, Misionario Apostólico Capuchino, assassinato dagli ebrei il giorno 5 di febbraio dell'anno 1840" (Aquí reposan los huesos del P. Tomaso de Cerdeña, misionero apostólico capuchino, asesinado por los hebreos el día 5 de febrero del año 1840).

Tras la impunidad del crimen del Padre Tomaso, aquellas áreas del Oriente se convirtieron en el Dorado para numerosos asesinos sedientos de sangre. Tres años después, se informó de otros crímenes rituales de varios niños en Corfú, de un nuevo asesinato en Rodas y de otros casos en siete lugares diferentes. En toda Europa el aumento de los crímenes adquirió proporciones alarmantes. No existe una lista definitiva, pero los investigadores han documentado cincuenta y nueve casos que entre 1800 y 1933 llegaron a los tribunales. Es un hecho constatable que entre 1840 y 1888 se dispararon los asesinatos y las denuncias. El caudal de libros, panfletos y artículos a favor y en contra es considerable. Uno de los crímenes más publicitados fue el de Tisza-Eszlár (Hungría) en 1882. Sobre él existe una novela, *Blood Libel at Tiszaeszlar*, de Andrew Handler, y una película, *The Raftsmen*, hecha en Hungría en 1990.

En cuanto a crímenes rituales judíos en Estados Unidos, Eustace Mullins los denuncia en *Mullin's New History of the Jews*, obra publicada en 1968 por The International Institute of Jewish Studies. En ella se atribuye la muerte del hijo de Charles Lindbergh, una criatuta de veinte meses raptada y asesinada en marzo de 1932, a criminales judíos y a prácticas rituales. También Arnold Leese en *Jewish Ritual Murder* ofrece detalles sobre la trama judía que rodeó el caso del hijo del coronel Lindbergh. Mullins desvela que Chicago es la urbe americana donde se producen más casos de crímenes rituales y asegura que la ciudad es uno de los centros que suministra sangre a comunidades judías de todo el mundo. El jefe de la Policía llegó a admitir que trescientos niños desaparecían mensualmente en la ciudad. En octubre de 1955 los hermanos John y Anton Schuessler de trece y once años y su amigo Bobby Peterson, de catorce años, fueron secuestrados y asesinados en Chicago. En diciembre de 1956, asimismo en Chicago, las hermanas Bárbara y Patricia Grimes corrieron la misma suerte. No se pudo evitar que estos asesinatos trascendieran a la opinión pública. *The Daily News* publicó una edición vespertina con la noticia de que el cuerpo de Bobby Peterson tenía perforaciones en los mismos sitios en que había sido herido Cristo en la cruz. Enseguida la edición fue retirada de los quisoscos. Pese a que, como de costumbre, la versión oficial de la Policía atribuyó las muertes a crímenes sexuales, ningún cuerpo mostró ninguna señal de violación o agresión sexual. Por contra, todos tenían marcas de ataduras en las muñecas y los tobillos y habían sufrido cortes, pinchazos y perforaciones: los jóvenes se habían desangrado lentamente hasta morir.

Nacionalismo y protosionismo

Pese a que durante el siglo XVIII, espoleados por predicciones mesiánicas, muchos cabalistas habían peregrinado a Palestina, a comienzos del siglo XIX sólo había allí unos cinco mil judíos. En 1812 se había establecido en Hebrón la primera colonia de judíos askenazis pertenecientes al movimiento hasidista, cuyo principal protector era el rabino Hirsch Lehren, quien, como sabemos, desde 1817 lideraba en Amsterdam la organización protosionista Oficiales de la Tierra de Israel. Diez años antes de la crisis desencadenada por el Damascus Affair, el semanario americano *Niles Wekly Register* sugería que el sultán otomano sopesaba vender Jerusalén a los Rothschild, quienes gracias a su poder e influencia podían reunir a su nación en Judea. Según esta publicación, el territorio era de escaso valor para el sultán, "pero en las manos de los judíos, dirigidos por hombres como los Rothschild, ¿qué no podría llegar a ser en un corto periodo de tiempo?" En 1836 el rabino Zeví Hirsch Kalisher hizo un llamamiento a Amschel Rothschild para que comprase toda Palestina, requisito indispensable para la Redención del pueblo judío. En caso de que ello no fuera posible, el rabino le pedía al banquero que comprara al menos la ciudad de Jerusalén con todo su entorno. En 1839 Kalisher escribió también a Moses Montefiore, quien, como ya sabemos, aquel año viajó por vez primera a Palestina. Le pedía que arrendara a Muhammed Ali una gran superficie de tierras por un periodo de cincuenta años, con el fin de asentar allí a miles de familias judías. Cuando el 13 de julio Montefiore fue recibido por el virrey, el jefe judío le presentó el ambicioso plan. La propuesta consistía en arrendar cien o doscientos pueblos que quedarían libres de impuestos o contribuciones. El pago del arrendamiento se realizaría anualmente en dinero en Alejandría. Montefiore escribió en su diario que, si se obtenía la concesión, crearía una compañía para el cultivo de la tierra y animaría a sus hermanos de toda Europa a regresar a Palestina. Pasaron semanas y meses, mas no hubo contestación desde Egipto. Pese a ello, en el verano de 1840 el plan de Montefiore de transferir a gran escala judíos a Palestina había llegado a ser de dominio público y se publicaban informes que hablaban de proyectos industriales en varios puntos de Judea en los que sólo se emplearía a trabajadores judíos.

Los judíos han utilizado históricamente la conversión a otras religiones para trabajar desde dentro de ellas en favor de sus intereses raciales y religiosos. Así ocurrió con los marranos en España, muchos de los cuales llegaron a desempeñar cargos relevantes dentro de la Iglesia. Ya sabemos que Shabbetay Zeví, el Mesías judío del siglo XVII, no tuvo ningún problema en adoptar el Islam para salvar su vida y posteriormente restó valor a su conversión. También Jakob Frank se convirtió al Islam y al cristianismo sucesivamente para, según sus palabras, lograr la destrucción del cristianismo desde su interior, como harían "soldados que toman por asalto una ciudad pasando a través de sus cloacas". De hecho, numerosas obras denuncian hoy la penetración sistemática de agentes judíos en la jerarquía católica y vaticana. Entre ellas destacan *Judaism and the Vatican* (*Judaísmo y el Vaticano*), del vizconde León de Poncins, *The Broken Cross* (*La cruz torcida*), de Peirs Compton, y *Behold a Pale Horse* (*He ahí un caballo blanco*), de Bill Cooper. Un ejemplo recién comentado de lo que venimos escribiendo es el del obispo de la catedral de San Esteban en Viena, Johann Emmanuel Veith, un judío converso que con total desfachatez juró por Cristo desde el púlpito que los asesinos del padre Tomaso eran inocentes. Los doenmés, el equivalente a los marranos españoles en el mundo musulmán, eran judíos que se convertían al islam y, mientras exteriormente se comportaban como musulmanes, seguían fieles a su religión. Sabemos que Mustafa Kemal Ataturk y los jóvenes turcos que acabaron en 1923 con el estado islámico en Turquía eran doenmés. Todo esto viene ahora a cuento porque también en Londres se creó en 1809 una organización cristiana que trabajaba con verdadero fervor por la causa del regreso de los judíos a Palestina, nos referimos a la ya mencionada "London Society for Promoting Christianity Amongst the Jews".

Si convenimos en que el sionismo es un movimiento que pretende la reunificación de un pueblo disperso en un territorio supestamente prometido por un Dios que lo ha elegido entre todos los demás, debemos considerar que la London Society era una organización protosionista. En ella pululaban numerosos judíos convertidos al cristianismo, como el inefable misionero George Wildon Pieritz, autor del panfleto *Statement of Mr. G.W. Pieritz, a Jewish Convert, and assistant missionary at Jerusalem, respecting the persecution of the Jews at Damascus: the result of a personal inquiry on the spot*. La principal finalidad de estos "cristianos" era aprovecharse de su nueva condición para trabajar ventajosamente por la causa del nacionalismo judío. Al fin y al cabo, la mayoría de ellos se consideraban miembros de la nación judía. Entre las principales figuras de la London Society estaba el teólogo Alexander McCaul, que aseguraba que la conversión de los judíos al cristianismo y el regreso a Palestina constituían un único objetivo. Este teólogo, en una carta de 1839 dirigida al comité ejecutivo de la Sociedad, decidió que en todas las delegaciones establecidas en el Mediterráneo y en Polonia los misioneros debían dedicar por lo menos dos horas al día al estudio del *Talmud*. Sin duda McCaul consideraba que para ser un buen cristiano lo más adecuado era leer el libro más anticristiano que existe, donde se predica un odio feroz hacia Cristo y se respira una sed de venganza patológica contra el cristianismo.

Una de las figuras más relevantes de la London Society fue Lord Ashley, séptimo conde de Shaftesbury, que en 1835 había sido nombrado vicepresidente de la Sociedad. Ashley tenía una relación íntima con el secretario del Foreign Office, Lord Palmerston, puesto que su suegra, Lady Emily Cowper, fue la amante de Palmerston hasta 1839, fecha en que se convirtió en su mujer. Gracias a estas influencias, la London Society se aseguró el nombramiento del vice-cónsul británico en Jerusalén. Ashley fue quien logró que el área de responsabilidad de dicho vice-cónsul fuese los antiguos límites de lo que él llamaba "el antiguo reino de David y de las doce tribus". La persona escogida en 1838 para el cargo fue W. T. Young, que a la vez pasó a formar parte del Comité General de la Sociedad. Una entrada del diario de Ashley revela la sintonía existente entre él y Palmerston:

> "Despedida esta mañana de Young, que acaba de ser nombrado vice-cónsul de Su Majestad en Jerusalén... ¡Qué maravilloso acontecimiento! La antigua ciudad del pueblo de Dios está a punto de recuperar un lugar entre las naciones, e Inglaterra es el primero de los reinos de los gentiles que deja de pisotearla... Dios ha puesto en mi corazón la concepción de un plan en Su honor, me ha dado la influencia para influir en Palmerston y ha proporcionado al hombre adecuadao para la situación".

Lord Ashley consideraba el periodo histórico de Cromwell y Carlos II como un regalo de "la Providencia que nunca duerme". Para él, el hecho de que Inglaterra hubiera dado entonces protección a los judíos había supuesto el comienzo de su prosperidad y de su predominio comercial. Este sionista "avant la lettre" público un memorándum en el *Times*, firmado "en nombre de muchos que esperan el restablecimiento de Israel", que fue remitido privadamente a todos los jefes de los estados protestantes de Europa y Norteamérica. En él se aludía a la Iglesia de Roma como "la gran Babilonia que estaba a punto de hundirse en el abismo de una insondable perdición... cuando llegue su hora (¡y está muy cerca!)". Apelando al espíritu del rey persa Ciro, se pedía a los gobiernos protestantes que actuasen para restaurar en su herencia al pueblo de Israel. El propio Lord Palmerston presentó el documento a la reina Victoria.

Todo este fervor sionista no hizo sino aumentar durante 1840 y en años sucesivos. La propia Lady Palmerston, comentó el estallido de nacionalismo judío que se había producido como consecuencia del Damascus Affair: "los elementos fanáticos y religiosos... en este país... están absolutamente decididos a que Jerusalén y toda Palestina sea reservada para el regreso de los judíos; éste es su único anhelo". El argumento más esgrimido era que para prevenir en el futuro la repetición de casos como el de los "pobres judíos de Damasco y Rodas" era necesario el retorno a Palestina. Moses Hess dedicó un capítulo entero de su famoso libro *Roma y*

Jerusalén a exponer el impacto que le produjo el episodio del crimen ritual de Damasco. En él aseguraba que la manera en que se había perseguido a los judíos, incluso en Europa, marcó un nuevo punto de partida en la vida judía. Este libro de Hess y el *Drishal Zion* (*La búsqueda de Sión*) de Hirsch Kalischer, publicados ambos en 1862, constituyen las primeras exposiciones del nacionalismo judío moderno.

Recordemos que, según Eustace Mullins, Zeví Hirsch Kalisher (1795-1874) frecuentaba en 1811, con sólo dieciséis años, la logia masónica de Frankfurt, que era el cuartel general de la masonería iluminada. Su amistad con Amschel Rothschild se remonta, pues, a aquellos años. Allí coincidió asimismo con Salomón Rothschild y Sigismund Geisenheimer, el jefe administrativo de la casa Rothschild, pues ambos asistían a las sesiones. En *Drishal Zion* este rabino askenazi convocaba a la reconstrucción de Eretz Israel. En su plan se contemplaba la creación de colonias, que estarían protegidas por fuerzas de vigilancia, como sucede actualmente, pues hoy el centro de Hebrón, al cual no pueden acceder los ciento treinta mil palestinos que viven en la ciudad, está ocupado por unos quinientos colonos que gozan de la protección del Ejército. El rabino Kalisher anunciaba en su obra que el comienzo de la Redención contaría con el auspicio de los pueblos del mundo y que el asentamiento de judíos en su tierra sería anterior a la llegada del Mesías. La publicación de esta obra produjo gran revuelo en el mundo judío y fue citada por Moses Hess, quien unos meses más tarde iba a publicar *Roma y Jerusalén*, la gran obra del protosionismo.

Meyer Waxman, traductor en 1918 de la obra de Moses Hess (1812-1875) al inglés, se refiere a *Roma y Jerusalén* como un libro que se avanza a su tiempo. Hess es para él un profeta y considera la obra "heraldo del nacionalismo y trompeta del sionismo." No queremos ahora demorarnos, pues otros temas requieren nuestro interés. Veremos sólo unas pocas ideas que este fanático nacionalista expone en su obra. Hess, que mantuvo amistad con Marx y Engels durante los años de gestación del *Manifiesto Comunista* y participó con entusiasmo en el movimiento revolucionario, como se verá en el siguiente capítulo, concibe un papel estelar para el futuro Estado judío. El Estado sionista, pronostica, "asentado en el camino hacia India y China, será el mediador entre Asia y Europa". Según él, "el propósito de toda la creación sólo se verá cumplido con el establecimiento del reino mesiánico y la venida del Mesías". Hess cita a Isaías para distinguir dos tipos de naciones: "aquellas condenadas a la muerte eterna e Israel, cuyo destino es ser resucitada". Después de haber utilizado la revolución francesa para obtener la igualdad y la emancipación, Hess advierte que los judíos que se han emancipado e integrado y "niegan la existencia de una nacionalidad judía, no sólo son desertores en el sentido religioso, sino traidores a su pueblo a su raza e incluso a su familia..., pues la religión judía está por encima de todo patriotismo". Sobre el tema de la apostasía, comentado anteriormente, dice lo siguiente: "En realidad el judaísmo como nacionalidad tiene una base natural que no se pierde por mera conversión a otra fe o a otra religión. Un judío pertenece a su raza y consecuentemente al judaísmo, a pesar de que sus antepasados hayan sido apóstatas. El judío converso sigue siendo judío..." Veamos un pasaje significativo en el que, en su delirio nacionalista, Hess creía factible que los banqueros judíos pudieran imponer la creación de un superestado sionista mediante el dinero: "¿Qué poder europeo se opondría hoy al plan de que los judíos, unidos a través de un Congreso, comprasen su antigua patria? ¿Quién pondría objeciones si los judíos arrojasen a la vieja y decrépita Turquía unos pocos puñados de oro y le dijeran: 'devuélveme mi hogar y usa este dinero para consolidar otras partes de tu tambaleante imperio'? No habría objeciones a la realización de tal plan, y se permitiría a Judea extender sus límites desde Suez al puerto de Esmirna, incluyendo toda el área de la cordillera occidental de Líbano". En otro pasaje especialmente destacable Hess insiste en la reclamación a Turquía y reconoce el papel de los judíos en la revolución francesa y en el movimiento revolucionario en general. Dirigiéndose al pueblo judío, escribe: "Ha llegado para ti el tiempo de reclamar por vía de compensación o por otros medios tu antigua patria a Turquía, que la ha devastado durante años. Has contribuido suficientemente a la causa de la civilización y has ayudado a Europa en el camino hacia el progreso, a hacer revoluciones y a hacerlas con éxito".

Es lamentable constatar cómo este sionista insinúa que les mueve la filantropía a la hora de desencadenar en beneficio propio procesos revolucionarios en los que millones de europeos perdieron la vida y la hacienda. Aunque quizá es aún más indignante el cinismo con que atribuye al judaísmo un papel supremacista, y el desprecio con que se refiere a las demás culturas y religiones, sobre todo conociendo los crímenes del sionismo y la ruina que ha significado la creación de Israel para todos los pueblos de Oriente Medio. Dirigiéndose aún al pueblo judío, sigue diciendo: "Tú te convertirás en la referencia moral del Este. Tú has escrito el Libro de los Libros. Conviértete, pues, en el educador de las salvajes hordas árabes y de los pueblos africanos. Deja la vieja sabiduría del Este, las revelaciones del Zend, los Vedas, además del más moderno Corán, agrúpalos en torno a tu Biblia". Para acabar este breve reseña de *Roma y Jerusalén*, veamos cómo concebía Moses Hess los pasos que se debían dar para la creación del Estado. En primer lugar los príncipes judíos, es decir los Rothschild, Montefiore y otros, deberían organizar una Sociedad para la colonización de Palestina, cuyo programa incluiría las siguientes actividades: 1. Conseguir fondos suficientes para comprar ciudades, campos, colinas, viñedos y palmerales, que serían alquilados a los colonizadores. 2. Judíos de todas partes del mundo, especialmente de Rusia, Polonia y Alemania deberían ser asentados en Palestina, donde recibirían préstamos y serían asistidos por técnicos en agricultura contratados por la Compañía. 3. Habría que establecer una policía para proteger a los colonos de posibles ataques de los beduinos y para mantener el orden en general. 4. Bajo los auspicios de dicha Compañía se abrirían escuelas para la juventud judía, en las que se enseñarían todas las ciencias y, por supuesto, el ideario nacionalista. Hess finalmente precisaba que ello "no significaba una inmigración total de judíos a Palestina, puesto que incluso tras el establecimiento del Estado judío, la mayoría de judíos que en el momento vivieran en el civilizado occidente permanecerían allí".

Ya para terminar este apartado, quizá sea de interés conocer que, tan pronto Siria y Palestina estuvieron de nuevo bajo dominio del sultán de Constantinopla, la London Society de Lord Ashley, evidentemente con el visto bueno de Palmerston y el apoyo del arzobispo de Canterbury, se apresuró a presentar un proyecto para construir una iglesia anglicana en Tierra Santa, el cual se llevó a cabo con inusitada rapidez. Dicha iglesia, que la London Society empezó a construir en el monte Sión, se convirtió en 1841 en la sede de un obispo anglicano. El cargo recayó en Michael Salomon Alexander, quien, como cabía esperar, antes de convertirse al cristianismo había tenido la educación judía tradicional. El capitán Valmont, que mandaba el *Euphrate*, un barco de guerra francés que operaba en la costa libanesa, informó a Cochelet el 9 de noviembre de aquel mismo año que el sacerdote inglés hablaba libremente sobre la promesa de restablecer el reino de Israel en Tierra Santa.

James Rothschild y la caída de Thiers

Sólo queda ya comprobar cuáles fueron las repercusiones políticas del Damascus Affair, que provocó la caída de Adolphe Thiers y supuso una seria humillación diplomática para Francia. Según Niall Ferguson, la resolución del asunto fue un triunfo personal de James Rothschild y marcó uno de los momentos más álgidos del poder político del banquero. Ferguson asegura que la crisis le presentó a James la oportunidad ideal para socavar la posición del primer ministro, que nunca había sido santo de su devoción. Nathaniel Rothschild en el momento más crítico expresó su idea de que defenestrar entonces a Thiers, al que consideraba "el más arrogante de los advenedizos", sería casi imposible y "de hecho peligroso y a la vez poco inteligente". La pregunta era pues hasta qué punto los Rothschild eran capaces de apresurar su caída.

La clave fue el impacto de la crisis en el precio de las rentas públicas. El 3 de agosto de 1840 se produjo un tremanda caída en su precio. Fue sólo el comienzo de un descenso prolongado que persistió hasta octubre, motivado por el miedo que provocaban en la Bolsa los acontecimientos en el Este. La clave de la posición de los Rothschild se encuentra una vez más en un comentario de Nat, que es citado por N. Ferguson: "Gracias a Dios, la casa apenas tenía rentas". Quiere ello decir que el día 2 de agosto, un día antes del desplome de los bonos del Gobierno francés, los Rothschild franceses, que sin duda manejaban información privilegiada procedente de las casas de Londres y Viena, se habían cubierto por anticipado y se habían deshecho de ellos. Thiers se defendió como mejor pudo y el 12 de octubre disparó una descarga contra James Rothschild y sus maniobras a través del periódico pro-gubernamental *Constitutionnel*. He aquí el texto extraído de la obra de Niall Ferguson:

> "[Según *The Times*] el señor de Rothschild es un financiero y no quiere la guerra. Nada podría ser más fácil de entender. El señor de Rothschild es un súbdito austríaco y el cónsul de Austria en París, y como tal le preocupa poco el honor y el interés de Francia. Esto también es comprensible. Pero ¿qué, dígame, tiene usted que ver, señor de Rothschild, hombre de la Bolsa, señor de Rothschild, agente de Metternich, con nuestra Cámara de Diputados y nuestra mayoría? ¿Con qué derecho y con qué autoridad interfiere el Rey de la Finanza en nuestros asuntos? ¿Es el juez de nuestro honor, y deberían sus intereses pecuniarios prevalecer sobre nuestro interés nacional? Hablamos de intereses pecuniarios, pero, muy sorprendentemente, si se ha de dar crédito a informes de alta fiabilidad, el banquero judío no sólo interpone contra nuestro gabinete reivindicaciones financieras ... Parece que quiere también satisfacer su vanidad herida. El señor de Rothschild ha prometido a sus correligionarios la destitución de nuestro cónsul-general en Damasco a causa de la posición que defendió en el juicio a los judíos que se celebró en aquella ciudad. Gracias a la firmeza del presidente del Consejo [Thiers] se ha resistido ante estas demandas insistentes del todopoderoso banquero y el señor Ratti-Menton ha sido mantenido. De ahí, la irritación del todopoderoso banquero y el fervor con que se dedica a intrigas que nada tienen que ver con su negocio".

Poco debió de inquietar esta andanada a James Rothschild. En realidad no era otra cosa que el derecho al pataleo, puesto que ocho días después Thiers presentó la dimisión. El 29 de octubre de 1840 se había formado ya un nuevo gobierno, presidido una vez más por uno de los hombres más fieles a los Rothschild, el traidor de Waterloo, el incombustible mariscal Jean-de-Dieu Soult, duque de Dalmacia, que alcanzaba el cargo por tercera vez e iba a mantenerse en él hasta el 19 de septiembre de 1847. Nathaniel Rothschild afirmó con satisfacción que la bolsa tenía la máxima confianza en el nuevo Gobierno.

Las consecuencias de la crisis del Este demostraron que la tensión internacional beneficiaba a los Rothschild. La caída de Thiers condujo casi enseguida a nuevos negocios. El Gobierno de Soult se apresuró a negociar con la casa Rothschild un nuevo crédito para la construcción de un sistema de fortificaciones alrededor de París. Un préstamo de 150 millones de francos fue concedido en el mes de octubre de 1841, lo cual ponía de manifiesto el dominio incontestable de James Rothschild en las finanzas francesas. Nuevos préstamos fueron concedidos en 1842 y 1844. La tensión internacional conllevaba también en los estados alemanes un aumento en los gastos en armamento. "Si Francia continúa armándose, Alemania debe también hacerlo", razonó Amschel Rothschild. Ello significaba nuevos negocios para los Rothschild.

Quizá, por cierto, pueda interesar al lector saber qué pasó con el incorruptible conde de Ratti-Menton. En el verano de 1841 se le ordenó que se presentase en París. Pese a que la comunidad católica de Damasco pidió con insistencia su regreso al consulado, éste nunca se produjo. El Gobierno presidido por el judío Soult, tan vinculado a los intereses de los Rothschild, debió de considerar que un diplomático que había demostrado tan poca compasión hacia unos pobres judíos inocentes merecía un destino especial: en 1842 Ratti-Menton fue designado para el puesto de cónsul en Cantón.

CAPÍTULO V

"NUESTROS BUENOS MASONES, CON LOS OJOS VENDADOS"

Desde que los Illuminati penetraron la masonería para servirse de ella y, ocultos en su interior, funcionaron como una sociedad secreta dentro de otra sociedad secreta, los masones de todo el mundo han desempañado el papel que les ha sido asignado por los directores del MRM (Movimiento Revolucionario Mundial). Recordemos las palabras del rabino Antelman: "Cuando los Illuminati y los frankistas infiltraron a los masones, no significaba que abrigasen ningún sentimiento de amor por la masonería. Por el contrario, la odiaban y sólo deseaban su cobertura como medio de expandir su doctrina revolucionaria y proveerse de un lugar para reunirse sin despertar sospechas".

A medida que el siglo XIX fue avanzando, el control de la masonería se hizo ya tan irreversible que en 1861 el inefable Adolphe Isaac Crémieux, masón del grado 33 y Gran Maestre del Gran Oriente de Francia, fundador en 1860 de la Alianza Israelita Universal, proclamó lo siguiente en la página 651 de los *Archivos Israelitas*, órgano de la Alianza: "En lugar de los Papas y los Césares, va a surgir un nuevo reino, una nueva Jerusalén. ¡Y nuestros buenos masones, con los ojos vendados, ayudan a los judíos en la 'Gran Obra' de construir ese nuevo Templo de Salomón, ese nuevo Reino cesáreo-papista de los cabalistas!" Estas palabras de Crémieux nos han parecido idóneas para encabezar este capítulo, en el que se irá viendo cómo los buenos masones, con los ojos vendados, actuaron en los distintos episodios históricos del siglo a las órdenes del poder oculto que los instrumentalizaba.

En principio, según sus estatutos, la masonería sería una asociación secreta con objetivos filantrópicos, humanitarios y progresistas, cuyo objetivo es cambiar la civilización cristiana por un mundo basado en el ateísmo racionalista. Tras ser impregnada por el ideario de los Iluminados de Baviera, los masones, conjuntamente con los judíos, comenzaron a trabajar sin descanso por el triunfo de la revolución universal. Es un hecho constatado que en los distintos países la mayor parte de masones de alto grado son judíos. El 3 de agosto de 1866 el rabino Isaac M. Wise publicó en el periódico *The Israelite*, editado por él mismo en Estados Unidos, las siguientes palabras: "La masonería es una institución judía, cuya historia, grados, costes y aclaraciones son judíos de principio a fin".

Albert Pike, estudioso infatigable de la Cábala y de lo oculto, masón del grado 33, líder mundial de la masonería que se declaraba sacerdote de Lucifer, personaje ineludible al que dedicaremos atención aparte en este capítulo, escribe lo siguiente en *Morals and Dogma*, su obra fundamental: "Todas las religiones auténticamente dogmáticas proceden de la Cábala y conducen de vuelta a ella. Todo cuanto es científico y grande en los sueños religiosos de iluminados como Jacob Böhme, Swedenborg, San Martín y otros similares se ha tomado prestado de la Cábala. Todas las asociaciones masónicas le deben sus secretos y símbolos".

Quienes pretenden cuestionar el control que los judíos ejercen sobre la masonería argumentan que inicialmente no había judíos entre los masones y que sólo aparecen a finales del siglo XVIII. Aunque ello sea relativamente cierto, es innegable que a partir del siglo XIX la masonería se convirtió en una forma de judaísmo cabalístico para consumo de gentiles más o menos escogidos. Hemos visto que existía un plan muy bien elaborado en favor del judaísmo. Se ha dicho asimismo cómo se produjo la admisión de judíos en las logias y la importancia que tuvo el Congreso de Wilhelmsbad, donde triunfaron las ideas sobre su emancipación. Poco importa, pues, si al principio había o no judíos en las logias. Sabemos cómo lograron la penetración y en este capítulo seguiremos mostrando los resultados, sobre los que no caben dudas: los buenos masones de Crémieux fueron la punta de lanza del Movimiento Revolucionario Mundial financiado por los Rothschild y otros banqueros judíos. Los hechos y las aserciones sobre el control del judaísmo internacional en la masonería son evidentes.

La Cábala, la herejía mística del shabbetaísmo y el frankismo

La Cábala es una parte del *Talmud*, pero especializada, mística, oculta y secreta por naturaleza. La tradición cabalística no procede sólo de fuentes judaicas, sino de una gran variedad de tradiciones esotéricas preexistentes: indo-iranias, asirias, egipcias, persas, babilonias y canaanitas. Para los cabalistas el mundo entero es un "corpus symbolicum", de ahí que también lo sea la Cábala, a la que todas las asociaciones masónicas deben sus secretos y símbolos. Llegados a este punto, es preciso demorar nuestro estudio histórico para comentar la Cábala de manera concisa, a fin de comprender su importancia en sociedades secretas, en la masonería y en el movimiento neomesiánico judío, considerado herético por muchos rabinos ortodoxos, que tuvo su origen en Shabbetay Zeví y fue continuado por los frankistas y los Illuminati. En la obra *Las grandes tendencias de la mística judía*, Gershom Scholem, cuyas obras sobre la materia son imprescindibles, ofrece una visión de conjunto sobre la Cábala desde sus orígenes hasta el hasidismo del siglo XIX, que él llama de la útima etapa, puesto que existió con anterioridad un movimiento hasidista en la Alemania medieval. A él acudimos, pues, para poder vislumbrar cómo entendían la Cábala Albert

Pike, quien declaraba que Lucifer era Dios, y otros satanistas como Jacob Frank. Se ha dicho ya en el capítulo segundo que los frankistas, cuya perversión y doblez no tenían límites, creían que pecando y violando la *Torá* se podía conseguir la redención cósmica (ticún).

Antes de su cristalización en la Cábala medieval, el misticismo judío abarcó un periodo de unos mil años que va desde el siglo I a. C. hasta el siglo X d. C., al cual Scholem denomina "misticismo de la Merkabá" y lo relaciona con el gnosticismo judío. Los documentos más notables de este movimiento fueron redactados en los siglos V y VI. Sabemos por el estudio de los místicos españoles, San Juan de la Cruz y Santa Teresa, que el éxtasis máximo de la experiencia mística consistía en la visión de Dios y en la unión del alma con el Amado. En la mística judía de aquellos siglos, sin embargo, este delirio o arrobamiento máximo consistía en la visión del carro como trono de Dios (la Merkaba). Los visionarios conocían las huestes de ángeles celestiales y veían a la Gran Majestad, su trono y su palacio. "El misticismo judío más antiguo es el misticismo del trono. No se trata de la contemplación absorta de la verdadera naturaleza de Dios - escribe G. Scholem-, sino de la percepción de su aparición en el trono, descrita por Ezequiel, así como del conocimiento de los misterios del mundo del trono celestial". La esfera del trono -la Merkaba- tiene sus "moradas" y sus "palacios". Según parece, existía incluso la costumbre de colocar escribas o taquígrafos a ambos lados del visionario, quienes transcribían su descripción extática del trono y sus ocupantes. En bastantes ocasiones el misticismo de la Merkaba degeneraba en pura y simple magia.

En el siglo II existió ya una corriente de místicos judíos herejes que rompieron con el judaísmo rabínico. Las ideas de esta escuela o grupo se mezclaron con las del gnosticismo. Durante el siglo II la frontera entre los gnósticos judíos y los gnósticos cristianos era muy tenue. La mayoría de los estudiosos del cristianismo primitivo suscriben en la actualidad la tesis del erudito alemán Walter Bauer (*Ortodoxia y herejía en el antiguo cristianismo*), según la cual el cristianismo en Alejandría habría sido en su origen de carácter gnóstico. Ello lo deduce del hecho de que los primeros cristianos de quienes se tiene noticia en aquella ciudad en la época de Adriano eran maestros gnósticos. También los cristianos gnósticos fueron considerados herejes por la corriente ortodoxa. Por tanto en Alejandría, capital de la diáspora judía, convivían grupos de gnósticos judíos y cristianos e intercambiaban ideas.

En *La pluriformidad del cristianismo primitivo* Gerard P. Luttikhuizen dedica un capítulo a explicar la idea central sobre el origen del mal que tenían los cristianos gnósticos del siglo II. Ellos creían que la realidad material no había sido creada por la divinidad superior, "Deus absconditus", sino por una divinidad de segundo orden, el dios creador o demiurgo, a quien consideraban un adversario (la palabra "Satán" es de origen hebreo y significa adversario) del Dios superior y un enemigo de la humanidad. No es pertinente dedicar más tiempo del estrictamente necesario al desarrollo de este asunto. Por ello diremos únicamente que es en el *Apócrifo de Juan*, la "Biblia de los gnósticos", libro compuesto a mediados del siglo II y descubierto en 1945 entre los documentos de Nag Hammadi, donde se desarrollan todos los conceptos. El manuscrito había ya desaparecido hacia el siglo IV, pues los teólogos y dirigentes de la iglesia protoortodoxa lo consideraron un libro hereje. La primera parte del escrito trata del Dios superior, de sus pensamientos o cualidades, llamadas "Eones", concebidas como seres divinos puramente abstractos, y acaba con los trágicos acontecimientos que dieron lugar a la primera figura demónica, que resulta ser el creador del mundo material. La segunda parte se dedica a la creación del hombre y a la historia de las primeras generaciones. En el *Apócrifo de Juan*, escribe Luttikhuizen, "se describen los tres niveles de la realidad, a saber, el mundo puro y espiritual del Dios perfecto, el nivel medio astral de los poderes planetarios y el ámbito material del mundo sublunar. Estos tres niveles también estarían presentes en el hombre: el espíritu del ser humano (el "Pneuma") está en relación con la divinidad; el alma, con el mundo astral y planetario; y el cuerpo, con la materialidad del mundo sublunar".

Gershom Scholem, al referirse a la corriente de místicos judíos que se apartan de las enseñanzas rabínicas, advierte sobre el peligro de introducir la visión dualista de los gnósticos cristianos, para quienes el Dios de Israel, el del Antiguo Testamento, no sería el Dios verdadero, puro, espiritual y superior, sino el demiurgo responsable de la aparición de un mundo material e imperfecto. Muchos de los estudiosos que se han ocupado de esta cuestión consideran incluso que la gnosis mitológica del *Apócrifo de Juan* surgió en un contexto judío. Según estos estudiosos, la descalificación del Dios bíblico por parte de los gnósticos judíos tendría su origen en el desencanto y la frustración. Asimismo, Scholem reconoce que ciertos grupos gnósticos judíos que procuraban mantenerse fieles a la comunidad religiosa del judaísmo rabínico mantuvieron vivas estas ideas. Admite además que la especulación sobre los eones y otros términos técnicos del gnosticismo pasaron a formar parte del bagaje léxico de los primeros cabalistas, toda vez que se conservan en el texto cabalístico más antiguo, "el oscuro y enigmático libro *Bahir*", editado en Provenza en el siglo XII, el cual está basado a su vez en otro libro más antiguo de origen oriental, *Raza rabba* (*El gran misterio*).

Siguiendo a Scholem, esbozaremos muy esquemáticamente los principales hitos en la historia del cabalismo hasta llegar enseguida a Shabbettay Zeví y a Jacob Frank, pues lo que nos concierne es conectar con la herejía del shabbetaísmo y, a partir de ahí, con la élite de banqueros judíos internacionales que, como ya sabemos, se valieron de frankistas e iluminados para poner en práctica el Movimiento Revolucionario Mundial.

El primer cabalista de fama fue Abraham ben Shemuel Abulafia, nacido en Zaragoza en 1240, el cual se refirió a su escuela de misticismo práctico como "Cábala profética". Vivió en la clandestinidad y su experiencia extática consistía en una técnica de meditación reservada a unos pocos elegidos. Los cabalistas que seguían a este místico decidieron no publicar sus escritos, pues su revelación mística entraba en conflicto con la revelación del monte Sinaí y, por consiguiente, con la ortodoxia rabínica. Scholem desvela que "en el año 1280, inspirado por su propia misión, emprendió una tarea arriesgada e inexplicable: fue a Roma para presentarse ante el Papa y discutir con él en nombre de todos los judíos. Según parece, en esa época abrigaba ideas mesiánicas". La entrevista nunca tuvo lugar: estando ya Abulafia en Roma, Nicolas III murió repentinamente. La idea central de su teoría mística proponía "desatar" los nudos que sujetan el alma, superar las barreras que la separan de la corriente de vida cósmica. Desarrolló también una teoría de la contemplación mística de las letras y de sus configuraciones como partes constitutivas del nombre de Dios y expuso una disciplina que él llamó "la ciencia de la combinación de las letras" ("Hojmat ha-tseruf"). El misticismo de los números y el valor numérico de las palabras -"guematria"- fueron de suma importancia. La numerología pasó a ser elemento esencial de los cabalistas. "La doctrina de las combinaciones de Abulafia -afirma Scholem- llegó a ser considerada por generaciones posteriores no solamente como la clave de los misterios de la Divinidad, sino también como una iniciación en el ejercicio de los poderes mágicos."

Sin duda el más grande de los libros de la literatura cabalística es el "Séfer ha-Zóhar" o *Libro del esplendor,* escrito en algún lugar de Castilla después de 1275. Scholem considera que "su lugar en la historia de la Cábala puede medirse por el hecho de que es el único libro de la literatura rabínica postalmúdica que se convirtió en un texto canónico y que durante varios siglos estuvo al mismo nivel que la Biblia y el Talmud". La autoría del Zóhar ha sido finalmente atribuida al cabalista español Moshé de León. Una serie de ideas del *Libro del esplendor* deben su desarrollo a la escuela gnóstica. Aparece el concepto de "emanación izquierda", es decir, y citamos a Scholem, "una jerarquía ordenada de las fuerzas del mal, del reino de Satanás que, al igual que el reino de la luz, está organizado en diez esferas o estadios. El Zóhar coincide con las enseñanzas talmúdicas al considerar que las almas de los no judíos o gentiles emanan del reino de los demonios. Las diez sefirot (esferas o regiones) 'sagradas' tienen su contrapartida en las diez sefirot 'impuras'. Estas últimas se distinguen de las primeras en que cada una de ellas tiene un carácter muy personal. Cada cual tiene un nombre propio, mientras que las 'sefirot' divinas representan únicamente cualidades abstractas como la sabiduría, la inteligencia, la gracia". El Zóhar alude al "Deus absconditus" con el nombre de "En-sof", el "Infinito". No posee cualidades ni atributos. Sin embargo, en la medida en que este Dios oculto actúa en el universo también posee atributos que representan ciertos aspectos de la naturaleza divina. Hay diez atributos fundamentales de Dios que constituyen al mismo tiempo diez estadios por los cuales va y viene la vida divina. El Dios oculto -"En-sof"- se manifiesta a los cabalistas bajo diez aspectos diferentes, que a su vez comprenden una variedad infinita de matices y grados. Cada grado tiene su propio nombre simbólico. La suma total constituye una estructura simbólica muy compleja que los cabalistas aplican a la interpretación de la Biblia. El "Séfer ha-Zóhar" es un texto muy difícil que fue explorado en profundidad por Yitshak Luria, quien podía pasarse meses meditando sobre un versículo hasta hallar el significado oculto del mismo.

El tercer cabalista inexcusable es, pues, Yitshak Luria, nacido en 1534 en Jerusalén, adonde había emigrado su padre, un judío askenazi de Europa central, tras casarse con una sefardí. Safed, una pequeña ciudad de la Galilea superior, se había convertido en el centro de un nuevo movimiento cabalístico y desde allí se expandieron las pecualiares doctrinas de Luria y la nueva Cábala. En Safed coincidió con Moshé ben Ya'acob Cordovero, a quien Scholem considera el teórico más importante del misticismo judío. Cordovero se ocupó del conflicto intrínseco entre las tendencias teístas y panteístas en la teología mística de la Cábala, que había aparecido ya en el Zóhar. Sus ideas sobre el tema se resumen en la siguiente fórmula: "Dios es toda la realidad, pero no toda la realidad es Dios".

Luria, que murió a los 38 años en 1572, carecía por completo de facultades literarias y no dejó un legado escrito. Scholem dice de él que "fue un visionario que no diferenciaba entre vida orgánica e inorgánica, sino que insistía en que las almas estaban presentes en todas partes y que era posible comunicarse con ellas". En su sistema, que dieron a conocer sus discípulos, destacan tres ideas teosóficas importantes, que recuerdan en gran medida los mitos gnósticos de la antigüedad. La primera es la teoría del "tsimtsum", según Scholem, "uno de los conceptos más asombrosos y de mayor alcance jamás formulados en la historia de la Cábala", que originariamente significa "concentración" o "contracción", pero que en lenguaje cabalístico se traduce mejor por "retirada" o "retraimiento". En pocas palabras, significa que la existencia del universo se hace posible debido a un proceso de contracción de Dios. Citamos textualmente el pasaje aclaratorio del profesor Scholem: "Según Luria, Dios se vio obligado a hacer sitio al mundo abandonando, por así decirlo, una zona de sí mismo, de su interioridad, una especie de espacio primordial místico del que Él se retiró a fin de volver al mundo en el acto de creación y revelación. El primer acto del 'En-sof', el Ser infinito, no es, por consiguiente, un paso hacia fuera, sino un paso hacia dentro, un movimiento de retracción, de repliegue hacia sí mismo, de retirada hacia dentro de sí. En lugar de emanación, tenemos lo contrario: contracción".

Los gnósticos creían que el demiurgo que había creado el mundo no consiguió cubrir totalmente la luz divina en los hombres. Luria hablaba también de un vestigio o residuo de luz divina -"reshimu"- que quedaba en el espacio primordial creado por el "tsimtsum" aun después de la retirada del "En-sof". Luria utilizaba el símil del residuo de aceite o de vino que queda en una botella cuyo contenido ha sido vaciado. En la obra que venimos comentando, el profesor Scholem reconoce que esta idea del 'reshimu' tiene muchos elementos en común con el sistema gnóstico de Basílides que prosperó alrededor del año 125. Basílides habla de la relación del Hijo con el Espíritu Santo o Pneuma y dice que cuando el Pneuma quedó vacío y separado del Hijo, éste retuvo el aroma que impregna todo en el mundo superior y en el inferior, incluso la materia amorfa y nuestra propia existencia. También Basílides empleó un símil de un cuenco en el que la delicada fragancia de un ungüento del más dulce aroma persiste aunque el cuenco haya sido vaciado con esmero.

Las otras dos ideas básicas de Luria son la doctrina de "shebirat hakelim" o "Ruptura de los Vasos" y la de "ticún", que significa "enmienda" o "reparación". Nos centraremos sólo en la segunda, ya que shabbetaicos y frankistas, como vimos en el capítulo segundo, esgrimieron este concepto para justificar la redención a través del pecado. "Los misterios del 'ticún' constituyen -en opinión de Scholem- uno de los temas principales del sistema teosófico de Luria y representan el mayor logro jamás conseguido por el pensamiento antropomórfico en la historia del misticismo judío". En el proceso de "ticún", las luces dispersas de Dios se reintegrarían a su legítimo lugar. Se trata, es evidente, de procesos puramente espirituales, que nuevamente se asemejan a los mitos de la gnosis. El conflicto planteado por el gnosticismo está latente en esta doctrina de Luria y, al tratar de explicarla, El profesor Scholem se hace una pregunta que alude al dualismo de los gnósticos: "¿Es el 'En-sof' el Dios personal, el Dios de Israel, o es el 'En-sof' el 'Deus absconditus', la sustancia impersonal?". Para Luria la llegada del Mesías no es más que la consumación del proceso continuo de Restauración, del "ticún". "La verdadera esencia de la redención -afirma Scholem en un pasaje muy significativo- es mística y sus aspectos históricos y nacionales no son más que síntomas secundarios que constituyen un símbolo visible de su consumación. La redención de Israel concluye la redención de todas las cosas, porque ¿acaso la redención no significa que todo está en el lugar que le corresponde, que la mancha del pecado original fue borrada? El 'mundo del ticún' es, así, el mundo de la acción mesiánica. La llegada del Mesías significa que este mundo del 'ticún' ha recibido su forma final". La Cábala luriana se convirtió en el siglo XVII en la teología mística del judaísmo. En sus aspectos más populares enseñaba una doctrina del judaísmo que no renunciaba a su "pathos" mesiánico. "La doctrina del 'ticún' -concluye Scholem- elevó a cada judío, de una manera inaudita hasta el momento, al papel de protagonista en el gran proceso de restitución. Parece ser que el mismo Luria creía que el fin estaba próximo y que alimentaba la esperanza de que el año 1575 iba a ser el año de la redención". Lamentablemente, en consonancia con el Zóhar y las enseñanzas talmúdicas, también Luria proclamó la absoluta superioridad del alma de los judíos sobre la de los no judíos.

En la nota 6 del capítulo segundo se ha trazado ya una apretada reseña biográfica de Shabbettay Zeví. Puesto que llegamos ya a la herejía mística de shabbetaísmo, remitimos al lector a la relectura de aquélla y dedicaremos ahora el espacio a explicar su doctrina, no sin antes apuntar que el profesor Scholem advierte que Shabbetay, que no dejó escritos ni frases dignas de mención, era un hombre físicamente enfermo que tenía un carácter maniaco-depresivo. Scholem considera que sin su profeta, Nathan de Gaza (1644-1680), nunca hubiera llegado a nada. Nathan de Gaza, quien admite en algunos textos que las tentaciones a que estaba expuesto Shabbetay en sus estados de depresión eran de carácter demoníaco y erótico, explicó en una carta fechada en 1667, recientemente descubierta en un cuaderno shabbetaico que se conserva en la biblioteca de la Columbia University de Nueva York, cómo supo que Shabbetay era el Mesías. He aquí parte del texto:

"...Este mismo año, habiendo sido estimulada mi fuerza por las visiones de los ángeles y de las almas benditas, realicé un largo ayuno en la semana posterior a la fiesta del Purim. Habiéndome encerrado en un cuarto completamente aislado, en pureza y santidad, y después de haber finalizado la oración matinal en medio de muchas lágrimas, se me apareció el espíritu, se me pusieron los pelos de punta, mis rodillas temblaron y vi la Merkaba. Tuve visiones de Dios durante todo el día y toda la noche, y me fue concedida la verdadera profecía como a cualquier otro profeta, cuando la voz me habló y comenzó con estas palabras: '¡Así habla el Señor!' y mi corazón percibió con absoluta claridad a quien estaba dirigida mi profecía (es decir, a Shabbetay Zeví), y hasta ese día jamás había tenido una visión tan importante, pero ella permaneció oculta en mi corazón hasta que el propio Redentor se me reveló en Gaza y se proclamó el Mesías; sólo entonces el ángel permitió que yo revelase lo que había visto."

Queda ahora por aclarar cómo Shabbetay Zeví se proclamó Mesías en Gaza. Un tal Shemuel Gandor le escribió una carta a Shabbetay, que estaba en Egipto, en la que le hablaba de un iluminado que en Gaza les revelaba a todos la raíz secreta de su alma y el "ticún" particular que ésta necesitaba. Entonces Shabbetay viajó a Gaza para ver a Nathan con el fin de encontrar un "ticún" y paz para su alma. Fue, pues, de este modo como Nathan, quien parece ser que en otra alucinación había visto la figura de Shabbetay Zeví, lo convenció, después de vagar juntos varias semanas por los lugares santos de Palestina, de que se proclamase el Mesías. Uno podría echarse a reír, si las repercusiones de todo ello no fueran tan trágicas como iremos viendo.

Filólogo, historiador y teólogo, Gershom Scholem, considerado la autoridad mundial más importante en mística judía, parafrasea extensamente textos de Nathan de Gaza y de shabbetaístas como Abraham Miguel Cardozo, principal propagandista de la escuela. Según Scholem, Nathan de

Gaza, en su afán de hacer una apología del estado mental de Shabbetay Zeví, se valió del antiquísimo mito gnóstico de los ofitas o naasenos acerca del destino del alma del Redentor, aunque lo construyó a partir de ideas cabalistas, toda vez que dicho mito se encontraba ya en las doctrinas del Zóhar y de Luria. Se trata del simbolismo místico de la serpiente. Reproducimos textualmente la inquietante paráfrasis del profesor Scholem:

> "Después de la Ruptura de los Vasos, cuando algunas chispas de la luz divina, que irradia el 'En-sof' a fin de crear formas y figuras en el espacio primordial, cayeron al abismo, también cayó el alma del Mesías, que formaba parte de aquella luz divina original. Desde el comienzo de la Creación, esta alma habitó en las profundidades del gran abismo, retenida en la prisión de sus 'quelipot', el reino de las tinieblas. En el fondo del abismo, junto con esta alma absolutamente santa, habitan las 'serpientes' que la atormentan e intentan seducirla. Estas 'serpientes' reciben a la 'serpiente sagrada' que es el Mesías, pues ¿acaso no tiene la palabra hebrea serpiente -'najash'- el mismo valor numérico que la palabra -'Mashiah'- Mesías? Sólo en la medida en que el proceso del 'ticún' del mundo entero da lugar a la separación del bien y del mal en la profundidad del espacio primordial se liberará el alma del Mesías de su esclavitud."

El hecho de que Shabbetay Zeví renunciase públicamente a su fe judía y cometiese apostasía frente al sultán y su corte debería haber acabado con su aureola; pero no fue así. Nuevamente Nathan de Gaza acudió al rescate del Mesías que él había creado para explicar que con dicho acto Shabbetay había salvado a todos los judíos que creían en él. A partir de este momento dio comienzo un conflicto con los dogmas del judaísmo rabínico que había de prolongarse en los siglos venideros. El profesor Scholem, para quien el shabbetaísmo representa la primera revuelta seria en el judaísmo desde la Edad Media, considera que hasta que se produjo la apostasía de Shabbetay el cabalismo luriano hacía mayor hincapié en la naturaleza espiritual de la Redención que en sus aspectos históricos y políticos, ya que, según explica Scholem, "ponía la regeneración de la vida interior muy por encima de la regeneración de la nación como entidad política. Al mismo tiempo, expresaba el convencimiento de que la primera era la condición previa esencial de la segunda. El progreso moral habría de producir la liberación del pueblo de su exilio". Sin embargo, el movimiento religioso que se desarrolló como consecuencia de la apostasía del nuevo Mesías, sigue argumentando Scholem, "abrió una brecha entre las dos esferas del drama de la Redención: la esfera interior del alma y la de la historia. La experiencia interior y exterior, los aspectos internos y externos de la 'Gueulá', la Redención y la Salvación, se vieron súbita y dramáticamente escindidos." Grandes grupos de shabbetaístas que, siguiendo el ejemplo de su Mesías, veían en el marranismo el camino de la salvación organizaron en dos ocasiones apostasías masivas. En 1683 se formó en Salónica la secta de los doenmé: éste fue el nombre que dieron los turcos a los judíos apóstatas que aparentemente se convirtieron al Islam (remitimos al lector a la nota 7 en el capítulo segundo).

La herejía mística del shabbetaísmo fue determinante para crear la atmósfera moral e intelectual que propició los movimientos reformistas que surgieron a finales del siglo XVIII y a comienzos del siglo XIX. En 1776, el mismo año de creación de los Iluminados, Moses Mendelsshon, que era uno de los líderes de la secta de Adam Weishaupt, fundó el Haskala. En 1807 Israel Jacobson fue el impulsor del Movimiento de Reforma. El número de rabinos, muchos de ellos muy influyentes, que se adhirieron al nuevo misticismo sectario fue aumentando paulatinamente. Según el profesor Scholem, "en ningún libro de historia judía se encuentra alguna referencia a esta relación extremadamente importante entre los herejes místicos y estos movimientos racionalistas y reformistas". A lo largo del siglo XVIII la secta se estableció en muchas ciudades alemanas, pero sobre todo en Bohemia y Moravia, donde los judíos más influyentes, así como rabinos, fabricantes y comerciantes fueron adeptos secretos. Determinante en la expansión del shabbetaísmo fue la aparición del frankismo, la secta de los seguidores de Jacob Frank

El surgimiento del movimiento frankista, la segunda fase del shabbetaísmo que supuso su consolidación como doctrina, fue sin duda de una gravedad extraordinaria para la credibilidad moral del judaísmo. Para muchos marranos las apostasías de Shabbetay Zeví y de Jacob Frank podían presentárseles como la glorificación religiosa del mismo acto que ellos había cometido. Scholem advierte lo siguiente: "la doctrina de que el Mesías, por la propia naturaleza de su misión, pudiera verse arrastrado a la inevitable tragedia de la apostasía era ideal para brindar una salida emocional a la conciencia atormentada de los marranos." La nueva libertad mesiánica subvertía el viejo orden y entraba en contradicción con los valores tradicionales. Abraham Pérez, un discípulo de Nathan en Salónica, en un tratado escrito en 1668 ya declaraba abiertamente que quienes permanecían fieles en el nuevo mundo a la tradición rabínica, o sea, al judaísmo real y existente en el "Galut" (exilio), debían ser considerados unos pecadores. La cita íntegra de un párrafo del profesor Scholem ayudará a entender la magnitud de la subversión:

> "Las consecuencias de estas ideas religiosas fueron absolutamente nihilistas, sobre todo la de la concepción de un marranismo voluntario bajo la divisa: Todos tenemos que descender al reino del mal a fin de vencerlo desde dentro. Bajo diversos enfoques teóricos, los apóstoles del nihilismo predicaron la doctrina de la existencia de esferas en las que ya no es posible llevar adelante el proceso del 'ticún' mediante actos piadosos; el Mal debe ser combatido con el mal. Esto nos conduce gradualmente a una posición que, tal como lo muestra la historia de la religión, sucede por una necesidad trágica en cada una de las crisis del

espíritu religioso. Me refiero a la doctrina funesta y al mismo tiempo fascinante de la santidad del pecado. Esta doctrina refleja de manera notable la combinación de dos elementos muy diferentes: el mundo de la decadencia moral, y otro, más primitivo, que es la región del alma en la que las fuerzas hace mucho tiempo dormidas son capaces de una súbita resurrección. El hecho de que ambos elementos participaron en el nihilismo religioso del shabbetaísmo, que en el siglo XVIII demostró ser tan peligroso para el bien más preciado del judaísmo, su sustancia moral, no encuentra mejor prueba que la trágica historia de su última fase: el movimiento frankista."

Jacob Frank (1726-1791) nació en Korolowka, en la parte oriental de la provincia polaca de Galicia. Hijo de un rabino seguidor de Shabbetay Zeví, fue iniciado en Esmirna en los misterios de la Cábala por un cierto rabino llamado Issakhar. En una ocasión Frank le preguntó a su maestro por qué tuvo que morir Shabbetay Zeví. Issakhar le respondió: "Shabbetay Zeví vino para disfrutar de todo, incluida la amargura de la muerte." Entonces él volvió a preguntar: "¿Por qué entonces no disfrutó de la dulzura del poder?". Siguiendo el consejo de este cabalista, Frank viajó a Salónica, ciudad a la que llegó en 1753. Allí se familiarizó con las enseñanzas de los doenmés y decidió proclamarse él mismo Mesías. Se dirigió a la principal sinagoga de la ciudad y anunció que era la reencarnación de Shabbetay Zeví. Frank, que se había casado con una mujer llamada Hanna, aseguró que había tenido una visión en la que Shabbetay Zeví le pedía que continuase su obra; pero los judíos de Salónica no le siguieron el cuento e irritados lo injuriaron. Entonces, según él, tuvo una nueva visión y decidió regresar a Polonia, aunque lo hizo sólo, pues dejó a su mujer en Nicopol (Bulgaria), donde había nacido su hija Eva, que sería más tarde su sucesora al frente de la secta. Fue en su Korolowka natal donde se fraguó su aureola con el anuncio de la doctrina de la salvación a través del pecado, una nueva religión materialista y hedonista que pretendía el final de la ley rabínica tradicional. Los placeres del sexo fueron característicos de la secta: mujeres casadas, por ejemplo, se entregaban a todo tipo de excesos con otros hombres en presencia de sus maridos; las relaciones incestuosas eran práctica frecuente; una mujer de nombre Hanna, hija de un rabino, especie de sacerdotisa frankista, recitaba pasajes enteros del *Zohar* mientras disfrutaba de los arrobos del coito. En 1756 los rabinos ortodoxos excomulgaron a los frankistas y estos trataron de pasar a Turquía, pero fueron rechazados debido seguramente a presiones de los propios rabinos. Frank, que gozaba de nacionalidad turca, logró entrar y una vez allí, siguiendo el ejemplo de Shabbety Zeví, él y un grupo de discípulos se hicieron musulmanes. Años más tarde, ante el tribunal de la Inquisición de Varsovia, justificó su conducta alegando que tenía necesidad de guardar las apariencias. Los nuevos adeptos de Mahoma consiguieron un salvoconducto del sultán y regresaron a Polonia, donde ya bajo la protección del rey polaco decidieron convertirse al catolicismo.

En 1759, en Lemberg, capital de la Galicia oriental, mil doscientos judíos, seguidores del siniestro profeta Jacob Frank, se bautizaron en masa en la catedral católica. Ello ocurría tres años después de que el sínodo de la comunidad judía polaca hubiera lanzado el anatema sobre los frankistas.[19] Recordemos que el propio Jacob Frank fue bautizado en la catedral de Varsovia y que su padrino fue el rey Augusto III. (En el apartado "Frankistas e iluminados" del capítulo segundo se ha dado ya noticia de estos hechos). Los miembros de ambos grupos siguieron llamándose "maaminin", término común utilizado por los shabbetaístas para referirse a sí mismos, que significa creyentes en la misión de Shabbetay Zeví. Evidentemente estas conversiones eran sólo extrínsecas.

Pese a que las doctrinas nihilistas no suelen ser proclamadas públicamente, y si se escriben son presentadas con muchas reservas, el evangelio que Jacob Frank predicó a sus discípulos se halla en *Las palabras del Señor,* una obra con más de dos mil dichos dogmáticos. Este, según Scholem, "documento único" fue preservado debido al entusiasmo y la devoción de sus seguidores, quienes consideraban a su maestro "la encarnación de Dios". Los discípulos más fanatizados se entregaban a rituales indescriptibles en los que se pretendía alcanzar la máxima degradación moral de la personalidad humana: "aquel que se hundía en las profundidades más extremas tenía más posibilidades de ver la luz." Según el *Talmud,* "el hijo de David sólo vendrá en una época completamente culpable o absolutamente inocente." A partir de este epigrama los frankistas shabbetaístas formularon una máxima: "ya que no todos podemos ser santos, seamos todos pecadores."

Ya para concluir cederemos otra vez la palabra al profesor Scholem para comprender a través de sus conclusiones cuál era la solución que proponían los shabbetaístas al misterio de Dios. Se trata de una nueva forma de dualismo gnóstico del Dios oculto y del Dios creador del mundo:

---

[19] Para vengarse de los rabinos ortodoxos que los perseguían, Jakob Frank se atrevió incluso a denunciar ante sacerdotes católicos que los judíos cometían crímenes rituales con niños cristianos y usaban su sangre para celebrar la festividad del Purim. El mismo Gershom Scholem en su obra *Le messianisme juif* cita al historiador Meir Balaban, quien a su vez da noticia de una conversación que tuvo lugar en 1759 en Lvov entre el rabino Chaim Rappaport y el frankista Eliezer Jezierzany, quien le dijo al primero: "Chaim, os hemos dado sangre por sangre. Vosotros pretendisteis legalizar el derrame de nuestra sangre y ahora se os ha dado sangre por sangre". Judah David Eisenstein, Otzar Yisroel, en una enciclopedia (*Hebrew Publishing*) escrita en hebreo en el ámbito de la *Enciclopedia judía,* desveló en 1917 un caso que ilustra perfectamente hasta dónde llegó el odio entre los rabinos ortodoxos y los frankistas. Cuenta Otzar Yisroel que en el pequeño "shtetl" (pequeña ciuda judía en yiddish) de Villovich los frankistas se vengaron del rabino de la ciudad vistiendo y caracterizando a una de sus mujeres como la esposa del rabino. El disfraz fue tan perfecto que tuvo el coraje de presentarse ante un sacerdote católico para acusar a su marido de haber sacrificado a un niño cristiano para la Pascua judía. Según Yisroel las consecuencias del incidente fueron funestas, ya que el rabino y varios miembros de su congregación fueron juzgados y condenados a muerte.

"Los shabbetaístas distinguen entre el Dios oculto, a quien llaman la 'Causa primera', y el Dios revelado, que es el 'Dios de Israel'. La existencia de una causa primera es, en su opinión, evidente para todo ser racional, y su conocimiento forma parte esencial de nuestra conciencia. Ninguna criatura capaz de emplear la inteligencia puede dejar de percibir la necesidad de una Causa Primera de la existencia. Pero el conocimiento que recibimos a través de nuestro raciocinio no tiene un significado religioso. La religión no se ocupa en absoluto de la Causa Primera; su esencia se encuentra en la revelación de algo que la mente por sí sola no puede aprehender. La Causa Primera no tiene nada que ver con el mundo ni con la creación; ella no ejerce la providencia ni la retribución. Es el Dios de los filósofos, el Dios de Aristóteles a quien, según Cardozo, hasta el mismo Nimrod, el Faraón y los paganos adoraban. El Dios de la religión, por otro lado, es el Dios del Sinaí. La Torá, la prueba documental de la revelación, no dice nada respecto a la raíz oculta de todo ser, acerca de la cual nada sabemos, salvo que existe, y que nunca se revela a nadie en ningún lugar. Sólo la Revelación tiene derecho a hablar, y así lo hace, de aquel 'Dios de Israel' (Elohé Israel), que es el creador de todo, pero al mismo tiempo es Él mismo el Primer Efecto de la Causa Primera. Mientras que los antiguos gnósticos despreciaban al Dios de Israel, los shabbetaístas despreciaron al Dios desconocido. Según ellos, el error cometido por Israel en el exilio consiste en haber confundido la Causa Primera con el Primer Efecto, el Dios de la Razón con el Dios de la Revelación".

Queda claro en este pasaje de Scholem que para los sectarios shabbetaístas y frankistas el Dios de Israel no era la "Causa primera", el "Deus absconditus", sino el demiurgo al que aludían los gnósticos, el adversario ("Satán") del Dios superior, el enemigo de la humanidad que habría creado el mundo. A principios del siglo XIX los hijos de familias frankistas de Praga, que eran educados en el espíritu de la secta, seguían peregrinando a Offenbach, donde en 1786, después de su alianza con Weishaupt, Jacob Frank se había instalado en el castillo del duque de Isemburgo, un masón que pertenecía a la Orden de los Iluminados. Allí vivió hasta su muerte en 1791.

Del iluminismo al comunismo

La alianza de los Illuminati y los frankistas, el papel que desempeñaron en la revolución francesa, su utilización de la masonería, así como la instrumentalización de estas sectas por una élite de banqueros judíos quedó suficientemente establecida en el capítulo segundo. Ha llegado ahora el momento de retomar y reforzar las ideas expuestas con el fin de demostrar cómo estas mismas fuerzas directoras de Movimiento Revolucionario Mundial pusieron en marcha el comunismo.

Lo primero que hay que considerar es que la élite frankista, que exactamente igual que los Rothschild practicaba la endogamia y se casaban entre ellos, estaba perfectamente organizada en el siglo XIX. A ella pertenecían poderosos banqueros judíos, como Isaac Daniel von Itzig, cuya familia abastecía de plata a Prusia para acuñar moneda. Este magnate berlinés era un líder destacado de la Orden Asiática, en la que dominaban las concepciones shabbetaístas y se practicaban ritos frankistas. También David Friedländer, su yerno, era un hermano frankista en la logia. Ambos habían pertenecido al movimiento Haskala, el decisivo círculo reformista de Moses Mendelssohn[20], y ambos eran cofundadores de la Escuela Libre Judía de Berlín, que en 1796 cambió su nombre y pasó a ser la "Oriental Printing Office", con una prensa propia muy influyente que le permitió convertirse en un eficaz instrumento de la reforma cultural al servicio de los Illuminati. El propio Moses Dobrushka, primo de Jakob Frank y uno de los fundadores de la Orden, se casó con Elke Joss, nieta e hija adoptiva de su tío, el banquero frankista Joachim von Popper, quien antes de adoptar este nombre nobilitado se llamaba Jaim Breznitz. Una de sus hermanas, Franceska Dobrushka, se emparentó con los Hönig. Israel Hönig consiguió hacerse con el monopolio del tabaco en Austria. Su socio en el negocio, Aaron Moses, tenía diez hijos, todos los cuales fueron bautizados en 1796. Otro poderoso frankista, Bernhard Gabriel Eskeles, se había casado con la hija del rabino Samson Wertheimer, que a comienzos del siglo XVIII estaba considerado uno de los judíos más ricos de Europa. Su hijo Bernhard von Eskeles, cuyo nacimiento costó la vida a su madre, fue banquero y judío de corte en Viena. Se casó con Cecilia Itzig, hija del omnipresente Daniel Itzig. Bernhard von Eskeles se asoció con otro banquero frankista, su cuñado Nathan Arnstein. De este modo nació la casa bancaria Arnstein y Eskeles, que jugó un papel

---

[20] El rabino ortodoxo Marvin S. Antelman alude en el volumen segundo de *To Eliminate the Opiate* a un documento muy poco conocido redactado en hebreo, se trata de una carta a Christoph Friedrich Nicolai, un célebre librero masón que pertenecía a los Illuminati, la cual fue localizada en la colección Schiff (el banquero que financió a los bolcheviques) de la "New York Public Library". En ella figura el líder de los Iluminados, Moses Mendelssohn, como gran sacerdote del rabinato gnóstico reformista. En dicho documento existe constancia de cuál fue la línea de ordenación de los altos sacerdotes del nuevo credo neomesiánico, que es la siguiente: Shabbetay Zevi (1626-1676), Nathan de Gaza (1643-1680), Salomón Ayllon (1655-1728), Nechemiah Chiyon (1655-1729), Judah Leib Prossnitz (1670-1730), Jonathan Eibeschutz (1690- 1764) y Moses Mendelssohn (1729-1786). Los rabinos ortodoxos como Antelman consideran a estos reformistas sacerdotes de un gnosticismo neoplatónico que pretende destruir el clero judío tradicional. David Philippson en *The Reform Movement in Judaism* da noticia de un encuentro en Berlín en 1845, en el cual los rabinos reformistas, habiendo usurpado la autoridad de los ortodoxos, impartieron bendiciones a los congregados.

prominente en el Congreso de Viena. Podríamos seguir los eslabones de una cadena interminable, pero nos parece suficiente.

En *Le messianisme juif,* el profesor Scholem informa que alrededor de 1820 los frankistas, como habían hecho los Illuminati, pasaron a la clandestinidad y mantuvieron su actividad ocultos en el interior de las organizaciones masónicas. Según Scholem, sus emisarios fueron de ciudad en ciudad y de casa en casa para tratar de recoger todos los escritos secretos con el fin de controlarlos. No hay que pensar, sin embargo, que su posición intelectual y económica se debilitó, puesto que ocurrió exactamente lo contrario. El centro de su actividad pasó de Frankfurt-Offenbach a Praga y más tarde a Varsovia. Hoy en día se hallan integrados en el grupo internacional organizado en torno al culto al "Ojo que Todo lo Ve" (All-Seeing Eye). Ello no impide que en Estados Unidos, por ejemplo, sean dominantes en la Anti-Defamation League, en el American Jewish Congress y en grupos de abogados judíos.

Estamos ya en disposición de entender que a partir del shabbetaísmo, el movimiento cabalístico que revolucionó las concepciones tradicionales del judaísmo ortodoxo, una élite de judíos acaudalados, al frente de los cuales se consolidó la dinastía Rothschild, comprendió a lo largo del siglo XVIII que para poder hacerse con el control total de los países y de las sociedades en las que se habían introducido, además del dominio económico ejercido tradicionalmente mediante la usura, era preciso conseguir un control ideológico, político, social, cultural. Para ello, era preciso salir de gueto que se habían autoimpuesto los rabinos desde que los levitas prohibieron los matrimonios mixtos bajo pena de muerte y se encerraron tras las murallas de Jerusalén. Jacob Frank había explicado a sus discípulos que el bautismo sería el comienzo del fin de la Iglesia, que la apostasía era necesaria para destruir al enemigo desde su interior y que tenía que mantenerse en secreto la verdadera fe judaica. Consecuentemente, fueron creándose distintos movimientos y organizaciones que en apariencia promovían ideas de emancipación, de reforma, de asimilación e integración social. Al mismo tiempo, sirviéndose de hombres como Jacob Frank y Adam Weishaupt (posteriormente vendrían otros), se decidió crear sectas subversivas que tenían que utilizar a la masonería y servirse de ella para imponer el Movimiento Revolucionario Mundial.

La Orden de los Iluminados de Baviera irrumpió en Estados Unidos cuando estaba ya en marcha la revolución que llevó al país a la independencia y no tuvo influencia significativa en ella. No obstante, antes de que las trece colonias establecieran la República y fuese aprobada la Constitución, quince logias de los Illuminati estaban ya establecidas en el joven país. La logia de Columbia fue fundada en Nueva York en 1785 y Clinton Roosevelt fue uno de sus dirigentes más destacados. En 1786 se fundó la logia de Virginia, cuyo líder fue Thomas Jefferson, un fervoroso iluminado que cuando la Orden fue descubierta en Baviera defendió a Weishaupt y lo calificó de "filántropo entusiasta". Cuando Weishaupt murió en 1830 las bases del comunismo estaban ya bien establecidas en Europa, como se verá, e iban asimismo implantándose en América.

En 1829 la escocesa Frances ("Fanny") Wright dio en Tammany Hall, una logia masónica de Virginia, una serie de conferencias organizadas por iluminados norteamericanos en las que defendía el programa completo de Weishaupt. Los asistentes fueron informados de que los Illuminati pretendían unir a nihilistas, grupos ateos y otras organizaciones subversivas en una organización que pretendía el comunismo, cuya fuerza debía utilizarse para fomentar futuras revoluciones. Con el fin de recabar fondos para la nueva empresa, se nombró un comité en el que figuraban Charles Dana, Horace Greeley y Clinton Roosevelt, antecesor familiar del futuro Franklin Delano Roosevelt. Nominado en 1836 por el Partido Demócrarta y envalentonado por el éxito, en 1841, doce años después de la famosa sesión de Tammany Hall y siete años antes que Karl Marx, Clinton Roosevelt publicó en Nueva York *The Science of Government, Founded on Natural Law*, libro que plagiaba las enseñanzas de Weishaupt y proponía una vez más el programa comunista de los Illuminati.

El Dr. Emanuel M. Josephson, un físico e historiador norteamericano de origen judío, en *Roosevelts' Communist Manifesto* (1955) considera a Adam Weishaupt el padre del comunismo, toda vez que las propuestas de Clinton Roosevelt y las presentadas por Marx siete años más tarde no hacen otra cosa que reproducir las ideas de Weishaupt. En el caso de Roosevelt, la doctrina se adapta ligeramente al escenario estadounidense. Weishaupt exigía que todas las artes, ciencias y religiones fueran abolidas y proponía que se remplazaran por la única ciencia verdadera basada en la "ley natural" (natural law). Entre las propuestas de Clinton Roosevelt, el cual se erigía en defensor de la clase trabajadora, estaba la de destruir la Constitución, que comparaba con "un barco que se está hundiendo", con el fin de establecer la dictadura que él denominaba "nuevo orden social". Weishaupt había ordenado que los superiores de la Orden debían ser considerados como los hombres más perfectos e inteligentes y no debían permitirse dudas a cerca de su infalibilidad. Clinton Roosevelt se proponía a sí mismo como uno de estos infalibles y declaraba su desprecio hacia Dios: "no hay un Dios de justicia para ordenar correctamente las cosas sobre la tierra; si existiese Dios, es un ser vengativo y malvado que nos creó por desgracia."

Karl Marx y Moses Hess, judíos frankistas-shabbetaístas

Universidades, Institutos y centros educativos en general presentan a Karl Marx como uno de los intelectuales más importantes del siglo XIX. Los estudiantes, incapaces de descubrir que el marxismo es una ideología prestigiada que nada tiene de prestigiosa, aceptan indefensos las doctrinas de la izquierda internacional, que sigue teniendo a Marx como un santón intocable. Vamos, pues, a facilitar ahora algunas informaciones poco conocidas sobre este "buen masón" del grado 31, frankista e iluminado, al servicio de banqueros internacionales que lo protegían. El rabino Antelman descubre en el segundo volumen de *To Eliminate the Opiate* aspectos desconocidos sobre Marx que son muy significativos. Este rabino ortodoxo denuncia con saña, como hicieron sus colegas de los siglos XVIII y XIX, la conspiración shabbetaica-frankista-iluminista, pues considera que constituye una herejía que ha subvertido el judaísmo.

El padre de Karl Marx (1818-1883), Heinrich, era hijo del principal rabino de Tréveris, llamado Meir Levi, cuyo suegro, Moses Lwow, había sido a su vez rabino jefe de la misma ciudad. Fue, pues, el padre, Heinrich Levi, quien de la noche a la mañana cambió su apellido por el de Marx. Lo ocurrido fue que, tras la muerte del abuelo, el padre de Karl Marx fue tentado o, mejor quizá, sobornado por grupos shabbetaicos, que propiciaron su nombramiento como juez, impulsaron su conversión al cristianismo por amor a la causa y -en palabras del rabino Antelman- "lo iniciaron en el iluminismo satánico shabbetaísta". De este modo Karl Marx, cuyo cristianismo era sólo consecuencia de una maniobra social, pasó a estar al servicio de la conspiración. También lo estuvo su hermana Louise, quien se casó con Jan Carel Juta. El matrimonio se trasladó a Sudáfrica, donde Jan Carel fue muy influyente entre los jueces de Ciudad de Cabo. El hijo de ambos, Harry Herbert Juta, sirvió a la conspiración como fiscal general del primer ministro Cecil J. Rhodes, el gran magnate del oro y los diamantes que en su tercer testamento legaba todo a Lord Rothschild, Natty de Rothschild. Rhodes y Rothschild fueron los impulsores del socialismo fabiano y de la sociedad secreta conocida como "Round Table". La hija de Harry Herbert Juta contrajo matrimonio con Sir Courtney Forbes, quien sirvió los intereses de los internacionalistas iluminados ingleses como secretario británico para México, España y más tarde embajador en Perú.[21]

Marx recibió al nacer el nombre de Moses Mordejai Levi. Fue a los seis años cuando se le bautizó y se convirtió en Karl Heinrich. Acudió a una escuela jesuita que había sido reestructurada en un centro laico, pero a la vez frecuentaba una escuela talmúdica. Ya los poemas de juventud de Karl Marx son inquietantes: están repletos de amenazas, de odio y de violencia, lo cual demuestra que se mantuvo fiel a los principios de la secta frankista, cuyos miembros, como sabemos, pasaban por cristianos, pero interiormente seguían siendo judíos. En *Oulanem*, una tragedia muy poco conocida escrita

---

[21] La fuente del Rabino Antelman para estos datos es el libro *The Unbroken Chain: Biographical Sketches and Genealogy of Illustrious Jewish Families from the 15th-20th Century* (*La cadena ininterrumpida: secuencias biológicas y genealogía de ilustres familias judías desde el siglo XV al XX*), escrito por Neil Rosenstein y publicado en Nueva York en 1976. El libro ha sido reeditado, aunque esta primera edición sigue siendo accesible. La citamos en la bibliografía para lectores que puedan tener interés en profundizar en esta línea.

en verso por Marx en 1839, el satanismo y la idea frankista de la salvación a través del pecado es muy evidente. En esta obra todos los personajes son conscientes de su degradación, de su propia corrupción, de la cual hacen alarde e incluso la celebran con pleno convencimiento.

En 1841, a los 23 años, encontró al que iba a ser su mentor, Moritz Moses Hess, cuya obra *Roma y Jerusalén,* ya se ha visto en el capítulo anterior, es considerada precursora del sionismo. El profesor Nachum Glatzer afirma que Hess adivinó el potencial intelectual del joven Marx y lo introdujo en la doctrina del comunismo. También Moses Hess, como Marx, era un frankista-shabbetaísta. Su pertenencia a la secta se remonta a su bisabuelo, David T. Hess, que fue promovido a rabino jefe de Mannheim tan pronto como los shabbetaístas consiguieron imponerse en la ciudad gracias a su poder económico. Según el rabino Antelman, el ascenso de la conexión shabetaístas-frankistas en toda Europa fue propiciado por la adhesión de ricos adeptos entre los que menciona a "algunos Rothschild." Precisamente el mismo Moses Hess declaraba que la lucha brutal para imponer el poder socialista debería hacerse bajo la bandera roja de la familia Rothschild. Sin duda puede parecer increíble que Hess, quien proclamaba que la propiedad privada debía ser abolida, apelase a la familia más rica del mundo para liderar la revolución del proletariado, pero así es: los hechos son incontestables. Este líder sionista sabía perfectamente, como lo supieron Heine, el propio Marx, Trotsky y tantos otros, que la lucha del proletariado era en realidad la utilización de esta clase social por los líderes del MRM para imponer su programa de dominación global. En su *Catecismo rojo para el pueblo alemán* Moses Hess escribe: "La bandera roja simboliza la revolución permanente hasta la victoria completa de la clase trabajadora en todos los países civilizados... La revolución socialista es mi religión... Desde los albores de la Historia nosotros, los judíos, hemos propalado la creencia en una época mundial mesiánica". Para Hess la revolución social era algo parecido a un juicio final que les iba a traer "el Sabbat de la Historia". En *Roma y Jerusalén* (1862), obra en la que pide directamente a los Rothschild que compren Palestina, las prioridades de Hess experimentan ya un cambio esencial, helo aquí: "la lucha racial es lo principal, la lucha de clases es secundaria". Es la expresión sin ambages del nuevo mesianismo: el objetivo de los judíos debe ser la implantación del Estado mesiánico en Palestina "para preparar a la humanidad para la revelación de la esencia divina." Moses Hess había fundado el periódico *Rheinische Zeitung* en 1841 y un año más tarde hizo de Marx su editor.

Marx, Heine y Hess en París

Antes de pasar a la gestación del Manifiesto Comunista y de las revoluciones de 1848, retrocederemos unos años para seguir los pasos de Marx en París. En 1819 un primo de Moses Hess, el rabino frankista Leopold

Zunz, cuyo nombre judío era Yom-Tob Lippman, en colaboración con otros judíos alemanes que pertenecían a familias rabínicas, había fundado la asociación "Verein für Kultur und Wissenchaft der Juden" (Unión por la Cultura y Ciencia de los Judíos). En 1823, bajo los auspicios de la Unión y editada por el mismo Leopold Zunz apareció la revista *Zeitschrifft für die Wissenschaft des Judentums* (*Revista para la Ciencia del Judaísmo*)[22]. Gershom Scholem en *Le messianisme juif* sitúa a Leopold Zunz en Praga en 1835, donde fue predicador de los shabbetaístas-frankistas de la ciudad. Obligado a renunciar por los rabinos ortodoxos, otro líder comunista y frankista llamado Michael J. Sachs ocupó su lugar y desempeñó la misma misión. Leopold Zunz sería más tarde fundador de una escuela en Berlín, "Hochschule für die Wissenschaft des Judentums" (Escuela Superior para la Ciencia del Judaísmo), donde enseñaron destacados líderes del movimiento como, por ejemplo, el rabino Abraham Geiger, muy cercano a James Rothschild. El programa de la asociación de Zunz era en parte una continuación de la obra de Moses Mendelssohn, pero a la vez esbozaba ya el de la futura Alianza Israelita Universal, que iba a fundar en 1861 nuestro viejo conocido Adolphe Crémieux. La idea maestra de los jefes de la Unión por la Cultura y la Ciencia de los Judíos era el anuncio de un nuevo mesianismo, el de la secta herética del shabbetaísmo: los rabinos se habían equivocado al esperar un Mesías humano, habían entendido mal los viejos textos rabínicos. Era el mismo pueblo judío, y no uno u otro de sus hijos, el que, tomando conciencia de su superioridad étnica, debía vencer al mundo y doblegarlo bajo el yugo de la raza elegida.

Pese a que se convirtió al cristianismo en 1825, entre los dirigentes y adeptos entusiastas de la Unión figuraba el poeta romántico Heinrich Heine. Recordemos que Heine sabía tanto sobre los planes de los directores del MRM que con seis años de antelación pudo anunciar que tras algunos ensayos el comunismo esperaba la orden para entrar en escena. Anunció también que algún día existiría un gobierno global: "sólo existirá una patria,

---

[22] Flavien Brenier, de cuyos textos en la *Revue de Paris* del año 1928, firmados con el seudónimo de Salluste, procede parte de la información, en un artículo escrito para refutar una réplica del rabino Liber informa que en 1824 la Unión por la Cultura y la Ciencia de los judíos anunció su disolución. El citado rabino la atribuye a problemas de financiación, razón que parece absurda si consideramos el apoyo económico que tenía el movimiento reformista. Flavien Brenier apunta la verdadera causa, que no era otra que el peligro de verse sometida a persecución por la policía prusiana, que, alarmada por su propaganda, desconfiaba de sus enseñanzas destinadas a "civilizar a los judíos" y entreveía los peligros de la "reforma del judaísmo". Así, pues, Prusia decidió vigilar muy de cerca a la Unión por la Cultura y la Ciencia de los Judíos. Flavien Brenier o Salluste duda de que desapareciese y recuerda que cualquiera que estudie las sociedades secretas sabe que la primera medida de una asociación de conspiradores que se siente perseguida es proclamar que ha dejado de existir. El hecho de que sus dirigentes siguieran reuniéndose y que la orientación de sus actividades políticas continuara bajo otras formas de asociación le da la razón.

a saber, la Tierra"; y fue el primero en utilizar la expresión "dictadura del proletariado". Es evidente que su información procedía de una fuente situada en las alturas de la conspiración. Si recordamos que su amistad con James Rothschild era tan estrecha que incluso paseaban cogidos del brazo, esta fuente no puede ser otra que la propia familia Rothschild. No debe, pues, extrañar que este poeta "romántico", revolucionario de salón, a quien James Rothschild enriquecía aconsejándole cómo invertir en la bolsa, dijera lo siguiente:

> "Nadie hace más para favorecer la revolución que los mismos Rothschild... y, aunque pueda parecer incluso más extraño, estos Rothschild, los banqueros de los reyes, estos magníficos poseedores del dinero, cuya existencia podría correr el más grave peligro con el colapso del sistema europeo de Estados, tienen, sin embargo, en sus mentes perfecta conciencia de su misión revolucionaria. Veo en Rothschild -sigue- uno de los más grandes revolucionarios que ha establecido la moderna democracia. Rothschild... al levantar el sistema de los bonos del Estado al poder supremo, movilizando de este modo la propiedad y los ingresos y, al mismo tiempo, dotando al dinero de los antiguos privilegios de la tierra, destruyó el predominio de la tierra. Así creó una nueva aristocracia."

Cuando se negó a aceptar la censura de la *Rheinische Zeitung* que pretendían las autoridades berlinesas a causa de la agitación de masas que se promovía desde el periódico, Karl Marx se expatrió y desembarcó en París en 1844. Allí lo estaba esperando Heinrich Heine, el cual, veinte años mayor que él, vio enseguida el partido que podía sacar del joven Marx y lo puso en contacto con Arnold Ruge, un refugiado alemán que en 1840 había fundado una importante revista, *Anales Franco-allemandes,* entre cuyos colaboradores estaba Bakunin, el cual firmaba con el seudónimo de Jules Elysard. Este Arnold Ruge era el jefe de la "Joven Alemania", sección de la "Joven Europa" fundada por Giuseppe Mazzini en 1834, que agrupaba a los elementos más destacados del carbonarismo y la masonería. Cuatro años después de la muerte de Adam Weishaupt, Mazzini, líder revolucionario italiano sobre el que escribiremos más adelante, había sido nombrado por los Illuminati director del programa revolucionario, posición en la que se mantuvo hasta su muerte en 1872. Es muy significativo que Heine, conferenciante de la Unión por la Cultura y Ciencia de los Judíos, aludiera a dicha asociación como La "Joven Palestina"[23].

---

[23] La connotación nacionalista o sionista es evidente: no en vano Moses Hess y Heine eran íntimos amigos. Por otra parte el sentido político es claro, pues todos los comités revolucionarios que se formaban en Europa se llamaban así: la "Joven Italia", la "Joven Suiza" o, más tarde, los "Jóvenes Turcos".

Los jóvenes revolucionarios que Heine le iba presentando a Ruge, exiliados de Alemania que llegaban a París impacientes por escribir en favor de la revolución, eran todos judíos e hijos o parientes cercanos de rabinos. Entre ellos estaba también Friedrich Engels, que era más joven que Marx y procedía asimismo de una familia rabínica de Barmen; y Ferdinand Lassalle, nieto de un rabino de Breslau, un joven altivo e insolente que vestía elegantemente, sobre el cual Heine escribió que "era uno de estos duros gladiadores que marchaban fieramente al combate supremo". Arnold Ruge pronto se apercibió de que su publicación se le estaba escapando de las manos, puesto que en ella se defendían ideas que no compartía. El comité de redacción de la revista y el comité de correspondencia con las secciones secretas de Alemania estaban llenos de jóvenes judíos completamente solidarizados con Marx. Ruge perdió así el control de la publicación, que pasó a manos de Marx y su equipo de jóvenes intelectuales, razón por la cual optó por dimitir y abandonar Francia. Marx consiguió también sustituir a Ruge al frente de los comités secretos de la Joven Alemania sin que trascendiese la sustitución.

La presencia en París de Moses Hess en 1844 junto a Marx, Heine y Engels es mencionada por diversos autores. Jüri Lina asegura en *Under the sign of the scorpion* que Hess tenía conexiones con los Illuminati y que fue él quien introdujo a Marx y a Engels en la masonería: ambos fueron masones del grado 31. El rabino Antelman y Jüri Lina coinciden en señalar que fue Hess quien conectó a Marx con los hombres que estaban detrás del "Bund", es decir con los Illuminati. Antelman afirma que es a través de Moses Hess como mejor puede entenderse la conexión entre el shabetaísmo, el iluminismo y el comunismo: "su vida es la llave maestra que permite abrir y comprender la extensión de la conspiración illuminati-comunista". Los trabajos que maneja Antelman y en los que se basa para sus rotundas afirmaciones son los de E. Silberner (1910-1985) y Theodore Zlocisti (1873-1943). Este último, pionero entre los sionistas de Alemania, se estableció en Palestina tras la primera guerra mundial y en 1921 publicó en alemán el estudio más completo de Hess, *Moses Hess, der Vorkämpfer des Sozialismus und Zionismus* (*Moses Hess: el campeón del socialismo y del sionismo*)[24].

---

[24] También Jüri Lina cita esta obra. Además Zlocisti recopiló la correspondencia de Hess, que no vio la luz mientras el vivió, pero que fue editada en hebreo por G. Kressel en 1947 bajo el título *Moshe Hess Ub'nai Doro* (*Moses Hess y sus contemporáneos*). Edmund Silberner, polaco de nacimiento y profesor en prestigiosas universidades europeas y americanas, residiendo ya en Israel publicó diversos libros sobre Hess, el más valioso de los cuales es el publicado en hebreo en 1955, cuyo título en español es *El socialismo en Europa occidental y el problema judío, 1800-1918*. Asimismo en 1966 dio a la imprenta en alemán una extensa biografía de cerca de setecientas páginas, *Moses Hess: Geschichte seines Lebens* (*Moses Hess: historia de su vida*). El lector interesado puede encontrar hoy en inglés algunas de estas obras.

La Liga de los Justos y el *Manifiesto Comunista*

En la logia El Socialista de Bruselas tuvo lugar una reunión el 5 de julio de 1843. Allí, el líder masónico Joseph Marie Ragon sometió a consideración el proyecto para el plan de acción revolucionario que posteriormente se iba a plasmar en el Manifiesto Comunista. La propuesta fue enviada a la máxima autoridad masónica del país, El Consejo Supremo de Bélgica, que aceptó por unanimidad el programa anarquista de Ragon "equivalente a la doctrina masónica relativa a la cuestión social que el mundo, que está unido al Gran Oriente, debería tratar de poner en práctica por todos los medios concebibles." El 17 de noviembre de 1845 se produjo el ingreso de Marx y Engels en esta logia de Bruselas, ciudad en la que vivían tras su expulsión de Francia, la cual, pese a que Heine intentó impedirla, se había producido por exigencia del Gobierno prusiano, que vigilaba a Marx estrechamente desde el cierre de la *Gaceta del Rin*. En 1847 los dos, Marx y Engels, se convirtieron en miembros de la Liga de los Justos ("Bund der Gerechten"), una de las ramas clandestinas de los Illuminati, donde, curiosamente, el judío Jacob Venedey, al que volveremos a encontrar al examinar los *Protocolos de los Sabios de Sión*, desempeñaba un papel relevante.

El comunismo estaba ya bien diseñado cuando murió Weishaupt. Los cerebros ocultos que pretendían su implantación propiciaron en 1836 la fundación del "Bund" en París, que corrió a cargo de judíos socialistas revolucionarios. Cuando en el 12 de mayo de 1939 la "Societé de Saisons" (Sociedad de las Estaciones), organización secreta liderada por el masón socialista Louis Auguste Blanqui[25], llamó a dar un golpe para hacerse con el poder en Francia, la Liga de los Justos, al frente de la cual daban la cara Joseph Moll y Karl Christian Schapper, dos judíos masones, se sumó a la intentona. Llegó a formarse inclusive un gobierno provisional y se contaba con jefes militares para conducir los combates, pero el plan falló. El centro de gravedad de la organización se desplazó entonces de París a Londres, la Meca donde siempre han peregrinado y han hallado amparo conspiradores de todo tipo. Allí se refugiaron los miembros de la Liga de los Justos. En Londres, esta sociedad secreta alemana fue convirtiéndose en internacional. No es, pues, de extrañar que fuese en la capital inglesa donde apareció por

---

[25] Louis Auguste Blanqui, en colaboración con los carbonarios, había fundado antes otra organización conocida como Las Familias, en la que cada Familia estaba formada por doce miembros. En 1836 fue descubierto, pero tardó menos de un año en fundar la "Sociedad de las Estaciones. Paul H. Koch, en su obra *Illuminati Los secretos de la secta más temida por la Iglesia católica*, explica su funcionamiento. La unidad básica era la Semana, compuesta por seis miembros y dirigida por un séptimo. Los séptimos de cuatro Semanas se reunían y formaban un Mes. Tres meses tenían una Estación como jefe y organizador. Cuatro Estaciones estaban a las órdenes de un jefe revolucionario, que según Koch, era designado por los Illuminati.

fin el texto que llamaba a los trabajadores a establecer la supuesta dictadura del proletariado. La Liga de los Justos, "der Bund", detrás de la que estaban los Illuminati más prominentes de Alemania, se extendió enseguida a Bélgica, Polonia y otros países del Continente. Karl Marx fue contratado por esta organización para que redactara el Manifiesto Comunista.

Paul H. Koch afirma categóricamente en *Illuminati* que los cheques con los que Marx fue gratificado por la elaboración de sus famosas obras, redactadas por encargo de la Liga, fueron pagadas por los Rothschild y señala que los escritos originales que lo demuestran se guardan en las colecciones de documentos del British Museum. Fue un vez más Moses Hess quien en noviembre de 1847 propuso transformar La Liga de los Justos en un partido comunista. Antes de que acabara el año Marx y Engels reorganizaron la Liga, que pasó a ser la Liga de los Comunistas. Finalmente, el 21 de febrero de 1848 el *Manifiesto Comunista* fue publicado en Londres. Pese a que en él nada nuevo se añadía básicamente a los textos de Adam Weishaupt y Clinton Roosevelt, el texto acabaría siendo considerado uno de los documentos políticos más influyentes de la historia. El proletariado, la clase más desfavorecida de la sociedad, convenientemente manipulada, iba ser utilizada en adelante por los agentes de la "aristocracia del dinero", el capital financiero, para desposeer de su riqueza a la aristocracia terrateniente y a la burguesía industrial, con el fin de hacerse con el poder internacional e imponer por último un Nuevo Orden Mundial.

Cuando las trece familias de banqueros decidieron llevar a la práctica el plan para hacerse con el control de todos los países utilizando el MRM, se partió de una premisa fundamental: el fin justifica los medios. En el *Manifiesto Comunista* se dice con toda claridad que la fuerza debe utilizarse para conquistar el mundo: "Sólo podemos alcanzar nuestros objetivos derrocando el orden establecido a través de la violencia." A la vez que se utilizaba la expresión "dictadura del proletariado", se apelaba a la libertad para justificar la lucha de clases y para apoderarse de la propiedad. A través de la propaganda se comenzó a exhortar a los trabajadores a no rehuir la guerra civil para lograr sus objetivos. La cita de un texto de Lenin deja esto bien claro. En carta de 17 de octubre de 1914 dirigida a Alexander Shliápnikov Lenin escribió: "El mal menor en el ámbito de lo inmediato sería la derrota del zarismo en la guerra [...] La esencia entera de nuestro trabajo es dirigirnos hacia la transformación de la guerra en una guerra civil." Cuatro años más tarde, en 1918, otras palabras de Trotsky recogidas en los *Protocolos de la IV sesión del Comité Ejecutivo Central* insisten en la misma idea: "Nuestro partido está a favor de la guerra civil. La guerra civil es la lucha por el pan... ¡Viva la guerra civil!".

Marx fue simplemente un peón utilizado por quienes operaban detrás de la escena para redactar un programa que no le pertenecía. Durante los veinte años siguientes a la publicación del texto su nombre ni siquiera apareció vinculado al *Manifiesto Comunista*. Si algo fallaba en los planes de

Weishaupt, era la falta de un instrumento capaz de acelerar la puesta en práctica de sus planes de dominio mundial y de destrucción de las estructuras tradicionales de la sociedad: familia, propiedad, herencia, patria, religión. En teoría, el plan que él diseñó para controlar la opinión y difundir las nuevas ideas a través de la prensa y la edición de libros estaba bien concebido y progresivamente se fue llevando a la práctica con enorme éxito. Sin embargo, faltaba la idea definitiva que sirviera a la vez para engañar e ilusionar a las masas: el comunismo y la dictadura del proletariado. Una carta enviada a Karl Marx en 1848 por el rabino Baruch Levy disipa cualquier duda. El texto, publicado por la *Revue de Paris* el 1 de junio de 1928, así como por el historiador holandés Herman de Vries de Heekelingen en la edición francesa de su obra *Israël. Son passé. Son avenir (Israel. Su pasado. Su futuro)*, y también por el profesor sueco Einar Alberg en varias publicaciones, reza así:

> "El pueblo judío será colectivamente su Mesías. Su reino sobre el universo se obtendrá por la unificación de las otras razas humanas, la supresión de las fronteras y de las monarquías, que son los baluartes del particularismo, y el establecimiento de una república universal que reconocerá por doquier los derechos de la ciudadanía a los judíos. En esta nueva organización de la humanidad, los hijos de Israel, diseminados actualmente por todos los rincones de la tierra, todos de la misma raza y de igual formación tradicional, sin formar no obstante una nacionalidad distinta, se convertirán en todas partes, sin oposición alguna, en la clase dirigente; sobre todo si consiguen colocar a las masas obreras bajo su control exclusivo. Los gobiernos de las naciones integrantes de la futura república universal caerán, sin esfuerzo, en las manos de los israelitas, gracias a la victoria del proletariado. La propiedad privada podrá entonces ser suprimida por los gobernantes de raza judía, que administrarán en todas partes los fondos públicos. Así se realizará la promesa del Talmud, según la cual, cuando llegue el tiempo del Mesías, los judíos poseeremos los bienes de todos los pueblos de la Tierra".

Las revoluciones de 1848

Las prisas y el ansia con que se desencadenaron las revoluciones pese a las escasas perspectivas de éxito son incomprensibles. Sólo intereses ocultos pueden explicar la urgencia de quienes pusieron en marcha las intentonas cuando las condiciones no estaban maduras y el fracaso era previsible. No es razonable pensar que quienes pasaban por expertos en sociología política y económica se equivocasen tanto en la previsión de los hechos. Tal vez la explicación sea que en el fondo importaba poco utilizar y sacrificar a las masas de obreros manipulados, carne de cañón. Las revoluciones estaban predestinadas al fracaso y quizá lo que se pretendía en realidad era ensayar de cara al futuro. Si se compara 1848 con 1917, por ejemplo, vemos cómo los bolcheviques, aparte de que fueron financiados por banqueros judíos internacionales, lograron imponer la revolución en Rusia porque no existía una clase media consolidada, una burguesía bien establecida. Allí se pudo utilizar y engañar al campesinado, como se verá en su momento, para, juntamente con los obreros de las grandes ciudades, llevar a cabo una revolución genocida que a la vez constituye el mayor atraco de la historia, un saqueo si precedentes de la propiedad privada. Pero en la Francia y en la Europa de 1848, ello era imposible y es poco probable que no se supiera. El campesinado francés, por ejemplo, conservador por naturaleza, fuertemente aferrado a sus propiedades, no quería ni oír hablar de la propiedad comunal de la tierra que cultivaba y no se unió al proletariado urbano en 1848. Por ello fue tratado con el mayor desprecio por Marx. La pequeña burguesía, considerada pueblo cuando se alía con el proletariado, es objeto de duros reproches cuando se aferra a sus tiendas y comercios humildes. El uso restrictivo de la palabra "pueblo" procede precisamente del fracaso de aquella revolución. Fue a partir de entonces que socialistas y comunistas consideraron pueblo sólo al proletariado industrial.

En 1844 Benjamín Disraeli escribió lo siguiente: "No hay error más vulgar que creer que las revoluciones son producidas por razones económicas. Llegan, sin duda, con mucha frecuencia para precipitar una catástrofe." La historia oficial, sin embargo, justifica las revoluciones de 1848 argumentando que fueron debidas a circunstancias económicas y sociales. Los historiadores marxistas reproducen con frecuencia las tesis y análisis de Marx y Engels, que aluden a causas de ámbito internacional. En el ensayo *Las luchas de clases en Francia (1848 a 1850)*, Marx afirma que "dos acontecimientos económicos mundiales aceleraron el estallido del descontento general e hicieron que madurase el desasosiego hasta convertirse en revuelta." El primero fue la plaga de la patata y las malas cosechas de 1845 y 1846. El segundo, la crisis general del comercio y de la industria en Inglaterra, "que originó las quiebras de los grandes comerciantes en productos coloniales de Londres, a las que siguieron muy de cerca las de los bancos agrarios y los cierres de fábricas en los distritos industriales de Inglaterra. Aún no se había apagado la repercusión de esta crisis en el Continente -añade- cuando estalló la revuelta de febrero." Marx ofrece en la obra citada su punto de vista cargado de ironía sobre lo acontecido en Francia y expresa su desprecio ilimitado hacia todo lo que se opone a la dictadura de la clase obrera. Su interpretación de los hechos ayuda, no obstante, a comprender por qué fue imposible entonces cambiar la bandera tricolor por la bandera roja, como supuestamente se pretendía.

Las razones esgrimidas por la historiografía marxista para explicar la irrupción espontánea de los obreros en las calles de las distintas ciudades europeas no son creíbles. Los historiadores oficiales no explican cómo hicieron los trabajadores para ponerse de acuerdo a fin de actuar a la vez y de manera coordinada en toda Europa. La respuesta es que en 1848 estalló de nuevo la revolución porque estaba organizada por las sociedades masónicas, cuyos líderes socialistas y comunistas se pusieron al frente. Únicamente en París había cerca de seiscientas sociedades secretas. Para preparar el estallido de manera conveniente, previamente, como ocurrió en 1789 y como iba a ocurrir en 1917, las tácticas se repiten una y otra vez, se aprovechó una pobre cosecha en 1846 para organizar una hambruna. Jüri Lina, en *Under the sign of the scorpion*, da el nombre de un negociante judío llamado Ephrasi, quien, actuando como agente de James Rothschild, compró masivamente las existencias de grano. Durante los años siguientes los precios llegaron a triplicarse y los comestibles escasearon en los almacenes. La gente pasaba hambre. A esto hay que añadir que, ciertamente, había en Europa un malestar creciente por el ajuste de los salarios y la falta de trabajo. Además, en Francia se denunciaba la corrupción ministerial y se exigía una reforma electoral que otorgase el sugrafio universal. La burguesía, muchos de cuyos líderes eran masones, pese a que se estaba convirtiendo en una clase conservadora, veía con simpatías las reivindicaciones de los trabajadores; pero suya había sido la revolución de 1789 y era evidente que medio siglo después no podía ser utilizada por segunda vez, y menos si se pretendía que desfilase tras la bandera roja para aplicar el programa del *Manifiesto Comunista*. Había, pues, llegado el turno de la nueva clase social, el proletariado, al que los agitadores y charlatanes profesionales venían preparando.

Como ya había ocurrido en 1789, también en esta ocasión se celebró un gran congreso masónico, que aconteció en mayo de 1847 en Estrasburgo. La organización internacional de la masonería iba a ser utilizada una vez más. Fue en las logias donde los "buenos masones" trazaron los planes que debían desencadenar las revoluciones. Al congreso en Alsacia asistieron importantes jefes judíos que desempeñaron su liderazgo como agentes de los Illuminati. Algunos de los futuros ministros del Gobierno provisional que se formó en Francia en febrero de 1848 estuvieron presentes, entre ellos Adolphe Isaac Crémieux, como se sabe hombre de máxima confianza de James Rothschild, masón del grado 33 y Gran Maestre del Rito Escocés, que fue ministro de Justicia; el banquero Michel Goudchaux, otro judío también amigo íntimo de James Rothschild, que fue ministro de Finanzas. Otros destacados masones franceses protagonistas de la revolución y presentes en Estrasburgo fueron Simón y Louis Blanc, Léon Gambetta, un judío que era hijo adoptivo de Crémieux, Alphonse Lamartine, que sería ministro de Exteriores, Alexandre Ledru-Rollin y Marc Caussidière, que era el Prefecto de policía de París en febrero de 1848.

Los reinos de la futura Italia fueron escogidos para desencadenar la ola de conflictos. El 12 de enero de 1848 se produjo el primer movimiento revolucionario en Sicilia, que tenía pretensiones independentistas. Curiosamente, el pueblo siciliano disfrutaba de privilegios extraordinarios, únicos en Europa, toda vez que los impuestos eran muy bajos y no existía el servicio militar obligatorio. Los libros de viajes de aventureros de la época dejan constancia de que la vida, las propiedades y las calles de Palermo y de Sicilia en general eran tan seguras como las de las ciudades del norte de Europa. El 8 de febrero le tocó el turno al Piamonte. En la Toscana la revuelta dio comienzo el 17 de febrero. Dos iluminados, Giuseppe Mazzini y Adriano Lemmi, fueron los coordinadores. Otro masón, Gran Maestre, que años más tarde ganaría fama mundial, Giuseppe Garibaldi, participó asimismo en la planificación de las revoluciones italianas. Enseguida dedicaremos un apartado a Mazzini y a Lemmi, pues su papel dentro de la masonería y en el movimiento revolucionario merecen mención aparte.

No es posible detenernos en todos los escenarios, pero sí lo haremos de la manera más breve posible en Francia, ya que allí estaban Marx, Engels, Hess, Heine y otros judíos alemanes exiliados que habían hecho de París uno de los centros de la conspiración. La revolución de julio de 1830 había colocado en el poder a la burguesía, personificada en el nuevo rey, Luis Felipe de Orleans. Aunque en realidad, como reconoce el propio Marx, quienes dominaron el periodo hasta 1848 fueron los banqueros, la aristocracia del dinero, personificados en James Rothschild, en quien Heinrich Heine veía a "uno de los más grandes revolucionarios que ha establecido la moderna democracia." Recordemos las palabras del poeta amigo y protegido de James: "Nadie hace más para favorecer la revolución que los propios Rothschild, los banqueros de los reyes, esos magníficos poseedores del dinero."

En *Las luchas de clases en Francia*, Marx no puede expresarse, evidentemente, con la desfachatez de su amigo Heine, comprende que debe guardar las apariencias, el decoro, y lo hace. Explica perfectamente de qué manera es pernicioso para toda la sociedad el poder del dinero, de la banca, de la Bolsa, alude a los "reyes de la Bolsa", pero en ningún momento se atreve a señalar a los judíos y mucho menos a criticar al hombre que estaba en boca de todos: James Rothschild. Lo menciona únicamente una vez en un breve fragmento del texto que tiene un valor introductorio y descriptivo de la situación: "La burguesía industrial veía sus intereses en peligro, la pequeña burguesía estaba moralmente indignada; la imaginación popular se sublevaba. París estaba inundado de libelos: 'la dinastía de los Rothschilds', 'los usureros, los reyes de la época', etc., en los que se denunciaba y anatemizaba, con más o menos ingenio, la dominación de la aristocracia financiera". También sólo una vez se refiere a Crémieux, ministro de Justicia del Gobierno provisional, y lo hace con el máximo respeto: mientras reparte a diestro y siniestro epítetos valorativos o peyorativos, se refiere a él como "el señor Crémieux".

Sólo dos días fueron necesarios en París para derribar al Gobierno Guizot y conseguir la renuncia de Luis Felipe de Orleans. Tras las primeras señales de lo que se avecinaba, el rey sustituyó a Guizot por Barrot y decretó el estado de sitio. El día 23 de febrero fueron levantadas barricadas en callles.

La insurrección se extendió con rapidez y la Guardia Nacional se puso del lado de los insurgentes. Un enfrentamiento en el bulevard de las Capuchinas, donde los obreros que marchaban detrás de la bandera roja chocaron con las tropas, sirvió de detonante para acelerar el triunfo inicial de los revolucionarios: alguien disparó un fúsil y los soldados respondieron con una descarga que dejó a decenas de trabajadores muertos y heridos en la calle. Durante la noche del 23 al 24 de febrero las sociedades secretas impartieron las instrucciones para el día siguiente.

Karl Marx estaba en París: había conseguido entrar en Francia desde Inglaterra y participó en la organización de las revueltas en el cuartel general de los insurgentes. También Pierre-Joseph Proudhon y Louis Blanc estaban entre los dirigentes. Al amanecer reinaba el caos en la ciudad, se asaltaron armerías y grupos de insurgentes enfurecidos abrieron fuego contra los cristales de las Tullerías. Algunos guardias municipales cayeron abatidos y a media mañana las tropas dejaron de oponer resistencia. A la una de la tarde la familia real abandonó el país y se proclamó la República. En el Gobierno provisional que se formó enseguida figuraban los distintos partidos que se consideraban vencedores tras la abdicación del rey. El reparto de poder entre quienes habían derribado la monarquía de julio puso de manifiesto la diversidad de intereses. Los partidos burgueses eran mayoritarios y sólo dos representantes del proletariado entraron a formar parte del Gobierno provisional: Louis Blanc y el obrero Albert. Marx diría más tarde que la lucha de los obreros había servido para conquistar la República burguesa.

Aunque parezca increíble, el mismo día 24 James Rothschild, según desvela Niall Ferguson en *The House of Rothschilds Money's Prophets 1798-1848,* visitó al recién nombrado ministro de Finanzas, que no era otro que su amigo banquero Michel Goudchaux, para pedirle que el nuevo régimen se hiciera cargo de los intereses de unos bonos de deuda griega que vencían, la cual había sido garantizada por el régimen anterior y que normalmente hubiera pagado él. Sarcásticamente Ferguson añade: "Había un quid pro quo. Al día siguiente se anunció que Rothschild iba a realizar una ostentosa donación de 50.000 francos para sufragar los gastos de los heridos en las luchas callejeras y que tenía intención de 'ofrecer su cooperación a tan buena y honesta revolución'."

Poco después de la formación del Gobierno, trescientos masones con las banderas de los distintos ritos representativos de la masonería francesa marcharon hacia el Hotel de Ville. Allí ofrecieron sus estandartes al Gobierno Provisional de la República y proclamaron en voz alta el papel que habían desempeñado en la gloriosa revolución. Lamartine pronunció las siguientes palabras, que fueron recibidas con entusiasmo: "Es desde la profundidad de vuestras logias que han emanado las ideas, primero en la oscuridad, luego en la penumbra y ahora a plena luz del día, que han supuesto los cimientos de las revoluciones de 1789, 1830 y 1848." Catorce días más tarde una nueva diputación del Gran Oriente, adornada con sus joyas y pañuelos masónicos, reapareció en el Hotel de Ville. Fue recibida por el Gran Maestre Adolphe Isaac Crémieux, quien les dirigió un discurso que terminó con estas palabras: "La República existe en la masonería. Si la República hace lo que han hecho los masones, favorecerá la promesa luminosa de unión con todos los hombres, en todas las partes del globo, y en todos los lados de nuestro triángulo."

Sin embargo, pronto los hechos pusieron en evidencia que la unión de los desiguales no iba a ser tan fácil. Louis Auguste Blanqui, el líder socialista y masón que había sido encarcelado tras el intento de golpe de Estado de 1839, gozaba ya de libertad en 1848. El 17 de marzo Blanqui encabezó una manifestación en la que se pedía el aplazamiento de las elecciones para la Asamblea Nacional y para la Guardia Nacional, cuyos jefes eran elegidos. Un mes más tarde, el 16 de abril, seguía el pulso entre las facciones. Lo ocurrido aquel día varía según la fuente. Para Marx, se trató de una trampa de la burguesía al proletariado; para autores no marxistas fue un error de los líderes socialistas que pretendían derribar al Gobierno Provisional mediante los obreros y proclamar un gobierno comunista. En definitiva lo que ocurrió fue que se escenificó la ruptura entre los obreros y los soldados, de cuyas filas salieron gritos de "¡Abajo los comunistas! ¡Muera Blanqui! ¡Muera Louis Blanc!", que fueron propagándose por todo París.

El sufragio universal demostró que los franceses no respaldaban a los revolucionarios socialistas y comunistas. Los partidos burgueses dominaban la Asamblea Constituyente que se reunió el 4 de mayo. Marx comenta así la nueva situación: "No es la República que el proletariado de París impuso al Gobierno Provisional; no es la República con instituciones sociales; no es el sueño de los que lucharon en las barricadas." El 15 de mayo los tumultos se reanudaron y una muchedumbre invadió la Asamblea. El propio Luis Blanc trató de controlar la situación y desde la mesa dijo al gentío que "el pueblo había violado su propia soberanía". Entonces se oyeron gritos de "queremos a Blanqui", quien hizo su entrada a hombros de los obreros. Blanqui exigía que Francia declarase la guerra a Europa para liberar a Polonia, cuya revuelta había sido reprimida el 5 de mayo por las tropas prusianas. Otro revolucionario, Huber, gritó que la Asamblea "quedaba disuelta en nombre del pueblo."

Una vez restablecido el orden, se formó el nuevo Gobierno salido de las elecciones, cuyas primeras medidas desencadenaron la crisis final. Del 22 al 25 de junio se levantaron de nuevo barricadas. Los instigadores consiguieron que la insurrección fuera seguida por una muchedumbre que, sin excluir a los delincuentes comunes, agrupaba al proletariado de París, a sectores de la pequeña burguesía e incluso a legitimistas descontentos. El día 26 las tropas comandadas por los generales Cavaignac y Lamoricière dejaron en las calles los cuerpos de más de diez mil personas, peones sacrificados en la estrategia de personajes ocultos que habían jugado con ellos la extraña partida de 1848. Algunos jefes socialistas fueron arrestados y las detenciones ascendieron a veinticinco mil. Las sociedades secretas fueron perseguidas con dureza e incluso se suprimió la libertad de prensa. La revolución terminaba así en completa derrota.

Entre los que no dieron la cara y permanecieron maquinando en los conciliábulos estaba Karl Marx, quien, según Salluste (Flavien Brenier) en *Les origines secrètes du bolchevisme Henri Heine et Karl Marx*, participó en la revolución de París y fue detenido en el curso de la represión. "Karl Marx -escribe Salluste- iba a ser fusilado o cuando menos deportado. Heinrich Heine interviene y declara que garantiza su inocencia, lo arranca del consejo de guerra: ¿Quién hubiese dudado de la sinceridad del dulce poeta? Karl Marx fue solamente internado en el departamento de Morbihan. Algunas semanas más tarde, dotado de documentos falsos, se evade y pasa a Inglaterra." Brenier se pregunta a través de qué organización se mantenía Marx en contacto con los conspiradores, quién le suministraba documentos falsos para pasar fronteras cuando necesitaba escapar y cómo preparaba sus incursiones en el continente. Su respuesta es que se servía de alguna organización carbonaria que él mismo dirigía. Los carbonarios, ilegales en toda Europa, operaban en pequeños grupos que eran reclutados con gran secretismo: "existían unos al lado de otros -explica Salluste- y lo ignoraban. Sólo contactaban con la organización a través de un miembro, el jefe de grupo, designado desde arriba y no elegido por sus compañeros. Un Comité Supremo mantenía contacto con los jefes de grupo a través de agentes de enlace. Nada de propaganda exterior, que podía llamar la atención de la policía. El fin inmediato propuesto a los miembros podía ser un atentado contra un enemigo notable de la revolución, por lo cual los asesinatos eran frecuentes."

Ya en el mes de julio de 1848 Lionel Rothschild viajó desde Londres para despachar con su tío James. Al llegar a París lo encontró encerrado con Goudchaux, que seguía siendo ministro de Finanzas del Gobierno salido de las elecciones de mayo, con quien negociaba la conversión del 3% de interés de unos bonos de 1847 en un interés del 5%, con lo cual "iba a convertir una pérdida de 25 millones de francos - explica Ferguson en la obra citada- en una ganancia de 11 millones. El hecho de que Goudchaux fuese judío alimentaba simplemente la extrema sospecha de una conspiración para apuntalar a Rothschild". No sabemos si Marx alude a la misma operación que desvela Ferguson cuando en *Las luchas de clases en Francia* escribe lo siguiente: "para alejar la sospecha de que no quisiese o no pudiese hacer honor a las obligaciones legadas por la monarquía, para despertar la fe en la moral burguesa y en la solvencia de la República, el Gobierno acudió a una fanfarronada tan indigna como pueril: la de pagar a los acreedores del Estado los intereses del 5%, del 4'5% y del 4% antes del vencimiento legal." Sea como fuere, es evidente que el ministro de Finanzas era uno de los hombres introducidos por James Rothschild en el Gobierno. Fue asimismo Goudchaux quien se encargó de enterrar la nacionalización de los ferrocarriles, uno de los grandes negocios de los Rothschild en Europa, que inicialmente había sido proyectada por el Gobierno Provisional.

Existe un texto muy significativo dirigido a James Rothschild publicado en agosto. Se trata de un editorial del periódico radical *Tocsin des Travailleurs* (*Toque de alarma de los trabajadores*) que supuestamente pretendía ser una llamada al banquero para que pusiera su poder financiero al servicio de la República. El contenido invita a sospechar que, quizá, como ocurrió en 2008 en la crisis desencadenada por la quiebra de Lehman Brothers, lo que se pretendía era desprenderse de competidores, provocar su quiebra, para seguir acaparando y concentrando poder. He aquí el texto:

> "Usted es una maravilla, señor. A pesar de su mayoría legal, Luis Felipe ha caído, Guizot ha desaparecido, los métodos de la monarquía constitucional y parlamentaria han quedado a un lado; usted, sin embargo, ¡sigue impasible!... ¿Dónde están Arago y Lamartine? Están acabados, pero usted ha sobrevivido. Los príncipes de la banca han entrado en liquidación y sus oficinas están cerradas. Los grandes jefes de la industria y de las compañías de ferrocarril se tambalean. Accionistas, mercaderes, fabricantes y banqueros se han arruinado en masa, los grandes hombres y los pequeños hombres están abrumados de igual modo; sólo usted entre todas estas ruinas permanece no afectado. Aunque su casa sintió la primera violencia del impacto en París, aunque los efectos de la revolución le persiguieron desde Nápoles a Viena y Berlín, usted permanece impasible ante un movimiento que ha afectado a toda Europa. La riqueza se desvanece, la gloria es humillada y el dominio se quiebra, pero el judío, el monarca de nuestro tiempo, se ha mantenido en su trono, Pero esto no es todo. Usted podría haber escapado de este país donde, en lenguaje bíblico, las montañas saltaban como corderos. Usted permanece, anunciando que su poder es independiente de las antiguas dinastías y usted extiende valientemente su mano a las jóvenes repúblicas. Impertérrito usted se apega a Francia... Usted es más que un estadista, usted es el símbolo del crédito. ¿No es ya el momento en que el banco, ese poderoso instrumento de las clases medias, debería ayudar al cumplimiento del destino del pueblo? Sin convertirse en ministro, usted se mantiene simplemente como el hombre de negocios más grande de nuestro tiempo. Su trabajo puede ser más amplio, su fama -y usted no es indiferente a la fama- puede ser incluso más gloriosa. Después de conseguir la corona del dinero usted alcanzará su apoteosis. ¿No le atrae esto? ¡Confiese que sería encomiable si un día la República Francesa le ofreciera un lugar en el panteón!"

¡Menos mal que se trataba de un periódico de la izquierda radical!

No hay espacio para demorarnos en otras "revoluciones espontáneas". Añadimos sólo que el primero de marzo se produjo la insurrección en Baden. El banquero Ludwig Bamberger (1823-1899), judío y masón, editor del periódico *Mainzer Zeitung*, fue el paladín de la revuelta en Alemania. Una vez restaurado el orden, fue condenado a muerte, pero consiguió escapar a Suiza con otros subversivos y posteriormentre llegó a Londres. Años después, el banquero revolucionario figuraba ya como director del banco Bischoffheim & Goldschmidt y en 1870 fue uno de los fundadores del Reichsbank. Otros masones alemanes que lideraron las revueltas fueron el judío Johann Jacoby, que estuvo al frente de las acciones en Berlín, Joseph Fickler, Friedrich Franz Karl Hecker, Robert Blum y Georg Herwegh (1817-1875). Este último protagonizó entre 1849 y 1850 un apasionado romance con Natalie Herzen, esposa de Alexander Herzen, a quien dedicaremos el siguiente apartado[26].

También en Heildelberg y Praga las logias organizaron conspiraciones. El 13 de marzo fue el turno de Viena. Allí los principales promotores de la rebelión fueron Adolf Fischhof y Joseph Goldmark, dos doctores judíos identificados con el movimiento racionalista Haskala de Moses Mendelssohn, que abogaba por la emancipación de los judíos y su "asimilación" en las sociedades europeas. Dos días después comenzó la revolución en Hungría, nuevamente organizada por dos masones de origen judío: Mahmud Pascha dirigió el motín en Budapest y Lájos Kossuth actuó en provincias. Como los dos anteriores, se movían en el ámbito del Haskala. El 14 de marzo Mazzini declaró una república en los Estados papales. El día 18 de marzo, fecha en que se cumplían quinientos treinta y cuatro años de la muerte del Gran Maestre de los Templarios, Jacques de Molay, quemado en la hoguera en 1314, estallaron a la vez rebeliones en Milán, Estocolmo y Berlín. Los disturbios en Estocolmo fueron de los más violentos que se recuerdan en la ciudad. El autor estonio Jüri Lina cita el libro de Bunny Ragnerstam, *Arbetare i rörelse* (*Trabajadores en acción*), como fuente de su información. En él se explica que la Asociación Comunista en Estocolmo, fundada en 1847, organizó las revueltas en conexión con la Liga Comunista. La figura principal fue un escritor judío, Christoffer Kahnberg, quien escribió las proclamas que aparecieron por toda la ciudad. En Venecia, el

---

[26] El poeta y revolucionario alemán Georg Herwegh, objeto de un poema de Heinrich Heine, con el consentimiento de su mujer, Emma, mantuvo una relación intensa y atormentada con Natalie Herzen, discípula de George Sand y esposa del revolucionario ruso Alexander Herzen. Los Herzen y los Herwegh eran amigos. Tras la derrota del batallón de revolucionarios de Herwegh en Baden Baden, éste llegó a París y los dos matrimonios trazaron planes para vivir en una comuna de cuatro personas. Herzen encontró en Niza una casa y las dos familias se mudaron allí a mediados de 1850. Herzen no sabía que desde hacía seis meses su esposa cometía adulterio con Herwegh. Cuando en 1851 se enteró de la traición se enfureció sobremanera. ¿Pero acaso no era un punto central de los revolucionarios la ruptura con los valores tradicionales, entre los que estaba la familia, la herencia y la religión? El asunto se convirtió en un escándalo en los círculos del socialismo europeo e incluso el alemán Arnold Ruge escribió el drama *El nuevo mundo*, basado en estos hechos. "Pertenezco a la revolución a la que pertenecen Mazzini y sus discípulos", escribió Herzen a su amigo anarquista Proudhon en un intento de justificar su "actitud burguesa".

abogado judío Daniele Manin, descendiente de la antigua familia de los Medina, que había sido detenido y encarcelado en enero, fue liberado por los revolucionarios de Mazzini, que lo proclamaron presidente de la República en agosto de 1848, cargo en el que se mantuvo durante un año. El Gobierno de Venecia estuvo formado casi exclusivamente por masones, entre los que estaban los judíos Leon Pincherle, que fue ministro de Agricultura, e Isaac Pesaro Maurogonato, ministro de Comercio. Luego siguieron Munich, Dresden, Bohemia... En media Europa se produjo en los meses siguientes una segunda oleada de revueltas. Todo sucedió, según se estudia en los libros de historia, espontáneamente.

James Rothschild y Alexander Herzen

Antes de abandonar definitivamente 1848 interesa dar noticia de la amistad de James Rothschild y el revolucionario ruso, Alexander Herzen, uno de los padres del socialismo ruso, el autor de la frase "tierra y libertad", pues dicha relación constituye una prueba de primer orden de la implicación de los Rothschild en los movimientos revolucionarios de Rusia y de su liderazgo en el MRM. Herzen, nacido en Moscú en 1812, era hijo ilegítimo de un aristócrata ruso y de una alemana de origen judío convertida al protestantismo, Luise Hagg, que ejerció sobre él una influencia decisiva. Herzen era por tanto judío, puesto que entre los judíos es la madre y no el padre quien determina la pertenencia a la raza. A los veinte años ya era un agitador en la universidad de Moscú, por lo que fue arrestado y condenado a varios meses de cárcel. Pese a ello, en 1839 trabajó en San Petersburgo como secretario del conde Stróganov, un general que era ayuda de campo del emperador, y más tarde fue Consejero de Regencia en Novgorod, cargo del que dimitió para ir a vivir a Moscú, donde bajo el pseudónimo "Iskander" (traducción árabe de Alejandro), hizo imprimir clandestinamente en 1841 obras revolucionarias de carácter subversivo.

Nuevamente es Marvin S. Antelman quien en el segundo volumen de *To Eliminate the Opiate* nos pone sobre la pista. "Proyecto Iskander - escribe el rabino- es el nombre que los Illuminati dieron al derrocamiento de Rusia. El nombre simboliza su derrocamiento con un último propósito: gobierno mundial. Iskander es el término árabe para Alejandro el Grande. Está escrito en el Corán que Iskander encerró a las salvajes tribus de Gog y Magog tras muros de hierro (de ahí el término telón de acero)." Alexander Herzen fue el ideólogo y uno de los líderes de los "Narodnicks", una clase intelectual y radical de socialistas revolucionarios que pretendían valerse del campesinado para derrocar a la monarquía zarista. Se les considera como la intelligentsia que proporcionó el puente entre el comunismo marxista y los bolcheviques. De ahí se desprende que Alexander Herzen era un agente de los Illuminati, un hombre que, como Heinrich Heine, sabía cuáles eran los planes futuros. Su relación con los Rothschild, con Marx, Proudhom, Bakunin y otros revolucionarios refuerza la validez de la apreciación.

Tras la muerte de su padre, en 1846, heredó una considerable fortuna y emprendió viaje al extranjero para no regresar nunca más a Rusia. Berlín fue el primer punto de contacto con los conspiradores. Allí se encontró con Leopold Zunz, quien, como ya hemos visto, ejercía un papel muy influyente sobre la intelectualidad judía. Zunz hizo de él un comunista en potencia y seguramente tuvieron ocasión de considerar juntos la doctrina del neomesianismo. En 1847 Herzen llegó a París, desde donde pasó a Italia para una corta estancia. En mayo de 1848, cuando la revolución estaba en sus momentos culminantes, regresó a la capital francesa. Participó en las jornadas de junio junto a Marx y Proudhon, a quien ayudó económicamente con 24.000 francos para que pudiera mantener la edición de su periódico, *Voix du People* (*Voz del Pueblo*), en el que escribió artículos furibundos.

El contacto con los Rothschild se había producido ya en 1847, antes de su viaje a Italia, puesto que Niall Ferguson desvela que le hicieron favores con pequeños servicios bancarios cuando estuvo en Italia y que le ayudaron a invertir unos 10.000 rublos cuando comenzó a vender sus propiedades rusas. El mismo Herzen explica que le pidió a James Rothschild que le cambiase unos bonos de una caja de ahorros de Moscú y que, siguiendo su consejo, compró participaciones americanas y francesas, así como una casa en la calle Amsterdam que estaba cerca del Havre Hotel. La implicación de James Rothschild con el revolucionario ruso alcanzó el cénit cuando el Gobierno de Moscú intentó impedir a Herzen que siguiera sacando dinero del país hipotecando las propiedades de su madre en Komostra. James aceptó por anticipado una factura firmada por Herzen por el valor de los bienes que iban a ser hipotecados. Cuando las autoridades rusas se negaron a autorizar la hipoteca, James Rothschild, encolerizado, se mostró dispuesto a emprender acciones contra el banco y a pedir explicaciones al ministro de Finanzas. Intervino entonces el embajador ruso, el conde Kiselev, que advirtió al banquero que no podía confiar en su nuevo cliente. James escribió entonces una carta muy dura a Gasser, su agente en San Petersburgo, en la que amenazaba al Gobierno ruso con emprender acciones legales y con la utilización de la prensa. En su autobiografía *My Past and Thoughts* (*Mi pasado y mis pensamientos*) Herzen confirma el envío de la misiva:

> "Cuando media hora más tarde yo estaba subiendo las escaleras del Palacio de Invierno de las Finanzas en la calle Lafitte (se refiere al palacio de Rothschild), el rival de Nicolás (se refiere al zar) estaba bajando... Su Majestad, sonriendo gentilmente, y extendiendo majestuosamente su augusta mano dijo: 'La carta ha sido firmada y enviada. Verá usted cómo cambian de opinión. Les enseñaré a jugar conmigo'... Me sentí inclinado a arrodillarme y ofrecer un juramento de lealtad juntamente con mi gratitud, pero me limité a decir: 'Si está usted completamente seguro de ello, permítame abrir una cuenta, aunque sea sólo por la mitad de la

cantidad total'. Su Majestad el Emperador contestó: 'con mucho gusto' y siguió su camino hacia la calle Lafitte. Yo hice una reverencia."

Seis semanas más tarde el dinero fue pagado. Sin duda, en el intento de disuadir a Rothschild, el embajador Kiselev debió de informarle sobre los antecedentes revolucionarios de Alexander Herzen. No se puede, pues, albergar la idea inocente de que James Rothschild desconocía la verdadera personalidad del aristócrata ruso. Sabía muy bien las razones por las que estaba dispuesto a jugar la carta de su correligionario. Herzen presume de haber mantenido desde entonces una relación inmejorable con el banquero. "Yo era para él - escribió más tarde - el campo de batalla en el cual había batido a Nicolás I". En 1850 el régimen de Luis Napoleón expulsó de Francia al amigo revolucionario de Rothschild, pero James continuó al cuidado de sus inversiones en América y en otros bonos[27]. En el balance de 1851 de la casa Rothschild de París aparece adeudando 50.000 francos. Herzen se estableció en Londres, dónde si no, y allí recuperó el contacto con Marx y con otros refugiados franceses y alemanes. Herzen llegó a la capital británica, por supuesto, con las recomendaciones pertinentes para la casa Rothschild de Londres, donde Lionel Rothschild asumió el mando de su cuenta.

Una prueba más de la relación de Alexander Herzen con los shabbetaicos y el movimiento revolucionario puesto en marcha por los Illuminati se encuentra en una carta que escribió a Moses Hess el 3 de marzo de 1850, la cual se reproduce en *To Eliminate the Opiate*, extraída del libro antes citado de Theodore Zlocisti, *Moses Hess y sus contemporáneos*. En ella le pide a Hess que le entregue una copia de un folleto que había escrito a Georg Herwegh, el poeta revolucionario que entonces mantenía una relación amorosa con su mujer Natalie sin que él lo supiera. Herzen pregunta a Hess si piensa viajar a Londres, le pide la dirección y le sugiere que puede escribirle dirigiendo su carta a la atención de los hermanos Rothschild en París. Le confiesa a Hess que ni siquiera piensa en el dinero y le ofrece ayuda económica si la necesita. Este documento confirma asimismo una vez más que Londres era la ciudad refugio. A cambio de mantener la inmunidad en su territorio, el Gobierno británico dejaba campar a sus anchas en Inglaterra a los prófugos de toda Europa.

En Londres Herzen se encontró otra vez con Marx. En sus discusiones quedó pronto en evidencia que no compartían los puntos de vista sobre cuál era la nación que había de ser conquistada en primer lugar. Marx seguía pensando en Francia y pretendía utlizar a la masonería para expandir la

---

[27] Existe un trabajo reciente de Derek Offord, publicado en el "Academic Electronic Journal in Slavic Studies" de la Universidad de Toronto, cuyo título es *Alexander Herzen and James Rothschild*. En él se da relación completa y detallada de las cantidades de dinero que el Rothschild francés manejó. Dicho estudio permite conocer los diversos países en donde se hicieron inversiones en bonos y rentas en beneficio de Herzen.

revolución en toda Europa; pero Herzen no creía que Francia fuera el terreno adecuado para la revolución social. Tampoco creía que lo fuera Alemania. Ambos países eran en su opinión demasiado conservadores e incluso feudales. Rusia, por contra, le parecía idónea como punto de partida del movimiento que debía conmocionar y transformar el mundo, toda vez que tenía el campesinado más atrasado de Europa. Por ello, Herzen fundó en Londres en 1851 una imprenta revolucionaria en lengua rusa que le sirvió para publicar dos revistas, *Estrella Polar* y la *Voz Rusa*, así como numerosos folletos subversivos. Dichas revistas entraban clandestinamente en Rusia y eran distribuidas. Un texto titulado *Una velada socialista*, publicado poco antes de la creación de la Asociación Internacional de Trabajadores en un periódico de Viena y reproducido el 23 de junio de 1871 en la *Gazette de France*, permite apreciar cómo vivía Alexander Herzen en Londres. En él se narra el ambiente de una reunión de revolucionarios en la elegante casa de campo que tenía en el barrio londinense de Putney. Criados aparte, se describe el vestíbulo cubierto de tapices orientales y adornado con flores exóticas, desde el cual, a través de una escalera de mármol adornada asimismo con tapices, se subía al primer piso. Allí, un "maître" con guantes blancos y corbata blanca introducía a los invitados en un salón lleno de damas y caballeros en el que se encontraban entre otros Louis Blanc, Ledru Rollin, Edgar Quinet y Karl Marx, a quien se describe bebiendo cerveza y discutiendo vehementemente con un grupo de alemanes a los que aseguraba que la avalancha revolucionaria debía partir desde Londres para rodar sobre Francia.

Giuseppe Mazzini, Albert Pike y Adriano Lemmi

Numerosas fuentes coinciden en que Giuseppe Mazzini (1805-1872), el líder revolucionario italiano que ha pasado a la historia como un gran patriota, "apóstol de la unidad italiana", fue elegido por la Orden de los Iluminados de Baviera director del programa revolucionario, posición en la que se mantuvo hasta su muerte. Des Griffin, Paul H. Koch, William Guy y otros proponen 1834 como fecha del nombramiento. Mazzini, que habría alcanzado el grado 33 de la masonería italiana estando en la Universidad de Génova, era también judío según Jüri Lina, pero ningún otro autor confirma este dato. Su nombre aparece ligado una y otra vez a todos los acontecimientos revolucionarios y su colaboración con Albert Pike, cuya correspondencia es citada por distintos investigadores, constituye un episodio ineludible.

Mazzini promovió que los masones italianos se integraran en la organización de los Carbonarios, una sociedad que fue muy popular en el mundo rural italiano y francés. Así como la masonería clásica había nacido en los gremios de constructores, el carbonarismo o masonería forestal nació en los bosques del Jura entre los trabajadores que elaboraban carbón vegetal a partir de la tala de árboles. En principio las logias de los carbonarios estaban formadas por diez miembros que se llamaron inicialmente Bosques Jurásicos y después pasaron a ser Ventas. Sus ritos y ceremonias tenían lugar en el interior de los bosques. La promesa de guardar el secreto sobre la Hermandad se hacía con un puñal apoyado contra el pecho y los juramentos se efectuaban con el puño cerrado y alzado. Desde comienzos del siglo XIX masones e iluminados infiltraron a los carbonarios hasta que acabaron siendo una organización controlada por los Illuminati. Fue en 1815 cuando Adam Weishaupt decidió reanimarla y reorganizarla, pues comprendió que podría utilizar a esta sociedad secreta para asesinar a quienes se opusieran al internacionalismo. Ya durante los años del terror en Francia los Illuminati se habían servido de los terroristas de Jacob Frank, entrenados en Brno. El Gran Consistorio Secreto se reunió en 1820 y como resultado de esta reunión los carbonarios pasaron a formar parte del Gran Oriente. Desde entonces sus miembros cometieron la mayor parte de los asesinatos políticos. La Mafia es en realidad una de sus ramificaciones. Según algunos autores, la palabra Mafia es el acrónimo de Mazzini Autorizza Furti Incendi Avvelenamenti (Mazzini autoriza robos incendios envenenamientos). Mazzini fue iniciado en el carbonarismo y en la Masonería del Gran Oriente en 1827.

La logia central de los cabonarios era la Alta Venta, con cuyo líder, que empleaba el pseudónimo Nubius, Mazzini entró en conflicto. Como resultado del enfrentamiento Mazzini habría conseguido envenenarlo en 1837 y de este modo le usurpó el poder y el control de la Alta Venta (véase la nota 16 del capítulo anterior). A partir de este momento Mazzini se desplazó a Londres donde fijó su residencia y asumió de manera definitiva la dirección del movimiento revolucionario. Allí estableció contacto directo con Lord Palmerston, quien, como sabemos, era Gran Maestre del Rito Escocés de la Masonería y Patriarca de los Iluminados. Después de haber sido en 1840 pieza fundamental en la estrategia de los Rothschild en el Damascus Affair, Palmerston pasó a la oposición en 1841; pero entre 1846 y 1851 ocupó de nuevo la cartera de Exteriores (Foreign Secretary). Desde este cargo favoreció con descaro las revueltas de 1848 en el Continente. De hecho todos los movimientos nacionales que integraban la Joven Europa estaban coordinados por el Servicio Secreto británico. Se entiende así que todos los masones revolucionarios acabaran en el exilio brumoso de Londres.

La unificación de Italia interesó a los Illuminati y por tanto los carbonarios pasaron a ser un instrumento para crear una república federada, para la cual se había previsto una bandera triangular con el sello de los Iluminados. Mazzini había formado en 1832 un grupo político al que llamó la Joven Italia y en 1834 fundó también la Joven Suiza, país en donde vivía exiliado. Se ha dicho ya que Mazzini fue imitado en toda Europa. Con el apoyo de la diplomacia de Lord Palmerston y del SIS, Servicio Secreto de Inteligencia británico, surgieron comités revolucionarios que se crearon siguiendo el modelo de la Joven Italia. De este modo acabó constituyéndose en Berna la federación de todos ellos con el nombre de la Joven Europa. Tras el fracaso de las revoluciones de 1848, Mazzini, que había dejado su residencia en Londres para participar en las revueltas, se refugió de nuevo en la capital inglesa. Allí se encontró con muchos de los prófugos que habían protagonizado los distintos complots: el húngaro Lájos Kossuth, Ledru-Rollin, Herzen y, por supuesto, Karl Marx, con quien en algunas etapas Mazzini estuvo estrechamento asociado. Fue el propio Mazzini quien advirtió que en Marx "el corazón ardía más por odio hacia los hombres que por amor."

Junto a Mazzini, aparece un segundo personaje, Albert Pike. La relación que ambos mantuvieron es digna de atención. El comandante Guy Carr en *Satan, Prince of this World,* obra póstuma publicada por su hijo, afirma que Mazzini, siguiendo las instrucciones que le había dado Weishaupt antes de morir, viajó a América para sincronizar la conspiración de los Illuminati. La fundación en 1845 de la Joven América es atribuida con frecuencia a Mazzini, pero es seguro que el autor del manifiesto fue Edwin de Leon, miembro de una familia de marranos portugueses que traficaba con esclavos y que pertenecía a la logia masónica judía B'nai B'rith. De Leon actuó siguiendo las instrucciones de August Belmont, judío de origen prusiano que era el máximo representante de los Rothschild en Estados Unidos. Más abajo ampliaremos información sobre B'nai B'rith, sobre Edwin de León y sobre August Belmont. En *Four Reich of the Rich* Des Griffin considera también que Albert Pike y Mazzini contactaron para coordinar a los masones europeos con los americanos. Cuándo se estableció exactamente la relación no es conocido. Edith Starr Miller, Lady Queenborough, sobre cuya muerte repentina en París a los 45 años existen serias sospechas de asesinato, da noticia en *Occult Theocracy* (1933) de un contacto seguro que se habría producido unos años antes de 1870, quizá en 1866. Esta obra ya clásica puede consultarse "online" en formato PDF.

Antes de la independencia de Estados Unidos operaban en el país quince logias de los Illuminati, pero entre 1830 y 1840 la masonería cayó en el descrédito a causa del asesinato del capitán William Morgan y casi dejó de existir. Este capitán había alcanzado un grado elevado y gozaba de cierta autoridad en la masonería, pero tras descubrir en su logia de Nueva York, la logia 433 en Batavia, algunos de los secretos de los Illuminati decidió desertar. No conforme con apartarse de la conspiración, creyó que su obligación era informar a otros masones y al público en general sobre cuáles eran los objetivos ocultos de la secta que había penetrado la masonería. Viajó por todo el país y visitó numerosas logias. En 1826 firmó un contrato con un editor, el coronel David C. Miller, y publicó el libro *La Masonería al Descubierto* (*Freemasonry Exposed*). En una obra publicada en 1958 por William J. Whalen, *Christianity and American Freemasonry,* se ofrece una explicación de lo ocurrido en cifras. Si los datos que ofrece Whalen son correctos, había en Estados Unidos cerca de cincuenta mil masones y tras la publicación del libro del capitán Morgan unos cuarenta y cinco mil abandonaron la masonería. Casi dos mil logias cerraron sus puertas y las restantes cancelaron sus actividades. Sólo en el Estado de Nueva York había treinta mil masones y tras la publicación del libro la cifra quedó reducida a trescientos.

Richard Howard, un iluminado inglés, fue enviado a América para que ejecutase a Morgan por traidor. Advertido de que iba a ser asesinado, William Morgan trató de escapar y se dirigió a Canadá, pero Howard y sus secuaces lo atraparon en la frontera y lo mataron cerca de las cataratas del Niágara. Su cuerpo fue encontrado un mes después de su muerte en las aguas de un lago, donde había sido arrojado atado y cargado con grandes piedras. En *Pawns in the Game* el comandante Guy añade que su investigación le llevó a averiguar que un tal Avery Allyn había realizado una breve declaración jurada en la ciudad de Nueva York, en la que aseguraba que había oído el informe de Richard Howard en una reunión de los Caballeros Templarios en St. Johns'Hall de Nueva York, en el cual explicaba cómo había "ejecutado" a Morgan. Allyn contó asimismo cómo se había preparado el embarque de Howard de vuelta a Inglaterra. Richard Carlile en su *Manual of Freemasonry* da una versión muy detallada de los hechos, que difiere en algunos aspectos de la que hemos ofrecido aquí, pero no modifica lo esencial.

William Morgan pagó con su vida el atrevimiento de describir los rituales secretos de los masones iluminados y satanistas, pero su sacrificio dio frutos y pronto se formó un Partido Antimasónico, que durante algunos años fue liderado por un congresista de Pensilvania, Thaddeus Stevens. En 1832, en su discurso ante los delegados de la convención nacional del Partido Antimasónico, Stevens denunció que los masones habían copado mediante la intriga los más importantes puestos políticos de la nación y definió a la masonería como "una institución criminal juramentada en el secretismo que pone en peligro la continuidad del Gobierno de la República." Este congresista intentó suprimir la masonería y quiso investigar el satanismo de la Orden. Logró incluso que un gobernador antimasónico fuera elegido en Pensilvania. Pronto, no obstante, el Partido Antimasónico fue infiltrado y el vigor inicial de Stevens fue desvaneciéndose poco a poco hasta que acabó abandonando la lucha. Existe la posibilidad de que fuera objeto de chantaje, ya que en 1824 se sospechó que había matado en Gettysburg a una sirvienta negra a la que había embarazado y el asunto no llegó a ser aireado en la prensa. Casi treinta años más tarde, Thaddeus Stevens competía con Abraham Lincoln en el partido republicano y abogaba por una política provocativa y agresiva hacia el sur, es decir, impulsaba la guerra civil.

Pronto el fuego de la hoguera iba a arder con energía renovada. El judío Moses Holbrook fue durante la primera mitad del siglo XIX Gran Comendador del Consejo Supremo de Charleston, que era una de las dos divisiones orgánicas de Rito Escocés Antiguo y Aceptado en Estados Unidos. Él y su secretario privado, el poeta Henry Wadsworth Longfellow, dos satanistas declarados, adoptaron los ritos cabalísticos de iniciación satánica que en Europa habían sido adoptados por la Masonería del Gran Oriente en Francia y en Italia, cuyos Maestres eran Crémieux y Mazzini.

Debió de ser sobre 1830 en la Universidad de Harward o ya en 1833 en Arkansas, donde tenía su casa en Little Rock, cuando Albert Pike contacó con masones que eran miembros de los Illuminati, hombres que tenían conexiones con Moses Holbrook, Clinton Roosevelt, Charles Dana, Horace Greeley. En 1837 le unía ya una fuerte amistad con Gallatin Mackey, que era el secretario del Supremo Consejo de Charleston, y había conocido a Longfellow. En *Satan Prince of this World* el comandante Guy Carr afirma lo siguiente: "existe evidencia de que después de 1840 la casa de trece habitaciones que Pike tenía en Little Rock era usada como cuartel secreto de aquellos que constituían la Sinagoga de Satanás, y que dentro de sus paredes se practicaba ocultismo, y se llevaban a cabo rituales satánicos basados en la Cábala, tal y como lo hacía Moses Mendelssohn cuando antes de 1784 llevaba a cabo iniciaciones para altos grados de los Iluminados de Weishaupt en Frankfort"[28]. Entre estos rituales de Little Rock estaba la celebración de la Misa Negra, en la que el oficiante representa a Satanás y una joven sacerdotisa simboliza a Eva. La seducción y posesión de Eva tiene lugar ante los devotos. La segunda parte de la ceremonia perpetúa la derrota de Cristo frente a Satanás. Pike propuso a Moses Holbrook "revisar y modernizar la ceremonia a fin de que no pareciera tan talmúdica." Holbrook murió en 1844 y Pike posteriormente completó él solo la reforma. La nueva ceremonia fue llamada "Misa Adonaicida". Adonai es el nombre que dan los masones al Dios cristiano. Es bien conocido que Albert Pike poseía una estatua muy famosa de Baphomet (Satanás), que un judío masón llamado Isaac Long había traído en 1801 a Charleston, ciudad situada exactamente en el paralelo 33 de latitud.

Muerto Holbrook, Albert Pike se convirtió en 1859 en el nuevo Gran Comendador del Consejo Supremo de Charleston y poco a poco se fue afianzando como el auténtico jefe del Rito Escocés. Pike (1809-1891), igual que Mazzini en Italia, ha pasado a la historia de Estados Unidos como un patriota. En Washington existe una estatua levantada en su honor. Pike sirvió durante la guerra civil como general en el bando de la Confederación, cuyo Gobierno lo comisionó para que entrase en negociación con las tribus salvajes con el fin de formar un ejército de guerreros indios. Nombrado gobernador del terrirorio indio, consiguió que comanches, osages, cherokees chickasaws, creeks, chocaws y miamis aceptaran luchar bajo su mando. El terror caracterizó las actuaciones del ejército de indios de Pike, quienes siguiendo sus costumbres mutilaban horriblemente a los soldados enemigos

---

[28] Cuando Albert Pike dejó de vivir en la casa de Little Rock, ésta fue ocupada por John Gould Fletcher, quien también practicaba ocultismo y espiritismo. Gould Fletcher ganó el premio Pulitzer de poesía. Entre sus poemas, uno lleva el título *The Ghosts of an Old House* (*Los fantasmas de una casa vieja*).

en el campo de batalla. El presidente de la Confederación, Jefferson Davis, ante las protestas y acusaciones optó por disolver a las tropas indias del general Pike. Acabada la guerra civil, fue juzgado y sentenciado por su responsabilidad en las atrocidades cometidas. Tras el asesinato de Abraham Lincoln, la presión de los masones sobre el presidente Andrew Johnson, que a su vez era masón, surtió efecto inmediato y Pike fue perdonado el 22 de abril de 1866. Al día siguiente visitó al presidente Johnson, que dentro de la masonería estaba subordinado a su autoridad. En la misma Casa Blanca, ataviados con sus trajes ceremoniales, tuvo lugar una reunión de los miembros del Consejo Supremo de Charleston, cuyo Gran Comendador era Pike.

En el curriculum de Albert Pike consta en lugar destacado la creación del Ku Klux Klan. En la primavera de 1867, ocho meses después del asesinato de Lincoln, en el hotel Maxwel House de Nashville, Pike, que había sido uno de los agentes impulsores de la guerra civil, como se verá más abajo, mantuvo una reunión con un grupo de generales confederados con el fin de formar la orden de los Caballeros del Ku Klux Klan, que era un proyecto del Rito Escocés. Se cree que él mismo redactó las normas militares y los rituales, sus señas y contraseñas. En una reunión posterior también en Nashville el general Nathan Bedford Forrest fue escogido Mago Imperial del Klan y Pike obtuvo el título de Gran Dragón del Reino. La mayor parte de la financiación corrió a cargo de la logia judía B'nai B'rith, sobre la que aportaremos información en el siguiente apartado

Mientras en Estados Unidos tenía lugar la sangrienta guerra civil, en Europa Mazzini maniobraba en St. Martins Hall, donde el 28 de septiembre de 1864 se fundó la Primera Internacional. Mazzini fue objeto de una recepción de bienvenida y su secretario, un judío polaco llamado Wolf, fue su representante en el Comité Internacional creado para preparar los estatutos que deberían aprobarse al año siguiente en Bélgica en un congreso internacional. En la primera reunión de este Comité, Wolf sacó a relucir los estatutos de la Asociación de Trabajadores de Mazzini y los propuso como base de la nueva asociación. Karl Marx, que se había mantenido premeditadamemnte en un plano reservado y se contentó con el cargo de secretario encargado de la correspondencia con Alemania, maniobró para que el Comité rechazase esta propuesta. Un año después, en 1865, murió Lord Palmerston, que desde el 12 de junio de 1959 venía ocupando el cargo de primer ministro de Gran Bretaña, siendo a la vez Gran Maestre del Rito Escocés y Patriarca de los Illuminati. Fue seguramente en este momento, tras la desaparición de Palmerston, cuando Mazzini, concibió el proyecto de un Rito Supremo.

El 22 de enero de 1870 Mazzini escribió a Pike una carta en la que le proponía que las federaciones internacionales siguieran como estaban con sus sistemas, sus autoridades centrales y su organización, pero luego añadía: "Debemos crear un super rito que permanecerá desconocido, en el cual introduciremos a aquellos masones de alto grado a los cuales nosotros seleccionaremos... Mediante este rito supremo gobernaremos a la masonería, que se convertirá en el mayor centro de poder internacional, el más poderoso porque su dirección será desconocida." Mazzini soñaba con el control internacional a través de la masonería. El control absoluto de los masones había sido uno de los objetivos de Adam Weishaupt en Wilhelmsbad. El 20 de septiembre de 1870, el día en que las tropas mandadas por el general masón Raffaele Cadorna entraron en Roma y el rey del Piamonte, Víctor Manuel, se convirtio en rey de Italia, Albert Pike y Giuseppe Mazzini alcanzaron el acuerdo para constituir el Nuevo y Reformado Rito Paladio o Palladium. Dividieron entonces sus poderes: Pike, como Soberano Pontífice de la Masonería Universal, pasó a ser la máxima autoridad dogmática. Mazzini, que implícitamente reconocía la autoridad suprema de Pike, retuvo la autoridad ejecutiva como Jefe de Acción Política. Albert Pike ocupaba entonces simultáneamente los cargos de Gran Maestre del Directorio Central de Washington, Gran Comendador del Supremo Consejo de Charleston y Soberano Pontífice de la Masonería Universal, por lo cual se convirtió también en líder visible de los Illuminati.

Charleston pasó a ser de este modo la sede o ciudad sagrada del Paladismo. El Nuevo y Reformado Rito Paladio es un rito luciferino que enseña que la divinidad es dual. Lucifer es Dios y también lo es Adonai, la diferencia estriba en que el primero es el Dios de la luz y de la bondad, mientras que Adonai, la divinidad de los cristianos, es el Dios de la oscuridad y de la maldad. En realidad se retomaba el dualismo de los gnósticos explicado al principio del capítulo. Para los gnósticos cristianos el Dios oculto sería el creador del Universo, mientras que este mundo sería obra del demiurgo, de Satanás, que ellos identificaron con el Dios de Israel o de la Biblia. Ahora el Paladismo, influenciado por las doctrinas gnósticas y cabalísticas, invertía en cierto modo los términos. Precisamente, los cabalistas shabbetaístas y frankistas insistían en que había que distinguir entre la Causa primera y el Dios de Israel. La primera sería el Dios de la filosofía racional y la segunda, el Dios de la religión. Una vez más acudimos a la autoridad indiscutible de Gershom Scholem, quien en *Le messianisme juif* intenta explicar la herejía mística del shabbetaísmo y confirma que los sectarios shabbetaístas y frankistas creían que "el pueblo judío había identificado por error la Causa primera impersonal con el Dios personal de la Biblia, lo cual fue un desastre espiritual, del cual eran responsables Saadia Gaon, Maimónides y los otros filósofos. Se trata -añade Scholem- de un esquema típicamente gnóstico, pero a la inversa: el Dios bueno no es el 'Deus absconditus'. Éste es el Dios de los filósofos y no sabría ser el objeto de un culto. El Dios bueno es el Dios de Israel, que ha creado el Mundo y que ha dado la Torá a Israel." Scholem, para quien Jacob Frank es "una figura aterradora y verdaderamente satánica", considera que estas doctrinas suponían "el hundimiento radical del universo judío tradicional."

Pike publicó en 1871 su famosa obra *Morals and Dogma of the Ancient and Accepted Scotish Rite of Freemansonry*. En ella se reconoce sin problema que los grados azules: los tres primeros: aprendiz, compañero y maestro, están para engañar con falsas interpretaciones al que se inicia en la masonería. "La masonería -dice Pike- como todas las religiones, todos los misterios, hermetismo y alquimias, esconde secretos para todos, excepto para los Sabios Iniciados o Electos y emplea falsas explicaciones e interpretaciones de sus símbolos para engañar a aquellos que merecen ser engañados y para esconderles la verdad, llamada Luz, y para separarlos de ella."

El 11 de marzo de 1872 murió Mazzini, que había pasado los últimos diez años de su vida en Londres en un departamento de Fulham Road. William Guy cita un texto hallado después de su muerte, dirigido a un doctor llamado Breidenstine, con el que mantenía relaciones estrechas: "Formamos una asociación de hermanos en todas las partes del globo. Deseamos romper todos los yugos. Pero todavía hay uno que no se deja ver, que apenas se deja sentir, pero que pesa sobre nosotros. ¿De dónde viene? ¿Dónde está? Nadie lo sabe, o al menos nadie lo dice. Esta sociedad es secreta incluso para nosotros, los veteranos de las sociedades secretas." Estas palabras invitan a pensar que Mazzini sabía que en realidad estaban siendo utilizados por fuerzas ocultas que los sobrepasaban.

Una de las obras más valiosas con información de primera mano sobre las hechos que venimos comentando es *Souvenirs d'un trenta-troisième: Adriano Lemmi, chef suprème des franc-maçons,* de Domenico Margiotta, masón del grado 33 que renunció a seguir por la senda satánica trazada por Albert Pike y Mazzini. En este libro se explica cómo se seleccionaba cuidadosamente a los masones del grado 33 del Rito Escocés para ser iniciados en el Rito Paladio. Quienes se convertían en miembros podían reclutar a otros, de ahí sus ramificaciones internacionales. Este Rito Supremo se organizó en triángulos: los Consejos Paladios. Pike organizó un Consejo Supervisor en Roma, cuyo jefe fue Mazzini hasta su muerte y luego, su sucesor, Adriano Lemmi; otro en Berlín, al que llamó Directorio Dogmático Supremo; y el tercero estaba radicado en Charleston.

El 14 de julio de 1889 Albert Pike se dirigió magistralmente a los veintitrés Consejos Supremos de la masonería mundial con objeto de explicar el dogma del Rito Paladio. He aquí algunas de estas instrucciones: "A vosotros, Instructores Soberanos del Grado 33, os decimos que tenéis que repetir a los hermanos de los grados 32, 31 y 30 que la religión masónica debería ser, para todos nosotros iniciados en los altos grados, mantenida en la pureza de la doctrina luciferina [...] Sí, Lucifer es Dios, y desgraciadamente Adonai también es Dios. Por la ley eterna no hay luz sin sombra, no hay belleza sin fealdad, no hay blanco sin negro." Más adelante queda patente que Pike conoce a los gnósticos y es además un experto cabalista, pues en su doctrina son identificables algunos conceptos fundamentales de Yitshak Luria que hemos comentado más arriba, concretamente el del "tsimtsum", que significa "retraimiento" o "contracción". Veamos un pasaje: "El Universo está compensado por dos fuerzas que mantienen el equilibrio: la fuerza de atracción y la de contracción. Estas dos fuerzas existen en física, en filosofía y en religión. Y la realidad científica del dualismo divino queda demostrada por el fenómeno de polaridad y por la ley universal de simpatía y antipatía. Por ello los inteligentes discípulos de Zoroastro, y después de ellos los gnósticos, los maniqueos y los templarios han admitido el sistema de dos principios divinos luchando eternamente."

Uno de los puntos más complejos del Paladismo es la diferencia, que sólo Pike debe de entender, entre Satán y Lucifer. En las instrucciones a los Instructores Soberanos Pike dice lo siguiente al respecto: "La doctrina del satanismo es una herejía; y la pura y verdadera doctrina filosófica es la creencia en Lucifer, el que es igual que Adonai; pero Lucifer, Dios de la luz y Dios de la bondad, lucha por la humanidad contra Adonai, el Dios de la oscuridad y de la maldad". El propio Adriano Lemmi, que Pike aceptó como sucesor de Mazzini sin que fuera el santo de su devoción, tampoco parecía comprender demasiado bien la diferencia entre Satán y Lucifer. Lemmi le había pedido a su hermano masón Giosuè Carducci que compusiera un canto a Satanás. El resultado fue el *Himno a Satanás* (1865), el cual se cantó por orden de Lemmi en los banquetes del Rito Paladio, hecho que quizá debió de disgustar a Pike.

En cuanto al control absoluto de Albert Pike sobre la masonería universal, hay que decir que hubo excepciones. En 1874 firmó un acuerdo con Armand Levi, que representaba a la logia judía B'nai B'rith de América, Alemania e Inglaterra. Según este pacto, Pike otorgaba autoridad a Levi para que dicha logia organizase en estos países a los masones judíos en una federación secreta, llamada Consejo Patriarcal Soberano. Los cuarteles internacionales se montaron en un edificio de la calle Valentinskamp de Hamburgo. El jefe de esta federación secreta ingresaba anualmente cientos de miles de dólares en cuotas. En el próximo apartado ampliaremos la información sobre la importancia de esta logia exclusivamente judía.

El tercer personaje es, por tanto, Adriano Lemmi (1822-1906). Nacido de padres católicos, conoció en 1845 en Constantinopla a un rabino polaco que lo convenció para que se convirtiera al judaísmo y le enseñó el *Talmud*. Otro rabino, Abraham Maggioro, lo introdujo en los misterios de la Cábala y lo inició en la magia y el ocultismo. Fue un masón inglés quien lo reclutó para la masonería en 1848. En 1849 conoció al revolucionario húngaro Lájos Kossuth, que se había refugiado en Constantinopla. Kossuth y Lemmi trabaron amistad y viajaron juntos a Estados Unidos en 1851, pero el mismo año Lemmi regresó a Europa para unirse a la Joven Italia de Mazzini, con quien se encontró en Londres. A partir de este momento Lemmi se integró en los carbonarios y participó en Italia en los asesinatos políticos de la secta que eran ordenados por Mazzini.

La masonería fue un instrumento de Lord Palmerston y de los Rothschild para provocar la guerra de Crimea (1853-1856), de la cual los Rothschild obtuvieron gran provecho gracias a las deudas contraídas por los Estados que participaron en el conflicto. La Casa Rothschild respaldó a los países beligerantes: suscribieron el préstamo de guerra británico de 16 millones de libras y participaron ampliamente en el gran préstamo de 75 millones de francos. Participaron también en la concesión de un préstamo a Turquía bajo garantía de Francia e Inglaterra. Además, en Inglaterra los inversores perdieron la fe en los bonos de Estado a causa de la guerra y los Rothschild los pudieron comprar a bajo precio. Aparte de hacer negocio con una guerra catastrófica que empobreció a Europa y ayudó a consolidar el liberalismo, los Rothschild pretendían una vez más debilitar a la Rusia de los zares, que había ayudado a sofocar las revueltas de 1848. Cerca de un millón de seres humanos entre civiles (750.000) y combatientes perdieron la vida. Mazzini y Kossuth trabajaron con ahinco para favorecer el estallido del conflicto. Lemmi, gracias a sus contactos con ambos, obtuvo contratos para las ambulancias italianas que él enviaba a Crimea desde Génova y se aprovechó de estos contratos para enriquecerse, puesto que aparte de embolsarse parte del dinero, pagó con cheques falsos y luego huyó a Malta. "Este fue su primer gran robo -escribe Lady Queenborough en *Occult Theocracy*-, pero la huida no evitó que un juez suizo los condenara a él y a sus dos socios por imcomparecencia e impago."

En enero de 1855 Mazzini y Félix Pyat, presidente de un grupo conocido como Comunistas Revolucionarios, se reunieron en Londres para planificar el asesinato del duque Carlos III de Parma. Mazzini envió a Malta un pasaporte para Lemmi con el nombre de Lewis Broom. Lemmi abandonó la isla enseguida y se presentó en Parma. Allí organizó el 25 de marzo un encuentro secreto en Castel-Guelfo, donde Antonio Carra fue seleccionado para que cometiera el magnicidio. Dos días después Carlos III fue apuñalado mientras paseaba por las calles de Parma. El criminal consiguió escapar. Las circunstancias del suceso son conocidas porque el propio Lemmi alardeaba del papel que había desempeñado. Mazzini, quien declaraba descaradamente: "aspiramos a corromper con objeto de gobernar", estaba muy orgulloso de Lemmi, al que llamaba "pequeño judío", pues, según decía, valía por diez hombres. Tanto era así, que el 12 de junio Lemmi estaba en Roma con un nuevo pasaporte a nombre de Ulrick Putsch. Allí falló esta vez en el intento de asesinato del cardenal Antonelli, secretario de Estado y mano derecha de Pío IX, a quien también se había querido matar en 1853, pero la policía pontificia consiguió neutralizar el plan. Podríamos seguir relatando asesinatos y complots en los que intervino este nefando y nefasto personaje, casi siempre a las órdenes de Mazzini y de Kossuth; pero pensamos que lo dicho es suficiente para que el lector pueda hacerse una idea sobre este satanista.

Cuando en 1872 murió Mazzini, Lemmi había sido capaz de amasar una fortuna y posesía fincas extensas y otras propiedades. Masón del grado 33 y jefe del Consejo Supervisor de Roma del Rito Paladio, trató de controlar las logias del Gran Oriente de Italia como había hecho Mazzini, pero la rivalidad por la supremacía del Rito Escocés era muy fuerte. Lemmi sabía que su título secreto de jefe del Paladismo le otorgaba una cierta supremacía y decidió dirigirse al Soberano Pontífice de Charleston. Explicó a Albert Pike el peligro existente en la masonería italiana a causa de las disensiones. Concretamente se refirió a la oposición de Timoteo Riboli, Gran Maestre del Consejo de Italia en Turín. Finalmente, Pike optó por comprar a Riboli y le ofreció una indemnización de 30.000 francos, que fue aceptada. El dinero fue sacado del fondo central de la Orden. En el Directorio Administrativo Supremo de Berlín, el pago de dicha cantidad quedó recogido en el balance de 1887 como gastos extraordinarios en los siguientes términos, citados textualmente por Lady Queenborough: "Supresión del Consejo Supremo de Italia con sede en Turín. Indemnización extraordinaria permitida a F∴ T. R. a propuesta de F∴ A. L. y aprobada por el comité secreto del 28 de febrero, 30.000 francos."

El 21 de noviembre de 1888 Adriano Lemmi, una de cuyas obsesiones era la destrucción de la Iglesia y la descristianización de Italia, escribió de nuevo a Pike en estos términos: "Ayúdenos en nuestra lucha contra el Vaticano, pues su autoridad es suprema. Con su impulso todas las logias de Europa y América se concentrarán en nuestra causa." Fue en estos mismos años cuando este criminal, utilizando la estafa y otros medios ilícitos, se hizo con el control del monopolio del tabaco en Italia. El asunto llegó hasta el Parlamento, pero los diputados, intimidados, votaron en favor de la secta con el fin de ocultar el escándalo. Pese a que varios parlamentarios y algún periódico trataron de evitar la impunidad, el asunto acabó siendo sepultado en el olvido.

Tras la muerte de Albert Pike en 1891, Lemmi maniobró para tratar de alcanzar el supremo poder masónico, cuya organización internacional constaba de setenta y siete provincias triangulares. Para ello, se apoyó en el Directorio Ejecutivo de Roma, donde sus agentes, prácticamente judíos en su totalidad, trabajaron para garantizarle el apoyo de las poderosas logias judías, agrupadas en la federación del Consejo Patriarcal Soberano de Hamburgo. En *Occult Theocracy* se mantiene la tesis de que, efectivamente, las logias judías apoyaron a Lemmi. "Lo que de hecho ocurrió -afirma Lady Queenborough- fue un complot del Consejo Patriarcal Soberano contra el Directorio Dogmático Supremo de Charleston. Hamburgo ganó al final y el control secreto judío de la poderosa máquina de la masonería internacional estuvo asegurado." Lemmi, que había heredado de Mazzini la jefatura de Acción Política, pretendió trasladar entonces el Directorio Dogmático

Supremo de Charleston a Roma con el pretexto de que se podría así luchar mejor contra el Vaticano. Finalmente, tras una dura pugna y mediante turbias maniobras, se consiguió el traslado. Adriano Lemmi murió en 1896.

B'nai B'rith y la Alianza Israelita Universal

La Orden Independiente B'nai B'rith (Hijos de la Alianza) fue fundada en octubre de 1843 en Nueva York por un grupo de doce masones judíos de origen alemán: Isaac Rosenburg, Reuben Rodacher, Henry Jones, William Renau, Isaac Dittenhöfer, Jonas Hecht, Valentine Koon, Hirsh Heineman, Henry Kling, Michael Schwab, Samuel Schäfer y Henry Anspacher, pero quien estaba detrás una vez más era el ubicuo Lord Palmerston, creador de varios cultos desde su posición de Gran Maestre del Rito Escocés. Edward E. Grusd en su obra *B'nai B'rith. The story of the covenant* (*B'nai B'rith. La historia de la alianza*) aclara que en realidad el verdadero cerebro que propició el rápido crecimiento de la Orden fue Baruch Rothschild, quien estaba emparentado con Mayer Amschel Rothschild, el fundador de la dinastía en el siglo XVIII. Baruch Rothschild fue enviado a Estados Unidos poco después de la fundación de la Orden para purgar la membrecía de B'nai B'rith, pues, según él, "no todos los miembros estaban suficientemente educados y las capacidades mentales eran demasiado diferentes." O sea, no cualquier judío, pues era una logia sólo para judíos, podía pertenecer a la Orden.

En 1885 Julius Bien, presidente de la Orden en Nueva York, inauguró la primera Gran Logia Alemana de la I.O.B.B. (International Order of B'nai B'rith). La supremacía de B'nai B'rith en el mundo judío es tan grande que el sionismo y la Agencia Mundial Judía (Jewish World Agency), creada en octubre de 1928, dependen de sus directrices internacionales. Cuando estalló la revolución bolchevique, el Gran Maestre de B'nai B'rith para Rusia se llamaba Sliozberg. Él fue uno de los líderes judíos internacionales que asesoraban a Alexander Kerensky, cuyo verdadero nombre era Aaron Kirbiz, masón del grado 32 del Rito Escocés. Como se explicará en un próximo capítulo, este líder menchevique, siguiendo las órdenes de B'nai B'rith, entregó en su momento el poder a los bolcheviques y se marchó a un exilio dorado.

Hoy en día B'nai B'rith, cuyo culto matriz es el del Rito Escocés de la Masonería, es la mayor organización judía en el mundo. Es a la vez la Orden masónica más importante y sin duda controla y dirige a la masonería internacional para la obtención de sus objetivos. Según la *Enciclopedia Judaica*, a finales del siglo pasado contaba con más de medio millón de miembros masculinos en más de mil setecientas logias repartidas en cuarenta y tres países. Las logias femeninas de B'nai B'rith eran seiscientas, con más de doscientas mil mujeres afiliadas. De estas logias, setenta están establecidas en Europa. Según declara Aron Monus en su libro

Verschwörung: das Reich von Nietzsche (*Conspiración: el imperio de Nietzsche*), publicado en Viena en 1995, la Orden tiene como primera finalidad asegurar el poder de los judíos sobre el resto de la humanidad. Su presupuesto rondaba los 13 millones de dólares a finales de los años sesenta del siglo pasado. El servicio secreto de B'nai B'rith es la ADL (Anti-Defamation League), fundada en octubre de 1913. Uno de los brazos ejecutores de La ADL es la JDL (Jewish Defense League), una organización sionista que practica el terror, fundada en 1968 por el rabino Mehir Kahane. De hecho el FBI (Federal Bureau of Investigation) se ha referido a ella en varias ocasiones como grupo criminal terrorista.

Parece ser que B'nai B'rith consiguió establecerse en España antes incluso de la muerte del general Franco, quien recibó al Gran Maestre Label Katz. Las sedes de la Orden se establecieron en Madrid, Barcelona, Ceuta, Melilla y Las Palmas; pero tenía la prohibición expresa de no promover la fundación de logias mixtas de judíos y cristianos. También el rey Juan Carlos I recibió en 1979 a David Blumberg, nuevo Gran Maestre de la Orden. Hasta su fallecimiento, el jefe de B'nai B'rith en España fue el empresario Max Mazin, miembro directivo de la CEOE.

La Orden de B'nai B'rith es el órgano ejecutivo de la Alianza Israelita Universal, una gran logia masónica judía fundada en 1860 por Adolphe Crémieux, el rabino Elie-Aristide Astruc, Isidor Cahen, Jules Carvallo, Narcisse Leven y otros. El lema de esta organización es "Todos los israelitas son camaradas". Dos personajes conocidos estaban entre los impulsores de la Alianza, el rabino Hirsch Kalisher y Moses Hess, autores de las obras más importantes del protosionismo. El principal objetivo de esta organización de ideología claramente sionista era político, toda vez que la Alianza Israelita Universal pretendía ser una especie de gobierno representativo de todos los judíos. Tras la muerte de James Rothschild en 1868, sus hijos aportaron anualmente cerca de 500.000 francos a la Alianza. Sesenta años después de su fundación, el 6 de septiembre de 1920, el diario londinense *The Morning Post* reprodujo el manifiesto dirigido a todos los judíos del mundo, en el que se declaraban abiertamente los objetivos de la Alianza. Veamos los conceptos más significativos:

> "La unión que deseamos no será una unión francesa, inglesa, irlandesa o alemana, ¡sino una unión judía, una unión universal! Otros pueblos y razas están dividos en nacionalidades. Todos los credos importantes están representados en el mundo por naciones, es decir, están encarnados en gobiernos especialmente interesados en ellos y oficialmente autorizados para representarlos y para hablar en su nombre. Sólo nuestra fe carece de esta importante ventaja; no está representada ni por un Estado ni por una sociedad ni ocupa un territorio claramente definido... Bajo ninguna circunstancia un judío hará amistad con un cristiano o con un musulmán; no antes de que llegue el momento en que el judaísmo, la única religión auténtica, brille sobre todo el mundo. Diseminados entre otras naciones,

deseamos ante todo ser y permanecer judíos de manera inmutable. Nuestra nacionalidad es la religión de nuestros padres y no reconocemos otra nacionalidad. Vivimos en tierras extranjeras y no podemos preocuparnos de las ambiciones de países completamente ajenos a nosotros... ¡El magisterio judío debe abarcar toda la tierra! No importa, sea cual sea el destino, aunque esparcidos por toda la tierra, debéis consideraros siempre miembros de una raza elegida. Si reconocéis que la fe de vuestros antepasados es vuestro único patriotismo, si reconocéis ésto, a pesar de las nacionalidades que habéis adoptado, siempre y en cualquier parte formáis una nación. Si estáis convencidos de ésto, judíos del universo, entonces venid, responded a nuestra llamada y dad vuestro consentimiento... Nuestra causa es grande y sagrada y su éxito está garantizado... El catolicismo, nuestro enemigo eterno, yace en el polvo mortalmente herido en la cabeza. La red que los judíos estamos echando sobre el globo terráqueo se ensancha y expande diariamente... Está cerca el tiempo en que Jerusalén se convertirá en la casa de oración para todas las naciones y todos los pueblos y la bandera de la deidad judía será desplegada y enarbolada en las tierras más lejanas... Valgámonos de nosotros mismos en cualquier circunstancia. Nuestro poder es inmenso. Aprended a usar este poder para nuestra causa... ¿De qué tenéis miedo? No está lejos el día en que todas las riquezas y tesoros del mundo serán propiedad de los hijos de Israel."

Esta extensa cita es de una claridad meridiana y de gran valor, pues demuestra que los judíos nunca pensaron de veras aprovechar la emancipación que tanto reclamaban, nunca pensaron en salir del gueto para integrarse en las sociedades que los acogían, para vivir y asimilarse con otros seres humanos. La aceptación de la nacionalidad de los países en que vivían era sólo aparente. La igualdad de derechos que pretendían debía servir para acumular poder en todo el mundo y trabajar para la causa del nacionaljudaísmo. La cita pone en evidencia que ya en 1860 los judíos estaban dispuestos a hacer realidad la utopía judía, es decir, su voluntad de dominar sobre todas las naciones, de destruir a sus enemigos, de imponerse como raza elegida y acaparar todo el poder en el mundo.

El mismo peso que tenían Albert Pike en Estados Unidos y Giuseppe Mazzini en Italia tenía Adolphe Isaac Crémieux en Francia. Personaje que ha ido apareciendo una y otra vez a lo largo de estas páginas, Crémieux, Gran Maestre de la Orden del Rito Memphis-Mizrain y Gran Maestre del Gran Oriente de Francia, fue presidente del Comité Central de la Alianza en dos periodos: entre 1863-1867 y posteriormente entre 1868-1880. El vizconde Léon de Poncins consideraba que la Alianza Israelita Universal constituía una especie de senado masónico con influencia internacional, pues tenía bajo sus órdenes a todas las organizaciones de masones martinistas, frankistas y sionistas. *Archivos Israelitas*, órgano de la Alianza, publicó en marzo de 1864 la declaración de uno de sus miembros, Levy Bing, el cual solicitaba el establecimiento de un tribunal judío internacional. Seguramente debía de pensar en algo parecido al actual Tribunal Internacional de La Haya, esta parodia de tribunal, absolutamente desprestigiado por su parcialidad, ya que sólo juzga y condena a quienes se oponen a los poderes globales. En su obra *Freemasonry and Judaism Secret Powers Behind Revolution* (1929), Léon de Poncins reproduce el texto de Bing: "¿...No es natural, necesario y mucho más importante ver pronto otro tribunal, un tribunal supremo, investido con el poder de juzgar grandes contiendas públicas, litigios entre las naciones, dando un veredicto final, y cuya palabra sería la ley? Y esta palabra es la palabra de Dios, pronunciada por sus sabios hijos, los hebreos, ante la cual todas las naciones se inclinarán con respeto."

Ejemplo de justicia universal dio Crémieux en 1870, cuando siendo presidente del Comité Central de la Alianza Israelita Universal, compaginó dicho cargo con el de ministro de Justicia de Francia. El 24 de octubre de 1870 firmó un decreto en el que concedía la naturalización francesa a los judíos de Argelia, pero se la negaba a los musulmanes. Además, el decreto colocaba los Consejos Municipales y los Consejos Generales, es decir, el poder, en manos de los judíos argelinos. Lógicamente la justicia del ministro Crémieux sirvió para deteriorar seriamente las relaciones entre ambas comunidades. Durante la guerra de la independencia argelina el decreto tuvo efectos funestos, y una vez acabado el conflicto la mayoría de judíos argelinos emigraron a la metrópoli.

B'nai B'rith y la masonería, intrumentos de Inglaterra y de la banca judía en la guerra civil norteamericana

La tesis extendida de que la guerra civil estadounidense pretendía básicamente acabar con la esclavitud está hoy en día desprestigiada. Es absurdo creer que una guerra que dejó más de dos millones de damnificados entre muertos y heridos se hizo por razones democráticas y de índole moral. Otra cosa distinta es que se pretendiera utilizar el pretexto de la abolición de la esclavitud para desencadenarla. Existe una obra del historiador revisionista norteamericano David L. Hoggan, *The Myth of the 'New History': Technics and Tactics of the New Mythologists of American History*, donde se pasa revista a las tesis de la historiografía más o menos oficial sobre las causas que originaron la guerra. Ninguno de ellos considera el papel desempeñado por la masonería, instrumento al servicio de Lord Palmerston y de la banca judía internacional, cuyo interés era la división del país en dos Estados. Sin embargo, Paul Goldstein, autor de *B'nai B'rith, British Weapon Against America*, un ensayo esclarecedor publicado en diciembre de 1978 en la revista mensual *The Campaigner,* y Eustace Mullins, un intelectual maldito, vigilado por el FBI durante treinta y dos años, expulsado del "staff" de la Biblioteca del Congreso por razones políticas,[29] sostienen que la masonería fue un elemento determinante en la agitación prefabricada que acabó provocando la guerra. De todos modos, antes de apoyarnos en estas fuentes, extraeremos muy sucintamente de la obra de Hoggan los planteamientos de algunos historiadores que nos han parecido acertados.

Sin duda, el mayor de los desastres para una nación es la guerra civil. Por tanto la primera tesis digna de consideración es la de Allan Nevins, quien en su obra *Ordeal of the Union* sostiene que la guerra de secesión norteamericana "no fue un conflicto imparable, sino una guerra innecesaria." Otra consideración en general aceptada es que Estados Unidos, pese al avance industrial significativo acontecido tras la eliminación de los controles mercantilistas de Gran Bretaña, continuaba siendo un país predominantemente agrario. Numerosos historiadores afirman que la guerra civil equivalió a una segunda revolución industrial. Precisamente este asunto de un Norte industrializado y de un Sur agrícola dio origen a la crisis de 1832, conocida como Crisis de la Anulación, que según Richard Hofstadter habría sido determinante en el estallido de la guerra. En un artículo que Hoggan considera sensacional publicado en 1938 en la *American Historical Review*, Hofstadter sostenía la tesis de que un elevado arancel impuesto por el Gobierno Federal que sólo beneficiaba a los Estados del norte enfureció a los Estados del sur y fue causa importante de la guerra. En resumen lo ocurrido fue lo siguiente: la industria del norte necesitaba protección frente a la competición europea. Se pretendía que el Sur fuese un mercado "cautivo" donde el Norte pudiera colocar sus productos. Para ello gravó fuertemente las importaciones europeas. Esta tarifa, por ejemplo, aumentó el coste de los textiles británicos y beneficiaba a los productores de ropa de los Estados norteños. A la vez disminuía la demanda inglesa de algodón en rama, base de la economía sureña. En 1832 el Estado de Carolina del Sur anuló el arancel proteccionista y declaró inconstitucional la ley federal.

Otros historiadores sostienen que el Sur hubiera abolido en menos de diez años la esclavitud, puesto que en 1861 estaba ya prácticamente en bancarrota: la supresión del tráfico de esclavos y su plasmación en la ley internacional, el alto precio de los negros y el bajo porcentaje de beneficio por su utilización hacían inviable su mantenimiento. El historiador James G. Randall apunta el nombre of Stephen Douglas, del Partido Demócrata, como el político más interesado en evitar la guerra civil. Sus debates con el

---

[29] En 1955, Guido Roeder sacó en Oberammergau, Alemania, una edición de *La Conspiración de la Reserva Federal*, obra de Eustace Mullins. El libro fue confiscado y toda la edición de 10.000 copias se quemó por orden del Dr. Otto John, director de Inteligencia de Alemania Occidental, quien días después desertó a la Alemania Oriental. La quema del libro fue respaldada el 21 de abril de 1961 por el juez Israel Katz de la Corte Suprema de Baviera. El Gobierno de Estados Unidos se negó a intervenir porque el Alto Comisionado americano en Alemania, James B. Conant (presidente de la Universidad de Harvard desde 1933 a 1953), había aprobado la orden inicial de quemar el libro.

repúblicano Lincoln se habían hecho célebres en todo el país a finales de los cincuenta y Douglas lo había derrotado en la campaña para senador. Randall considera que sólo Douglas tenía la fórmula política para la reconciliación que hubiera podido evitar la guerra civil. Cuando todo indicaba que iba a ser el candidato del Partido Demócrata para las elecciones de 1860, se produjo el fiasco en Charleston: en la Convención Nacional de los demócratas, John C. Breckinridge, que era entonces vicepresidente del país, le negó a Stephen Douglas la lealtad que le pedía e impidió así la unidad del partido. El 6 de noviembre de 1860 Lincoln obtuvo 1.865.908 votos; Douglas, 1.380.202; Breckindridge, 848.019. De lo cual se deduce que la división del voto entre los demócratas impidió la victoria del candidato de la paz.

Esbozados estos hechos, podemos ahora presentar algunas circunstancias que la historia oficial pasa por alto. Empecemos por fijarnos en este personaje, John C. Breckindrige. Lo primero que hay que decir de él es que era el vicepresidente masón del presidente masón James Buchanan, quien había accedido a la Presidencia en enero de 1857. Buchanan había nombrado para el cargo de fiscal general al masón, Edwin M. Stanton, de Pensilvania, y como secretario del tesoro a Howell Cobb, otro masón de Georgia que en marzo de 1860 fue elevado al grado 33 por Albert Pike. Para el puesto de secretario de la guerra el presidente Buchanan escogió a John B. Floyd, sí, también masón, concretamente de la logia de St. John en Richmond, Virginia. Dos semanas antes de las elecciones presidenciales de 1860, Floyd acordó secretamente enviar diez mil rifles del Gobierno Federal al gobernador de Carolina del Sur, William Gist. Habiendo sido ya elegido Lincoln, Floyd completó su traición el 20 de diciembre ordenando el envío desde el arsenal de Allegheny (Pittsburg) de ciento trece cañones pesados y otros treinta y dos de menor calibre a los fuertes inacabados de Ship Island (Mississippi) y Galveston (Texas), donde podrían ser aprovechados por los secesionistas. Pero regresemos a Breckindrige, el candidato demócrata de los que querían la guerra. Breckindrige no era un masón cualquiera: pertenecía a la orden "Knights of Golden Circle" (Caballeros del Círculo de Oro), que dependía de B'nai B'rith, y el 28 de marzo de 1860 recibió de Albert Pike el grado 33 del Rito Escocés. Cuando empezó la guerra, el presidente masón de los confederados, Jefferson Davis, lo nombró su secretario de guerra.

En cuanto al tema de la esclavitud hay que comenzar explicando que la gran tragedia de los esclavos, el trato inhumano y la gran pérdida de vidas humanas se producía en lo que los historiadores llaman el "Paso Medio", es decir, el transporte transatlántico de los negros. Los estudios académicos cifran entre siete y diez millones el número de víctimas a causa de la crueldad de los negreros, que eran los primeros amos de los africanos. La historiografía oficial, apoyada y reforzada por los propagandistas judíos de la industria cinematográfica de Hollywood, nada dice de los verdaderos culpables de estas muertes, que son atribuidas una vez más a cristianos europeos y americanos. La realidad es que los verdaderos responsables del genocidio fueron mayoritariamente judíos, pues ya desde los tiempos de imperio romano eran ellos quienes controlaban el comercio de esclavos.

Prestigiosos historiadores de origen judío reconocen que desde hace dos mil años el tráfico y comercio de esclavos ha estado dominado por judíos. Marc Lee Raphael, por ejemplo, en *Jews and Judaism in the United States: A Documentary History* (1983) reconoce el papel predominante de los mercaderes judíos en el tráfico de esclavos. "En realidad -escribe- en todas las colonias americanas, francesas, británicas u holandesas, los mercaderes judíos frecuentemente eran quienes dominaban". Entre los nombres más destacados figuran Isaac da Costa, de Charleston; David Franks, de Filadelfia; Aaron López, de Neewport; y el ya citado Edwin de León, cuya familia de marranos portugueses estuvo involucrada en el tráfico de esclavos desde principios del siglo XVI. Dicha familia acabó instalándose en Charleston y durante la guerra civil fueron traidores al servicio del B'nai B'rith y de intereses británicos. Edwin de León, el autor del panfleto de la Joven América, entre cuyos puntos figuraba la colaboración con la Joven Europa, que potenciaba el Servicio Secreto británico, formó parte de una comisión enviada a Londres por Judah Benjamin, uno de los jefes de B'nai B'rith, para entrevistarse con Lord Palmerston. Entre los integrantes de dicha comisión, cuyo fin era conseguir fondos para la Confederación, estaba George Sanders, un hombre de August Belmont y antiguo empleado del Banco de Inglaterra. Miembros de estas familias, como Isaac da Costa y Mendes López, formaban parte de un grupo de comerciantes que, como "judíos selectos", operaban dentro de las redes del Servicio Secreto de Inteligencia del B'nai B'rith. Los historiadores han encontrado documentos que evidencian que estas familias controlaban casi en su totalidad el comercio de esclavos: el hecho de que en los días considerados festivos por los judíos no se celebrasen subastas es una prueba más que lo demuestra. Otro autor judío, Arnold Wizniter, en su libro *Os judeus no Brasil colonial* reconoce que "por falta de competidores los compradores judíos que aparecían en las subastas podían comprar esclavos a precios bajos. La *Enciclopedia judía* admite también que en la antigua Roma "el tráfico de esclavos constituía el mayor medio de vida para los judíos. Si recordamos que en el *Talmud* se enseña que el alma de los no judíos es equivalente al alma de los animales, es comprensible que la religión judía apruebe el esclavismo siempre que el esclavo no sea otro judío.

En realidad, una vez desembarcados en América, lo peor había pasado para los negros africanos. Esto no quiere decir que no pudieran sufrir en ocasiones vejaciones y malos tratos, pero en general su vida era relativamente aceptable. Un corresponsal del *Morning Herald* de Londres, Samuel Phillips Day, escribía:

> "El domingo, 8 de junio de 1861, en Asheville, Kentucky, paseaba con algunos amigos. ¡Juzgue mi sorpresa, lector, cuando encontré a toda la

población negra paseando por las calles, algunos conduciendo carruajes! Iban vestidos tan vistosamente y tan elegantes y parecían tan felices y satisfechos que me vi obligado a exclamar, "¡Seguramente esta gente no son esclavos!" La respuesta fue "claro que lo son". Algunas mujeres llevaban mantones de encaje y relojes de oro y (de no ser por el color) parecían duquesas de Londres yendo al baile. Los hombres iban asimismo bien ataviados. Reflexioné un momento sobre la condición de los trabajadores británicos y las costureras de Londres... El contraste era demasiado penoso para mortificarse... Como un relámpago pasó por mi mente que después de todo la esclavitud no era tan perversa y que tenía un lado bueno y otro malo."

Sea como fuere, la campaña de los abolicionistas en contra de la esclavitud fue utilizada para calentar los ánimos y preparar la guerra de secesión entre el Norte y el Sur. En 1851 se publicó *La cabaña del tío Tom*, uno de los "best sellers" más importantes del siglo XIX. Esta obra de Harriet Beecher Stowe, la primera de esta escritora desconocida hasta entonces, fue objeto de una campaña de promoción incesante, sin precedentes. Recordemos que Weishaupt consideraba esencial amoldar el pensamiento de la gente a sus intereses a través de libros y publicaciones en general. Para ello los Iluminados crearon pronto la "Deutsche Union" (Unión Alemana), que pretendía agrupar a escritores, editores y libreros para servirse de ellos. Parece evidente que *La cabaña del tío Tom* fue la obra escogida para crear un estado de opinión. Todavía hoy en Estados Unidos se califica de "tío Tom" al negro que hace algún comentario considerado inadecuado en función de sus circunstancias raciales.

Abolicionistas, secesionistas, el movimiento de la Joven América y organizaciones masónicas como los "Knights of the Golden Circle", supervisados y dirigidos por la logia B'nai B'rith, que trabajaba en connivencia con el Servicio Secreto de Inteligencia (SIS) británico, fueron las herramientas utilizadas para preparar la guerra civil. B'nai B'rith, con el fin de poder dirigir y adoctrinar a los judíos que migraban a Estados Unidos desde Europa, organizó una telaraña de asociaciones llamada "Hebrew Benevolent and Hebrew Orphan Aid Societies". Para ello, se sirvió de la financiación de los Seligman[30], banqueros de Baltimore y Nueva York, y de la oligarquía de familias de mercaderes esclavistas antes mencionadas, que a la vez formban parte de la "Dutch West India Company", cuyo comercio principal eran los esclavos y el oro. La primera de estas sociedades

---

[30] Los Seligman son una familia de banqueros judíos originarios de Alemania que, como Nathan Rothschild cuando llegó a Inglaterra, trabajaron originariamente en la rama textil. En colaboración con los Rothschild se pasaron a la banca y en 1857 colocaron en el mercado estadounidense bonos de la Bolsa de Valores de Frankfurt. Ya en 1879, Los Seligman y los Rothschild se quedaron con toda la emisión de bonos de deuda pública del Gobierno de Estados Unidos por valor de 150.000.000 dólares.

"filantrópicas" fue fundada en Charleston por Mendes López en 1784. Adosadas a estas organizaciones, se crearon las inevitables sociedades literarias ("Hebrew Literary Societies"). Judah Benjamín, un personaje clave, puesto que probablemente dio la orden para asesinar al presidente Lincoln, fue reclutado para la causa en 1827 en la Sociedad de Charleston. Para tener idea exacta de quiénes estaban detrás de estas sociedades, cuya finalidad real era seleccionar y adoctrinar a líderes políticos y religiosos entre los judíos de Estados Unidos, basta constatar que en 1801 el Gran Consejo de los Príncipes de Jerusalén del Consejo Supremo de los Caballeros Comendadores de la Casa del Templo de Salomón de la Antigua y Aceptada Orden del Rito Escocés de la Masonería concedió una cédula oficial a los mercaderes de Charleston y de Carolina del Sur -Isaac da Costa, Israel de Lieben, Isaac Held, Moses Levi, John Mitchell, y Frederick Dalacho-, miembros de la Compañía Neerlandesa de las Indias Occidentales (Dutch West India Company), por haber establecido en América el punto de apoyo de las Sociedades Hebreas de Ayuda y Benevolencia.

La Joven América jugó asimismo un papel activo dentro del movimiento abolicionista. Uno de sus líderes, William Lloyd Garrison, que más tarde iba a escribir la introducción a la biografía autorizada de Mazzini, actuó como incendiario desde las páginas de su periódico radical *The Liberator*, que se distribuía en los Estados del sur. Garrison fue también uno de los fundadores de la Sociedad Antiesclavista Americana. Dentro de la estrategia del movimiento abolicionista, realizó varios viajes a Londres y conferenció junto a Mazzini. Uno de los excesos de Garrison fue la quema en público de una copia de la Constitución, que era en su opinión "un pacto con la muerte y el infierno." Exactamente como hicieron los revolucionarios rusos, como se verá en su momento, los abolicionistas trabajaron para impedir la gradual emancipación pacífica de los esclavos, que había recibido la aprobación mayoritaria de los propietarios de plantaciones. Millones de dólares fueron invertidos en promover rebeliones y precipitar los acontecimientos.

Uno de los intentos más famosos de provocar un levantamiento fue el protagonizado por John Brown. Según Wikipedia y los habituales escritores miopes supuestamente de izquierdas y progresistas, Brown fue un defensor de la libertad, un mártir, un héroe. En realidad, fue un maníaco homicida, un terrorista financiado por un grupo que ha pasado a la historia como "The Secret Six" (Los Seis Secretos). Muy pocas fuentes mencionan que Brown estuvo ligado a diferentes sociedades secretas como los Oddfelows, los Hijos de la Templanza ("Sons of Temperance") y que perteneció a la logia masónica nº 68 de Hudson y a la Joven América. El 24 de mayo de 1856, Brown comenzó una cadena de matanzas de esclavistas que dejaron cerca de doscientos muertos en medio año de atentados. Al comprobar que no se conseguía la revuelta deseada, Los Seis Secretos planearon una actuación de mayor envergadura: el asalto del arsenal de Harper's Ferry, en Virginia, con el fin de armar a los negros y provocar la sublevación. El 16 de octubre de 1859 tuvo lugar el ataque, pero fracasó. Brown fue colgado el 2 de diciembre. Ralph Waldo Emerson, líder ideológico de Brown y del movimiento del trascendentalismo, lo elevó a los altares: "Ha hecho la horca tan gloriosa como la cruz." No hay espacio para presentar a los padrinos de John Brown. El más rico de "The Secret Six" era Gerrit Smith, hijo de un socio de John Jacob Astor, de la Compañía de las Indias Orientales (vinculada al tráfico de opio y al Servicio Secreto Británico). Su madre era una Livingston, relacionada con dos líderes masónicos, Edward (Gran Maestre) y Robert Livingston. Smith, con un millón de acres en fincas, era uno de los mayores terratenientes del Estado de Nueva York. Gerrit Smith había regalado tierra a John Brown y gastó en su financiación cerca de ocho millones de dólares, una cifra enorme para la época. Se requiere mucha ingenuidad para contemplar desde el idealismo toda la agitación que precedió la guerra de secesión.

Samuel Morse, el inventor del telégrafo y del código que lleva su nombre, era además oficial de contrainteligencia. Existe un texto suyo titulado *The Present Attempt to Disolve the American Union, a British Aristocratic Plot* (*El actual intento de disolver la Unión Americana: una conspiración de la aristocracia británica*) en el que se expresa con toda claridad lo que estaba ocurriendo: "Si echamos un vistazo a la actitud de Inglaterra hacia Estados Unidos -escribe Morse-, vemos que hay dos partidos, niguno de ellos amistoso hacia nosotros como nación; uno, el de los intereses en el algodón, del lado del Sur; y el otro, el de las camarillas de abolicionistas, del lado del Norte. De este modo Inglaterra se balancea hábilmente entre estas dos partes... Puede ayudar a uno, a otro, o a ambos para impedir la conciliación, como mejor sirva a los propósitos políticos de Inglaterra: la permanente división de Estados Unidos." Con esta delación escrita en 1860, Samuel Morse resumía sus descubrimientos en relación con la amplia red de espionaje británica que operaba en su país, cuyo centro e instrumento fundamental era B'nai B'rith. En el mismo texto Morse citaba para sus lectores unas palabras del séptimo conde de Shaftesbury, Lord Ashley (un sionista fogoso a quien hemos presentado en el capítulo anterior). Al Dr. Cheever, uno de los directores del complot en Londres, Shaftesbury le declaraba: "Yo como todos los estadistas ingleses deseo sinceramente la ruptura de la Unión Americana". Morse, en réplica burlona, escribe: "Palabras verdaderas, señor, usted ha tipificado con gran precisión y brevedad los tejemanejes de la mentalidad aristocrática británica durante muchos años."

Ocho años antes de la guerra, en junio de 1853, los directores de la conspiración, Lord Palmerston, el conde de Shaftesbury y Lord Russell convocaron en Londres a Belmont[31], Sanders y Buchanan para una serie de encuentros con Mazzini, Garibaldi y Orsini, de la Joven Italia; Kossuth, de la Joven Hungría; Herzen de la Joven Rusia; y otros que conformaban la Joven Europa. Como punta de lanza para la ruptura de la Unión se creó en 1854 en Cincinnati, Ohio, la orden secreta de los "Knights of the Golden Circle" (Caballeros del Círculo de Oro), que absorbió inmediatamente las estructuras operativas de la Joven América, En su expansión, esta sociedad secreta fue creando "castillos", es decir, capítulos, y reclutando miembros. En Ohio, Indiana, Illinois, a lo largo del río Mississippi y del golfo de México se abrieron castillos. El masón John Quitman abrió un castillo de los Caballeros del Círculo de Oro en Mississippi; Albert Pike hizo lo propio en Nueva Orleans. Entre los reclutados estaba el general masón P. T. Beauregard, cuñado de John Slidell, un jefe secesionista de Luisiana e íntimo colaborador de Judah Benjamin. Mencionamos a Beauregard porque a él se le atribuye haber empezado la guerra civil con el ataque por sorpresa a Fort Sumter en 1861. Lo que quedaba rescatable de los Caballeros del Círculo de Oro tras la guerra civil fue integrado por Albert Pike en el KKK. Existen pocas dudas de que los líderes de los "Knights" eran los Maestres del Rito Escocés de la Masonería y la Orden Independiente B'nai B'rith, es decir: Benjamín Peixoto, presidente de B'nai B'rith; Albert Pike, Soberano Pontífice de la Masonería Universal, adorador de Lucifer y creador del Rito Paladio; August Belmont, el agente personal de los Rothschild en Estados Unidos; Judah Benjamin, que trabajó en íntima colaboración con Belmont y

---

[31] August Belmont, cuyo apellido judío era Schönberg, entró como aprendiz en la casa Rothschild de Frankfurt a la edad de quince años. Aprendió y progresó tan rápidamente que en 1837 se decidió enviarlo a Nueva York, donde se estableció bajo el nombre de August Belmont & Company en el número 78 de Wall Street. Su carrera política le llevó pronto a ser uno de los líderes del Partido Demócrata. En 1848, el año de las revoluciones en Europa y también de la guerra entre México y Estados Unidos, Belmont fue uno de los banqueros que financiaron la guerra. Los Rothschild tenían además a otro hombre en México, Lionel Davidson, quien durante varios años recibió el mercurio que los Rothschild le enviaban desde las minas de Almadén para refinar la plata mexicana. Antes de recibir a finales de año la visita de Alphonse, el hijo mayor de James Rothschild, enviado a Nueva York para entrevistarse con su agente, Belmont embarcó grandes remesas de plata con destino a la casa de Londres. Alphonse pudo constatar de primera mano hasta que punto August Belmont se había convertido en un hombre imprescindible, cuya posición social e influencia política lo convertían en un valioso agente que dominaba todos los recursos. En 1849 Belmont anunció su compromiso con Caroline Perry, hija del comodoro Matthew Galbraith Perry, una de las mejores familias de Estados Unidos. Belmont tenía a su cargo los negocios de la costa atlántica del país, mientras que en la del Pacífico el agente era Benjamín Davidson, enviado allí tras la noticia de que en California se había encontrado oro. Enseguida otro agente llamado May viajó hasta San Francisco para asistirlo. El tal May era según James Rothschild "un buen tipo, un inteligente judío de Frankfurt." Tras la guerra civil, Belmont siguió en candelero. En 1877, por ejemplo, negoció con el secretario del Tesoro, John Sherman, un préstamo de 50.000.000 de dólares en monedas de oro, lo que permitió la adopción del patrón oro en 1879.

fue Secretario de Estado en el Gobierno Confederado, por lo cual asumió el control del servicio de espionaje de la Confederación.

El estallido de la guerra vino precedido de una serie de secesiones en cadena que se produjeron inmediatamente después de la elección de Abraham Lincoln, antes de que jurase el cargo. El 20 de diciembre de 1860, el Estado de Carolina del Sur, donde estaban ubicados los cuarteles de la jurisdicción del sur de la masonería, fue el primero en separarse de la Unión. El mismo día Mississippi siguió sus pasos y el responsable de la secesión fue John A. Quitman, originario de Nueva York, quien tiempo atrás se había trasladado a dicho Estado y mediante matrimonio había emparentado con una rica familia sureña. Quitman recibió el encargo de formar una organización del Rito Escocés en Mississippi. Una revista masónica de Boston informaba el 1 de febrero de 1848 de que el hermano John Quitman, entonces general del ejército de Estados Unidos, había sido investido como Gran General Inspector Soberano del grado 33, lo cual implicaba que todas las logias del sur estaban bajo su autoridad. Quitman figuraba entre los líderes más destacados del movimiento secesionista. El 22 de diciembre el siguiente Estado en abandonar la Unión fue Florida, ruptura que fue dirigida por David Levy Yulee, miembro de la logia nº 7 de Hayward. El Estado de Alabama se separó el 24 de diciembre. El 2 de enero de 1861 la secesión de Georgia fue también gestionada por dos masones, Howell Cobb, secretario del Tesoro del expresidente Buchanan, y Robert Toombs, que se convirtió en el primer secretario de Estado de la Confederación. Acabada la guerra, ambos recibieron el grado 33 honorario. El 7 de enero le tocó el turno a Luisiana, liderada, cómo no, por dos masones, John Slidell, que procedía también de Nueva York, y Pierre Soule. Ambos obtuvieron asimismo el honorario grado 33 al final de la contienda. Texas se separó de la Unión el 1 de febrero. El gobernador Sam Houston, pese a que también era masón, se oponía a la secesión; pero presionado por miles de paramilitares del Círculo de Oro, no pudo evitarla. Houston insistió en que el acto había sido ilegal y el 16 de marzo rehusó jurar lealtad a la Confederación, por lo cual fue desalojado de su oficina y depuesto del cargo.

Finalmente el 12 de abril de 1861 se ordenó al general masón Pierre T. Beauregard, Caballero del Cículo de Oro, como ya se ha dicho, que atacase Fort Sumter, en Carolina del Sur, uno de los pocos fuertes que estaban en manos federales dentro del territorio confederado, que se rindió el día 14. Eustace Mullins critica con severidad la actuación del presidente Abraham Lincoln y sugiere que aprovechó el incidente para desencadenar la guerra. Según Mullins, el secretario de Estado William Seward era partidario de la cesión pacífica del fuerte al Estado de Carolina del Sur e incluso mantuvo reuniones no autorizadas con los confederados. Sin embargo el presidente Lincoln no estaba dispuesto a compromiso alguno y reaccionó movilizando setenta y cinco mil voluntarios por un plazo de noventa días, pero la guerra iba a durar cuatro años.

Uno de los hechos históricos más silenciados, cuando no menospreciado, por los historiadores anglófilos es el papel que jugó Rusia en favor de la integridad territorial de Estados Unidos. Explicaremos ahora brevemente de qué manera la alianza entre el zar Alejandro II y el presidente Lincoln evitó la intervención de Gran Bretaña y Francia en la guerra de secesión. El gran artífice de la alianza fue el embajador norteamericano en San Petersburgo, Cassius Clay, quien, como Samuel Morse, estaba convencido de que la desmembración de Estados Unidos era la piedra angular del nuevo orden mundial basado en el liberalismo económico y en el monetarismo de los Rothschild, que la aristocracia del dinero quería imponer a través de Gran Bretaña y Francia. La ruptura del imperio ruso era sin duda uno de los mayores objetivos del Movimiento Revolucionario Mundial y de los Rothschild; pero en 1861 Rusia seguía siendo un enemigo formidable. Con el fin de dividir la Unión y favorecer la balcanización del país, Lord Palmerston, primer ministro, y Lord Russell, ministro del Foreign Office, estaban dispuestos a ayudar a los confederados; pero también, con el fin de debilitar las posibilidades de intervención de Rusia, seis semanas después del inicio de la guerra civil americana promovieron un levantamiento en Polonia.

Ya en 1812, durante la que los norteameriacnos consideran su segunda guerra de la independencia, Alejandro I se había dirigido a Gran Bretaña exigiendo que firmase cuanto antes una paz honorable con los Estados Unidos y olvidase sus pretensiones de expansión territorial. Casi medio siglo después, Rusia estuvo dispuesta a algo más que palabras para impedir la división de Estados Unidos. Alejandro II y su ministro de Exteriores, el príncipe Gorchakov, estaban impulsando un ambicioso programa de construcción de líneas de ferrocarril, que hasta 1857 había sido construido y explotado por el Estado. Un equipo norteamericano encabezado por el mayor Whistler supervisó los trabajos de la línea San Petersburgo-Moscú. Existían asimismo proyectos para nacionalizar el crédito. Otro paso que normalmente no se airea en la historiografía oficial es el de la emancipación de los siervos: un decreto imperial del 19 de febrero de 1861 liberaba a cerca de veintitrés millones de almas. Muchos campesinos, no obstante, estuvieron descontentos con la medida pese a que, entre otras opciones, se pretendía que pudieran convertirse en propietarios. Es en este contexto que el presidente Lincoln nombró a Cassius Clay embajador en Rusia.

Cassius Clay trajo consigo a Rusia muchas copias del libro de Henry Charles Carey (1793-1879), *Principios de Economía Política*, un tratado que iba a dominar en años sucesivos el pensamiento económico norteamericano, y las regaló a Alejandro II, a Gorchakov, al príncipe Dolgoruky, al ministro de la Marina, al gran duque Constantino y a numerosos altos cargos e industriales. Frente a las ideas de los fisiócratas, Adam Smith y David Ricardo, Rusia y Estados Unidos preferían para el desarrollo de sus economías aplicar las ideas de este prestigioso economista norteamericano, el cual rechazaba también las ideas de Thomas Malthus, pues estaba convencido de que el crecimiento de la producción permitiría el aumento de población. Henry Carey pensaba que Inglaterra quería utilizar el libre comercio para convertir a los países más débiles en simples productores de materias para las fábricas británicas. Por ello era partidario de que países jóvenes como el suyo aplicasen medidas proteccionistas que sólo podrían ser abolidas cuando la industria propia estuviera en condiciones de competir en condiciones de igualdad. Asimismo preconizaba la supresión del patrón oro y proponía emitir dinero para proveer a la población en coyunturas de contracción económica. Constantin George, en un artículo titulado *The U.S.-Russian Entente that Saved the Union*, publicado en la revista *The Campaigner* en julio de 1978, explica que Cassius Clay se mostró hiperactivo en la difusión de los principios de economía política de Henry Carey. El embajador pronunció conferencias en las principales ciudades de Rusia "que fueron recibidas con atronadores aplausos por los jefes de la industria, los comerciantes y los funcionarios gubernamentales." Los discursos de Clay sobre la necesidad de la industrialización y las ideas políticas de Carey fueron ampliamente divulgadas por la prensa rusa.

El día 25 de julio de 1861, Clay, en una carta a Lincoln reproducida en el artículo antes mencionado, se expresaba en estos términos: "Percibí de un vistazo cuál era el sentimieno de Inglaterra. Pretendían nuestra ruina. Están celosos de nuestro poder. A ellos no les importa ni el Norte ni el Sur. Odian a ambos." Y más adelante Cassius Clay informaba al presidente sobre cuál era la predisposición de Rusia en relación a una posible intervención anglo-francesa en la guerra: "Todos los periódicos rusos están con nosotros. En Rusia tenemos un amigo. Se aproxima el tiempo en que será un amigo poderoso para nosotros. La decisión de la emancipación de los siervos es el principio de una nueva era de fortaleza. Rusia tiene tierras inmensas, fértiles y sin explotar, con hierro y otros minerales." Las autoridades rusas sólo exigían una garantía, una certidumbre, antes de comprometerse por completo. Querían asegurarse de que Lincoln se mantendría firme hasta el final en la lucha para preservar la Unión. En una de las primeras entrevistas de Clay con Alejandro II, el zar le preguntó al embajador cuál sería la actitud de Lincoln en caso de una intervención británica. En el artículo aludido de *The Campaigner*, Constantin George, que cita como fuente la "Correspondencia Diplomática de los Estados Unidos en los Archivos del Departamento de Estado", reproduce una carta de Clay al presidente Lincoln en la que figura el compromiso adquirido por el embajador Clay en su respuesta a la pregunta del zar: "le dije al emperador que no nos importaba lo que hiciera Inglaterra, que su interferencia sólo tendería a unirnos más." En otra carta enviada a Cassius Clay, el presidente Lincoln le pedía: "Por favor haga llegar nuestra gratitud al emperador y asegure a S.M. que la nación entera aprecia esta nueva manifestación de amistad. De todas las comunicaciones que hemos recibido de gobiernos europeos, la suya es la más leal." A continuación Lincoln pedía a Clay que solicitase de las autoridades rusas permiso para dar la máxima publicidad a la carta del Ministro de Exteriores Gorchakov, en la que figuraba el ofrecimiento de ayuda por parte de Rusia. El permiso fue otorgado.

Los agentes de la quinta columna británica infiltrados en el Gobierno de Lincoln pronto comenzaron a presionar para que remplazara a Clay. En la primavera de 1862 William Seward, que meses atrás se había mostrado partidario de ceder Fort Sumter a la Confederación para, supuestamente, evitar la guerra, persuadió al presidente para que realizara un doble cambio: por un lado el secretario de Guerra, Simon Cameron, fue sustituido por el masón Edwin Stanton, una elección desgraciada de Lincoln, ya que Stanton iba a ser uno de los traidores implicados en su posterior asesinato; por otro, Cameron fue propuesto para ocupar el cargo de embajador en San Petersburgo. Cassius Clay, amargado y decepcionado por la maniobra, le rogó a Lincoln que permitiera que su sobrino, el cual trabajaba con él como asistente, fuera su sustituto; pero a pesar de las protestas, Cameron se presentó en San Petersburgo en junio de 1862. También en Rusia los agentes británicos aprovecharon la ausencia de Clay para debilitar las políticas de Gorchakov. Pese a todo, Clay peleó empecinadamente para desbaratar las sucias maniobras que saboteaban todo su trabajo y pretendían, según él, cortar la comunicación con el Gobierno ruso durante la fase más crítica de la guerra. Tan pronto llegó a Washington presentó un informe al presidente sobre la situación europea en el que se advertía: "En toda Europa los gobiernos se muestran dispuestos a interferir en los asuntos de América y a reconocer la independencia de los Estados Confederados." La pugna que mantuvieron Seward y Clay fue enconada, pero finalmente se impuso el segundo y en la primavera de 1863 consiguió recuperar su puesto de embajador en San Petersburgo.

Durante los meses de ausencia de Clay, no se debilitó el apoyo de Alejandro II, pese a que en el otoño de 1862 se vivió un momento crítico en el que Gran Bretaña y Francia estuvieron a un tris de la intervención en favor de la Confederación. La presión que ambos países ejercieron sobre Rusia para que abandonase su posición alcanzó niveles extremos. Prueba de que el momento era extremadamente delicado es la carta personal que el presidente Lincoln dirigió al ministro Gorchakov para que se la entregara al zar. El texto de respuesta, redactado por el ministro de Exteriores siguiendo las instrucciones de Alejandro II, es reproducido por Constantin George en *The Campaigner*. La carta procede de los documentos publicados en 1930 por el historiador Benjamín Platt Thomas bajo el título *Ruso-American Relations 1815-1867*. Por su interés reproducimos un fragmento:

"Usted sabe que el Gobierno de Estados Unidos tiene pocos amigos entre las potencias. Inglaterra se regocija de lo que les ocurre. Anhela y reza por su derrocamiento. Francia es menos activa en su hostilidad; sus intereses quedarían menos afectados por el resultado; pero no está mal dispuesta para verlo. No es amiga suya. Su situación empeora por momentos. Las posibilidades de conservar la Unión son cada vez más desesperadas. ¿Nada puede hacerse para detener esta espantosa guerra? Las esperanzas de reunificación son cada vez menores, y yo deseo recalcar a su Gobierno que la secesión, que temo puede ocurrir, será considerada por Rusia como una de las mayores desgracias. Sólo Rusia ha estado de su parte desde el primer momento, y continuará estándolo. Estamos muy, muy preocupados porque deberían adoptarse algunas medidas -que tendrían que ser ejercidas a su debido tiempo- las cuales puedan evitar la división que ahora parece inevitable. Una separación será seguida de otra, ustedes serán fragmentados en trozos."

En octubre de 1862 Luis Napoleón se ofreció como mediador y propuso un armisticio de seis meses, que podría ser prolongado en caso de necesidad. Entre otros propósitos se pretendía que Lincoln acabase la guerra y que levantase el bloqueo naval de la Confederación. Seguramente, la idea había nacido en Inglaterra, toda vez que un mes antes Lord Palmerston había sugerido a su ministro de Exteriores, John Russell, que ofreciera la mediación al Gobierno de la Unión. Las palabras de respuesta de Lord Russell evidencian con claridad las verdaderas intenciones que se escondían tras la propuesta de armisticio: "Coincido con usted -dijo- en que ha llegado el tiempo de ofrecer mediación al Gobierno de Estados Unidos con vistas a reconocer la independencia de la Confederación. Además, estoy de acuerdo en que, si termina en fracaso, deberíamos por nuestra parte reconocer a los Estados del Sur como un Estado independiente."[32] Es evidente que tal reconocimiento hubiera supuesto una declaración de guerra. Los británicos mantenían, pues, un debate crucial sobre su intervención. La duda sobre cuál sería la posición de Rusia quedó disipada con la recepción de un telegrama remitido desde San Petersburgo por el embajador británico, Lord Napier, en el cual avisaba de que Rusia rechazaba la propuesta francesa. El zar Alejandro II se encargó personalmente de aclarar su postura con las siguientes palabras: "Consideraré el reconocimiento de la independencia de los Estados Confederados por parte de Gran Bretaña y Francia como un 'casus belli' y para que los gobiernos de Francia y Gran Bretaña entiendan que no es una simple amenaza, enviaré una flota del Pacífico a San Francisco y una flota atlántica a Nueva York."

El 13 de julio de 1863 estalló en Nueva York uno de los motines más salvajes que se recuerdan. Los disturbios habían sido convenientemente preparados mediante una intensa campaña de prensa; pero los organizadores

---

[32] La cita procede de una extensa obra de seis volúmenes: *Abraham Lincoln: A History* (Nueva York, Century, 1890), que constituye una de las numerosas fuentes documentales exhibidas por Constantine George en el interesante ensayo de treinta páginas que venimos comentando.

materiales de los disturbios fueron los "Knights of the Golden Circle", es decir, la masonería. Su líder más destacado era Jacob Thompson. Un mes antes, el 10 de junio, había tenido lugar una reunión en Springfield, donde se había diseñado un plan revolucionario. Se decidió que Nueva York tomaría la iniciativa y seguirían otros Estados que asumirían la independencia. Cincuenta mil personas fueron lanzadas a la calle en Nueva York en protesta por el anuncio de Lincoln de reclutar más tropas para la guerra. El levantamiento fue atizado por el propio alcalde, Fernando Wood, que estaba al frente de un consistorio corrupto donde los haya y había llegado incluso a proponer que la ciudad se independizase del país. Wood enardeció a las masas hasta el frenesí. Los disturbios fueron de una violencia extrema. Los asesinatos, linchamientos, pillajes e incendios se prolongaron durante cinco días y dejaron arrasada la ciudad. El odio de las masas se concentró en los negros, empleados como trabajadores en los puertos, en tabernas y otros establecimientos de la ciudad. Incluso un asilo para huérfanos de color fue robado e incendiado. Cuando el día 17 de julio las tropas consiguieron frenar la violencia, más de cien personas habían perdido la vida. Durante las semanas siguientes se produjo un éxodo de negros que redujo considerablemente la población de Nueva York.

También a mediados de julio del mismo año, mientras las dos flotas rusas iban ya navegando en ambos océanos, el levantamiento de Polonia orquestado por Gran Bretaña estaba siendo sofocado. Dos meses antes, en mayo, el ministro de Exteriores francés, Édouard Drouyn de Lhuys, había invitado hipócritamente a Lincoln para que se sumase al ultimátum que Austria, Francia y Gran Bretaña enviaron a Rusia en favor de la independencia de Polonia. Pese a la evidencia del fracaso de sus estrategias, Gran Bretaña y Francia amenazaron nuevamente a Rusia sobre la "cuestión polaca". Asimismo en el verano de 1863 Palmerston y Russell seguían deliberando sobre la conveniencia de intervenir contra la Unión. Fue en este contexto cuando el 24 de septiembre las dos flotas rusas llegaron simultáneamente a Estados Unidos. Los almirantes que las mandaban, Lessovsky la del Atlántico y Popov la del Pacífico, tenían órdenes selladas que debían ser abiertas sólo bajo determinadas circunstancias. En definitiva, lo que se decía en los sobres lacrados era que si las potencias europeas intervenían en la guerra, las flotas debían quedar bajo el mando del presidente Lincoln.

La llegada de los barcos motivó diversos actos de bienvenida, entre los cuales destaca el desfile de los marinos rusos en Broadway, que el 17 de octubre, escoltados por una guardia de honor del ejército norteamericano, fueron vitoreados y ovacionados por la multitud que se agolpaba a ambos lados de las avenidas. En la costa del Pacífico no había fuerzas navales de Estados Unidos, por lo cual la flota rusa se convirtió en la flota de guerra de la Unión, aunque sólo podía involucrarse en caso de se produjera la intervención de una tercera potencia. Las flotas rusas permanecieron siete meses en aguas americanas, hasta el mes de abril de 1864. Sólo entonces, cuando ya el peligro de guerra con las potencias europeas había pasado, se ordenó su regreso.

Una cuestión ineludible es la financiación de la Guerra. Para hacerse una idea correcta de la situación, hay que tener en cuenta que en el siglo XIX el poder de los Rothschild se convirtió en omnímodo, puesto que disponían de la mitad de la riqueza del mundo. Sin embargo, a medida que fueron afianzándose en su dominio, optaron por ocultarse y situarse en un segundo plano. Por ello su nombre sólo aparece en una fracción pequeña de las compañías y de las entidades de crédito que controlan. En 1861 comenzó también la guerra económica, ya que cuando Lincoln precisó dinero para afrontar los gastos derivados del conflicto, los prestamistas internacionales, detrás de los cuales estaban los Rothschild, ofrecieron préstamos a intereses inadmisibles del 24% y el 36%. La explicación de la exigencia de estos elevados intereses sólo puede ser una: los poderes financieros de Europa habían apostado por la división del país. Lincoln declinó la oferta y acudió a un viejo amigo, el coronel Dick Taylor, en busca de una solución. Taylor le aconsejó que hiciera aprobar por el Congreso una ley que autorizase la emisión de notas del Tesoro, con las cuales podría pagar a los soldados y hacer frente a otros gastos. Cuando Lincoln le preguntó si la gente aceptaría las notas, Taylor le respondió: "La gente o quien sea no tendrá otra opción al respecto si usted les otorga valor legal. Tendrán el pleno reconocimiento del Gobierno y serán tan válidas como el dinero"

Las notas del Tesoro se imprimieron con tinta verde en el reverso y por esto fueron conocidas como los «greenbacks». Lincoln imprimió 449.338.902 de dólares en estas notas del Tesoro, un dinero libre de interés que tuvo uso legal para pagar todas las deudas públicas y privadas. Con ellos pagó a los soldados, a los empleados civiles y compró los suministros de guerra. En 1865 en un artículo editorial el periódico *Times* de Londres escribió lo siguiente : "Si esta malévola política financiera, que tiene sus orígenes en Norteamérica, se asienta y confirma, entonces ese Gobierno comenzará a imprimir su propia moneda sin costo alguno. Pagará todas sus deudas y se quedará sin ninguna. Tendrá todo el dinero que necesite para continuar haciendo sus negocios. Llegará a ser próspero sin precedentes en la historia del mundo. Ese Gobierno debe ser destruido o él destruirá todas las monarquías del globo." Sólo hay un error fundamental en estas palabras: lo que se destruiría sería el poder de los banqueros usureros que esclavizan con la deuda a todos los pueblos y gobiernos del mundo. También Hitler plantó cara a la banca internacional con un sistema como el de Lincoln. También en la Alemania nacionalsocialista se emitieron bonos del Tesoro, libres de la esclavitud del interés, que sacaron al país de la ruina, como veremos en el capítulo sobre la segunda guerra mundial.

Las ideas de Henry Carey, el gran economista norteamericano que proponía la supresión del patrón oro y la emisión de dinero para ayudar a la población en determinadas coyunturas, se estaban aplicando en cierta manera con los "greenbacks". Si consideramos que los contribuyentes dejaban de pagar elevadas cantidades de interés, que las empresas públicas podían financiarse sin usura, que el mantenimiento de la estabilidad del Gobierno quedaba asegurado y que la política del Tesoro estaba al servicio de la Administración, es evidente que el dinero dejaba de ser el amo para pasar a estar al servicio de las personas y de la nación. Tras comprobar que el sistema concebido por el coronel Taylor funcionaba, Lincoln llegó a considerar la posibilidad de adoptar esta medida de urgencia permanentemente y declaró lo siguiente: "hemos dado al pueblo de esta república la mayor bendición que ha tenido: su propio papel moneda para pagar sus deudas."

A pesar de que la guerra iba llegando a su fin, las logias de B'nai B'rith en los Estados sureños seguían siendo utilizadas como santuarios y centros de las operaciones de espionaje, que dirigía Judah Benjamin. Por ello ya el 17 de diciembre de 1862 el general Ulysses Grant había dictado una orden para que se arrestase por espionaje a todos los judíos desde Tennessee hasta Mississippi. Simon Wolf fue el abogado defensor de numerosos directivos de B'nai B'rith y de otros judíos que fueron acusados y sometidos a juicio; pero Grant ordenó que también Wolf fuese arrestado por espía. La liberación de Wolf se obtuvo a través del secretario de Guerra de Lincoln, el traidor Edwin Stanton. Algunos años después Wolf se convirtió en el presidente de B'nai B'rith. Entre los espías infiltrados en los Estados del norte que trabajaban a las órdenes de Judah Benjamin estaba John Wilkes Booth, el masón escogido para asesinar al presidente.

El 4 de marzo de 1865 tuvo lugar la investidura de Lincoln para su segundo mandato como presidente de Estados Unidos. La reelección fue una sorpresa relativa, puesto que los banqueros internacionales habían estado trabajando en su contra desde la creación de los greenbacks. En una circular ("Hazzard Circular") del Banco de Inglaterra, controlado por Lionel Rothschild, emitida en 1862 e impresa por el senador Pettigrew, se exponía claramente que las notas del Tesoro no debían ser aceptadas para determinados pagos ni en las transacciones internacionales:

> "La esclavitud probablemente será abolida por el poder de la guerra. Sobre esto yo (¿Rothschild?) y mis amigos europeos estamos de acuerdo, porque la esclavitud es la posesión del trabajo y lleva consigo el cuidado de los trabajadores, mientras que el plan europeo, liderado por Inglaterra, consiste en que el capital controlará el trabajo mediante el control de los salarios. Esto puede hacerse a través del control del dinero. La gran deuda surgida de la guerra que los capitalistas deben afrontar, tiene que ser usada como un medio para controlar el volumen de dinero. Para cumplir esto los bonos deben tener una base bancaria. Esperamos ahora que el secretario del Tesoro haga estas recomendaciones al Congreso. No hay que permitir que el "greenback", como es llamado, circule como dinero

por más tiempo, pues no lo podemos controlar. Pero sí podemos controlar los bonos y a través de ellos las emisiones bancarias."

De este modo, los banqueros consiguieron que el Congreso votara en 1862 una Clausula de Excepción, según la cual los greenbacks no se podían utilizar para pagar tasas, impuestos ni derechos de importación. Ya en 1863 los banqueros lograron que el Congreso revocara la Ley de los Greenbacks, que fue sustituida por la National Banking Act, introducida en el Congreso por iniciativa de Salomon Chase, agente de los Rothschild que fue secretario del Tesoro hasta 1864. Mediante esta ley los bancos privados manejaban el dinero gravado con intereses. Tras la aprobación de la ley, los greenbacks fueron retirados de circulación tan pronto entraban en el Tesoro. Lincoln afirmó entonces: "Tengo dos grandes enemigos, el ejército del Sur frente a mí y los banqueros a mi espalda. De los dos, los banqueros son mi peor enemigo." El presidente se vio obligado a reservar el derecho de veto hasta después de la guerra, que terminó el 9 de abril de 1865. Es poco probable que Lincoln hubiera podido plantar cara a los banqueros si no hubiera sido asesinado. En cualquier caso, su diagnóstico y sus previsiones eran muy pesimistas. Antes de ser reelegido había declarado lo siguiente: "El poder del dinero es un parásito de la nación en tiempos de paz, y conspira contra ella en tiempos de guerra... Veo en el corto plazo una crisis aproximándose que me inquieta y me hace temblar por el futuro de la nación: las corporaciones han sido entronizadas, una era de corrupción en los más altos cargos le seguirá. El poder del dinero intentará prolongar su reinado... hasta que la riqueza sea acumulada por unas pocas manos y la República sea destruida."

El 14 de abril, pocos días después del fin de la guerra, el actor John Wilkes Booth, un judío masón que pertenecía a los Caballeros del Círculo Dorado, disparó por la espalda al presidente Lincoln mientras asistía a una función en el teatro Ford de Washington. A continuación saltó desde el palco al escenario y antes de huir gritó: "Así mueren los tiranos. El sur ha sido vengado." Los verdaderos jefes de la conspiración, como Judah Benjamin, que habría dado la orden de ejecución, quedaron impunes, pues sólo se ajustició a los desgraciados de turno. La implicación del ya mencionado Edwin Stanton es ampliamente reconocida. Este traidor retiró la custodia personal que Lincoln tenía cuando se dirigió al teatro y tras el magnicidio distribuyó a la prensa fotos del hermano del asesino, lo que permitió ganar tiempo a John Wilkes Booth, al que el propio Stanton había facilitado la huida dejando libre un camino de salida de Washington. Además, Stanton prohibió al general Grant, que debía asistir a la función, que acompañase al presidente.

Pese a todo, un operativo policial se puso en marcha para tratar de capturar a sospechosos de haber participado en el complot. Albert Pike, acusado asimismo de las matanzas efectuadas cuando mandaba su tropa de indios, se refugió durante un tiempo en Canadá, que estaba bajo dominio británico, donde se encontró con Jacob Thompson, un líder de los "Knights" que había provocado revueltas y disturbios contra los negros en las ciudades del norte. Pike fue autorizado a regresar a Estados Unidos, donde fue detenido. Ya sabemos que enseguida obtuvo el perdón del presidente masón Andrew Johnson. Judah Benjamin, que había establecido en Montreal (Canadá) su base principal de los servicios de espionaje, escapó a Inglaterra. Allí se encontró con otros masones exiliados como Robert Toombs, masón del grado 33, y James Bulloch, un agente que había actuado como enlace de August Belmont con Inglaterra y había sido el principal tratante de armas para la Confederación. John Slidell permaneció definitivamente en Francia. John Surrat, agente secreto de la Confederación, cuya madre fue detenida y ahorcada acusada de haber colaborado en el asesinato de Lincoln, se marchó a Italia. Surrat fue descubierto y tuvo que regresar para ser juzgado, pero fue absuelto, a pesar de que admitió públicamente que había planeado con Booth secuestrar a Lincoln antes del asesinato.

Después de la guerra civil el agente de los Rothschild, August Belmont (Schönberg), impuso su liderazgo en las finanzas judías entre Londres y Nueva York. Joseph Seligman pasó a formar parte de la sindicatura bancaria de los Rothschild y J. P. Morgan. En abril de 1866 el Congreso aprobó la "Contraction Act" (Ley de Contracción), que permitió al Tesoro retirar los greenbacks de la circulación. Los pasos siguientes estuvieron encaminados a establecer el patrón oro, metal poseído mayoritariamente por los Rothschild. Son ellos quienes establecen el precio del oro diariamente desde la City de Londres. A fin de conseguir su propósito, crearon inestabilidad y pánico mediante la contracción del crédito y provocando una depresión (táctica habitual que vienen aplicando una y otra vez). A través de la prensa, siempre en sus manos, se expandió la creencia de que la carencia del patrón oro era la causa de las penurias. Al mismo tiempo utilizaron la Ley de Contracción para disminuir el volumen de dinero en circulación, que en diez años decreció en un 70%. En 1872 el Banco de Inglaterra envió a Estados Unidos a Ernest Seyd, quien se dedicó a sobornar a congresistas para que lo apoyasen en su plan de desmonetizar la plata. Seyd se encargó personalmente de redactar el proyecto que se convirtió en la "Coinage Act" (Ley de Monedas) que paralizó la acuñación de monedas de plata. Así lo explicó el propio Ernest Seyd: "Fui a América en el invierno de 1872-73 autorizado para asegurar, si podía, la promulgación de una ley que desmonetizase la plata. Que ello se consiguiera iba en interés de aquellos a los que yo representaba -los gobernadores del Banco de Inglaterra. En 1873 las únicas monedas que se acuñaban eran de oro."

Como era previsible, con el dominio e influencia de los agentes británicos en la Casa Blanca, declinó la entente con Rusia que había permitido a Lincoln evitar la intervención de Gran Bretaña y Francia. Un año después del asesinato de Lincoln, el 16 de abril de 1866, un individuo disparó contra el zar en San Petersburgo. Un hombre consiguió apartar el arma del terrorista y Alejandro II se salvó. Poco después Cassius Clay se entrevistó con el zar y lo felicitó por haber escapado de la muerte "tan pronto después del asesinato de Lincoln". El zar replicó: "Confío en que con la ayuda de la Providencia nuestras mutuas calamidades fortalecerán nuestras relaciones de amistad y se convertirán en permanentes." Poderosos enemigos tenían interés en que el deseo de Alejandro II no se cumpliera. En años sucesivos se intentó asesinar al zar en cuatro ocasiones más. Por fin el 13 de marzo de 1881, el mismo día en que Alejandro II había firmado la Constitución que consolidaba reformas trascendentales para el pueblo ruso, un comando que actuaba a las órdenes de una judía revolucionaria y narodnik, Vera Nikolayevna Figner, consiguió matar a Alejandro II. Figner, que en 1879 había asistido al Congreso de Tierra y Libertad (Zemlia i Volia), la organización narodnik fundada por Alexander Herzen, formaba parte del Comité Ejecutivo de "Narodnaya Volia" (Voluntad del pueblo). Figner era también dirigente de su brazo militar, en cuya organización había jugado un papel destacado. Ya en 1880 Vera Figner había intentado matar al zar en Odessa. Finalmente, un comando de Narodnaya Volia integrado por tres terroristas logró el objetivo. Figner, que tras el magnicidio fue el único miembro del Comité Ejecutivo de Narodnaya Volia que permaneció en Rusia, no fue capturada hasta 1883. Sergey Degayev, un topo infiltrado de la policía, la denunció. Fue condenada a muerte, pero la sentencia se conmutó por cadena perpetua en Siberia. El Dr. Joseph Kastein, destacado historiador judío, escribió que la participación judía en el asesinato era "natural".

De lo expuesto puede concluirse que la guerra civil norteamericana no estalló, como se pretende, para acabar con la esclavitud, sino que fue preparada con antelación por ciertos poderes financieros europeos, los Rothschild y sus asociados, los cuales, apoyándose en Francia y Gran Bretaña, cuyo primer ministro Lord Palmerston era Gran Maestre del Rito Escocés de la Masonería y Patriarca de los Iluminados, pretendían dividir Estados Unidos en dos federaciones, dos zonas de influencia. Algunos autores hacen referencia a una supuesta conversación mantenida en 1857 entre Benjamín Disraeli, Lionel Rothschild y James Rothschild, que se hallaban reunidos en Londres con motivo de la boda de Leonora, hija de Lionel, con su primo Alphonse, hijo primogénito de James. Según parece, Disraeli habría sugerido informalmente que, una vez conseguida la ruptura, en el norte podrían dominar los Rothschild ingleses, y en el sur los franceses: "Divide et impera". La logia judía B'nai B'rith y los "buenos masones", algunos de los cuales fueron traidores que ocuparon puestos claves en uno u otro gobierno, actuaron como elementos determinantes empleados al servicio de la conspiración. Desde el interior de las logias, con total impunidad, se pusieron en marcha todo tipo de estratagemas, incluidas, por supuesto, actividades terroristas, cuya finalidad era exacerbar los ánimos y provocar finalmente la guerra.

Bismarck, la guerra franco-prusiana y los Rothschild

El sexenio revolucionario es quizá el periodo más pintoresco de la historia contemporánea de España. En él hubo de todo un poco. Comenzó con la revolución, llamada Gloriosa, protagonizada por un puñado de militares y políticos masones. Siguió el Gobierno Provisional con la Regencia de Serrano, que era masón. El periodo estuvo caracterizado por la búsqueda desesperada de un rey para España y por la promulgación de la Constitución de 1869. Llegó por fin Amadeo I de Saboya, masón de alto grado que en dos años lidió con tres presidentes de Gobierno, seis gabinetes y sufrió además un atentado. Renunció. Vino luego la primera República, federal, que gozó de cuatro presidentes en once meses. Aconteció enseguida el golpe de Estado de Pavía. La historia del sexenio prosiguió con la República unitaria hasta diciembre de 1874, fecha en que tuvo lugar el pronunciamiento de Martínez Campos, que trajo de nuevo a los Borbones. Todo ello aderezado con tres guerras civiles: la tercera guerra carlista, la insurrección cantonal y la guerra de Cuba. A ver quién da más.

El ofrecimiento del trono de España a diversos candidatos se convirtió en una cuestión europea y acabó siendo el pretexto que encendió la mecha para la guerra franco-prusiana. El primer candidato era el duque de Montpansier, cuñado de la Isabel II, quien estaba convencido de que sería el nuevo rey de España; sin embargo Napoleón III se oponía, prácticamente lo había vetado, y así se lo hizo saber el general Prim. Antonio de Orleans, duque de Montpansier, era hijo de Luis Felipe de Orleans. El segundo candidato era el príncipe Leopoldo de Hohenzollern-Sigmaringen. Su candidatura habría sido sugerida por el propio Otto von Bismarck a Eusebio Salazar y Marredo, quien a través de un artículo en un periódico alemán propuso la candidatura de Leopoldo, que hablaba perfectamente en castellano y estaba casado con una hija del rey de Portugal. Salazar se ofreció como mediador y Prim aceptó, con la condición de que se hiciera todo con extremada cautela. Pronto Salazar informó a Prim de que el príncipe Leopoldo accedería si su padre, el príncipe Karl Anton, y el rey de Prusia lo autorizaban. Quién más reticente se mostró fue el rey prusiano, Guillermo I; pero Eugenio Salazar contaba con la ayuda del propio Bismarck para tratar de convencer al rey. Hubo un intercambio de correspondencia entre Prim y Bismarck que tuvo como mediador a Lothar Bucher. Todo se estaba haciendo con la debida discreción y nada se sospechaba en París.

Veamos a partir de este momento cómo ocurrieron las cosas desde el lado español. El 26 de junio de 1870 Salazar se presentó en Madrid para entrevistarse con el presidente del Gobierno. Por desgracia Prim, masón de alto grado cuyo nombre en su logia era Washington, no se hallaba aquel día en la capital: acompañado de Milans del Bosch estaba cazando patos en Daimiel. Salazar decidió entrevistarse entonces con el ministro de la Gobernación, Práxedes Mateo Sagasta, otro masón que alcanzó el grado 33 y fue Gran Maestre del Gran Oriente de España. Al oír a Salazar, el ministro Sagasta lo llevó ante el presidente de las Cortes, Manuel Ruiz Zorrilla, quien asimismo era masón y fue también Gran Maestre del Gran Oriente de España. "¿El príncipe Leopoldo Rey de España? ¿Y dice usted que están tan adelantadas las gestiones?", preguntó asombrado Ruiz Zorrilla. El siguiente paso fue toda una demostración de máxima estupidez de este político, que suspuestamente debía tener sentido de Estado y comprender el valor de la discreción en un tema que afectaba a toda Europa: Ruiz Zorrilla no tuvo mejor idea que contárselo todo a un amigo periodista, José Ignacio Escobar, director de *La Época*, a quien le faltó tiempo, naturalmente, para publicar la noticia, que enseguida se extendió por toda Europa.

El general Prim, indignado, reunió al Gobierno e informó por fin sobre sus gestiones secretas en Prusia. Mediante el telégrafo se ordenó al embajador en París, Olózaga, que hablase con el emperador francés. A la vez, convencido de que no podía hacer marcha atrás, Prim envió a Prusia al contralmirante Polo de Bernabé para que transmitiese al príncipe Leopoldo la intención del Gobierno español de apoyar su candidatura en las Cortes. A partir de este momento comenzó la guerra en las cancillerías europeas. Napoleón III envió un agente al general masón Francisco Serrano, que desempeñaba la Regencia, instándole a que desautorizase a Prim, quien aceptó el requerimiento. Inmediatamente Serrano comisionó a un sobrino suyo, el coronel de Estado Mayor José López Domínguez, para que viajase a Prusia y tratara de disuadir al príncipe Leopoldo de la aceptación de la Corona de España. A su vez, el embajador en París, Olózaga, despachó por su parte a la Corte de Prusia al diplomático rumano Stratz, un amigo personal bien considerado entre los prusianos.

El asunto visto desde Francia y Prusia adquiría otras connotaciones. En primer lugar hay que mencionar que la penetración de la economía y del capital francés en España fue considerable durante la década de los sesenta. Un conjunto de bancos agrupados en la "Banque de Paris" se había convertido en una competencia imprevista para los Rothschild y España era uno de los escenarios de la pugna. La Banca de París había presentado sus credenciales al Gobierno español para una operación de crédito a gran escala. Además, Adrián Delahante, director de dicha Banca que formaba parte del consejo de administración de la línea de ferrocarril Madrid-Zaragoza-Alicante, codiciaba los beneficios de la explotación de las minas de mercurio de Almadén y de las de cobre de Río Tinto. No es, pues, extraño que el Gobierno francés no estuviera dispuesto a aceptar la candidatura de un príncipe prusiano al Trono español, y menos si, como hemos visto, estaba siendo impulsada por el propio Bismarck.

En realidad lo que quería Bismarck al apoyar al príncipe Leopoldo era provocar una reacción de Francia que desencadenase la guerra que había de permitirle la unión de Prusia y los Estados alemanes del sur. La máxima dificultad estribaba en convencer al padre de Leopoldo, Karl Anton, y al rey

Guillermo I para que plantasen cara a Francia. El 22 de abril de 1870 Leopoldo había declinado inicialmente el ofrecimiento, pero Bismarck había ido maniobrando en la sombra hasta conseguir que cambiase su parecer. Fue en este contexto cuando como consecuencia de la indiscreción de Ruiz Zorrilla se destapó todo y se precipitaron los hechos. El embajador francés en Berlín, Benedetti, siguiendo instrucciones de su ministro de Exteriores, duque de Gramont, exigió al rey de Prusia que desautorizase la candidatura del príncipe Leopoldo a la Corona de España y que se comprometiera por escrito a no volver a presentarla. Ante el desdoro que la rectificación suponía para su persona, Leopoldo de Hohenzollern-Sigmaringen se negó a desdecirse. Parece ser que su padre le dijo entonces: "¡Loco! ¡Eres un loco! Tu trono no está en Madrid, sino en el manicomio..." Presionado de este modo por su propio padre y requerido por el rey Guillermo I, el príncipe renunció una vez más.

El día 12 de junio Karl Anton declaró que su hijo no sería candidato y el rey de Prusia le reconoció a Benedetti que se trataba de "una buena noticia que nos salva a todos de dificultades". El mismo día el rey le aseguró al embajador Benedetti que él personalmente aprobaba la retirada de Leopoldo "en el mismo sentido y en el mismo grado en que había dado su aprobación", es decir, "por completo y sin reservas." Bismarck había quedado fuera de juego y todo parecía arreglado cuando el 13 de julio de 1870 recibió el famoso telegrama de Ems, en el que figuraba el punto esencial del encuentro entre el embajador Benedetti y Guillermo I, según el cual el rey de Prusia debía dar la seguridad de que "nunca en el futuro daría su consentimiento a una candidatura de los Hohenzollern." En la reescritura del telegrama que Bismarck hizo para la prensa, se informaba de que el rey no podía asumir una declaración tan definitiva; pero además daba a entender que la demanda había sido ofensiva para él. Bismarck pretendió de este modo agraviar a Gramont y utilizar el telegrama que él mismo había adulterado para desatar una campaña de propaganda antifrancesa dirigida a la opinión interna e internacional.

Una semana antes, el 6 de julio, en medio de las negociaciones diplomáticas, el Gobierno francés había aprobado imprudentemente una declaración incendiaria redactada por el ministro de Exteriores, Alfred Agénor, duque de Gramont, y leída en el Parlamento, en la que en un lenguaje violento se exigía un veto absoluto del rey a la candidatura Hohenzollern y se amenazaba con la declaración de guerra si Leopoldo aceptaba. Era evidente que tras la conversación mantenida el día 12 entre el rey Guillermo y el embajador Benedetti la candidatura de Leopoldo había sido retirada. No había por qué insistir en una declaración tan textual y concreta como se exigía en el telegrama de Ems. Obviamente, Gramont y quienes conocían las mútiples florituras del lenguaje diplomático sabían que se traba de una provocación innecesaria, temeraria, como lo era también una carta en la que se exigía que el rey de Prusia pidiera disculpas a Napoleón.

En lugar de descansar aliviado tras las palabras conciliatorias de Guillermo I al embajador francés, el duque de Gramont utilizó el telegrama de Ems como "casus belli" y el 14 de julio se procedió a la movilización. El 15 de julio de 1870 Francia declaró la guerra a Prusia.

Antes de seguir, unas líneas pueden ayudar a conocer a este personaje. Antoine Alfred Agénor, duque de Gramont, fue nombrado ministro de Asuntos Exteriores dos meses antes del estallido de la guerra, el 15 de mayo. Su amistad con los Rothschild parisinos es bien conocida. James Rothschild, el último de los cinco hijos varones de Mayer Amschel que seguía con vida, había muerto en 1868. El jefe de la casa de París era desde entonces Alphonse, quien tras conocer el nombramiento declaró: "Estaremos encantados con el nombramiento desde cualquier punto de vista, porque es necesario tener a la cabeza de este Ministerio a un hombre con experiencia, que sea suficientemente inteligente como para no pretender ganar fama para sí mismo mediante una genialidad brillante." Bueno, no sabemos si impulsar la guerra puede ser considerado o no una genialidad, pero sí conocemos gracias a Niall Ferguson que posteriormente, en 1878, el hijo del duque de Agénor emparentó con los Rothschild al casarse con Margaretha Rothschild, hija de Mayer Carl Rothschild, jefe de la Casa en Alemania. Curiosamente, la historia iba a repetirse sesenta y nueve años más tarde, en 1939, cuando el hombre que más trabajó para que estallase la II Guerra Mundial, Lord Halifax, ministro del Foreign Office, emparentó a su hijo heredero con una nieta de los Rothschild británicos.

Con o sin telegrama de Ems, con o sin cuestión sucesoria en España, es probable que Francia y Alemania hubieran acabado enfrentándose; pero lo cierto es que la candidatura al Trono español fue el hecho utilizado por ambas partes para ir a la guerra. Por otra parte, la circunstancia de que Francia comenzase las hostilidades fue decisiva, ya que determinó la no intervención de Gran Bretaña. Los primeros enfrentamientos se produjeron el 4 de agosto y el día 6 llegaron las primeras derrotas francesas en Wörth y Forbach. Entre los días 14 y 18 siguieron las batallas de Borny, Rézonville y Gravelotte. Como consecuencia de estas derrotas, el mariscal Bazaine se retiró hasta Metz, donde quedó bloqueado. Ante estos hechos, Napoleón III y el mariscal Mac-Mahon se pusieron al frente del ejército francés en Chalons. Entre el 1 y el 2 de septiembre se libró la batalla de Sedán, que decidió el resultado de la guerra. Ante la magnitud de la matanza, Napoleón III ordenó izar bandera blanca y se rindió con todo el ejército al general prusiano Helmuth von Moltke. Se ha dicho que los cañones Krupp, que eran cargados por la culata, mientras que los cañones franceses lo eran por la boca, fueron decisivos en la victoria prusiana. Puede que así sea; pero dos años antes no lo habían sido en España: el 28 de septiembre de 1868, en la famosa batalla del puente de Alcolea, las tropas gubernamentales del marqués de Novaliches disponían de los modernos cañones Krupp y, pese a ello, fueron derrotadas por los rebeldes que mandaba el duque de la Torre.

Tan pronto la noticia del desastre de Sedán y la captura del emperador llegó a París, la agitación fue en aumento. El 4 de septiembre miles de personas se echaron a la calle y pronto comenzaron a oírse gritos de ¡Viva la República! ¡Mueran los prusianos! El gobernador militar de París, el general Trochu, permaneció inactivo y Gambetta lo iba a premiar más tarde nombrándolo jefe del Gobierno Provisional. La muchedumbre se encaminó al Parlamento, donde Gambetta se subió a la tribuna y proclamó la decadencia del imperio y el advenimiento de la III República. Finalmente, las manifestaciones fueron dirigidas hacia el Ayuntamiento, el lugar de la tradición revolucionaria, donde, tras cantar la Marsellesa, los diputados de París dieron el golpe de Estado y proclamaron de nuevo la III República. Entre vivas y mueras el masón Jules Ferry propuso: "¡Los diputados de París al Gobierno! En realidad, la lista había sido ya confeccionada durante la noche anterior. Entre estos padres de la patria que habían encabezado las marchas y que formaron el Gobierno de Defensa Nacional predominaban como de costumbre los masones republicanos. Mencionaremos sólo a los hermanos más destacados: el incombustible Adolphe Crémieux, el Gran Maestre del Rito Escocés, que cedió el protagonismo a su hijo adoptivo, un judío corrupto y masón llamado León Gambetta que fue ministro de Interior y de la Guerra; Emmanuel Arago, quien en 1878 alcanzaría el cargo de Gran Orador del Supremo Consejo de Francia; Jules Favre, masón que además de la vicepresidencia asumió la cartera de Exteriores; Jules Simon, ministro de Instrucción Pública, el cual emplazó a los funcionarios de su departamento a luchar hasta conseguir proclamar la República en Berlín; Eugène Pelletan, iniciado en la masonería en 1864 en la logia "l'Avenir", donde alcanzó el grado de venerable antes de ingresar en el Consejo del Gran Oriente de Francia.

Mientras en París los líderes republicanos se apresuraban para organizar la defensa del país, Bismarck y su ejército se acercaban a la capital. En su camino llegaron a Ferrières, donde el Canciller de Hierro estableció su cuartel general. Recordemos que el palacio de Ferrières perteneció inicialmente a Joseph Fouché y en 1829 había sido comprado por James Rothschild. Significativamente, Ferrières, una finca con tres mil hectáreas de campos y bosques, era el lugar escogido por Bismarck para instalarse con su Estado Mayor en tanto durase el cerco de París. Además, en Ferrières iban a tener lugar las complicadas negociaciones financieras entre Francia y Prusia, cuyos banqueros eran todos judíos, y de las que los Rothschild iban a salir como ganadores. ¿Hay que pensar, como sugiere Niall Ferguson, que se trata sólo de una ironía?

Los primeros en llegar a Ferrières el 14 de septiembre fueron los generales von Eupling y Gordon. El día 19 llegó ya el rey de Prusia, Guillermo I, en compañía de Bismarck; Moltke, jefe del Estado Mayor; Roon, ministro de la Guerra; y cerca de tres mil generales y jefes del Ejército. Niall Ferguson narra la llegada con estas palabras: "Al menos para algunos de estos huéspedes no invitados, Ferrières fue una revelación. Con sus exteriores de ensueño y sus interiores exóticos, parecía como 'un cuento de hadas, magnífico', a pesar del hecho de que era la creación de un judío -del rey de los judíos ('Jüdenkönig'), como lo llamó Roon, templando su admiración con desdén. Las iniciales JR -James Rothschild- que adornaban paredes y techos fueron traducidas como 'Judeorum Rex' con humor lamentable." El día 21 de septiembre el propio Bismarck escribía lo siguiente a su esposa: "Estoy aquí sentado bajo un cuadro del viejo Rothschild y su familia... negociadores de todo tipo se aferran a las faldillas de mi chaqueta como judíos alrededor de un vendedor de mercado." Días más tarde, cuando se le pidió si estaba dispuesto a negociar los términos de la paz con un régimen republicano, Bismarck respondió con sarcasmo que él reconocería "no sólo a la República, sino que también, si fuera preciso, a la dinastía Gambetta... de hecho, a cualquier dinastía, sean Bleichröder o Rothschild." Tanto fue así, que posteriormente Bismarck concedió a Gerson Bleichröder un título nobiliario que lo convirtió en el primer noble judío de Prusia. Su padre, Samuel Bleichröder, había fundado la entidad bancaria en 1803 y actuaba como una filial de la Casa Rothschild en Berlín, tan estrecha era su relación. En *The Reign of the House of Rothschild* Egon Caesar Corti escribe que Gerson Bleichröder había soñado largo tiempo con la fundación de un gran banco prusiano en asociación con los Rothschild y que finalmente había creado con ellos el grupo Rothschild.

Un hecho poco conocido es que la madre de Otto von Bismnarck, Luise Wilhelmine Mencken, era de origen judío. John Coleman en *The Rothschild Dinasty* asegura que él mismo encontró sus antecedentes. Según Coleman, Haim Solomon, uno de los financieros del general George Washington, al que donó toda su fortuna para que pudiera empezar la revolución, fue un antecesor de la madre de Bismarck. Coleman cita un periódico, *The Jewish Tribune of New York*, donde el 9 de enero de 1925 se confirmaba en un artículo que Luise Mencken era descendiente de Haim Solomon. Asimismo, John Reeves afirma en *The Rothschilds: the Financials Rulers of Nations* que Bismarck era medio judío y sugiere que era un hombre próximo a los Rothschild. En la novela *Coningsby* y en *Lord Beaconsfield's Letters*, obras de Benjamín Disraeli, se apunta que los Rothschild ya se habían fijado en Bismarck cuando éste era un joven de veinticinco años y que en 1844 estaba ya bajo su influencia. Si esto último es cierto Bismarck habría sido un político cooptado.

Sea como fuere, la gloria personal de Otto von Bismarck al pasar a la historia como el estadista que ensambló todas las piezas del II Reich alemán es personal e intransferible. Tras su victoria sobre Francia, en 1871 no sólo consiguió la unión de Prusia con los Estados alemanes del sur, sino que también anexionó Alsacia Lorena, las dos antiguas provincias que durante más de dos siglos habían mantenido la lengua y las costumbres alemanas. Fue esta pretendida anexión lo que demoró la firma del armisticio hasta el

28 de febrero de 1871, toda vez que los republicanos franceses no estaban dispuestos a la cesión de territorio. Sin embargo, Mayer Carl Rothschild, apenas se produjeron las primeras derrotas francesas, se apresuró a informar el 15 de agosto a su tío Lionel y a sus primos de Londres sobre el ambiente que reinaba en la Bolsa de Frankfurt: "Me atrevo a decir que Francia perderá sus dos viejas provincias alemanas, una parte considerable de su flota y además tendrá que pagar una gran cantidad de dinero."

El Gobierno republicano pensó que una intervención moderadora por parte de Gran Bretaña evitaría cualquier cesión territorial. En consecuencia, apenas se hubo formado el Consejo de Gobierno y de Defensa Nacional, Jules Favre declaró que no estaban dispuestos a ceder una pulgada de territorio. El 17 de septiembre el embajador británico en Francia, Lord Lyons, tras una entrevista personal con el Canciller de Hierro, avanzó a Gustave Rothschild, hermano de Alphonse, la posición alemana: Bismarck le había anticipado que no necesitaba dinero y que lo que quería era Metz y Estrasburgo. Lyons advirtió a Gustave que si su petición era rechazada, cortaría las comunicaciones y entraría en París. Un día después, el 18 de septiembre, se produjo la primera entrevista entre el ministro de Exteriores francés y Bismarck. Favre le ofreció a Bismarck cinco mil millones de francos si Francia retenía los territorios en disputa; pero "old B" ("el viejo B", de este modo familiar se referían los Rothschild a Bismarck) fue tajante: "De dinero ya hablaremos más tarde, primero queremos determinar y asegurar la frontera alemana."

Fue el mismo Jules Favre quien pidió que se armase a la Guardia Nacional. Gambetta ordenó que doscientos ochenta y tres batallones fueran reclutados principalmente entre la clase obrera, que sufría un desempleo muy alto. A finales de septiembre París contaba ya con un ejército proletario, una cuarta parte del cual eran comunistas y anarquistas inscritos a la Internacional. Puesto que los guardias elegían a sus jefes, muchos de los mandos votados eran revolucionarios. El 14 de octubre Favre, que había recibido muestras de solidaridad de republicanos españoles, en un intento desesperado de obtener ayuda de algún país europeo envió a Emile Keratry a Madrid. Keratry, prefecto de Policía de París, salió de la capital en globo, puesto que no había otra manera de burlar el sitio impuesto por los alemanes desde 19 de septiembre. El 19 de octubre de 1870 fue recibido por Prim en el palacio de Buenavista. Lo primero que intentó el francés fue convencer al general Prim para que se proclamase presidente de la República. A continuación, a cambio de un ejército de ochenta mil hombres capaz de entrar en campaña en un plazo de diez días, cuyo sostenimiento correría a cargo de Francia, Keratry ofreció cincuenta millones de francos y los buques que necesitase España para reprimir la insurrección cubana. Prim no sólo rechazó la oferta, sino que le dijo: "No habrá república en España mientras yo viva."

Si se tiene en cuenta que acabar con las monarquías y con el poder de la Iglesia es objetivo principal de la masonería, no se entiende la actitud de

Prim, quien, además, era llamado Washington en su logia. Es evidente que las ideas de los Illuminati no influyeron en este general catalán, que dos meses después fue asesinado. Keratry abandonó la reunión encolerizado y dispuesto a tomar represalias contra España. Las órdenes que impartió al subprefecto de Policía de Bayona y al comisario general, que lo esperaban al otro lado de la frontera, constan en el diario de don Carlos. A ambos les ordenó lo siguiente en voz alta: "Protección oficial y completa para los carlistas, facultad amplia a los mismos para hacer política, reunir gentes, armas y batallones. En el caso de que don Carlos fuese a la frontera, que se le guarden todas las consideraciones y se le hagan todos los honores habidos a su alta jerarquía."

Vistas las intenciones del Gobierno republicano de resistir pese al sitio de París, el 5 de octubre el rey Guillermo I decidió abandonar Ferrières y regresar a Prusia. Antes de irse, había ordenado personalmente que no debía producirse ninguna requisa en los terrenos de los Rothschild franceses y que no debían tocarse ni los vinos de las bodegas ni las aves de caza. El encargado de la finca, Bergman, confirma que antes de salir el rey entregó dos mil francos para el personal de servicio. Asimismo exigió una declaración escrita conforme en el momento de su partida no faltaba nada en el palacio y dejó a setenta y cinco hombres encargados de la protección de las instalaciones. Únicamente mantas y colchones fueron requisados para los heridos convalecientes en hospitales instalados en las cercanías.

La derrota que querían ignorar los republicanos masones que tomaron el poder en París tras el golpe de Estado del 4 de septiembre se hizo cada vez más evidente. Las esperanzas de contrataque se esfumaron definitivamente cuando El 27 de octubre Bazaine, con un ejército de ciento setenta y tres mil soldados, capituló en Metz, donde había resistido asediado desde el 19 de agosto. Ante la irreversibilidad de la victoria, en la galería de los espejos de Versalles Guillermo I fue proclamado emperador el 18 de enero de 1871. Diez días después, asimismo en Versalles, Jules Favre consiguió de Bismarck un armisticio de tres semanas para que se pudiera elegir una Asamblea Nacional, que debería negociar la paz. Entre las condiciones impuestas por el canciller Bismarck figuraba el desarme de la guarnición de París, con excepción de doce mil soldados para el mantenimiento del orden y veinte mil guardias municipales. Jules Favre suplicó a Bismarck que no desarmase a los ciento noventa mil guardias nacionales y "el viejo B", cuyo servicio de inteligencia tenía necesariamente información de lo que se preparaba, aceptó.

El 8 de febrero de 1871 se celebraron las elecciones legislativas en Francia y los republicanos fueron claramente derrotados. Para una Asamblea de 675 diputados, los republicanos radicales obtuvieron 38 escaños y los republicanos moderados, 112. Por contra, los orleanistas lograron 214 diputados y los legitimistas, 182. Los liberales consiguieron 72 escaños y los bonapartistas, 20. Como había ocurrido en 1848, los resultados demostraron una vez más el conservadurismo de la sociedad francesa, ignorado una y otra vez por quienes pretendían imponerse a través de la violencia. Demostración de ello fue la Comuna de París, que provocó una nueva guerra civil, limitada casi exclusivamente a la capital, en la que perdieron la vida a cerca de treinta mil franceses. La nueva Asamblea escogió a Adolphe Thiers como jefe del Gobierno. Además de aplazar la discusión sobre la forma definitiva que adoptaría el Estado, ya que en el Parlamento dominaban ampliamente los monárquicos, Thiers condujo hasta 1873 la negociación con Alemania. Una de las primeras decisiones de la Asamblea reunida en Burdeos fue suprimir el sueldo a los guardias nacionales, excepto a los indigentes. Se esperaba así reducir su número, pero sólo algunos miles de obreros regresaron a sus talleres. Los elementos revolucionarios se quedaron en sus batallones con o sin sueldo. Si lo que se pretendía era dejar sin paga a los guardias, la petición de Favre a Bismarck para que no los desarmase es, si no sospechosa, del todo incomprensible.

Antes de abordar los hechos que ocurrieron en París durante los dos meses de la Comuna, interesa reseñar algunos datos sobre las finanzas. Lo primero que hay que constatar es que la Casa Rothschild, con sedes en las principales capitales europeas, salió reforzada de la crisis. Las entidades bancarias de ambos bandos que tuvieron dificultades fueron aquellas que no tenían liquidez. Mientras el mercado francés se hundía y el alemán repuntaba, la Bolsa de Londres se mantenía indemne. Mayer Carl Rothschild, que estaba al frente de la Casa de Frankfurt y que por supuesto fue invitado por Guillermo I al acto de su proclamación imperial en Versalles, no perdió la oportunidad de sacar el máximo provecho de la guerra. Para reforzar la capacidad de su gestión, Mayer Carl pidió a su primo Lionel de Londres, con cuya hermana Louise, su prima, estaba casado, que le transfiriese importantes cantidades de dinero, que fueron utilizadas para demostrar hasta qué punto los Rothschild de Frankfurt podían ser útiles al Gobierno alemán. El Gobierno de Napoleón III consideró la conveniencia de que la Banca de Francia suspendiera la convertibilidad en oro, a fin de prevenir los intentos de salida de capital. Desde el principio del conflicto, el capital francés comenzó a fluir hacia Inglaterra. Los Rothschild franceses revelaron ya el 4 de agosto, día de las primeras escaramuzas en el frente de batalla, que no estaban dispuestos a correr ningún riesgo, pues trataron de pasar a Bélgica dos millones de francos en plata para cambiarlos por oro. La policía aprehendió el dinero, convencida de que se trataba de un transporte ilegal, de contrabando. Esta información procede de Niall Ferguson en *The House of Rothschild. The World's Banker 1849-1999*. Según Ferguson, el envío se hacía en nombre del Gobierno; pero esta pretensión no parece creíble, puesto que si la operación hubiera sido legal la policía debería haber sido advertida. El 12 de agosto la Banca suspendió, efectivamente, la conversión en oro, que fue seguida de una moratoria para las letras de cambio. El propio Alphonse Rothschild comenta en una carta que un militar de alto rango les pidió que enviasen a la sede de Londres una parte de sus valores financieros para que estuvieran a buen recaudo y añade: "Tal sugerencia de su parte, como podéis imaginar, ha despertado nuestras sospechas, y planeamos seguir su ejemplo." Tras estas palabras es aún más difícil creer que el envío a Bélgica de dos millones de francos en plata se hacía de parte del Gobierno.

En lo concerniente a las negociaciones para el pago de la indemnización, comenzaron tan pronto Thiers estuvo investido de autoridad. Alphonse, que aludía a Thiers con el eufemismo de "nuestro amigo", sabía que las relaciones de éste con su padre no habían sido buenas. Como sabemos, James había forzado su caída en 1840 cuando se enfrentaron a causa de la actitud de Thiers en el Damascus Affair. Alphonse comentó en una ocasión que "era el pequeño presidente de una gran República." Pero el pragmatismo se impuso porque Thiers comprendió que la situación política quedaba subordinada a las cuestiones financieras. Tras el resultado de las elecciones, Alphonse viajó a Londres el 21 de febrero de 1871 para trazar en "New Court" la estrategia con su primo Lionel, quien tras la muerte de James se había convertido en el líder indiscutible de la familia. Fue entonces cuando decidieron que las operaciones financieras pivotarían en torno a la Casa londinense. El día 22 Alphonse fue requerido por Thiers para que regresase a Francia. En Versalles habían comenzado las conversaciones e inicialmente Bismarck había pedido una indemnización de 6.000 millones de francos, cifra que había sido calificada por los negociadores franceses como exorbitante. Además, se pretendía un procedimiento de pago en el que los banqueros alemanes Bleichröder y Henckel serían determinantes. Favre lo dijo con estas palabras: "Querían llevar a cabo una operación colosal con nuestros millones." El día 25 Alphonse se presentó en Versalles como representante de los Rothschild de Londres y París. Al día siguiente Thiers y Favre aceptaron la cifra de 5.000 millones de francos de oro que Francia pagaría a Alemania con un interés del 5%; pero además se acordó que los Rothschild, concretamente la Casa de Londres, y no los banqueros alemanes serían quienes iban a controlar y gestionar las operaciones financieras de la indemnización. Una vez más quedaba demostrado que las guerras y revoluciones en Europa provocaban pérdidas e incluso la ruina de ciertas entidades bancarias; sin embargo los Rothschild, aparte de sacar provecho de ellas, aparecían como la clave para poder garantizar la estabilidad internacional. El director del Crédit Lyonnais, Mazerat, lamentaba que los bancos franceses con acciones compartidas habían sido prácticamente exprimidos. La cita procede de la obra Ferguson:

> "En todos los asuntos contratados desde la guerra, la casa de Rothschild y, bajo su tutela, el grupo de la alta banca han desempeñado un papel casi exclusivo... Fueron los Rothschild y sus amigos, con el respaldo del Banco de Francia, quienes avanzaron 200 millones de francos que

necesitaba la ciudad de París para pagar su contribución de guerra (exigida por Bismarck). Fue el mismo grupo el que se reservó el préstamo de 2.000 millones y fue sólo como un favor que, en el último minuto, se permitió que los establecimientos de crédito obtuvieran una insignificante comisión de 20 millones que el consorcio Rothschild se había también asegurado para ellos... Ahora el próximo préstamo para la ciudad de París se anuncia en los mismos términos..."

La Comuna de París, Marx y Bakunin

La guerra franco-prusiana puso de manifiesto que los ideólogos internacionalistas, agentes de los banqueros que financiaban el MRM, no habían conseguido eliminar el patriotismo en los trabajadores. Los obreros alemanes estaban con sus compatriotas y contemplaban con orgullo las victorias de Bismarck. Pero ni siquiera Marx y Engels creían en la unión fraternal entre los proletarios de diferentes países. Mientras los obreros franceses hicieron en 1870 un llamamiento a los alemanes, en la correspondencia entre Max y Engels (*Der Briefwechsel zwischen Marx und Engels*) se demuestra que el mismo Marx deseaba la victoria de los prusianos. "Los franceses -escribió el 20 de julio de 1870- necesitan una paliza ('Die Franzosen brauchen Prügel'). Si los prusianos vencen, la centralización del poder del Estado será útil para la centralización de los obreros alemanes. Además la preponderancia alemana hará cambiar de Francia a Alemania el centro de gravedad del movimiento obrero; y basta comparar el movimiento obrero en ambos países para comprender... que el obrero alemán es superior al francés, ya se considere el orden teórico o la organización. La preponderancia del proletariado alemán sobre el francés, en el teatro del mundo, vendrá a ser al mismo tiempo la preponderancia de nuestra teoría sobre la de Proudhon." Estas palabras evidencian que Marx no creía en lo que predicaba. De hecho la rama francesa de la Internacional en Londres lo denunció como un agente de Bismarck. Marx le escribió de nuevo a Engels el 3 de agosto diciéndole que lo acusaban de haber recibido 10.000 libras esterlinas de Bismarck. Cierto o no, es innegable que Marx y Engels aplaudieron las victorias alemanas y en nombre de Consejo General de la Internacional intentaron convencer al proletariado francés de que no peleara contra los invasores. Para muchos internacionalistas su posición fue vergonzosa. Muy diferente fue la actitud de Bakunin, quien se encontraba en Locarno y pidió dinero prestado para acudir a la llamada de los socialistas revolucionarios de Lyon. Marx siguió refugiado en Londres y, sorprendido por la rapidez de la derrota militar francesa, fue incapaz de reaccionar. Mientras los blanquistas y los republicanos que residían en París se organizaron en una noche, Marx quedó inicialmente desbordado por los acontecimientos.

No obstante, en medio año tuvo tiempo de trazar una estrategia y pudo establecer los mecanismos necesarios para contactar mediante enlaces con sus partidarios en París. Apenas se había conseguido en Versalles el principio de acuerdo cuando comenzaron los hechos que desembocaron en la famosa Comuna de París, uno de los episodios revolucionarios más mitificados por la izquierda comunista y socialista. Fue un nuevo ensayo revolucionario que ignoró el resultado de las elecciones y pretendió imponer una opción política que casi no había obtenido representación. El 1 de marzo, con el pretexto de que los prusianos debían entrar en la ciudad, el Comité de Vigilancia ordenó a los guardias nacionales que invadiesen los parques de artillería. Doscientos setenta y siete cañones fueron sustraídos y subidos a la colina de Montmartre. La Asamblea Nacional, reunida en Burdeos, acababa de ratificar las condiciones de una paz desastrosa. El 6 de marzo el Comité de Vigilancia se reunió en los locales parisinos de la Internacional y, bajo el pretexto de que la Asamblea Nacional de Burdeos, dominada por los monárquicos, pretendía derribar la República, emitió una proclama que anunciaba una Federación Republicana de Guardias Nacionales y asumió provisionalmente todos los poderes. De ahí el nombre de federados que se dio a los insurgentes comunistas. En la composición del Comité Central dominaban los miembros de la Internacional. El 11 de marzo, un manifiesto de este Comité Central dirigido a los guardias nacionales los invitaba a "permanecer unidos por la salvación de la República, a oponerse a cualquier tentativa de desarme, a oponerse a la entrega de los cañones, a oponer la fuerza a la fuerza."

En Burdeos la Asamblea Nacional, ante el cariz de los acontecimientos en París, decidió mantener sus sesiones en Versalles. Thiers trató entonces de desarmar a la Guardia Nacional y recuperar los cañones de Montmatre, pero el resultado fue la detención de Clément-Thomas, viejo general de la Guardia Nacional, y del general Lecomte. El 18 de marzo de 1871 ambos fueron fusilados en un vallado de la "rue des Rossiers" tras un simulacro de juicio. Eran las primeras víctimas de la lucha fratricida que iba a seguir. La bandera tricolor fue arriada en el Ayuntamiento de París y se izó la bandera roja de los Rothschild, que era la de la revolución social. El gobernador militar de París, Joseph Vinoy, y el general Ducrot eran partidarios de establecer inmediatamente el orden mediante un golpe de fuerza antes de que los revolucionarios pudieran organizar la defensa; pero Thiers, que abrigaba la esperanza de evitar el derramamiento de sangre mediante la negociación, ordenó la evacuación de la capital: todas las tropas leales y los funcionarios civiles se concentraron en Versalles. Unas elecciones municipales hechas el 26 de marzo en las alcaldías de París bajo la presión de las bayonetas otorgaron una pretendida legitimidad al Gobierno de la Comuna, en cuyo Consejo General Marx colocó a una docena de sus representantes en la Internacional.

La historiografía marxista ha copado la información en internet y es difícil encontrar una versión crítica con los revolucionarios, que son presentados como patriotas, mártires y campeones de la libertad. Marx, que había pedido al proletariado francés que no pelease contra los invasores, en marzo alentaba sarcásticamente la guerra civil y, ahora sí, pretendía que los obreros lucharan contra sus compatriotas, enemigos de clase. Si se examina, por ejemplo, la matanza de la plaza de Vendôme, la diferencia es abismal según la versión que se lea. Para los historiadores no marxistas, una manifestación de guardias nacionales desarmados y civiles, entre los que había mujeres y niños, que marchaba en contra del desorden detrás de la bandera tricolor fue recibida con una descarga que dejó una treintena de muertos. Según Max, "... bajo la capa cobarde de una manifestación pacífica, estas bandas, pertrechadas secretamente con armas de matones, se pusieron en orden de marcha, maltrataron y desarmaron a las patrullas de la Guardia Nacional que encontraron a su paso y al desembocar en la plaza Vendôme, a los gritos de '¡Abajo el Comité Central! ¡Abajo los asesinos! ¡Viva la Asamblea Nacional!' intentaron romper el cordón de puestos de guardia y tomar por sorpresa el cuartel general de la Guardia Nacional." Por lo visto, el resultado de las elecciones no tenía ninguna importancia. Marx sólo tenía palabras de desprecio para quienes se oponían a su pretendida dictadura del proletariado. El príncipe Kropotkin escribe que Max daba órdenes a sus agentes a través del Consejo General de la Internacional y pretendía dirigir la insurrección desde Londres, a donde le llegaban los informes que exigía le fueran remitidos diariamente.

Con todo, era absurdo querer controlar los acontecimintos desde el extranjero cuando sobre el terreno los anarquistas de Bakunin y otros masones iluminados se hallaban en contacto directo con los hechos cotidianos. El 26 de abril, por ejemplo, una comisión masónica que se presentó para felicitar a la Comuna fue recibida con la consigna de "¡Viva la República Universal!", el grito de guerra del iluminismo acuñado Cloots (Anacarsis). Uno de los oradores de la delegación de masones, el hermano Thirifocque, declaró que "la Comuna era la revolución más grande que el mundo podía contemplar, que era un nuevo templo de Salomón que los masones estaban obligados a defender." El 1 de mayo, en imitación a la revolución de 1789, la Comuna creó un Comité de Salud Pública y quiso adoptar el antiguo calendario revolucionario. Louis Énault en *Paris brulé par la Comunne* escribe que unos cincuenta mil extranjeros y diecisiete mil criminales salidos de las prisiones participaron en los acontecimientos. Como había ocurrido en 1792-93 hubo profanación de iglesias, destrozo de imágenes y pinturas, robo de reliquias e instrumentos de culto. Como de costumbre, los púlpitos fueron usados como tribunas para blasfemar. Cuando se vio que la causa estaba perdida, durante la llamada Semana Sangrienta, el pillaje, los asesinatos y los incendios fueron continuos y sistemáticos. El 27 de mayo se llevó a cabo una matanza general de prisioneros, entre los que había sesenta y seis gendarmes. Días antes, el 24 de mayo, el arzobispo de París, monseñor Georges Darboy, y otros cuatro sacerdotes ya habían sido fusilados en la prisión de la Roquette. El arzobispo recriminó antes de morir a sus asesinos por utilizar la palabra libertad: "No pronunciéis la palabra libertad, que nos pertenece exclusivamente a los que morimos por la libertad y por la fe." También el anciano párroco de la Magdalena y el abate Deguerry fueron asesinados a sangre fría. Edificios emblemáticos de la capital: el palacio de las Tullerías, el palacio de Justicia, el de la Legión de Honor, el Ministerio de Finanzas, el Ayuntamiento, una veintena de palacios, así como numerosas casas en las calles Royal, Bac y de Lille fueron pasto de las llamas. Asimismo la Oficina de Asistencia Pública y los graneros en que se conservaba el aceite, los granos y el vino fueron incediados.

Sin embargo, a pesar de toda esta vorágine, entre más de seiscientas barricadas esparcidas a lo largo y ancho de la ciudad, las suntuosas casas de los Rothschild parisinos, milagrosamente, quedaron intactas. El palacete de la calle Saint-Florentin, por ejemplo, estuvo protegido noche y día por un piquete de guardias encargados de ahuyentar a todos los codiciosos. Las patrullas de vigilancia se mantuvieron durante dos meses, hasta que la barricada que se levantaba a dos pasos del edificio fue derribada por las tropas de Versalles. Es muy significativo constatar que la protección del inmueble de banquero judío ordenada por los comunistas no fue desautorizada en ningún momento. Ninguna de las posesiones de Los Rothschild franceses sufrió el menor desperfecto y, por supuesto, tampoco Ferrières, donde permanecieron instalados los invasores durante un año. Cuando en agosto de 1871 los últimos soldados prusianos, aunque quizá sería mejor decir invitados prusianos, abandonaron la finca, Anthony, el hermano de Lionel, visitó Ferrières para ver lo que los prusianos habían hecho. En una carta de Anthony se dice que "no hay el más mínimo daño ni en la casa ni en el parque ni en los árboles, hay tantos faisanes en el parque como antes, nada roto en los jardines... Me parece maravilloso que nada haya sido robado." Su primo Gustavo, el segundo hijo varón de James, cuando días después visitó el palacio, reconocía lo mismo: "La finca está en tan buen estado como hubiera sido posible esperar."

Como los revolucionarios parisinos, Marx dejó siempre intactos a los Rothschild. Marx se refiere a grandes financieros, a los agiotistas, a la especulación con las acciones; pero ni una palabra sobre los banqueros judíos como los principales financieros y mucho menos una crítica directa a los Rothschild como los más grandes capitalistas de todos los tiempos. La deshonestidad de Marx es evidente. No hay que olvidar que era un judío frankista y, como había prescrito Jacob Frank, la mentira y la falsedad constituíam normas básicas de actuación. Por contra, Werner Sombart en *Los judíos y el capitalismo moderno* alude a los Rothschild como los principales colocadores de préstamos del mundo, como los reyes de los ferrocarriles. Sombart considera que a partir de 1820 los Rothschild ejercen el poder absoluto en Europa.

El Gobierno francés firmó el 10 de mayo de 1871 el Tratado de Frankfurt, que ponía fin a la guerra franco-prusiana. En él se acordaba que por derecho de guerra y porque la población de Alsacia-Lorena era de mayoría alemana estas provincias formarían parte del imperio alemán. A cambio fueron liberados cien mil prisioneros de guerra, que contribuyeron a la represión de la Comuna de París, que fue aplastada de manera sangrienta. El balance final arrojó cerca de treinta mil muertos, entre los cuales hay que contar a numerosos guardias revolucionarios, algunos de los cuales fueron fusilados en el acto por orden de algunos oficiales exaltados. No obstante, en opinión de los partidarios de una represión sin piedad, hubo excesiva clemencia, puesto que de los doscientos setenta condenados a muerte en los consejos de guerra, sólo veintiséis fueron ejecutados. No obstante, la nueva República francesa promulgó el 14 de marzo de 1872 una ley que establecía penas para quienes pertenecieran a la Internacional, lo cual obligó a muchos al exilio y al habitual refugio en Londres y en Suiza.

Una de las consecuencias más graves para la Internacional tras la derrota de la Comuna fue el enfrentamiento y la ruptura definitiva entre Bakunin y Marx. Éste, tal como hizo tras la revolución de 1848 con *Las luchas de clases en Francia*, se apresuró a publicar en Londres un Manifiesto del Consejo General de la Asociación Internacional de los Trabajadores, titulado *La Guerra Civil en Francia*. Este panfleto apareció en junio de 1871. Con él quería recuperar ante los trabajadores el prestigio perdido con sus declaraciones en favor de los alemanes. Sin embargo, no pudo evitar que su autoridad se viera cuestionada: la revuelta contra la autocracia marxista de la Internacional, "la sinagoga marxista" como la llamaba Bakunin, comenzó de inmediato. Muchos no olvidaban sus simpatías declaradas por los alemanes. Fue en Suiza donde Bakunin, quien había abominado del comunismo en 1869 porque lo consideraba "una negación de la libertad", encabezó una ofensiva organizada.

Para comprender mejor el antagonismo entre Marx y Bakunin, conviene trazar antes de continuar una breve reseña del líder del anarquismo. Mijail Bakunin (1814-1876) nació en Rusia en el seno de una familia de terratenientes. Por deseo paterno, ingresó en la academia militar, pero en 1836 abandonó la carrera cuando era oficial de la guardia imperial. En una confesión dirigida al zar Nicolás I le dice: "me enamorisqué, me enredé, me descarrié". En 1840 marchó al extranjero para estudiar en la Universidad de Berlín. Con 27 años decidió acercarse a centros carbonarios, donde se esfuerzó por llevar a la práctica las doctrinas de Mazzini y de la Joven Europa. En 1842 se estableció en Dresde, uno de los centros principales de la Joven Alemania, y se afilió a esta organización. Conoció entonces a Arnold Ruge, el cual le ofreció colaborar en los *Anales Franco-alemanes*, donde, como se ha dicho, Bakunin escribió con el pseudónimo de Jules Elysard. La policía sajona comenzó a vigilar sus actividades y Bakunin huyó a París en 1843, donde destacó entre los emigrados rusos y polacos como el agente más activo del carbonarismo. No tuvo padrinos, como Karl Marx, y a diferencia de Alexander Herzen, quien gracias a James Rothschild pudo sacar de Rusia su fortuna, Bakunin no pudo contar con dinero de su país, puesto que el Gobierno ruso, que le ordenó su regreso inmediato, le retiró el permiso de viajar al extranjero que le había concedido en 1841. Para vivir, Bakunin colaboró en *Réforme*, un periódico de extrema izquierda fundado por el masón Ferdinad Flocon, uno de los jefes del carbonarismo francés. Fue en esta época cuando conoció a Karl Marx, que formaba parte como él de la redacción de los *Anales Franco-alemanes*. Desde un principio no hubo cordialidad entre ellos, sino todo lo contrario. A principios de 1848 Marx llegó incluso a amenazarlo si persistía en oponerse a su política. En marzo de 1848 participó en Praga en los sucesos revolucionarios. Detenido en Dresde en 1850, fue condenado a muerte en el mes de mayo, pero finalmente se le conmutó la pena por cadena perpetua. Reclamado por Austria debido a su implicación en las revueltas de Praga, fue extraditado. En mayo de 1851 Bakunin compareció ante un consejo de guerra y fue nuevamente condenado a muerte. Una nueva reclamación, en este caso del Gobierno ruso, le salvó de la ejecución. Ya en San Petersburgo, fue juzgado y condenado a muerte por tercera vez en septiembre de 1851. La pena de muerte estaba oficialmente abolida en Rusia y las ejecuciones capitales eran muy raras, por lo cual el zar conmutó la pena por trabajos forzados. Diez años pasó en Siberia, hasta que Alezander Herzen consiguó desde Londres organizar su evasión. Fue de este modo como Bakunin llegó a Inglaterra en 1862. Era la época en que Marx trabajaba en la capital inglesa para sentar las bases de la Internacional.

Pese a que sus relaciones, ya se ha dicho, eran poco o nada amistosas, Marx no pudo evitar que Bakunin se afiliase a la Internacional. Pronto, no obstante, trató de deshacerse de él. Marx esparció el rumor de que Bakunin era un agente de la policía zarista, a la que pasaba información sobre el movimiento revolucionario internacional. Bakunin descubrió el origen del revuelo en torno a su persona y comprobó que eran judíos alemanes afiliados a la Internacional, seguidores de Marx, quienes lo atacaban. Escribó entonces en 1869 un estudio sobre los judíos alemanes, *Polémica contra los judíos*, que se halla en el tomo V de las *Obras completas*. En él, pese a reconocer que "se exponía a enormes peligros", decía: "la secta de los judíos, mucho más formidable que la de los jesuitas, católicos y protestantes, constituye hoy en día un verdadero poder en Europa. Reina despóticamente en el comercio, los bancos y ha invadido tres cuartas partes del periodismo alemán, y una porción muy considerable del periodismo de otras naciones, ¡Ay, pues, del que cometa la torpeza de desagradarles!" Bakunin sabía que banqueros judíos financiaban a Marx, por ello afirmaba que él y sus compañeros "tenían un pie en el banco y otro en el movimiento socialista."

Tras la guerra franco-prusiana y el fracaso de la Comuna, Bakunin encabezó el movimiento de descontentos contra Marx, a quien recordaban sus declaraciones germanófilas, a la vez que lo responsabilizaban por la dirección de la insurrección y pedían el final de su poder personal. En un manifiesto dirigido a todas las ramas nacionales de la Asociación, proponían que la Internacional fuese una federación de grupos autónomos que establecerían libremente su doctrina, en vez de recibirla de manos de un profeta infalible. Marx comprendió que la Asociación se le podía escapar de las manos y remplazó el Congreso que debía celebrarse en 1871 por una simple conferencia, que se celebró en Londres del 13 al 23 de septiembre. En lugar de debilitar la posición de Marx, dicha conferencia aumentó los poderes del Consejo General, controlado por él, que tendría en adelante la facultad de admisión y de exclusión en la Internacional. Contra este resolución, el delegado español Anselmo Lorenzo y otros protestaron enérgicamente.

Sólo dos meses más tarde Bakunin organizó una conferencia de protesta en Sonvillier (Suiza), de la que surgió la Federación del Jura de la Internacional. Se solicitó además la adhesión a todas las ramas nacionales. De inmediato llegaron respuestas positivas. La primera fue la enviada por Kropotkin desde Rusia. Siguieron luego las de España, Bélgica, Holanda, que se adhirieron en su totalidad. También las secciones de Francia e Italia aceptaron mayoritariamente las tesis de Bakunin. Únicamente los países de lengua inglesa y alemana permanecieron fieles a Karl Marx, quien, enrabietado, no dudó en contratacar con procedimientos infames. Su yerno, Paul Lafargue, tras fracasar en su intento de organizar una nueva rama española en sustitución de la que había desertado, publicó una lista con los nombres de los jefes españoles de la Internacional y la entregó a la policía. Lo mismo ocurrió en Francia, donde un delegado de Marx, Dentraygues, al no poder reconducir a la ortodoxia a las secciones del Midi, las denunció a la policía de Thiers. El 14 de diciembre de 1872, Engels reconocía que la partida estaba perdida en Francia, Bélgica, España e Italia. En septiembre de 1873 un congreso celebrado en Ginebra reunió a delegados de siete federaciones de España, Italia, Francia, Jura, Holanda, Inglaterra y Bélgica, que acudieron a la convocatoria de Bakunin.

Vistas las consecuencias de la guerra franco-prusiana y tras analizar sus repercusiones políticas y sociales, es evidente que el poder de los Rothschild fue una vez más determinante en todos los aspectos. John Atkinson Hobson en *Imperialism: A Study* formula la siguiente pregunta: "¿Alguien puede suponer seriamente que una gran guerra puede ser emprendida por algún Estado europeo, o puede suscribirse algún gran préstamo a un Estado si la casa Rothschild y sus conexiones se opone?" El mismo autor responde a su pregunta con una afirmación valiente y extremadamente crítica: "No hay una guerra o una revolución, un asesinato anarquista o cualquier otra conmoción social, que no genere un beneficio a estos hombres; son arpías que sorben sus ganancias de cualquier perturbación repentina del crédito público."

CAPÍTULO VI

PROTOCOLOS DE LOS SABIOS DE SIÓN, EL PLAN MAESTRO DEL GOBIERNO MUNDIAL

"Transformaremos las universidades y las reorganizaremos conforme a nuestros planes. Los presidentes de las universidades y sus profesores serán especialmente preparados por medio de programas de acción, secretos y bien estudiados." Este fragmento de los *Protocolos* recuerda una vez más la importancia que, ya desde el iluminismo, se otorgó a la educación para modelar el pensamiento de los individuos y de la sociedad. El control de la educación y de los centros educativos, de la edición de libros, de la prensa, constituye una obsesión tanto en el programa de los Illuminati como en los *Protocolos*. Sin embargo, a pesar del dominio casi absoluto sobre las ideas que se ejerce a través de los medios de comunicación y de los libros en general, puede decirse que en parte han fracasado los intentos por desacreditar el documento que ha pasado a la historia con el título de *Protocolos de los Sabios de Sión*. En este capítulo, además de trazar la historia de este texto que refleja fielmente la situación actual en que se encuentra el mundo y la humanidad, se presentan distintas aportaciones de investigadores que han estudiado los *Protocolos*, el último de los cuales es Peter Myers, un profesor australiano que, con tesón encomiable, se ha esforzado por demostrar su autenticidad y por rebatir los argumentos repetidos de quienes han sentenciado que son falsos.

En realidad los *Protocolos* no hacen otra cosa que concretar detalladamente el plan que desde Adam Weishaupt se había ido apuntando en textos y declaraciones de distintos líderes talmudistas y sionistas o protosionistas a lo largo del siglo XIX. La idea de que el fin justifica los medios, por ejemplo, es básica tanto en el iluminismo como en los *Protocolos*. Weishaupt escribió. "consagraos al arte de falsificar, a ocultaros y a disfrazaros al observar a los demás... El bien de la Orden justifica las calumnias, envenenamientos, asesinatos, perjurios, traiciones, rebeliones, en una palabra, todo lo que el prejuicio de los hombres considera como crímenes". En los *Protocolos* se expresa casi igual: "El que aspire a dominar ha de valerse de la astucia y de la hipocresía. No hay que detenerse ante el cohecho, el engaño y la perfidia si esto nos ayuda para el triunfo de nuestra causa. El fin justifica los medios. Al trazar nuestros planes, no hemos de fijarnos tanto en lo que es bueno y moral, sino en lo que es provechoso y necesario."

Hemos visto que el rabino Baruch Levy escribió a Marx que "los hijos de Israel... se convertirán en todas partes, sin oposición alguna, en la clase dirigente..." Adolphe Crémieux, en el manifiesto fundacional de la Alianza Israelita Universal dirigido a todos los judíos del mundo, insistía en la misma idea: "No está lejos el día en que todas las riquezas y tesoros del mundo serán propiedad de los hijos de Israel." En el siglo XVIII Weishaupt lo había expresado con estas palabras: "Es necesario establecer un régimen universal de dominación, una forma de gobierno que abarcará todo el mundo." Consecuentemente, el texto de los *Protocolos* señala una vez más el objetivo irrenunciable de un gobierno mundial. En formato reducido, la Unión Europea (donde los países han perdido la soberanía y están sometidos a las multas o sanciones y a la especulación asfixiante de los mercados, donde la banca judía internacional ejerce un poder omnímodo) podría ser un ejemplo de lo que se quiere en el nivel global: "En lugar de los gobiernos actuales, colocaremos un monstruo, que se llamaría la administración del Supergobierno. Su poder, como enormes pinzas, se extenderá a todas partes y tendrá a su disposición una organización tal que será imposible casi que no se extienda su dominio a todas las naciones." La continuidad de una misma línea de pensamiento es evidente. Con la aparición de los *Protocolos de los Sabios de Sión*, el plan del Gobierno Mundial ejercido por los judíos y sus acólitos quedó plasmado sin paliativos para la posteridad. Tanto inquietó y perturbó la difusión masiva del texto a principios del siglo XX, que los líderes bolcheviques, que eran casi todos judíos, tras la toma del poder en Rusia, condenaron a muerte a todos aquellos que tuvieran en su casa un ejemplar de los *Protocolos*. Ya con anterioridad Alexander Kerensky había ordenado el registro de las librerías de Moscú y San Petersburgo con el fin de confiscar los ejemplares que se encontraran.

Biarritz, la extraña novela del espía Hermann Goedsche

Antes de centrarnos en los *Protocolos*, hay que hacer mención de un texto que los precede y que ha sido objeto de diversas polémicas. Incluso Umberto Eco publicó en 2010 una novela sobre el asunto. El texto a que aludimos es *Biarritz* (1868), una novela de casi dos mil páginas publicada en cuatro volúmenes con el seudónimo de Sir John Retcliffe, tras el cual se escondía Hermann Goedsche. Fallecido en 1878, Goedsche trabajó como espía de la policía secreta prusiana, que le encargó en ocasiones tareas de seguimiento y vigilancia de personalidades políticas. Con el seudónimo de Retcliffe publicó numerosas obras narrativas de contenido histórico en las que combina realidad y ficción con gran maestría y talento. Sus obras, escritas en alemán, no están traducidas al español y sólo algunas de ellas pueden leerse en inglés. Actualmente, pueden aún encontrarse en alemán los cuatro volúmenes de *Biarritz*. En uno de los capítulos de la novela, "El cementerio judío de Praga y el concilio de los representantes de las doce tribus de Israel"[33], se encuentra el texto que nos interesa, toda vez que es un anticipo resumido de los *Protocolos de los Sabios de Sión*.

Retcliffe narra un encuentro en el cementerio judío de Praga en el que el rabino Reichhorn, al que se alude como "el director de la reunión", concede la palabra a los asistentes, quienes uno tras otro pronuncian discursos proféticos sobre la tumba de Simeón ben-Judah, gran maestro de la Cábala. Dicha reunión, llamada "Sanedrín Cabalístico"[34], a la que asisten trece personas vestidas con las rituales túnicas blancas de los levitas, se realiza sólo una vez cada siglo, según confirma el propio rabino al iniciar su discurso: "Cada cien años, nosotros, los sabios de Israel, tenemos por costumbre reunirnos para examinar nuestros progresos de cara a la dominación del mundo que Jehová nos ha prometido, y nuestras conquistas sobre nuestro enemigo, la cristiandad." En el discurso se hace alusión al anterior Sanedrín y se pasa revista a los logros alcanzados desde entonces: "Este año, unidos sobre la tumba de nuestro reverendo Simeón ben-Judah podemos manifestar con orgullo que el pasado siglo nos ha conducido muy cerca de nuestra meta y que este objetivo será alcanzado muy pronto." A continuación cada uno de los asistentes, que acuden desde Amsterdam, Toledo, Worms, Budapest, Cracovia, Londres, Nueva York, Praga, Roma, Lisboa, París y Constantinopla, toma la palabra. En el cementerio de Praga, además de la tumba de Simeón ben-Judah, se halla también la del rabino Judah Löw, otro cabalista renombrado que en el siglo XVI creó el "Golem", el famoso monstruo que ha sido llevado repetidas veces a la literatura y al cine. Ambas tumbas son hoy objeto de veneración por parte de turistas

---

[33] En 2010 Umberto Eco publicó *El cementerio de Praga*, una más de sus novelas con vocación de "best seller". En ella este autor, que se asemeja cada vez más a uno de aquellos intelectuales que Weishaupt quería ganar para la causa, trabaja para desacreditar los *Protocolos*. En el libro todo el mundo conspira para difamar a los judíos. El servicio secreto francés, los rusos, el Vaticano, los jesuitas, los masones rivalizan para hacerse con el poder político y todos tratan de culpar a los judíos, que, naturalmente, son los únicos que no son acusados de nada y no conspiran contra nadie. Eco los trata como si fueran unos santos. Ahora bien, cuando uno de ellos se atreve a criticar a sus hermanos de raza, se trata de judíos que se odian a sí mismos por el hecho de ser judíos (la misma acusación que lanzan los sionistas contra aquellos que se atreven a denunciar sus crímenes). En realidad, este profesor enseña el plumero con esta novela y se desacredita a sí mismo.

[34] Las reuniones del Sanedrín son únicamente conocidas por los más altos dirigentes judíos del mundo. Se piensa que desde 1491 habrían tenido lugar cada noventa años. El cálculo tiene en cuenta el valor místico de los números ("guematria"). Cumple una relación matemática y una cronología que hace coincidir la suma de los números de cada año de celebración del Sanedrín con el número cabalístico "6", que es sagrado para ellos. Según estos cálculos, los años de reunión habrían sido 1581, porque 1+5+8+1=15, y 5+1= 6. El tercer encuentro habría tenido lugar en 1671. El cuarto, en 1761. Si esta lógica es cierta, Retcliffe escribió sobre el quinto Sanedrín, celebrado en 1851. El sexto se habría celebrado en 1941 y en 2031 debería celebrarse el séptimo, pues 2+0+3+1=6.

judíos, gracias a que los nazis, a pesar de que la propaganda dice lo contrario, respetaron los cementerios judíos en los países ocupados.

En cuanto a si existió en realidad la reunión del cementerio de Praga que se narra en *Biarritz*, es algo que puede, sin duda, ser cuestionado. El hecho de que sea en una novela donde se dé noticia de ella invita a pensar que el autor pudo valerse de esta estratagema para desvelar sus conocimienros. De todos modos, no puede negarse que de manera sorprendente Hermann Goedsche, alias John Retcliffe, anuncia en 1868, a través de los discursos de los asistentes a la reunión del cementerio de Praga, una serie de hechos que fueron llevados a la práctica posteriormente. Es probable que este espía prusiano estuviera muy bien informado de las actividades de las organizaciones judaicas y sus relaciones con la masonería. Seguramente, Goedsche disponía de los textos pronunciados por Crémieux en la fundación de la Alianza Israelita Universal, que anunciaban el sionismo y, de manera descarada, desvelaban las intenciones de dominio judío mundial. Es posible asimismo que Goedsche conociera también los *Diálogos en los infiernos entre Maquiavelo y Montesquieu*, texto que Maurice Joly publicó en 1864, el cual, como veremos enseguida con más detalle, se cita como fuente de los *Protocolos*. Otro texto que pudo conocer el espía Goedsche es un discurso famoso pronunciado por un rabino de la sinagoga de Simferopol, un documento conocido con el nombre de *Discurso de un rabino sobre los goyim*, que a mediados del siglo XIX circulaba entre los dirigentes judíos de Rusia. Años más tarde, concretamente en 1900, el discurso del rabino de Simferopol fue publicado en forma de denuncia por el diputado austríaco Wenzel Brenowsky con el título de *Las garras judías*. Sea como fuere, el texto de John Retcliffe es real, existe en *Biarritz*. Siguen a continuación algunas de las ideas que hace casi un siglo y medio Retcliffe puso en boca de los rabinos en el cementerio de Praga:

> 1. "Tratemos de remplazar la circulación de oro por papel moneda; nuestras arcas acapararán el oro y nosotros regularemos el valor del papel, lo cual nos convertirá en amos en todas las posiciones." 2. "Ya los principales bancos, las casas de cambio de todo el mundo, los créditos de los gobiernos están en nuestras manos." 3. "El otro gran poder es la prensa. Repitiendo sin cesar ciertas ideas, la prensa consigue al final que sean aceptadas como realidades. El teatro nos presta un servicio análogo. En todo el mundo la prensa y el teatro obedecen nuestras órdenes." 4. "Alabando sin cesar la democracia, dividiremos a los cristianos en partidos políticos, destruiremos la unidad de las naciones, sembraremos discordia en todas partes. Reducidos a la impotencia, se inclinarán ante la ley de nuestro banco." 5. "Forzaremos a los cristianos a las guerras explotando su orgullo y su estupidez. Se masacrarán entre ellos y despejarán el camino para nuestra gente." 6. "Tenemos entre nosotros mútiples oradores capaces de entusiasmar y persuadir a las masas. Los esparciremos entre la gente para anunciar cambios que asegurarían la

felicidad de la raza humana. Mediante dinero y halagos nos ganaremos al proletariado, que se encargará él mismo de aniquilar el capitalismo cristiano. Prometeremos a los trabajadores salarios que nunca se hayan atrevido a soñar, pero a la vez elevaremos el precio de lo que se necesita, de este modo nuestras ganancias serán aún mayores." 7. "De esta manera prepararemos revoluciones que los cristianos harán ellos mismos y de las cuales nosotros recogeremos el fruto." 8. "Con nuestras burlas y nuestros ataques haremos que sus sacerdotes sean ridículos y odiosos, y su religión tan odiosa y ridícula como su clero. Nosotros seremos los amos de sus almas..." 9. "Pero por encima de todo monopolicemos la educación. De este modo propagaremos las ideas que no sean útiles y formaremos el cerebro de los niños como nos convenga." 10. "No pongamos trabas al matrimonio de nuestros hombres con mujeres cristianas, pues así entraremos en los círculos más reservados. Si nuestras hijas se casan con 'goyim', ello no nos será menos útil, pues los hijos de madre judía son nuestros..."

Los *Protocolos* llegan a Rusia y se editan en todo el mundo

Entre los libros más citados sobre la historia de los *Protocolos* y su conexión con el sionismo figura en lugar destacado *Waters Flowing Eastward*, de Leslie Fry, seudónimo de Paquita Louise de Shishmareff, ciudadana norteamericana que se casó en 1906 en San Petersburgo con un oficial de la Armada Imperial rusa llamado Feodor Ivanovich Shishmareff, un aristócrata asesinado por los bolcheviques durante la revolución. Paquita de Shishmareff, siguiendo las instrucciones de su marido, abandonó a tiempo el país con sus dos hijos y la fortuna de la familia. En su libro Leslie Fry explica que la persona que introdujo el texto en Rusia fue Justine Glinka, hija de un general que trabajaba para el Servicio de Inteligencia ruso. Fue esta joven la que estableció contacto en París con el judío Joseph Schorst, alias Schapiro, que era miembro de la lógia masónica de Mizraim, una logia judía cuyos complicados ritos se basaban en los misterios de Memphis y de Eleusis.

Quizá a finales del siglo XIX la utilización de mujeres como agentes no era tan frecuente como lo es en la actualidad: hoy son habituales en los servicios de inteligencia. El Mossad, por ejemplo, utilizó a una agente para secuestrar a Mordejai Vanunu, un técnico nuclear judío de origen marroquí que en 1986 desveló al diario británico *The Sunday Times* que Israel tenía un programa nuclear[35]. Es imposible saber con certeza de qué medios se valió

---

[35] Una agente del Mossad, Cheryl Bentov, cuyo nombre clave era "Cindy", se hizo pasar por una turista estadounidense y atrajo con sus encantos a Vanunu. Tras mantener relaciones sexuales con él en Londres, el 30 de septiembre de 1986 lo convenció para que viajaran juntos a Roma, donde ella debía seguir sus vacaciones europeas. Ya en la capital italiana, Cindy condujo a su víctima a un hotel. Allí le administró un somnífero y fue

Justine Glinka para que Schorst le ofreciera sacar de la logia una copia de los *Protocolos*. Leslie Fry informa que lo sobornó con dos mil quinientos francos, cantidad que entonces suponía una fortuna y que le fue enviada desde San Petersburgo. Joseph Schorst no tardó en darse cuenta de que su vida corría peligro a causa de su traición y huyó a Egipto, donde finalmente, según consta en los archivos de la Policía francesa, fue asesinado.

Justine Glinka envió a San Petersburgo, dirigida al general Orgevsky, una copia en francés del documento y adjuntó una traducción al ruso. Orgevsky, secretario del general Cherevin, entregó ambos textos a su superior, que era ministro del Interior. Sin embargo éste, en lugar de hacer llegar el documento al zar, decidió archivarlo. Según Leslie Fry, Cherevin "tenía obligaciones con ricos judíos". En 1896 Cherevin murió y quiso que el zar Nicolas II recibiese una copia de sus memorias, en las que figuraban los *Protocolos*. Mientras tanto, aparecieron en París ciertos libros sobre la vida en la Corte rusa que disgustaron a Nicolás II. Fueron publicados con el seudónimo de conde Vassilii, tras el que se escondía otra mujer, Juliette Adams; pero maliciosamente fueron atribuidos a Justine Glinka, la cual cuando regresó a Rusia cayó en desgracia y fue apartada a su finca en Orel. Allí, la joven entregó una copia de los *Protocolos* a Alexis Sukhotin, mariscal de la nobleza de aquel distrito, quien enseñó el documento a dos de sus amigos, Stepanov y Nilus. El primero lo hizo imprimir en 1897 y aquel mismo año circuló ya privadamente. En una declaración jurada Philip Petrovich Stepanov explica lo siguiente sobre su decisión de imprimir el texto:

"En 1895, mi vecino en el distrito de Toula, mariscal (retirado) Alexis Sukhotin, me dio una copia manuscrita de los *Protocolos de los Sabios de Sión*. Me dijo que una señorita amiga suya, cuyo nombre no mencionó, mientras residía en París los había encontrado en casa de un amigo, un judío. Antes de abandonar París, los había traducido secretamente y había traído una copia a Rusia y se la había entregado a Sukhotin. Primero mimeografié la traducción, pero viendo que era de difícil lectura, decidí imprimirla sin mencionar la fecha, la ciudad o el nombre del impresor. Fui ayudado en esto por Arcadii Ippolitovich Kelepovskii, quien en aquel entonces era jefe de la casa del gran duque Sergio. Él dio el documento a la imprenta. Esto fue en 1897. Sergei Nilus insertó estos Protocolos en su trabajo y añadió su propio comentario."

---

secuestrado por el Mossad. Vanunu fue introducido en un barco que zarpó hacia Israel, donde fue juzgado secretamente y condenado a 18 años de cárcel por traición y espionaje. En 2004, cumplida su condena, trató de salir de Israel, pero no le fue permitido. Actualmente sigue allí retenido a la fuerza, sin libertad de desplazamiento. El 5 de febrero de 2004 Shabtai Shavit, ex director del Mossad, declaró a Reuters que en 1986 se consideró la opción de matar a Vanunu, pero se desestimó, ya que "los judíos no se portan así con otros judíos." Joseph Schorst, sin embargo, no tuvo la misma suerte.

El profesor Sergei Nilus publicó en 1902 *El reino de Satán en la Tierra. Notas de un creyente ortodoxo*, obra en la cual citaba fragmentos del documento comprado por Justine Glinka. En 1903 Pavel Jrushchovan, editor del diario *Znamya* (*La Bandera*), publicó en su periódico pasajes y citas del documento. Jrushchovan sufrió un atentado contra su vida y a partir de entonces decidió ir armado para protegerse e incluso contrató a un cocinero personal para prevenir cualquier intento de envenenamiento. En 1905 Sergei Nilus publicó en Tsárkoye-Seló el texto completo de los *Protocolos* bajo el título de *Lo grande en lo pequeño*. Con anterioridad un amigo de Nilus, George Butmi, teniente de la Guardia Imperial, había publicado también el texto en 1901 y además lo habría sacado del país. Con sello de entrada de 10 de agosto de 1906 y el número 3926, d. 17. fue depositada una copia en el British Museum: se trata de un ejemplar sobre el Anticristo encuadernado en piel negra que consta de 417 páginas, dentro del cual, en el apéndice XII, figuran los 24 Protocolos. Ya en 1907 G. Butmi publicó en San Petersburgo su cuarta edición de los *Protocolos* en lengua rusa. En enero de 1917 Nilus había preparado su segunda edición, pero antes de que pudiera publicarla aconteció la revolución de marzo y Kerensky, i. e., el judío masón del grado 32 Aaron Kirbiz, ordenó que la edición fuera destruida.

En 1924 el profesor Nilus fue arrestado, encarcelado y torturado por la cheka de Kiev. Aunque quedó en libertad durante unos meses, fue detenido por segunda vez y llevado ante la cheka de Moscú, que volvió a encarcelarlo. En 1926 se le confinó en Vladimir, un distrito situado un centenar de kilómetros al este de la capital rusa. Allí murió en 1929. Algunas copias de su segunda edición fueron salvadas y enviadas a otros países, donde se publicaron ediciones. En Alemania Gottfried zur Beek, seudómimo de Ludwig Müller von Hausen, publicó el texto en 1919. En Inglaterra una traducción de Víctor E. Marsden fue publicada en 1920 por una sociedad llamada *The Britons*. En Francia monseñor Jouin, prelado de Su Santidad y experto en asuntos masónico-judíos, publicó los *Protocolos* en la *Revue Internationale des Societés Secrètes*. Urbain Gohier hizo lo propio en *La Vieille France*. En Estados Unidos, también en 1920, fueron publicados en Boston por Small, Maynard & Co.. En 1921 Beckwith Co. los publicó en Nueva York. Posteriormente aparecieron ediciones en italiano, en árabe y en japonés.

La Anti-Defamation League de B'nai B'rith se apresuró a insertar escritos con denuncias en todos los Estados Unidos. Uno de sus miembros, Louis Marshall, se ocupó personalmente de "convencer" a George Haven Putnam, de la editorial nuevayorquina Putman & Son, para que desistiese en su empeño de publicar los protocolos. Putnam había reproducido en forma de libro una serie de dieciocho artículos publicados por el periodista Howell Arthur Gwynne, editor del *Morning Post* de Londres, cuyo título era *The Cause of World Unrest* (*La causa de la agitación en el mundo*), y en la cubierta anunciaba la próxima edición de *Los Protocolos de los Sabios de*

Sión. El 13 de octubre de 1920 Louis Marshall escribió una carta a G. H. Putnam en la que le expresaba su indignación por la publicación de los artículos de Gwynne y aludía al texto de los *Protocolos* como el trabajo de una banda de conspiradores: "Los más mínimos conocimientos de historia -decía- y la más elemental capacidad de análisis o incluso un mínimo de noción sobre lo que el judío es y ha sido en la historia sería suficiente para pisotear este libro y los falsos *Protocolos*, en los que está basado, como los más formidables libelos de la historia." Marshall apelaba al patriotismo y pedía encarecidamente a Putnam que se abstuviera de seguir adelante con la edición. En la respuesta, fechada el 15 de octubre, el editor mostraba su desacuerdo con Mr. Marshall, le puntualizaba que su editorial publicaba libros de todas las tendencias y le recordaba que "sería imposible proseguir el negocio de publicar libros de opinión, tanto si las ideas tienen que ver con temas del presente o con asuntos del pasado, si el editor tuviera que asumir los puntos de vista de un autor o de otro." La carta finalizaba con una alusión a la libertad de expresión y con el ofrecimiento de los servicios de la editorial para cualquier réplica que quisiera realizar, ya fuera de su propia pluma o de cualquier otra personalidad elegida por él. El 29 de octubre Louis Marshall escribió de nuevo para rechazar las "teorías" del editor. En una carta muy dura y sin concesiones hacía referencia a las numerosas editoriales que con buen sentido habían rechazado la publicación de los *Protocolos* y le advertía de que si precisaba replicar en el futuro no necesitaría en absoluto valerse de su empresa. El 1 de noviembre Putnam escribió a Marshall para anunciarle que renunciaba a editar el libro. Putnam reconoció por escrito a una de las partes interesadas en la edición que era tanta la presión recibida que no sólo había tenido que desistir a la publicación de los *Protocolos*, sino que también se veía obligado a retirar los ejemplares no vendidos de *World Unrest*. Parece ser que entre las amenazas recibidas figuraba la quiebra. De hecho las editoriales que no se arredraron y publicaron el documento tuvieron dificultades financieras en uno o dos años.

Henry Ford planta cara: *The Dearborn Independent*

1920 fue el año que marcó el inicio de una ofensiva sin precedentes en la historia para desprestigiar un documento y tratar de impedir su publicación: no se escatimaron esfuerzos para conseguir este propósito. Ya las presiones sobre las editoriales comenzaban a dar sus frutos y la ADL amedrentaba a los publicistas con sus denuncias cuando aconteció en Estados Unidos uno de los episodios más famosos en la lucha contra el judaísmo internacional. El protagonista fue Henry Ford. En esta ocasión no se trataba de un publicista al que se podía intimidar con facilidad, sino del famoso magnate del automóvil, un patriota tradicionalista y conservador que tuvo el coraje de plantar cara. Contra viento y marea, Ford se atrevió a difundir masivamente el texto de los *Protocolos* en las páginas de su periódico semanal, *The Dearborn Independent*. Fue una sorpresa inesperada para quienes aspiraban a hacerse con el control absoluto de la prensa. El secretario personal de Ford, Ernest G. Liebold, compró en 1918 el semanario. El 11 de enero de 1919 apareció el primer número publicado bajo la dirección de Henry Ford, quien a partir de marzo de 1920 decidió publicar *Los Protocolos de los Sabios de Sión*. El periódico, cuyo súbtitular era *Chronicler of the Neglected Truth* (*Cronista de la Verdad Abandonada*), llegó a tener una tirada cercana a los ochocientos mil ejemplares en 1925 y, pese a todo tipo de ataques, sobrevivió hasta diciembre de 1927. Acusaciones cargadas de hipocresía contra la actitud de Ford, como "persecuciones sin espíritu cristiano", "ataque contra la fusión espiritual de las razas" y otras consignas por el estilo precedieron las demandas por "antisemitismo" de la ADL y del abogado judío de San Francisco Aaron Sapiro. La Liga Antidifamación organizó una coalición de organizaciones judías, las cuales utilizaron continuadamente la prensa de Detroit para fustigar a Ford. El propio Woodrow Wilson, un presidente dominado totalmente por un grupo de agentes judíos que habían forzado la entrada de Estados Unidos en la guerra mundial, se unió a las acusaciones de antisemitismo antes de abandonar la Presidencia. Se organizó asimismo un boicot contra los productos de Ford, quien presionado por todos, incluida su propia familia, se vio obligado a cerrar el periódico en diciembre de 1927.

Ford, que denunció al grupo de judíos que rodeaban a W. Wilson y los asoció a los financieros que habían fomentado la guerra, no escribía personalmente en su periódico, lo hacía en su nombre William J. Cameron, un conocido periodista contratado para que se hiciera cargo de la edición de *The Dearborn Independent*. Fue Cameron quien en 1920 propició el contacto de Henry Ford con Paquita de Shismareff, la cual acababa de llegar a Estados Unidos tras una breve estancia en Inglaterra y Cánada. Ella misma entregó personalmente al industrial una copia de los *Protocolos* que había traído desde San Petersburgo. Otras fuentes, sin embargo, afirman que fue Boris Brasol, autor de *The World at the Crossroads*, quien entregó a Ford los *Protocolos* traducidos al inglés. De un modo u otro, Ford tuvo información de primera mano sobre los crímenes que estaban cometiendo en Rusia los judeo-bolcheviques financiados por banqueros judíos norteamericanos y europeos. El material publicado en el periódico fue agrupado en 1920 en un libro que firmó el propio Henry Ford, titulado *El Judío Internacional*, el cual fue traducido con prontitud a otros idiomas, incluido el español. Theodor Fritsch lo tradujo al alemán y fue tan leído en Alemania, donde los planteamientos del genial industrial eran plenamente compartidos, que en 1922 se habían hecho ya veintidós ediciones de la traducción de Fritsch.

Henry Ford, "a self made man" (un hombre hecho a sí mismo), un trabajador con una voluntad de hierro, había creado en 1903 la Ford Motor Company, que ya en 1908 fue capaz de producir veinticinco unidades por día del famoso modelo "T". En 1913 había puesto en marcha la cadena de montaje y consiguió fabricar un coche en noventa y tres minutos. La cadena exigía un comportamiento maquinal a los trabajadores, lo cual era agotador. Por ello Ford, consciente del esfuerzo que pedía, contrató a mil hombres para cada cien puestos de trabajo y duplicó el salario de sus empleados, estableciendo así la jornada de cinco dólares, hecho que contó con el beneplácito de la opinión pública. Henry Ford comprendió enseguida que mediante la compra de acciones sus enemigos podían arrebatarle el control de la empresa. Por ello en 1919 compró las acciones de todos los accionistas a precios elevadísimos. Él, su esposa y su hijo Edsel se convirtieron así en propietarios únicos, con capacidad para hacer lo que quisieran con la Ford Motor Company. Naturalmente, la maniobra no gustó nada a sus adversarios, que lo compararon a un dictador. Fue entonces cuando puso en funcionamiento el complejo industrial más grande del planeta, la "Rouge Plant", que llegó a tener cien mil operarios contratados y disponía de hospital, cuerpo de bomberos, una fuerza de policía interna y cerca de cinco mil personas de mantenimiento. Era en "la Rouge" donde se hallaban ubicadas las instalaciones de *The Dearborn Independent*. Entonces Henry Ford se convirtió en el hombre del momento y, consecuentemente, el periódico *New York World* decidió entrevistarlo en febrero de 1921. Inevitablemente, el periodista le preguntó por su campaña de divulgación de los *Protocolos*, a lo que él respondió: "El único comentario que diré sobre ellos es que encajan del todo con lo que está pasando." Es decir, cuanto se decía en los *Protocolos* se cumplía casi totalmente en 1921. ¿Puede alguien que haya leído el texto negar que hoy el mundo es como se pretendía en el documento de finales del siglo XIX, independientemente de quién lo escribió?

El automóvil como medio de locomoción al alcance de todos era la idea que Ford había concebido, por lo cual quería construir buenos coches, resistentes y duraderos, capaces de adaptarse a las carreteras embarradas de entonces. El lujo y la ostentación no entraban en sus planteamientos iniciales. En su afán por facilitar a la gente la adquisición de sus automóviles, adoptó un sistema de franquicias que le permitió tener un concesionario en cada ciudad de Estados Unidos y en las principales ciudades de todo el mundo. Sin embargo, la competencia de General Motors, que pronto cayó en manos de organismos financieros, toda vez que sus fundadores, a diferencia de Ford, perdieron pronto el control de su empresa, convirtió en obsoleto el famoso modelo "T". El mercado no se conformaba sólo con la utilidad, con coches asequibles por la mayoría, sino que pedía estilo, lujo. Entonces la Ford Motor Company resucitó el viejo modelo "A", el primer coche de 1903, y lo volvió a fabricar con éxito. Edsel Ford se encargó de los aspectos ornamentales y Henry Ford siguió supervisando todo lo concerniente a la mecánica. La respuesta de Ford a la crisis de 1929 provocada por los especuladores fue elevar el salario de sus operarios y reducir el precio de sus automóviles.

Cuando en 1932 se celebraron elecciones presidenciales, Ford apoyó al republicano Herbert Hoover, candidato que consideraba "un hombre con corazón, honrado y trabajador que lleva tres años haciendo frente al enemigo y conoce las tácticas de las fuerzas de destrucción." Pese a que en 1927 había sido obligado a abandonar su campaña de denuncia, Henry Ford seguía apuntando claramente a los financieros judíos internacionales, cuyo candidato, Franklin Delano Roosevelt, ganó las elecciones. Mantener a los sindicatos alejados de la Ford Motor Company era otra de las aspiraciones de Henry Ford; pero en mayo de 1937 los líderes sindicales Richard Frankenstein y Walter Reuther comenzaron una ofensiva que culminó con una huelga en 1941. Ford, a quien su esposa Clara le pedía que cediera, acabó perdiendo la batalla. Pese a estos años de lucha contra los sindicatos, cuando en 1947 un derrame cerebral acabó con su vida, siete millones de trabajadores mostraron sus respetos a Henry Ford en todo el país.

Sobre la autoría de los *Protocolos*

Mucho se ha escrito sobre el posible autor o autores de los *Protocolos de los Sabios de Sión*. Comenzaremos por esbozar lo que escribe Leslie Fry en *Waters Flowing Eastward*. En su opinión, lo que se dice en los veinticuatro protocolos había sido dicho ya de una manera u otra por estudiosos, filósofos o estadistas. Lo verdaderamente importante para ella es la sagacidad extraordinaria con que la aplicación práctica del plan se adecuaba a las condiciones existentes. Leslie Fry cree ver el anuncio de la revolución en Rusia en el último párrafo del protocolo número trece: "Para demostrar que tenemos esclavizados a todos los gobiernos de gentiles en Europa, manifestaremos nuestro poder sometiendo a uno de ellos a un reino de terror, violencia y crimen." Ciertamente, si se tiene en cuenta lo que ocurrió en Rusia a partir de 1917 y se considera que estas palabras fueron escritas unos veinte años antes, pueden pensarse dos cosas: o bien que el autor era un visionario o que tenía información privilegiada sobre lo que el Movimiento Revolucionario Mundial tenía planeado hacer.

La tesis de L. Fry es que el autor del texto sería Asher Ginsberg, cuyo nombre como escritor era Ahad-Ha'am. Ginsberg, nacido en 1856 en Skvira, provincia de Kiev, era miembro de una familia que militaba en el hasidismo. Recibió una educación rabínica y se casó con la hija de un destacado rabino llamado Menachem Mendel. En 1878 Ginsberg vivía en Odessa. Entre 1882 y 1884 visitó Berlín, Breslau y Viena, donde conoció a Charles Netter, uno de los fundadores de la Alianza Israelita Universal, que lo introdujo en la organización. Eran los años en que Leon Pinsker y Moses Lilienblum lideraban el movimiento "Hoeveve Zion" (Amantes de Sión), que en la década de los ochenta alentaba el regreso a Palestina. El programa del movimiento figuró en el panfleto *Autoemancipación*, que Pinsker publicó anónimamente en alemán el 1 de enero de 1882. "No aceptaremos ninguna emancipación otorgada por otros; nosotros nos emanciparemos a nosotros mismos", se decía arrogantemente. En 1884 Ginsberg, que exigía asimismo un Estado judío en Palestina, regresó a Odessa y en 1889 formó una organización secreta, "B'nai Moshe" (Hijos de Moisés), cuyas reuniones se celebraban en su casa de la calle Yamskaya. Los miembros más conocidos del grupo eran Ben Avigdor, Jacob Einsenstaat, Louis Epstein y Zalman Epstein. Leslie Fry afirma que Ginsberg, a quien en la ciudad llamaban "rey de los judíos", leyó los *Protocolos* ante estos correligionarios, por lo cual ella infiere que debieron de ser redactados entre 1880-1890. También el coronel ruso Prinzeff declaró bajo juramento en Riga que había visto los *Protocolos* y que circulaban entre los judíos de Odessa.

Las alegaciones de Leslie Fry sobre la lectura del documento en Odessa fueron apoyadas asimismo por William Cameron, el secretario de Henry Ford. Este periodista declaró que el judío Herman Bernstein, editor en Detroit de "Free Press", reconoció delante de él que había leído personalmente en Odessa los *Protocolos* en lengua hebrea. La ADL acusó a Cameron de haber mentido y éste propuso dirimir la cuestión ante los tribunales, pero B'nai B'rith no aceptó el envite. Si todas estas declaraciones son ciertas, quedaría demostrado que el texto circulaba en la ciudad de Odessa en reuniones de judíos prominentes. En el primer congreso sionista, celebrado en Basilea en 1897, el texto de los *Protocolos* formaba parte de los documentos congresuales. Leslie Fry atribuye a Ginsberg un liderazgo destacado dentro del movimiento sionista, puesto que, según ella, los grandes del sionismo: Chaim Weizmann, Nahum Sokolov, Jabotinsky y otros, habrían sido inicialmente discípulos de Asher Ginsberg, el cual en uno de sus escritos decía lo siguiente: "Incluso si conseguimos establecer un Estado judío en Palestina, ¿cómo podría este logro satisfacernos? ¿Hemos realmente sufrido tanto durante siglos para conformarnos simplemente con la fundación de un pequeño Estado?". Parece claro que si lo que Ginsberg pretendía era la supremacía mundial, Palestina sería evidentemente un objetivo menor.

La entrada de Estados Unidos en la guerra de 1914-18, la ocupación de Palestina por parte de los británicos y la famosa *Declaración Balfour* en 1917 fueron logros evidentes de los agentes sionistas durante los años de la conflagración. Ya en 1903 Max Nordau, cofundador junto a Theodor Herzl de la Organización Sionista Mundial, había declarado que la ambición sionista de Palestina sería alcanzada a través de la guerra mundial que vendría. En los *Protocolos* se dice que la "guerra universal" sería la respuesta a cualquier intento de resistencia al plan. No en vano los líderes revolucionarios bolcheviques eran judíos, casi ninguno era ruso. Estos judíos comunistas habían cortado de raíz la publicación de los *Protocolos* en Rusia y aplicaban la pena de muerte a quienes tuvieran ejemplares de los libros editados. Las tácticas utilizadas en la toma del poder habían sido en muchos aspectos idénticas a las recomendadas en los *Protocolos*. Todo ello propició que, acabada la contienda, renaciera con fuerza el interés por divulgar y estudiar el plan de dominio mundial que se exponía en el documento.

Entre 1919 y 1921 la batalla por influir en la opinión pública se libró sobre todo en Inglaterra y Estados Unidos. Howell Arthur Gwynne, editor desde 1911 de *The Morning Post*, publicó en 1920 en el diario dieciocho artículos de los *Protocolos*, que posteriormente, como se ha dicho, fueron la base del libro *The Cause of World Unrest*. El mismo año, Víctor E. Marsden, corresponsal del mismo periódico en Rusia durante los años de la revolución, publicó su traducción del texto en "The Britons Publishing Society". El hecho de que Marsden, que estaba casado con una rusa y fue detenido y encarcelado por los mencheviques, fuera buen conocedor de la lengua rusa hace de esta edición una de las más citadas. A estas publicaciones hay que añadir las estadounidenses, ya reseñadas más arriba. Nada podía ser más contrario al espíritu de los *Protocolos* que esta divulgación continuada del documento, pues en ellos se dice lo siguiente sobre el control de la información: "Ni un simple anuncio llegará al público sin nuestro control. Incluso ahora esto ya lo estamos consiguiendo, puesto que todas las noticias son recibidas por unas pocas agencias en cuyas oficinas se concentran desde todo el mundo. Estas agencias serán nuestras por completo y publicarán únicamente aquello que nosotros les mandemos." Esto, que actualmente es una realidad, no se había conseguido aún por completo en la época que nos ocupa: periódicos como *The Times, The Morning Post, The Spectator, The Dearborn Independent* no estaban aún bajo el poder absoluto de los conspiradores, aunque no iban a tardar en estarlo.

La batalla que se libró por el control de *The Times* será comentada más abajo, puesto que fue éste el periódico utilizado para lanzar la campaña que atribuía a la "Ojrana", policía secreta zarista, la redacción de los *Protocolos*. Sin embargo, el 8 de mayo de 1921 *The Times*, entonces el periódico más prestigioso del mundo, cuyo propietario era Lord Northcliffe (Alfred Harmsworth), publicaba todavía estas palabras: "¿Qué significan estos Protocolos? ¿Son auténticos? ¿Verdaderamente un grupo de criminales ha redactado tales planes y está consiguiendo su cumplimiento? ¿Son una falsificación? ¿Pero cómo puede entonces explicarse este don profético que prevé todo esto con antelación? ¿Hemos luchado todos estos años para destruir el poder mundial de Alemania sólo para encontrarnos ahora enfrentados a un enemigo mucho más peligroso? ¿Nos hemos salvado a través de grandes esfuerzos de la 'pax germánica' sólo para ser víctimas de la 'pax judaica'... Si los *Protocolos* fueron escritos por los sabios de Sión, entonces cuanto se ha intentado y hecho contra los judíos está justificado, es necesario y urgente." Unos meses después la línea editorial del periódico comenzó a cambiar.

Concretamente los días 16, 17 y 18 de agosto del mismo año *The Times* publicó una serie de artículos cuyo título era "La verdad sobre los Protocolos", en los cuales se afirmaba tajantemente que los *Protocolos* eran sólo un fraude burdo hecho por un plagiario que había parafraseado un libro (publicado primero en Ginebra en 1864 y posteriormente en Bruselas en 1865) titulado *Diálogo en el infierno entre Maquiavelo y Montesquieu*, cuyo autor era Maurice Joly. El periódico publicaba pasajes de ambos libros en columnas paralelas y establecía comparaciones entre los textos. *The Times*, que se desmarcaba de la prensa judía, presumía de imparcialidad y aseguraba que había descubierto el fraude en honor a la verdad. Finalmente, proclamaba que se había establecido una evidencia indiscutible y pedía que la "leyenda" de los protocolos se acabase pronto y para siempre.

Una prueba de que en aquellos días de agosto se estaba librando una batalla por el control del periódico es otro artículo publicado también el día 17 agosto de 1921, en el cual se insistía en que lo ocurrido en Rusia había sido anunciado en los *Protocolos*. Veamos un fragmento: "Estos documentos sólo llamaron un poco la atención antes de la Revolución de 1917 en Rusia. El sorprendente colapso de un gran Estado debido al ataque de los bolcheviques y la presencia de incontables judíos entre ellos ha motivado que mucha gente busque explicaciones razonables de la catástrofe. Los Protocolos proporcionaron esta explicación, particularmente las tácticas de los bolcheviques en muchos aspectos siguieron de manera idéntica las recomendaciones de los Protocolos."

Lo más sorprendente, sin embargo, es la historia que se inventó *The Times* para explicar cómo había llegado a descubrir la falsificación. Se dijo en un informe que un corresponsal del diario en Constantinopla, Philip Graves, conoció por casualidad a un ruso, al cual se alude como Mr. X, un personaje misterioso que entregó al representante del periódico el texto de Joly que había permitido descubrir el plagio. Este caballero, Mr. X, había obtenido la copia del *Diálogo en el infierno entre Maquiavelo y Montesquieu* directamente de un oficial de la "Ojrana", la policía secreta rusa. El corresponsal añadía en su crónica que la falsificación había sido urdida con el propósito de influir en la conservadora corte rusa contra los judíos. Concretamente, lo que se pretendía era tratar de hacer verosímil el "imaginario peligro judío". Como era de esperar, la publicación fue saludada con entusiasmo entre los judíos: el 18 de julio de 1921, coincidiendo con la tercera entrega del informe, el líder sionista Israel Zangwill publicaba en el mismo periódico una carta de agradecimiento, que comenzaba con estas palabras: "Señor, su corresponsal en Constantinopla ha hecho un servicio a todo el mundo al identificar la fuente de los Protocolos..."

Leslie Fry lamenta en *Waters Flowing Eastward* que en lugar de citar correctamente el título del libro de Joly, que en su tiempo había sido publicado de manera anónima, *The Times* aludiera a los *Diálogos de Ginebra* para referirse al libro en cuestión. La escritora ironiza sobre la falta de rigor y seriedad del diario inglés y pone al descubierto la existencia de una segunda obra, *Maquiavelo, Montesquieu y Rousseau*, escrita por Jacob Venedey y publicada en 1850 en Berlín por el editor Franz Dunnicker. Este libro sería la fuente de la que había bebido Maurice Joly y de ella procedía su *Diálogo en el infierno entre Maquiavelo y Montesquieu*. De todo ello se desprende, y así es universalmente aceptado, que el autor o los autores de los *Protocolos de los Sabios de Sión* habían aprovechado textos anteriores ya existentes para proceder a la redacción del documento.

Comprobemos ahora quiénes eran en realidad Maurice Joly y Jacob Venedey. Empecemos por el segundo. Quizá el lector recuerda que Jacob Venedey ha sido ya citado en el capítulo anterior. Concretamente, desempeñó un papel relevante en la Liga de los Justos ("Bund der Gerechten"), rama clandestina de los Illuminati que contrató a Karl Marx para que redactara el *Manifiesto Comunista*. Venedey era judío. Nacido en Colonia en mayo de 1805, fue expulsado de Alemania por sus actividades revolucionarias y en 1833 se estableció en París. La policía francesa lo tenía vigilado, pero gracias a su amistad con Crémieux y Arago, no fue expulsado de Francia. Venedey fue amigo personal de Marx y trabajó con él en Bruselas, donde Moses Hess propuso en 1847 la transformación de la Liga de los Justos en la Liga de los Trabajadores Comunistas. Tras la revolución de 1848 en París, se desplazó a Alemania, donde formó parte del comité revolucionario. Jacob Venedey era miembro de la masonería y perteneció también a los carbonarios. Más tarde estuvo entre los fundadores de la Alianza Israelita Universal, en cuyo manifiesto fundacional se consideraba enemigo eterno al catolicismo y se proclamaba que los judíos, "una raza elegida cuya causa era grande y sagrada... estaban echando una red sobre el globo terráqueo".

En cuanto a Maurice Joly, Gottfried zur Beek en el prefacio de su edición de los *Protocolos* desvela que se trata de un judío que se llamaba Moses Joel cuando fue circuncidado. En 1935 se conservaba en un club de Londres un retrato de Maurice Joly con uniforme de gala de masón. En el proceso de Berna, que será comentado más abajo, se confirmó el origen judío del autor de los *Diálogos en el infierno entre Maquiavelo y Montesquieu*; sin embargo se precisó que su nombre judío era Joseph Levy y que el nombre Joly había sido elaborado con cuatro letras de su nombre. Esta aclaración produjo sensación en la sala donde se celebraba el juicio. Si se tiene en cuenta, como se ha visto con los frankistas, la facilidad que tenían algunos judíos para cambiar de nombre, estas ocultaciones de la identidad no deben ya extrañar. Ya fuese Joel, Levy o Joly, lo que interesa saber es que este personaje estuvo muy influenciado por Adolphe Isaac Crémieux, con lo cual hay que situarlo también en la órbita de la Alianza Israelita Universal. Fue el odio hacia el emperador Napoleón III, atizado por el propio Crémieux, el que lo llevó a publicar anónimamente los *Diálogos*. Joly se declaró primero socialista y más tarde se convirtió en comunista. En 1865 fue arrestado y, acusado de incitar al odio y al menosprecio del Gobierno, pasó dos años en la cárcel. Al salir de la prisión, con la ayuda de Crémieux, Jules Favre, Arago y otros, fundó el periódico *Le Palais*. En 1878 se suicidó y al funeral asistieron Crémieux y su hijo adoptivo, el famoso León Gambetta, quien pronunció un discurso post mortem.

Las conclusiones parecen claras. Todos los textos que, según *The Times*, fueron utilizados como fuente de los *Protocolos de los Sabios de Sión* fueron escritos por judíos revolucionarios que además se movían en la órbita de Karl Marx y el comunismo, y en la órbita de Adolphe Crémieux y la Alianza Israelita Universal, una organización judía que había declarado que aspiraba a "que todos las riquezas y tesoros del mundo fueran propiedad de los hijos de Israel". Asimismo el rabino Baruch Levy había escrito en su carta dirigida a Marx que llegaría el momento en que se realizaría "la promesa del Talmud, según la cual, cuando llegue el tiempo del Mesías, los judíos poseerían los bienes de todos los pueblos de la Tierra". Es un hecho generalmente aceptado que muchos pasajes de los *Protocolos* se encuentran en los *Diálogos en el infierno entre Maquiavelo y Montesquieu*. Por tanto, debe admitirse que el autor de los *Protocolos* habría aprovechado o plagiado en parte los textos de un judío, Joly, quien a su vez había plagiado a otro judío, Venedey. Es decir, el autor judío del documento aprovechó textos escritos anteriormente por otros judíos en los que se expresaban las mismas ideas.

Lord Northcliffe también planta cara: el control de *The Times*

El 27 de agosto de 1921, diez días después de que *The Times* pretendiera dar carpetazo al asunto de los *Protocolos*, otro periódico "descontrolado", *The Spectator*, publicó un artículo de Lord Sydenham, que entonces era una autoridad respetada, en el que se pedía nuevamente una investigación. Para Sydenham la característica más sorprendente del documento era un extraño tipo de conocimiento que había permitido hacer una serie de profecías que se habían cumplido. Fue esta una de las últimas ocasiones en que periódicos importantes se posicionaron en contra de los todopoderosos judíos sionistas: el propietario de *The Times*, Lord Northcliffe, fue apartado alegando que se estaba volviendo loco. *The Morning Post* fue objeto de una campaña de reproches y calumnias que impulsaron al propietario a vender el periódico. Henry Ford, como sabemos, fue obligado en 1927 a disculparse públicamente y a cesar en la publicación de *The Dearborn Independent*.

Douglas Reed, autor de *The Controversy of Zion*, es una fuente de primera mano para saber de qué manera fue retirado Lord Northcliffe. En 1922 Douglas Reed trabajaba en el famoso diario inglés y fue secretario de Lord Northcliffe. Seguiremos, pues, a partir de ahora, su versión de los hechos. Alfred Charles William Harmsworth, Lord Northcliffe (Dublín 1865 - Londres 1922) era conocido como el "Napoleón de la Prensa", ya que, además de ser el principal propietario de *The Times* desde 1908, poseía también el *Daily Mail*, que a finales de siglo tenía una tirada de un millón de ejemplares, el dominical *The Observer*, el *Daily Mirror* y otros rotativos de menor tirada. En una ocasión Northcliffe dio una definición de noticia que debería enseñarse en las facultades de Ciencias de la Información: "Noticia es lo que alguien en algún lugar intenta suprimir, el resto es sólo propaganda." Esto es exactamente lo que ocurría con las noticias que Robert Wilton, corresponsal de *The Times* en Rusia, enviaba al periódico tras la revolución: alguien las suprimía[36]. Northcliffe, pese a ser un poderoso magnate de la prensa, era un hombre íntegro que se había posicionado contra lo que estaba ocurriendo en Rusia y en mayo de 1920 había hecho imprimir en *The Times* un artículo sobre los *Protocolos* en el que reclamaba una investigación imparcial: "¿...vamos a desestimar todo el asunto sin investigación y permitir que un libro como éste no sea objeto de comprobación?"

En enero de 1922 Lord Northcliffe viajó a Palestina en compañía del periodista J. M. N. Jeffries, quien más tarde publicó *Palestine: The Reality*, un libro ya clásico de aquel periodo. Lord Northcliffe, que viajó en compañía del editor del *Manchester Guardian*, adquirió sobre el terreno una idea exacta de la situación y, a diferencia de otros periódicos, escribió desde allí una serie de artículos con independencia: "En mi opinión nosotros, sin suficiente reflexión, hemos garantizado Palestina como hogar para los judíos, a pesar del hecho de que aquí viven setecientos mil árabes musulmanes que poseen la tierra... Los judíos parecían tener la impresión de que toda Inglaterra estaba consagrada a la causa del sionismo, de hecho entusiasmada; y yo les dije que esto no es así y que tuvieran cuidado de no comprometer a nuestra gente con la importación secreta de armas para luchar contra los setecientos mil árabes... Habrá problemas en Palestina... la gente aquí no se atreve a decir la verdad a los judíos. Han tenido un poco de mi parte."

O bien Lord Northcliffe era un hombre de principios muy sólidos o bien no tenía idea exacta de a quiénes estaba plantando cara. Servirse de sus periódicos, que comunicaban con millones de personas, para decir la verdad sobre el asunto de Palestina y exigir, además, una investigación sobre el

---

[36] Carrol Quigley, el autor de la famosa obra *Tragedy and Hope*, en su libro *The Anglo-American Establishment* ofrece más información sobre lo que se estaba fraguando entre bambalinas para controlar el famoso periódico. Quigley desvela que el Grupo Milner, al que pertenecían los Astors, controlaba el periódico desde 1912. Alfred Milner y Cecil Rhodes habían fundado ya la "Round Table", que iba a convertirse en la más influyente de las sociedades secretas a lo largo del siglo XX. Tres organizaciones que son ramificaciones de la Round Table constituyen actualmente los grandes centros de poder y de decisión: el RIIA (Royal Institute of International Affairs), organizado en Londres en 1919; el CFR (Council of Foreign Relations), organizado en Nueva York en 1921; y el IPR (Institute of Pacific Relations), organizado en 1925. A pesar de no ser propietarios de *The Times*, el "Milner Group" influyó decisivamente en el periódico de 1912 a 1919. Según Quigley, sólo durante los tres años en que Lord Northcliffe trató de hacerse con el control, de 1919 a 1922, este grupo no pudo ejercer su dominio sobre el diario londinense.

origen de los *Protocolos* era un desafío. Con su actitud se convertía en un hombre peligroso, un oponente de conspiradores sin escrúpulos para los que el fin justifica los medios. La persona escogida para apartar a Lord Northcliffe de *The Times* fue Henry Wickham Steed, el cual había sido nombrado en 1919 jefe del departamento de Internacional y editor del periódico por el propio Lord Northcliffe, que era el principal accionista del diario, pero no el único propietario. Por ello, mientras todos los rotativos de su propiedad publicaron sus artículos sobre Palestina, *The Times* rehusó hacerlo. Wickham Steed se negó a visitar Palestina cuando Lord Northcliffe se lo pidió y tampoco quiso escribir en contra de los intereses del sionismo, pese a que había recibido un telegrama del propietario mayoritario en el que le pedía un artículo editorial que denunciase la actitud de Lord Balfour, ministro del Foreign Office, hacia el sionismo[37].

El 26 febrero de 1922 Lord Northcliffe abandonó Palestina enfurecido por la negativa de Wickham Steed a seguir sus indicaciones. El 2 de marzo de 1922, en el marco de una conferencia pronunciada en el seno de la editorial, se mostró extremadamente crítico con el incumplimiento del editor. Lord Northcliffe deseaba que Wickham Steed renunciase al cargo y no podía entender cómo después de haberlo reprendido públicamente era capaz de seguir en el puesto. En lugar de dimitir, el polémico editor decidió consultar a un abogado para conocer en qué circunstancias un despido podía ser considerado ilegal. Con este propósito, el 7 de marzo consultó con el asesor legal del propio Lord Northcliffe, quien de repente le dijo a Wickham Steed que Lord Northcliffe era "anormal", "incapaz para los negocios", y que a juzgar por su aspecto era "improbable que viviera mucho tiempo". Su consejo al editor fue que continuase en su puesto. Wickham Steed viajó días después a Pau, en Francia, para ver a Lord Northcliffe. El editor decidió el 31 de marzo que, efectivamente, Northcliffe era "anormal" e informó a uno de los directores de *The Times* de que "se estaba volviendo loco". O sea, el editor al que Lord Northcliffe quería sustituir fue quien sugirió su locura.

El 3 de mayo de 1922, según informa Douglas Reed, Lord Northcliffe asistió a un almuerzo de despedida del editor de uno de sus periódicos y "estaba en buena forma". Días después, el 11 de mayo, pronunció "un discurso excelente y eficaz" ante la Empire Press Union y "mucha gente que lo había creído 'anormal' pensó que se habían equivocado". Unos días más tarde telegrafió instrucciones al director ejecutivo de *The Times* para que organizase la renuncia de Wickham Steed. Dicho director ejecutivo no vio nada "anormal" en las instrucciones recibidas y no tuvo "la menor inquietud con respecto a la salud de Northcliffe". Otro director que también lo vio el 24 de mayo "consideró que la vida de Lord Northcliffe corría el mismo riesgo

---

[37] Según puntualiza Douglas Reed en *The Controversy of Zion*, todo ello es relatado "con sorprendente candor" en la *Historia Oficial* de *The Times* (1952).

que la suya propia" y no notó "nada inusual en los modales y en el aspecto de Northcliffe".

El 8 de junio de 1922 Lord Northcliffe pidió desde Boulogne a Wickham Steed que se reuniese con él en París. Se encontraron el 11 de junio y Northcliffe le anunció al editor que él personalmente asumiría la dirección de *The Times*. El día siguiente, 12 de junio, partieron todos en tren hacia Evian-les-Bains. En alguna parada del trayecto, Wickham Steed introdujo secretamente en el tren a un doctor. Llegados a Suiza se llamó a "un brillante neurólogo francés" (anónimo) que certificó por la tarde que Lord Northcliffe estaba loco. Enseguida Wickham Steed envió instrucciones por cable al periódico para que se ignorase y no se publicase nada de lo enviado por Lord Northcliffe. El 13 de junio Wickham Steed partió y nunca volvieron a verse. El 18 de junio Lord Northcliffe regresó a Londres, pero fue apartado de todo control e incluso se le impidió la comunicación con sus empresas. Sus teléfonos en *The Times* fueron cortados. El gerente incluso puso policías en la puerta para prevenir que pudiera acceder a las oficinas del periódico. El 14 de agosto de 1922 Lord Northcliffe falleció, supuestamente a causa de una endocarditis ulcerosa. En su testamento había dejado escrito que quería que cada uno de sus seis mil empleados recibiera tres meses de salario. Según una reseña patética de Wikipedia, Lord Northcliffe murió agotado en Londres a los 57 años.

En *The Controversy of Zion* Douglas Reed informa que este relato que hemos extractado salió a la luz en 1952, treinta años después de la muerte de Lord Northcliffe, y que él lo sacó de una publicación oficial como es la *Official History* de *The Times*. Este maestro del periodismo añade que nadie, excepto un círculo pequeño de allegados, tuvo en 1922 la más mínima idea de lo ocurrido. Reed considera que no hay precedente histórico de ningún caso en que se haya podido ocultar la información sobre el desplazamiento y desaparición de un hombre tan rico y poderoso en tan misteriosas circunstancias. El testimonio de Reed es especialmente valioso, habida cuenta de que trabajaba en el periódico y Lord Northcliffe en los primeros días de junio, cuando se disponía a destituir a Wickham Steed, lo llamó desde Boulogne. Reed dice que la actitud y la conducta que observó en Northcliffe fue la que le habían referido quienes estuvieron trabajando con él; pero añade: "Lord Northcliffee estaba convencido de que su vida corría peligro y varias veces lo dijo; concretamente, dijo que había sido envenenado". Reed, que continuó dieciséis años en el periódico, cuenta que al regresar a Londres habló con el hermano de Northcliffe, Lord Rothermere, y con George Sutton, un socio principal, los cuales quisieron conocer su opinión.

Ya sólo queda saber quién se apoderó de *The Times*. El 22 de julio de 1922 el periódico *National Tidscrift* de Oslo informaba de que cierto banquero judío había adquirido *The Times* de Londres. Hoy se sabe que tras la muerte de Lord Northcliffe el diario fue comprado en 1922 por los Astor. Fritz Springmeier en su obra *Linajes de los Illuminati* (*Bloodlines of the*

Illuminati) ofrece cumplida información sobre esta familia de linaje judío, cuyos orígenes se han mantenido escondidos. John Jacob Astor (1763-1848), el primer Astor sobre quien se da noticia, nació en Waldorf, Alemania. En 1784 estaba ya en Estados Unidos, donde fue Maestre de la logia holandesa número 8 de Nueva York. El presidente Jefferson, un illuminati que consideraba a Weishaupt un benefactor de la humanidad, y Gallatin Mackey, el masón satanista illuminati que fue secretario del Supremo Consejo de Charleston, fueron sus conexiones. El Dr. John Coleman en *The Committee of 300* revela que hizo una enorme fortuna con el comercio de opio de China, lo cual le permitió la compra de grandes áreas de terreno en Manhattan. Desde entonces, según Coleman, la propiedad inmobiliaria de Manhattan ha estado en manos de miembros del Comité de los 300. John Jacob Astor formó parte de un Comité que seleccionaba las familias de selectos norteamericanos a los que se les permitía participar en el lucrativo negocio del opio. Coleman lo vincula asimismo a la Compañía de las Indias Orientales (East India Company) y, consecuentemente, al Servicio de Inteligencia Británico. Hay que recordar, se dicho ya en el capítulo segundo, que las operaciones de inteligencia inglesas habían estado en manos de la Compañía de las Indias Orientales hasta que Lord Shelburne, que presidía el Comité Secreto de dicha Compañía y era el hombre de los financieros oligarcas anglo-holandeses, organizó el SIS (Secret Intelligence Service). Astor se convirtió en banquero y se hizo con buena parte de las acciones del Banco de los Estados Unidos creado por Alexander Hamilton. Según Springmeier, la tendencia al secretismo es característica de los Astor, una familia que se mueve en la órbita de los Warburg y los Morgan, los banqueros judíos que están en el origen del cártel de la Reserva Federal de Estados Unidos. Podríamos seguir, pero pensamos que lo dicho es suficiente para que el lector comprenda quiénes eran los conspiradores a los que Lord Northcliffe tuvo el valor de plantar cara. *The Times* fue comprado por John Jacob Astor V.

Los juicios de Berna

El empeño por enterrar los *Protocolos* y propiciar su olvido llevó al judaísmo internacional a denunciar en 1933 a Silvio Schnell, editor suizo del texto; a Georg Haller, director del periódico nacionalsocialista *Eidgenossen*; a Juris Johann Konrad Mayer, consejero legal del periódico; a Walter Äbersold, miembro del Frente Nacional; y a Theodor Fischer. La querella fue presentada por dos organizaciones de la comunidad judía helvética, la Liga Comunal Israelita Suiza, representada en el juicio por el doctor Matti, y la Comunidad de Culto Judía de Berna, cuyo representante fue Georges Brunschvig, las cuales solicitaron que se prohibiera la difusión del documento. Los abogados de los acusados eran Ursprung y Ruef. Las verdaderas pretensiones del proceso fueron aclaradas por el gran rabino de Estocolmo, Marcus Ehrenpreis, uno de los testigos de la acusación, que incluso se permitió llorar durante el juicio. Según Ehrenpreis, que había sido secretario del comité presidido por Theodor Herzl en Basilea, no se trataba de un proceso contra Schnell y sus compañeros, sino que era el proceso de todos los israelitas del mundo contra todos sus detractores. "Dieciséis millones de israelitas -dijo- fijan la mirada sobre Berna." El proceso preliminar comenzó el 16 de noviembre de 1933, pero el juicio se retrasó casi un año, pues los acusados intentaron desestimar al juez, que en primera instancia fue Walter Meyer, un juez suizo marxista que dictó sentencia en mayo de 1935. Presentado recurso de apelación por la defensa de los acusados ante una instancia superior, una segunda sentencia fue dictada el 1 de noviembre de 1937.

Un comentario de lo acontecido permitirá al lector hacerse una idea del desarrollo del juicio ante el tribunal de primera instancia. Silvio Schnell era nacionalsocialista y había difundido ejemplares de la edición alemana de los *Protocolos* en una reunión de nacionalistas suizos. La acusación se apoyó en un artículo de la ley del cantón de Berna que aludía a "literatura inmoral" y a "instigación por medio de la prensa". El hecho de que los acusados fueran miembros del Frente Nacional, un partido nacionalsocialista suizo, convirtió a los nazis en parte interesada en el proceso, que, tras el aplazamiento de 1933, comenzó el 29 de octubre de 1934. El juez Walter Meyer permitió la aparición de un gran número de testigos que apoyaban a los querellantes; por contra aceptó la presencia de un único testigo de los acusados, el Dr. Zander.

Los demandantes decidieron llamar en primer lugar a un testigo supuestamente de prestigio, nada más y nada menos que Chaim Weizmann, partidario de Asher Ginsburg, uno de los grandes del sionismo, el artífice de la *Declaración Balfour*, que en 1948 iba a ser el primer presidente de Israel. Weizmann, que por supuesto negó que pretendieran el dominio mundial, declaró: "Estos Protocolos seguro que proceden de una fantasía enferma... algo de otro planeta." Armand Alexander du Chayla, el siguiente en declarar, no fue ya un testigo de adorno. Los abogados de la acusación entregaron al juez artículos sobre los *Protocolos* que Du Chayla había publicado en 1921, concretamente el 12 y 13 de mayo y el 1, 2 y 3 de junio, en el diario *Dernières Nouvelles*. Du Chayla, que pasaba por ser un cristiano ruso ortodoxo de ciudadanía francesa, dijo que había estado en Rusia en 1909 y que se había encontrado con Sergei Nilus, a quien se refirió como un paranoico cuyos pensamientos se concentraban en la venida del Anticristo. Du Chayla declaró que Nilus le había dado a leer los *Protocolos* en lengua francesa. Añadió que recordaba que el manuscrito tenía una ligera mancha de tinta azul en la primera página y que Nilus le había dicho que era el original.

Esta argucia de la mancha de tinta azul nos obliga a presentar a un personaje que habíamos pensado evitar, pues no merece ninguna credibilidad. Se trata de la princesa Radziwill, una aventurera que a principios de siglo trató de cazar en Sudáfrica al multimillonario Cecil Rhodes. Catherine Radziwill le pidió que se casase con ella, pero Rhodes la rechazó y ella se vengó acusándolo de fraude en un préstamo. Esta intrigante el 11 de marzo de 1921 apareció entrevistada por Isaac Landman en el diario *American Hebrew* de Nueva York. Se hacía pasar por princesa y ya no lo era, pues se había separado del principe Wilhelm Radziwill y en 1914 se había vuelto a casar con un ingeniero llamado Kolb, del cual también se separó poco después. En el momento de la entrevista llevaba ya el apellido Dunvin, que era el de su tercer marido. Radziwill/Kolb/Dunvin contó que los protocolos fueron redactados después de la guerra japonesa (1904-1905). Según dijo, ella vivía en París en 1905 cuando un día recibió la visita de un tal Golowinsky, un policía secreto que la conocía, el cual le reveló que el jefe de la Policía Exterior rusa, Piotr Ratschovsky, le había encargado escribir un falso plan conspiratorio del judaísmo. Radziwill manifestó que Golowinsky le había mostrado un manuscrito recien redactado por él mismo y por un judío renegado llamado Manassevich Manuilov, el cual tenía en la primera página una mancha grande de tinta azul. Du Chayla pretendió hacer creer en su declaración ante el tribunal de Berna que él había visto precisamente el mismo manuscrito original en casa de Nilus en 1909. Estos detalles anecdóticos, inventados, artimañas elaboradas por mentes delirantes, no son otra cosa que falsedades, patrañas concebidas para tratar de engañar a ingenuos que puedan otorgar credibilidad a estas curiosidades imposibles. Lesly Fry relata que la princesa Catherine Radziwill se contradice más tarde, pues, ya sea por distracción o inconscientemente, ella misma declara que el general Cherevin le regaló sus memorias cuando murió en 1896, las cuales incluían los *Protocolos*. Por otro lado la reputación de la Radziwill, hija de un judío que tuvo en Mónaco un salón de apuestas, según se desveló en Berna, es más negra que el betún. Podríamos redactar varias páginas con los embustes, falsificaciones de documentos y otras imposturas que adornan el curriculum de esta mentirosa y estafadora compulsiva.

El juez preguntó al testigo si pensaba que Nilus creía que los *Protocolos* eran genuinos, a lo cual Alexander du Chayla respondió: "Tuve la impresión de que el propio Nilus dudaba de la autenticidad de los *Protocolos*." Este testigo opinó a continuación que el texto había sido distribuido en Rusia con el propósito de influir al zar para que adoptase una posición reaccionaria y antijudía. La siguiente pregunta del juez fue si Nilus había falsificado él mismo los *Protocolos*. La respuesta fue que ello era imposible, pues, aunque no podía garantizar su salud mental, Nilus era un hombre honesto, pero obsesionado con la idea de que los masones y los judíos estaban compinchados para destruir Rusia y el mundo cristiano. Finalmente este testigo declaró que Nilus insistía en que indirectamente había recibido los *Protocolos* del policía Ratchkovsky, que ocupaba un alto cargo en la jerarquía oficial.

Los siguientes testigos fueron Sergei Svatikov y Vladimir Burtsev, que fueron los encargados de hacer que el tribunal se tragase la historia sobre la princesa Catherina Radziwill. El abogado de los acusados, Ruef, consiguió probar lo siguiente: 1. Catherina Radziwill jamás dispuso de una residencia en París. 2. Burtsev había cometido el error de afirmar que Ratchovsky nunca estuvo en la capital francesa en los años 1904-1905. 3. La famosa princesa Radziwill era hija de un judío llamado Blanc. Estos logros de la defensa fueron presentados a la opinión pública por el diario *Die Front* en una información publicada el 4 de mayo de 1935.

En *Waters Flowing Eastward* se da noticia de otros artículos de Alexander du Chayla que seguramente no interesó mencionar en el juicio. El 14 de mayo de 1921 apareció uno en la *Tribune Juive* de París, y otro el 13 de junio en *New York Call*, una publicación violentamente comunista. Ninguno de estos dos medios parece adecuado para un supuesto cristiano ortodoxo. De hecho Nilus menciona a Alexander du Chayla en uno de sus libros y dice que lo tomó por un devoto de la Iglesia Ortodoxa Rusa. Leslie Fry reproduce un texto de Tatiana Fermor fechado en París el 9 de junio de 1921. Esta mujer conoció personalmente al personaje, al que se refiere como Conde du Chayla. Lo encontró en un monasterio cercano a Moguileff, donde ella veraneaba, y le fue presentado por el abad, el archimandrita Arsene. Du Chayla le comentó que estudiaba ruso y la religión ortodoxa, de la cual se declaró devoto. Según Tatiana Fermor, pretendía demostar un celo ortodoxo mayor aún que el del propio Patriarca, lo que le llevó incluso a retirar de la capilla del monasterio dos bellas esculturas de ángeles del Renacimiento, pues los encontraba demasiado católicos. Fermor relata que el Conde du Chayla le expresó el odio que sentía hacia los judíos y llegó incluso a decir que "hacia falta un buen pogromo en Rusia." Du Chayla recomendó a Tatiana Fermor la lectura de los libros de Drumont, autor del libro *La Francia judía*, para que comprendiera hasta qué punto los judíos habían conquistado Francia. En resumen, Fermor explica que la carrera eclesiástica de este testigo de los querellantes en Berna fue meteórica, hecho que le permitió tener amistad íntima con obispos reconocidos por su estricta ortodoxia y a frecuentar el famoso salón de la condesa Ignatieff. Su ascenso social lo llevó a participar en política, hasta el punto de ser seguidor del conde Bobrinsky, líder del Partido Paneslávico. Llegó inclusive a dirigir violentas campañas raciales contra polacos y finlandeses. Al estallar la guerra, Alexander du Chayla era estudiante en la Academia de Teología de Petrogrado y fue nombrado jefe de un hospital de campaña organizado por el obispo Pitirim. Textualmente el relato de Tatiana Fermor concluye así: "Le perdí entonces la pista hasta después de la revolución, cuando oí que actuaba como un agente provocador que incitaba a los cosacos contra el Ejército Blanco. En 1919 du Chayla fue juzgado por una corte marcial y condenado por actividades sediciosas en favor de los soviéticos. La sentencia fue publicada en los periódicos de Crimea." Es decir, Alexander du Chaila, uno de los testigos estrella en el juicio de Berna, era un agente infiltrado de los comunistas, uno más de los muchos que operaban en Rusia antes de la revolución.

En noviembre de 1934, acabó la procesión de testigos de los demandantes, pues sólo se había permitido uno a la defensa. El juez había decidido nombrar expertos que debían considerar cuatro preguntas: ¿Son los *Protocolos de los Sabios de Sión* una falsificación? ¿Son un plagio? Si lo son, ¿Cuál es su fuente? ¿Caen los *Protocolos* bajo el término de "Schundliteratur" (literatura basura)? Arthur Baumbarten era el experto de los demandantes. Carl Alber Loosli, supuestamente neutral, actuó como experto del tribunal. El coronel Ulrich Fleischhauer fue el de los demandados. El hecho de que este experto no hubiera tenido tiempo para preparar su informe obligó a la defensa a pedir un aplazamiento de la causa. El juez concedió seis meses y fijó la reapertura del juicio para el 29 de abril de 1935.

Demandas contra los testigos fueron presentadas por los abogados de los inculpados, pero el 4 de enero de 1935 fuerons desestimadas. El 17 de marzo se presentó una nueva demanda contra unos cuantos testigos. El 26 de abril de 1935 el *Jewish Daily Post* anunció que el inicio del juicio previsto para el día 29 había sido aplazado, puesto que Silvio Schnell, uno de los acusados, había demandado a diez testigos por falso testimonio. La noticia del aplazamiento resultó ser falsa y el juicio comenzó en la fecha prevista, pero el anuncio propició que personas que habían previsto viajar a Berna para asistir al proceso postergasen su viaje. Hay que tener en cuenta que la sala estaba abarrotada de simpatizantes judíos venidos de toda Europa y el abogado de los acusados había pedido al juez treinta pases para que sus partidarios pudieran asistir. El 28 de abril, el mismo periódico dictaba ya sentencia por adelantado: "Que el libro es una insolente falsificación no hace falta decirlo. No se trata de probar o desaprobar las alegaciones. El asunto está zanjado. Lo que importa ahora es que se de la más amplia publicidad a esta refutación... La sentencia debe ser divulgada extensamente."

Apenas se reanudó el juicio los acusados insistieron en reclamar una acción judicial contra los testigos que habían hecho declaraciones contrarias a la verdad. El juez informó que las querellas criminales contra los testigos habían sido sobreseídas por falta de base, pero hizo una excepción: el testigo Vladimir Burtsev, un periodista ruso, sería procesado, pues había afirmado ante la Corte que el general Globitchoff le había dicho que los *Protocolos* eran una falsificación, cosa que se demostró era una mentira, toda vez que el propio general, el cual seguía vivo, negó con vehemencia haber realizado las afirmaciones que le había atribuido Burtsev. Esta información apareció en *Die Front*, pero no fue mencionada en ningún otro medio.

Reiniciadas las sesiones, aparecieron documentos secretos que el Gobierno Soviético había puesto a disposición de Loosli, el experto del tribunal. Como es lógico, el experto de los acusados, Fleischhauer, pidió permiso para revisar dichos documentos; pero únicamente se le permitió echar una ojeada. Dicha ojeada le bastó para percatarse de que algunos podían estar falsificados, lo cual inducía a pensar que contendrían quizá informaciones falsas o erróneas. Fleischhauer insistió en que los quería examinar con calma; pero la Corte contestó que sólo lo autorizaría si daba antes su palabra de honor de que no divulgaría sus contenidos, a lo cual se negó. Los abogados de los querellantes trataron de establecer la tesis de que Fleischhauer era un experto inapropiado pues era un conocido antisemita y tenía opiniones preconcebidas sobre el caso. De esta acusación se desprende que sólo ellos podían tener opiniones preconcebidas. Lamentablemente, una de las ideas preconcebidas que expresó Fleischhauer ante el tribunal fue la opinión de que la única solución al problema judío era el fin de su dispersión y la obtención de su propio Estado. De hecho Hitler y los líderes sionistas alemanes ya habían firmado el 25 de agosto de 1933 el Acuerdo Haavara ("Haavara Agreement"), un acuerdo de colaboración mediante el cual cerca de cien mil judíos alemanes viajaron voluntariamente a Palestina con todos sus bienes. En un próximo capítulo habrá ocasión de volver sobre este pacto vergonzoso.

El experto de la parte demandante, Arthur Baumgarten, empezó diciendo que los *Protocolos* eran una invención histórica y expuso la manida tesis de que habían sido falsificados y plagiados para predisponer al zar contra los judíos. Apuntó que habrían sido compuestos entre 1890-1900. Comparó incluso algún párrafo con el texto de Joly y mencionó también la posibilidad de que se usase el libro de Goedsche. Afirmó rotundamente que eran del todo opuestos al espíritu del judaísmo. Negó, por supuesto, que los judíos hubieran conspirado nunca. Negó asimismo que los judíos hubieran tenido nada que ver con la revolución bolchevique. Sin inmutarse, con un cinismo inconmensurable, rechazó también que hubiera alguna conexión entre la masonería y los judíos: "los judíos no tienen nada que ver con los francmasones y no gobiernan el mundo." Baumgarten manifestó su convencimiento de que sin duda los *Protocolos* habían contribuido a que las naciones arias sintieran desconfianza y horror hacia los judíos. Evidentemente, esta última aseveración es cierta. "Si los Protocolos fueran auténticos -dijo- y hubiese una conspiración mundial judía, entonces uno debería aceptar que toda la historia es sólo una farsa, y los historiadores, víctimas estúpidas, porque detrás del escenario estaban los barbudos sabios de Sión, que movían los hilos de los emperadores, reyes, generales, papas, poetas y filósofos." Son sus palabras.

Fleischhauer, para espanto de los querellantes y sus simpatizantes, replicó con una exposición que duró cinco días: habló durante veintitrés horas. Entre los argumentos en favor de la autenticidad de los *Protocolos,* hizo notar que en el texto se presentaba a la Policía conectada con la masonería, lo cual no se hubiera dicho si el documento hubiera sido elaborado como arma política para influir en el zar. Presentó pruebas sobre la verdadera identidad de Maurice Joly, un judío masón cuyo verdadero nombre era Joseph Levy. Cargó con dureza contra el testigo Alexander du Chayla y puso en evidencia algunas de las mentiras e inexactitudes de los testigos de los querellantes. Dedicó un tiempo a identificar a quienes habían escrito contra los *Protocolos*. Aludió a las revelaciones de Leslie Fry sobre Asher Ginsberg. Lógicamente, no dejó sin respuesta algunas de las negaciones de Baumgarten: explicó las interconexiones de los judíos con la masonería y describió las ceremonias masónicas como procedentes de rituales cabalísticos. Expuso la vinculación profunda del judaísmo con el Movimiento Revolucionario y con el bolchevismo. Acusó a los judíos de estar detrás de la revolución francesa y, sobre todo, de haber preparado la revolución en Rusia. Denunció incluso que Sir Philip Sassoon, miembro de la célebre familia de banqueros emparentada con los Rothschild, era un traficante de opio. La intervención de Fleischhauer, a quien se insultó y se intentó agredir cuando abandonó el edificio del tribunal, tuvo un enorme impacto en la prensa no judía de toda Europa. El 9 de mayo, según quedó registrado, el juez aludió a los ataques contra Flesichhauer y le pidió disculpas por la grave violación de la hospitalidad suiza.

El último experto en hablar fue Loosli[38], el hombre del tribunal, que comenzó su intervención anunciando que la editorial Hammer de Alemania preparaba una nueva edición de los *Protocolos* e iba a usar el informe de Fleischhauer como introducción. En su intento de refutar a Fleischhauer, quien había afirmado que el judío y masón Kerensky retiró los *Protocolos* de las librerías rusas, Loosli llegó a negar que Kerensky fuera judío y lo vinculó a una familia de sacerdotes. En su pretensión de rebatir una aserción de Fleischhauer, negó también que la masonería y la logia judía B'nai B'rith tuvieran algo en común. Una de las sorpresas de su intervención fue la exhibición de un certificado bautismal de Maurice Joly fechado en 1829. No se comprende muy que quería demostrar con ello: ya se ha visto que shabbateístas y frankistas no dejaban de sentirse judíos por el hecho de convertirse al Islam o de bautizarse. Refiriéndose al informe del experto de los acusados, dijo que "no era más que un panfleto de propaganda antisemita que nunca debería haber sido admitido ante un tribunal de justicia." Seguidamente, Loosli inició una ataque furibundo contra el nacionalsocialismo y contra Alemania. "Si existe una conspiración mundial, está encabezada por los nacionalsocialistas alemanes -dijo- y nos amenaza a todos." El periódico nacionalista *Die Front* expresó el 8 de mayo su sorpresa por el hecho de que un experto supuestamente neutral hubiera dirigido

---

[38] Un hecho llevado a cabo por este perito neutral del tribunal ayudará al lector a comprender hasta dónde llegó el servilismo de Loosli. Puesto que había sido probado que la supuesta falsificación de los *Protocolos* no pudo haber sido hecha en París en 1905, este experto, en su afán de hacer creíble el informe de la Radziwill y de apoyar a un testigo que había mentido, falsificó en su informe escrito en octubre de 1934 la fecha del año 1905 y la transformó en 1895. Cuando siete meses más tarde Fleischhauer lo denunció públicamente ante el tribunal y recordó que la princesa Radziwill había dicho que su pretendido encuentro en París se produjo tras la guerra ruso-japonesa, Loosli trató de hacer creer que se había tratado de un error de mecanografía. Nada de todo esto perturbó al juez Meyer, supuestamenete imparcial.

ataques tan virulentos contra Alemania y se preguntaba "¿Puede esta actitud ser compatible con la imparcialidad?"

En su intervención final, Ruef, uno de los abogados de la defensa, preguntó cómo se podía considerar culpables a los demandados por haber vendido una falsificación cuando precisamente se estaba tratando de establecer la autenticidad del texto. Pertinentemente, Ruef observó que el juez no habría nombrado tres expertos si la falsedad hubiera sido probada antes del juicio. Sobre la intervención de este abogado, *Die Front* informó el 14 de mayo de 1935 que Ruef había denunciado de nuevo que los testigos de la defensa no habían sido aceptados y que se había rechazado procesar a testigos que habían prestado falso testimonio. En este sentido hay que aclarar que Burtsev, el único declarante que iba a ser encausado por mentir, se libró debido a un defecto formal, ya que las actas de las declaraciones no habían sido firmadas como era preceptivo.

Finalmente, se emitió un veredicto. Puesto que los demandantes no habían aportado pruebas de que se había cometido una falsificación, este punto fundamental nunca fue mencionado por el juez, el cual, de todos modos, dictó sentencia en su favor porque los acusados no habían probado que los *Protocolos* eran genuinos. A partir de la lógica que encierra este veredicto, cabe pensar que todos los escritos cuyo autor no pueda ser identificado o localizado, por ejemplo muchos textos del Pentateuco, son falsos. Este razonamiento va en contra del principio de crítica histórica admitido universalmente, según el cual cuando se descubre un documento, dicho documento debe ser tenido como auténtico hasta que su falsedad haya sido demostrada. Además, si de lo que se trataba era de establecer la autenticidad y no la falsificación, no se comprende por qué se denegó la comparecencia de más de treinta y cinco testigos de la defensa. En cuanto a los encausados, Silvio Schnell, un joven de 23 años, fue condenado a una multa de 20 francos y Theordor Fischer a otra de 50 francos. Salvo en Alemania, la victoria judía fue anunciada triunfalmente por la prensa de todo el mundo, una prensa que, según habían declarado en el juicio, no controlaban. Un miembro de la Oficina Judía de Información manifestó que en un juicio político el eco lo era todo y la sentencia, nada.

Un recurso fue presentado ante el Tribunal de Apelación de Berna, que el 1 de noviembre de 1937 desestimó el veredicto del juez Walter Meyer. Veamos para concluir algunos pasajes de la sentencia de este alto Tribunal (las citas entrecomilladas proceden del texto alemán del juicio publicado por M. de Vries de Heekelingen). El Tribunal de Apelación consideró que, a pesar de lo prescrito por la ley, los informes de ciertos testimonios fueron elaborados por informantes privados de los demandantes judíos: "Los procedimientos, tal como fueron llevados a cabo por la corte de primera instancia, no se hicieron en conformidad con la práctica habitual y con la ley... La forma en que se elaboraron los informes contradijo las prescripciones vinculantes de la ley". La Corte de Apelación constató que las declaraciones de los testigos no habían sido leídas a los acusados y no habían sido firmadas, como era prescriptivo; consideró asimismo que los testigos de la defensa no habían sido convocados y que el juez había aceptado de los demandantes traducciones de documentos procedentes de Rusia, cuya autenticidad no había sido suficientemente comprobada. Un punto muy interesante es el que hace referencia a la designación de los expertos, concretamente a la del tercero, C. A. Loosli, cuya elección fue duramente criticada por el Tribunal de Apelación. Esta Corte lamentó "la falta de imparcialidad de Loosli, quien en 1937, poco más de un año después del primer juicio, había ya publicado "un panfleto titulado *Die Schlimmen Juden* (*Los judíos malos*), en el cual calificaba los *Protocolos* como una fabricación malévola y con desdén los había descalificado de manera púramente polémica y no ciéntifica."

The Jewish Chronicle del 5 de noviembre de 1937 escribió que el Tribunal de Apelación había declarado que los *Protocolos* eran una falsificación y que debían ser considerados literatura basura. Asimismo afirmaba que la Corte había concluido que la falsedad de los *Protocolos* había sido demostrada. En realidad, el Tribunal absolvió a los acusados y condenó a las organizaciones judías a pagar los costes del proceso. En cuanto al valor literario del texto, la Corte consideró que ciertamente "era literatura chapucera y basura desde un punto de vista estético y literario", en lo cual sólo se puede estar de acuerdo. Sobre quién era el autor de esta basura literaria y sobre la cuestión de la autenticidad del documento, el Tribunal de Apelación se declaró incompetente.

Peter Myers sostiene la autenticidad de los *Protocolos*

No queremos concluir estás páginas sin una escueta referencia al profesor australiano Peter Myers, un erudito de amplísimos conocimientos históricos. Myers lleva veinte años debatiendo públicamente en internet con quien quiera contrastar con él sus argumentos sobre la autenticidad de los *Protocolos de los Sabios de Sión*. Sostiene que son un documento genuino y ha escrito desde entonces centenares de páginas donde rebate a los principales autores que han publicado obras que proclaman que son falsos. Con sus razonamientos cuestiona las tesis de tres reconocidos sionistas, Israel Zangwill (1864-1926), Herman Bernstein (1876-1935) y Norman Cohn (1915-2007). Este último publicó en 1970 *Warrant For Genocide*, obra en la cual afirma que sin los *Protocolos* no hubiera existido Auschwitz, o sea, culpabiliza al libro por el supuesto genocidio cometido en el famoso campo de trabajo polaco. Cohn escribió también la introducción a la edición de 1971 del libro de Hermann Bernstein, *The Truth about "The Protocols of Zion": A Complete Exposure*, libro cuya primera edición se remonta a 1935. En respuesta al libro de Cohn, el profesor Myer publicó en 1994 su texto *Hiding Behind Auschwitz*, un documento actualizado en dos ocasiones, en abril de 2001 y en marzo de 2004, en el que considera que el siglo XX no se podría comprender sin la existencia de los *Protocolos*.

Norman Cohn desvela en su obra que algunos meses antes de su asesinato en Ekaterinburgo la emperatriz Alejandra recibió de una amiga, Zinaida Sergeyevna Tolstaya, un ejemplar de la edición de Nilus de los *Protocolos*. Una semana después del magnicidio, los restos de la familia imperial rusa, desmembrados e incinerados, fueron descubiertos en el fondo del pozo de una mina. Durante las investigaciones fueron encontrados tres libros que la emperatriz había llevado con ella hasta su triste final: la Biblia en ruso, *Guerra y Paz* y *Lo Grande en lo Pequeño*, o sea, la edición de Nilus. La pregunta lógica que formula Myers a Cohn es la siguiente: "Si los *Protocolos* eran una falsificación hecha por la Policía Secreta del zar, ¿por qué habría conservado la zarina un ejemplar en su propia habitación, uno de los tres libros que guardó hasta su muerte? Si era una falsificación, no hubiera tenido valor para ella."

También Herman Bernstein insiste en una información similar. Bernstein escribe que el propio Nicolas II estaba profundamente interesado en los *Protocolos* y añade que durante su investigación descubrió una copia de la edición de Butmi de 1906 en la biblioteca privada del zar, la cual había sido adquirida años antes por la Biblioteca del Congreso en Washington. Cohn, apoyándose en la declaración de Vladimir Burtsev en el juicio de Berna, escribe en *Warrant For Genocide* que el ministro del Interior, Stolypin, había convencido al zar de que los *Protocolos* eran una falsificación. Myers advierte sagazmente: "Si el zar estaba convencido de la falsedad, ¿por qué tenía un ejemplar de los *Protocolos*, una copia de un documento sin valor, falsificado por su propia Policía? ¿Tiene esto algún sentido?"

Sobre el hecho de que en los *Protocolos* haya pasajes análogos a los del libro de Maurice Joly, *Diálogos en el Infierno entre Montesquieu y Maquiavelo*, Myers considera que ello no prueba necesariamente que sean falsos. En un documento de septiembre de 2002, actualizado en 2012, el profesor Myers demuestra que ha trabajado intensamente en la comparación de ambos libros. El libro de Joly, escrito durante el reinado del emperador Napoleón III de Francia y dirigido en su contra, presenta como maquiavélico a Napoleón III, un tramposo que embauca a la gente; mientras que en los *Protocolos*, los maquiavélicos son los revolucionarios, que crean la confusión, el caos, aspiran a un control totalitario y a un reino de terror. En su opinión, la palabra "infierno" alude al espíritu del mundo y el libro presenta una discusión entre los fantasmas de Maquiavelo y Montesquieu. Myers revela que las analogías de los *Diálogos* conforman un 16.45% de los *Protocolos*, lo cual, aun siendo un porcentaje sustancial, constituye sólo una sexta parte del total. No obstante, puntualiza que incluso en los fragmentos supuestamente iguales hay diferencias importantes de significado. Myers recrimina a Norman Cohn que no haya examinado los párrafos semejantes que hay entre el libro de Joly y el de Jacob Venedey, *Maquiavelo, Montesquieu y Rousseau*, toda vez que los pasajes de los *Protocolos* que cita como copiados o plagiados de los *Diálogos*, son al mismo tiempo un plagio del libro publicado en 1850 por Venedey, el judío masón miembro de la Liga de los Justos que colaboró con Karl Marx. Otra cosa que advierte Myers es que Cohn omite especialmente en su obra la extensa cobertura sobre el sistema financiero mundial que se hace en los *Protocolos*, un tema sobre el que se dice muy poco en los *Diálogos*.

En otro documento publicado también en septiembre de 2002 y revisado en julio de 2008, Peter Myers toca el tema del Gobierno Mundial, fundamental en los *Protocolos*. Su estudio se centra en los intentos de establecerlo que se hicieron en la Conferencia de Paz de Versalles de 1919, en la que predominaban los judíos en varias delegaciones, sobre todo en la de Estados Unidos. Las propuestas de un gobierno mundial se presentaron disfrazadas con consignas del tipo "unificar a la humanidad", "prevención de futuras guerras" y otras por el estilo. Jacob Schiff (1847-1920), el principal banquero que financió la Revolución en Rusia, y Bernard Baruch (1870-1965), al que Henry Ford calificó de "procónsul de Judá en América", fueron los principales promotores de la idea. En la Conferencia de Versalles Bernard Baruch era el consejero personal del presidente Wilson para temas económicos. Jacob Schiff[39] trató con denuedo que los bolcheviques, que estaban aún tratando de extender su revolución en Europa y de consolidar el poder en Rusia, donde ejercían una represión criminal, fueran reconocidos y enviasen una delegación a París. No hay que olvidar que a finales de marzo Hungría era ya bolchevique y Austria, Checoslovquia, Polonia y Alemania estaban en peligro. El hecho de que un banquero judío y sionista fuera el máximo abogado del comunismo totalitario evidencia con claridad la naturaleza de la conspiración mundial. Si Schiff hubiera tenido éxito en sus pretensiones, probablemente habría sido más factible la implantación del Gobierno Mundial. Otro agente fundamental que trabajaba para un gobierno mundial totalitario y para el reconocimienro inmediato de los comunistas era el coronel Edward Mandell House, el alter ego de Woodrow Wilson. Estos tres personajes serán objeto de atención en el próximo capítulo.

En el documento citado, Myers comenta una obra de Herman Bernstein publicada en Nueva York en 1924, *Celebrities of Our Time: Interviews*, dedicada al Coronel Mandell House, abogado defensor del Gobierno Mundial. En ella Bernstein dialoga con distintos protagonistas del momento: Alexander Kerensky, Leon Trotsky, Robert Cecil, Walter Rathenau, Chaim Weizmann. Este último aclara durante la entrevista en qué terminos se expresó ante el Gobierno británico con respecto a su reclamación

---

[39] En el libro *Jacob H. Schiff: His Life and Letters* (1928), Cyrus Adler presenta textos extraídos de cartas de Jacob Schiff en los que confiesa su obsesión en derrocar al Gobierno ruso de los zares. Este banquero admite que prestó dinero a Japón con finalidades políticas para que hiciera la guerra de 1904-1905.

sobre Palestina. La cita permite comprender hasta qué punto se sabían poderosos los sionistas: "Los judíos obtendrán Palestina, tanto si ustedes quieren como si no. No hay poder sobre la tierra que pueda impedir que los judíos obtengan Palestina. Ustedes, caballeros, pueden hacérselo fácil o pueden ponérselo difícil, pero no pueden detenerlos."

El tercer sionista en el que Peter Myers fija su atención en relación con los *Protocolos* y las aspiraciones de dominio expresadas en ellos es Israel Zangwill, un socialista fabiano partidario del Gobierno Mundial cuyos argumentos fueron retomados por Herman Bernstein. En un artículo de 1911 titulado *El problema de la raza judía* Zangwill se expresa en estos términos: "Donde mejor se ve el alma de la raza judía es en la Biblia, empapada desde la primera página del Antiguo Testamento hasta la útima página del Nuevo con la aspiración de un orden social justo y con la unificación de la humanidad, de la cual la raza judía será el medio y el misionario." Zangwill, que presentaba la Sociedad de Naciones como creada por inspiración judía, fue un ferviente sionista que trató de ridiculizar a quienes denunciaban la Conspiración. El profesor Myers revisa los *Discursos, artículos y cartas de Israel Zangwill* (Londres 1937), en los que rinde tributo a Lord Rothschild, receptor de la *Declaración Balfour*; al barón Edmond de Rothschild, por su ayuda e inversión en Palestina; y a Jacob Schiff, por su papel en la financiación de la Revolución Bolchevique, que "con toda probabilidad trajo la libertad a seis millones de judíos." En un texto de 1921, *The Voice of Jerusalem*, Zangwill insiste en el Estado sionista para el "pueblo peculiar"; pero a la vez, aunque niega la autenticidad de los *Protocolos*, reitera, apoyándose en textos bíblicos, sus aspiraciones de un gobierno mundial, las cuales presenta aderezadas y camufladas con un filantropismo hipócrita y empalagoso a través de los siguientes sintagmas: "Hermandad universal". "Rey invisible". "Liga de Naciones que aspire a la unidad mundial". "La misión de Israel". "Unificación de la humanidad". El profesor Myers advierte que quienes niegan el liderazgo judío en la Revolución Bolchevique niegan también la autenticidad de los *Protocolos*. Israel Zangwill es uno de estos: encubre que los líderes bolcheviques fueron judíos; sin embargo afirma al mismo tiempo que la Revolución trajo la libertad a seis milllones de judíos y expresa su convencimiento de que "los Estados Unidos de Rusia serían más congruentes para la paz mundial que un enjambre de nacionalidades conflictivas."

David Ben Gurión, primer ministro de Israel, declaró en una ocasión: "A quién le importa lo que digan los goyim, lo que importa es lo que hagan los judíos". Esta frase se encuentra casi exacta en los *Protocolos*. Dos ministros del Gobierno de Sharon, Uri Landau e Ivet Lieberman, pidieron que se matase a mil goyim palestinos por cada víctima judía. En los *Protocolos* se dice: "Cada víctima judía ante los ojos de Dios tiene el valor de mil goyim." ¿Por qué los líderes sionistas repiten lo que, según ellos, fue escrito por dos policías? En definitiva, Peter Myers considera absurda la pretensión de los judíos de que los *Protocolos* fueron elaborados por dos miembros de la Policía Secreta de Rusia, pues todo el programa profético que presentaba el documento es hoy realidad. Es decir, ¿cómo pudieron dos oficiales de policía redactar un texto en el que se anunciaba un cambio completo del mundo, la destrucción de dos imperios, la acumulación del oro en manos de los banqueros judíos, el sometimiento absoluto de las naciones mediante el crédito, el control de la enseñanza de la historia y de los contenidos educativos en general, el dominio completo de los medios de comunicación?

Sobre los veinticuatro *Protocolos*

En los *Protocolos* se dice: "Los administradores a los cuales escogeremos de entre la gente, atendiendo estrictamente a su capacidad para servir obedientemente, no serán personas cualificadas en el arte de gobernar, y por ello se convertirán con facilidad en peones de nuestro juego en manos de hombres de conocimiento y con talento que serán sus consejeros, especialistas criados y educados desde su infancia para dirigir los asuntos del mundo entero." Douglas Reed pregunta a sus lectores que juzguen si no es exactamente esto lo que viene sucediendo de manera continuada. Si juzgamos, como pretende Reed, qué ocurre en Europa y en el mundo, comprobamos cómo políticos cooptados, peones en teoría elegidos "democráticamente", se limitan a cumplir órdenes, a gobernar de espaldas a la gente que los ha elegido, siguiendo las instrucciones de un poder invisible. Por otra parte, es manifiesta la existencia de una actitud servil y de sometimiento de los "gobermantes" mundiales hacia el sionismo, que, además de cometer impunemente todo tipo de crímenes desde la creación de su Estado usurpador, impone una guerra tras otra en Oriente Medio.

Puesto que escapa a las posibilidades de esta obra demorarnos por extenso en este capítulo, concluiremos citando y comentando sucintamente algunos fragmentos de interés. En el primer *Protocolo* se insiste en un "poder invencible porque es invisible, y continuará siéndolo hasta que haya adquirido un grado de potencia que ninguna fuerza ni niguna astucia puedan minarlo." Este poder invisible ha sido confirmado varias veces por judíos poderosos que lo han conocido. Benjamín Disraeli en su novela *Coningsby* pone en boca de Sidonia, personaje que representa a Lionel Rothschild, una frase citada numerosas veces: "El mundo está gobernado por personajes muy distintos de aquellos imaginados por quienes no están entre bastidores." Siendo esta cita reveladora, lo es incluso más en este sentido la de Walter Rathenau, empresario alemán de origen judío que fue ministro de Exteriores de la República de Weimar. Rathenau se sentía alemán y denigraba a los judíos que no querían integrarse. Concretamente se refirió a ellos como "una pandilla de extranjeros vestidos de manera extravagante que hacen banda aparte." El 24 de junio de 1922 Rathenau, sobre el que escribiremos más en su momento, fue asesinado. Años antes, el 24 de diciembre de 1912, en *The Wiener Freie Presse* había tenido el coraje de denunciar al poder invisible: "Trescientos hombres, cada uno de los cuales conoce a los demás, gobierna el destino de Europa y ellos eligen a sus sucesores entre los que los rodean." Para referirse a este poder hoy se alude a "los mercados" o a "los especuladores", que esclavizan a los países porque no existen bancos nacionales y los Estados se hallan a merced del poder oculto para financiarse.

"Cuando hayamos dado nuestro gran golpe de Estado, diremos a los pueblos: Todo iba muy mal para vosotros; todos estáis extenuados de sufrimiento. Nosotros vamos a suprimir la causa de todos vuestro tormentos, a saber: las nacionalidades, las fronteras y la diversidad de monedas." El Gobierno Mundial se ha intentado imponer después de cada una de las guerras mundiales. Se ha comentado más arriba quiénes eran los líderes judíos que lo pedían en Versalles. Tras la Segunda Guerra Mundial y con el mundo dividido en dos bloques, ambos controlados por el poder oculto o invisible, se intentó, como se verá más adelante, que Stalin aceptase un gobierno mundial basado en el monopolio de la violencia nuclear. En la actualidad se ha conseguido que las masas vayan asumiendo la globalización: la idea de un mundo global ha calado ya en el pensamiento de la gente. Todo indica que tras una nueva guerra mundial, con los pueblos "extenuados de sufrimiento" se intentará por tercera vez el Gobierno Mundial que suprimirá fronteras, naciones y monedas.

Sobre los empréstitos de los Estados en el extranjero, un fragmento de los *Protocolos* ejemplifica la situación actual de Grecia, Portugal, Irlanda, España, Italia y demás países de la Unión Europea y del mundo: "Un empréstito extranjero es una emisión de bonos u obligaciones de un gobierno con la obligación de pagar determinados intereses por el capital que se le presta. Si el empréstito es al cinco por ciento, al cabo de veinte años el Estado habrá desembolsado inútilmente intereses iguales al doble... Con el sistema de los impuestos universales, los gobiernos extraerán a los desgraciados contribuyentes hasta sus últimos céntimos para pagar los intereses a los capitalistas extranjeros, de los cuales ha tomado prestado el dinero, en lugar de obtener dentro del país esas sumas de que tenía necesidad sin pagar intereses que son como un tributo a perpetuidad... Para pagar los intereses se ven obligados a recurrir a nuevos empréstitos que aumentan la deuda principal en lugar de amortizarla. Cuando el crédito se agota, se encuentran en la necesidad de crear nuevos impuestos, no para liquidar el empréstito, sino para pagar los intereses del mismo..." Es exactamente lo que sucede en Europa, donde los países no tienen soberanía y han renunciado a la emisión de moneda, pues carecen de bancos estatales. Tanto en el pasado, caso de la Alemania nacionalsocialista; como en el presente, casos de Iraq o Libia; cuando han existido naciones que han querido actuar soberanamente para liberarse de la usura impuesta desde siempre por los prestamistas judíos, han sido arrasados en nombre de la libertad y la democracia.

"La literatura y el periodismo son dos de los factores más importantes para la educación; por ello nuestro gobierno se convertirá en el propietario de la mayor parte de los periódicos; en cuanto a los demás, los compraremos por medio de subvenciones. Adquiriremos de esta manera una influencia enorme. Pero como el público no debe sospechar siquiera tal estado de cosas, nuestros periódicos serán de las opiniones más opuestas, lo que nos asegurará la confianza y atraerá hacia nosotros a nuestros adversarios; y gracias a esta astucia, podremos formar las listas de nuestros enemigos." La creación del disenso o de la crítica prefabricada y controlada es una idea fundamental que constituye una de las mejores estrategias para engañar a los ingenuos. Esta función, pensada inicialmente en los *Protocolos* para la literatura y el periodismo, también se lleva hoy a cabo a través de otros medios que aparentan ser inflexibles en su crítica. Un ejemplo son las organizaciones no gubernamentales que pasan por independientes, como por ejemplo "Human Rights Watch", financiada por el magnate judío George Soros; o la prestigiada Amnistía Internacional, penetrada por judíos sionistas y dirigida por representantes del Departamento de Estado norteamericano. También grupos de teatro, intelectuales, cómicos, y actores de prestigio coadyuvan, a veces inconscientemente, en esta estrategia del disenso producido en la sombra por el propio poder.

En una carta a Thériot, Voltaire define en pocas palabras uno de los métodos más valorados ideológicamente por los *Sabios* en la redacción de los *Protocolos*: "¡Es preciso mentir como un diablo! No tímidamente, no durante un tiempo, sino intrépidamente y siempre." En este sentido, la falsificación de la historia constituye uno de los mayores logros de entre los objetivos señalados. La mayor parte de los manuales de Historia que se utilizan en los centros educativos mienten o son inexactos. En Europa, donde los políticos y la prensa se llenan la boca presumiendo de libertad de expresión, se encarcela a historiadores e investigadores revisionistas por crímenes de pensamiento. La persecución, que a veces ha llegado hasta el asesinato, de quienes buscan la verdad y denuncian las imposturas de la historia es prueba inequívoca de la importancia que se otorga a la ocultación de la verdad y de la realidad. El texto de los *Protocolos* es muy claro en este sentido: "Reemplazaremos el estudio de los clásicos y de la historia antigua -que contiene más malos ejemplos que buenos- por el estudio de los problemas de la hora presente y del porvenir. Nosotros borraremos de la memoria humana todos los hechos de los siglos pasados cuyo recuerdo nos es desfavorable; no dejaremos subsistir más que aquellos donde se delatan los errores de los gobiernos de los goyim. A la cabeza de nuestro programa de educación colocaremos el estudio de la vida práctica, del orden social obligatorio... Este programa será elaborado según un plan especial para cada profesión y no deberá jamás degenerar en un sistema de instrucción general. Esta cuestión presenta un interés de la mayor importancia." Una vez más, estas ideas son la dura realidad. En todos los centros educativos del mundo se enseña que los judíos son las víctimas eternas de la historia. Quien discrepa es un antisemita. Desde 1789 las revoluciones y sus crímenes son el efecto de la descomposición del régimen anterior. En cuanto al proceso de enseñanza-aprendizaje, no existen ya personas eruditas e instruidas: se ha compartimentado tanto el saber que la formación de los estudiantes está encaminada al "estudio de la vida práctica". Hay que imposibilitar una "instrucción general" de las personas que les permita cuestionar la realidad. Se trata, en definitiva, de destruir la libertad de pensamiento: "Sabiendo que es mediante las ideas y las teorías como se dirige a los hombres, y que ellas les son inculcadas por la enseñanza... Nosotros sabremos absorber y captar en provecho nuestro los últimos vestigios de independencia del pensamiento humano, que orientamos desde hace siglos en el camino que nos es favorable."

Este ejercicio de citar el fragmento y comprobar su cumplimiento podría hacerse con los veinticuatro *Protocolos*; mas éste no es un trabajo monográfico. La voluntad de proseguir revisando los principales capítulos de la historia contemporánea nos impide más dilaciones. El lector interesado puede leer los *Protocolos de los Sabios de Sión* y comprobará que un texto que tiene más de cien años refleja con exactitud el mundo que estamos sufriendo. Puesto que vamos a iniciar el estudio de la Primera Guerra Mundial y la Revolución Bolchevique, sirva para concluir esta última cita: "Nosotros nos presentaremos como los libertadores de los trabajadores, proponiéndoles entrar en nuestros ejércitos socialistas, anarquistas y comunistas -a los que sostendremos siempre, a pretexto de nuestro pretendido principio de solidaridad fraternal-, pues tales ejércitos constituyen nuestra masonería social... Mientras que nosotros tenemos mucho interés en ver a nuestro obrero hambriento y débil, porque las privaciones los esclavizan a nuestra voluntad y, en su debilidad, él no encontrará ni vigor ni energía para resistirnos... Nosotros maniobramos a las masas y nos servimos de sus manos para aplastar a aquellos que nos estorban."

CAPÍTULO VII

EL SIONISMO Y LA I GUERRA MUNDIAL

LOS BANQUEROS Y LAS REVOLUCIONES (2)

1ª PARTE
LOS BANQUEROS JUDÍOS Y SUS AGENTES LOGRAN SUS OBJETIVOS

A comienzos del siglo XX una gran ofensiva de los banqueros judíos internacionales, encabezados por los Rothschild, logró dos objetivos fundamentales para su estrategia global: el control de las minas de Sudáfrica y el dominio sobre la pujante economía de Estados Unidos. Fue sólo el preludio de una gran operación que pretendía el supergobierno mundial. Poco después, entre 1914 y 1945, la humanidad vivió una época de sangre y fuego de una magnitud hasta entonces desconocida. Los crímenes cometidos durante estos treinta y un años no tienen parangón en la historia. En este capítulo y en el siguiente, que estará dedicado a la preparación de la II Guerra Mundial, se expondrá quiénes fueron los verdaderos culpables del genocidio llevado a cabo contra los pueblos de Europa y del mundo entero. Es decir, serán presentados los personajes siniestros que, siguiendo el proyecto de dominación global que se viene denunciando en esta obra, maniobraron sin escrúpulos detrás de la escena con el fin de provocar ambas guerras e implantar mediante el terror la dictadura del comunismo en medio mundo.

El estallido de la Primera Guerra Mundial vino precedido por dos hechos muy significativos ocurridos ambos en Estados Unidos: la llegada del masón Thomas Woodrow Wilson a la Casa Blanca y la creación del cártel de la Reserva Federal. Antes de pasar a exponer estos asuntos, es ineludible, sin embargo, un preámbulo sintético para reseñar cómo a principios del siglo XX, sirviéndose del poderío militar del imperio británico, los banqueros judíos internacionales, concretamente los Rothschild y los Oppenheimer, lograron controlar las mayores reservas conocidas de oro y diamantes, que habían sido descubiertas en los yacimientos de Sudáfrica.

Los bóeres, Cecil Rhodes, Nathaniel Rothschild y la Round Table

Cuando los británicos anexionaron el Transvaal al Reino Unido en 1877, los granjeros holandeses, los bóeres, llamados también afrikáneres, no lo aceptaron e iniciaron una revuelta en señal de protesta. Ello dio origen a la primera guerra, que comenzó el 16 de diciembre de 1880 y finalizó con un tratado de paz firmado el 23 de marzo de 1881, mediante el cual se concedió a los bóeres el autogobierno del Transvaal. En 1887 los buscadores de oro encontraron el mayor filón del mundo en Witwatersrand, una cordillera de cien kilómetros situada al sur de Pretoria. El presidente del Transvaal, Paul Kruger, anunció proféticamente que el hallazgo sería la causa de un baño de sangre. En 1895 Cecil Rhodes intentó mediante una incursión armada, conocida como "Jameson Raid", hacerse con el control del territorio y de las minas, pero el golpe fracasó. Fue entonces cuando se comenzó a planificar una intervención militar, reclamada por el gobernador de la colonia británica de El Cabo[40], Sir Alfred Milner, y por los propietarios de minas Alfred Beit, Barney Barnato y Lionel Philips. El 12 de octubre de 1899 se declaró la guerra. Milner, Rhodes y compañía pensaron que sería un paseo militar, pero duró hasta el 31 de mayo de 1902. Los británicos, que movilizaron a 450.000 soldados para enfrentarse a unos ochenta mil bóeres, pronto perdieron la flema y mostraron al mundo su verdadero rostro. En 1901 adoptaron la política de tierra quemada y confiscaron el ganado, envenenaron los pozos, quemaron las granjas y las cosechas y desplazaron a cerca de 154.000 hombres, mujeres y niños, que fueron masivamente recluidos en treinta y tres enormes campos de concentración, donde el hambre y las enfermedades fueron usadas como armas de destrucción masiva para someter al enemigo. Una cifra similar de negros africanos fueron también encerrados. Según un informe posterior a la guerra, cerca de 22.000 mil niños afrikáneres menores de dieciséis años murieron en los infames campos, a los que hay que añadir otros tantos indígenas. Tras este brevísimo resumen de los hechos, para saber

---

[40] En 1805 los ingleses ocuparon Ciudad del Cabo, que estaba en manos de los colonos holandeses, los bóeres. Diez años después, el Congreso de Viena les entregó el territorio. A partir de entonces los bóeres vivieron bajo administración inglesa, pero con la llegada de más y más colonos ingleses se vieron obligados a emigrar hacia el interior del Continente. Diez mil familias efectuaron en 1837 la "gran Trek" (emigración). Los "trekkers" cruzaron los ríos Vaal y Orange y crearon las repúblicas de Transvaal y Orange, cuya existencia fue admitida por los británicos entre 1852 y 1854. Pronto se supo que las nuevas tierras albergaban enormes riquezas diamantíferas y de oro, lo cual llevó a Gran Bretaña a proclamar su soberanía sobre el Transvaal en 1877.

qué ocurría entre bastidores, bebamos ahora de fuentes cuyo caudal de información fluye paralelo al de la versión canónica de la historia.

En más de una ocasión a partir de estas líneas acudiremos al Dr. Carroll Quigley, profesor de historia en la Universidad Georgetown, que enseñó también en Princeton y Harward. Quigley, un iniciado que presumió de su pertenencia a la élite del poder, decidió escribir un libro sobre la estructura secreta del poder mundial cuando consideró que podía ya desvelarse la conspiración, puesto que su triunfo era irreversible. Así en 1966 publicó *Tragedy and Hope,* una obra de más de mil trescientas páginas que es fuente citada reiteradamente por casi todos los estudiosos de la historia oculta que no se enseña. Quigley considera que la llegada en 1870 de John Ruskin a la Universidad de Oxford como profesor de Bellas Artes constituyó un terremoto, toda vez que esbozó en su conferencia inicial las bases de un proyecto de dominio global por el bien de la humanidad ejercido por el imperio británico, cuya élite debía hacerse con el control de los medios de producción y de distribución con el fin de dirigir a las masas de todo el mundo. El biógrafo de Ruskin, Kenneth Clark, dice en *Ruskin Today* que el libro de cabecera que Ruskin leía todos los días (que también había sido fuente esencial de Weishaupt, Marx, Engels, Proudhon y Saint-Simon) era la *República* de Platón. Como se sabe, Platón quería una élite dirigente, mantenida en el poder por un poderoso ejército, y una sociedad subordinada a su autoridad. Propugnaba el uso de la fuerza necesaria para eliminar cualquier poder o estructura social existente, de manera que los nuevos dirigentes pudieran diseñar sin trabas su proyecto. En la *Républica,* como en el comunismo, se contemplaba la eliminación del matrimonio y de la familia. Las mujeres deberían pertenecer a todos los hombres y viceversa. Los niños resultantes de esta promiscuidad quedarían a cargo del Gobierno tan pronto estuvieran destetados. Platón quería la igualdad de hombres y mujeres, tanto para la guerra como para el trabajo. La reproducción sería selectiva y controlada por el Gobierno. John Ruskin, un masón cuyas ideas eran puro iluminismo y que según su biógrafo hubiera aprobado el comunismo, pero no el nacionalsocialismo, fue el mentor ideológico de Cecil Rhodes (1853-1902), que asistió a este discurso inaugural y conservó el texto hasta su muerte.

Cecil Rhodes, iniciado en Oxford en la masonería, alcanzó el 17 de abril de 1877 el grado de Maestre. Posteriormente, ingresó en la logia nº 30 del Rito Escocés de Oxford, llamada Príncipe Rosa Cruz. Rhodes se asoció en Sudáfrica con Alfred Beit, un judío masón de origen alemán, y Barney Barnato, otro judío de origen portugués nacido en Londres cuyo verdadero nombre era Barnet Isaacs. Barnato había llegado a Sudáfrica en 1873 y había amasado una enorme fortuna en diamantes y en oro. Es un hecho comprobado que Rhodes se convirtió en un agente de los Rothschild de Londres. Los orígenes de la relación de Nathaniel Rothschild, Natty, con Cecil Rhodes se remontan a 1882, fecha en que el banquero envió a Albert

Gansl a Kimberley, el principal centro minero de diamantes, con el fin de obtener una visión de primera mano. En unos meses Gansl emitió un informe para Nathaniel en el que decía que un montón de pequeñas compañías, cerca de un centenar, competían en la explotación y se estaban arruinando mutuamente. Pronto, pues, surgieron en Londres planes para fusionarlas. Fue de este modo como Cecil Rhodes se convirtió en el hombre escogido por Lord Rothschild para llevar a cabo los planes que condujeron a la creación en 1888 de la sociedad De Beers Consolidated Mines Ltd., a través de la cual en la actualidad los Rothschild y los Oppenheimer controlan el 90% del mercado mundial de diamantes.

Por lo que respecta a las minas de oro de Witwatersrand, Cecil Rhodes hizo una incursión en el territorio del rey de los matebelé, Lobengula, con el fin de entrar por el norte en el Transvaal, cuya frontera es el río Limpopo. Mediante engaño consiguió que Lobengula firmase un tratado por el que concedía a Gran Bretaña un extenso territorio, en el que Rhodes fundó la colonia de Rhodesia (actuales repúblicas de Zimbabwe y Zambia). En enero de 1888 escribió una larga carta a Natty en la que solicitaba su respaldo. Le decía que había obtenido una concesión del rey Lobengula para desarrollar los "ilimitados yacimientos de oro" que se encontraban al otro lado del río Limpopo. Tan convencido estaba de que contaba con el apoyo de Lord Rothschild, en cuya sede de Londres tenía su cuenta bancaria, que en junio de 1888 modificó su testamento con el fin de nombrar a Nathaniel Rothschild fideicomisario de todas sus propiedades, excepto dos mil acciones de la sociedad De Beers que dejó a sus hermanos y hermanas. Niall Ferguson desvela que en una carta adjunta al testamento Rhodes le decía a Natty que este dinero debía usarse para fundar lo que su biógrafo llamó "una sociedad de los elegidos por el bien del imperio." Se trata de una alusión a la "Round Table". Es evidente que Cecil Rhodes veía en Nathaniel Rothschild al hombre capaz de hacer realidad su visión del imperio británico global. A finales del mismo año Rhodes insistía en su solicitud de apoyo a Lord Rothschild en una nueva carta, en la cual explicaba que una vez controlados los territorios del rey de los matebelé, el resto era fácil, pues se trataba de "un sencillo sistema de pueblos con un jefe distinto en cada uno e independientes entre sí."

Rhodes se hizo con el cargo de primer ministro de El Cabo entre 1890 y 1896 e influyó con dinero en los partidos políticos, puesto que su inmensa fortuna personal tenía, según C. Quigley, "entradas anuales de por lo menos un millón de libras esterlinas". Impulsó entonces desde el poder la colonización de Rhodesia, a donde a partir de 1890 comenzaron a llegar colonos ingleses ("uitlanders"). Su siguiente paso fue tratar de convencer a los bóeres, cuyo líder era Paul Kruger, para que aceptaran la reconciliación con el fin de crear una gran Sudáfrica bajo dominio colonial británico, pero no lo consiguió. Cecil Rhodes se mostraba decidido a emprender un plan de expansión y cerco que era incompatible con la existencia de las dos repúblicas de los bóeres. El resultado fue el ya citado fiasco de Jameson Raid en diciembre de 1895, que trajó como consecuencia la dimisión de Rhodes del cargo de primer ministro.

El proyecto de una gran Sudáfrica era, naturalmente, bien visto por los Rothschild. Para iniciar su expansión en territorio de los matebelé, Rhodes creó la nueva "Central Search Association", surgida tras la unión de Rhodes con la "Bechuanaland Exploration Company", que había sido establecida por Lord Gifford y George Cawston, además del Gobierno portugués. Natty se convirtió enseguida en accionista mayoritario y cuando en 1890 la sociedad se convirtió en la "United Concessions Company", Lord Rothschild aumentó su participación. Ya en 1889 Nathaniel Rothschild había sido accionista fundacional de la "British South Africa Company", creada también por Cecil Rhodes. En una carta de enero de 1992 citada por Niall Ferguson en *The House of Rothschild. The World's Banker 1844-1999*, el compromiso de "New Cort" (los Rothschild de Londres) con Rhodes es expresado por Natty en los siguientes términos: "Nuestro primero y principal deseo en relación con las cosas de Sudáfrica es que usted permanezca al frente de los asuntos en esta colonia y que sea capaz de llevar adelante la gran política imperial que ha sido el sueño de su vida. Creo que nos hará justicia admitiendo que nosotros lo hemos amparado siempre lealmente en la realización de esta política y puede estar completamente seguro de que continuaremos haciéndolo."

Con la finalidad de apoyar a su agente, los Rothschild trataron de persuadir al Gobierno portugués para que cediese la bahía de Delagoa, el principal puerto en la costa de Mozambique, que era la llave estratégica para el futuro del Transvaal. Durante las negociaciones Natty propuso comprar esta parte de la costa mozambiqueña, pero los portugueses resistieron la presión. Rhodes trató de negociar por su cuenta con el enviado del gobierno portugués, Luiz de Soveral, pero éste le reiteró que no había nada que hacer. En su delirio expansionista Rhodes lamentaba en una carta de 1893 que Natty no adoptase una postura más agresiva e incluso la exigía: "Pensé que usted haría todo lo posible, toda vez que durante varios años ha pensado de manera correcta que Delagoa es clave para nuestra posición en Sudáfrica... Me temo que vamos a comprar la bahía de Delagoa. La queremos y estamos dispuestos a pagar por ella." Convencido como estaba del poder del dinero de los Rothschild, Rhodes no podía aceptar que Portugal no tuviera intención de vender.

La llegada a Sudáfrica en 1897 de otro protegido de Lord Rothschild, Alfred Milner, como alto comisionado del Gobierno fue clave para que acabara imponiéndose la opción bélica. Las atrocidades cometidas en los campos de concentración fueron dirigidas por este siniestro personaje, que debería figurar en la historia como criminal de guerra. Milner propuso en 1898 conseguir el control de las repúblicas de los bóeres por medio de la guerra. Lord Rothschild mantenía con Milner una estrecha relación y le escribió para felicitarlo calurosamente "por haber establecido con firmeza los dominios de Su Majestad en Sudáfrica." Sin embargo, no tardaron en llegar las primeras derrotas de la fuerza expedicionaria inglesa y el supuesto paseo militar acabó costando la vida a 22.000 soldados británicos. Escritores antimperialistas, el más destacado de los cuales fue John Atkinson Hobson, denunciaron públicamente que la guerra se libraba en defensa de los intereses de ciertos financieros que ambicionaban los yacimientos de oro y diamantes. Preocupado por estas críticas Natty escribió a Rhodes y le advirtió: "Vaya con cuidado en sus comentarios sobre la guerra y en su relación con las autoridades militares. La crispación en este país es ahora muy elevada. Hay tendencia en ambos lados del Parlamento a culpar a los capitalistas y a quienes tienen intereses en las minas de Sudáfrica por todo cuanto sucede. Sería muy lamentable echar leña al fuego..."

En cuanto a la Round Table, Carroll Quigley dice lo siguiente en un párrafo muy citado:

> "Existe, y ha existido durante una generación, una red anglófila que opera con el objeto de que la derecha radical crea en la acción comunista. De hecho esta red, que podríamos identificar como los grupos de la Round Table, no tiene aversión a cooperar con los comunistas o con cualquier otro grupo, y así lo hacen frecuentemente. Sé de las operaciones de esta red porque las he estudiado durante veinte años, y pude, durante dos años, a principios de 1960, examinar sus papeles y grabaciones secretas. No tengo aversión por ella ni por la mayoría de sus fines, y he estado mucho tiempo de mi vida cerca de ella y de muchos de sus instrumentos. He objetado, tanto en el pasado como recientemente, algunos de sus procedimientos. Pero en general mi principal diferencia de opinión son sus deseos de permanecer escondida. Creo que su papel en la historia es suficientemente significativo como para ser conocida."

Cecil Rhodes redactó siete testamentos. En el último se establecen las Becas Rhodes para estudiar en Oxford, entre cuyos beneficiarios figuran entre otros Henry Kissinger, Bill Clinton o el general Wesley Clark. De los siete el más conocido es el llamado Testamento de la Sociedad Secreta. En 1891 el propio Rhodes y su más íntimo colaborador William T. Stead fundaron la "Table Mountain". El 24 de julio de 1902, cuatro meses después de la muerte de Rhodes, varios miembros de su entorno presentaron la "Pilgrims Society". Por fin en 1909 Alfred Milner, sucesor de Rhodes y asimismo masón del grado 33 que ostentaba el título de Gran Vigilante de la Gran Logia Unida de Inglaterra, fundó la Round Table, entre cuyos miembros figuraban Lord Rothschild, Lord Balfour, Lord Esher, Sir Harry Johnston y otros selectos masones ingleses iniciados del Rito Escocés. Lord Alfred Milner, cuyo papel en la financiación de la revolución bolchevique será comentado más adelante, se convirtió en el hombre de los Rothschild tras la desaparición de Cecil Rhodes. Según el Dr. John Coleman, la Round

Table, instrumento del Comité de los 300 que todo lo abarca, consiste actualmente en un laberinto de compañías, instituciones, bancos, centros elitistas de enseñanza y otras diversas asociaciones, cuya finalidad es el control de las políticas fiscales y monetarias en los países donde opera. De la Round Table han emanado una red de organismos globalistas que ostentan hoy el poder en el nivel internacional: Royal Institute of International Affairs (RIIA), Council of Foreign Relations (CFR), Grupo Bildelberg, Organización Mundial del Comercio (OMC), Comisión Trilateral, Foro Económico Mundial (Grupo Davos), Tavistock Institute of Human Relations y otros.

Para terminar este preámbulo introductorio del capítulo, nos queda sólo añadir que más de cien años después de las guerras por el oro y los diamantes de Sudáfrica, los Rothschild son los amos del mercado del oro y pueden por ello manipular su precio según sus intereses. Es en una oficina de N. M. Rothschild & Sons de la City de Londres donde se fija diariamente el precio del oro en los mercados mundiales. Por otra parte, los Oppenheimer dominan el mercado internacional de diamantes. Actualmente el jefe de la familia es Nicholas Oppenheimer, que sucedió en el año 2000 a su padre, Sir Harry Oppenheimer, y mantiene oficinas en Sudáfrica.

Woodrow Wilson y su entorno de conspiradores sionistas

"Algunos de los hombres más renombrados de Estados Unidos, en el campo del comercio y de la industria, tienen miedo de alguien, tienen miedo de algo. Saben que hay un poder en alguna parte, tan organizado, tan imperceptible, tan vigilante, tan entrelazado, tan persuasivo, que más les valdría hablar en voz baja cuando lo condenan." Estas palabras del presidente Woodrow Wilson sobre la existencia de un poder oculto no disculpan en absoluto sus múltiples claudicaciones, sino que sirven sólo para desacreditarlo aún más, ya que, sabiendo perfectamente que estaba en manos de agentes de ese poder organizado y sabiendo quiénes, por qué y cómo lo estaban utilizando, se sometió una y otra vez.

Tras el intento inicialmente fallido de los banqueros judíos internacionales de establecer un banco central en Estados Unidos, es decir, el Sistema de la Reserva Federal, el demócrata Woodrow Wilson fue el hombre escogido para la Presidencia por los conspiradores sionistas, toda vez que el presidente William Howard Taft y los republicanos se habían opuesto a la ley que había sido presentada en el Senado por Nelson Aldrich, un hombre de J. P. Morgan, cuya hija Abby estaba casada con John D. Rockefeller. Puesto que Taft era muy popular y parecía imposible que perdiera las elecciones, se acudió al viejo esquema de dividir el voto republicano. Para ello Teddy Roosevelt, que había sido ya presidente por los republicanos entre 1901 y 1909, se prestó a sabotear a su propio partido y a presentarse contra Taft al frente de un recién creado Partido Progresista. Ya antes de las elecciones los promotores de un banco central habían puesto en marcha una operación para crear un clima favorable a la idea de la Reserva Federal entre la opinión pública. Dos agentes de J. P. Morgan, Frank Munsey y George Perkins, aportaron el dinero y dirigieron la operación electoral de Roosevelt. Los principales financieros de Wilson fueron mientras tanto los Rockefeller, uno de cuyos agentes, Cleveland H. Dodge, del National City Bank, fue el canalizador de los fondos y controló la campaña. Otros financieros judíos que apoyaron con dinero a Wilson fueron Jacob Schiff, Henry Morgenthau y Bernard Baruch. Este último, que contribuyó con 50.000 dólares, iba a convertirse en el hombre clave durante la guerra que se avecinaba y posteriormente fue el consejero de todos los presidentes hasta Eisenhower. El hecho de que Morgan estuviera sosteniendo la campaña de Roosevelt no le impidió aportar también dinero a la candidatura de Wilson. Se trataba de dar el suficiente apoyo a Roosevelt para que la división del voto republicano permitiera al candidato demócrata vencerlos a ambos. La estrategia funcionó y Wilson fue elegido vigésimo octavo presidente de Estados Unidos.

Para asegurarse de que el presidente Wilson tendría los consejeros adecuados, los banqueros que lo pusieron en el poder lo rodearon de sus propios agentes, de los cuales el más celebérrimo fue el coronel Edward Mandell House (nunca sirvió en el ejército y el cargo que ostentaba era sólo honorífico). Mandell House era hijo de un británico adinerado que poseía grandes plantaciones, el cual había representado durante la guerra civil los intereses de los Rothschild relacionados con las compras de algodón en los Estados sureños. El apellido Mandell no era paterno, sino que le fue otorgado a Edward por su padre con el fin de honrar a un mercader judío de Houston que era íntimo amigo de la familia. Este hombre, de quien Woodrow Wilson dijo que era "mi otro yo", se convirtió en el presidente virtual, pues el presidente real fue un títere en sus manos. House fue el principal promotor del proyecto del banco central y del impuesto sobre la renta. El profesor Charles Seymour, que editó *The Intimate Papers of Colonel House* (1926), asegura que Mandell House, el cual reconoce en sus diarios su pasión por el ejercicio secreto del poder, fue el "ángel guardián invisible" de la Ley de la Reserva Federal. Él fue el intermediario entre la Casa Blanca y los financieros. Su contacto permanente a lo largo de 1913 con Paul Warburg, principal artífice de la ley, está perfectamente documentado por el propio House en sus papeles privados. Su biógrafo, George Sylvester Viereck, asegura que "los Schiff, los Warburg, los Rockefeller, los Morgan, y los Kahn tenían fe en House."

El año en que Woodrow Wilson, secretamente escogido por los conspiradores, fue elegido presidente se publicó una novela escrita por Mandell House, quien encontró tiempo entre diciembre de 1911 y enero de 1912 para escribir en seis semanas *Philip Dru: Administrator*, libro que fue publicado anónimamente. Se trata de una obra descarada, desconcertante, en la que el consejero presidencial más influyente de la historia de Estados Unidos, el alter ego del presidente del país capitalista por excelencia, describe cómo establecer el "socialismo como lo había soñado Karl Marx". El héroe, Philip Dru, un joven graduado en West Point influenciado por Karl Marx, es elegido líder de un movimiento de masas por aclamación. House describe a Dru como una figura mesiánica que llega a Washington y, tras haber tomado el poder de forma totalitaria, empieza a remodelar a la sociedad. Emite un decreto por el que se considerará sedicioso y será castigado con la muerte cualquier intento de restablecer el orden constitucional. Una vez que se ha proclamado "Administrador de la República", su mayor logro (y también del presidente Wilson) es la introducción de "un impuesto escalonado sobre las ganancias que no excluye nigún tipo de ingreso". También Marx en el *Manifiesto Comunista* pedía "un fuerte impuesto progresivo sobre las rentas". Asimismo en los *Protocolos* se exige "un impuesto progresivo sobre la propiedad". El profesor Seymur señala que la ideología de House/Wilson/Dru era "socialdemocracia al estilo de Louis Blanc y los revolucionarios de 1848", es decir, marxismo revolucionario. La inusual palabra "Administrador" es una clara alusión a los *Protocolos*, donde se hace referencia a "los Administradores que nosotros elegiremos". La acción de la novela abarca un periodo de tiempo que va de 1920 a 1935. De hecho el subtítulo es *A Story of Tomorrow, 1920-1935*.

Merece un breve comentario el capítulo XIV, titulado "The Making of a President" (La creación de un presidente), ya que refleja fielmente lo ocurrido con Wilson y convierte por ello la novela en un documento histórico. En dicho capítulo, un senador llamado Selwyn se prepara para dirigir la nación con mano de hierro sin que se sepa. Parece claro que Selwin es un trasunto de Mandell House. Tanto es así que el autor no pudo resistir la tentación de dar una pista de su identidad y hace que Selwyn invite al hombre que ha elegido para que sea su presidente-marioneta a cenar con él en la casa Mandell (Mandell House). En la novela se describe "un plan perverso" trazado con John Thor, "el alto sacerdote de las finanzas", por medio del cual una "compacta organización", utilizando "el tipo más infame de engaño en relación con sus verdaderas intenciones y opiniones", debe "escoger a su criatura para la Presidencia". Selwyn selecciona por fin a un tal Rockland "recientemente elegido gobernador de un Estado del medio oeste" (Wilson), quien después de la elección, ebrio con el poder y con las alabanzas de los aduladores, actúa una o dos veces por su cuenta sin consultar antes con Selwyn. Después de ser amargamente advertido, en adelante "no hizo nuevos intentos de independencia". Este pasaje de la novela coincide con el diario privado de House, en el que recuerda su relación con Wilson durante la campaña. Allí se informa que House revisaba los discursos del candidato y le ordenaba que no prestara atención a ningún otro consejo. Admitidas las indiscreciones, Wilson prometía "no volver a actuar independientemente en el futuro". En el capítulo XV, titulado "The Exultant

Conspirators" (Los conspiradores exultantes), Selwyn es presentado informando a Thor de un intento de Rockland de escapar de su servidumbre: "Cuando le dijo cómo Rockland había hecho un intento hacia la libertad y cómo él lo había reconducido, avergonzado por su derrota, rieron alegremente."

Woodrow Wilson había dejado Princeton, Universidad de la que había sido rector desde 1902, para convertirse en Gobernador de Nueva Jersey. Ante una audiencia de electores el rabino sionista Stephen Wise demostró en 1910 un asombroso conocimiento previo del futuro: "El martes -dijo Wise- el señor Woodrow Wilson será elegido gobernador de vuestro Estado. No completará su plazo en el cargo como gobernador. En noviembre de 1912 será elegido presidente de Estados Unidos. Será investido como presidente una segunda vez." Investigaciones posteriores permitieron averiguar que la fuente de este saber misterioso del rabino Wise había sido el coronel House. Años más tarde, en su autobiografía *Challenging Years* (*Años de Desafío*), Stephen Wise se refirió a Mandell House como "Secretario de Estado extraoficial". No cabe ninguna duda de que en Princeton Wilson había sido estrechamente observado en secreto; pero en 1910 ni Stephen Wise ni Edward Mandell House, que fue presentado a Wilson el 24 de noviembre de 1911, lo habían aún conocido personalmente. En cualquier caso, ya en diciembre de 1911, en campaña electoral, Wilson pronunció un discurso sobre los derechos de los judíos que confirma que estaba siendo convenientemente adoctrinado sobre la obediencia al sionismo. "Yo no estoy aquí -dijo- para expresar nuestra simpatía con nuestros conciudadanos judíos, sino para poner en evidencia nuestro sentido de identidad con ellos. Esta no es su causa; es la causa de América." Antes de que Wilson tomase posesión del cargo de presidente, Mandell House elaboró en colaboración con Bernard Baruch, otro personaje clave de la conspiración, una lista de los futuros ministrables.

Henry Ford en su libro *El judío internacional* dedica un capítulo a Bernard Baruch, a quien califica de "procónsul de Judá en América". Ford denuncia que Baruch sabía ya en 1915 que Estados Unidos entraría en la guerra mundial dos años más tarde. En 1915, cuando la neutralidad del país era sagrada para la opinión pública, se creó una Junta de Consejeros ("Advisory Commission") que acabó presidiendo Bernard Baruch. En 1915 Baruch propuso a Wilson la creación del Comité de Defensa Nacional y una Junta de Industrias de Guerra. Paradójicamente, la principal promesa de Wilson durante la campaña de 1916 para la reelección iba a ser el mantenimiento del país fuera de la guerra. Años más tarde, en sesiones de control de la Cámara de Representantes, el diputado Jefferis se interesó por cuáles habían sido los poderes de Baruch en estos organismos. Su respuesta fue esta: "Yo asumí la responsabilidad y fui quien decidió luego en definitiva lo que el Ejército y la Armada debían recibir; lo que se les había de dar a los ferrocarriles, o a los aliados; si se entregaban locomotoras al general Allenby en Palestina o se las utilizaba en Rusia o en Francia." Baruch hizo constar que treinta y cinco ramas industriales se hallaban bajo su control: "Yo decidí, en definitiva. Por mi cargo, pertenecí a todas las Juntas, siendo mi tarea inspeccionarlas." Es decir, durante la guerra la decisión sobre las industrias, sobre las materias primas y sus precios; sobre las compras y ventas; sobre los movimientos de capitales..., estuvo en manos de este personaje.

En el primer capítulo de esta obra se ha introducido ya a Benjamín H. Freedman, un multimillonario judío que estuvo presente en la Conferencia de Versalles y que desertó del judaísmo para convertirse al cristianismo en 1945. Acudimos nuevamente a él para conocer de primera mano un episodio que demuestra hasta qué punto los conspiradores tenían en sus manos al presidente Wilson. En *The Hidden Tyranny* Freedman explica que tras su primera elección en 1912 el presidente recibió en la Casa Blanca la visita de Samuel Untermayer, un prominente abogado judío de Nueva York que había contribuido generosamente en la campaña que instaló a Wilson en la Presidencia. Untermayer iba a pasar más tarde a la historia por su famoso discurso, publicado íntegramente en *The New York Times* el 7 de agosto de 1933, en el que convocaba a todos los judíos del mundo a la "guerra santa" contra Alemania y al "boicot internacional de las mercancías alemanas." El motivo de la visita no podía ser más desagradable. Untermayer había sido contratado por una mujer que acusaba a Wilson de haber roto una promesa matrimonial. El abogado informó al presidente de que su cliente estaba dispuesta a aceptar 40.000 dólares para renunciar a la demanda. La cliente de Untermayer era la antigua esposa de un profesor de la Universidad de Princeton, un colega de Woodrow Wilson en los años que éste había sido profesor y rector en dicha Universidad. El abogado mostró un paquete de cartas escritas por Wilson, quien reconoció su autoría tras examinarlas, en las que quedaba perfectamente demostrada la relación ilícita. Durante los años que Wilson fue gobernador en Nueva Jersey, su antigua amante se había divorciado y había contraído matrimonio por segunda vez.

Wilson consideró que había sido una suerte que su amor pretérito hubiera acudido a Samuel Untermayer, puesto que si hubiera consultado a un letrado republicano la situación hubiera sido aún más embarazosa para él. A continuación el presidente comunicó al abogado que no tenía el dinero. Untermayer le sugirió que pensara detenidamente en el asunto y le prometió regresar para discutirlo. Pasados unos días, el presidente Wilson reiteró que no podía hacer frente al chantaje porque no disponía de una cantidad tan elevada. Fue entonces cuando el abogado Untermayer ofreció una solución para el problema: él mismo abonaría de su bolsillo la cantidad solicitada por la antigua amante con una condición: Wilson debía prometerle que cuando se produjera la primera vacante en el Tribunal Supremo de Estados Unidos, nombraría para el puesto a la persona que él recomendase. Samuel Untermayer tenía una enorme fortuna personal, ya que la firma de abogados de Nueva York de la cual era el socio principal estaba entre las más importantes del país. Sin pensárselo dos veces el presidente aceptó la generosa oferta y expresó su agradecimiento a Untermayer por cuanto estaba haciendo.

Pronto llegó el día en que fue preciso nombrar a un nuevo miembro del Tribunal Supremo y Untermayer propuso para la vacante a Louis Dembitz Brandeis, un judío sionista y talmudista. Nunca antes un talmudista había conseguido llegar a la más alta institución judicial del país. Benjamín Freedman resalta que "en 1914 el juez Brandeis se convirtió en el sionista más destacado y políticamente influyente de Estados Unidos. Brandeis estaba en una posición inmejorable para poder servir a los judíos talmudistas de dentro y fuera de Norteamérica." Los hechos demostraron enseguida la certeza de dicha apreciación, pues el presidente Wilson y el juez Brandeis se convirtieron inusualmente en amigos íntimos. El magistrado, que lógicamente no ignoraba que había obtenido el cargo gracias a su amigo Untermayer, escuchó incluso la versión del propio Wilson sobre las circunstancias de su nombramiento.

Tanto Gershom Scholem com el rabino Antelman aportan información sobre los ancestros frankistas de Louis D. Brandeis. El abuelo del juez Brandeis, llamado Dembitz, y el hermano de dicho abuelo, Gottlieb Wehle, fueron primero shabbetaístas y posteriormente frankistas. La esposa del juez Brandeis procedía asimismo de una familia de frankistas: concretamente era nieta de Gottlieb Wehle. Sabemos ya que los frankistas se casaban entre ellos. De todos modos, en Louis Brandeis el frankismo se había convertido en sionismo radical. En 1907 Jacob Schiff, el banquero que financió la revolución comunista en Rusia, declaró que "no se podía ser a la vez un auténtico americano y un honesto partidario del sionismo." Brandeis, por su parte, sostenía que "para ser buenos americanos, debemos ser mejores judíos, y para ser mejores judíos debemos convertirnos en sionistas."

La creación del Sistema de la Reserva Federal

La historia de la creación de la Reserva Federal es bastante conocida, pero quizá el público en general ignora cómo Eustace Mullins, autor que hemos venido citando a lo largo de esta obra, fue el primero en emprender una investigación. Actualmente existen numerosos trabajos sobre la Fed; pero el primer libro sobre la materia apareció en 1952 gracias a dos discípulos de Ezra Pound, John Kasper y David Horton, que sufragaron con su propio dinero la publicación del libro *Mullins on the Federal Reserve*, obra editada posteriormente con el título de *The Secrets of the Federal Reserve*. El propio Mullins cuenta en el prólogo que fue Ezra Pound, prisionero político en un hospital para dementes, quien le encargó y dirigió el trabajo. Pound, quizás el poeta estadounidense más importante del siglo XX, denunció públicamente desde los micrófonos de Radio Roma que los banqueros judíos internacionales eran los instigadores de la II Guerra

Mundial. Quizá habrá más adelante ocasión de ampliar su historia. Ahora basta saber que, acusado de traición y antisemitismo por las autoridades, Pound fue encerrado sin juicio en un psiquiátrico. Eustace Mullins, autor asimismo de la obra *This Difficult Individual, Ezra Pound*, lo visitó asiduamente durante los trece años que permaneció recluido en el Hospital de St. Elizabeth. Mullins explica que un día de 1949 Pound le preguntó si había oído hablar del Sistema de la Reserva Federal. Ante la respuesta negativa, el poeta le preguntó si podía hacer alguna investigación en la Biblioteca del Congreso y le ofreció diez dólares semanales, durante unas semanas, para que iniciara su trabajo. Las primeras pesquisas revelaron que eran ciertas las sospechas de Ezra Pound sobre la existencia de un plan secreto. Fue de este modo cómo surgió el encargo: "Usted debe trabajar en él como una historia de detectives". Mullins cuenta en el prólogo cómo se hacía el trabajo: "Yo investigué cuatro horas diarias en la Biblioteca del Congreso e iba al hospital St. Elisabeth por la tarde. Pound y yo revisábamos las notas del día anterior. Cenaba luego con George Stimpson en la Cafetería Scholl y él supervisaba mi material. Regresaba luego a mi cuarto para teclear las notas corregidas. Stimpson y Pound hicieron muchas sugerencias guiándome en un campo en el que yo no tenía experiencia anterior."

En la nota 29 del capítulo quinto se ha comentado lo que ocurrió en Alemania cuando en 1955 se editó la obra de Eustace Mullins, publicada por Guido Röder con el título de *La Conspiración de la Reserva Federal*. Como se recordará, Otto John, un espía comunista que ocupaba el puesto de director de Inteligencia de Alemania Occidental, antes de pasarse a la Alemania del Este confiscó y quemó los diez mil ejemplares de la edición del libro que denunciaba a los banqueros internacionales. Anteriormente hemos visto como Edward Mandell House, agente de los banqueros que crearon el Sistema de la Reserva Federal y correa de transmisión entre éstos y el presidente Wilson, escribió el libro, *Philip Dru: Administrator*, en el que se aspiraba al "socialismo como lo había soñado Karl Marx". Las paradojas son antítesis superadas; sin embargo, resulta extremadamente difícil comprender estas paradojas, es decir, ¿cómo se puede ser a la vez partidario del comunismo y del capitalismo? En las páginas que siguen seguiremos ahondando en el asunto.

La historia de la creación de la Reserva Federal comienza la noche del 22 de noviembre de 1910 en la estación de ferrocarril de Hoboken, en Nueva Jersey, donde un grupo de reporteros vieron a varios financieros que subían a un tren con un vagón sellado con persianas blindadas que salió con destino desconocido. El senador Nelson Aldrich, un infiltrado que presidía la Comisión Monetaria Nacional, creada en 1908 tras el pánico de 1907[41],

---

[41] El pánico de 1907, como todos, fue un pánico provocado, que aconteció debido a que los grandes bancos de reserva de Nueva York se negaron a dotar de dinero a sus bancos depositarios del resto del país, que a la vez necesitaban liquidez para pagar a sus depositarios. John Pierpont Morgan fue uno de los "banksters" más involucrados en la

encabezaba la comitiva en la que, además de su secretario, figuraban Frank Vanderlip, presidente del National City Bank de Nueva York de Rockefeller; Henry P. Davison, socio y emisario personal de J. P. Morgan, quien era el más importante agente americano de los Rothschild ingleses; Charles D. Norton, presidente de First National Bank de Nueva York, dominado por Morgan; Benjamín Strong, conocido como lugarteniente de J. P. Morgan; Paul Warburg, socio de Kuhn, Loeb; y A. Piat Andrew, secretario auxiliar del Tesoro. Sólo tiempo después se supo que el destino fue la isla Jekyll, que se encontraba mil millas al sur, en Georgia, y pertenecía a un grupo exclusivo de millonarios que la habían comprado como lugar de retiro en invierno. El secretismo de la reunión era evidente, pues los sirvientes habituales de Jekyll habían sido sustituidos por otros traídos desde Europa para la ocasión. Además, los miembros de la reunión habían decidido utilizar en sus conversaciones sólo el nombre de pila y prescindir del uso de los apellidos.

Este grupo, que representaba a los hombres más poderosos del mundo, permaneció trabajando en el club de la isla Jekyll durante nueve días. Su objetivo era alumbrar una ley que protegiera a los bancos privados que planeaban hacerse con la emisión de moneda de la nación. Recordemos una vez más la famosa frase de Mayer Amschel Rothschild: "Denme el control sobre la moneda de una nación y no me importa quién haga sus leyes." Si se conseguía aprobar esta ley, el derecho a imprimir dinero sin límites, a controlar su suministro y su precio, y a prestarlo con interés, incluso al propio Gobierno, quedaría en manos del cártel de la Reserva Federal (en 2013 la deuda nacional de Estados Unidos era de 16 trillones de dólares, el 40% de los cuales son intereses que debe pagar a la Reserva Federal). El hombre más técnico, el auténtico cerebro que bosquejó el plan para establecer este banco central fue Paul Warburg, que procedía de Francfort am Main, la ciudad originaria del fundador de la dinastía Rothschild. Los Warburg empezaron ya en 1814 haciendo trabajos para los Rothschild en Hamburgo; pero fue a partir de 1830 cuando se establecieron con regularidad transacciones y relaciones estrechas entre ellos.

Paul Warburg había llegado a Estados Unidos en 1902 junto con su hermano Félix, mientras su hermano Max, que en 1917 sería el financiero de Trotsky, había permanecido en Alemania. Paul contrajo matrimonio con Nina Loeb, hija de Salomon Loeb, de Kuhn, Loeb & Cía. Por su parte Félix se unió a Frieda Schiff, hija de Jacob Schiff, quien también financió a

---

operación, puesto que provocó la quiebra de su rival, Knickerbocker Trust Co, que arrastró a más de doscientos bancos. La crisis, que había sido anunciada unos meses antes por el propio Morgan en una conferencia ante la Cámara de Comercio de Nueva York, donde hizo un llamamiento a la creación de un banco central, se debió a una falta de dinero en circulación y a un método inadecuado para aumentar el suministro de moneda. Se produjo por ello una demanda generalizada de cambios en el sistema, con el fin de que hubiera un volumen adecuado de dinero que permitiera hacer frente a las necesidades del comercio. El Congreso nombró entonces un comité, que se llamó Comisión Monetaria.

Trotsky en particular y a los bolcheviques en general. En el siglo XVIII los Schiff y los Rothschild habían compartido en Francfort la famosa casa de la "Judengasse" (el pasaje de los judíos). Se piensa que fue con dinero de Rothschild que Schiff compró la sociedad de Kuhn, Loeb. Desde 1907 Paul Warburg había dedicado parte de su tiempo a escribir y a conferenciar sobre la necesidad de una reforma bancaria. Junto a él había trabajado Nelson Aldrich. Precisamente fue Aldrich quien, argumentando que el público relacionaba ya su nombre al de la reforma monetaria, insistió en que su apellido debía estar asociado a la ley. Por ello de la reunión de la isla Jekyll salieron elaborados el informe de la Comisión Monetaria y la Ley Aldrich. Sin embargo, vincular este nombre a la norma legal fue contraproducente, ya que su patrocinio estaba demasiado vinculado a Morgan y a los intereses de los banqueros internacionales. Warburg quería evitar cualquier alusión a "Banco Central" y había propuesto que la ley se designara con el nombre de "Sistema de la Reserva Federal", que fue el que acabaría imponiéndose cuando la Ley Aldrich no pudo salir adelante.

Tan pronto los participantes en los trabajos de Jekyll regresaron a Nueva York, se puso en marcha en la primavera de 1911 una campaña de propaganda nacional en favor del "Plan Aldrich". Las universidades de Princeton, Harvard y Chicago, esta última dotada con millones de dólares por John D. Rockefeller, fueron los lugares desde donde se desarrolló la estrategia que dio lugar a la "Liga Nacional de Ciudadanos para la Promoción de un Sistema Bancario Sano". El Plan Aldrich se presentó en el Congreso como el resultado de tres años de trabajo y estudio de la Comisión Monetaria Nacional; pero, pese a las campañas de propaganda y al apoyo de la prensa, se encontró con una firme oposición encabezada por William Jennings Bryan y Charles Lindbergh senior, padre del famoso aviador que cruzó el Atlántico en solitario en un vuelo sin escalas que unió Nueva York con París. Además, el presidente William Howard Taft no estaba dispuesto a firmar la Ley Aldrich. El 15 de diciembre de 1911 el diputado Charles Lindbergh denunció que el Plan Aldrich era "el plan de Wall Street, simplemente un esquema en interés del Trust". También en el Senado Robert M. LaFollete denunció públicamente que un "trust" de cincuenta hombres controlaba Estados Unidos.

El Congreso trató de aplacar el sentimiento popular contrario a la Ley Aldrich creando un comité para investigar el control del dinero y el crédito. Se formó así en 1912 el Comité Pujo, dirigido por el diputado Arsene Pujo. Las audiencias duraron cinco meses y produjeron seis mil páginas y cuatro volúmenes con las declaraciones de los banqueros que desfilaron ante el Comité; pero nada en claro salió de estas sesiones, ya que los financieros sólo insistieron en que ellos siempre operaban en interés público. Samuel Untermayer fue nombrado consejero especial para el Comité Pujo y su labor fue más de obstrucción que de ayuda. Cuando Jacob Schiff se presentó para declarar, el interrogatorio de Untermayer le permitió hablar y hablar sin aclarar las operaciones de Kuhn, Loeb & Cía, que el senador Robert L. Owen había identificado como representante de los Rothschild europeos en Estados Unidos. Antes del pánico provocado de 1907, Jacob Schiff había hecho en la Cámara de Comercio de Nueva York la siguiente declaración: "Si no tenemos ningún banco central que fiscalice suficientemente los fondos de crédito, este país conocerá la más severa y profunda crisis de su historia." Eustace Mullins considera que el Comité Pujo acabó siendo una farsa.

Finalmente, la Ley Aldrich se presentó disfrazada con el nombre de Ley de la Reserva Federal, que había sido propuesto por Paul Warburg en las reuniones de la isla Jekyll. Con la estrategia narrada más arriba, se celebraron por fin en noviembre de 1912 las elecciones que iban a permitir desencallar la situación. Ya con Wilson en la Presidencia, el proceso fue liderado por Mandell House, que descaradamente se comportó durante el año 1913 como un agente de Paul Warburg. En *Mullins on the Federal Reserve,* extraídos de los papeles privados del propio House, figuran fechados los encuentros mantenidos entre los banqueros y su hombre en la Casa Blanca. Veamos algunas de las reseñas del "coronel" sobre sus entrevistas con los banqueros:

> "13 de marzo de 1913. Warburg y yo tuvimos una discusión privada acerca de la reforma del dinero.
> 27 de marzo de 1913. El señor J. P. Morgan Jr. y el señor Denny, de su empresa, vinieron rápidamente a las cinco. McAdoo vino casi diez minutos después. Morgan ya tenía preparado un plan del dinero. Yo le sugerí mecanografiarlo, así no parecería organizado de antemano, y se lo ha enviado a Wilson hoy.
> 23 de julio de 1913. Intenté mostrar al mayor Quincey (de Boston) la estupidez de los banqueros del este al adoptar una actitud contraria hacia el proyecto del dinero...
> 13 de octubre de 1913. Paul Warburg fue mi primera visita de hoy. Vino a discutir el proyecto del dinero...
> 17 de noviembre de 1913. Paul Warburg telefoneó sobre su viaje a Washington. Después él y el señor Jacob Schiff vinieron por pocos minutos. Warburg llevó el peso de la conversación. Tenía una nueva sugerencia respecto a la agrupación de los bancos... en relación con la Mesa de la Reserva Federal."

De este modo, fue acercándose diciembre de 1913. *The New York Times,* cuyo propietario, Adolph Simon Ochs, era un judío sionista de origen alemán, dedicó un artículo editorial a glosar las excelencias del nuevo sistema: "Nueva York estará sobre una base más firme de crecimiento financiero y nosotros la veremos pronto el centro del dinero del mundo." Por fin, el lunes 22 de diciembre el mismo periódico anunciaba la inminente aprobación del proyecto del dinero y aludía a la "velocidad inaudita" con que ambas Cámaras se habían puesto de acuerdo. Por cortesía parlamentaria era una tradición no someter a votación proyectos legislativos de importancia durante la semana de Navidad, pero esta costumbre se rompió para conseguir aprobar el mismo día 22 la Ley de la Reserva Federal. Con este propósito, el Comité Parlamentario de Conferencia se reunió entre las 1:30 y las 4:30 de la madrugada, mientras los parlamentarios dormían, y la Ley fue votada el día siguiente, a pesar de que muchos congresistas habían partido ya para sus vacaciones de Navidad y los que se quedaron apenas tuvieron tiempo para estudiarla y conocer su contenido.

The New York Times dedicó sólo una frase a la intervención crítica del congresista Lindbergh. Eustace Mullins ofrece una cita significativa de su discurso en el Congreso: "Esta ley crea el Trust más gigantesco de la tierra. Cuando el presidente firme este proyecto, el gobierno invisible a través del Poder Monetario se legalizará. El pueblo puede no saberlo de inmediato, pero el día de rendición de cuentas está sólo a unos años. Los trusts comprenderán pronto que han ido demasiado lejos incluso para su propio bien. El pueblo debe hacer una declaración de independencia para liberarse del Poder Monetario. Esto lo podrán hacer tomando el control del Congreso. Wall Street no podría estafarnos si ustedes, senadores y representantes, no hacen una farsa del Congreso..." El director de la estrategia para aprobar la Ley en fechas navideñas había sido una vez más Paul Warburg, quien, instalado en una oficina en el edificio del Capitolio, recibía constantemente a diputados y senadores para impartirles instrucciones. El resultado de la votación en el Congreso fue de 298 votos a favor de la Ley y 60 en contra. En el Senado 43 senadores votaron a favor y 25 lo hicieron en contra. El 23 de diciembre de 1913 Wilson firmó la Ley de la Reserva Federal. El 24 de diciembre Jacob Schiff, el más destacado representante de la sindicatura bancaria de los Rothschild, escribió a Edward Mandell House en estos términos: "Mi estimado coronel House: quiero decirle una palabra por el silencioso, pero sin ninguna duda eficaz, trabajo que usted ha hecho en el interés de la legislación del dinero y felicitarlo por la medida. Con mis buenos deseos, fielmente suyo, Jacob Schiff."

El artículo 1, sección 8, párrafo 5 de la Constitución de Estados Unidos encarga expresamente al Congreso el "poder para acuñar dinero y regular su valor". La Ley de la Reserva Federal fue un atentado directo contra la soberanía del Congreso, es decir, del pueblo estadounidense. En 1935 la Corte Suprema de Estados Unidos determinó que el Congreso no puede constitucionalmente delegar su poder en otro grupo u organismo. Los congresistas, por tanto, al aprobar la Ley de la Reserva Federal violaron la Constitución que habían jurado preservar. El Dr. Quigley explica perfectamente en *Tragedy and Hope* el alcance de la operación perpetrada por los banqueros judíos internacionales y sus agentes. Según él, lo que pretendían era utilizar el poder de Gran Bretaña y de Estados Unidos para obligar a la mayoría de los países a operar "a través de bancos centrales libres del control político, con todas las cuestiones relativas a las finanzas internacionales acordadas mediante acuerdos de estos bancos centrales sin ninguna interferencia de los gobiernos." Caroll Quigley argumenta que las verdaderas dimensiones de todo el plan pueden ser apreciadas del todo cuando se advierte que el objetivo de largo alcance de estas dinastías de banqueros fue: "... nada menos que crear un sistema mundial de control financiero en manos privadas, capaz de dominar el sistema político de cada país y la economía del mundo en su totalidad. Este sistema tenía que ser controlado por los bancos centrales del mundo, que debían actuar de manera concertada, mediante acuerdos secretos alcanzados durante encuentros privados y conferencias. La cúspide del sistema iba a ser el Banco de Pagos Internacionales (Bank for International Settlements) en Basilea, Suiza, un banco privado poseído y controlado por los bancos centrales del mundo, que eran a la vez corporaciones privadas." Sobre este Banco de Pagos Internacionales (BIS por sus siglas en Inglés), cabría una larga reseña. Su existencia es desconocida para la mayoría de los mortales. Fundado en 1930, se trata de una entidad hermética e inviolable que no responde ante ningún poder político. El BIS está en la cima del poder: es el banco central de los bancos centrales que lo integran.

En una aparición ante el Comité de Banca y Dinero en 1913 Paul Warbug declaró que uno de los objetivos de Ley de la Reserva Federal era la "movilización del crédito". La guerra mundial comenzó siete meses después de la aprobación de la Ley y la primera tarea del Sistema de la Reserva Federal fue financiarla. Los países europeos envueltos en el conflicto acabaron debiendo 14 billones de dólares a los bancos de la Reserva. Se calcula que la élite financiera internacional ganó 208 billones de dólares con la guerra. Henry Ford destaca en *El judío internacional* que el 73 por ciento de los nuevos millonarios de Nueva York surgidos como consecuencia de la guerra eran judíos, lo cual no es extraño si consideramos que fue Bernard Baruch quien tuvo en sus manos la vida o la muerte de las industrias y el control sobre las "prioridades" en el movimiento de capitales.

Cincuenta años más tarde, concretamente el 4 de junio de 1963, Kennedy dictó la orden presidencial EO 11110, que otorgaba al presidente autoridad para emitir moneda. A continuación ordenó al Tesoro de Estados Unidos que imprimiera 4.000 millones de dólares en billetes con el fin de reemplazar los de la Reserva Federal. Su intención era recuperar el poder que ilegalmente había sido usurpado al Congreso. Pretendía ir sustituyendo paulatinamente con la nueva moneda los dólares emitidos por la Reserva Federal. Unos meses después de la entrada en vigor del plan, el presidente Kennedy fue asesinado en Dallas. Tan pronto Lyndon B. Johnson asumió la Presidencia, la orden presidencial de Kennedy fue rescindida y el antiguo poder del cártel quedó restaurado. El magnicidio supuso, sin duda, un aviso muy serio para cualquier otro presidente que pudiera en el futuro concebir algún plan semejante.

2ª Parte
El sionismo y la I Guerra Mundial

Durante los cuatro años que duró la I Guerra Mundial se produjo en Europa una carnicería sin precedentes hasta entonces, a la que siguió una década de caos, miseria y opresión. Habsburgo, Romanov y Hohenzollern, tres poderosas dinastías cristianas europeas, desaparecieron de una sola tacada como consecuencia de la guerra. Siendo esto importante y significativo para el futuro de Europa, el triunfo de la Revolución Bolchevique fue un hecho incluso más trascendente. La caída de Rusia en manos de agentes de los banqueros judíos internacionales y la instalación en el poder, con la aquiescencia de Estados Unidos y Gran Bretaña, de una ideología criminal y totalitaria, iba a marcar a la humanidad a lo largo de todo el siglo XX. Todo ello constituía el resultado espectacular que los Illuminati habían anhelado desde que Adam Weishaupt había puesto en marcha su conspiración contra todas las religiones y gobiernos de Europa. Hay que considerar, además, la Revolución de los Jóvenes Turcos, que dio origen a la Turquía moderna tras la disolución del imperio otomano. Kemal Ataturk y los jóvenes turcos además de masones eran "doenmés", i. e. criptojudíos que aparentemente se habían convertido al Islam, aunque seguían practicando su religión judía. Suya fue la responsabilidad por el genocidio de un millón y medio de cristianos ortodoxos armenios, que se produjo entre 1915-16. Todos estos acontecimientos hacen de la Primera Guerra Mundial uno de los episodios más decisivos de la historia. De ella surgieron el comunismo y el sionismo, dos cabezas aterradoras de un mismo monstruo que las había ido concibiendo pacientemente a lo largo del siglo XIX.

El ambiente en Europa fue envenenándose de manera progresiva desde que los jóvenes turcos desalojaron de poder al sultán Abdul Hamid II. A la guerra ítalo-turca iniciada en Libia en 1911, siguieron entre 1912 y 1913 las guerrras en los Balcanes: la primera enfrentó al imperio otomano con una liga balcánica formada por Montenegro, Bulgaria, Grecia y Serbia; en la segunda los coaligados lucharon entre sí. Rusia y el imperio austro-húngaro, cuyos intereses eran coincidentes, habían quedado al margen, pero quedó claro que quienes deseaban provocar un estallido tenían en la zona el escenario más propicio. Por otra parte, un ingeniero alemán, Wilhelm von Pressel, había diseñado en 1872 el proyecto del "Orient Express", que los británicos veían con muy malos ojos, puesto que pondría en peligro su vieja línea imperial: Gibraltar, Malta, Port Said, Suez, Adén, Ceilán, Hong Kong. Si Alemania o cualquier otra nación deseaba comerciar con países orientales o, únicamente, entrar o salir del Mediterráneo con sus buques, debía contar con permiso de los ingleses, que podían cerrar el Mare Nostrum gracias al control del canal de Suez y de la fortaleza de Gibraltar. En 1888 Alemania había obtenido permiso de los turcos y pretendía unir Berlín y Bagdad a través de una línea de ferrocarril que debía llegar hasta el golfo Pérsico, donde se pensaba construir un puerto que llevase a los alemanes hasta el Índico.

Con todo ello como telón de fondo, periodistas y panfletarios de toda Europa al servicio de los grupos financieros preparaban a la opinión pública para la guerra que se avecinaba. El poderoso *Neue Freie Press*, controlado por los Rothschild, enemigos declarados de los zares, atizaba a alemanes y austro-húngaros contra Rusia, a la que se acusaba de ser responsable de las guerras en la península balcánica. Por otra parte, las organizaciones judías Poale Sión y el Bund fomentaban con su propaganda el odio contra el zar en el sur de Rusia y en Polonia. Para completar el panorama hay que recordar que el jefe del espionaje alemán durante la guerra fue el judío Max Warburg, hermano de Paul Warburg, y que el canciller de Alemania entre 1909 y 1917 fue Theobald von Bethmann-Hollweg, otro judío ligado a los Rothschild de Frankfort am Main, la ciudad donde se generaba desde siempre el sentimiento anti-ruso. Bethmann-Hollweg no supo o no quiso oponerse a los financieros judíos alemanes que deseaban desmembrar el imperio ruso. Muy diferente había sido en este sentido el pensamiento político de Bismarck, que consideraba la integridad del imperio ruso indispensable para la prosperidad de Alemania. Públicamente lo había expresado así: "El mantenimiento de gobiernos monárquicos en San Petersburgo es para nosotros, alemanes, una necesidad que coincide con el mantenimiento de nuestro propio régimen... Si las monarquías no comprenden la necesidad de resistir juntas en interés del orden político y social, temo que los problemas revolucionarios y sociales de ámbito internacional que se deberán afrontar serán muy peligrosos..." Bismarck conocía muy bien la profundidad del movimiento revolucionario, por ello había incluso abogado por la necesidad de una "Dreikaiserbund" (liga de los tres emperadores).

Si consideramos quiénes fueron los máximos beneficiarios de la catástrofe, hay que convenir que, una vez más, los que más se enriquecieron fueron los de siempre, los banqueros prestamistas, que financiaron a unos y otros. Estos mismos banqueros, mediante la utilización de los judeo-bolcheviques, perpetraron en Rusia un latrocinio sin precedentes que constituye el mayor saqueo de la historia. En las páginas que siguen se aportarán datos y argumentos en favor de esta tesis, sin dejar de lado los aspectos ideológicos utilizados para manipular, manejar y utilizar sin piedad a las grandes masas, sacrificadas en aras de los intereses de personajes ocultos.

Los buenos masones y el magnicidio de Sarajevo

Cuando el 28 de junio de 1914 el archiduque Francisco Fernando de Austria, heredero del imperio austro-húngaro, y su esposa fueron asesinados en Sarajevo, quienes alentaron el crimen sabían que habían creado el detonante que iba a desencadenar la Primera Guerra Mundial. El 15 de septiembre de 1912 Monseñor Jouin, editor de la *Revue Internationale des Sociétés Secrètes*, anunció con dos años de antelación que los masones habían condenado a muerte al archiduque. Monseñor Jouin vaticinaba que quizá algún día se aclararían las siguientes palabras sobre el heredero austríaco pronunciadas por un masón suizo de alto grado: "Él es un hombre extraordinario; es una pena que esté condenado, morirá antes de llegar al trono." El conde Ottokar von Czernin, ministro de Exteriores austro-húngaro entre 1916-1918, en su obra *Im Welt Kriege* (*En la guerra mundial*) desvela que el mismo archiduque sabía que iba a morir: "El archiduque sabía perfectamente que el peligro de un atentado era inminente. Un año antes de la guerra me confesó que la masonería había decidido su muerte. También me dijo la ciudad donde se había tomado tal decisión y mencionó nombres de varios políticos húngaros y austríacos que probablemente lo sabían."

Puede decirse que el destino del archiduque era conocido en toda Europa. Todo invita a pensar que los criminales fueron utilizados por los conspiradores que deseaban la guerra a toda costa. El estonio Jüri Lina cita en *Under the Sign of the Scorpion* a Yuri Begunov, cuyas obras no están traducidas. Este autor ruso desvela que en la primavera de 1914 Trotsky viajó a Viena como miembro de la Gran Logia de Francia con el fin de encontrarse con un hermano masón llamado V. Gacinovic para discutir los planes del asesinato de Francisco Fernando de Austria. Según Begunov, Rádek y Zinóviev, otros dos líderes comunistas judíos y masones, estaban al corriente de lo que se estaba fraguando. Otro aviso de que se quería a matar al archiduque se tuvo el 11 de julio de 1914 con la aparición de un documento en *John Bull*, un periódico de Horatio Bottomley, un financiero, político y periodista británico que en 1888 había fundado el *Financial Times*. En su periódico Bottomley publicó un texto obtenido en el Consulado de Serbia en Londres que llevaba la fecha de 14 de abril de 1914. Dicho documento estaba escrito en ladino, la lengua que hablaban los judíos sefarditas. En él se ofrecían dos mil libras esterlinas por la "eliminación" del archiduque. El profesor Robert William Seton-Watson en *German, Slav, and Magyar: A Study in the Origins of the Great War* alude a este texto publicado en *John Bull* y aclara para profanos en la materia que el ladino era un dialecto del español hablado por los judíos de Salónica. Seton-Watson añade que el hombre que trató de vender el documento a distintos periódicos londinenses, hasta que fue aceptado finalmente por Horatio Bottomley, era un judío conectado con el Comité por la Unión y el Progreso, que dependía de las logias judías de Salónica, las cuales estaban bajo el control del Gran Oriente de Italia, el cual a su vez dependía del Gran Oriente de Francia. Existe constancia de una transferencia de 700.000 francos de París a Roma a través del Gran Oriente hecha por la Alianza Israelita Universal. Con este dinero se habría financiado quizá el asesinato de Sarajevo.

Los hechos son conocidos. El archiduque llegó en visita oficial a Sarajevo, ciudad de Bosnia-Herzegovina cercana a la frontera serbia. Él y su esposa ocupaban los asientos traseros de un coche con motor. Sentado frente a ellos estaba el general Potiorek, mientras que el conde Harrach iba junto al conductor. El coche avanzaba lentamente en dirección al ayuntamiento. Mezclados entre la población se camuflaban Cabrinovic, Princip y Grabez, los tres fanáticos más decididos de entre los ocho asesinos armados con bombas y pistolas. En el puente Cumurja, Cabrinovic arrojó una bomba que dio en el coche y explotó en el suelo. Los ocupantes del vehículo que iba detrás y varias personas resultaron heridas. El coche del archiduque se detuvo para interesarse por el estado de los heridos; no obstante, el programa no se suspendió y la comitiva prosiguió su ruta hacia el Ayuntamiento. Acabada la recepción, la pareja quiso ir al hospital para visitar a los heridos. En el viaje el conde Harrach, para proteger a su Alteza, se colocó de pie en el escalón de la parte izquierda del vehículo. En la esquina de la calle Francisco José, el coche paró justo enfrente de uno de los asesinos, el joven judío Gavrilo Princip, quien con una pistola automática disparó desde muy cerca contra el archiduque hasta vaciar el cargador. La archiduquesa Sofía, tratando de protegerlo, se interpuso en una reacción instintiva y cayó malherida sobre los hombros de su esposo. El conde Harrach oyó que Francisco Fernando dijo tiernamente: "Sofía, Sofía, no mueras, vive por el bien de nuestro hijos." El archiduque continuó sentado sosteniendo a su mujer mientras un poco de sangre apareció sobre su labios. "No es nada, no es nada", dijo varias veces con voz débil al conde Harrach antes de quedar inconsciente. Se consiguió llegar al palacio del gobernador y ambos cuerpos fueron llevados hasta una cama en el primer piso, pero los doctores que llegaron apresurados los encontraron ya muertos. La tragedia no había hecho más que comenzar: en años sucesivos millones de personas iban sufrir asimismo una muerte violenta bajo las balas como consecuencia de aquellos primeros disparos.

En *Francmasonería y Judaísmo. Los poderes secretos detrás de la revolución* el vizconde Léon de Poncins reproduce fragmentos del interrogatorio a que fueron sometidos los criminales durante el juicio, celebrado en octubre del mismo año. A causa de la vorágine de la guerra y del silencio interesado de la prensa, el proceso a los miembros de la "Mano Negra", ese era el nombre de la sociedad secreta, pasó desapercibido. Uno de los asesinos, Cabrinovic, declaró sin inmutarse a los jueces de la corte militar que "en la masonería está permitido matar". Cabrinovic aludió en su declaración a un jefe masón llamado Casimirovic, que iba y venía. Éste habría sido el hombre que estaba en contacto con la supuesta cúpula que coordinaba el atentado, era el correo que transmitía las órdenes a quienes se habían ofrecido para llevar a cabo el magnicidio. Cabrinovic hizo también referencia a un tal Ciganovic, el cual le había dicho que hacía ya dos años, y esto confirma plenamente la revelación de monseñor Jouin, que la masonería había condenado a muerte al heredero del trono austríaco, pero que no habían encontrado a gente dispuesta a ejecutar la sentencia. Hay un dato de interés en la declaración que permite presuponer que Casimirovic estaba en contacto con jefes judíos y que él mismo podía serlo. Cabrinovic le dijo al juez que cuando Ciganovic le entregó la pistola automática y las municiones, había comentado que Casimirovic procedía de Budapest, donde había mantenido contacto con ciertos círculos. Se sabe que en aquellos años el noventa por ciento de los masones húngaros eran judíos. Los documentos de constitución en 1905 de la Gran Logia Simbólica de Budapest llevan la fecha del calendario de la era judía, es decir 5885. Las contraseñas y el texto de los juramentos que se tomaban a los miembros de la logia estaban escritos en lengua hebrea. Los nombres de los miembros de dicha logia demuestran asimismo el origen judío de los masones húngaros[42].

Otro pasaje reproducido por Léon de Poncins recoge un breve diálogo entre el presidente del tribunal y el joven Gavrilo Princip, el autor de los disparos. La cita permitirá al lector apreciar el tono del interrogatorio.

"El presidente.- ¿Habló usted sobre la masonería con Ciganovic?
Princip (con insolencia).- ¿Por qué pregunta esto?
El presidente.- Lo pregunto porque debo saber. ¿Habló usted con él sobre ello sí o no?
Princip.- Sí, Ciganovic me dijo que él era masón.
El presidente ¿Cuándo le dijo esto?
Princip.- Me lo dijo cuando le pregunté sobre los medios para llevar a cabo el asesinato. Añadió que él hablaría con cierta persona y que recibiría los medios necesarios. En otra ocasión me contó que el heredero del trono había sido condenado a muerte en una logia masónica.
El presidente.- ¿Y usted también es masón?
Princip.- ¿Por qué esta pregunta? No responderé. (tras un breve silencio) No.
El presidente.- ¿Es Cabrinovic un masón?
Princip.- No lo sé. Quizás lo es. En una ocasión me contó que ingresaría en una logia."

---

[42] Tras el fin del régimen de Bela Kuhn en Hungría, conocido como el "terror rojo", las autoridades prohibieron la masonería. En 1921 monseñor Jouin publicó *Le péril judéo-maçonnique*, obra de cinco tomos en la que figuran los papeles secretos encontrados en las logias de Budapest. El volumen sobre la masonería en Hungría está dividido en tres partes. La primera, titulada *Los crímenes de la masonería*, redactada por Adorjan Barcsay, contiene gran cantidad de documentos procedentes de las logias disueltas en 1920. La segunda parte, escrita por Joseph Palatinus, se titula *Los secretos de la Logia Provincial*. En ella se expone cómo el secreto trabajo masónico de destrucción condujo en Hungría a la revolución de octubre de 1918 y al comunismo en 1919. La tercera parte contiene la lista de los miembros de las logias masónicas de Hungría, lo cual permite constatar que el noventa por ciento de los masones húngaros eran judíos.

Tres de los acusados condenados a muerte fueron colgados el 2 de febrero de 1915. Princip, Cabrinovic y Grabez, por ser menores de veinte años, fueron condenados a veinte años de prisión. Los dos últimos murieron en la cárcel.

Responsabilidades por el estallido de la guerra, un labor de la masonería

Este apartado sería innecesario si no existiera el artículo 231 del Tratado de Versalles, que obligó a Alemania a admitir que había sido la única responsable de la guerra. En dicho artículo se dice exactamente lo siguiente: "Los Aliados y los Gobiernos Asociados afirman y Alemania acepta la responsabilidad de Alemania y de sus aliados por provocar todas las pérdidas y el daño que los Aliados y Gobiernos Asociados y sus ciudadanos han sufrido como consecuencia de la guerra que les fue impuesta por Alemania y sus aliados." El 16 de junio de 1919 se produjo una nota de ampliación al artículo, en la que se repetía que toda la responsabilidad era de Alemania, a la que se acusaba de haber planeado e iniciado la guerra. En dicha nota se decía que Alemania y "su pueblo" eran responsables de los hechos de su Gobierno. De este modo se añadía a la pretendida culpabilidad de la guerra una condena moral y una humillación para todo un pueblo. Esta nota fue un ultimátum que obligó a Alemania a firmar el Tratado el 28 de junio de 1919, el cual, además de atribuirle la responsabilidad única, le imponía el desarme y el pago de indemnizaciones devastadoras. Quienes culparon al pueblo alemán no compartían evidentemente la máxima de Sir Patrick Hastings, para quien "la guerra es una creación de individuos, no de naciones."

Alemania se apresuró en 1919 a publicar un libro blanco con documentos oficiales. También los demás países sacaron a la luz sus propios documentos en los llamados libros de colores. El Gobierno de Austria publicó el libro rojo; los franceses sacaron a la luz el libro amarillo; los ingleses, el libro azul; los bolcheviques, el libro naranja. Los historiadores pudieron comenzar de este modo la revisión de documentos y la investigación sobre los hechos y actitudes de los países beligerantes. Fue entonces cuando en Estados Unidos nació una escuela de historiadores revisionistas que cuestionaron la versión de los ganadores de la guerra. Su principal representante fue el profesor Harry Elmer Barnes. Seguiremos a continuación diversos trabajos publicados por representantes del revisionismo para aportar al lector datos e informaciones que le permitan formarse una idea sobre las responsabilidades por el estallido de la Primera Guerra Mundial.

Entre los primeros textos figura *New Light on the Origins of the World War,* los tres célebres artículos citados por todos los revisionistas, publicados en 1921 por el profesor Sidney B. Fay en la *American International Review.* Este investigador, cuyos argumentos produjeron un impacto considerable, rechazó la culpabilidad de Alemania que los vencedores habían impuesto al mundo. En 1924 el revisionismo histórico recibió un nuevo impulso con la publicación de *Current History*, de Harry Elmer Barnes, quien se puso desde entonces a la cabeza del movimiento revisionista. En *In Quest of Truth and Justice*, un libro editado en 1928 que se ha convertido ya en un clásico, el profesor Barnes hacía referencia a un supuesto papel de los servicios de inteligencia serbios en la conspiración. Su acusación se apoyaba entonces en las revelaciones asombrosas realizadas en 1923 por Stanoje Stanojevic en el libro *Die Ermordung des Erzherzogs Franz Ferdinand* (*El asesinato de archiduque Francisco Fernando*), donde se señala a Dragutin Dimitrievich, coronel del servicio de Inteligencia, y a Milan Tsiganovitch, uno de sus subordinados, como implicados en el complot. En 1918 Dimitrievich fue asesinado en Salónica, lo cual es un hecho relevante que invita a pensar que sabía demasiado. Harry E. Barnes cita también *La sangre de los eslavos*, obra publicada diez años después del crimen por Ljuba Jovanovitch, presidente del Parlamento serbio y ministro de Educación en 1914. Según Jovanovitch, tres semanas antes del atentado el Gobierno serbio fue informado por el primer ministro Nikola Pashitch sobre la existencia del complot. Pese a ello, no se hizo nada para tratar de detener a los terroristas y no se previno adecuadamente a Austria. Es decir, el "casus belli" pudo haber sido evitado por el Gobierno de Serbia. Naturalmente, sin motivo para la guerra, los que la pretendían hubieran tenido que fabricar otro hecho desencadenante.

Para lectores que lean sólo en español, existe una obra de interés publicada por Espasa-Calpe en 1955, *Odio incondicional. Culpabilidad de guerra alemana y el futuro de Europa*, cuyo autor es el capitán inglés Russell Grenfell. Este militar comparte la tesis del profesor Barnes, según la cual los países con mejor predisposición para iniciar la guerra eran Serbia, Francia y Rusia, pues los tres tenían pretensiones territoriales: Francia suspiraba desde 1871 por un desquite que le permitiera recuperar Alsacia y Lorena; Rusia aspiraba al control de los estrechos del Mar Negro. Serbia quería expandir su territorio en Bosnia. Grenfell apunta, pues, dos nombres como principales impulsores o responsables del desastre: Sazonov, ministro ruso de Exteriores, y Poincaré, que durante 1912 había compaginado el cargo de presidente del Gobierno con el de ministro de Exteriores y desde enero de 1913 era presidente de la República. Poincaré había prometido apoyo a Rusia bajo cualquier circunstancia, tanto si Rusia era atacada como si era atacante. Esta actitud sería una prueba indiscutible de que Poincaré y los partidarios de la guerra en París concebían la posibilidad de recuperar Alsacia y Lorena mediante una guerra revanchista, ya que estaban convencidos de que Francia y Rusia derrotarían a las potencias centrales. Grenfell divide a los países que participaron en la guerra en dos grupos: aquellos que querían lograr ganancias y los que aspiraban a conservar lo que tenían. En el primer grupo coloca a Serbia, Francia y Rusia; en el segundo, a Alemania, Austria-Hungría y Gran Bretaña.

Presentados estos argumentos, veamos ahora cronológicamente los hechos más significativos acontecidos durante el mes de julio de 1914. El 5 y el 6 de julio Alemania habría supuestamente ofrecido un "cheque en blanco" a Austria-Hungría en caso de que ésta emprendiera alguna acción contra Serbia. El embajador austríaco en Berlín, László Szögyény, envió un telegrama a Leopold Berchtold, su ministro de Exteriores, en el que informaba que el kaiser Guillermo II el día 5 y el canciller Bethmann-Hollweg el día 6 habían prometido ayuda incondicional. Sobre este particular, el profesor Fay puntualiza en los famosos artículos citados más arriba que el 26 de julio Alemania canceló su cheque en blanco y cooperaba con Inglaterra para contener a Austria con el fin de evitar la coflagración general.

El 7 de julio el Gobierno austro-húngaro celebró un consejo de ministros en el que se consideró si había que emprender acciones militares contra Serbia o se optaba por la diplomacia. El ministro Berchtold, confiado en el respaldo alemán, se mostró partidario de la primera opción. El primer ministro húngaro, conde Esteban Tisza, se opuso. Al final se acordó que debían presentarse a Serbia una serie de peticiones que fueran inaceptables, con lo cual se justificaría una guerra entre Austria y Serbia. Trascurrieron dieciséis días antes de que dichas exigencias fueran presentadas a Serbia. El 13 de julio llegaron a Viena telegramas procedentes de Sarajevo. Friedrich von Wiesner, el investigador que el Gobierno había enviado a la ciudad, consideraba que había evidencias de complicidad serbia en el asesinato, pero no tenía pruebas de que el Gobierno serbio estuviera o pudiera estar involucrado.

El 15 de julio el presidente Raymond Poincaré y René Viviani, que era a la vez jefe de Gobierno y ministro de Exteriores, viajaron a Rusia. Llegaron el día 20 a San Petersburgo y durante tres días mantuvieron conversaciones con el ministro de Exteriores ruso, Sergei Sazónov, que según distintas fuentes era masón. Aunque no hay documentos oficiales sobre dichas consultas, existe el convencimiento de que Francia ofreció asimismo un cheque en blanco a Rusia si ésta apoyaba a Serbia contra Austria-Hungría. Tanto Maurice Paléologue, otro masón que ocupaba el cargo de embajador francés en Rusia, como Alexander Izvolski, embajador ruso en Francia que estaba presente en San Petersburgo, habrían apoyado enérgicamente la solidaridad de sus respectivos países con Serbia. El embajador austro-húngaro en Rusia, conde Szapáry, que también era masón, fue informado por Poincaré y Sazónov del apoyo de sus países a Serbia. Si es cierto que la guerra es una creación de individuos y no de naciones, como dijo Sir Patrick Hastings, Poincaré sería uno de los individuos que más trabajó para la guerra y distintos documentos así lo confirman. En las memorias del embajador Paléologue se admite que Poincaré se dedicó a animar y a potenciar el bando de los partidarios de la guerra mientras estuvo en San Petersburgo. También el barón Schilling, del Ministerio de Exteriores ruso, alude en su diario a los discursos grandilocuentes que pronunció Poincaré, los cuales, según informó Paléologue a los rusos, debían ser tomados como documentos diplomáticos vinculantes. Otro dato de interés procede de los *Documentos Británicos sobre el Origen de la Guerra*, en los que se recoge que el día 22 Poincaré vetó una propuesta del secretario del Foreign Office, Sir Edward Grey, para que Viena y San Petersburgo establecieran conversaciones directas. Alfred Fabre-Luce, prestigioso escritor y periodista francés, escribió que después de la visita de Poincaré a San Petersburgo había pocas posibilidades de evitar la guerra.

El 23 de julio, a las seis de la tarde, una vez que Poincaré hubo ya salido de Rusia, el ultimátum de dos días que se había ido gestando lentamente en Viena fue entregado al Gobierno serbio por el diplomático austríaco barón Giesl. En él se exigía una respuesta antes de las seis de la tarde del día 25. Durante la mañana del día 24 los términos del ultimátum fueron conocidos por los otros poderes europeos. Hubo intentos de prolongar el plazo y ofrecimienos de mediación, pero también se produjeron declaraciones rusas de apoyo a Serbia. Testigos presenciales relatan que cuando Sazónov se enteró del ultimatum, se encolerizó y pidió la inmediata movilización rusa.

El 25 de julio por la tarde, influenciada por Rusia, Serbia procedió a la movilización. Antes de que concluyera el plazo se produjo una respuesta en la que se rechazaban los puntos esenciales del ultimátum. Austria endureció su posición. Francia y Gran Bretaña adoptaron algunas medidas militares de precaución, pero no hicieron nada para tratar de contener a Rusia. Por la tarde Sazónov confirmó al embajador británico en San Petersburgo, el masón de alto grado George Buchanan, que puesto que Francia "se había situado sin reservas al lado de Rusia," estaban preparados para "asumir todos los riesgos de guerra." El embajador francés Paléologue anotó aquel día en su diario que acudió a la estación de Varsovia para despedir a Izvolski, que regresaba a su puesto en París tras haber asistido a las conversaciones con Poincaré. Ambos cambiaron impresiones apresuradas y coincidieron en lo esencial: "Esta vez es la guerra." Queda por añadir un dato inquietante: aquel mismo día 25 Sir Edward Grey, ministro de Exteriores británico, dijo a los rusos que el ultimátum de Austria a Serbia justificaría la movilización rusa y añadió que Alemania no se movilizaría si Rusia se movilizaba únicamente contra Austria

El día 27 Austria comenzó su movilización contra Serbia, Alemania percibió que la posición adoptada por Rusia conducía a una guerra europea. Cambió entonces su posición política y pidió en vano a Viena que negociara con Serbia. Izvolski, el embajador ruso en París, insistió de nuevo en que la guerra era inevitable. De nuevo la sorpresa llegó aquel día de Gran Bretaña. El ministro del Foreign Office, Grey, informó a San Petersburgo de que la concentración continuada de la flota británica debía ser entendida como una señal evidente de intervención, lo cual, se mire como se mire, era una manera de estimular las medidas militares. El profesor Barnes afirma con rotundidad que Sazónov consideró que podía contar con Inglaterra.

El día 28 Austria declaró la guerra a Serbia. El kaiser Guillermo II propuso que los austríacos deberían detenerse en Belgrado y el canciller Bethmann-Hollweg solicitó apoyo a Edward Grey, quien estuvo de acuerdo en que había que tratar de que la guerra fuera limitada y no se extendiera. En Rusia, Sazónov volvió a escenificar un ataque descontrolado de cólera que sólo se mitigó una vez adoptada la decisión de proceder a la movilización general, que debía ser refrendada con la firma del zar. El propio Sazónov admitió que tras conocer la declaración de guerra austríaca sólo pensó en preparar la guerra. Nicolás II y Guillermo II intercambiaron telegramas personales que verificaron que los acontecimientos conducían a un conflicto europeo. Nuevamente se tienen noticias ese día sobre la postura británica gracias a una larga carta privada de Arthur Nicolson, subsecretario de Asuntos Extranjeros, al embajador Buchanan. Dicha epístola se halla recogida en los *Documentos Británicos*. En ella se pone de manifiesto la doblez consuetudinaria de la política inglesa, toda vez que Nicolson anunciaba a su colega la intervención de Gran Bretaña.

El día 29 Nicolás II firmó la orden de movilización general; pero se produjo una contraorden por la noche debido a una súplica de Guillermo II. En su lugar se decidió una movilización parcial de un millón cien mil soldados, pero esta orden nunca llegó a ejecutarse. A partir de este día 29 quedaron rigurosamente prohibidas en Francia las manifestaciones pacifistas contrarias a la guerra. Poincaré, sin embargo, rechazó ordenar la movilización antes de que lo hubiera hecho Alemania para evitar que se pudiera señalar a Francia como impulsora de la guerra. El día 30 por la tarde Nicolás II fue finalmente convencido para que ordenase la movilización general en Rusia. Unas palabras del zar demuestran que era consciente de que ello significaba la inevitabilidad de un conflicto general: "Recuerde -le dijo a Sazónov-, se trata de enviar a miles y a miles a la muerte."

El día 31 por la mañana se supo en Berlín que la movilización general en Rusia estaba en marcha. Al mediodía el Gobierno proclamó "peligro de guerra", que era un paso previo a la movilización, y por la tarde envió ultimátums a Rusia y a Francia. A la primera le exigía que suspendiese la movilización y a la segunda que se mantuviese neutral en caso de una guerra germano-rusa. Ese mismo día era asesinado en París Jean Jaurés, un socialista que representaba el pacifismo dentro de su partido. La oposición de la izquierda francesa a la guerra se esfumó con la muerte de este influyente político.

A partir de este momento los hechos se desencadenaron con gran rapidez. El día 1 de agosto, sin haber obtenido respuesta a su ultimátum, Alemania declaró la guerra a Rusia. París y Berlín ordenaron respectivamente la movilización de sus ejércitos: Francia lo hizo a las tres y media de la tarde y Alemania una hora y media más tarde. El día 2 de agosto

Alemania pidió la benevolente neutralidad de Bélgica y al anochecer ocupó Luxemburgo para asegurar las líneas de ferrocarril. El día 3 de agosto Francia respondió al ultimátum con evasivas y Bélgica rechazó la petición alemana. Alemania comenzó la invasión de Bélgica. El día 4 de agosto Gran Bretaña envió un ultimátum a Alemania para que detuviera la invasión de Bélgica. Berlín lo rechazó y Londres declaró la guerra a Alemania. La guerra local entre Austria-Hungría y Serbia se había convertido en una guerra europea que acabaría siendo mundial.

En *In Quest of Truth and Justice* Harry Elmer Barnes apunta la existencia de acuerdos secretos entre Francia y Gran Bretaña que Sir Edward Grey había negado frecuentemente en la Cámara de los Comunes. Considera que tanto Alemania como Austria contaban con la neutralidad británica. Según él, creían correctamente que Francia y Rusia no se hubieran lanzado a la guerra sin la garantía del respaldo de Londres. El profesor Barnes recuerda que no hay que olvidar que existían en la política inglesa poderosas fuerzas ocultas que apoyaban al partido de la guerra. En su opinión, si Inglaterra hubiera presionado a Rusia como Alemania presionó a Austria o se hubiera declarado neutral, es poco probable que hubiera estallado el conflicto en Europa. Entre las voces que pedían la neutralidad británica destacó el día 1 de agosto la del editorialista del *Daily News* de Londres, A. G. Gardiner, que en un artículo editorial titulado "Por qué Inglaterra no debe luchar" advertía de que la mayor calamidad de la historia se cernía sobre Europa. "En estos momentos - escribió Gardiner- nuestro destino está siendo sellado por manos que no conocemos, por motivos ajenos a nuestros intereses, por influencias que seguramente rechazaríamos si las conociéramos." En cuanto a la propaganda belicista de ciertos periódicos, Gardiner se preguntaba: "¿Quién está asfaltando el camino para esta estupenda catástrofe?" En el capítulo anterior se ha visto ya quienes consideraban objetivo fundamental el control de la prensa.

El hecho de que hayamos apuntado que Sazónov, Buchanan, Paléologue, y quizá también Izvolski, fueran masones invita a anticipar un comentario. Como se verá más adelante, eran masones todos los miembros del Gobierno Provisional surgido tras el golpe de Estado de febrero de 1917 que obligó al zar a abdicar. Fue un ejecutivo de transición que entregó enseguida el poder a los judeo-bolcheviques, cuyos líderes principales: Lenin, Trotsky, Plejánov, Rádek, Zinóviev, Bujarin, Kámenev..., eran también masones. Hasta diciembre de 1906, fecha en que M. M. Kovalevsky abrió la logia *Estrella Polar* bajo la jurisdicción del Gran Oriente de Francia, no hubo logias masónicas en Rusia; pese a ello, en 1915 operaban ya medio centenar, supervisadas por el Consejo Supremo de Rusia, cuyos tres secretarios fueron Nekrasov, Teréshchenko y el judío Kerensky, agente de B'nai B'rith.

Los dirigentes del Consejo Supremo de Rusia se reunían no menos de dos veces al mes en San Petersburgo y en Moscú. Pues bien, según reconoce

Andrei Priahin en un artículo publicado en la página web de la "Grand Lodge of British Columbia and Yukon", entre los asistentes a estos encuentros del Consejo Supremo, que se celebraban en domicilios particulares, figuraban el embajador británico Buchanan y el francés Paléologue. Por otra parte, en *Architects of Deception* (2004), libro accesible en PDF, Jüri Lina confirma que en 1915 Buchanan recibía frecuentes visitas del ministro de Exteriores ruso, Sazónov, de Alexander Goutchkov, líder de los octubristas, y de Mijaíl Rodzyanko, presidente de la Duma. Todos eran masones y conspiraban para derribar al zar. Según Lina, el embajador británico Buchanan se reunió en San Petersburgo en enero de 1917 con un número importante de masones, entre los que estaba el general Nikolai Ruzky, para preparar el golpe de Estado que debería tener lugar el 22 de febrero, aunque finalmente aconteció el día 23. Se ha sabido recientemente que la fecha fue aplazada un día para hacerla coincidir con la fiesta judía del Purim. El 24 de marzo de 1917 el periódico judío *Jevreyskaya Nedelya* (*Semana judía*) publicó un artículo sobre la Revolución de Febrero con un título significativo: "Sucedió el día del Purim". Y aún hay más sorpresas, en *Trnov Venac Rusije - Tajna Istorija Masontsva* (*La Corona de Espinas Rusa: La Historia Secreta de la Masonería*), libro publicado en Moscú en 1996 sobre el que da noticia Jüri Lina y del cual no existe traducción al inglés, el autor ruso Oleg Platonov desvela que a finales de febrero de 1917 una delegación de sionistas locales visitaron al embajador Buchanan para agradecerle su contribución en la destrucción de la Monarquía en Rusia. Más adelante se verá que Buchanan y el infausto Alfred Milner financiaron también a los bolcheviques.

Sobre los primeros años de la guerra

En 1899 Ivan Bloch, un escritor polaco que era a la vez banquero, había estimado que el coste de una guerra entre los principales poderes continentales ascendería a cuatro millones de libras esterlinas por día. Bloch estaba convencido de que estos costes y la cada vez mayor capacidad destructiva de los armamentos hacían prácticamente "imposible" una guerra a gran escala. Evidentemente, estaba equivocado. No lo estaba, sin embargo, John Atkinson Hobson, quien, recordémoslo, había afirmado con total seguridad que "una gran guerra no podía ser emprendida por ningún Estado europeo si la casa Rothschild y sus conexiones se oponían a ella." Esta idea no es de Hobson, pues había sido ya expresada por Guttle Rothschild, la esposa de Mayer Amschel, cuando en una ocasión declaró: "No habrá guerra, mis hijos no proveerán el dinero." Disraeli lo dijo de otra forma tras la crisis polaca de 1863: "La paz ha sido preservada no por los políticos, sino por los capitalistas." En tiempos más recientes, el presidente francés Chirac citó a un Rothschild que habría dicho: "No habrá guerra porque los Rothschild no la quieren." En 1914 la querían, por supuesto, y el negocio de los préstamos comenzó de inmediato: Gran Bretaña acordó enseguida un préstamo de 1.7

millones de libras esterlinas a Francia a través de los Rothschild. Según Niall Ferguson, durante la guerra Francia pidió prestamos a bancos británicos por valor de 610 millones de libras, a los que hay que añadir otros 738 millones que le fueron prestados por los bancos de la Reserva Federal de Estados Unidos. La propia Inglaterra pidió préstamos a la Reserva Federal por un total de 936 millones de libras esterlinas. "Como pronto se hizo evidente -confirma Ferguson- la clave de la financiación de la guerra, con tipos de interés muy elevados, no estuvo en Londres o en París, sino en Nueva York."

Si atendemos al teatro de las operaciones bélicas, hay que comenzar diciendo que una de las ventajas de Alemania era su sistema de movilización, mucho más eficiente y rápido que el de sus adversarios. Para sacar provecho de ello, debía golpear enseguida y así lo hizo. Su plan consitía en derrotar cuanto antes a Francia y ocuparse de Rusia en segundo lugar. Por ello el Estado Mayor alemán, confiado en la lentitud de la movilización rusa y en que Austria-Hungría atacaría a los rusos con treinta y siete divisones, decidió defender sus fronteras orientales con sólo trece divisiones, mientras enviaba ochenta y tres contra Francia. Por su parte, Poincaré confiaba que en esta ocasión el ejército francés llegaría hasta Berlín. En cuestión de unos días el plan francés quedó hecho trizas: el 24 de agosto casi un millón y medio de soldados alemanes irrumpieron en Francia y el 2 de septiembre habían alcanzado el río Marne y estaban a setenta kilómetros de París.

La salvación para Francia llegó gracias al gran duque Nicolás, quien, sin esperar al fin de la concentración de las tropas rusas y en contra de los intereses nacionales, ordenó una ofensiva inmediata contra Prusia oriental. Ello obligó al Estado Mayor alemán a retirar de Francia dos cuerpos de su ejército y una división de caballería para transportarlos al frente oriental. El general francés Cherfils en su obra *La Guerre de la Délivrance* dice lo siguiente sobre el gran duque Nicolás: "Él concibió las operaciones como una intervención de socorro, de distracción y de alivio para el frente francés. Fue, en tanto que generalísimo, más aliado que ruso. Sacrificó los intereses de Rusia por los de Francia. Tuvo una estrategia verdaderamente antinacional." Se trató de una ofensiva que acarreó grandes pérdidas y tuvo un desenlace trágico para Rusia, pero el sacrificio salvó París. El propio mariscal Foch pronunció más tarde estas palabras de reconocimiento: "Si Francia no ha sido borrada del mapa de Europa, se lo debemos sobre todo a Rusia."

Mientras en los campos de batalla cientos de miles de hombres perdían la vida, los conspiradores que habían estado esperando la guerra sabían que había llegado el momento en que la coyuntura política iba a ser favorable para la consecución de sus objetivos. Por ello en los despachos se seguía diseñando la estrategia para que Palestina fuera entregada al sionismo internacional. Uno de los personajes más activos era Chaim Weizmann, el líder del movimiento sionista que en 1910 había obtenido la ciudadanía británica. Weizmann visitó en 1914 al editor del *Manchester Guardian*,

Charles Prestwich Scott, que celebró saber que el visitante era "un judío que odiaba a Rusia". Como se ha visto, Rusia estaba en aquel momento salvando a franceses e ingleses con su ofensiva en el este. Scott le propuso a Weizmann compartir un desayuno con Mr. Lloyd George, que era el ministro de Hacienda. La reunión se produjo a principios de diciembre y un cuarto personaje, Herbert Samuel, un líder judío que entre 1920-25 iba a desempeñar el cargo de Alto Comisionado del Mandato Británico de Palestina, compartió la mesa. De Lloyd George, Weizmann escribió que le había parecido "extraordinariamente frívolo" sobre la guerra en Europa; pero "alentador y favorable con respecto al sionismo". Lloyd George propuso una entrevista con Lord Balfour.

El encuentro tuvo lugar el 14 de diciembre de 1914. Con aire despreocupado, Balfour le preguntó a Weizmann si podía hacer algo en concreto por él. En aquel momento los cuarteles generales del sionismo seguían estando en Berlín y, aunque cada vez era más evidente que se apostaría por Gran Bretaña, muchos sionistas se mostraban convencidos de que Alemania ganaría la guerra. La respuesta fue: "No mientras los cañones están rugiendo, cuando se aclare la situación militar, volveré otra vez." Fue en este encuentro y de manera gratuita cuando Lord Balfour le dijo: "Cuando los cañones dejen de disparar tal vez prodrá usted obtener su Jerusalén." En cualquier caso, los sionistas británicos tenían pocas dudas de que sería a través de Inglaterra como iban a conseguir la usurpación de Palestina. El 28 de enero de 1915 el primer ministro Asquith escribió en su diario: "Acabo de recibir de Herbert Samuel un memorandum titulado 'El futuro de Palestina'... Él cree que debemos transplantar en este territorio tres o cuatro millones de judíos europeos." Asquith, que no era sionista, confesaba en el diario que no compartía en absoluto estos planteamientos.

A principios de 1915 los alemanes preparaban otra gran ofensiva en el frente franco-británico, pero el avance de las tropas rusas en los Cárpatos obligó de nuevo al Estado Mayor teutón a reconsiderar sus planes. Tras una reunión en Lille se decidió transportar las mejores tropas hacia el frente oriental, donde el número de divisiones alemanas pasó de cuarenta a setenta y siete. El general Cherfils alude también a este momento de la guerra con nuevas palabras de gratitud: "... los ejércitos rusos nos han salvado de un desastre. Su arriesgada ofensiva en los Cárpatos, en pleno invierno, provocó los sudores de la agonía a Austria... Gracias a ella, el gran duque Nicolás nos ha salvado sacrificándose. Nunca encontraremos suficientes palabras de agradecimiento para nuestros heroicos aliados rusos." A partir de este momento, la guerra en el frente occidental se convirtió en una guerra de posiciones que permitió a franceses e ingleses aumentar sus efectivos y su armamento mientras cientos de miles de alemanes perdían la vida en el Este. Además, el 26 de abril de 1915 se celebró una conferencia en Londres en la que Italia decidió su participación en la guerra a cambio de importantes concesiones territoriales. El tratado secreto de Londres sería desvelado dos años más tarde, el 28 de febrero de 1917, por el periódico bolchevique *Izvestia*.

Pero no sólo en los campos de batalla se libraba la guerra; en los mares, sobre todo en el Atlántico, se desarrollaban otras operaciones: los bloqueos económicos. Alemania bloqueaba a Rusia, pero a la vez padecía el bloqueo impuesto por Inglaterra. Es difícil de comprender como Rusia, siendo aliada de la primera potencia naval del mundo, podía sufrir el bloqueo de sus exportaciones, que antes de la guerra se hacían a través del estrecho del Bósforo. La razón era la pérdida de influencia anglo-rusa en Turquía. En lugar de apoyar los esfuerzos de su aliada por mantener su posición en los estrechos, Gran Bretaña la había obstaculizado incomprensiblemente. David Louis Hoggan aclara en *The Myth of the New History* que las "alianzas entre naciones no siempre significan genuina amistad, e Inglaterra era de hecho más hostil que amistosa hacia Rusia durante el periodo en que ambas naciones eran aliadas." Por contra, Estados Unidos, sin haber entrado en la guerra, se comportaba como el mejor de los aliados con Francia y, sobre todo, con Inglaterra: sin el envío de cientos de millones de dolares en todo tipo de mercancías durante los primeros años del conflicto, franceses e ingleses hubieran tenido que aceptar la paz que en 1916 les fue ofrecida por Alemania. El hecho de que los alemanes dispusieran de la industria pesada de Bélgica y de la industria francesa situada en el distrito de Lille había privado a Francia de importantes recursos e Inglaterra no podía suplir por sí sola estas carencias.

En *América Goes to War* (1938), una obra ya clásica de Charles Callan Tansill, se explica con detalle todo lo relativo al bloqueo económico y a la guerra submarina en el Atlántico. En 1909 se produjo la Declaración de Londres, que pretendía codificar la ley marítima internacional y contemplaba los problemas de neutralidad. Cuando en 1914 comenzaron las hostilidades, dicha Declaración no había sido ratificada, pero en Estados Unidos se entendía que los países beligerantes la reconocerían en sus transacciones con países neutrales. Apenas comenzada la guerra, el 20 de agosto de 1914, el Gobierno británico adoptó medidas de bloqueo que perjudicaban al comercio americano con Europa, lo cual motivó que William Jennings Bryan, el secretario de Estado norteamericano, preparase el 26 de septiembre una nota de protesta. El coronel Mandell House planteó inmediatamente objeciones al presidente Wilson. El agente de los conspiradores dijo que la nota de Bryan, que pretendía defender con vigor los derechos de Estados Unidos, era "extremadamente poco diplomática". El 24 de octubre el secretario del Foreign Offgice, Sir Edward Grey, fue informado de que Estados Unidos retiraba su "sugerencia de que la Declaración de Londres fuese adoptada como código temporal de guerra naval que debía ser respetado por beligerantes y neutrales durante la presente guerra."

Esta concesión fue aprovechada enseguida y el 2 de noviembre de 1914 se produjo una declaración británica según la cual "el Mar del Norte iba a ser considerado a partir de entonces como área militar o zona de guerra." Ello significaba que Inglaterra se otorgaba el derecho a fijar el alcance del comercio extranjero a través del Mar del Norte. En respuesta a esta medida, Alemania proclamó el 4 de febrero de 1915 que iba a establecer una zona submarina de guerra alrededor de las islas británicas. Dicha zona quedó establecida por orden del Kaiser el 22 de febrero. Hasta entonces no había en las leyes internacionales ninguna alusión a la guerra submarina. De hecho los submarinos de la marina británica atacaron durante la guerra el comercio alemán y neutral en el mar Báltico, por lo que Estados Unidos se abstuvo voluntariamente de enviar barcos mercantes al área del Báltico. No hicieron otro tanto, sin embargo, en el caso de la zona impuesta por Alemania. O sea, los estadounidenses estaban dispuestos a aceptar las infracciones británicas, pero no las alemanas. El 20 de febrero el secretario de Estado Bryan, no obstante, envió a Gran Bretaña y Alemania notas idénticas de protesta por las infracciones. Los alemanes replicaron que gustosamente desistirían si los británicos levantaban el bloqueo que pretendía derrotarlos por hambre. Como era de esperar, los ingleses rechazaron prescindir de su mejor arma.

Pronto se produjo el primer incidente, que fue muy grave si se considera el número de víctimas. El *Lusitania*, un crucero auxiliar de la Marina británica que era utilizado como barco de pasajeros y de mercancías, fue hundido el 7 de mayo de 1915 por un torpedo alemán cerca de las costas de Irlanda. El buque se hundió en dieciocho minutos y mil doscientas personas perdieron la vida, De los ciento noventa y siete ciudadanos norteamericanos que iban a bordo, ciento veintiocho murieron. Además de los pasajeros, el *Lusitania* llevaba un cargamento de seis millones de libras en municiones, concretamente cuatro mil doscientas cajas de cartuchos de metal y mil doscientas cajas de metralla, que hacían del trasatlántico una bomba flotante. El Gobierno de Wilson se había negado a aceptar este hecho, pese a que antes de que el barco zarpara representantes del Gobierno alemán en Estados Unidos, conocedores del cargamento del *Lusitania*, habían publicado distintos avisos en todos los diarios de Nueva York. En ellos se denunciaba que había municiones a bordo, se recordaba que Alemania y Gran Bretaña estaban en guerra y se advertía "muy seriamente" a los ciudadanos de otras nacionalidades de que no cruzaran el Atlántico a bordo del *Lusitania*, pues corrían peligro de convertirse en objetivo de sus submarinos. El misno día 1 de mayo, mientras se producía el embarque, las advertencias fueron repetidas verbalmente a los pasajeros.

El coronel Mandell House y Winston Churchill, entonces Primer Lord del Almirantazgo (ministro de Marina), estaban convencidos de que si los alemanes hundían un barco con norteamericanos a bordo, Estados Unidos entraría en la guerra contra Alemania. En 1955 Emrys Hughes en *Winston*

Churchill: British Bulldog revelaba esta información: "Más incomprensibles son los hechos siguientes. Cuando el *Lusitania* zarpó de Nueva York, el capitán habitual había sido repentinamente sustituido por el capitán William Thomas Turner (condecorado por Churchill después del desastre). Cuando el barco llegó a la zona de peligro, ignoró órdenes estrictas de navegación. Las órdenes formales que había recibido Turner en Nueva York le mandaban evitar el área extremadamente peligrosa donde precisamente fue hundido el buque, aumentar la velocidad en la zona de riesgo, y surcar las aguas en zigzag con el fin de aumentar la dificultad de ser alcanzado por un torpedo. Todas estas órdenes fueron infringidas." No sólo se ignoraron estas normas, sino que el *Lusitania* redujo incluso su velocidad a medida que se acercaba a las costas irlandesas y, además, Churchill ordenó la retirada del navío militar *Juno*, que lo escoltaba.

Una marea de propaganda inundó el país tras el hundimiento del *Lusitania*, la indignada prensa norteamericana hablaba de un inocente barco de pasajeros vilmente torpedeado por los traicioneros submarinos del Kaiser y los alemanes fueron presentados como monstruos sedientos de sangre. Comenzó entonces la campaña para provocar la intervención de Estados Unidos en la guerra europea. Simultáneamente, el secretario de Estado Bryan, que había tratado de conseguir el apoyo de Wilson para que se prohibiera a los ciudadanos norteamericanos viajar en barcos como el *Lusitania*, perdió su fe en el presidente. El 8 de junio de 1915 William Jennings Bryan presentó su dimisión en señal de protesta por las contradicciones de la política exterior de Woodrow Wilson. El secretario de Estado no podía aceptar que se llevara una contabilidad escrupulosa para Alemania mientras las violaciones británicas de la ley marítima internacional eran toleradas, justificadas y aprobadas. Tras su abandono del cargo, Bryan se involucró en el movimiento "Keep Us Out of War" (mantengámonos fuera de la guerra) y lideró una campaña en contra de los banqueros internacionales que planeaban crucificar al pueblo norteamericano en una cruz de oro.

El año 1916 comenzó con una conferencia militar para planificar las operaciones militares de la Entente. Se decidió que los rusos comenzarían una ofensiva a mediados de junio y los aliados occidentales lo harían quince días más tarde, pero una vez más el Estado Mayor alemán se adelantó y comenzó en febrero la batalla de Verdún, una de las más terribles de la guerra, que obligó a todas las fuerzas francesas disponibles a entrar en liza. Dicha batalla se prolongó durante diez meses y ocasionó trescientos mil muertos y medio millón de heridos. También los austríacos atacaron a los italianos apenas comenzó la primavera y los pusieron en una situación crítica que amenazaba Venecia. Nuevamente se apeló a Rusia, que en el mes de mayo atacó a los austríacos en el frente de la Galicia polaca, lo cual les obligó a retirar divisiones del frente italiano. Pese a que la situación económica interna era muy seria, Rusia fue capaz incluso de desencadenar en el verano de aquel año la ofensiva planeada. El general Brusiloff realizó una brillante campaña en la que capturó medio millón de prisioneros austro-germanos y prácticamente reconquistó Galicia. Pese a todo, la incapacidad de los aliados de Rusia en el frente occidental y la necesidad de cañones de largo alcance, que sólo podían recibir de Francia y de Inglaterra, imposibilitaron a los rusos un éxito mayor.

Precisamente con objeto de mejorar la capacidad de los ejercitos rusos, en junio de 1916 el primer ministro británico, Herbert Henry Asquith, envió a San Petersburgo a Lord Kitchener, quien había lamentado púbicamente la incapacidad de Inglaterra de cumplir con la entrega a Rusia de las armas y municiones prometidas. El círculo de políticos y hombres de negocio ingleses asociados con el sionismo había ido ensanchándose a medida que la guerra avanzaba, pero ni Kitchener ni Asquith formaban parte de dicho círculo. Si había un militar de prestigio en Inglaterra, dotado de una inmensa autoridad y de gran popularidad, ese era Lord Kitchener. Fue el propio Kitchener quien propuso a Asquith la misión en Rusia, cuyos objetivos fundamentales eran atender las necesidades armamentísticas de su aliado, ayudarlo en su reorganización y establecer estrechas relaciones en un espíritu de amistad sincera entre los dos imperios. Boris Brasol, en *The World at the Cross Roads* (1921) añade: "Se entendía que Lord Kitchener pondría fin de manera definitiva a la ambigua política de Sir George Buchanan, el embajador británico en Rusia. Era obviamente deshonesto por parte del Gobierno británico entrometerse y tomar partido en asuntos de política interna rusa. Independientemente de las simpatías de algunos dirigentes ingleses, era imperdonable dar apoyo a los elementos radicales de la Duma (como hacía Buchanan) para obstaculizar la política de unidad rusa." En San Petersburgo, pues, se esperaba con expectación la llegada de Lord Kitchener y se pensaba que tras su entrevista con el zar se paralizarían las intrigas de Buchanan, el turbio embajador masón que trabajaba para los conspiradores, y el Gobierno obtendría el apoyo moral que tan urgentemente necesitaba. Para desgracia de Rusia, Lord Kitchener desapareció misteriosamente. Distintos autores consideran que era el hombre que podría haber sostenido a Rusia. Tanto para la revolución mundial como para las pretensiones del sionismo, Lord Kitchener suponía un obstáculo formidable

Lord Kitchener encontró la muerte el 5 de junio de 1916, poco después haber salido de Scapa Flow a bordo del crucero H. M. S. Hampshire, que se hundió cerca de las costas de Escocia. Una serie de circunstancias invitan a sospechar que fue sencillamente eliminado. Extrañamente, Lloyd George, que en 1915 había sido nombrado ministro de Municiones y debía embarcar con Lord Kitchener, decidió quedarse en tierra en el último momento. Tras el "accidente", Lloyd George fue nombrado Secretario de Estado para la Guerra. Otro hecho sorprendente fue la autorización para que la escolta del H. M. S. Hampshire regresara a la base, supuestamente por no poder mantener la velocidad del crucero en un mar encrespado. El Gobierno británico anunció que el navío se había ido a pique por haber sido torpedeado por un submarino alemán o a causa de haber impactado con una mina.

El comandante W. Guy Carr, autor citado varias veces a lo largo de esta obra, afirma tajantemente que se trata de una mentira. Guy Carr, un experto marino que durante la I Guerra Mundial sirvió como oficial de navegación en submarinos y durante la II Guerra mundial fue oficial de control naval, emprendió una minuciosa investigación personal y en 1932 publicó un libro con el resultado de sus pesquisas, *Hell's Angels of the Deep*. El comandante Carr considera probado que el H. M. S. Hampshire se hundió o por un sabotaje o a causa de un error del oficial de navegación; aunque le cuesta creer que un profesional con habilidad y experiencia probadas pudiera cometer tan grave error de apreciación. "Yo creo -sentencia- que un saboteador probablemente forzó o alteró los imanes del compás de dirección. Los compases Gyro (brújula giroscópica) no eran entonces equipamiento habitual e incluso en barcos que los tenían encontraban poco fiables los modelos Sperry (un tipo de brújula giroscópica), como sé por experiencia propia." Que la versión oficial era una falsedad lo corroboró el general Ludendorff, jefe del Estado Mayor alemán, quien estudió las circunstancias que rodearon la pérdida del H. M. S. Hampshire y de Lord Kitchener. "Ninguna acción de unidades navales alemanas, ya sea submarinos o barcos minadores -aseguró Ludendorff-, tuvo nada que ver con el hundimiento del barco." Douglas Reed en 1916 era un joven soldado y cuenta lo siguiente: "Recuerdo que los soldados en el frente occidental, cuando conocieron la noticia, se sintieron como si hubieran perdido una gran batalla. Su intuición era más cierta de lo que hubieran podido imaginar."

El 29 de diciembre de 1916 tuvo lugar un importante conferencia a la que asistieron todos los jefes de Estado Mayor de los ejércitos rusos. Para contrarrestar la superioridad de la artillería alemana, se decidió la formación de nuevas brigadas de artillería, especialmente de artillería pesada, que tenían que estar en el frente antes de mayo del próximo año. Los generales rusos preparaban una ofensiva con una fuerza colosal de siete millones de hombres, que tenía que ser definitiva si se combinaba con otra ofensiva simultánea en el frente del Oeste. Los generales rusos no contaban con que las semillas de la futura revolución sembradas por mencheviques y bolcheviques podían acabar germinando: por primera vez desde el inicio de la guerra panfletos revolucionarios habían aparecido en el frente en la primavera de 1916. Se calumniaba a la zarina en relación con la siniestra influencia de Rasputín, se acusaba al zar de debilidad, se decía a los soldados que, mientras luchaban, los nobles aprovechaban su ausencia para quitarles sus tierras. Paulatinamente, la propaganda fue haciéndose más agresiva: de continuo se esparcían consignas pacifistas, se pedía a los soldados que desobedecieran a sus oficiales, se les decía que su verdadero enemigo era el Gobierno imperial, sostenido por la nobleza y la burguesía.

El sionismo apuesta definitivamente por Inglaterra y traiciona a Alemania

A comienzos de la guerra el financiero norteamericano Roger Bacon admitía que en Estados Unidos no había más de cincuenta mil americanos partidarios de entrar en la guerra a favor de Francia e Inglaterra contra Alemania. En 1916 el cincuenta y cuatro por ciento de los norteamericanos eran de origen germano. Cuando se proclamó la independencia, un sólo voto impidió que el alemán fuese considerado lengua oficial de la República. Durante los primeros cien años, el alemán era la única lengua que se oía en algunas zonas del país. Una encuesta realizada aquel mismo año preguntó a los norteamericanos: "¿Si tuviéramos que entrar en la guerra, escogería hacerlo del lado Alemania o de Inglaterra?" Una aplastante mayoría respondió que preferiría apoyar a Alemania. Si se considera que los ingleses habían sido los grandes enemigos de la independencia del país, ello era completamente lógico. También entre los judíos talmudistas había muchos partidarios de Alemania. El Edicto de Emancipación de 1822 había garantizado los derechos civiles a los judíos alemanes. Alemania había sido el único país de Europa que había eliminado las restricciones. Otro hecho a considerar era la actitud de colaboración continuada de Guillermo II con la Organización Sionista Mundial. El Kaiser había concertado personalmente un encuentro entre Theodor Herzl, el visionario que había publicado *El Estado judío* en 1896, y el sultán otomano. Bleichröder & Company, judíos talmudistas de Berlín, habían sido durante generaciones los banqueros privados de la familia imperial. Los Warburg de Hamburgo, que también eran talmudistas, colaboraban con el Gobierno alemán y Max Warburg controlaba los servicios secretos. El movimiento sionista no ignoraba estas circunstancias, por ello durante el primer año de la guerra consideró incluso la posibilidad de valerse de Alemania para conseguir sus objetivos. Sólo cuando se confirmó la decisión de apostar por Inglaterra, se pusieron las cartas sobre la mesa y las oficinas centrales del sionismo se trasladaron de Berlín a Londres, aunque en Nueva York se estableció el Comité Provisional Sionista de Emergencia, al frente del cual estaba el juez L. D. Brandeis.

La traición de la Organización Sionista Mundial a Alemania se consumó a finales de 1916. A comienzos de año las tropas francesas habían sufrido motines que Petain había reprimido duramente y los italianos habían sido diezmados por los austro-húngaros. A medida que avanzaba 1916, Inglaterra iba afrontando dificultades de avituallamiento a causa de la campaña submarina alemana. En otoño las operaciones de los submarinos estaban en su apogeo y las reservas de alimentos y de municiones se agotaban, lo cual ponía a Inglaterra en situación desesperada. El Ejército francés se amotinó nuevamente en Italia, país cuyas tropas habían sido otra vez derrotadas cerca de Venecia, y negociaba una paz separada. En general, los países beligerantes estaban atravesando graves problemas y el sufrimiento de la población europea iba en aumento. Los frentes estaban estancados y no se vislumbraba una posible solución militar. Alemania había presentado a Inglaterra varias propuestas para parar la guerra y la última, presentada en octubre de 1916, estaba siendo considerada seriamente por el Gabinete de Guerra británico. Fue en este momento cuando una delegación sionista liderada por Chaim Weizmann y Nathan Sokolov ofreció a los británicos un acuerdo secreto entre "caballeros". Los sionistas prometieron que mediante su influencia lograrían que Estados Unidos entrase en la guerra al lado de Inglaterra y Francia. El precio que tenía que pagar Gran Bretaña era ocupar Palestina y permitir luego que los judíos fundaran en ella el Estado de Israel. Pese a que el 12 de diciembre una nueva propuesta formal de paz fue remitida por Alemania, el acuerdo se alcanzó a finales de 1916. Para ello fue necesario despachar al primer ministro H. H. Asquith, que fue sustituido por David Lloyd George, y colocar al frente del Foreign Office a Arthur James Balfour, Lord Balfour, que iba a pasar a la historia por la famosa *Declaración Balfour*.

El principal obstáculo para lograr el acuerdo era el primer ministro Asquith. Los sionistas precisaban quitarlo de en medio para colocar a políticos cooptados, herramientas necesarias para realizar un trabajo que sólo se podía hacer desde el poder. Cuando se estaba a punto de detener la carnicería y conseguir la paz, la prensa informó a las masas que el primer ministro Asquith era incompetente para ganar la guerra. En noviembre de 1916, Lloyd George, que desde la muerte de Lord Kitchener era secretario de Estado para la Guerra, aconsejó a Mr. Asquith que le cediese la presidencia del Gabinete de Guerra. Ambos eran liberales, pero formaban parte de un Gobierno de coalición. Lloyd George hizo la sugerencia a Asquith tras asegurarse el apoyo de los líderes conservadores, por lo que en realidad se trataba de un ultimátum. Lloyd George exigió asimismo que el conservador Lord Balfour fuese destituido como Primer Lord del Almirantazgo. Como era previsible, Asquith, el primer ministro liberal, se negó, indignado, a entregar la presidencia del Gabinete de Guerra y a cesar a Lord Balfour. El siguiente paso de la estrategia lo dio el propio Balfour, quien de manera inesperada presentó la dimisión al primer ministro Asquith. Éste le envió enseguida una copia de su propia carta en la que se había negado a cesarlo. Lord Balfour, aunque se había retirado de la escena a causa de un mal resfriado, encontró fuerzas para escribir otra carta en la que insistía en su dimisión, como había solicitado Lloyd George. La siguiente maniobra táctica fue la renuncia del mismo Lloyd George. El primer ministro Asquith se estaba quedando solo. El 6 de diciembre los líderes de los partidos anunciaron tras una reunión que estaban dispuestos a apoyar un Gobierno presidido por Lord Balfour. Éste rechazó el ofrecimiento, pero se ofreció gustosamente a formar parte de un Gobierno presidido por Lloyd George. El 7 de diciembre David Lloyd George iniciaba su mandato como primer ministro y Arthur James Balfour era nombrado ministro secretario del

Foreign Office. De esta manera los dos hombres que se habían entrevistado dos años antes con Weizmann, al que expresaron su apoyo al sionismo, pasaban a ocupar los cargos más relevantes del Gobierno británico.

La primera decisión de Lloyd George fue adoptada incluso antes de que fuese confirmado en el cargo. Era de gran importancia informar sobre la existencia del pacto secreto a los numerosos judíos talmudistas norteamericanos, para quienes no era fácil creer que Gran Bretaña había prometido algo que no tenía (Palestina) como compensación por meter a Estados Unidos en la guerra. Con el fin de disipar cualquier duda, el mismo día que renunció Asquith, el 5 de diciembre, Lloyd George envió apresuradamente a Nueva York a Josiah Wedgewood, un parlamentario de renombre, que viajaba con pruebas documentales que confirmaban el acuerdo de Londres. Wedgewood llegó a Nueva York el 23 de diciembre y fue recibido en el muelle por el coronel Edward Mandell House, el agente que actuaba como consejero del presidente Wilson desde 1912. Durante su estancia en la ciudad, Josiah Wedgewood vivió en el apartamento que Mandell House tenía en la calle 54. El coronel House había ya preparado las reuniones que Mr. Wedgewood debía mantener para explicar el pacto secreto. Benjamín Freedman, que conoció personalmente a Mandell House, explica en *The Hidden Tyranny* que el domingo 25 de diciembre, por la tarde, en el viejo Hotel Savoy en la calle 59 y la Quinta Avenida de Nueva York, Wedgewood se dirigió a cincuenta y un judíos talmudistas para presentarles ciertas evidencias que aclarasen todas sus dudas. En nombre del primer ministro Lloyd George, Josiah Wedgwood les dio garantías de la promesa de entregar Palestina al sionismo internacional tras la derrota de Alemania, como compensación por la introducción de Estados Unidos en la guerra.

Simultaneamente, en Londres se tomó una segunda decisión de gran alcance: Lloyd George mostró su voluntad de iniciar cuanto antes una campaña en Palestina con el fin de arrebatar el territorio a los turcos. Ello entrañaba un peligro evidente, puesto que se ponía en peligro la seguridad del frente occidental. La persona que se atrevió a plantear el problema fue Sir William Robertson, militar del estilo de Lord Kitchener, un general que había recibido el apoyo del primer ministro Asquith cuando en septiembre de 1916 tuvo ya problemas con el secretario de Estado para la Guerra. Lloyd George había intentado entonces deshacerse de Robertson enviándolo a Rusia para que pidiera el máximo esfuerzo a los rusos; pero él se había negado. En textos dirigidos a Sir Douglas Haig, Robertson escribió que el intento de Lloyd George de desplazarlo a Rusia era el truco de Kitchener ("the Kitchener dodge") una excusa para convertirse en jefe ("to become top dog") y poder hacer su malvado plan ("have his wicked way"). Sir William Robertson se opuso al envío de tropas hacia Palestina con el argumento de que la propuesta era peligrosa y podía poner en peligro la victoria en la guerra.

Apenas se formó el nuevo Gabinete de Guerra, se solicitó al Estado Mayor que examinase la posibilidad de extender las operaciones a Palestina. Se llegó a la conclusión de que para emprender una campaña serían necesarias tres divisiones adicionales, las cuales sólo podían ser detraídas del frente del oeste. El informe de los militares asumía la tesis de Sir William Robertson y advertía que el proyecto era problemático y además dañaba seriamente las expectativas de éxito en Francia. Estas conclusiones eran decepcionantes para los ministros que deseaban ocupar Palestina enseguida. En febrero de 1917 el Gabinete de Guerra instó a los jefes del Estado Mayor para que contemplasen la posibilidad de una campaña de otoño en Palestina. Mientras tanto, numerosos sionistas fueron introduciéndose en el Gobierno y nuevos "administradores" ocuparon puestos claves en el Ministerio de Defensa. Códigos secretos y facilidades para comunicarse a través de cablegramas fueron puestos a disposición de judíos talmudistas con el fin de que pudieran comunicar a sus correligionarios de todo el mundo el acuerdo secreto que habían alcanzado con el Gobierno británico. El general Smuts, un militar que se encontraba en Sudáfrica y que los sionistas consideraban como su más valioso amigo, recibió la orden de viajar a Inglaterra. Gracias a una adecuada campaña de prensa, cuando el 17 de marzo llegó a Londres, fue objeto de un recibimiento entusiasta. El primer ministro Lloyd George lo presentó ante el Gabinete de Guerra como "uno de los más brillantes generales de la guerra." En realidad el general Smuts había conducido una pequeña campaña colonial en Sudáfrica. El 17 de abril este general presentó unas recomendaciones en las que lamentaba que las fuerzas británicas estuvieran comprometidas en Francia, pero se mostraba favorable a una campaña en Palestina. En este momento en Rusia se había producido el golpe de Estado de febrero y Alemania podía comenzar a trasladar tropas al frente del oeste.

El Gabinete de Guerra ordenó al comandante militar en Egipto, el general Murray, que atacase en dirección a Jerusalén. Murray alegó que sus fuerzas eran insuficientes y fue destituido. Entonces se ofreció el mando al general Smuts, el cual fue cauteloso y antes de arriesgarse mantuvo una conversación con Sir William Robertson. Éste le hizo ver las enormes posibilidades de un fracaso militar y Smuts finalmente no aceptó la oferta de Lloyd George. Fue sin duda una gran decepción, pero el compromiso adquirido con el sionismo obligaba a la ocupación de Palestina y en septiembre de 1917 Lloyd George decidió que: "las tropas requeridas para una gran campaña en Palestina podrían ser tomadas del frente del oeste durante el invierno de 1917-18 y, terminado su trabajo en Palestina, estarían de vuelta a tiempo en Francia para el inicio de la campaña de primavera."

En resumen, tras la frustrante respuesta de Smuts, un general subordinado de Robertson, Sir Henry Wilson, compartió finalmente el planteamiento de Lloyd George e incluso opinó que el supuesto ataque alemán quizá no ocurriría nunca. Entonces el general Edmund Allenby, comandante en jefe de la fuerza expedicionaria de Egipto, realizó en Palestina un movimiento de avance y comprobó que la resistencia turca era menor de lo esperado. Ante la evidencia de que la conquista de Jerusalén era cuestión de poco tiempo, el 2 de noviembre de 1917 se produjo la *Declaración Balfour*, un documento redactado por un judío que ocultaba su origen, Leopold Amery, secretario adjunto del Gabinete de Guerra. Lord Balfour la dirigió a Sir Walter Lionel Rothschild, presidente de las comunidades judías de Gran Bretaña. La *Declaración Balfour* iba a convertirse en uno de los textos más importantes de la historia a causa del alcance de sus efectos, que todavía duran. Comprometía a Gran Bretaña ante todo el mundo a hacer cuanto estuviera en sus manos para que la creación del Estado judío en Palestina se hiciera realidad. En otro capítulo habrá ocasión de examinar el texto de la Declaración. Once días más tarde, el 13 de noviembre, Allenby conseguía una victoria decisiva contra el general alemán Erich von Falkenhayn, que comandaba las fuerzas otomanas. El 9 de diciembre de 1917 las tropas de Allenby entraban en Jerusalén, pero quedaba aún por conquistar buena parte de Palestina. Una prueba de que los soldados británicos sabían que estaban haciendo aquella guerra en favor del sionismo es la canción que cantaban, cuyo coro repetía: "And they gave the Holy City to the Zionist Committee" ("Y ellos entregaron la Ciudad Santa al Comité Sionista").

El 7 de marzo de 1918 se dieron órdenes para que se emprendiera "una campaña decisiva" para conquistar todo el territorio de Palestina. El general Smuts fue enviado a Jerusalén con ordenes precisas para el general Allenby. El 21 de marzo se produjo el tan esperado ataque en el frente occidental europeo. Los alemanes sabían que antes de que más hombres y materiales llegaran al frente desde Estados Unidos debían intentar una ofensiva que les diera la victoria final. La "campaña decisiva" en Palestina se suspendió de inmediato y fueron reenviadas con urgencia al frente francés todas las tropas posibles. El ejército británico sufrió una de las grandes derrotas de su historia: ciento setenta y cinco mil soldados cayeron prisioneros. Los británicos denominan esta batalla como "La Gran Retirada de Marzo". Pese a que la ofensiva alemana marcó el mayor avance territorial desde 1914, el 15 de julio, cerca del río Marne, los alemanes fueron detenidos en lo que se conoce como Segunda Batalla del Marne. Con la intervención imparable del coloso norteamericano se esfumaban todas las posibilidades de victoria para Alemania.

Los sionistas cumplen su parte: Wilson declara la guerra a Alemania

Bastante antes del acuerdo secreto de Londres, quienes maquinaban en la sombra detrás de la escena tenían ya claro que habría que propiciar la entrada de Estados Unidos en la guerra. El hundimiento del *Lusitania* en mayo de 1915 había sido provocado con esta finalidad. Uno de los personajes que más trabajaba en este sentido era el coronel House. Pese a ello, fue él quien ideó el lema de la campaña de Wilson en 1916: "He kept us out of the war" (Él nos mantuvo fuera de la guerra). Eslogan que invitaba a pensar que la voluntad del presidente era evitar la guerra a sus conciudadanos. Incluso el rabino Stephen Wise, quien en *Challenging Years* (1949) reconoció que House "era el nexo oficial entre el movimiento sionista y la administración Wilson", predicó contra la guerra durante la campaña, a pesar de que la anhelaba tanto como el que más. Para acabar de rematar la faena, el juez Brandeis, que había prometido entregar su vida al sionismo, era el asesor del presidente para la cuestión judía. La maraña del contubernio sionista en la que estaba envuelto el presidente Wilson abarcaba ya como vemos ambos lados del Atlántico y los dos Gobiernos estaban atrapados en ella. Por si Wilson no lo tenía claro, antes de que hubiera jurado el cargo en febrero de 1917, el rabino Wise le hizo saber que había cambiado de opinión y que estaba "convencido que había llegado el tiempo de que el pueblo norteamericano entendiera que nuestro destino consistía en participar en la lucha." El día 12 de febrero de 1917 Mandell House escribió en su diario: "Nos dirigimos hacia la guerra tan rápidamente como yo esperaba."

Además del episodio del *Lusitania*, un nuevo hundimiento, el del *Sussex*, fue utilizado como excusa para pedir al Congreso la declaración de guerra. El *Sussex*, un barco de vapor que realizaba la travesía del canal de la Mancha, fue torpedeado el 24 de marzo de 1916 por un submarino alemán que lo confundió con un buque que sembraba minas. Aunque cincuenta personas, ninguna de las cuales era estadounidense, perdieron la vida en el incidente, el barco no se hundió y fue remolcado hacia el puerto de Boulogne. Como dato curioso hay que apuntar que entre las víctimas se encontraban Enrique Granados, el célebre compositor y pianista español, y su esposa, que perecieron ahogados. El presidente Wilson informó al Congreso de que un submarino alemán había hundido el transbordador y que los ciudadanos norteramericanos que viajaban en él habían muerto. El peligro de guerra entre Alemania y Estados Unidos aumentó entonces considerablemente, lo que llevó al Kaiser Guillermo II, en un intento desesperado de evitar el conflicto, a realizar el 4 de mayo de 1916 una promesa que ha pasado a la historia como la Promesa Sussex (Sussex Pledge). El presidente Wilson facultó a su embajador James W. Gerard para que le transmitiese al Kaiser que a cambio del abandono de la guerra submarina por parte de Alemania, el presidente norteamericano trabajaría por una paz de compromiso si resultaba elegido en noviembre de 1916. Es decir, los alemanes debían renunciar a represalias contra el bloqueo británico con la esperanza de que Wilson les ayudaría a conseguir una paz de compromiso que ellos habían propuesto ya antes aquel mismo año. La Promesa Sussex consistió, pues en un trato por el que Alemania se comprometía a cambiar su política de guerra submarina sin restricciones y a acabar con el hundimiento de barcos no militares. Los barcos mercantes sólo serían inspeccionados y hundidos en el caso de que llevasen contrabando, y sólo después de haber asegurado las vidas de los pasajeros y la tripulación.

En diciembre de 1916 estaba claro que Wilson no iba a cumplir su parte del trato, pues las diversas ofertas de paz que Alemania había ido presentando no obtenían respuesta. Fue por ello que los alemanes, tras una conferencia mantenida el 8 de febrero de 1917, decidieron reiniciar la guerra submarina el día 11 de febrero. El canciller Bethmann-Hollweg expresó su convencimiento de que Estados Unidos tendría la excusa para entrar en la guerra; pero Hindenburg creía ingenuamente que podía obligar a Gran Bretaña a aceptar la paz antes de que los norteamericanos intervinieran en Europa contra las exhaustas tropas alemanas. El 27 de marzo el presidente Wilson le preguntó a Mandell House "si debía pedir al Congreso que declarase la guerra o si debía decir que existe un estado de guerra." La declaración de existencia de estado de guerra fue sólo el paso previo. El 2 de abril de 1917 Woodrow Wilson se dirigió a ambas cámaras en sesión conjunta y siguiendo la opinión de Louis D. Brandeis, el juez que Samuel Untermayer había colocado al frente del Tribunal Supremo, el presidente aludió al hundimiento del *Sussex* como motivo para declarar la guerra. "El mundo debe ser salvado para la democracia" ("The world must be made safe for democracy") fue una de las frases más conocidas pronunciadas aquel día por Wilson. El senador Norris le replicó el día 4 que la guerra se hacía "por orden del dinero" ("war upon the command of gold"). El senador LaFollete dijo algo que nadie podía negar: "Alemania ha sido paciente con nosotros." El senador Warren Harding, que iba a suceder a Woodrow Wilson en la Presidencia, denunció el eslogan de "guerra para la democracia". En una de sus intervenciones más preocupantes, el presidente Wilson amenazó implícitamente con derrocar al Gobierno alemán mediante la acción revolucionaria, abriendo las puertas de Europa central al bolchevismo. El 6 de abril, atendiendo a la petición del presidente Wilson, el Congreso declaró la guerra a Alemania. Los sionistas cumplían de este modo lo prometido en el acuerdo secreto de Londres.

Inmediatamente se puso en marcha una campaña de propaganda diseñada por James T. Shotwell, cuyos mentores eran socialistas fabianos, y George Creel, un socialista que demostró ser un propagandista sin ningún escrúpulo. Wilson lo escogió para que dirigiese la propaganda norteamericana en tiempo de guerra que comenzó el mismo mes de abril. Ambos trabajaron conjuntamente en la guerra de ideas que pretendía manipular el pensamiento de los norteamericanos. El 14 de abril de 1917 Creel aceptó la presidencia del Comité de Información Pública ("Committee on Public Information"). Pronto se enfrentó a hombres como Robert Lansing, Mark Sullivan y otros, que se horrorizaron ante la despiadada deshonestidad de los métodos de Creel, el cual alegó que, diciendo mentiras más grandes y mejores, trataba simplemente de "desengatusar" a la opinión pública norteamericana de los efectos de la propaganda alemana.

El relato de la asombrosa porquería creada por la propaganda de Creel se halla en *Opponents of War, 1917-1919*, obra publicada en 1957 por H. C. Peterson y G. C. Fite. Estos autores insisten en que hasta el último momento la opinión pública estadounidense estuvo en contra de la guerra. William Jennings Bryan, el secretario de Estado que había dimitido en desacuerdo con la política exterior de Wilson, hacía compaña contra la guerra entre grandes aclamaciones de la ciudadanía. La campaña de propaganda alcanzó su punto álgido en 1918. Dichos autores denuncian lo que ellos llaman "El reino del terror de América," puesto que hubo oleadas de arrestos, quema de libros alemanes, palizas y muchos asesinatos. Una práctica extendida consistía en embadurnar de alquitrán y emplumar a quienes protestaban contra la guerra. Elihu Root, un abogado de Wall Street que había sido premio Nobel de la Paz en 1912, insistió en que quienes se oponían a la guerra debían ser ejecutados. Esta idea de eliminar sin escrúpulos a los oponentes fue una constante durante los años continuados del terror judeo-bolchevique. Se organizó una Liga Proteccionista Americana (American Protective League) para acallar a los oponentes. Fue común obligar a los extranjeros a besar la bandera americana. Durante 1918, Creel organizó un ejército de ciento cincuenta mil "hombres de cuatro minutos", llamados así porque brotaban por doquier y en pocos minutos difundían su mensaje de odio.

En otra obra publicada en 1939, *Words that Won the War: The Story of the Committee on Public Information* (*Palabras que ganaron la guerra: la historia del Comité de Información Pública*) los autores, James R. Mock y Cedric Larson, presentan a George Creel como el primer ministro de propaganda de América. En esta obra se analizan varias películas de propaganda contra Alemania, de las cuales destaca *The Kaiser: the Beast of Berlín*, en la que se presenta a soldados alemanes arrebatando a un niño de los brazos de su madre para arrojarlo al suelo con violencia mientras se ríen sin piedad de la mujer. El Kaiser es presentado como un Hitler "avant-la-lettre". Si en la película de Charles Chaplin Hitler juega con la bola del mundo, aquí un Kaiser semejante a King Kong coge la bola del mundo con sus manos y la estruja. Creel y su grupo se anticiparon a las mentiras que serían repetidas contra Alemania en la II Guerra Mundial: incluso llegaron a afirmar que tenían pruebas de que Alemania quería hacer de Estados Unidos una colonia y deportar a la gente que no fuese de origen alemán a una reserva en el sur de Nuevo México.

El documento Landman

Un judío sionista llamado Samuel Landman, que en 1912 era secretario honorario del Consejo Sionista de Reino Unido y fue editor de *The*

Zionist entre 1913-1914, publicó en marzo de 1936 bajo los auspicios de la Organización Sionista un trabajo titulado *Great Britain, The Jews and Palestine,* donde se confirman plenamente los hechos que hemos venido narrando. Se trata de un documento judío y tiene por tanto la relevancia de los textos oficiales. Léon de Poncins reprodujo en su obra *State Secrets* un fragmento significativo. Por su importancia, dedicamos este apartado a la cita del documento, extraído de la obra citada:

> "Puesto que la Declaración Balfour se originó en el Ministerio de la Guerra, fue consumada en el Ministerio de Exteriores, y está siendo puesta en práctica en el Ministerio de Colonias, y puesto que algunos de los responsables de ella han dejado este mundo o se han retirado tras sus migraciones de un Ministerio a otro, hay necesariamente algo de confusión o mala interpretación sobre su "raison d'être" (razón de ser) y la importancia de las partes principalmente implicadas. Parecería, por tanto, oportuno sintetizar brevemente las circunstancias, la historia interior y los acontecimientos que finalmente condujeron al Mandato Británico para Palestina."
>
> Aquellos que asistieron al nacimiento de la Declaración Balfour eran pocos numéricamente. Esto hace que sea importante resaltar adecuadamente los servicios de uno que, gracias sobre todo a su modestia, ha permanecido hasta ahora en la sombra. Sus servicios, sin embargo, deberían ocupar un lugar apropiado en primera fila junto a aquellos ingleses clarividentes cuyos servicios son ampliamente conocidos, entre los que hay que incluir al fallecido Sir Mark Sykes, al honorable W. Ormsby Gore, al honorable Sir Ronald Graham, al general Sir George Macdonagh y a Mr. G. H. Fitzmaurice.
>
> En los primeros años de la guerra los líderes sionistas, el Dr. Weizmann y Mr. Sokolov, sobre todo a través del fallecido Mr. C. P. Scott del *Manchester Guardian* y de Sir Herbert Samuel, hicieron grandes esfuerzos para que el Gabinete apoyase la causa del sionismo.
>
> Estos esfuerzos fueron, no obstante, infructuosos. De hecho, Sir Herbert Samuel ha declarado públicamente que no participó en el inicio de las negociaciones que condujeron a la Declaración Balfour. (*Inglaterra y Palestina*, una conferencia pronunciada por Sir Herbert Samuel y publicada por la Sociedad Histórica Judía, febrero 1936.) El verdadero iniciador de las negociaciones fue Mr. James A. Malcoln y lo que sigue es un breve relato de las circunstancias en que se desarrollaron las negociaciones.
>
> Durante los críticos días de 1916 y de la inminente deserción de Rusia, los judíos, en conjunto, estaban contra el régimen zarista y tenían esperanzas de que Alemania, si salía vencedora, les entregaría Palestina bajo ciertas circunstancias. Se habían hecho varios intentos de introducir a América en la guerra del lado de los aliados mediante la influencia de la poderosa opinión judía y habían fracasado. Mr. James A. Malcolm, que estaba ya al corriente de los esfuerzos prebélicos de Alemania por

asegurarse una posición en Palestina a través de los judíos sionistas y de las fracasadas gestiones anglo-francesas en Washington y Nueva York; y sabía que Mr. Woodrow Wilson, por buenas y suficientes razones, otorgaba siempre la mayor importancia posible al consejo de un destacado sionista (el juez Brandeis de la Corte suprema de Estados Unidos); y tenía una relación estrecha con Mr. Greenberg, editor de *Jewish Chronicle* (Londres); y sabía que varios importantes líderes sionistas se habían desplazado a Londres desde el Continente por la inminencia de los esperados acontecimientos; y apreciaba y comprendía la profundidad y la fuerza de las aspiraciones nacionales judías, tomó espontáneamente la iniciativa de convencer en primer lugar a Sir Mark Sykes, subsecretario del Gabinete de Guerra, y luego a M. Georges Picot, de la embajada francesa en Londres, y a M. Gout, del Ministerio de Exteriores francés (sección Este), de que el mejor y quizá único modo (lo que se demostró cierto) de conseguir que el presidente americano entrase en la guerra era asegurar la cooperación de los judíos sionistas prometiéndoles Palestina, y de este modo captar y movilizar las hasta entonces insospechadas y poderosas fuerzas de los judíos sionistas de América y de todo el mundo en favor de los aliados en base a un acuerdo de "quid pro quo". Así, como se verá, habiendo los sionistas cumplido su parte y habiendo ayudado enormemente a involucrar a América, la Declaración Balfour de 1917, la confirmación pública del acuerdo secreto entre caballeros de 1916, fue hecha necesariamente con el previo conocimiento, consentimiento y/o aprobación de los árabes y de los británicos, americanos, franceses y otros gobiernos aliados, y no fue meramente un gesto voluntario, altruista y romántico por parte de Gran Bretaña, como cierta gente supone por ignorancia perdonable o quisiera interpretar o malinterpretar por imperdonable mala voluntad.

Sir Mark Sykes era subsecretario del gabinete de Guerra especialmente relacionado con los asuntos de Oriente Próximo, y, aunque entonces estaba escasamente familiarizado con el movimiento sionista y desconocía la existencia de sus líderes, tuvo el talento de dar respuesta a los razonamientos anticipados por Mr. Malcolm y a la fortaleza e importancia de este movimiento de la judería, a pesar del hecho de que muchos millonarios judíos de Europa y América internacionales o semi-asimilados se oponían abiertamente o tácitamente al movimiento sionista o se mantenían tímidamente indiferentes. Los señores Picot y Gout se mostraron igualmente receptivos.

Un interesante relato de las negociaciones llevadas a término en Londres y en París y los acontecimientos posteriores ha aparecido ya en la prensa judía y no precisa ser repetido aquí con detalle, excepto para recordar que inmediatamente después del acuerdo entre caballeros entre Sir Mark Sykes, autorizado por el Gabinete de Guerra, y los líderes sionistas, estos últimos recibieron del Ministerio de la Guerra, del Foreign Office y de las embajadas británicas, legaciones, etc., facilidades para telegrafiar y comunicar las buenas nuevas a sus amigos y organizaciones en América y en otras partes, y el cambio en la opinión oficial y pública, como se reflejó en la prensa americana, en favor de unirse a los aliados en la guerra fue tan gratificante como sorprendentemente rápido.

La Declaración Balfour, en palabras del profesor H. M. V. Temperley, fue un acuerdo definitivo entre el Gobierno británico y la judería (*History of the Peace Conference in Paris*, vol. 6, pág.173) La principal recompensa aportada por los judíos (representados entonces por los líderes de la Organización Sionista), fue su ayuda al persuadir al presidente Wilson para que ayudase a los aliados. Además, la Declaración Balfour, oficialmente interpretada entonces por Lord Robert Cecil como 'Judea para los judíos' en el mismo sentido como 'Arabia para los árabes', transmitió una emoción en todo el mundo. El primer acuerdo Sykes-Picot de 1916, según el cual el norte de Palestina tenía que ser separado e incluido en Siria (esfera francesa), fue posteriormente modificado a instancias de los líderes sionistas (por el Tratado Franco-Británico de diciembre de 1920) a fin de que el Estado nacional judío comprendiera toda Palestina, de acuerdo con la promesa que por sus servicios habían recibido previamente de los gobiernos británico, aliados y americano, y para dar pleno efecto a la Declaración Balfour, los términos de la cual habían sido establecidos y conocidos por todos los aliados y socios beligerantes, incluidos los árabes, antes de que se hiciera pública.

En Alemania, el valor del pacto con los aliados, en apariencia, fue debidamente y cuidadosamente anotado. En su *Through Thirty Years* Mr. Wickham Steed, en un capítulo en el que valora la importancia del apoyo sionista en America y en todas partes a la causa aliada, dice que el general Ludendorff habría dicho tras la guerra: 'La Declaración Balfour fue lo más inteligente hecho por los aliados en sentido propagandístico y hubiera deseado pensar en ello primero.' (Vol. 2, pág. 392). Por cierto, esto fue dicho por Ludendorff a Sir Alfred Mond (Más tarde Lord Melchett) poco después de la guerra. El hecho de que fue la intervención judía la que metió a Estados Unidos en la guerra del lado de los aliados ha exasperado desde entonces la mente de los alemanes y ha contribuido en gran medida a la relevancia que el antisemitismo ocupa en el programa nazi."

(S. Landman: *Great Britain, the Jews and Palestine*, págs. 3-6)

La prensa internacional y la historiografía oficial han guardado permanente silencio sobre este documento de capital importancia que sigue siendo prácticamente desconocido. El texto no deja lugar a dudas sobre el papel que los propios judíos se atribuyen en el desenlace de la I Guerra Mundial. No se puede entender la evolución del siglo XX, con sus dos guerras mundiales, pues la que siguió en 1939 constituye la segunda parte de una misma tragedia universal, sin una adecuada valoración de lo que ha costado la creación del Estado de Israel. En cuanto al documento Landman, hay que tener presente que fue publicado en marzo de 1936 en un contexto desfavorable para Inglaterra. La situación en Palestina era explosiva y los ingleses llegaron incluso a paralizar la inmigración ilegal de judíos internacionales a causa de las dudas surgidas en Londres. En realidad se trató de una advertencia: "Olvidan -se lee en otro pasaje- que ustedes no nos dieron Palestina como un regalo no solicitado (Declaración Balfour). Nos fue entregada como resultado de un pacto secreto concluido entre nosotros mismos. Nosotros respetamos escupulosamente nuestra parte al poner a América de su lado en la guerra. Les pedimos que por su parte cumplan sus obligaciones. Ustedes están al corriente de nuestro poder en Estados Unidos, tengan cuidado en no granjearse la hostilidad de Israel. De otro modo tendrán que vérselas con graves dificultades internacionales."

Tanta desfachatez se nos antoja increíble. Sólo desde la rotunda convicción de la irreversibilidad del propio poder puede publicarse un documento tan comprometedor e imprudente, con párrafos que amenazan de manera clara al mismo imperio británico, bajo cuyo protectorado estaban acogidos los sionistas en Palestina.

Lord Milner y su misión en Rusia

Estudiados los hechos acaecidos en Inglaterra y en Estados Unidos, queda por ver ahora como fue preparándose la catástrofe en Rusia. Para ello retrocederemos al verano de 1916, pues fue entonces cuando llegó a Rusia un dossier secreto de uno de sus agentes en Nueva York. El informe, cuya existencia ha sido confirmada por diversas fuentes, daba noticia de una reunión del Partido Revolucionario Ruso de América celebrada el 14 de febrero en el East Side de Nueva York, a la que asistieron sesenta y dos delegados, cincuenta de los cuales eran veteranos revolucionarios que habían abandonado Rusia tras la revolución de 1905. Se hacía constar que un alto porcentaje de delegados eran judíos. En un fragmento del informe, reproducido por Boris Brasol en *The World at the Cross Roads*, el agente escribe: "... Las discusiones de la primera reunión estuvieron por completo dedicadas a encontrar medios y maneras de empezar una gran revolución en Rusia, puesto que el momento más favorable se estaba acercando. Se dijo que informes secretos de Rusia habían sido recibidos y en ellos se describía la situación como muy favorable, pues todos los preparativos para un estallido inmediato estaban listos. El único problema era el de la financiación, pero cuando salió el tema, algunos miembros aseguraron a la asamblea que ello no debía ser causa de preocupación, ya que abundantes fondos, si era preciso, serían proporcionados por personas que simpatizaban con el movimiento de liberación del pueblo ruso. El nombre de Jacob Schiff fue repetidamente mencionado."

En realidad los informes sobre el origen de la financiación del movimiento revolucionario habían ido llegando al Gobierno ruso desde la revolución de 1905. Seguramente la generosidad demostrada por Rusia con sus aliados durante la guerra, reconocida en varias ocasiones por militares franceses, pretendía encontrar apoyos sólidos en Gran Bretaña y Francia. Los hechos demostraron, sin embargo, que la actitud británica con su aliado ruso no pudo ser más desleal, ya que su embajador Buchanan trabajó para el derrocamiento del zar. Tras la desconcertante desaparición de Lord Kitchener y el advenimiento de Lloyd George como primer ministro, las cosas no hicieron más que empeorar. Pese a todo, las tropas rusas se habían reorganizado y los generales del Estado Mayor, convencidos de las capacidades del Ejército, se preparaban a conciencia para la ofensiva de primavera que había sido diseñada con los aliados.

Poco antes del golpe de estado de febrero/marzo de 1917, el Gobierno de Londres envió a Lord Milner como alto comisionado a San Petersburgo. Milner, masón del grado 33, agente de los Rothschild que había precipitado la guerra de los bóeres, y miembro fundador de la Round Table era un agente destacado de los conspiradores. Lejos de sentirse apoyados, en Rusia se tuvo el convencimiento de que el alto comisionado, en lugar de mostrar solidaridad y apoyo, en lugar de poner freno a la dañina actividad del embajador masón, había transmitido el apoyo del Gobierno de Lloyd George a la política desestabilizadora de Buchanan. La misión de Alfred Milner en Rusia, que ni siquiera se interesó por las necesidades armamentísticas del Ejército ruso, también despertó sospechas en Londres, como lo demuestra una interpelación en la Cámara de los Comunes. El ministro del Foreign Office, Lord Balfour, en respuesta al parlamentario Dillon contestó que "Lord Milner durante su reciente visita a Rusia no trató de interferir directa o indirectamente en los asuntos internos de Rusia."

De vuelta en Londres, Lord Milner, que meses después sería uno de los financieros de la Revolución Bolchevique, elaboró un informe sobre las necesidades de Rusia en materia de armamento, el cual sirvió de pretexto para que el Tesoro británico redujera las asignaciones para el suministro de armas a Rusia. Por su parte el Almirantazgo rechazó con frecuencia facilitar buques con suficiente tonelaje para el transporte de armamento pesado y otros materiales de guerra. En definitiva, el Gobierno de Lloyd George contribuyó a alimentar las tensiones internas y dio definitivamente la espalda a su aliado ruso: en vez de cooperar con él, se dedicó a boicotearlo. Tanto fue así que, según la princesa Olga Paley en *Souvenirs de Russie 1916-1919*, el primer ministro Lloyd George, al recibir la noticia del golpe de Estado que depuso al zar declaró: "uno de los objetivos de la guerra ha sido alcanzado." Para los lectores que consideren la fuente anterior poco fiable, tenemos las palabras del embajador británico, publicadas el 21 de marzo de 1917 en *Russkoie Slovo*. Pocos días después de la caída del zar, Buchanan declaró abiertamente a los periodistas: "El régimen autocrático y reaccionario no nos ha inspirado jamás simpatías. He aquí por qué el advenimiento del Gobierno Provisional es aclamado con entusiasmo por toda Gran Bretaña." Los hechos daban la razón a quienes al inicio de la guerra habían avisado de que los británicos iban a luchar hasta la última gota de sangre rusa.

3ª PARTE
LOS BANQUEROS Y LAS REVOLUCIONES (2)
LA REVOLUCIÓN JUDEO-BOLCHEVIQUE

La idea de que la historia es una conspiración permanente contra la verdad es especialmente cierta en el caso de Rusia, país que sufrió durante el siglo XIX la enemistad declarada de los Rothschild. Dicha hostilidad era en realidad una declaración de guerra encubierta contra el país que había liderado la Santa Alianza en el Congreso de Viena de 1815. La Santa Alianza anteponía la tradición y los valores cristianos al laicismo y al progreso que supuestamente traía el liberalismo, una ideología política, económica y social que a lo largo del siglo XIX los banqueros internacionales lograron imponer a las naciones, sometidas hoy al desastroso globalismo neoliberal.

Vimos ya como Alexander Herzen, el revolucionario que desde Londres conspiraba contra Rusia, gozaba de la protección y la amistad de James Rothschild. Antes de la revolución, en Europa y en América los periódicos controlados por los enemigos de Rusia martillearon a la opinión pública durante décadas con la idea de que el Gobierno ruso era una máquina de opresión. Según dicha prensa, los zares eran unos monstruos que pretendían mantener a su pueblo en la esclavitud. Desde entonces, la idea de un régimen opuesto al progreso, reaccionario, autocrático y autoritario ha sido repetida hasta la hez por los propagandistas de la revolución y por las democracias liberales. Hoy, como si los comunistas hubieran traído la libertad, la democracia y el bienestar al pueblo ruso, sigue enseñándose en centros académicos de todo el mundo que los zares fueron los peores déspotas de Europa y por ello la revolución comunista estaba justificada. Exactamente la misma estrategia que se puso en práctica tras la Revolución Francesa.

De este modo, los trastornos sociales ocasionados por el Movimiento Revolucionario Mundial (MRM), puesto en marcha por los Ilumiados de Baviera con la financiación de Mayer Amschel Rothschild y otros banqueros, son vistos siempre con buenos ojos y con indulgencia, toda vez que se considera que aportan un progreso frente a lo anterior. Antes de pasar a narrar algunos de los hechos más significativos de la revolución, presentaremos al lector algunas realidades de la Rusia zarista que la conspiración de la mentira pretende ignorar. Arsene de Goulévitch, cuya obra *Tsarisme et Révolution* es una de nuestras fuentes, dice con razón que "la historia de una nación generalmente es relatada por sus amigos, pero la de Rusia ha sido escrita sobre todo por sus enemigos."

Si contemplamos la Rusia actual, puede constatarse que, tras más de setenta años de comunismo ateo que pretendió acabar con el cristianismo en Rusia, después de un largo periodo en el que varias generaciones fueron educadas al margen de cualquier enseñanza religiosa, buena parte del pueblo ruso ha vuelto a su tradición secular cristiana. La Iglesia ocupa hoy de nuevo un papel importante dentro de la sociedad rusa. Este hecho, que no deja de ser sorprendente, tiene su explicación en el papel que jugó tradicionalmente la Iglesia Ortodoxa en Rusia, símbolo del patriotismo y confundida con la nación y con el Estado. Ello no impidió, no obstante, que los zares otorgaran a sus súbditos musulmanes los mismos derechos que tenían los cristianos. Durante la guerra mundial cuerpos del ejército ruso fueron comandados por generales musulmanes.

En cuanto a los judíos, hay que recordar que durante el siglo XIX la mitad de la población judía en el mundo vivía en Rusia. Estos judíos rusos no eran semitas, eran askenazis descendientes de los kázaros. Rabinos talmudistas los educaban en los guetos en el odio visceral al cristianismo, por lo que eran inasimilables y practicaban la endogamia. Dicha población estaba sujeta a varias restricciones, una de las cuales era la obligación de asentarse en una amplia zona fronteriza con Europa central, que correspondería a lo que hoy es Lituania, Bielorrusia, Polonia, Moldavia y Ucrania. En esta enorme Zona de Residencia los judíos dominaron la vida económica durante el siglo XIX. Las bancas judías radicadas en Varsovia, Vilna y Odesa estaban entre los principales organismos de crédito comercial del imperio ruso.

A. L. Patkin en *The Origins of the Russian-Jewish Labour Movement* (1947) explica que en 1856 el barón Joseph Günzburg y una delegación de notables judíos presentaron un memorádum a Alejandro II, en el que le pedían humildemente que "separase la paja del trigo", es decir, que distinguiera entre las clases bajas y los judíos más dignos y educados, con el fin de obtener algunos privilegios para estos últimos. Gracias a la permisividad del zar, entre 1860 y 1870 la primera generación de intelectuales rusos judíos, cuya lengua materna era el yiddish, se sumergió en la vida cultural de Rusia. La mayoría de ellos no tuvieron ningún escrúpulo en adoptar el cristianismo ortodoxo para poder así acceder más fácilmente a puestos importantes y a carreras universitarias. Estos judíos accedieron a cargos elevados en la burocracia zarista, en la que se introdujeron como jueces, abogados, profesores. Algunos lograron incluso formar parte del Senado. Patkin escribe que capitalistas judíos entraron en el campo del desarrollo industrial ruso y alcanzaron en poco tiempo posiciones relevantes de gran influencia. La no admisión de judíos al servicio del Estado no afectaba, pues, a esta élite. De este modo se permitía a un buen número de judíos cualificados vivir fuera de la zona de asentamiento, que había sido creada en 1791 por Catalina la Grande. Los judíos podían, sin embargo, participar en las elecciones a la Duma y eran asimismo elegibles. Dicho esto, veamos por sectores algunas realidades de la Rusia de los zares.

Organización social y política de la Rusia zarista

Lo primero que hay que constatar es que antes de la revolución la libertad de prensa, de reunión y asociación existía en Rusia incluso en mayor medida que en algunos países occidentales. La idea de que la administración del imperio era corrompida y parásita no es cierta en absoluto. El número de funcionarios en Rusia era mucho menos elevado que en la mayor parte de países: en 1906 había algo menos de trescientos cincuenta mil funcionarios, mientras que en Francia, por ejemplo, las personas inscritas en el presupuesto del Estado alcanzaba el medio millón. Estas cifras sobre el funcionariado son especialmente significativas si se considera el crecimiento demográfico espectacular que experimentó Rusia a lo largo del siglo XIX, que pasó de 36 millones de habitantes en 1800 a 135 millones en 1900. La tendencia seguía imparable en el siglo XX, puesto que en 1914 la población rondaba los 175 millones de personas.

En las provincias o departamentos, tras el decreto imperial de 19 de febrero de 1861 que liberaba a cerca de 23 millones de campesinos, emancipados por Alejandro II, el zar liberador, así lo llamaba el pueblo ruso, fue preciso crear una serie de instituciones locales únicas para todas las clases de la población. En 1864 el Gobierno imperial aprovechó esta necesaria reorganización para ampliar las funciones y el papel de la administración local y creó unos gobiernos de distrito, los "zemstvos", cuyas atribuciones los convirtió en pequeños autogobiernos. Sus competencias abarcaban todos los asuntos relativos a la instrucción pública, la asistencia, el avituallamiento, la construcción y mantenimiento de carreteras, la higiene social y la lucha contra las epidemias, la inspección de prisiones... Todo ello precisaba de gastos considerables, por lo cual se autorizó a los "zemstvos" a imponer unas contribuciones locales a la población. Entre los resultados de su actividad destaca la asistencia médica gratuita. Arsene de Goulévitch se apoya en opiniones de estudiosos franceses para destacar con orgullo que los "zemstvos" tenían bajo el regimen imperial "una organización grandiosa de medicina social como no existía en ninguna otra parte." Uno de los animadores de esta organización médica fue el doctor Fréderic Erismann, profesor de la Universidad de Moscú de nacionalidad suiza. De Goulévitch escribe en *Tsarisme et Révolution* que en 1897 visitó al profesor Erismann en Zurich, donde asistía a un congreso sobre protección de los obreros. Dicho profesor le reconoció que "la organización médica creada por los zemstvos era el éxito más grande de la época en la esfera de la medicina social, pues realizaba la asistencia médica gratuita, abierta a todos, y poseía por otra parte un carácter profundamente educativo."

Simultáneamente a la reforma administrativa de 1864 se dotó al país de un nuevo aparato judicial que funcionó a la perfección. La justicia era rápida, equitativa y accesible para todos. Los jueces eran inamovibles e independientes. El sistema de elección de los magistrados, considerado revolucionario en muchos países, permitía que los jueces de paz fueran nombrados en las asambleas de distrito o en las "dumas" (consistorios) municipales. Contra la sentencia de un juez de paz se podía apelar a la asamblea local de jueces de paz. En el código penal ruso no figuraba la pena de muerte, hecho que lo distinguía de todos los países europeos. Cuando se aplicaba la pena de muerte en Rusia, se hacía de manera excepcional por consejos de guerra o por tribunales extraordinarios. La supresión en Rusia de penas corporales era incluso anterior a la reforma judicial de 1864. Los comunistas mataron a más personas en un solo día que la justicia zarista en todo el siglo XIX. Stéphane Courtois en *Los crímenes del comunismo* aporta cifras concretas en este sentido. Según este autor, de 1825 a 1905 fueron condenadas a muerte en Rusia ciento noventa y una personas. Courtois, que califica la justicia del zar como "una justicia verdadera", escribe lo siguiente: "los presos y los condenados se beneficiaban de un reglamento de prisiones y el régimen de confinamiento o incluso de deportación era relativamente suave. Los deportados podían marchar con su familia, leer y escribir lo que bien les parecía, cazar, pescar y encontrarse en los momentos de ocio con sus compañeros de infortunio." Tanto Lenin como Stalin pudieron comprobar personalmente la exactitud de estas palabras.

la educación fue una preocupación prioritaria de Nicolás II. La enseñanza primaria era igual y gratuita para todos. Un proyecto de 1862 pretendía dotar a Rusia de una instrucción general obligatoria, pero tuvo que ser abandonado entonces por falta de recursos suficientes para su aplicación. Nicolás II retomó la idea de su abuelo y desde 1908 puso en marcha un nuevo plan para la educación obligatoria dentro de su imperio, un proyecto sin precedentes para la educación de las masas populares. Se ordenó la realización de un censo para estudiar las necesidades y se supo que trece millones y medio de niños se hallaban en edad escolar, por lo que se precisaban doscientas cincuenta mil escuelas. Puesto que las escuelas primarias existentes eran setenta mil, hacían falta ciento ochenta mil más. Hasta 1914 se abrieron anualmente en Rusia diez mil escuelas. Si la guerra y la revolución no hubieran interrumpido el proceso, en diez años la educación primaria obligatoria hubiera sido un hecho. Pese a todo, una encuesta realizada por los comunistas en 1920 puso de manifiesto que el ochenta y seis por ciento de niños entre doce y dieciséis años sabían leer y escribir. En cuanto al desarrollo de la enseñanza de las mujeres, si se contempla el número de mujeres que estudiaban en el siglo XIX, Rusia era el país más avanzado de Europa en este sentido.

La agricultura antes y después de la Revolución

La utilización y posterior destrucción del campesinado por los soviéticos es uno de los puntos más significativos de lo acontecido en Rusia. La propaganda revolucionaria difundió la idea de que la pobreza del "mujik" (campesino) se debía a que la mayor parte de tierras cultivables pertenecía a los grandes hacendados. Ofrecemos a continuación un breve resumen de las principales datos aportados por Boris Brasol en *The Balance Sheet of Sovietism* y por Arsene de Goulévitch, que básicamente coinciden. El estudio de estos autores está basado en la tierras de la Rusia europea, pues todas las tierras cultivadas en Siberia pertenecían a los campesinos. Según una encuesta agrícola de 1916, de 71.709.693 deciatinas sembradas (La deciatina rusa equivale a poco más de una hectárea) aquel año en la Rusia europea, sólo una décima parte pertenecía a los hacendados capitalistas, el resto estaba repartido en pequeños lotes y se encontraba en posesión de los payeses.

Para apreciar el traspaso de tierras de los propietarios de bienes raíces a los campesinos, hay que partir de 1861, año en que Alejandro II, el zar liberador, emancipó a cerca de veintitrés millones de almas. Cabe recordar que mientras en Rusia se liberaba pacíficamente a los labradores, en Estados Unidos se abocó al país a la guerra civil en con el pretexto de que se pretendía abolir la esclavitud. En 1861 la superficie de tierras asignadas a los campesinos en los cuarenta y cuatro gobiernos de la Rusia europea constituían 113,7 millones de deciatinas, en 1916 los pequeños cultivadores poseían ya 188 millones de deciatinas. Esta evolución extremadamente rápida que desembocó en la democratización total de la propiedad de la tierra en Rusia estuvo determinada por las medidas adoptadas por los gobiernos zaristas con el fin de asegurar el bienestar del campesinado. Según los términos de la ley de emancipación de 1861, los antiguos siervos recibieron la libertad personal y los terratenientes fueron desposeídos en beneficio del campesinado de 35 millones de deciatinas, que representaban cerca de un tercio de todas las tierras y más de la mitad de las tierras arables de las que eran propietarios, lo cual, desde un punto de vista jurídico, se trataba de una expropiación. El Estado, por su parte, se desprendió de 80 millones de deciatinas que le pertenecían y eran explotadas por campesinos no sujetos a servidumbre, pero ligados a los terrenos de la corona. Estos fueron igualmente liberados. Los campesinos fueron emancipados y se les dotó de tierra en cantidad suficiente para su subsistencia

Puesto que entre 1861 y 1916 nueva décimas partes de las tierras cultivables de la Rusia europea pasaron a manos de los campesinos, El Estado fundó en 1882 la "Banca de los Campesinos", con el fin de apoyar y favorecer la democratización de la tierra. Esta institución tenía por objeto facilitar el acceso a la tierra de los pequeños cultivadores en proporciones cada vez mayores. Sus principales operaciones consistían en comprar las tierras del tipo rentista para revenderlas a los campesinos en condiciones extremadamante ventajosas. Los préstamos que acordaba con éstos alcanzaban con frecuencia el noventa por ciento del precio de compra. Su duración era, casi sin excepción, de cincuenta años. Los intereses retenidos por el banco eran tan bajos que varias veces sus operaciones se saldaron con déficits que fueron cubiertos por el Tesoro. Dos cifras servirán para mostrar la progresión de los préstamos concedidos por la Banca de los Campesinos. En 1901 concedió préstamos por valor de 222.001.000 rublos oro. En 1912 la cifra ascendía a 1.167.994.000. El economista danés Wieth Knudsen se refirió a esta banca como "la más grande institución de crédito inmobiliario de todo el universo." De Goulévitch apunta irónicamente que "podría decirse también que fue la banca más social, si no la más socialista, del mundo."

A todo esto hay que añadir que el Gobierno distribuyó a los campesinos todas las tierras arables de Siberia. La marcha de Rusia hacia el Pacífico comenzó a finales del siglo XVI, pero fue acelerada y ampliada en el reinado de Nicolás II. En 1831 el Gobierno organizó una migración organizada; pero, pese a los alientos del Estado, la colonización de Siberia se produjo muy lentamente. En el momento de la liberación de los siervos la población rusa en Siberia no pasaba de tres millones. Con el impulso de la construcción del transiberiano, que comenzó en 1891, la colonización comenzó a aumentar con rapidez. El Comité del Transiberiano favoreció especialmente la emigración, organizó centros sanitarios y cantinas para la distribución de víveres a los emigrantes. En 1906 se acabó con la construcción del trayecto ferroviario y a partir de 1907 entre cuatrocientas mil y seiscientas mil personas al año emprendieron el camino hacia Siberia. Las ayudas del Estado para los colonos pasaron de cinco millones de rublos en 1906, a once millones en 1907, hasta alcanzar una media de treinta millones de rublos anuales. Los colonos eran transportados gratuitamente por el Gobierno y recibían subvenciones de entre cien y cuatrocientos rublos por familia. Cada una de las familias recibía de media un lote de cuarenta deciatinas de tierra.

Más adelante dedicaremos un espacio a presentar a Stolypin, un hombre de Estado de gran talla que, como de costumbre, fue asesinado. Sus reformas provocaron un impulso enorme en la agricultura. Durante los diez años anteriores a la guerra, la producción de máquinas agrícolas se cuadruplicó y aumentó asimismo su importación. El número de sociedades agrícolas pasó de cuatrocientas cuarenta y siete en 1902 a cuatro mil seiscientas ochenta y cinco a finales de 1913. El auge de las cooperativas agrícolas no tiene precedentes conocidos: en 1902 había dos mil, diez años después se contaba con veintidós mil cooperativas. Todo ello propició que Rusia se convirtiera en el mayor productor y exportador de cereales del mundo. Nos ahorramos las estadísticas que demuestran el crecimiento de las cifras anuales de producción y exportación de centeno, trigo, cebada, avena y otros cereales. Aparte de los cereales, la Rusia anterior a la revolución ocupaba el primer lugar mundial en la producción de patatas y plantas forrajeras. Era asimismo el tercer productor mundial de tabaco. Producía además legumbres y frutos diversos en abundancia. A pesar de la propaganda de los revolucionarios para ganarse al campesinado, éste nunca tuvo interés en actuar contra el zar y rechazó rebelarse contra él porque no creía que fuese un instrumento de opresión.

No podemos terminar este apartado sin recordar que las hambrunas fueron una constante de la era comunista y sin denunciar uno de los mayores crímenes contra la humanidad del que nadie se acuerda porque no toca. Frente a la consideración mostrada por los zares hacia los campesinos, contrasta la crueldad y el desprecio absoluto por sus vidas demostrado por los soviéticos. Tras la caída del zarismo el hambre reinó permanentemente porque el bolchevismo, como es sabido, arruinó por completo al campesinado. La feroz colectivización llevada a cabo en 1929-30 supuso el golpe de gracia para la economía rural rusa. Ya en 1921 la desastrosa política agropecuaria del régimen comunista produjo una hambruna en la región del Volga, en el sur de Ucrania, el llamado "granero de Europa", y en Crimea que, según algunas fuentes, provocó entre cuatro y cinco millones de víctimas. Pero lo peor para los ucranianos llegó en 1930, año en que las tierras del campesinado ucraniano y todas sus pertenencias fueron confiscadas por el Estado: "deskulakización". Se obligó a los labradores a incorporarse a granjas colectivas y quienes se opusieron fueron detenidos y deportados. Mientras los mercados occidentales estaban surtidos del trigo ucraniano confiscado a sus productores, se culpó a los campesinos por la falta de pan y por el racionamiento estricto en las ciudades.

Un genocidio por hambre hasta hace poco ignorado, "Holodomor", nombre que en ucraniano significa "matar de hambre", aconteció entonces ante los ojos de un mundo impasible. La idea de "liquidar a los kulaks como clase" (agricultores que poseían tierras y contrataban a trabajadores) fue del judío Lázar Kaganóvich, quien además de comunista era un sionista que había sido miembro de "Poale Sión", organización en la que militaban miles de bolcheviques. Su ayudante en la organización de la hambruba fue Yam Yakovlev, otro judío cuyo verdadero nombre era Epstein. La NKVD requisó todo el grano, las patatas, la remolacha, las coles, que se almacenaban saladas, y todos los comestibles. En el invierno de 1932-33 se agotaron las provisiones en Ucrania. Se creó un enorme cordón y nadie pudo salir del país. Pelotones de vigilancia prohibieron a los campesinos famélicos entrar en las ciudades: les impedían subir a los trenes y muchos murieron en las estaciones o sobre las vías. Los campos de cultivo estaban vigilados por la NKVD y se disparaba a quienes intentaban buscar comida en ellos. Los agentes recibían doscientos gramos de pan por cada cadáver que entregasen. Numerosas personas agonizantes fueron enterradas en vida: "la tierra se movía", declararon más tarde testigos presenciales de los enterramientos. En la primavera de 1933 la mortandad llegó a ser de veinticinco mil personas al día, por ello no es de extrañar que en las calles de las ciudades abundasen los cadáveres. Entre seis y siete millones de personas fueron exterminadas por hambre. Por fin, después de un silencio atronador, en marzo de 2008 el Parlamento de Ucrania y diecinueve gobiernos de otros países reconocieron que las acciones del Gobierno soviético fueron un genocidio planificado. El 23 de octubre del mismo año el Parlamento Europeo adoptó una resolución en la que se consideraba el "Holodomor" un crimen contra la humanidad. En junio de 2009 el Servicio de Seguridad Ucraniano publicó una lista con los nombres de oficiales soviéticos, la mayoría de los cuales eran judíos, a los que se denunció en relación con Holodomor. El abogado ucraniano Aleksander Feldman, líder del Comité Judío Ucraniano, dijo que era una farsa darle publicidad al caso, ya que todos los organizadores de la Gran Hambruna estaban muertos. En el próximo capítulo habrá ocasión ampliar la información sobre este genocidio mayoritariamente desconocido.

La industria antes de la Revolución

El papel jugado por el Estado como promotor del desarrollo industrial en Rusia fue de gran importancia. Una vez más, aunque no encaje con la imagen de monstruos despiadados, hay que comenzar por reconocer que tanto Alejandro III como Nicolás II demostraron gran preocupación por las condiciones de los obreros, preocupación que fue compartida por la mayor parte de los industriales rusos. Alejandro III decretó una serie de leyes obreras e instituyó el cuerpo de inspectores de trabajo, encargados de vigilar las fábricas, de defender los intereses de los obreros e impedir su explotación por los patronos. Por su parte, el emperador Nicolás II instauró una nueva legislación obrera, que puede considerarse entre las más avanzadas de la época. Así lo reconoció W. H. Taft, presidente de Estados Unidos, en una alocución pública en 1912: "Vuestro emperador ha creado una legislación obrera más perfecta que cualquiera de la que pudieran presumir los países democráticos."

El imperio de los zares ocupaba el primer lugar en la producción mundial de platino y antes de la revolución el 95% de este metal procedía de Rusia. También era el primer productor de manganeso, un mineral necesario para la fabricación del acero. Antes de la guerra Rusia producía el 56% del manganeso de todo el mundo. La producción petrolera, pese a ser de creación reciente, se desarrolló de tal manera que en 1897 Rusia se había convertido en el primer productor de petróleo. Sin embargo, en 1905, como consecuencia del movimiento insurreccional que sacudió Rusia, la producción sufrió una fuerte crisis. En Bakú, los revolucionarios incendiaron los pozos, cometieron numerosos actos de sabotaje y consiguieron provocar una guerra civil entre tártaros y armenios. Tres quintas partes de las explotaciones petroleras fueron destruidas y se paró toda actividad. Además se suspendió provisionalmente el trabajo en las instalaciones no afectadas. A partir de 1906 y hasta la revolución, se reemprendió con fuerza la producción gracias al descubrimiento de nuevos terrenos en Bakú y Grozny. En 1913 el yacimiento de Novo-Grozny, extremadamente rico, fue descubierto al este de esta ciudad del Cáucaso y en vísperas de la revolución estaba en condiciones de ser explotado. Doce años después de la revolución, la industria petrolera rusa era incapaz de aprovechar sus potencialidades y su producción estaba por detrás del lugar doceavo. Entre los metales preciosos, también el oro era abundante y el imperio de los zares ocupaba la cuarta posición mundial, después del Transvaal, Estados Unidos y Australia. Asimismo, la extracción de plata mostraba un desarrollo muy rápido a comienzo del siglo XX. Para concluir esta rápida mirada sobre los recursos minerales, puede añadirse que Rusia ocupaba la quinta posición en la producción de cobre y asfalto. La obtención de hulla se desarrolló también enormemente a medida que la red ferroviaria fue extendiéndose por todo el imperio a partir de la segunda mitad del siglo XIX.

De todas las industrias rusas, la textil era la más antigua y a la vez la más importante. Las tejedurías ocupaban a casi un millón de obreros y, alentadas por el Gobierno, sustentaban toda una serie de instituciones tales como: escuelas, enfermerías, hospitales, guarderías, habitaciones obreras, bibliotecas, casas de asistencia, etc. Estas empresas se convertían en realidad en pequeñas ciudades. Hay que resaltar que casi todo el capital comprometido en esta industria era ruso. Dentro de los textiles, la industria del algodón ocupaba el primer lugar, por lo que Rusia detentaba la tercera posición en la obtención de algodón en rama, tras Estados Unidos y Gran Bretaña. La industria lanera era la segunda en importancia, pero no satisfacía las necesidades del mercado interior. Rusia se había convertido en 1913 en el primer productor de lino y su industria progresó con gran rapidez, pese a lo cual sólo consumía el 20% de la cantidad total producida en el país, que antes de la guerra representaba el 80% de la cosecha mundial de esta planta. La Rusia zarista proporcionaba cuatro quintas partes del lino utilizado en Europa. Seda, cáñamo, yute completaban los materiales más empleados por la industria textil.

Los transportes en la Rusia zarista

La primera línea de ferrocarril en Rusia se inauguró en 1837 y fue obra de ingenieros rusos. Hasta 1857 los ferrocarriles fueron construidos y explotados por el Estado, pero desde esta fecha hasta 1881 se recurrió a compañías particulares cuya creación contó con el apoyo financiero del Estado. En *The Jewish Century,* una apología que, según se anunció en los *Protocolos,* demuestra el dominio absoluto de los judíos en todos los ámbitos del mundo moderno, Yuri Slezkine desvela que un puñado de banqueros judíos radicados en Rusia acumularon inmensas fortunas a través de los negocios ferroviarios. Además de aprovechar la generosidad presupuestaria del Ministerio de la Guerra, estos banqueros contaron con el sostén de los financieros judíos que monopolizaban el negocio del ferrocarril en Europa, sobre todo el clan Rothschild, pero también las familias Pereira, Bleichröder, y Gomperz. Estos consorcios de financieros y de constructores judíos construyeron las líneas Varsovia-Viena, Moscú-Smolensk y Moscú-Brest, entre otras. Los hermanos Polyakov: Samuel, Yakov y Lazar constituían uno de los clanes financieros judíos más influyentes. Samuel Polyakov construyó, financió y administró un buen número de redes privadas y se convirtió en "el rey del ferrocarril". Por esta razón, el 93% de la red ferroviaria rusa pertenecía a estas compañías, que se hacían la competencia.

Ante el caos tarifario que reinaba en el país, durante un periodo de diez años el Estado acordó no dar más concesiones. Pero no sólo se dedicó a construir la mayor parte de las nuevas líneas, sino que rescató asimismo explotaciones que estaban en manos privadas. De esta manera, en 1889 se procedió a unificar las tarifas y en 1890 el 29% de la red pertenecía al Estado. De 1891 a 1901 se continuó con la política de rescate y se mantuvo en manos estatales la construcción de nuevas líneas. Como resultado de esta actuación, en 1901 las compañías privadas ya sólo tenían el 30,4% de la red, que se trataba principalmente de las líneas europeas, puesto que el Estado absorbió sobre todo la red ferroviaria asiática. Hay que recordar que la línea del transiberiano, comenzada el 19 de mayo de 1891 y finalizada el 1 de enero de 1906, lo cual supuso un record de velocidad en la construcción, es la más larga del mundo. En su recorrido atraviesa veintiocho ríos, pasa por cinco grandes puentes y por cuarenta túneles.

Otro dato que conviene tener en cuenta es que Rusia no importaba ni locomotoras ni vagones, pues había en los centros industriales sociedades de construcción mecánica fuertemente organizadas y bien equipadas que atendían sin problemas todas las necesidades de la red rusa e incluso estaban en disposición de poder exportar. El coeficiente de explotación de las líneas de ferrocarril rusas era el menos elevado del mundo y sus trenes estaban entre los más confortables. Arsene de Goulévitch afirma con rotundidad que, "desde un punto de vista cualitativo, en el dominio de la industria ferroviaria Rusia gozaba de una superioridad sobre todos los demás países." Por lo que hace referencia a la siniestralidad, Rusia estaba entre los países que sufrían pocos accidentes ferroviarios, sin embargo con la llegada de los soviets se batieron todos los records en este sentido. El *Wall Street Journal* de 15 de junio de 1926 ofrecía un informe sobre la caótica situación en que se encontraban las líneas férreas rusas, situación que continuó empeorando. Un informe de la propia prensa soviética reconoce que los accidentes habían aumentado en un 50%. Quizá la causa del caos y de la pésima gestión hay que buscarla en la masacre de los ingenieros rusos llevada a cabo por los comunistas. La mitad de los que sobrevivieron huyeron al extranjero.

En cuanto a la navegación fluvial, diremos únicamente que a finales del siglo XIX Rusia poseía la flota más importante del mundo. Las consecuencias de la actuación de las autoridades soviéticas fueron incluso más desastrosas que en el caso de la red ferroviaria. Numerosas gabarras fueron destrozadas para alimentar la calefacción y en pocos años dos tercios de la flota fluvial fue destruida sin compensación alguna.

Las finanzas en la Rusia de los zares

La enemistad de los Rothschild hacia los zares no sólo se debía a la posición que estos habían adoptado en defensa del cristianismo, sino también a la imposibilidad de ejercer su control financiero sobre el imperio ruso. Sólo en 1862, por primera vez en cuarenta años, habían logrado que Alejandro II suscribiera un préstamo de cierta importancia con ellos. James Rothschild había intentado en numerosas ocasiones asegurar su posición en San Petersburgo, pero había fracasado. Poco antes de su muerte, en 1868, fracasó por última vez, pues trató de negociar sin éxito un amplia operación con el ministro ruso de Finanzas, Michael von Reutern, quien sólo le ofreció una participación en la privatización de la línea de ferrocarril de Moscú a Odessa. Los Rothschild, que se habían hecho con el negocio de los ferrocarriles en toda Europa, no consiguieron controlar el mercado de bonos ferroviarios ruso.

Las relaciones empeoraron tras el asesinato en 1881 de Alejandro II. Su sucesor Alejandro III, tras la evidencia de la participación de revolucionarios judíos en el magnicidio y convencido de que había que protegerse de su "perniciosa actividad", promulgó una serie de leyes que les imponían nuevas restricciones. Los Rothschild se declararon "consternados" y comenzaron a discutir qué medidas prácticas podían adoptarse "en nombre de nuestros desgraciados correligionarios". En una carta a sus primos de Londres, Alphonse de Rothschild, el heredero de James, se refería a la intolerancia de Alejandro III y lo comparaba con Luis XIV y con Felipe II de España. Lo cierto era que los Rothschild trataban por todos los medios de establecerse sólidamente en Rusia. La llegada en 1892 de Sergei Witte al Ministerio Finanzas les facilitó algo las cosas. El embajador alemán en París, conde Münster, comenta lo siguiente en relación con el inicio de negociaciones para un préstamo con la Casa de París: "... Que la esposa del nuevo ministro de Finanzas, Witte, a quien las damas rusas aquí me han descrito como una judía muy inteligente y muy intrigante, es de gran ayuda para lograr acuerdos con banqueros judíos me parece bastante probable." Las alusiones privadas de los Rothschild a los orígenes judíos de la esposa de Witte otorgan, según N. Ferguson, credibilidad a esta interpretación. Es este mismo autor quien desvela que los Rothschild, que en 1891 habían iniciado un acercamiento con el barón Gunzberg[43], un judío que era el propietario de las minas de oro de Lena en Rusia, vieron con muy buenos ojos el anuncio de Witte de poner a Rusia en el patrón oro, pues coincidía con sus intereses

---

[43] Una carta enviada desde San Petersburgo por el embajador norteamericano Francis al secretario de Estado, documento publicado por Antony C. Sutton en *Wall Street and the Bolshevik Revolution*, pone de manifiesto que existirían en Rusia judíos poderosos que no compartían los planteamientos comunistas. Entre ellos estaban el barón Alexander Gunzberg, y los banqueros Boris Kamenka y Henry Sliosberg, los cuales pretendían una república liberal en Rusia, pero no la dictadura bolchevique.

globales en la minería del oro. La famila de los Gunzberg habían labrado su fortuna en el negocio del vodka y luego se habían pasado a la banca y a la minería.

Durante el siglo XIX el Estado ruso no precisó apenas endeudarse porque se esforzó por hacer frente a sus gastos extraordinarios mediante sus ingresos ordinarios, esa fue una de las razones por las que no precisó del dinero de los Rothschild. Algunos autores argumentan que quizá si hubiera solicitado más empréstitos, sobre todo en la segunda mitad del siglo XIX, hubiera podido poner de relieve con más rapidez sus enormes riquezas naturales. El hecho es que en casi un siglo y medio, desde 1769, año en que Catalina la Grande cerró el primer péstamo, hasta 1914, el Gobierno imperial pidió préstamos, tanto en el interior como en el exterior, por un suma global de 15.000 millones de rublos, de los cuales el 40% fue devuelto en el mismo periodo. En 1914, por tanto, la deuda pública alcanzaba la cifra de 8.825 millones de rublos. Una gran parte de esta deuda estaba en Rusia, ya que de 398 millones de intereses, sólo 172 millones habían sido pagados en el exterior. Como ya se ha dicho, entre los principales gastos que desde la segunda mitad del siglo XIX obligaron al Estado a acudir al crédito estaban los anticipos hechos a los campesinos tras la abolición de la servidumbre para que pudieran volver a comprar las tierras que fueron expropiadas a los hacendados. En segundo lugar hay que situar los gastos para la construcción y el rescate de los ferrocarriles. En tercer lugar aparecen los gastos de la guerra contra Japón en 1905, que le fue impuesta a Rusia desde el exterior como se verá a continuación.

En 1903, dos años antes de la guerra ruso-japonesa, las finanzas rusas se encontraban en una situación excelente, puesto que la diferencia entre ingresos (2.032 millones de rublos) y los gastos (1883 millones de rublos), había arrojado un balance positivo de 149 millones, que, unidos al saldo de años anteriores, dotaba al Tesoro de una disponibilidad de 331 millones de rublos. De Goulévitch aporta cifras comparativas de 1908 sobre la deuda por cabeza en distintos países europeos: en Francia era de 288 rublos; en Italia, de 189; en Holanda, de 178; en Bélgica, de 172; en Gran Bretaña, de 169,5; en Alemania, de 135,5; en Rusia era sólo de 58,7 rublos por habitante. De Goulévitch añade que hay que tener en cuenta que los ferrocarriles en Francia y Gran Bretaña pertenecían a sociedades privadas. Deducidas a la deuda rusa las partidas destinadas a la construcción y el rescate de los ferrocarriles rusos, la deuda por habitante se reduciría en un tercio. Una deuda, pues, insignificante si la comparamos con la de los países europeos.

Otra fuente de riqueza que ambicionaban los banqueros judíos internacionales era el oro ruso. De todas las bancas de Estado, la de la Rusia zarista poseía las mayores reservas de oro del mundo. Otro dato económico interesante que demuestra que la finanzas rusas gozaban de buena salud es el relativo a las cajas de ahorro, que pasaron de unas cuatro mil quinientas en 1900, a cerca de ocho mil quinientas en 1914. Los titulares de libretas de ahorro, que eran principalmente trabajadores, cooperativistas y pequeños comerciantes, aumentaron de tres millones y medio, a nueve millones y medio. En quince años el conjunto de depósitos en estas entidades de ahorro pasó de 680 millones de rublos a 2.236 millones. En cuanto a la carga impositiva que sufrían los ciudadanos europeos, en 1912 los rusos ocupaban el útimo lugar entre los principales Estados de Europa.

Concluimos este apresurado resumen sobre la realidad de la Rusia de los zares recordando que quince años después de la revolución, Rusia había sido objeto de un expolio sin precedentes en la historia y que las masas populares rusas se hallaban sometidas a una miseria espantosa y a la peor de las esclavitudes.

La revolución de 1905

Desde que en 1776 los banqueros judíos decidieron financiar a los Illuminati, el Movimiento Revolucionario Mundial fue quemando etapas y a principios del siglo XX se preparaba el gran golpe que había sido tramado laboriosamente durante decenios. Pese a las divergencias y contradicciones surgidas entre los agentes protagonistas del MRM, la hora de poner en práctica la dictadura comunista del proletariado, anunciada con tanta antelación por Heine, por fin había llegado. Si la Primera Internacional se dividió tras la guerra franco-prusiana entre los seguidores de Marx y los de Bakunin, en la Segunda Internacional (1889-1916), formada por los partidos laboristas y socialistas, hubo desde el principio desacuerdos ideológicos entre los internacionalistas y quienes se inclinaban por los intereses del estado-nación. Las purgas de Stalin, como se verá, fueron el último ejemplo del enfrentamiento entre estas dos tendencias. Fue la Segunda Internacional, llamada también Internacional Socialdemócrata, la que adoptó como Día Internacional del Trabajo el primero de mayo, fecha en que Adam Weishaupt fundó la Orden de los Iluminados de Baviera.

En el nacimiento del Partido Socialdemócrata ruso tuvo una influencia decisiva la Unión General Obrera Judía de Rusia y de Polonia, el "Bund", una organización creada en 1897 cuyo Comité Central disponía de un órgano oficial, *Die Arbeiterstimme* (*La Voz de los Trabajadores*). El primer congreso del Partido Socialdemócrata Ruso, al que asistieron sólo nueve delegados, se celebró en Minsk el 1 de marzo de 1898. De él salió el *Manifiesto del Partido Obrero Socialdemócrata Ruso*, en el que se fijaron las directrices de actuación, entre las que figuraba el derrocamiento del zar. En diciembre de 1900 se publicó en Leipzig el primer número de *Iskra* (*La Chispa*), un periódico que agrupó a varios socialdemócratas rusos instalados en el extranjero desde 1900, los llamados "Iskrovtsi", entre los que estaban Lenin, Mártov (Zederbaum) Plejánov y Starovier (Potrésov). La esposa judía de Lenin, la Krúpskaya, actuaba como secretaria del consejo editorial, Un judío multimillonario y masón de Odessa, Alexander Parvus (en realidad

Israel Helphand), además de colaborar con algunos artículos, brindó a Lenin ayuda económica para la publicación, que era introducida clandestinamente en Rusia. Otro de los financieros de *Iskra* fue Savva Morozov, un rico industrial de origen judío que asimismo ayudó con su fortuna a fomentar la sublevación de la flota durante la guerra ruso-japonesa. Entre los colaboradores judíos que escribieron en el periódico hay que mencionar también a Trotsky, Axelrod y Rosa Luxemburgo.

Lenin publicó en 1902 un folleto titulado *¿Qué hacer?* en el que se abogaba por utilizar sin ninguna reserva cualquier medio para suprimir a la burguesía y al gobierno. A partir de 1903, además de propiciar numerosas huelgas, se comenzó a inculcar a los obreros la necesidad de un conflicto armado, para el que se precisaba el concurso del ejército. La propaganda entre los militares ya había comenzado y desde diciembre de 1902 existía una liga de oficiales revolucionarios. En junio de 1903 se convocó en Bruselas un congreso general del partido, que se trasladó a Londres en agosto debido a la prohibición del Gobierno belga. De los sesenta delegados asistentes, sólo cuatro eran o habían sido trabajadores. La mayoría eran intelectuales judíos, trece de los cuales pertenecían a la redacción de *Iskra*. Además de estos "iskristas", estaban representados los grupos que habían formado el partido en 1898: el "Bund" judío, los socialdemócratas georgianos y los socialdemócratas polacos de Rosa Luxemburgo. El discurso pronunciado por Plejánov no deja dudas sobre el carácter antidemocrático y totalitario de las ideas de los socialdemócratas rusos. Sus palabras recuerdan las de los jacobinos: "Tout est permis a quiconque agit dans le sens de la Révolution" (Todo está permitido a quienes actúan en el sentido de la Revolución), o sea, "el fin justifica los medios", como declaraba Adam Weishaupt. Leamos un fragmento del texto de Plejánov:

> "El triunfo de la revolución, ¡he aquí la ley suprema! En consecuencia, si para el triunfo de la revolución hiciera falta eliminar tal o cual principio democrático, sería criminal no hacerlo. Es posible que nos encontremos en la necesidad de pronunciarnos contra el sufragio universal. El proletariado revolucionario podrá evidentemente limitar los derechos políticos de las clases burguesas partiendo del principio: 'salus revolutionis suprema lex'. El mismo principio deberá guiarnos en el asunto de la duración de los parlamentos. Si, por ejemplo, en un arrebato de entusiasmo revolucionario el pueblo hubiera elegido un buen parlamento, deberíamos aplicarnos en hacerlo durar, pero si, al contrario, las elecciones fuesen malas para nosotros, nuestra misión debería consistir en disolverlo, no después de dos años, sino en dos semanas."

El Congreso de Londres alumbró una supuesta división entre los miembros del partido como consecuencia de discrepancias entre Lenin y Mártov sobre la composición del Comité Central. Mártov y otros veinte delegados quedaron en minoría ("menchistvo"), de donde procede el nombre de mencheviques (minoritarios). Lenin lideró, pues, la mayoría ("bolchinstvo"), es decir, los bolcheviques (mayoritarios). Tanto unos como otros, sin embargo, estuvieron de acuerdo en que había que aprovecharse de la guerra ruso-japonesa para derrocar el régimen zarista. La famosa Revolución Bolchevique fue una obra largamente planificada que precisó de tres actos, el primero de los cuales aconteció en 1905.

Es un hecho reconocido por fuentes de distinto signo que el illuminati Jacob Schiff, uno de los más destacados financieros de la sindicatura bancaria de los Rothschild, fue quien financió la guerra que permitió a Japón derrotar al imperio ruso y sirvió como detonante del primer intento de derribar a los Romanov. Mientras el dinero fluía sin límites para los japoneses, los bancos europeos, en manos de los habituales financieros judíos, cerraron el crédito a Rusia. Según la *Enciclopedia Judaica*, el préstamo de Schiff ascendió a 200 millones de dólares. Aparte de debilitar a Rusia a través de la guerra, los banqueros judíos buscaban su asfixia económica. Al mismo tiempo, a través de su control de la prensa internacional, mantenían una campaña implacable en la que culpaban al zar de todos los problemas del pueblo ruso. En 1905 Jacob Schiff fue galardonado por el Mikado (emperador de Japón) con una medalla, la Segunda Orden del Tesoro de Japón, en reconocimiento a su papel determinante en la financiación de la guerra contra Rusia, que comenzó en febrero de 1904 y concluyó el 5 de septiembre de 1905 con el Tratado de Portsmouth. Entre los asistentes al acto de firma del Tratado se encontraba Jacob Schiff, que presentó una serie de exigencias relacionadas con los judíos rusos al conde Witte, cuya esposa era la judía Matilda Khotimskaya.

La guerra había estallado la noche del 8 de febrero de 1904, cuando por sorpresa y sin previa declaración de guerra los japoneses torpedearon los barcos rusos que se hallaban anclados en Port Arthur. La caída de este puerto en manos de los nipones, el 2 de enero de 1905, fue la señal para el comienzo de las provocaciones de los revolucionarios, que seguían órdenes de Trotsky y Parvus. Durante el año de 1905, con el país sumido en una guerra impuesta, catorce mil huelgas fueron organizadas en Rusia por los agitadores judíos que pretendían aprovecharse de la derrota. La primera acción, organizada por Parvus y por otro camarada judío, Piotr (Pinhas) Rutenberg, tuvo lugar el 22 de enero ("Domingo Sangriento"). Igor Bunich en *Zoloto Partii* (*El Oro del Partido*) (1992), fuente citada con asiduidad por J. Lina, revela que estos dos masones, cuando una manifestación dirigida por el pope Gapón se dirigía hacia el Palacio de Invierno en demanda de mejoras salariales, ordenaron a varios terroristas que disparasen desde unos árboles a los guardias con la finalidad de provocarlos. Georgi Gapón era en realidad un agente de la Ojrana (policía zarista) y acabó siendo asesinado por Pinhas Rutenberg[44].

---

[44] La turbia relación del pope Gapón con Piotr (Pinhas) Rutenberg es explicada en unas líneas de un artículo de Wikipedia, según el cual Rutenberg participó en la manifestación y salvó la vida de Gapón. Ambos huyeron juntos de Rusia y marcharon a París, donde se

Con la desintegración de la URSS han ido apareciendo obras de investigadores que han tenido acceso a documentos secretos del Partido Comunista y se ha sabido la verdad de lo ocurrido. La propaganda de los Socialistas Revolucionarios elevó a miles el número de víctimas del "Domingo Sangriento"; pero en realidad los muertos fueron cerca de ciento cincuenta y los heridos unos doscientos. Consternado al conocer la noticia, el zar concedió un subsidio para el colectivo de familias con muertos o heridos y recibió de manera fraternal a una delegación revolucionaria.

Con este episodio provocado dieron comienzo las acciones que pretendían acabar con el régimen zarista. El 17 de febrero dos terroristas judíos, Iván Kalyalev y Roza Brilliant, amante de Savinkov, asesinaron al gobernador de Moscú, el gran duque Serguei Romanov, que era tío del zar Nicolás II. Días después del asesinato la viuda del gran duque, la gran duquesa Isabel Fedorovna, visitó en la cárcel a Kalyalev: pretendía convencerlo de que se arrepintiera para salvar su alma, pero el terrorista se negó. Mientras tanto, los socialdemócratas comenzaron a desarrollar sus estrategias para aprovechar el descontento creciente que iba generándose. Bolcheviques y mencheviques prepararon en plena guerra sublevaciones simultáneas en todos los buques de la flota del mar Negro, que debían producirse en julio de 1905, durante las maniobras de la escuadra rusa. La sublevación prematura de la tripulación del acorazado Potemkin el 14 de junio permitió descubrir el plan traicionero que finalmente fracasó[45].

Cuando el 6 de agosto de 1905 Nicolás II, influenciado por el conde Witte y otros medios liberales, publicó un manifiesto para la convocatoria de la Duma, los bolcheviques anunciaron que iban a boicotearla. Sin embargo los mencheviques decidieron participar con la intención de hacer de ella una cámara revolucionaria. Los socialdemócratas de *Iskra* organizaron la huelga

---

encontraron a emigrados rusos, entre los que se cita a Plejanov, Lenin y Kropotkin. Antes del fin de 1905 regresaron a Rusia, donde Gapón admitió que tenía contactos con la policía y se propuso reclutar a Rutenberg con el argumento de que la doble lealtad servía también a la causa de los trabajadores. Rutenberg contó lo ocurrido a Yevno Azef y Boris Savinkov, líderes socialdemócratas, quienes exigieron que se ejecutase al pope. El 26 de marzo de 1906 Gapón fue encontrado ahorcado en una casa próxima a San Petersburgo, donde se había reunido con tres socialistas revolucionarios y con el mismo Rutenberg. El partido de los Socialistas Revolucionarios rechazó la autoría del asesinato y aclaró que Rutenberg había matado él mismo a Gapon por razones personales.

[45] No todos los rusos aceptaron resignados la traición y las actividades terroristas de los judíos, muchas de ellas orquestadas desde distintas organizaciones y partidos sionistas y socialistas, como el Partido de los Trabajadores Socialistas Sionistas, el Kahal (gobierno local judío), el Bund y Poalei Zion, partido este último que contribuyó con miles de terroristas en la lucha para derrocar al zar. Entre el 18 y el 20 de octubre tuvieron lugar en Rusia violentos pogromos cuyo grito de batalla fue "acabemos con los judíos". Numerosas tiendas judías, donde los precios eran exorbitantes, fueron asaltadas e incendiadas y se dio muerte a cerca de ochocientas personas. Según un informe oficial claramente exagerado elaborado por sionistas soviéticos, entre 1905 y 1907 cuatro mil judíos fueron asesinados en los pogromos antijudíos.

de los tipógrafos de Moscú el 19 de septiembre de 1905, que adquirió enseguida un marcado carácter revolucionario. El 7 de octubre se desencadenó la huelga de los ferrocarriles, que fue la señal para el inicio de una huelga general en toda Rusia. En las calles hubo manifestaciones con banderas rojas y pancartas reclamando la república. El 13 de octubre, siguiendo el modelo descrito por *Iskra* en su número 101, se reunió en San Petersburgo el primer "soviet de delegados obreros". Su primer presidente fue el judío Peter Khrustalyev, que pasaba por ser Georgi Nosar. Sus colaboradores más próximos eran Parvus y Trotsky (Bronstein). Tras ser arrestado Nosar en noviembre, fue rápidamente remplazado por Trotsky, que entonces era menchevique. Este soviet se reunió como si fuese un parlamento y eligió un comité ejecutivo, el cual editó las *Izvestia* (noticias) *del soviet de diputados obreros*. Juri Lina cita los nombres de algunos de los delegados del soviet: Grever, Edilken, Goldberg, Simanovsky, Feif, Matzelev y Bruser, los cuales pretendían representar a la clase obrera rusa, pero en realidad, según el autor estonio, no eran ni campesinos ni trabajadores, sino conspiradores judíos y masones.

El 17 de octubre, el mismo día que apareció el decreto imperial que iba a hacer de Rusia una monarquía constitucional, los masones liberales Alexander Guchkov, Mijaíl Rodzyanko y otros hermanos fundaron el Partido Octubrista, que supuestamente pretendía mantener el orden monárquico amparado por una constitución democrática. Entretanto Lenin, que residía en Ginebra, Vera Zasúlich y otros revolucionarios entraron en Rusia. Este soviet de San Petersburgo preparó abiertamente la insurrección mediante publicaciones, miles de proclamas y la entrega de armas a los obreros. Los tres agentes judíos que lideraron la revuelta eran León Deutsch, Alexander Parvus y León Trotsky. El 2 de diciembre emitieron una llamada al pueblo instándolo a no pagar impuestos, a retirar sus depósitos de las cajas de ahorros y a armarse para el asalto final para instaurar una república social y democrática. Entonces el Gobierno ordenó la detención de cuarenta y nueve miembros del soviet de San Petersburgo, entre los que estaban Parvus y Trotsky. Ambos fueron condenados al exilio en Siberia. El primero logró escapar antes de alcanzar su destino y Trotsky lo hizo en febrero de 1907.

En Moscú se había formado paralelamente otro soviet de delegados obreros, el cual, después de conocer los hechos acontecidos en San Petersburgo, decidió pasar a la insurrección armada. Fusiles, revólveres y bombas fueron distribuidos entre los obreros de numerosos barrios de la ciudad y el 8 de diciembre comenzó la revuelta. Siguiendo los esquemas tradicionales, se levantaron barricadas y se intentó ocupar lugares estratégicos: estaciones, telégrafos y otros edificios sensibles. Visto el cariz de los acontecimientos el Gobierno ordenó a las tropas que actuasen con energía y la revolución fue aplacada en algunos días. La derrota de los insurgentes moscovitas decidió la suerte del golpe de Estado de 1905. Cuando a finales de diciembre Rosa Luxemburgo llegó a Rusia para participar en los hechos, la insurrección había ya teminado. El Partido Socialdemócrata no iba a olvidar la lección. Numerosos dirigentes bolcheviques y mencheviques, convencidos de que el método seguido había sido el adecuado, huyeron al extranjero y dedicaron especial atención a la creación de células para preparar la siguiente intentona. El propio Lenin declaró en un escrito aparecido tras la victoria bolchevique que sin la insurrección de 1905 el triunfo de 1917 no hubiera sido posible.

En 1906 los socialdemócratas rusos celebraron un congreso en Estocolmo en el que centraron su atención en elaborar propaganda para los campesinos, a quienes se pretendía convencer de que sus condiciones mejorarían de inmediato con la confiscación de tierras. Mediante este interés en la cuestión agraria los socialdemócratas se acercaban al Partido Socialista Revolucionario, cuya doctrina confluía con la de los antiguos "narodnik" de Alexander Herzen. Bajo el impulso de Lenin, surgieron en Rusia numerosas organizaciones terroristas cuyos asesinos no distinguían entre las víctimas, pues tanto podían asesinar a los altos funcionarios como a los más humildes representantes de la administración. Arsene de Goulévitch ofrece un balance del número de víctimas en Rusia desde el comienzo de la insurrección en 1905 hasta 1908. Según este autor, a comienzos de 1906 habían perdido la vida 12.000 personas como consecuencia de las balas y las bombas de los revolucionarios. Los actos terroristas cometidos en el imperio durante los tres años siguientes arrojan estas cifras: 4.742 atentados cometidos en 1906 se cobraron la vida de 738 funcionarios y 640 particulares. Además otros 948 funcionarios y 777 particulares resultaron heridos. En el curso del año 1907 se produjeron 12.102 atentados, que mataron a 1.231 funcionarios e hirieron a 1.284. Los particulares asesinados por los terroristas fueron 1.768 y los heridos, 1734. El número de atentados perpetrados en 1908 fue de 9.424. La cifra de funcionarios que perdieron la vida ascendió a 365 y la de heridos, a 571. Otros 1.349 particulares murieron ejecutados y 1.348 quedaron heridos. Sólo a partir de 1909, como consecuencia de las enérgicas medidas adoptadas por Stolypin, disminuyó el número de atentados terroristas.

Además de la financiación del banquero Jacob Schiff, entre 1905 y 1910 los bolcheviques encontraron otros medios de obtener dinero, entre los que estaban los grupos organizados de bandoleros. Un antiguo socialdemócrata ruso, M. G. Alexinsky, el cual militaba en la facción bolchevique, explica que dicha facción estaba dirigida por un comité central en el seno del cual existía otro pequeño comité cuya existencia era desconocida no sólo por la policía zarista, sino también por los propios miembros del partido. En este comité secreto estaban Lenin, el judío Leonid Krasin (Goldgelb), agente de bolsa que trabajaba con el nombre de "camarada Nikitich", y una tercera persona especialmente dedicada a las finanzas no desvelada por Alexinsky, a la que denomina "X". En *Wall Street and the Bolshevik Revolution* Anthony Sutton vincula a Krasin con el banquero judío Olof Aschberg, con quien estaba asociado, y ratifica que mantuvo en secreto su pertenencia a los bolcheviques hasta la revolución de octubre. Según Sutton, el camarada Nikitich pasaba por ser el director de Siemens-Schukert en San Petersburgo hasta que en 1917 emergió como un líder bolchevique.

Esta "pequeña trinidad" organizaba atracos a mano armada. El 27 de octubre de 1905, en pleno centro de San Petersburgo, a la entrada de la catedral de Kazán, cuatro judíos detuvieron un vagón de la Tesorería y robaron 270,000 dólares. Fueron detenidos, pero con anterioridad pudieron entregar la caja a una mujer que se esfumó inmediatamente sin dejar rastro. El 8 de noviembre otro grupo de judíos revolucionarios asaltaron un coche del Tesoro cerca de Ragow, en Polonia, y desaparecieron con 850,000 dólares. Además de vaciar las cajas de las oficinas de correos y de las estaciones, los atracos más célebres fueron los perpetrados en sucursales de entidades bancarias no contraladas por sus amigos judíos de Wall Street. Los más famosos fueron el saqueo del Banco del Estado de Helsinki en 1906 y el de la sucursal del Banco del Estado de Tiflis en 1907, donde robaron 340.000 rublos. Los protagonistas de este último fueron Maksim Litvínov, otro judío que sería ministro de Exteriores de la URSS durante la década de los años treinta, y el propio Stalin, que fue quien planificó el atraco. La explosión de la bomba de dinamita que utilizaron para perpetrar el robo ocasionó la muerte a una treintena de personas. Los improvisados artefactos utilizados en los robos se fabricaban en un laboratorio diseñado por Leonid Krasin, que era un consumado ingeniero. Cuando en 1920 Krasin viajó a Londres como comisario de Comercio, Lord Curzon, secretario de Estado del Foreign Office, se negaba a verlo y a estrecharle la mano. Sólo accedió a hacerlo tras una regañina de Lloyd George, quien le reconvino con estas palabras: "Curzon! Be a gentleman!" ("¡Curzon! ¡Sea un caballero!")

En *The World at the Cross Roads* Boris Brasol reproduce un informe secreto presentado el 3 de enero de 1906 al emperador Nicolás II por el ministro de Exteriores de Rusia, conde Lamsdorf. En dicho informe, cuyo texto íntegro fue publicado asimismo por el *American Hebrew and Jewish Messenger* en su entrega del 13 de julio de 1918, se pone de manifiesto que el servicio de inteligencia ruso supo casi enseguida que la revolución de 1905 había sido orquestada en el extranjero. Puesto que la información recogida en el documento es relevante, sigue una extensa cita:

> "Los hechos acontecidos en Rusia durante 1905, que alcanzaron el apogeo a principios del último octubre... tienen un claro carácter internacional. Los indicios determinantes que justifican esta conclusión provienen de la circunstancia de que los revolucionarios están en posesión de gran cantidad de armas que son importadas del extranjero, y de muy considerables medios financieros, pues no hay duda de que los líderes de la revolución han gastado ya en el movimiento contra nuestro gobierno, que incluye la organización de todo tipo de huelgas, grandes cantidades de dinero. Sin embargo, debe reconocerse que este respaldo

dado al movimiento revolucionario mediante el envío de armas y dinero desde el exterior difícilmente puede ser atribuido a gobiernos extranjeros y hay que inferir que son organizaciones capitalistas internacionales las que están interesadas en apoyar a nuestro movimiento revolucionario. Hay que afrontar que el movimiento revolucionario ruso tiene el carácter evidente de un movimiento de las heterogéneas nacionalidades de Rusia, las cuales una tras otra, armenios y georgianos, letones y estonios, finlandeses, polacos y otros, se levantan contra el Gobierno imperial... Si añadimos a esto, como se ha demostrado sin ninguna duda, que un papel muy considerable dentro de estos movimientos es desempeñado por judíos, que individualmente, como cabecillas en distintas organizaciones, y en su propio Bund (Liga) judío en las provincias occidentales, se han presentado siempre como el elemento más beligerante de la revolución, podemos declarar con todo derecho que el mencionado apoyo extranjero al movimiento revolucionario ruso procede de círculos capitalistas judíos. En este sentido no deben ignorarse las siguientes coincidencias de hechos que conducen a más extensas conclusiones, concretamente que el movimiento revolucionario no sólo es apoyado, sino que también en buena medida es dirigido desde el exterior. Por una parte, la huelga estalló con especial violencia y se expandió por toda Rusia no antes y no después de octubre, o sea, en el preciso momento en que nuestro Gobierno intentaba conseguir un importante préstamo extranjero sin la participación de los Rothschild y justo a tiempo de evitar la realización de esta operación financiera. El pánico provocado entre los compradores y propietarios de préstamos rusos supuso ventajas adicionales para los banqueros judíos y capitalistas que abiertamente y con conocimiento previo especulaban con la caída de los bonos rusos... Además, ciertos hechos muy significativos, mencionados incluso en la prensa, confirman la conexión obvia del movimiento revolucionario ruso con organizaciones judías extranjeras. Así, por ejemplo, la importación de armas antes mencionada, que según nuestros agentes fue llevada a cabo desde Europa a través de Inglaterra, puede ser debidamente apreciada si se considera que ya en junio de 1905 un comité especial anglo-judío de capitalistas se creó abiertamente en Inglaterra con el propósito de recoger dinero para armar a grupos violentos de judíos rusos, y que el famoso publicista judío antirruso Lucien Wolf fue el presidente de dicho comité. Por otra parte, otro comité de capitalistas judíos se formó en Inglaterra bajo el liderazgo de Lord Rothschild, quien recaudó considerables cantitades de contribuciones en Inglaterra, Francia y Alemania con el supuesto propósito de ayudar a los judíos rusos que sufrían pogromos. Y finalmente, los judíos en América recaudaron dinero para ayudar a las víctimas de los pogromos y armar a la juventud judía."

Según la información de *Jewish Chronicle* de Londres, la contribución de la judería internacional al movimiento revolucionario ruso en 1905 alcanzó la cifra de 874.341 libras esterlinas. El propio embajador de

Estados Unidos en Rusia durante la guerra ruso-japonesa, George von Lengerke Meyer, en una carta escrita el 30 de diciembre de 1905 a su secretario de Estado, Elihu Root, informaba que "los judíos habían alimentado sin duda los cerebros y la energía de la revolución a lo largo de toda Rusia." Distintas fuentes judías reclamaron con orgullo que la revolución había sido obra suya. *The Maccabean* de Londres, por ejemplo, publicó en noviembre de 1905 un artículo titulado *Una Revolución Judía*, en el que proclamaba que los judíos eran los máximos revolucionarios en el imperio. Otro artículo del periodista y escritor William Eleroy Curtis, publicado el 14 de diciembre de 1906 en la *National Geographic Society*, no sólo señalaba al "Bund" como la primera agencia revolucionaria, sino que también denunciaba los continuos asesinatos de los terroristas judíos: "Dondequiera que se comete un hecho encarnizado siempre es llevado a cabo por un judío y apenas hay un sólo individuo de esta raza que sea leal al imperio... Dondequiera que se lee sobre un asesinato o sobre la explosión de una bomba, se leerá en las noticias de los periódicos que el autor ha sido un judío." En dicho artículo, titulado "La Venganza de los Judíos", Eleroy Curtis desvela el nombre de distintos individuos de esta raza al frente de actividades revolucionarias. Así, por ejemplo, un judío llamado Krustaleff, organizó desde la cárcel, donde apenas estuvo tres semanas, una huelga de los funcionarios de prisiones. Otro judío de nombre Maxim fue el organizador de la revolución en las provincias bálticas. Un judío polaco, Gerschunin, es señalado como un habilidoso jefe terrorista que estuvo en 1902 detrás del asesinato del ministro del Interior, Dimitri Spyagin. Condenado a muerte en 1904, Gerschunin fue perdonado por el zar y su pena se conmutó por una condena a prisión de por vida en unas minas de plata situadas en la frontera con Mongolia. Este terrorista escapó y se encontraba en San Francisco en 1906. El brazo derecho de Gerschunin, Yevno Azef, hijo de un sastre judío, estuvo envuelto en numerosos atentados, entre los que destaca el de Vyacheslav Plevhe, ministro del Interior que fue asesinado el 28 de junio de 1904.

La revolución de 1905 provocó el resurgimiento de la masonería en Rusia y las consecuencias de este hecho tuvieron en pocos años una importancia decisiva. El 17 de octubre de 1905 el zar Nicolás II anunció una serie de libertades constitucionales que iban a permitir la progresiva aparición en escena de los "buenos masones". Hasta 1906 no había logias masónicas en Rusia, aunque sí existían en Polonia y en Lituania. Fue en diciembre de 1906 cuando M. M. Kovalevsky abrió la logia *Estrella Polar* en San Petersburgo. Al acto de apertura asistió V. Maklakov, representante del Partido Democrático Constitucional, organización de tendencia liberal cuyos miembros eran llamados "kadetes" (abreviación del nombre del partido K-D en ruso) y que se situaba a la izquierda de los octubristas. La *Estrella Polar*, que se encontraba bajo la jurisdicción del Gran Oriente de Francia, fue la primera logia masónica permanente en Rusia y la primera logia de los kadetes. En realidad, la historia de la masonería rusa en el siglo XX había empezado en París a finales del siglo XIX, cuando varias logias del Rito Escocés comenzaron a aceptar emigrantes rusos. El citado Maksim Kovalevsky, que fue miembro de la logia parisina *Les Vrais Amis Fideles* y formó en París en 1887 la logia *Cosmos* n° 288, es considerado el padre fundador de la masonería rusa. El 14 de noviembre de 1901 Kovalevsky abrió en la capital francesa la "Ecole de Hautes Etudes", la cual con el patrocinio y la tutela de la Logia *Cosmos* se convirtió en un centro de acogida y asistencia para los emigrantes rusos entre 1901 y 1906. Durante estos años se formó la logia *Monte Sinaí* n° 6, que también estaba integrada por rusos y trabajaba el Rito Escocés.

Desde 1907 a 1909 las logias masónicas de Rusia estuvieron bajo la jurisdicción francesa, pero en 1910 se convirtieron en independientes y dejaron de estar sujetas al Gran Oriente de Francia. El registro de los procedimientos o de las sesiones fue prohibido y las órdenes eran emitidas oralmente. Todas las logias eran supervisadas de manera estricta por el Consejo Supremo de los Pueblos de Rusia, formado en 1913. Se ha dicho ya más arriba que este Consejo Supremo tuvo como secretarios a Nekrasov, Kerensky y Tereshchenko. Este último, a quien los Rothschild de Londres consideraban "un amigo de los judíos", iba a ser en 1917 el futuro ministro de Finanzas del Gobierno Provisional. En 1915 el número de logias que dependían del Consejo Supremo de Rusia era de una cincuentena. Sin embargo, la logia *Estrella Polar* mantuvo su juramento de fidelidad al Gran Oriente de Francia y a su Consejo Supremo. Inspirados en sus hermanos franceses, los masones rusos procuraron por todos los medios introducirse en las altas instancias del Estado, especialmente en círculos diplomáticos y militares. Pronto consiguieron importante presencia en el Consejo de Estado y, a través de los octubristas y los kadetes, en la Duma (Parlamento). Evidentemente, su principal objetivo era cambiar el gobierno monárquico por una república liberal. Cuando se produjo la revolución de febrero de 1917, una red de logias masónicas cubría toda Rusia. Kropotkin, padre del movimiento anarquista ruso, declaró que el movimiento revolucionario consideraba buena y útil su relación con la masonería, lo cual no supone ninguna novedad: Hess, Marx, Lenin, Trotsky y tantos otros líderes judíos eran masones. Adolphe Crémieux había ya anunciado en los *Archivos Israelitas* que "los buenos masones, con los ojos vendados, ayudan a los judíos en la Gran Obra".

Stolypin y la reforma agraria

Piotr Stolypin fue un estadista fuera de serie, precisamente el que necesitaba Rusia para poder desactivar la conjura internacional que sus enemigos habían venido diseñando durante décadas. Absolutamente convencido de los resultados de su política, declaró en 1908 a un periodista francés: "Dadme diez años de paz y de trabajo creador y no reconoceréis a nuestro país." Lamentablemente, sólo dispuso de la mitad del tiempo que deseaba para culminar una reforma agraria que hubiera dejado sin argumentos a los agentes judeo-bolcheviques que trabajaban incansables para provocar la revolución. En septiembre de 1911 un terrorista judío llamado Dimitri (Mordejai) Bogrov asesinó en Kiev al primer ministro Stolypin.

Tras la emancipación de los siervos por Alejandro II, inicialmente se puso en funcionamiento un sistema nuevo que se llamó comuna (en ruso "mir"). Estas comunas eran comunidades campesinas cuyas tierras se poseían y labraban en común. Cada familia de campesinos recibía en función de su tamaño una parcela para que la cultivase. Las familias pagaban una parte al "mir" y retenían el resto como beneficios. Los asuntos de la comuna eran administrados por los propios campesinos, los cuales estaban controlados por un alcalde pedáneo elegido por los cabezas de familia. El "mir" era responsable ante el Gobierno del pago de los impuestos. En principio, pues, no se había osado sustituir el régimen de servidumbre por el de propiedad individual. Sin pretenderlo, se habían sentado las bases de un futuro comunismo, puesto que no se contemplaba que los campesinos inteligentes y con iniciativa pudieran desarrollar el instinto emprendedor. Como era previsible, los revolucionarios aprovecharon el malestar generado por la guerra ruso-japonesa para introducir células revolucionarias en las comunas. Las derrotas rusas en los mares del Japón fueron la señal para desencadenar las revueltas en todo el país. A los campesinos, como en 1789, les tocó incendiar los dominios señoriales. Las provincias del Volga fueron arrasadas y el desorden se apoderó del campo ruso.

En 1902 Stolypin fue nombrado gobernador de la provincia bielorrusa de Grodno, donde puso en marcha un programa de reformas económicas y sociales. En febrero de 1903 el zar le confió el gobierno de la provincia de Sarátov, donde se enfrentó a sublevaciones de campesinos que incendiaban las haciendas de los terratenientes. Alexandra Stolypin, hija del malogrado estadista, narra en *L'homme du dernier tsar. Stolypine* que su padre, apenas hubo un poco de orden, quiso recorrer las regiones estragadas, todavía humeantes, para tratar de calmar los ánimos y conocer personalmente las reivindicaciones de los campesinos. Una y otra vez se encontraba con gentes de buena voluntad, payeses que le expresaban el deseo de conseguir "el papel azul, con las armas imperiales", es decir, una cédula de propiedad que les otorgara un pequeño terreno para ellos y su familia, un trozo de tierra que se pudiera amar y cultivar con toda el alma. Stolypin compendió que era preciso mostrar un nuevo horizonte a la mayoritaria clase de agricultores rusos.

Stolypin, que sufrió once atentados durante su vida, recibió un día en su casa de Sarátov una carta cruel del comité revolucionario, en la que se condenaba a muerte por envenenamiento a su hijo menor, entonces todavía un bebé. El hecho aterrorizó a toda la familia y obligó a un control estricto de los alimentos. En 1905 Stolypin accedió al cargo de ministro del Interior y adoptó enérgicas medidas contra los terroristas que asolaban el país. Se ha dicho ya que en los tres años revolucionarios cerca de doce mil personas fueron asesinadas. Entre dichas medidas destaca la aplicación de la ley marcial para quienes cometían asesinatos. Unos seiscientos terroristas fueron condenados a muerte y ejecutados en 1906. Otros dos mil trescientos terroristas fueron juzgados y condenados a muerte entre 1907-08. Cerca de treinta y cinco mil revolucionarios abandonaron entonces el país y la situación quedó más o menos controlada, lo que permitió por fin la recuperación de Rusia. Desde 1906, Nicolás II había depositado toda su confianza en Stolypin y lo había nombrado primer ministro. Tras su nominación, su casa de San Petersburgo fue objeto de un terrible atentado con bomba que provocó la muerte a treinta y tres personas y heridas a otras treinta y dos. Dos terroristas disfrazados de policías detonaron una bomba en la sala donde las personas esperaban para ser recibidas en audiencia. Entre los heridos estaban su hijo Arkadi, que tenía tres años y fue herido en la cabeza, y Natalia, la hija mayor de catorce años, que quedó coja para toda la vida.

A la hora considerar las fechas de los hechos históricos, hay que tener en cuenta que en la Rusia zarista regía el calendario juliano, que estuvo vigente hasta 1918, el cual llevaba trece días de retraso con respecto al calendario gregoriano. Una de las primeras medidas relacionadas con la reforma agraria, adoptada por el Gobierno mediante un decreto ("ukase") promulgado el 3/16 de noviembre de 1905, fue la supresión de los pagos atrasados que les quedaban a los campesinos por las compras de las tierras que habían recibido en 1861, lo cual supuso para las arcas del Estado una disminución de ingresos cercana a los ochenta millones de rublos. De este modo estas tierras quedaron liberadas de toda deuda y no hubo obstáculos para la salida de los agricultores de la comuna. El decreto de la reforma agraria de Stolypin de 9/22 de noviembre de 1906 otorgaba a cada jefe de familia, miembro de una comuna, el derecho a hacerse atribuir a título de propiedad privada las tierras que él había trabajado. Además obtenía el derecho de pedir a la comuna que intercambiase estas tierras, que con frecuencia eran pequeñas parcelas situadas en lugares diferentes, por un lote equivalente y único. De este modo se pretendía conseguir la supresión gradual del "mir" o comuna. Este histórico decreto se convirtió en ley aprobada por la Duma el 14/27 de junio de 1910.

A fin de que el lector entienda por qué el decreto tardó casi cuatro años hasta convertirse en ley, secuenciaremos brevemente su tramitación parlamentaria. Tras el decreto imperial que en octubre de 1905 convirtió a Rusia en una monarquía constitucional, el zar promulgó la Constitución rusa en 1906. La Duma fue la cámara baja del Parlamento y el Consejo de Estado, la cámara alta. La Constitución otorgaba al zar el poder de disolver la Duma y convocar nuevas elecciones. El Partido Democrático Constitucional (kadetes), con 179 escaños, fue el más votado en las elecciones a la primera Duma. Ocho partidos consiguieron representación, entre ellos los socialdemócratas mencheviques, que sólo obtuvieron dieciocho diputados. Desde el principio las tensiones entre el Gobierno y el Parlamento fueron evidentes, pues la mayoría de los escaños eran ocupados por personas que solapadamente habían minado el régimen y veían en el Parlamento un medio para proseguir la revuelta. Su interés prioritario no era promulgar leyes o aprobar un presupuesto que permitiera la recuperación del país tras la guerra, sino interpelar continuamente. Vistas las intenciones de los partidos y ante la impotencia de sus colaboradores, Nicolás II disolvió el Parlamento en junio de 1906, diez semanas después de su constitución. La mayoría de los diputados se reunieron en Vyborg (Finlandia) y realizaron una declaración en la que llamaban al país a no pagar impuestos, a rechazar el cumplimiento del servicio militar y a no obedecer a las autoridades. Fue en este contexto que el zar depositó su confianza en Stolypin, que accedió entonces al cargo de primer ministro. Además de convocar nuevas elecciones, Stolypin realizó su reforma agraria.

En marzo de 1907 se constituyó la segunda Duma, en la que los revolucionarios anunciaron que no participarían en los debates y que combatirían al Gobierno con la "elocuencia del silencio". Sin embargo pronto se vio que los diputados de estos partidos eran quienes más intervenían. Cuando Stolypin presentó ante la cámara el programa de reformas elaborado por el Consejo de Ministros, se produjo un choque violento entre los partidos, cuyos gritos y amenazas inundaron el Parlamento. En su segundo turno de intervención, Stolypin insistió en que el Gobierno quería encontrar una base de acuerdo para trabajar con el Parlamento e invitó a todos a abandonar el lenguaje del odio y de la furia. "El Gobierno -dijo Stolypin- debe elegir entre dos métodos: o apartarse y dejar el camino libre a la revolución, olvidando que el poder debe ser el guardián de la cultura y de la integridad del pueblo ruso, o actuar con fuerza y sabiduría y mantener aquello que se le ha confiado. Al adoptar la segunda solución, el Gobierno atraerá fatalmente sobre sí acusaciones. No se puede sofocar la revolución sin causar a veces perjuicios a los intereses particulares." Stolypin advirtió de que su Gobierno respondería con fortaleza a quienes pretendieran paralizar la acción del Gobierno y desacreditarlo.

El 10/23 de mayo de 1907 Stolypin presentó su reforma agraria ante la Duma con el fin de convertir en ley el decreto de 9/22 de noviembre de 1906. Analizó el programa agrario de la oposición, que propugnaba la nacionalización pura y simple de todas las tierras y su distribución entre los agricultores. El primer ministro expuso las consecuencias morales y económicas y aportó las cifras que hacían inviable la proposición; pero no había voluntad de entendimiento en el Parlamento, que se pronunció contra la reforma agraria de Stolypin. Paralelamente a los debates, la policía descubrió que diputados socialdemócratas (mencheviques) de la Duma mantenían reuniones secretas con soldados destinados en San Petersburgo, las cualdes coincidían con sublevaciones en Cronstadt y Sveaborg. Asimismo, la marea revolucionaria volvía a inundar Polonia y el Cáucaso. El 1/14 de junio el primer ministro subió a la tribuna para anunciar que se habían instruido diligencias judiciales contra cincuenta y cinco diputados socialdemócratas, a quienes se acusaba de un complot contra el zar y contra el Gobierno. Stolypin pidió al Parlamento que privase a los inculpados de la inmunidad parlamentaria con el fin de que pudiera comenzar la investigación judicial, puesto que de lo contrario no podía responder de la seguridad del Estado. La Duma rechazó la petición y el 3/16 de junio de 1907 un decreto imperial disolvió el segundo Parlamento. Entre las quejas y reproches que figuraban en el decreto de disolución, se podía leer: "La Duma no ha querido estudiar los proyectos de ley presentados por el Gobierno. O ha pospuesto siempre los debates o los ha rechazado. Ha incluso desaprobado leyes que castigaban el elogio del crimen y la revuelta entre las tropas. La voluntaria lentitud para examinar el presupuesto ha ocasionado el desequilibrio del Tesoro, cuya obligación es dar respuesta a las necesidades del país." Seguidamente se aludía en el decreto al abuso del derecho de interpelación y por fin a la conspiración en el seno del mismo Parlamento.

Mientras tanto la reforma agraria se desarrollaba con intensidad y modificaba las condiciones de vida de millones de campesinos rusos. Se adoptaron una serie de medidas para inducir a los terratenientes a vender sus propiedades al Estado. Un organismo especial creado por el Gobierno, la Banca Agraria, compraba a bajo precio los terrenos que los hacendados le querían traspasar, a los que se añadieron tierras pertenecientes a la Corona. Los miembros de las comunas eran libres para salir de ellas y comprar a crédito un lote de tierra. Con el fin de ayudar a los agricultores emprendedores a constituir una propiedad privada, la ley preveía que sólo pagarían a la Banca las sumas de que disponían, ya que el Tesoro ayudaría a abonar la diferencia. Los resultados de la reforma agraria fueron fenomenales y abrieron una nueva época para Rusia. A principios de la conflagración mundial Rusia se hallaba en pleno proceso de transformación agraria: en enero de 1915 el número de cabezas de familia que habían salido del "mir" y se habían convertido en propietarios individuales superaba los tres millones. Un año más tarde, a pesar de que el país estaba en guerra, más de cinco millones y medio de agricultores habían realizado gestiones para salir de las comunas, en algunas de las cuales se dio el caso de que todos sus miembros habían optado por convertirse en propietarios. La población rural apoyaba sin reservas la reforma de Stolypin.

El trabajo de reorganización de la propiedad supuso un esfuerzo gigantesco para el que se pidió el concurso de doce mil agrimensores y costó al Tesoro más de cien millones de rublos. Para organizar las propiedades individuales se precisaba preparar los planos de partición y establecer los certificados individuales. En definitiva, era preciso realizar una serie de operaciones que hubieran sido imposibles sin la iniciativa y el esfuerzo pecuniario del Estado. El Gobierno imperial, además de facilitar la conversión de la propiedad rural colectiva en propiedades individuales, brindó a los payeses ayudas materiales destinadas a aumentar el rendimiento de sus tierras. El desembolso de la Administración del Estado y de las administraciones locales ("zemstvos") para tales efectos había sido insignificante hasta 1906; pero en 1913 alcanzó la cifra de 25 millones de rublos por parte del Estado, a los que hay que añadir otros 12 millones de los zemstvos. Cerca de cinco mil funcionarios agrónomos del Estado se ocuparon de ayudar a los pequeños agricultores en el perfeccionamiento de su métodos de cultivo. Hacia el año 1900 estos agrónomos apenas habían sido unos centenares. El número de escuelas de agricultura pasó de unas nueve mil en 1907 a dieciocho mil en 1913. En vísperas de la guerra más de trescientos mil campesinos seguían cursos de prácticas agrícolas.

En noviembre de 1907, tras unas nuevas elecciones, se constituyó la tercera Duma. En el discurso de presentación de su programa de gobierno Stolypin anunció que, una vez aplacadas las revueltas, el Gobierno se proponía servir al pueblo y situarlo en disposición de beneficiarse de las importantes reformas hechas para él. He aquí una breve cita de sus palabras: "Dar al pueblo la iniciativa y la independencia, dotarlo de instituciones locales, cederle una parte de la tarea y de la responsabilidad del gobierno, la parte que pueda llevar sobre sus espaldas, crear al fin una potente clase agrícola, que esté en contacto permanente con las autoridades del país: he aquí el objetivo de nuestros esfuerzos." Finalmente, este tercer Parlamento aprobó mayoritariamente la reforma agraria de Stolypin: el 14/27 de junio de 1910 el decreto de 9/22 de noviembre de 1906 se convirtió por fin en Ley.

Las reformas de Stolypin tenían un doble objetivo: por una parte aumentar la producción agrícola e impulsar la vida económica en general, por otra crear una pequeña burguesía campesina (kulaks) que debía servir de base sólida para la estructuración social del país. "Nuestro objetivo principal -declaró a un periodista francés- es fortalecer al pueblo agricultor. En él reside toda la fuerza del país. Si las raíces del país son sanas y robustas, créame, las palabras del gobierno ruso tendrán una fuerza nueva en Europa y en el mundo." Todo ello era contemplado con espanto desde el exterior, donde los comités revolucionarios reconocían en sus resoluciones que la continuación de la reforma agraria suponía un duro contratiempo para la revolución que seguían preparando, puesto que se quedaban sin su principal arma propagandística, cuyo eslogan era: "coge la tierra". Lenin y compañía sabían que los campesinos rusos podían convertirse, como de hecho sucedió, en los peores enemigos de los soviets.

En el verano de 1910 Stolypin, acompañado por el ministro de Agricultura, hizo un viaje a la Siberia occidental y a las provincias del Volga. Ambos recorrieron en carruaje cientos de kilómetros con el fin de estudiar las posibilidades de colonización de la Rusia asiática. En trescientos años de dominación rusa, Siberia había apenas alcanzado una población de cuatro millones y medio de habitantes; sin embargo entre 1895 y 1910 más de tres millones de inmigrantes nuevos se habían instalado allí, de los cuales un millón lo habían hecho entre 1907-1909. A su regreso, Stolypin presentó un informe donde se exponían sus puntos de vista para una explotación racional de Siberia. Su primera conclusión era que había que distribuir las tierras a los aborígenes y a los colonos, pero no para su explotación, como se había hecho hasta entonces, sino en propiedad. Según él, sólo el derecho de propiedad daría estabilidad a la economía rural y facilitaría el reparto racional de la tierra. Una vez más la vertiente social fue objeto de especial atención y en su informe el primer ministro preveía la creación de escuelas agrónomas capaces de preparar a los especialistas necesarios con el fin de ayudar y dirigir a los colonos.

Stolypin no pudo ver los resultados de su obra. Su muerte se convirtió en objetivo prioritario para los revolucionarios y pronto lograron llevar a cabo un atentado que acabó con su vida. El 1/14 de septiembre de 1911 el emperador, la corte y altos dignatarios del país se hallaban en Kiev, donde estaban programados distintos actos para celebrar el quincuagésimo aniversario de la liberación de los siervos. Fue inaugurado un monumento al zar liberador, Alejandro II, y entre las festividades se había programado la representación de la obra *El cuento del zar Saltán*, una ópera de Rimsky Korsakov basada en un poema homónimo de Pushkin. Informes de la policía secreta apuntaban la posibilidad de que una terrorista peligrosa venida del extranjero podía estar en la ciudad. Se trataba de información falsa que provenía de un joven policía llamado Bogrov, infiltrado hacía unos años en el servicio secreto. Los jefes policiales, inexplicablemente, otorgaban gran importancia y credibilidad a las revelaciones de este nuevo agente y, a pesar de que sabían que llevaba un revólver, lo autorizaron a entrar en el teatro.

Alexandra Stolypin, cuyo relato seguimos a continuación, cuenta que su padre había preguntado por la mañana si la terrorista de la que tanto se hablaba había sido por fin detenida. Ya en el teatro, el primer ministro presenciaba el espectáculo desde la primera fila del patio de butacas. La opera estaba dividida en cuatro actos, por lo que entre el segundo y el tercero muchos espectadores salieron de la sala. El palco de la familia imperial también había quedado desierto. Stolypin se hallaba apoyado en la balaustrada que separaba la orquesta de la sala y hablaba con las personas que se acercaban para saludarlo. Nadie prestó atención a un joven que se acercaba por el corredor de butacas. Dimitri Bogrov, el supuesto agente de la policía, en realidad un terrorista judío que militaba en el "Bund", realizó dos disparos, uno de los cuales hirió mortalmente en el pecho al primer ministro, quien, al ver que su chaleco blanco iba cubriéndose de sangre, dejó su sombrero y sus guantes sobre la balaustrada antes de desplomarse en su butaca. Nicolas II entró apresuradamente en el palco y Stolypin, temiendo quizá por su vida, le indicó con la mano que se retirase, pero el zar permaneció petrificado, mudo. Entonces Stolypin, sujetando su mano derecha herida con la izquierda, consiguió santiguarse y antes de perder el sentido dijo con voz débil pero firme a quienes lo rodeaban: "Haced saber al emperador que soy feliz de morir por él y por Rusia."

El asesino trató de salir de la sala aprovechando el estupor reinante en el primer momento, pero un oficial consiguió cerrale el paso. Varias personas enfurecidas se abalanzaron enseguida sobre él. Desde un palco alguien saltó directamente sobre Bogrov y lo tumbó en el suelo. Un oficial que mantenía su sangre fría consiguió evitar el linchamiento introduciéndolo en una sala. El jefe de policía, ausente en el momento del atentado, llegó corriendo con el rostro desencajado y contempló al joven con el rostro ensangrentado y las ropas desgarradas. Mientras lo agarraba por los hombros y lo agitaba enfurecido gritó: "¡Es Bogrov que nos ha traicionado, el canalla!" Durante el proceso no se pudo averiguar quiénes habían ordenado el crimen al fanático judío, pero el historiador O. Soloviev apunta que Dimitri (Mordechai) Bogrov era un colaborador muy próximo de Kerensky, quien tras el asesinato huyó inmediatamente. El terrorista fue condenado a la pena capital por un tribunal extraordinario y fue colgado vistiendo un frac, como el día del atentado.

Piotr Stolypin se debatió durante cuatro días entre la vida y la muerte. Según su hija, en su delirio se esforzaba aún por hablar de los asuntos de Estado mientras un secretario trataba de anotar sus útimas palabras inteligibles. Hablaba de la reforma agraria y sobre todo de los países limítrofes del imperio, uno de los problemas que pensaba abordar tras los festejos de Kiev. Expiró el 5/18 de septiembre. "Quiero ser enterrado en el lugar donde habré sido asesinado." Estas palabras que figuran en el testamento de Stolypin, redactado varios años antes del magnicidio, evidencian la talla, la nobleza y voluntad de servicio de un hombre que encontró un estímulo en el sentimiento trágico de la vida[46]. Unos días antes del atentado, Stolypin había acompañado al emperador en una visita a Lavra, el monasterio cristiano ortodoxo más venerado de Kiev. Allí le había comentado al zar: "Se debe de estar bien aquí para dormir el sueño eterno." Por decisión del emperador, Stolypin fue enterrado en Lavra pocos días después de su muerte. Un año más tarde se inauguró en Kiev el monumento a Stolypin. Sobre un lado de la piedra se leía: "Rusia a Stolypin". En otro

---

[46] En *L'homme du dernier Tsar*, Alexandra Stolypin reproduce otras palabras de su padre que manifiestan su profunda fe cristiana, pese al sentimiento trágico de la vida al que hemos aludido en el texto. Merecen ser conocidas: "Cada mañana cuando me despierto, rezo mis oraciones. Considero el día que comienza como si fuera el último de mi vida y me preparo para cumplir con mi deber, con la mirada ya puesta hacia la eternidad. Cuando llega el atardecer, agradezco a Dios por haberme concedido un día más. Procedo así porque creo que está próximo el fin de mi vida, con la que deberé pagar por mis ideas. A veces siento claramente que se acerca el día en que mi asesino conseguirá finalmente su propósito."

estaban grabadas las últimas palabras de uno de los discursos más emotivos del primer ministro ante el segundo Parlamento, el que rechazó su reforma agraria: "Ellos quieren grandes conmociones; nosotros, nosotros queremos la gran Rusia."

Muchas de las reformas de Stolypin se llevaron a cabo después de su muerte. En 1912 entró en vigor una ley de protección industrial para los trabajadores, que otorgaba compensaciones a los obreros en caso de enfermedad o accidente. Dichas ayudas consistían en dos terceras partes e incluso tres cuartas partes del salario habitual. El nuevo código laboral para los obreros preveía también la legalización de las huelgas de carácter económico. El incremento de las escuelas públicas fue otra de las consecuencias positivas de las políticas diseñadas por el político más impresionante de la Rusia imperial. Para poder desarrollar estas políticas sociales, Stolypin había previsto recaudar dinero para el erario público mediante impuestos más elevados sobre el alcohol y altos tributos sobre los inmuebles. Otra propuesta presentada al zar fue la creación de una escuela superior de funcionarios públicos. Por último hay que mencionar las leyes de tolerancia religiosa y la libertad de conciencia, que eliminaban las limitaciones para los creyentes que no profesaran el cristianismo ortodoxo.

Pese a todo, ocho años depúes de su asesinato en Kiev, el odio de los revolucionarios judíos hacia Stolypin perduraba hasta tal punto que llegó incluso a cobrarse la vida de otra de sus hijas, Olga, cobardemente asesinada en público, a sangre fría, en 1919. El relato figura en el libro de Alexandra Stolypin. Unos días antes de morir, la misma Olga explicó en el lecho de muerte cómo había recibido las heridas de bala que acabaron con su vida. Durante una de las noches de agonía que precedieron el fin de su vida, Olga Stolypin relató a su hermana Alexandra que tras haber sido detenida por un grupo de bolcheviques, se avanzó un judío en uniforme y dijo:

- "Entregadme a esa mujer, camaradas. Sabéis que tengo cuentas que arreglar con Stolypin."

- "Gógela, dijo el otro, pero no olvides que el regimiento parte dentro de una hora."

- "Oh, habré terminado en menos tiempo, dijo el soldado riendo."

Reproducido el diálogo entre los bolcheviques. El relato en primera persona sigue así: "Cogió su fusil y lo cargó. Yo miraba hacia todos lados buscando auxilio, pero todos evitaban mi mirada. El judío apoyó el cañón de su fusil sobre mi pecho y disparó. Yo sentí una fuerte sacudida que me hizo caer. De un puntapié con su bota, el hombre me hizo rodar hasta un ángulo de la habitación. Yo no me movía, fingiendo que estaba muerta. Pero él vino de nuevo hacia mí y disparó una segunda vez. Perdí el conocimiento."

Alexandra Stolypin, cuya epopeya particular merecería unas líneas, pasó la noche en vela junto a la cama de su hermana moribunda, quien tras acabar su espantoso relato cerró los ojos y se desvaneció a causa de la emoción y el agotamiento. Pocos días después murió.

Febrero/marzo de 1917: segundo acto revolucionario y golpe de Estado

Cuando el Estado Mayor ruso estaba convencido de las posibilidades de ganar la guerra y siete millones de soldados se preparaban para lanzar la ofensiva de primavera pactada con Francia e Inglaterra, se produjo la revolución de febrero/marzo de 1917, también conocida como la "revolución Kerensky", que provocó el golpe de Estado que forzó la abdicación del zar y puso en el poder a un gobierno de masones presidido por el príncipe Lvov. En sus memorias Pavel Milyukov desvela que el 13 de agosto de 1915 se celebró una reunión en el apartamento de Pavel Ryabushinsky, donde se elaboró una lista preliminar del futuro Gobierno Provisional en la que sólo faltaba el abogado judío Kerensky. Muy recientemente, en el ya citado artículo de la página web de la "Grand Lodge of British Columbia and Yukon", Andrei Priahin confirma la información y ratifica que en 1916 los masones habían acordado el listado de los ministros del gobierno que debía tomar el poder tras la caída del zar. Según este masón, el acuerdo se logró en el apartamento de Yekaterina Kuskova, pero la lista fue ligeramente retocada el mismo año en el apartamento del príncipe Lvov y en la suite del hotel "Frantsiya" en San Petersburgo. Priahin confirma que todos los miembros del Gobierno Provisional que tomó el poder en Rusia en marzo de 1917 eran hermanos masones. También lo era, aunque Priahin no lo reconoce, Pavel Milyukov, cuya relación con la masonería y con el mismísimo Jacob Schiff no deja lugar a dudas.

Andrei Priahin escribe que Alexander Kerensky (1881-1970) "había sido especialmente entrenado para su futuro puesto". Este autor añade que algunos de los miembros del Consejo Supremo también lograron participar en el gobierno bolchevique y apunta que Teréshchenko (temporalmente) y Nekrasov (permanentemente) cooperaron en las organizaciones de comercio de la URSS. Todo ello es confirmado asimismo por Boris Nikolayevski en *Los masones rusos y la Revolución rusa* (1990), obra publicada en ruso en Moscú y citada como fuente por J. Lina. No hay, pues, ninguna duda de que los "buenos masones" formaban parte de la conspiración que trajo el comunismo a Rusia. Recordemos que entre los masones que no dejaron de trabajar para el derrocamiento del zar hay que citar a Woodrow Wilson, elevado a la presidencia de Estados Unidos, como sabemos, por la banca judía internacional, el sionismo y la masonería. Se ha dicho ya más arriba que el inicio de la revolución, el 23 de febrero/8 de marzo, se hizo coincidir con el día del Purim, la fiesta en que los judíos celebran anualmente el exterminio de setenta y cinco mil persas, según el Antiguo Testamento.

Junto a la propaganda derrotista de los judeo-bolcheviques, que no cesaban de excitar a las masas contra la guerra y acusaban al zar y a sus generales de querer exterminar a todo el pueblo ruso, el eslogan de los masones era "¡Por la democracia! ¡Contra el zarismo!". Es evidente que los discursos violentos y desleales de los masones liberales en el Parlamento, como los pronunciados a finales de 1916 por el citado Milyukov, fueron de gran ayuda y supieron ser perfectamente aprovechados por los partidos revolucionarios, los cuales, aprovechando dificultades en el abastecimiento de San Petersburgo, intensificaron la agitación durante el mes de febrero. Las dificultades en el sistema de transportes a causa de las tormentas de nieve provocaron la escasez en la ciudad y en algunos barrios comenzaron a formarse colas ante las puertas de las panaderías. Al mismo tiempo muchas de las fábricas de la ciudad tuvieron que cerrar debido a la carencia de materiales. Ambos factores combinados y convenientemente explotados fueron de gran importancia. San Petersburgo, la ciudad con más población judía del país fuera de las zonas de asentamiento, había sido durante los años de guerra el principal centro de producción de armamentos de Rusia y tenía, en consecuencia, la mayor población industrial del país. Con el cierre de las fábricas, los obreros ociosos comenzaron a aparecer en gran número en las calles de la capital, que fueron llenándose de gente. El 21 de febrero/6 de marzo, el Gobierno, tratando de anticiparse a los problemas, introdujo en la ciudad a unidades de cosacos. El ambiente iba tensándose progresivamente y muchos propietarios de comercios comenzaron a proteger con paneles los escaparates y ventanas. En las fábricas que seguían funcionándo se conminaba a los trabajadores para que hicieran huelga. El zar no se encontraba en la ciudad, pues estaba en el frente con las tropas.

El 23 de febrero/8 de marzo cerca de noventa mil trabajadores abandonaron su puesto de trabajo alegando dificultades de avituallamiento y se decretó la huelga general, que se hizo efectiva el día siguiente. Además de la fiesta del Purim, se celebraba la fiesta internacional del proletariado femenino y una muchedumbre de mujeres apareció en las calles en protesta por la escasez de pan. Agitadores veteranos de la revolución de 1905 se hicieron cargo de la organización de manifestaciones en los barrios populares, que marchaban tras las banderas rojas y entonaban en ocasiones la Marsellesa. En la esquina de la calle Nevsky y el canal de Catalina la policía a caballo dispersó a la multitud con la ayuda de los cosacos sin que hubiera víctimas; pero al día siguiente, ya desde muy temprano, estos mismos lugares de la capital aparecieron abarrotados por una muchedumbre más enfurecida que se extendía hasta la estación de San Nicolás. Los coches no podían circular. La caballería cosaca recibió órdenes de dispersar las manifestaciones de la calle Nevsky y cargó repetidamente contra las masas. Algunas personas fueron pisoteadas por los caballos. Los cosacos, sin embargo, utilizaron sólo las partes planas de los sables y en ningún momento emplearon sus armas de fuego, lo cual envalentonó a la multitud. En el extrarradio hubo enfrentamientos entre los obreros y la policía. Una bomba fue arrojada sobre un destacamento de gendarmes y varios policías murieron. Trescientas mil personas se vieron envueltas en las huelgas y manifestaciones, cifra que puede parecer muy elevada, aunque en realidad puede decirse que, desde el principio hasta el final, las revueltas organizadas lograron sorprendentemente su objetivo con la participación de poca gente, si se considerea que en el imperio ruso había entonces ciento ochenta millones de personas.

El 25 de febrero/10 de marzo se formó un comité de delegados obreros que se convirtió en la dirección única del movimiento. Según Arsene de Goulévitch, el principal organizador fue el socialdemócrata Yuri Steklov (Nakhamkis), un masón del grado 32 y yerno de Kerensky que en realidad era un agente de Alemania que había sido convenientemente retribuido al principio de las hostilidades. De Goulévitch señala que este personaje se hacía pasar por razones tácticas por un internacionalista próximo a los mencheviques, pero posteriormente se alineó abiertamente con los bolcheviques. Una vez constituido el consejo de delegados obreros, casi todas las fábricas dejaron de producir. Pese a todo, las dificultades de abastecimiento se habían ya subsanado en las panaderías, donde se había normalizado el suministro tras la recepción de raciones suplementarias de pan. Por la tarde grandes multitudes se concentraron alrededor de la estación de San Nicolás. En *Behind Comunism* Frank L. Briton reproduce el relato del fotógrafo norteamericano Donald Thompson, testigo presencial de los hechos:

> "Cerca de las dos un hombre ricamente vestido con pieles llegó a la plaza en un trineo y ordenó al conductor que pasase entre la multitud, que ya entonces estaba muy alterada, aunque pareció dispuesta a abrirle paso. El hombre estaba impaciente y quizá tenía frío e inició un razonamiento. Todos los rusos sienten la necesidad de argumentar. Bien, juzgó erróneamente a la muchedumbre, y también interpretó mal la situación en San Petersburgo. Yo estaba a ciento cincuenta pies de la escena. Fue sacado del trineo y golpeado. Él se refugió en una estación de tranvías, donde fue perseguido por los trabajadores. Uno de ellos tomó una pequeña barra de hierro y le hizo picadillo la cabeza. Esto pareció dar a las masas el gusto de la sangre. Inmediatamente fui arrastrado con la multitud que bajó en oleada por la calle Nevsky y empezó a destrozar los escaparates y a generar un desorden general. Muchos de los hombres llevaban banderas rojas y palos. Las tiendas de la calle Nevsky, la mayoría de ellas, están protegidas por pesados postigos de hierro. Aquellas que no los tenían fueron destrozadas. En este momento observé que ambulancias iban y venían en las calles laterales, había normalmente tres o cuatro personas echadas en cada una."

El desorden se generalizó. El momento decisivo llegó cuando la turba, bien armada y organizada, se dirigió enfurecida hacia los distintos acuartelamientos policiales, cuyos efectivos se atrincheraron en los edificios, que protegieron con barricadas en un último intento desesperado de resistir. Casi todos fueron masacrados y sus cuerpos acabaron siendo arrastrados por las calles. Los pocos policías que se entregaron esperando salvar la vida fueron asesinados. A continuación las prisiones fueron vaciadas. Entre la población reclusa liberada se encontraban los peores criminales. Los archivos policiales fueron incendiados. El control de San Petersburgo pasó así a manos de las masas enardecidas y se instaló el caos en la ciudad. La vida de cualquier persona bien vestida corría peligro si se atrevía a aparecer en público. Puede decirse que el 26 de febrero/11 de marzo el gobierno militar de San Petersburgo, en manos del general Sergei Khabalov, había perdido el control. Desde los arrabales los obreros confluían en masa hacia el centro de la ciudad. Las matanzas de policías que todavía resistían a los destacamentos de hombres armados continuaron y puede decirse que la fuerza policial fue prácticamente aniquilada. Los tumultos, reforzados por los estragos de los delincuentes recién liberados, que campaban a sus anchas, se generalizaron.

Alexander Netchvolodow, general del Ejército Imperial y autor de varias obras, aporta en *L'empereur Nicolas II et les juifs* el testimonio de un soldado que participó en el golpe de Estado. Dicho soldado, un tipo sencillo que trabajaba como carpintero antes de incorporarse al servicio militar, tras un mes de permiso regresó a su destacamento en el frente, donde en presencia de los oficiales declaró al general que el 26 de febrero un grupo de jóvenes, quizá estudiantes, enrolaban a soldados en las calles y estaciones de Rostov para llevarlos a Petrogrado con el fin de combatir "por la libertad de prensa y por la libertad, para que cada uno se convirtiera en ciudadano y tuviera todos sus derechos." A la pregunta de si habían recibido dinero respondió: "Ciertamente, señor general, en la estación de Rostov se nos dio cincuenta rublos y en Petrogrado, en la Duma del Estado, nos dieron todavía cincuenta rublos más." Según este relato, el 28 de febrero llegaron antes del anochecer a la estación de San Petersburgo, donde los esperaba Alexandr Guchkov, uno de los masones de la conspiración que fue ministro de Defensa del primer gabinete del Gobierno Provisional. Tras pronunciar un discurso, Guchkov dio la orden de que les entregasen armas que habían sido transportadas a la estación en camiones. "A mí me dieron un fusil -declaró el soldado- que tuve que devolver a la vuelta, pero los que recibieron revólveres se los quedaron. Eran unos revólveres grandes y bonitos." Preguntado por el lugar donde pernoctaban, dijo que la primera noche la había pasado en un cuartel y las siguientes, al azar con sus camaradas en casas particulares, pero que habían sido bien recibidos en todas partes y bien alimentados. A la pregunta de si había tenido que combatir, respondió quer no había tenido la ocasión, aunque admitió que algunos habían disparado sobre agentes de policía de la ciudad. El soldado relató que en la Duma, donde estaba a punto de constituirse el nuevo gobierno, había mucha gente y cada uno podía pronunciar un discurso, toda vez que se disponía de libertad de palabra y de prensa. Finalmente se le preguntó por qué había regresado al frente. El hombre puntualizó que quienes no eran de Petrogrado no tenían nada más que hacer allí, puesto que se les había acabado el dinero.

En lugar de solidarizarse con el Gobierno y denunciar que miles de policías estaban siendo asesinados por revolucionarios organizados y bien armados, los elementos de la Duma que apoyaban la revolución lograron que se enviase el siguiente mensaje catastrofista al zar, que se dirigía en tren a San Petersburgo: "La situación es seria. El Gobierno está paralizado. La situación, por lo que respeta al transporte, avituallamiento de comida y combustible, ha alcanzado un punto de completa desorganización. Crece el descontento entre la policía. Tiroteos incontrolados se suceden en las calles. Diferentes secciones de las tropas se disparan mutuamente. Es preciso confiar inmediatamente en una persona que tenga el respaldo del país con la creación de un nuevo gobierno." Por desgracia, la reacción del zar no fue la adecuada, no estuvo en consonancia con la realidad de la situación. Es seguro que ni siquiera tenía una idea de lo que realmente estaba ocurriendo. En una decisión fuera de tono, Nicolás II ordenó la disolución del Parlamento, cuya mayoría hubiera sido leal al zar si se hubiera planteado una votación.

Hay que tener presente, sin embargo, que esta Duma, que era la cuarta, había sido elegida en 1912 y su mandato de cinco años había sido prorrogado hasta después de las vacaciones de Pascua. El 27 de febrero/12 de marzo la Duma, ya disuelta por el emperador, se hallaba reunida en sesión no oficial para examinar la situación. La mayoría de los parlamentarios se hallaban desconcertados y fueron los influyentes diputados masones quienes se hicieron con el control. El propio Milyukov, líder de los kadetes, escribió posteriormente lo siguiente: "El éxito o el fracaso del movimiento revolucionario dependía de la participación o la abstención de la Duma." La evidencia es clara: el papel de la Duma fue decisivo para los jefes de la rebelión. El presidente de la Cámara, el masón Mijail Rodzyanko, del Partido Octubrista, envió un nuevo mensaje al zar: "La situación empeora. Deben tomarse inmediatamente importantes medidas. Mañana será demasiado tarde. Ha sonado la última hora y se está decidiendo el destino de la patria y de la dinastía." Queda la duda de si el emperador lllegó a leer este texto, que no obtuvo respuesta.

El mismo día se formaron los dos órganos gubernamentales que iban a dirigir Rusia durante ocho meses, hasta la revolución de octubre. Mientras la Duma se apresuraba a formar un comité provisional, formado por doce miembros y encabezado por el príncipe Lvov, el consejo de delegados obreros y soldados se organizó de manera definitiva y constituyó el Soviet de San Petersburgo, dominado por los mencheviques y bolcheviques del Partido Obrero Socialdemócrata de Rusia y secundado por el Partido Socialista Revolucionario. Su presidente inicialmente fue Cheidze, líder de los socialdemócratas en la Duma, y el vicepresidente, el bolchevique Skóbelev; aunque el hombre clave fue el famoso Kerensky, que formó parte del Gobierno provisional y jugó el papel clave de agente de conexión entre estos dos organismos surgidos de la revolución.

El grupo de masones que habían creado el Comité provisional se convirtió enseguida en Gobierno provisional, que gobernó con el permiso y la tolerancia del Soviet de San Petersburgo, que desempeñó el papel de tutor vigilante de las acciones gubernamentales y poco a poco fue cediendo el poder a la facción bolchevique que debía protagonizar meses más tarde el tercer y definitivo acto de la revolución. Como ocurrió durante el primer acto de 1905, el Soviet estaba formado al principio por los líderes de las células que operaban en las fábricas, pero esta vez también participaron en él los delegados de los soldados. Ciento cincuenta miembros asistieron a las primeras reuniones, pero en jornadas sucesivas la cifra aumentó hasta los mil delegados. Desde el mismo día de su formación, 27 de febrero/12 de marzo, el Soviet editó su órgano *Izvestia*, que ya había funcionado en 1905. En el primer número apareció como suplemento un manifiesto ideológico claramente bolchevique e internacionalista. He aquí un párrafo significativo: "El trabajo más urgente del Gobierno provisional consiste en ponerse de acuerdo directamente con el proletariado de los países beligerantes para la lucha revolucionaria de los pueblos de todos los países contra sus opresores y explotadores, los gobiernos imperialistas y sus camarillas capitalistas, y por el cese inmediato de la matanza sangrienta impuesta por ellos a los pueblos esclavizados." Estas palabras son un sarcasmo si se considera que los banqueros que se enriquecieron con la guerra mundial son los mismos que financiaron la revolución en Rusia, y que la guerra ruso-japonesa fue sufragada e impuesta a Rusia por Jacob Schiff, el mismo banquero judío que financió a Trotsky.

Muy significativo fue asimismo el papel de los ingleses, concretamente de Lord Milner, que financió la revolución con más de 21 millones de rublos, y del embajador masón Buchanan, conspirador incansable desde la Embajada. San Petersburgo estaba lleno de agentes ingleses alojados en casas particulares, los cuales repartían dinero a los soldados y los incitaban a amotinarse. En la madrugada del mismo día 27 de febrero/12 de marzo un sargento del regimiento Volynski disparó contra un comandante y a partir de este hecho comenzó una rebelión de los soldados, que mataron a sus oficiales. Las matanzas de oficiales del Ejército fueron una constante. A las once de la mañana once regimientos se habían sumado a la revuelta y en todos ellos se cometieron crímenes horribles. Según Jüri Lina, sólo en Kronstadt se asesinó a sesenta militares, entre ellos estaba el almirante von Wiren, a quien le cortaron ambos brazos y fue arrastrado con vida por las calles hasta que los revolucionarios se apiadaron de él y lo mataron. Lina, que cita el documental *La Rusia que perdimos*, de Stasnislav Govorukhin, denuncia que en Vyborg los oficiales eran arrojados a las rocas desde un puente y que en otros lugares eran atravesados con bayonetas o golpeados hasta la muerte. A las once y media de la misma mañana la guarnición de la fortaleza de Pedro y Pablo de San Petersburgo se rindió y se unió a la revolución. Dos días después, El 1/14 de marzo, el Soviet de San Petersburgo publicó la "Prikaz" nº1 (orden) que supuso la destrucción de cualquier disciplina en el Ejército. La revolución había triunfado y en adelante las instrucciones del Soviet fueron aceptadas sin rechistar por el Gobierno provisional. El 3/16 de marzo, el zar Nicolás II, cuyo tren nunca llegó a San Petersburgo, abdicó.

Sobre la actuación de zar, quien pocas veces abandonaba el Cuartel General del Ejército porque había asumido el mando supremo en el momento más crítico de la guerra, tan pronto tuvo noticia de los hechos que acontecían en San Petersburgo, envió un despacho telegráfico al general Khabalov en el que le ordenaba que pusiera fin a los trastornos en la capital, "inadmisibles en este tiempo penoso de guerra." Este general telegrafió a su vez al emperador y le reconoció que no había podido mantener el orden en la ciudad. Tras las noticias de la rebelión militar del 27/12, Nicolás II otorgó poderes dictatoriales al primer ministro Nikolai Golitzyn, que fue arrestado antes de haberlos ejercido. Al mismo tiempo ordenó al general Ivánov que con un batallón de Caballeros de la Cruz de San Jorge tomase un tren hacia San Petersburgo, donde debía remplazar al general Khabalov y asumir el mando militar de la ciudad. A la vez se ordenó el envío a San Petersburgo de tres batallones adicionales, estacionados en Finlandia en previsión de una invasión alemana, los cuales debían ponerse a las órdenes del nuevo gobernador militar de la capital. Pero los revolucionarios habían preparado bien el golpe y el personal de ferrocarriles había sido convenientemente infiltrado. La red ferroviaria en las cercanías de la capital se encontraba desde el 27 de febrero en manos de los insurgentes y el acceso en tren a la ciudad estaba bajo su control. Además en el norte, cerca de la frontera con Finlandia, las vías fueron inmediatamente desmontadas, hecho que impidió la marcha de las tropas que viajaban desde allá. Por su parte, el general Ivánov no consiguió acercarse a las inmediaciones de San Petersburgo hasta el 1/14 de marzo. Entonces ya la situación parecía irreversible y el propio zar le ordenó que no emprendiera ninguna acción. De hecho el mismo Nicolás II el 27/12 había tomado la decisión de dirigirse a Tsárskoye Seló, residencia de la familia imperial en San Petersburgo, a donde nunca llegó, pues su tren fue detenido por orden de los nuevos amos de la red ferroviaria.

El Comité provisional se dirigió entonces al general jefe del Estado Mayor, Mijail Alexeyev, y le notificó que la revolución, dueña de San Petersburgo, de Cronstadt y de la flota del Báltico, se extendía por todo el país y que la resistencia al movimiento revolucionario sólo conduciría a la guerra civil, fatal mientras se estaba en guerra con un enemigo exterior. Los "buenos masones" añadían además que el movimiento iba sobre todo dirigido contra Nicolás II, que debía abdicar en interés del país y de la propia dinastía. El general Alexeyev, quien poco después lamentó amargamente su error de apreciación, se dejó convencer con estos argumentos y transmitió a los diversos jefes militares informaciones semejantes a las que le anunciaban desde la capital. La idea de que la única solución posible para salvar a Rusia y a la dinastía era la abdicación acabó imponiéndose y Alexeyev pidió a sus colegas que dirigieran al zar una súplica en este sentido. Nicolás II, convencido de que sus generales actuaban movidos por el patriotismo y por el amor a la monarquía y tratando de evitar la anunciada guerra civil, abdicó el 2/15 de marzo, en su nombre y en el de su hijo enfermo de hemofilia, en favor de su hermano el gran duque Miguel.

Éste se encontraba en la capital y fue prevenido por los masones del Comité provisional que ellos no se hallaban en condiciones de responder por su vida. Finalmente, ante la insistencia particular de Kerensky, el gran duque Miguel rechazó aceptar el trono y transmitió el poder al Comité, aunque quedaba entendido que su renuncia era válida hasta el momento en que la Asamblea constituyente se pronunciase sobre la forma de gobierno. Al general Alexeyev le bastó poco tiempo para comprender el verdadero alcance de los hechos que se estaban desarrollando y el 3/16 de marzo confesó: "Nunca me perdonaré haber creído en la sinceridad de ciertas personas, haber aceptado sus consejos y haber enviado a los jefes de las Fuerzas Armadas el telegrama relativo a la abdicación del emperador." Nicolás II redactó unas palabras de despedida para el Ejército, pero nunca llegaron a ser conocidas por los militares, ya que fueron interceptadas por el Gobierno provisional, que prohibió su publicación ante el temor de que pudieran provocar un movimiento patriótico.

El apoyo del sionismo a la revolución de febrero/marzo ha sido ignorado, pero fue muy significativo. La Asamblea Sionista de Petrogrado se apresuró a emitir una resolución en la que se decía textualmente: "Se concova a la judería rusa a apoyar al Gobierno provisional de todas las formas posibles, para el trabajo entusiasta, para la organización y consolidación nacional en beneficio de la prosperidad de la vida nacional judía en Rusia y el renacimiento nacional y político de la nación judía en Palestina". George Kennan[47] da noticia de un mitin celebrado el 23 de marzo de 1917 en el Carnegie Hall, en el que miles de marxistas, socialistas y anarquistas se reunieron para celebrar la abdicación de Nicolás II. Allí se informó públicamente que a través de la Sociedad de Amigos de la Libertad Rusa, financiada por Jacob Schiff, se había difundido el evangelio revolucionario entre oficiales y soldados rusos detenidos en campos de

---

[47] George F. Kennan, oficial de información del Departamento de Estado norteamericano, considerado como un experto en temas relacionados con el comunismo, ocupando el cargo de Encargado de Negocios en Moscú, envió en 1946 el famoso "long telegram" al Departamento de Estado. En este telegrama de ocho mil palabras firmado con el nombre de Mr. X, concluía que el principal elemento de la política de Estados Unidos hacia la Unión Soviética debía ser una "paciente y continuada contención vigilante" hacia las tendencia expansionistas del comunismo ruso. El "long telegram" fue publicado en 1947 por el prestigioso periódico *Foreign Affairs*.

prisioneros japoneses durante la guerra de 1904-1905. El día siguiente, 24 de marzo, *The New York Times* publicó un telegrama de Jacob Schiff dirigido a los asistentes en el que lamentaba no haber podido asistir al evento y describía el golpe de Estado de febrero y la renuncia del zar como el acontecimiento "que habían esperado y por el que habían luchado largos años."

En abril de 1917 el movimiento sionista ruso fue reforzado poderosamente con una declaración pública de Jacob Schiff, que había decidido unirse sin reservas a los sionistas. En el comunicado se decía que Schiff, "por temor a la asimilación judía como resultado de la igualdad civil para los judíos en Rusia, creía que Palestina podía convertirse en el centro para expandir los ideales de la cultura judía por todo el mundo". Toda la falsedad e hipocresía de los financieros de la revolución se ponen de manifiesto en estas palabras. O sea, mientras se pedía la igualdad de derechos, se temía a la vez la asimilación racial. A principios de mayo los sionistas protagonizaron un gran mitin en la Bolsa de Petrogrado, durante el cual el himno sionista sonó repetidamente. A finales de mayo tuvo lugar en el Conservatorio de Petrogrado una Conferencia de Sionistas de toda Rusia, donde se resumieron los grandes objetivos sionistas: renacimiento cultural de la nación judía, aumento de la emigración a Palestina y movilización del capital judío para la financiación de los colonos judíos.

El hecho de que la revolución de febrero/marzo de 1917 sea también conocida como "revolución Kerensky" nos indica el papel determinante desempeñado por este personaje. La madre de Kerensky fue una judía apellidada Adler (Nadezhda) que estuvo casada dos veces. Su primer marido fue un judío de apellido Kürbis. En segundas nupcias se casó con Fiodor Kerensky, un profesor que adoptó al pequeño Aaron Kürbis. En *Wall Street and the Bolshevik Revolution*, Anthony C. Sutton cita al masón Richard Crane, asesor del secretario de Estado norteamericano Robert Lansing, como uno de los hombres que apoyaban a Kerensky desde Estados Unidos. Kerensky inicialmente había recibido también apoyo del banquero judío Grigori Berenson, que en 1930 se destapó como un sionista comprometido. El político y científico austríaco Karl Steinhauser revela en *EG -Die Super-UdSSR von Morgen* que el embajador británico en San Petersburgo, el masón George Buchanan, era el contacto entre Kerensky y Londres, París y Washington, lo cual confirma una vez más el papel miserable y traicionero del embajador británico con un país aliado. Buchanan el 21 de marzo declaró lo siguiente a los periodistas de *Russkoie Slovo*: "El régimen autocrático y reaccionario no nos ha inspirado jamás simpatías... He aquí porque el advenimiento del Gobierno provisional es aclamado con entusiasmo por toda Gran Bretaña."[48]

---

[48] En un discurso pronunciado ante la Sociedad Anglo-Rusa, reproducido en parte por el mismo periódico *Russkoie Slovo* el 12 de abril de 1917, el embajador Buchanan insiste en expresar públicamente su doblez. "La última vez -dijo- que yo he tenido el honor de

El masón Andrei Priahin, según sabemos, desveló que Kerensky "había sido especialmente entrenado para su futuro puesto". Alexander Kerensky (Aaron Kürbis), además de ser vicepresidente del Soviet de San Petersburgo, ocupó en el Gobierno provisional tres puestos, a cual más importante: primero fue ministro de Justicia, puesto desde el que invitó a Trotsky y a Lenin para que regresasen a Rusia, y desde el que nombró jefe de Policía a Piotr (Pinhas) Rutenberg, el terrorista judío, masón y sionista que había organizado con Alexander Parvus el "domingo sangriento". Rutenberg fue uno de los fundadores de la Legión Judía, que combatió junto a los ingleses durante la guerra. El segundo puesto de Kerensky fue el de ministro de la Guerra, cargo en el que sucedió a Guchkov. Finalmente, tras la dimisión del príncipe Lvov el 7/20 de julio, fue nombrado primer ministro, puesto que ostentaba cuando cedió por fin el poder a los bolcheviques. Según el historiador Sergei Yemelyanov, Kerensky, quien durante los tres años que precedieron el golpe se dedicó exclusivamente a la defensa de terroristas revolucionarios, era un masón del grado 33.

Todos los miembros del Gobierno provisional eran masones. Entre los más destacados, aparte del propio Kerensky, estaban Nikolai Nekrasov, ministro de Comunicaciones; Pavel Milyukov, ministro de Asuntos Exteriores y líder de los kadetes; y Mijail Teréshchenko, ministro de Finanzas. Éste último era un joven millonario de origen ucraniano que invirtió dinero en el movimiento revolucionario. Su buena relación con los Rothschild de "New Court" (Londres) es comentada por Niall Ferguson, quien escribe que Tereshchenko demostró ser un buen amigo de los judíos. Su nombramiento como ministro de Finanzas fue muy celebrado por los Rothschild, que pronto vieron justificado su optimismo. Al nuevo ministro le faltó tiempo para escribir a Londres con el fin de ofrecer a los Rothschild la suscripción de un préstamo de un millón de rublos, emitido por el Gobierno de Kerensky para mantener a Rusia en la guerra.

En cuanto al ministro de Exteriores Milyukov, el 19 de marzo recibió un telegrama del banquero Jacob Schiff, quien pretendía ser ahora un amigo de Rusia y lo expresaba en estos términos: "Permítame, en calidad de enemigo irreconciliable de la autocracia tiránica que perseguía sin piedad a nuestros correligionarios, que felicite a través de usted al pueblo ruso por la acción que tan brillantemente acaba de realizar, y que desee a sus camaradas

---

dirigirme a los miembros de la Sociedad Anglo-Rusa fue precisamente la víspera de la sesión de la Duma en la que mi honorable amigo Milyukov pronunció su célebre discurso en el cual clava el primer clavo en el ataúd del antiguo régimen. Yo dije entonces que nosotros debíamos, no sólo llegar a un final victorioso, sino que la victoria definitiva debía ser conseguida sobre el enemigo situado dentro de nuestro propio campo. Hoy puedo felicitar al pueblo ruso por haberse librado tan pronto de tal enemigo." Ciertamente, se precisa mucho cinismo para hablar del "enemigo situado dentro del propio campo" cuando se ha conspirado desde la embajada contra un país que se estaba portando en la guerra como un amigo y aliado leal.

del nuevo gobierno y a usted mismo un éxito completo en la gran tarea que han asumido con tanto patriotismo." En su respuesta, Milyukov se mostraba solidario con el banquero judío que había lanzado a Japón contra su país y, además de reiterar las viejas ideas masónicas e iluministas, se dirigía a él como si representase a Estados Unidos: "Estamos unidos con usted en el odio y la antipatía común por el viejo régimen, actualmente derribado, permítame estarlo igualmente por la realización de nuevas ideas de igualdad, de libertad y de concordia entre los pueblos, participando en la lucha universal contra la Edad Media, el militarismo y el poder autocrático que procede del derecho divino. Reciba nuestro agradecimiento por sus felicitaciones, que nos permiten determinar el cambio operado por un golpe de Estado benefactor en las relaciones recíprocas de nuestros dos países."

Gary Allen alude en *Nadie se atreve a llamarlo conspiración* al documento nº 861.00/5339 de los archivos del Departamento de Estado, en el cual se constatan los planes de distintos líderes judíos para derrocar al zar. Entre los nombres que aparecen, figuran una vez más Jacob Schiff, tan influyente dentro de la organización masónica B'nai B'rith, y sus colegas Félix Warburg, Otto Kahn, Isaac Seligman, Mortimer Schiff y otros. Todos ellos banqueros judíos. También la *Encyclopedia of Jewish Knowledge* reconoce en su artículo "Schiff" (Nueva York, 1938) que Alexander Kerensky, el hombre que había sido entrenado específicamente para su misión, recibió un millón de dólares de Jacob Schiff.

Ya en abril, el Gobierno provisional de Kerensky emitió por telégrafo una orden para que fueran liberados sin investigación individual todos los judíos sospechosos de espionaje que se habían exiliado. Algunos de ellos residían en territorios ocupados, pero otros podían regresar sin peligro. Muchos deportados pidieron permiso para vivir en las ciudades de la parte europea de Rusia. Inmediatamente se produjo un flujo de judíos a Petrogrado, donde en 1917 aumentó su número hasta 50.000; y a Moscú, donde alcanzaron la cifra de 60.000. Numerosos emigrados judíos de Nueva York volvieron a Rusia. También muchos que vivían en Gran Bretaña se declararon dispuestos a regresar para reprender la lucha por la nueva Rusia social y democrática. Sólo desde Londres unos 10.000 expresaron su voluntad de viajar. Por otra parte, El Gobierno provisional decidió inicialmente retener al emperador y a la familia imperial en Tsárskoye Seló; pero en agosto el inefable Kerensky decidió trasladarlos a todos a Tobolsk (Siberia). Una vez derrocado Nicolás II, el Gobierno masónico prescindió del himno nacional *Dios salve al zar*, que casualmente había sido compuesto por el príncipe Lvov y escrito por el poeta Vasily Zhukovsky. En su lugar se adoptó un himno grato a la masonería y a la judería, titulado *El Señor glorioso en Sión*.

León Trotsky (Leiba Bronstein)

Juanto a Marx y Lenin, Trotsky ocupa el tercer puesto en el santoral de la izquierda mundial. Trotsky ha pasado a la historia como un mito, cuya popularidad y prestigio se mantienen intactos. La propaganda lo ha presentando siempre como una personalidad gigantesca. Los medios de comunicación, las enciclopedias y los libros en general lo siguen considerando un intelectual progresista y revolucionario que dedicó su vida a la lucha por la causa del proletariado. De aquí en adelante comprobaremos que la verdad es bien distinta: Trotsky fue un agente de la banca internacional, un cínico sin escrúpulos que se casó con la hija de un banquero próximo a las grandes familias de banqueros judíos.

Leiba Bronstein era el nombre que le pusieron cuando nació en Yanova, un pueblo de la provincia de Khertson (Ucrania), el 25 de octubre de 1879. Su padre, David Bronstein, era un rico terrateniente que poseía prácticamente todas las tierras del pueblo. A los siete años acudió a una escuela judía cuya enseñanza era en hebreo y comenzó a estudiar el *Talmud*. A los diecisiete años un judío checo, Franz Schwigowsky, lo introdujo en una sociedad secreta, La Liga de los Trabajadores, cuyos miembros fueron detenidos en 1898. El joven Bronstein, que ya en 1897 había entrado en la masonería, pasó dos años encarcelado en una prisión de Odessa, donde se dedicó a estudiar la historia de las sociedades secretas y a profundizar en la masonería. De hecho, en la iniciación al grado 33 se declara que "la masonería es nada más y nada menos que revolución en acción; conspiración continua." De Odessa fue exiliado a Siberia, de donde escapó en 1902 para ir a Viena. Allí conoció a Víctor Adler, un revolucionario judío y masón que publicaba el periódico *Arbeiter Zeitung*. Poco después pasó a Londres donde, sin que se sepa cómo, entró en contacto con otro judío de alto rango, masón e iluminado, llamado Israel Helphand, aunque se hacía llamar Alexander Parvus. Parvus fue quien convirtió a Leiba Bronstein en León Trotsky a finales de 1902. Trotsky, como se ha dicho más arriba, regresó a Rusia en 1905 en compañía de Alexander Parvus para organizar la revolución. Además de organizar y presidir el "soviet de delegados obreros", Trotsky editó con Parvus el periódico *Nachalo* (*El Principio*). Igor Bunich, autor del libro *Zoloto Partii* (*El oro del partido*) (San Petersburgo, 1992), asegura que Parvus era el principal oganizador de la revolución de 1905 y que recibió de los japoneses dos millones de libras esterlinas para que planificase la toma del poder en Rusia

Jüri Lina afirma en *Under the Sign of the Scorpion* que Trotsky, con la ayuda de Alexander Parvus, llegó a la conclusión de que el propósito de la masonería era eliminar los Estados y las culturas nacionales con el fin de instaurar el dominio mundial judío. Trotsky, escribe Lina, "se convirtió así en un internacionalista convencido, a quien Parvus enseñó que el pueblo judío era su propio Mesías colectivo, que alcanzaría el dominio sobre otros pueblos a través de la mezcla de razas y la eliminación de fronteras nacionales, y que iba a crearse una república internacional, en la cual los judíos serían el elemento dirigente, puesto que nadie más sería capaz de entender y controlar a las masas." Fue Parvus quien inculcó en Trotsky la idea de la "revolución permanente".

El escritor Máximo Gorky, de quien Parvus era su agente en Europa, denunció que éste le había robado ciento treinta mil marcos-oro y lo calificó como un miserable y un estafador. Alexander Parvus, nacido en 1867, era unos doce años mayor que Trotsky. Había trabajado varios años en distintos bancos de Alemania y Suiza y era también un hábil publicista. Parvus conocía la historia de Rusia y estaba convencido de que si la nobleza y los intelectuales eran eliminados, el páis quedaría indefenso y podía ser fácilmente arrojado a las llamas de la revolución. Parvus y Trotsky, como se ha dicho, lideraron la revolución de 1905 y ambos fueron condenados al exilio de Siberia. Trotsky no consiguió huir hasta febrero de 1907, pero Parvus lo hizo enseguida y se dirigió a Constantinopla, donde ejerció el papel de consejero de los Jóvenes Turcos (judíos aparentemente conversos al islam, como sabemos). En esta época estableció contactos con diplomáticos alemanes, que iban a serle muy útiles posteriormente, y consiguió acaparar mucho dinero gracias a su actividad de mediador en el comercio entre Alemania y Turquía. Aunque fue durante la guerra de los Balcanes (1912-13) cuando logró hacerse con una gran fortuna que lo convirtió en multimillonario. Sus transacciones comerciales abarcaron un amplio abanico de mercancías. Sólo con sus negocios carboníferos ganó cerca de treinta millones de coronas danesas en oro. Durante un tiempo este agente de los Illuminati fue también colaborador de Rosa Luxemburgo, junto a la que aparece en numerosas fotografías. Epígono aventajado de Adam Weishaupt, indecente y cínico donde los haya, pero a la vez diabólicamente astuto e inteligente, mientras predicaba la revolución permanente que debía acabar con la propiedad privada, Israel Helphand, alias Parvus, llevaba un tren de vida fabuloso en el que no faltaban fiestas orgiásticas. Para tener una idea de sus riquezas, baste decir que cuando murió en 1924 tenía, entre otros bienes inmuebles, tres casas en Copenhague, un castillo en Suiza y un palacio con treinta y dos habitaciones en una isla del lago Wannsee, en Berlín, que hoy es un museo abierto al público.

Después de escapar de Siberia, Trotsky consiguió regresar a Viena, donde se sabe que se reunió con el líder sionista Chaim Weizmann. Tanto Trotsky como Lenin recibieron ayuda económica de Parvus e incluso fueron invitados a vivir con él en Múnich por un breve periodo de tiempo. Fue en esta casa muniquesa de Parvus donde se conocieron Lenin y Rosa Luxemburgo. Después de haber sido corresponsal de guerra en los Balcanes en 1912, trabajo que le proporcionó Parvus, Trotsky vivió en Francia, donde fundó con su correligionario Julius Mártov (Julius Zederbaum) el periódico en lengua rusa *Nashe Slovo*. Se ha dicho antes que el autor Yuri Begunov asegura que en la primavera de 1914 Trotsky, enviado por la Gran Logia de Francia, estuvo en Viena, donde mantuvo un encuentro con el hermano masón V. Gacinovic con el fin de coordinar el atentado contra el heredero de Austria-Hungría.

Vigilado por la policía francesa tras su participación en septiembre de 1915 en la Conferencia de Zimmerwald, Trotsky fue detenido en París a causa de sus artículos incendiarios. Las autoridades galas suspendieron la publicación del periódico y Trotsky fue deportado a España. En *Wall Street and the Bolshevik Revolution* Anthony Sutton escribe que fue "amablemente acompañado hasta la frontera española." Unos días más tarde, la policía detuvo en Madrid al internacionalista y lo alojó en una "celda de primera clase", que costaba una peseta y media por día. Parece evidente que se recibieron "órdenes" de que fuera liberado, puesto que fue llevado a Cádiz, acaso con el propósito de embarcarlo. Si era así, esta primera opción fue reconsiderada, ya que finalmente se optó por el puerto de Barcelona, donde Trotsky se reunió con su familia y con un grupo de colaboradores y zarpó a bordo del trasatlántico *Montserrat* hacia Nueva York.

El 13 de enero de 1917 el grupo de Trotsky, entre quienes estaban Moisés Uritsky, Grigori Chudnovsky y otros de sus colaboradores judíos que tendrían más tarde un papel destacado en la revolución de octubre, desembarcó en Nueva York. Trotsky contactó bien pronto con la logia B'nai B'rith, de la que pasó a ser miembro. Alcanzó sin duda un alto grado dentro del rito Misraim-Memphis, toda vez que perteneció a la logia Shriners, en la cual sólo se permite el ingreso a masones que han conseguido el grado 32. Franklin Delano Roosevelt, Alexander Kerensky y Bela Kun, por citar ejemplos significativos, figuraban entre la selecta membrecía de esta logia. En su autobiografía *Mi vida* Trotsky asegura que su única profesión en Nueva York era la de revolucionario socialista, lo que equivale a decir que vivía de sus artículos en *Novy Mir,* el periódico nuevayorkino de los socialistas rusos que había sido fundado por dos camaradas judíos, Weinstein y Brailovsky. Otros dos judíos, Nikolai Bujarin (Dolgolevsky) y V. Volodarsky (Moisés Goldstein) trabajaban en la oficina de la editorial. Los únicos fondos que Trotsky admite haber recibido en 1916 y 1917 son 310 dólares, dinero que, según dijo, "distribuí entre cinco emigrantes que regresaban a Rusia." Sin embargo, se sabe que el empobrecido líder comunista revolucionario circulaba por Nueva York en una limusina con chófer, probablemente puesta a su disposición por alguno de sus amigos banqueros. Además, con los 310 dólares había pagado por adelantado tres meses de alquiler de un excelente apartamento, donde vivía con su mujer, Natalia Sedova, y sus dos hijos, León y Serguei[49].

---

[49] En 1902 Trotsky había conodido en París a Natalia Sedova, su segunda mujer, que era unos cuantos años más joven que su esposa legal, Sokolóvskaya, la cual fue completamente ignorada. En su autobiografía Trotsky apenas dedica una línea a comentar

Natalia Sedova era la hija de un banquero judío llamado Givotvosky. La primera referencia al hecho de que Trotsky estaba casado con la hija de un banquero aparece en la obra *L'empereur Nicolas II et les juifs* (1924). En ella Alexander Netchvolodow cita un documento, localizado mucho después por Anthony Sutton en los Archivos Decimales del Departamento de Estado (861.00/5339), el cual lleva fecha de 13 de noviembre de 1918 y se titula *Bolshevism and Judaism*. El texto es un informe donde se señala que la banca judía internacional se halla detrás de los hechos revolucionarios en Rusia y cita como involucrados a los dirigentes de la banca Kuhn, Loeb y Cía: Jacob Schiff, Félix Warburg, Otto Kahn, Mortimer Schiff, Jerome H. Hanauer. Se Añaden otros dos nombres de banqueros judíos: Guggenheim y Max Breitung. En el segundo punto se dice textualmente: "El judío Max Warburg financió igualmente a Trotsky y compañía, los cuales estaban asimismo financiados por la sindicatura westfaliano-renana, así como por otro judío, Olof Aschberg, de la Nya Banken de Estocolmo, y también por Givotovsky, un judío cuya hija está casada con Trotsky. De esta manera se establecieron relaciones entre multimillonarios judíos y judíos proletarios."

Anthony Sutton comenta el parentesco de Trotsky con el banquero judío y se refiere a Abram Givatovzo en estos términos: "Otro banquero bolchevique de Estocolmo fue Abram Givatovzo, cuñado de Trotsky y de Lev Kámenev. Un informe del Departamento de Estado reafirma que mientras Givatovzo pretendía ser muy antibolchevique, había de hecho recibido a través de mensajeros grandes cantidades de dinero de los bolcheviques para financiar operaciones revolucionarias. Givatovzo formaba parte de una sindicatura que incluía a Denisov, del antiguo Banco de Siberia; Kamenka, del Banco Don Azov; y Davidov, del Banco de Comercio Exterior. Este sindicato vendió acciones del antiguo Banco de Siberia al Gobierno británico." Comprobamos, pues, que las prácticas endogámicas practicadas por los frankistas de Jacob Frank seguían en plena vigencia entre los revolucionarios judíos. Es evidente que en el caso de Trotsky, como en tantos otros, la propaganda ha pretendido mantener el secreto de su matrimonio con la hija de un banquero, del todo inconveniente para la aureola del mito ante la clase obrera.

La verdadera identidad de la Sedova, que estuvo junto a Trotsky en la revolución de 1905, es desvelada asimismo por otros dos autores: el español Mauricio Carlavilla y el estonio Jüri Lina. Este último escribe lo siguiente: "Natalia Sedovaya-Trotskaya era de hecho la hija de un banquero sionista, Ivan Givotovsky (Abram Givatovzo), quien ayudó a financiar la toma de poder de los bolcheviques, primero en Rusia y luego en Estocolmo, vía Nya Banken (un banco sueco regentado por la familia judía Aschberg). Esta fue otra razón por la cual el masón León Trotsky protegió siempre los intereses

---

el asunto. Sin embargo, Sokolóvskaya dio dos hijas al líder comunista de las que se desentendió.

internacionales de judíos ricos. Ivan Givotvosky tuvo estrechas conexiones con los Warburgs y los Schiffs." Por su parte Mauricio Carlavilla[50] en

---

[50] Sobre Mauricio Carlavilla y sobre *Sinfonía en rojo mayor* es muy necesaria una aclaración, que será inevitablemente un poco extensa, por lo que nos disculpamos con antelación. Julián Mauricio Carlavilla (1896-1982) policía, escritor y editor, demostró a través de sus obras un conocimiento profundo del comunismo. Como policía realizó trabajos de infiltración y es probable que a lo largo de su carrera policial obtuviera información de servicios secretos extranjeros. Su figura continúa siendo prácticamente desconocida; sin embargo su trabajo incansable como escritor y publicista merecería un reconocimiento. Inicialmente, Carlavilla publicó sus trabajos bajo el pseudónimo de Maurico Karl, aunque en contadas ocasiones utilizó asimismo el de Julien d'Arleville. Sus obras serán en adelante fuentes de información, especialmente aquellas que tratan sobre distintos aspectos de la segunda guerra mundial. Citamos ahora por anticipado *Pearl Harbour, traición de Roosevelt* (1954) y, sobre todo, su edición del *Sidney Warburg* en español, un libro de gran valor y muy poco conocido, editado en 1933 en Holanda con el título *De Geldbronnen wan het Nationaal Socialisme*, cuya traducción apareció en España en 1955 editada por NOS con el título de *El dinero de Hitler*. Mauricio Carlavilla editaba sus propios libros y otros que consideraba de interés en la editorial NOS, que él mismo había fundado y que estaba radicada en su propia casa.

En cuanto a *Sinfonía en rojo mayor*, lo primero que hay que decir es que se trata de una obra muy citada en internet. La obra adopta la forma de unas memorias noveladas, las del doctor José Landowski, cuyos protagonistas son mayoritariamente personajes históricos. Al desconocer absolutamente quién era Mauricio Carlavilla, quienes mencionan la obra aceptan la autoría del narrador, el doctor Landowsky, médico al servicio de la N.K.V.D., y otorgan a la obra un valor documental que en realidad no posee. En mi opinión, Landowski es una creación de Carlavilla. El texto que se cita reiteradamente en internet es el supuesto interrogatorio realizado el 26 de enero de 1938, en presencia del doctor Landowsky, al líder trotskysta Christian G. Rakovski, uno de los principales acusados en el Juicio de los Veintiuno, donde fue condenado a veinte años de cárcel, aunque acabó siendo fusilado en 1941 junto a María Spiridónova y Olga Kameneva, mujer de Kámenev y hermana de Trotsky. El interrogador es un agente stalinista, Gabriel G. Kuzmin, a quien Rakovsky desvela informaciones de gran valor histórico y político.

La explicación de cómo y por qué se produce la confusión es sencilla. Para que el lector comprenda mejor el juego literario de Carlavilla, reproduzco a continuación la ADVERTENCIA que figura al principio del libro: "Esta es la penosa traducción de unos cuadernos hallados sobre el cadáver del doctor Landowsky, en una isla al frente de Leningrado, por el voluntario español A. I. Él nos los trajo. Su reconstrucción fue lenta, trabajosa, dado el estado de los manuscritos. Duró años. Aún más tiempo estuvimos dudando para su publicación. Eran tan maravillosas e increíbles sus revelaciones del final, que jamás nos hubiéramos decidido a publicar estas memorias si los hombres y los hechos actuales no les dieran plena autenticidad. Antes de que vieran estas memorias la luz, nos hemos preparado para la prueba y la polémica. Respondemos personalmente de la verdad absoluta de sus hechos capitales. Veremos si hay alguien capaz de refutarlos con evidencias o razones. El traductor, Mauricio Carlavilla." Es decir, el texto, que en algunas ediciones supera las seiscientas páginas, serían las memorias de un médico que al morir las llevaba encima en unos cuadernos manuscritos. La lectura atenta de *Sinfonía en rojo mayor* permite comprender que en realidad se trata de una obra escrita, no traducida, por el propio Carlavilla, en la que, además de su propia erudición y valoración de los hechos relatados, demuestra conocimientos exclusivos. Carlavilla utiliza una trama novelesca para desvelar todo cuanto sabe, que es mucho, sobre lo que se cocía en la URSS antes de

Sinfonía en rojo mayor pone en boca de Christian Rakovsky estas palabras: "Sedova es la hija de Givotovsky, unido a los banqueros Warburg, socios y parientes de Jacob Schiff, grupo que financió al Japón y, a través de Trotsky, financió a la vez la revolución de 1905. Ahí tiene el motivo de que Trotsky, de un golpe, pasase a la cabeza del escalafón revolucionario. Y ahí tiene la clave de su personalidad verdadera."

Tan pronto llegaron a Estados Unidos las noticias sobre el golpe de Estado y la caída del zar, se apresuraron los preparativos para enviar a Trotsky a Rusia con el fin de que dirigiera el tercer y definitivo acto de la tragedia del pueblo ruso. Edward Mandell House, el illuminati comunista y sionista, se encargó de solicitar al presidente Wilson, el títere en manos de los conspiradores, que ordenase la emisión de un pasaporte estadounidense para el revolucionario. El pasaporte fue acompañado de un permiso de entrada ruso y un visado de viaje británico. En *Woodrow Wilson: Disciple of Revolution* (1938) Jennings C. Wise escribe que "los historiadores nunca deben olvidar que Wilson hizo posible la entrada de Trotsky en Rusia con un pasaporte americano." El 27 de marzo de 1917 Trotsky, su familia y otras doscientas setenta y cinco personas, entre las que se encontraban brokers de Wall Street, comunistas judíos norteamericanos y terroristas internacionales, embarcaron en el *Kristianiafjord*. El 3 de abril el barco hizo escala en Halifax (Nueva Escocia) y la policía de fronteras canadiense ordenó el desembarco de Trotsky, de su mujer y sus dos hijos, así como de otros cinco supuestos socialistas rusos: Nikita Mukhin, Leiba Fishelev, Konstantin Romanenko, Grigori Chusnovsky y Gerson Melichansky. Todos fueron arrestados al ser considerados agentes alemanes. En los archivos canadienses, Trotsky figura como un prisionero de guerra alemán. Dos de sus camaradas más próximos, Volodarsky (Goldstein) y Uritsky, permanecieron a bordo. Unos días antes de la detención, el 29 de marzo, los canadienses habían recibido un telegrama desde Londres en el que se decía que Leiba Bronstein, que se hallaba en posesión de 10.000 dólares, y sus camaradas iban a Rusia para empezar una revolución contra el Gobierno. El servicio secreto canadiense estaba convencido de que Trotsky, que hablaba el alemán mejor que el ruso, era una agente que actuaba a las órdenes del Gobierno germano.

El malentendido duró unas dos semanas, durante las cuales se produjeron todo tipo de presiones para conseguir liberar a Trotsky. A pesar de que Rusia firmaría la paz con los imperios centrales si los bolcheviques acababan con el Gobierno Provisional, lo cual iba "supuestamente" en contra de los intereses británicos, Lord Melchett y Sir. Herbert Samuel, miembros

---

la segunda guerra mundial. Es decir, y volvemos a la cita del texto, mucho antes que J. Lina y que A. Sutton, Carlavilla tuvo información sobre quién era Natalia Sedova, la segunda mujer de Trotsky, y lo desvela a través de C. Rakovsky, quien a lo largo de un larguísimo interrogatorio al que asiste José Landowski, el supuesto narrador en primera persona de *Sinfonía en rojo mayor*, revela toda la información que Carlavilla conoce y pretende divulgar.

de la Gran Logia de Inglaterra, manejada por judíos sionistas, intervinieron ante el Gobierno de Lloyd George. Al mismo tiempo la Embajada Británica en Washington recibió una solicitud del Departamento de Estado en la que no sólo se pedía que se ordenase a las autoridades canadienses la liberación del detenido, sino que fuera ayudado en todo cuanto precisara. Posteriormente, el ubicuo Bernard Baruch, respondiendo a preguntas de una Comisión del Senado de Estados Unidos, admitió que bajo su responsabilidad Trotsky había sido liberado en dos ocasiones. Las presiones, pues, lograron finalmente la contraorden. Las autoridades canadienses recibieron instrucciones para que informasen a la prensa de que Trotsky era un ciudadano americano que viajaba con su correspondiente pasaporte y que su liberación había sido solicitada por el Departamento de Estado de Washington. De este modo León Trotsky y su grupo pudieron continuar el viaje y el 4 de mayo de 1917, a través de Suecia y Finlandia, llegaron a Petrogrado para liderar la revolución. Miles de judíos extremistas que hablaban yiddish entre ellos iban concentrándose en la capital. A esta entrada de revolucionarios que habían salido de Rusia durante los años de Stolypin, hay que añadir la irrupción de decenas de miles de prisioneros de Siberia, que habían sido puestos en libertad por el Gobierno provisional.

Lenin

Hasta hace poco se había dicho que Lenin, cuyo verdadero nombre era Vladimir Ilych Uliánov, era el único no judío de los veinticinco hombres que asumieron la dirección de Rusia. Se aceptaba asimismo que había nacido el 22 de abril de 1870 en Simbirsk. Ambas cosas están hoy en entredicho y son seguramente falsas. Tras la caída del comunismo han ido apareciendo distintos trabajos de investigación sobre la figura de Lenin, cuyos resultados son presentados por Jüri Lina en *Under the Sign of the Scorpion*. De manera muy resumida ofrecemos a continuación una síntesis.

Sobre su nacimiento, se sabe que tanto Lenin como Stalin cambiaron las fechas y que las biografías oficiales de ambos fueron manipuladas con fines propagandísticos. No es de interés demorarnos ahora en esta cuestión y preferimos aportar información sobre sus orígenes. Parece ser que sus abuelos acabaron ambos en centros para enfermos mentales. El padre de Lenin, Ilya Uliánov, de origen Kalmuck, fue inspector de escuela y su madre María, cuyo nombre de soltera era Blank, provenía de familia noble y era hija de un rico hacendado. El padre de María Blank, Israel, había nacido en 1802 en Starokonstantinovo, en la provincia de Volnya. Israel Blank y su hermano Abel quisieron estudiar en la Academia de Medicina de San Petersburgo y para conseguir la admisión se bautizaron por la Iglesia Ortodoxa Rusa. Israel adoptó el nombre de Alexander y Abel, el de Dimitri. Ambos se graduaron en 1824. Alexander se convirtió en médico militar y fue pionero en el estudio de los balnearios en Rusia.

La escritora Marietta Shanginyan descubrió en 1930 las raíces judías de Lenin, pero no pudo desvelar lo que se consideraba secreto de Estado. Sólo en 1990 fue posible publicar estos datos. Hasta entonces la familia Blank había sido presentada como "alemanes". El abuelo materno de María Blank, el notario Johan-Gottlieb Grosschopf, provenía de una familia de mercaderes alemanes. Los abuelos paternos de María Blank eran judíos, ello hace que María Blank, que hablaba yiddish, alemán y sueco, fuese por lo menos medio judía, ya que sólo su padre era judío. Sin embargo algunos investigadores han sugerido que la familia Grosschopf era judía. Si fuera así Lenin sería judío, pues, según sabemos, los judíos consideran que todo aquel que nace de madre judía es judío. Otra revelación reciente en Rusia afecta al abuelo paterno de Lenin, Nicolai Uliánov, que tuvo cuatro hijos con su propia hija Alexandra Ulyanova, que se hacía pasar por Anna Smirnova ante las autoridades. El padre de Lenin, Ilya, sería el cuarto hijo, nacido cuando ya Nicolai Uliánov tenía sesenta y siete años. Ilya Uliánov se casó con la judía María Blank y en la familia se hablaba alemán, lengua que Lenin conocía mejor que el ruso. La propaganda soviética, con el fin de fortalecer el mito, aseguró que sus padres educaron conscientemente a Lenin para ser el Mesías que guiaría al proletariado. En una encuesta de 1989, el setenta por ciento de los encuestados creían que Lenin era la personalidad más grande de la historia.

Yuri Slezkine en *The Jewish Century* (2004) confirma que Lenin era judío. Slezkine escribe que fue Ana, la hermana de Lenin, la que en 1924 se lo comunicó a Kámenev, el cual dijo: "siempre lo había sospechado." Bujarin habría comentado: "¿Y qué nos importa tu opinión? La verdadera cuestión es: ¿Qué vamos a hacer?" Slezkine añade: "Lo que ellos iban a hacer o más bien lo que el partido, a través del Instituto Lenin, iba a hacer era decidir que esta información 'no debía hacerse pública' y decretar que debía 'mantenerse en secreto'." En 1932 Ana Ilinitchna, argumentando que el descubrimiento constituía una prueba científica decisiva de "las capacidades excepcionales de la tribu semítica", pidió a Stalin que reconsiderase la decisión. Según el citado autor, Stalin le ordenó "mantener un silencio absoluto".

En cuanto a sus relaciones con la masonería, Lenin ya era masón en 1890. Según Karl Steinhauser, perteneció a la logia *Art et Travail* en Suiza y en Francia. Oleg Platonov afirma que Lenin fue un masón del grado 31 (Gran Comendador Inquisidor Inspector). No sólo Trotsky y Lenin eran masones: diversos estudiosos de la masonería que han investigado sobre B'nai B'rith apuntan que Lenin, Zinóviev, Rádek y Sverdlov pertenecían a esta logia judía. Tanto Lenin como Trotsky participaron en 1910 en la Conferencia Masónica Internacional de Copenhage. Un texto sorprendente sobre la relación del comunismo con la masonería y los Illuminati fue escrito por Winston Churchill, quien, antes de pasar él mismo a engrosar definitivamente las filas de la conspiración, confirmó en un artículo titulado

"Sionismo y comunismo", publicado el 8 de febrero de 1920 en *London Illustrated Sunday Herald,* que tanto Lenin como Trotsky pertenecían al círculo de conspiradores masones e iluminados. Churchill escribió textualmente: "Desde los días de 'Espartaco' Weishaupt a los de Karl Marx y hasta los de Trotsky (Rusia), Bela Kun (Hungría), Rosa Luxemburgo (Alemania) y Emma Goldstein (Estados Unidos), esta conspiración mundial para derribar la civilización y para la reconstrucción de una sociedad basada en un desarrollo contenido, una malicia codiciosa y una imposible igualdad ha ido creciendo constantemente." Churchill reconocía en este extenso artículo de 1920 que el grupo que se escondía tras Spartacus-Weishaupt había impulsado todos los movimientos subversivos del siglo XIX. A la vez que señalaba que el sionismo y el comunismo competían por el alma del pueblo judío, Churchill mostraba su preocupación por el papel de los judíos en la revolución bolchevique y por la existencia de una conspiración judía internacional.

Oleg Agranyants, agente de inteligencia responsable de las operaciones del KGB en el norte de Africa, trabajaba bajo cobertura diplomática en la embajada de Túnez hasta que en mayo de 1986 desertó y pasó a Estados Unidos. A él se deben sorprendentes revelaciones sobre diversas "vacas sagradas" del comunismo ruso que aparecen en una obra cuyo título traducido al español sería *¿Qué hay que hacer? o el trabajo más importante de nuestro tiempo -Deleninización de nuestra sociedad* (Londres, 1989). Interesa concretamente ahora una de sus informaciones que aclara el origen del nombre Lenin. Agranyants explica que, en contra de lo que se cree, Lenin confiaba en Stalin. Sin embargo, la esposa judía de Lenin, Nadezhda Krúpskaya, tuvo varios enfrentamientosn con Stalin antes y después de la muerte de su marido: la Krúpskaya pretendía que fuera Trotsky el sucesor de Lenin y se enfrentó con Stalin, el cual la amenazó con desvelar públicamente que la verdadera esposa de Lenin fue Stasova. Según Agranyants, Elena Stasova, una bolchevique asimismo de origen judío que vivió noventa y tres años, declaró repetidamente que Lenin había usado su nombre, Lena, como su seudónimo. La enciclopedia *Russipedia* corrobora la información de Agranyants en un artículo en el que reproduce una comunicación telefónica mantenida entre Stalin y la Krúpskaya el 23 de diciembre de 1922, cuando ya la salud de Lenin estaba muy deteriorada. En dicha conversación Stalin la insulta gravemente. Nadezhda Krúpskaya, que defendía el derecho a la violación, sabía de las relaciones de su marido con otras mujeres e incluso con otros hombres, toda vez que Lenin fue bisexual.

Recientemente se han conocido cartas que demuestran que mantuvo relaciones amorosas con Grigori Zinóviev (Gerson Radomylsky). Jüri Lina cita dos fragmentos de su correspondencia, cuya fuente es el libro *Hitlerismo es terrible, pero sionismo es peor,* publicado en 1999 en Moscú por Vladislav Shumsky. El 1 de julio de 1917 Lenin escribió a Zinoviev: "¡Grigori! Circunstancias me han obligado a abandonar Petrogrado enseguida... Los camaradas sugirieron un lugar. Es tan aburrido estar solo. Ven a estar conmigo y pasaremos días estupendos juntos, lejos de todo..." En otra carta Zinóviev se dirige a Lenin en estos términos: "¡Querido Vova! no me has contestado. Probablemente has olvidado a tu Gershel (Grigori). He preparado un agradable escondite para nosotros... es una casa maravillosa donde viviremos bien y nada perturbará nuestro amor. Viaja hasta aquí tan pronto puedas. Te espero, mi pequeña flor. Tu Gershel." La homosexualidad de Lenin fue un secreto que se mantuvo oculto hasta finales de los años noventa.

El 4 de abril de 1917 Lenin, que tras el abortado golpe de Estado de 1905 se había exiliado en Suiza, informó al Gobierno alemán de que estaba en disposición de regresar a Rusia. El viaje, aprobado por el canciller Theobald von Bethmann-Hollweg sin el conocimiento del Kaiser Guillermo II, que se enteró de todo cuando Lenin ya estaba en San Petersburgo, formaba parte teóricamente de un plan para sacar a Rusia de la guerra y firmar la paz con el fin de conseguir más tarde ventajas comerciales. Dicho esto, es preciso considerar varios hechos relevantes y presentar a los agentes que coordinaron el viaje y la financiación de Lenin.

En primer lugar hay que constatar que el jefe de los servicios de espionaje alemanes era el banquero judío Max Warburg, cuyo hermano Paul, había sido el cerebro de la creación del cártel de la Reserva Federal y le había transferido desde Estados Unidos importantes cantidades de dinero para cubrir los gastos de la guerra con Francia. Para Max Warburg trabajaba Alexander Parvus, el mentor de Trotsky, con quien había organizado y dirigido el primer acto de la revolución de 1905. Parvus, un illuminati sin escrúpulos al más puro estilo de Adam Weishaupt, además de trabajar para la conspiración, en 1905 cobraba también de los japoneses. Él era quien había propiciado en Múnich el contacto entre Lenin, Rosa Luxemburgo y Trotsky. Íntimamente asociado con Parvus en la operación del traslado de Lenin a Rusia estaba Jacob Fürstenberg, un judío polaco cuyo verdadero nombre era Ganetsky. Este personaje colaboraba con otro judío bolchevique de origen polaco, Karl Rádek (Karol Sobelsohn), que más tarde sería uno de los líderes de la República Soviética de Baviera. Rádek, siendo agente del Comintern, apareció vistiendo un uniforme soviético en el congreso fundacional del Partido Comunista de Alemania. Jacob Ganetsky, que pertenecía a los bolcheviques desde 1896 y actuó como mediador entre Lenin y los alemanes, fue, según Wikipedia, "uno de los magos financieros que organizó la financiación secreta que salvó a los bolcheviques." Tras el triunfo de la revolución, Ganetsky actuó como uno de los jefes de la banca comercial soviética y, antes de ser ejecutado por Stalin, fue director del Museo de la Revolución de la URSS.

Nos queda presentar al tercer hombre, el conde Brockdorff-Rantzau, la persona que fue utilizada por Parvus para infiltrarse en el servicio secreto alemán. Anthony Sutton menciona en *Wall Street and the Bolshevik*

Revolution una carta del 14 de agosto de 1915 en la que Brockdorff-Rantzau informa al subsecretario de Estado sobre una conversación con Parvus y recomienda fervientemente que sea utilizado, pues lo considera "un hombre extraordinariamente importante cuyos poderes inusuales siento que debemos utilizar durante la guerra." En el mismo texto figura, no obstante, una advertencia muy significativa: "Puede que sea arriesgado querer utilizar los poderes que se esconden detrás de Helphand, pero sería ciertamente admitir nuestra propia debilidad si rechazásemos sus servicios o temiéramos no ser capaces de dirigirlos." Este personaje errático que pretendía ingenuamente controlar una conspiración con más de cien años de recorrido, ejercía en 1917 como embajador alemán en Copenhague. Tras la derrota de Alemania, fue nombrado ministro de Exteriores de la República de Weimar y en marzo de 1919 representó a su país como jefe de la delegación alemana en la Conferencia de Versalles. En 1922 fue nombrado embajador en Moscú.

El viaje de Lenin a Rusia recibió la aprobación del canciller Bethmann-Hollweg, que descendía de una familia de banqueros judíos de Frankfurt am Main, donde un parque lleva el nombre del fundador de la dinastía, Simon Moritz von Bethmann. El canciller Bethmann-Hollweg había perdido el apoyo del Reichstag y había sido destituido; pero antes de ceder el puesto a Georg Michaelis, dio el visto bueno a la operación, que fue coordinada por Arthur Zimmermann, el secretario de Estado. Si se considera que la infiltración en el ejército, la agitación y el derrotismo, técnicas empleadas en Rusia por los revolucionarios, fueron utilizadas un año después en Alemania, donde los mismos hombres de la operación Lenin coadyuvaron a instaurar el comunismo en Baviera, se entenderá el error de apreciación cometido por los alemanes, que pretendían controlar los acontecimientos. El general Max Hoffman escribió más tarde lo siguiente. "Nunca supimos ni previmos el peligro para la humanidad como consecuencia de este viaje de los bolcheviques a Rusia."

El 9 de abril el tren que llevaba a los treinta y dos revolucionarios, la mayoría de los cuales eran extremistas judíos, salió de Berna. Entre los principales acompañantes de Lenin citaremos a Zinóviev y a su mujer, Slata Radomylskaya; Moisés Kharítonov, que fue luego jefe de la milicia de Petrogrado; Grigori Sokólnikov (Brilliant), editor de *Pravda* y luego comisario para Asuntos Bancarios; David Rosenblum, Alexander Abramovich y Nadezhda Krúpskaya, que estaba acompañada por Inessa Armand, amante de Lenin con su consentimiento. Antes de llegar a Estocolmo la comitiva se encontró con Ganetsky en Trelleborg. Cuando el grupo llegó a Malmö, el embajador Brockdorf-Rantzau informó enseguida a Berlín. Antes de las diez de la mañana del 13 de abril de 1917, el tren de Lenin entró en la estación de Estocolmo. En el andén los estaba esperando el alcalde de la ciudad, el socialista Carl Lindhagen. También el masón Hjalmar Branting, líder de los socialdemócratas suecos, ayudó a los bolcheviques a establecer en Suecia una base para preparar acciones terroristas en Rusia.

El masón polaco Karl Rádek (Sobelsohn) iba en el tren, pero no siguió hacia San Petersburgo, ya que permaneció en la capital sueca para ayudar a su amigo Ganetsky, quien canalizaba el dinero alemán para los bolcheviques de Petrogrado a través de Nya Banken, fundada en 1912 en Estocolmo por el banquero judío y masón Olof Aschberg (Obadiah Asch), calificado por la prensa alemana como "banquero de la revolución mundial" ("Bankier der Weltrevolution"). Olaf Aschberg formaba parte del entramado bancario de los Rothschild. En 1918 Aschberg cambió el nombre de Nya Banken por el de Svensk Economiebolaget, cuyo agente en Londres fue el British Bank of North Commerce, presidido por Earl Grey, antiguo socio de Cecil Rhodes. En el mismo círculo de Aschberg, asociado con el Nya Banken, estaba el Guaranty Trust Company de Nueva York, controlado por J. P. Morgan. Cuando en 1922 los soviéticos fundaron su primer banco internacional, el Ruskombank (Banco de Comercio Exterior), fue presidido por Olof Aschberg. El director jefe del departamento de exterior del Ruskombank fue Max May, otro hombre del Guaranty Trust de Morgan.

Lenin pasó ocho horas en el hotel Regina, donde se entrevistó con Hans Steinwachs, representante del Ministerio de Exteriores alemán y jefe del espionaje alemán en Escandinavia. A las 18.30 del mismo 13 de abril continuó viaje a Haparanda. Los billetes del viaje hasta Estocolmo fueron pagados por el Gobierno alemán, pero a partir de ahí los gastos del viaje corrieron a cargo del Gobierno provisional, toda vez que Alexander Kerensky, el ministro de Justicia, había directamente invitado a Lenin y a Trotsky. Por fin, pasadas las 23.10 de la noche del 16 de abril de 1917, diez días después de la declaración de guerra de Estados Unidos a Alemania y dieciocho días antes de la llegada de Trostsky, Lenin y su grupo pusieron pie en Petrogrado. Los estaba esperando con flores el presidente del Soviet, el masón menchevique Cheidze, que pronunció un discurso de bienvenida. Lenin se encaramó encima de un vehículo y pronunció también un discurso de agitación antes de subir al coche blindado que lo estaba esperando. Más tarde sería recibido en el Palacio de Invierno por el ministro de Trabajo, el masón menchevique Mijail Skóbelev. En mayo llegó desde Suiza una nueva remesa de doscientos revolucionarios, encabezados por el menchevique Mártov (Zederbaum) y por Pavel Axelrod. Todos los actores fueron llegando a Rusia entre abril y mayo con el fin de representar el tercer y último acto de la revolución.

Kerensky, primer ministro: comienza la cuenta atrás

Cuando Lenin llegó, los mencheviques y los socialistas revolucionarios, conocidos como eseristas (SRs), dominaban el Soviet de San Petersburgo y los bolcheviques estaban en minoría. Tanto el presidente Cheidze como los vicepresidentes Kerensky y Skóbelev eran mencheviques y en principio fueron partidarios de proseguir la guerra. Pero las divisiones dentro de esta facción de los socialdemócratas se acrecentaron con la llegada de Lenin. El liderazgo de los mencheviques era enteramentre judío y en el fondo eran discusiones de familia mantenidas dentro de la casa común que era el partido socialdemócrata. Los bolcheviques pidieron durante los meses de abril, mayo y junio la destrucción del Gobierno provisional, que Lenin consideraba en sus discursos un instrumento de la burguesía al que había que derribar. Sin embargo, el Gobierno provisional había prometido la convocatoria de elecciones para una Asamblea Constituyente que debería redactar una constitución para Rusia. El 3 de junio de 1917 los soviets se adelantaron y convocaron el Primer Congreso de Soviets de toda Rusia, que se celebró en San Petersburgo. Tras la revolución de febrero/marzo, los partidos marxistas habían organizado en Rusia cientos de soviets locales y la finalidad de la convocatoria era unificar las fuerzas de la revolución. El Congreso puso de manifiesto que mencheviques y eseristas eran efectivamente mayoritarios y dominaban una asamblea con cientos de delegados, de los cuales sólo cuarenta eran bolcheviques. Antes de disolver el Congreso, se acordó la fecha para una segunda reunión. Inicialmente se pensó en el 7/20 de octubre, pero luego la fecha fue cambiada por el 25 de octubre (7 de noviembre del calendario gregoriano), día que, "casualmente", coincidía con la fecha de la revolución.

Con dinero fresco a su disposición, Trotsky, que se pasó a los bolcheviques, y Lenin pusieron en circulación publicaciones y panfletos de todo tipo. Ya en mayo *Pravda* pasó de tirar tres mil ejemplares a trescientos mil y se repartía gratuitamente. A pesar de que tanto Lenin como Trotsky suspiraban por la guerra civil, por una guerra de clases sin compasión en la que los adversarios políticos debían ser exterminados, el lema de los bolcheviques era "¡Paz! ¡Pan! ¡Tierra! ¡Todo el poder para los soviets!". La propaganda comenzó a hacer efecto entre los obreros de las fábricas y en los acuartelamientos próximos a San Petersburgo. En julio los bolcheviques habían conseguido el apoyo de los elementos más radicales de la ciudad y la ebullición iba en aumento. También el retorno de los exiliados, mayoritariamente bolcheviques, fortalecía su posición. Toda esta agitación provocó que el 3/16 de julio miles de trabajadores y soldados se echasen a la calles, envalentonados por líderes de menor rango ansiosos de tomar el poder. El propio Trotsky refrenó a los guardias rojos ante el palacio Táuride y les pidió que fuesen a casa y que se calmasen. El 4/17 de julio, coincidiendo con una ofensiva alemana, la situación se hizo explosiva y se produjo un levantamiento no programado de miles de trabajadores y soldados que puso al Gobierno del príncipe Lvov contra las cuerdas y en disposición de dimitir. Estos días han pasado a la historia rusa como "Días de Julio".

Algunos masones del Gobierno no enterados de lo que estaba en juego, al conocer la existencia de documentos que comprometían a los bolcheviques, se quitaron la venda que les tapaba lo ojos y comenzaron a ver la realidad. El mismo 4/17 de julio el agregado militar francés Pierre Laurent visitó al coronel Boris Nikitin, entonces jefe del Servicio Secreto ruso, y le entregó copias de veintinueve telegramas de Lenin, Ganetsky, Zinóviev y otros, así como tres cartas de Lenin, que ponían en evidencia a la facción bolchevique. Esta información fue inmediatamente filtrada a periódicos afines por patriotas próximos al Gobierno. Rumores de que iban a publicarse informaciones significativas sobre Lenin, Trotsky y Zinóviev se expandieron por la ciudad. Stalin telefoneó a Cheidze y le convenció para que llamase a los periódicos y prohibiese la publicación de documentos sensibles. El Gobierno provisional hubiera querido enterrar el asunto, pero un pequeño periódico, *Zhivoe Slovo* (*La Palabra Viva*), ignoró la prohibición y publicó el 5/18 de julio un artículo de los eseristas Grigori Alexinsky y Vasili Pankratov sobre la financiación alemana del partido de Lenin. En el escrito se presentaban fragmentos que demostraban que Lenin había recibido 315.000 marcos a través de un tal Sr. Svenson que trabajaba en en la Embajada alemana en Estocolmo. Lenin había recibido dinero e instrucciones de gente de confianza como Jacob Fürstenberg y Alexander Parvus. En el artículo publicado figuraba el nombre de Eugenia Sumenson (Dora Simmons), que aparece por primera vez en esta narración. Esta mujer de origen judío trabajaba en Petrogrado en un negocio farmacéutico, *Fabian Klingsland*, dirigido por Kozlovsky, un agente de Parvus que estaba en el comité ejecutivo del Soviet de Petrogrado. El dinero era recibido por esta empresa, que servía para blanquearlo antes de depositarlo en los bancos de donde era retirado por Sumenson, que era pariente de Ganetsky. Veamos un pasaje del artículo, reproducido en *Wall Street and the Bolshevik Revolution*:

> "De acuerdo con la información recién recibida, estas personas de confianza en Estocolmo eran: el bolchevique Jacob Fürstenberg, mejor conocido por el nombre de Ganetsky, y Parvus (Dr. Helphand); en Petrogrado: el abogado bolchevique M. U. Kozlovsky, una muejer pariente de Ganetsky, Sumenson, involucrada en especulación con Ganetsky y otros. Kozlovsky era el principal receptor del dinero alemán, que eran transferido desde Berlín a través de 'Disconto-Gesellschaft' a Estocolmo 'vía bank' y desde allí al Banco de Siberia en Petrogrado, donde esta cuenta actualmente presenta un balance cercano a los 2.000.000 de rublos. La censura militar ha descubierto un intercambio ininterrumpido de telegramas de naturaleza política y financiera entre agentes alemanes y líderes bolcheviques."

En cuanto a las cartas de Lenin, el Gobierno provisional supo que Lenin había escrito el 12/25 de abril a Ganetsky y a Rádek, que seguían en Estocolmo, para confirmarles que había recibido el dinero. Una segunda carta dirigida a Ganetsky el 21 de abril/4 de mayo confirmaba otra recepción de dinero. Además, a través de la correspondencia con Ganetsky, se supo también que un agente del propio Gobierno provisional en Estocolmo había ayudado a los bolcheviques a contrabandear el dinero en un saco de correos.

Ganetsky, que viajaba hacia Petrogrado con importantes documentos, se enteró del escándalo y suspendió el viaje y regresó a Estocolmo. En *Under the Sign of the Scorpion* Jüri Lina agrega que su representante, el judío polaco Salomón Chakowicz, permaneció en Haparanda con su equipaje y que el agregado militar francés Pierre Laurent envió a un agente a la ciudad con el fin de tratar de robar dicho equipaje. Si consiguió o no su objetivo, se desconoce. En cuanto a Parvus, se apresuró a abandonar Copenhague y a regresar a Suiza.

Tan pronto apareció publicado el artículo, el ministro de Justicia, Pavel Pereverzev, se convirtió en el chivo expiatorio por la filtración de los documentos a la prensa y fue obligado a dimitir. Se alegó que era precisa una investigación para comprobar la supuesta traición de los bolcheviques. El día 6/19 de julio la agitación en las calles había disminuido y Lenin publicó un artículo en el que rechazaba las acusaciones y las calificaba de "podrida invención de la burguesía". En la biografía oficial de Lenin se alude a estas acusaciones como un libelo de agentes provocadores. Trotsky, por su parte, mantuvo que el dinero procedía de recolectas de los trabajadores. Dos meses más tarde, un tal Raphael Scholan (Schaumann) recibió en Haparanda un telegrama de Jacob Fürstenberg, fechado el 21 de septiembre en Estocolmo, cuyo texto demuestra quiénes eran los pretendidos "trabajadores" que daban dinero a Trotsky. En *The World at the Cross Roads* Boris Brasol reproduce el documento[51], que se cita asimismo en otras obras. Su texto completo reza así: "Querido camarada: la sucursal de la casa bancaria M. Warburg ha abierto de acuerdo con el telegrama del presidente de la Sindicatura Westfaliano-Renana una cuenta para el proyecto del camarada Trotsky. El abogado bancario (agente) compró armas y ha organizado su transporte y entrega en Luleo y Varde. A nombre de la sucursal de Essen & Son en Luleo, receptores, y una persona autorizada para recibir el dinero pedido por el camarada Trotzky. J. Fürstenberg."

Ante la evidencia, la Fiscalía no pudo evitar la apertura de una investigación que desveló que había 180.000 rublos en la cuenta bancaria de Eugenia Sumenson y que otros 750.000 había sido transferidos durante un periodo de seis meses por Nya Banken. Lenin fue acusado de traición y de espionaje. El 7/20 de julio el Gobierno provisional ordenó el arresto de Lenin, de Zinóviev y del editor de *Pravda*, Lev Kámenev (Rosenfeld). Tanto los periódicos burgueses como los de los socialistas revolucionarios (eseristas) pedían que se juzgase a Lenin. Kerensky, que era ministro de la Guerra, después de haber visitado el frente, se ofreció el 8/21 de julio para asumir el cargo de primer ministro de un gobierno de "salvación de la revolución". Kerensky pretendía resolver el conflicto "por medios pacíficos". El nuevo primer ministro, considerado un excelente orador, se

---

[51] La fuente de Boris Brasol son los Archivos Nacionales, concretamente el Comité de Información Pública en Washigton D. C., de donde procede el documento con fecha de 27 de octubre de 1918.

aplicó enseguida en la tarea de suscitar entusiasmo por la nueva ofensiva contra los alemanes, otra ofensiva-masacre que sólo favorecía la estrategia de los bolcheviques. Aunque inicialmente tuvo un éxito moderado, fue decayendo constantemente en los meses que siguieron, lo cual era inevitable si se considera que la moral y la disciplina de las tropas rusas venía siendo minada desde dentro.

Lenin abandonó San Petersburgo el 9/22 de julio por la noche. Nadie intentó arrestarlo y tras de un tranquilo periplo por varias ciudades rusas y finlandesas acabó un mes más tarde en Helsinki. También Zinóviev decidió esconderse. El 13/26 de julio, el propio Soviet de San Petersburgo pidió que Lenin y Zinóviev fueran juzgados. Un grupo de camaradas mantenían que Lenin era inocente y que no había nada que temer de la investigación. Evidentemente, Lenin no compartía esta opinión. Por fin, ante la presión de la prensa hostil, los principales líderes bolcheviques que seguían en la ciudad: León Trotsky, Anatoly Lunakarsky, Aleksandra Kollontái, Lev Kámenev, Eugenia Sumenson y bastantes más fueron arrestados, acusados de mantener contactos con Alexander Parvus, a quien se consideraba un agente alemán. La investigación produjo miles de páginas que se archivaron sin que se tomara ninguna acción contra los detenidos. Hasta la caída del comunismo no se tuvo acceso a toda la documentación.

Dos meses antes de la toma del poder por los bolcheviques, el 26 de julio/8 de agosto dio comienzo el Sexto Congreso del Partido Laborista Socialdemócrata Ruso. Diez años habían pasado desde el congreso anterior, celebrado en Londres en 1907. Debido a que los principales líderes del partido estaban escondidos o detenidos, fue organizado por miembros de segundo rango, de entre los cuales Sverdlov era de los más destacados. Sverdlov, Olminsky, Lomov, Yurenev y Stalin ejercieron la presidencia. En realidad el congreso fue un asunto bolchevique, puesto que la facción menchevique había prácticamente dejado de existir. Puede hablarse pues del Congreso del Partido Bolchevique, que un año más tarde pasaría a llamarse Partido Comunista. El acto más importante fue la elección del Comité Central, compuesto de 26 miembros, que fue el que dos meses más tarde dirigió la Revolución de Octubre. Trotsky escribe en su libro *Stalin* que "debido a la semilegalidad del partido los nombres de las personas elegidas en votación secreta no fueron anunciados en el congreso, con la excepción de los cuatro que habían recibido el mayor número de votos." Lenin obtuvo 133 votos; Zinóviev, 132; Kámenev, 131; Trotsky, 131. Si se acepta lo argumentado más arriba sobre la madre de Lenin, los cuatro líderes del partido eran judíos y estaban casados con mujeres de su misma raza. Durante el congreso V. Volodarsky (Moisés Markovich Goldstein), uno de los trotskystas que habían viajado desde Nueva York en el *Kristianiafjord*, encabezó un grupo de delegados que querían que Lenin se presentase para ser juzgado. Este hecho acaso sea significativo y habrá ocasión de comentarlo más adelante, toda vez que Volodarsky fue asesinado en junio de 1918.

Kerensky no tardó mucho en comenzar a liberar a los líderes bolcheviques detenidos. El primero en salir de la cárcel el mismo mes de agosto fue Kámenev, pero pronto estuvieron todos en la calle. Trotsky fue liberado el 4/17 de septiembre y este mismo mes el Soviet de Moscú pasó a estar bajo control bolchevique. El 23 de septiembre/6 de octubre Trotsky fue elegido presidente del Soviet de San Petersburgo en sustitución del menchevique Cheidze. A partir de este momento los bolcheviques pasaron a controlar tambien el Soviet de San Petersburgo, que el 12/25 de octubre votó transferir todo el poder militar a un Comité Militar Revolucionario, encabezado por Trotsky.

Antes de pasar a relatar la toma del poder, hay que hacer mención de la revuelta del general Lavr Kornílov, que había sido nombrado comandante en jefe del Ejército ruso tras el fracaso de la ofensiva de julio. Kornílov, uno de los generales masones que apoyaron ciegamente la revolución que había derrocado la monarquía, había sido el encargado de detener personalmente al zar. Finalmente, cansado ya de las turbias maniobras del Gobierno provisional, se propuso derribar a Kerensky, que seguía liberando a los bolcheviques encarcelados. El 19 de agosto/1 de septiembre ordenó a sus cosacos que atacasen la capital. El 25 de agosto/7 de septiembre las tropas del general Krymov se dirigieron a San Petersburgo con orden de colgar a todos los soviets y a los traidores. El 26 de agosto/8 de septiembre Kornílov publicó una proclama en la que acusaba al Gobierno provisional de socavar el Estado y al Ejército, por lo que reclamaba el poder. Kerensky pidió ayuda a los bolcheviques, que fueron todos liberados de sus cargos y presentados como los mejores defensores de la democracia. Para hacer frente a la contrarrevolución, un comité central fue fundado por los bolcheviques y los eseristas. Se ordenó que miles de marinos de Kronstadt acudiesen a Petrogrado, se devolvió a los guardias rojos las armas que les habían sido confiscadas durante los días de julio, se acudió a los ferroviarios para que saboteran las vías y se movilizó a los trabajadores. Los soviets comenzaron a arrestar a miles de oficiales sospechosos de simpatizar con Kornílov, pero también a muchos civiles. En total cerca de siete mil personas fueron detenidas. El general Krymov fue invitado a negociar con Kerensky y una vez acabada la entrevista se pegó un tiro y acabó con su vida. En definitiva, el 30 de agosto/12 de septiembre la revuelta había sido sofocada. Los bolcheviques, como se ha explicado, supieron sacar el máximo provecho de la coyuntura propiciada por la revuelta y se hicieron con el control de los soviets de las grandes ciudades.

... y Kerensky entrega el poder a los bolcheviques

Gracias al telegrama de Jacob Fürstenberg antes transcrito, se sabe que a finales de septiembre la casa bancaria de Max Warburg, atendiendo a una solicitud de Trotsky, había puesto a su disposición armas y dinero. Este hecho es una prueba evidente de que los preparativos para la toma del poder se aceleraban. Diversos autores coinciden en señalar que, según información que consta en los archivos del Departamento de Estado, el embajador norteamericano, David Francis, estaba bien informado de los planes de los bolcheviques y el presidente Wilson supo con antelación de un mes y medio que los bolcheviques tomarían el poder en octubre/noviembre. La fecha elegida coincidía exactamente con el cumpleaños de Trotsky, el 7 de noviembre del calendario gregoriano. Tanto Wilson como Lloyd George sabían que el triunfo de la revolución en Rusia permitiría a Alemania alargar la guerra mundial; pero no sólo no hicieron nada para evitar la caída de Rusia en manos del comunismo internacional, sino que la propiciaron. Una prueba de que también el Gobierno británico sabía lo que se avecinaba es que un mes y medio antes recomendaron a todos los ciudadanos que abandonasen el país.

Lenin regresó a San Petersburgo a principios de octubre y según Margarita Fofanova vivió en su apartamento hasta el momento de la toma del poder. El Gobierno de Kerensky conocía este hecho, pero no hizo nada. A pesar de que el plan de los bolcheviques era un secreto a voces aireado incluso en la prensa, Kerensky rechazó la sugerencia de reforzar con tropas San Petersburgo. La tesis propagandística de que la revolución fue espontánea carece de sentido. El Comité Militar Revolucionario, al que el Soviet de San Petersburgo transmitió oficialmente el poder el 12/25 de octubre, llevaba ya varios días funcionando secretamente a las órdenes de Trotsky. El 22 de octubre/4 de noviembre el Comité organizó una enorme manifestación para preparar la inminente toma del poder. El día siguiente la fortaleza de Pedro y Pablo se declaró a favor de los bolcheviques. El 24 de octubre/6 de noviembre, un día antes de ceder el poder, Kerensky escenificó su última farsa, su último esperpento: ordenó el arresto del Comité Militar Revolucionario, prohibió todas las publicaciones bolcheviques y ordenó que tropas de refresco reemplazasen la guarnición de San Petersburgo. Estas medidas, por supuesto, nunca se llegaron a tomar.

La actuación de Lenin en los días anteriores al golpe de Estado sigue siendo un misterio. Se ha confirmado que no estaba en el Instituto Smolny, que fue el cuartel general del Comité Militar Revolucionario desde el que Trotsky organizó todo. Tal como se había programado "casualmente" en junio, el Segundo Congreso de Soviets de Rusia se reunió el 25 de octubre/7 de noviembre en el mismo Instituto Smolny desde donde el Comité Militar Revolucionario dirigía las operaciones. Fue allí donde a las 10.40 de la mañana se anunció que el Gobierno provisional había sido derribado y que el poder había pasado a los soviets. El Congreso de Soviets aceptó entonces la petición de formar un nuevo Gobierno: el Consejo de Comisarios del Pueblo ("Sovnarkom" Soviet naródnij kommissárov). La propuesta se aprobó por 390 votos de 650 posibles. El Gobierno que se formó estuvo integrado exclusivamente por bolcheviques y el líder de los mencheviques, Mártov (Zederbaum) abandonó el congreso con otros miembros de la facción. El Consejo se convirtió así en el Gobierno oficial de Rusia. Los dieciocho componentes de este Consejo de Comisarios, que fue presidido por Lenin, eran judíos o estaban casados con judías. El propio Lenin consideró que se trataba de un gobierno provisional, toda vez que las esperadas elecciones para una Asamblea Constituyente, tantas veces aplazadas por lo gabinetes masónicos, tenían ya fecha de celebración. De hecho tuvieron lugar entre el 12/25 y el 14/27 de noviembre.

En cuanto a la mítica toma del Palacio de Invierno, supuestamente asaltado por cinco mil marineros en la mañana del 25 de octubre/7 de noviembre, Sergei P. Melgunov indica que fueron sólo unos centenares de revolucionarios y cincuenta guardias rojos los que entraron tranquilamente en el palacio, el cual en realidad nunca fue asaltado porque no era ya necesario. La toma del Palacio de Invierno aconteció después de haber sido ya anunciada la caída del Gobierno provisional en el Congreso de los Soviets. Trotsky había dicho horas antes que "el poder gubernamental radicaba en el Comité Militar Revolucionario". Antes de que unos centenares de trabajadores portuarios y de la fábrica Putilova, que habían sido dirigidos allí, y los guardias rojos recibieran la orden de entrar en el palacio, Trotsky ordenó que se disparasen treinta y cinco cañonazos desde la fortaleza de Pedro y Pablo. Naturalmente, nunca alcanzaron el supuesto objetivo del Palacio de Invierno. Seguramente su finalidad era realzar el dramatismo y la épica de la revolución para que en los libros de historia que iban a escribir ellos mismos no faltase nada. En *The Bolshevik Seizure of Power* Melgunov asevera que los primeros guardias rojos se reunieron en torno al palacio sobre las 16.30 de la tarde, pero que el jefe de los guardias, Vladimir Nevsky, recibió órdenes de esperar. Según Melgunov, las fuerzas que estaban de guardia en el palacio fueron retiradas y sólo permanecieron allí dos compañías del batallón de mujeres. Ciertas fuentes cuentan que algunas de estas mujeres fueron violadas; aunque la versión oficial reconoce que no ofrecieron resistencia y proclama que simplemente fueron desarmadas y puestas en libertad. Según la narrativa que pretende conferir matices de epopeya a la "gloriosa toma del Palacio de Invierno", los bolcheviques dieron un ultimátum al Gobierno provisional que éste se negó a responder; pero lo cierto es que el Gobierno en realidad no existía desde hacía días, puesto que voluntariamente había reconocido de facto el poder del Comité Militar Revolucionario de Trotsky.

E. M. Halliday escribe en *Russia in Revolution* que Kerensky, secretario del Gran Oriente en Rusia, correligionario y hermano masón de

Lenin y Trotsky, había abandonado San Petersburgo el mismo día 25 de octubre/7 de noviembre por la mañana. La Embajada norteamericana puso a su disposición un coche con bandera de Estados Unidos. Provisto de documentos falsos y de dinero, los bolcheviques lo escoltaron hasta Murmansk, base naval que había sido ocupada por los británicos. Allí fue recibido como un refugiado "blanco" y zarpó hacia Inglaterra en un barco italiano. Queda claro que todo había sido planeado con antelación. Después de vivir tranquilamente en Berlín y en París, pasó años más tarde a Estados Unidos, donde murió en Nueva York en 1970. Sin embargo, la versión oficial pretende hacer creer que se disfrazó de mujer y huyó a Gachino. En sus memorias, Kerensky, a quien Trotsky consideraba un aventurero, insiste en que trató de organizar la resistencia en dicha ciudad. En cuanto atañe a los demás miembros del Gobierno provisional, algunos de los cuales se hallaban en el palacio, el encargado de su detención fue Antonov-Ovseyenko, un camarada de Trotsky. El arresto se produjo exactamente a las 2.10 de la madrugada del 26 de octubre/8 de noviembre, momento en que los guardias rojos abrieron la puerta de la habitación donde estaban reunidos los ministros y anunciaron: "¡Caballeros! ¡Su tiempo ha concluido!"

John Reed, famoso comunista americano a cuya aureola ha contribuido la fábrica propagandística de Hollywood con la película *Rojos* (1981), escribió ya en 1918 *Diez días que estremecieron al mundo*, obra publicada en 1919 por la editorial del Partido Comunista de Estados Unidos[52]. En ella Reed, que andaba por allí, cuenta que presenció como los guardias rojos escoltaban a media docena de civiles, entre los que cita a Rutenberg, "que miraba taciturno hacia el suelo", y a Teréshchenko, "quien lanzaba rápidos vistazos a su alrededor". Según Reed, fueron conducidos a la fortaleza de Pedro y Pablo. En realidad se trataba de un paripé, como se dice coloquialmente, para guardar las apariencias. Todos los detenidos fueron liberados en pocos meses y Rutenberg colaboró con los bolcheviques antes de abandonar Rusia tras el intento de asesinato de Lenin. Se ha relatado antes que Kerensky, siendo ministro de Justicia, nombró a Piotr (Pinhas) Rutenberg, jefe de Policía. Es imposible pensar que Lenin y Trotsky pudieran emprender acciones contra este hermano masón, que en 1905 actuaba como terrorista junto a Parvus y el mismo Trotsky. Además de ser uno de los fundadores de la Legión Judía, Rutenberg fundó asimismo junto a otros el "American Jewish Congress". Este sionista obtuvo de los británicos la concesión exclusiva para la producción y distribución de energía eléctrica en Palestina y fundó la que hoy es la "Israel Electric Corporation". Participó además en la creación de la *Haganah*, embrión del futuro ejército sionista. También ejerció como presidente del "Jewish National Council". Otro de los

---

[52] John Reed, informa Anthony Sutton, miembro del Comité Ejecutivo de la Tercera Internacional, fue respaldado por Eugene Boissevain, un banquero de Nueva York. Fue contratado por la revista *Metropolitan*, de Harry Payne Whitney, que ejercía entonces como director del Guaranty Trust Company de J. P. Morgan.

masones de alto rango que colabró con los bolcheviques fue Nikolai Nekrasov, antiguo ministro de Comunicaciones, que hasta 1920 trabajó en la Unión Central de Cooperativas. En cuanto a Teréschchenko, el ministro de Finanzas amigo de los Rothschild, fue también liberado y murió mucho después en Mónaco en 1956.

Otro testigo, el oficial del ejército Mijail Maslenninkov, exiliado en 1919 y fallecido a las noventa y ocho años en Madrid, confirma el hecho de que nadie defendía el Palacio de Invierno, que estaba rodeado por una muralla de sacos de arena de dos metros de altura que no abarcaba todo el edificio. Junto a esta muralla una desordenada masa de soldados gritaban "¡abajo el Gobierno! ¡Todo el poder a los soviets!" Maslenninkov cuenta que movido por la curiosidad llegó a una de las entradas del palacio y, tras ser saludado por un cadete de guardia, entró tranquilamente y subió hasta el primer piso donde un centenar de bolcheviques se movían de un sitio a otro. Un soldado hacía guardia frente a la puerta de una sala donde estaba reunido el gabinete ministerial. Según relata este oficial, que vestía una gabardina sin insignia de rango, un grupo de unos treinta soldados al mando de un teniente se abrió paso. Tras entrar en la habitación la puerta se cerró tras ellos. El relato sigue así: "Unos minutos después la puerta se abrió de nuevo y los ministros del Gobierno aparecieron en el umbral, poniéndose los abrigos apresuradamente... al día siguiente me enteré de que habían sido arrestados y llevados a la fortaleza de Pedro y Pablo." Fue poco después cuando sonaron, según este testigo, dos disparos del crucero *Aurora*, que había ido remontando el Neva hasta anclar cerca del palacio, donde sigue para que los turistas que visitan la ciudad puedan ver el barco que participó en la "gloriosa Revolución de Octubre". Desde la plaza se oían gritos que procedían del balcón de la primera planta: "¡Paradles, nos matarán! ¡Decidles que el palacio está en nuestra manos!"

Dieciocho días después del golpe de Estado, entre el 12/25 y el 14/27 de noviembre se celebraron las elecciones para la Asamblea Constituyente, tan laboriosamente preparadas por el Gobierno provisional y varias veces pospuestas por Kerensky. Un hecho poco conocido es que el ochenta por ciento de los judíos de Rusia votaron por partidos sionistas, que habían formado una lista unida de candidatos. Lenin escribió que más de medio millón de judíos votaron a los nacionalistas judíos. La Declaración Balfour, hecha pública semanas antes, propició sin duda el auge de los partidos sionistas. Los bolcheviques no interfirieron, los resultados les fueron adversos y quedaron en minoría. Los socialistas revolucionarios, eseristas, los doblaban ampliamente en número de escaños. La convocatoria de la Asamblea estaba en manos de una comisión especial que había sido creada para tal efecto. Los bolcheviques arrestaron a los miembros de este organismo, que fue sustituido por una Comisaría para la Asamblea Constituyente, presidida por el judío Uritsky, uno de los trotskystas de Nueva York. De esta manera se otorgaron la posibilidad de ejercer su autoridad.

Pronto comenzaron las detenciones de eseristas en Moscú. En Petrogrado, Lenin declaró que la Asamblea era menos democrática que los soviets y se proclamó la ley marcial.

Cuando por fin se reunió la Asamblea el 5/18 de enero de 1918, el judío Sverdlov, que no había sido elegido, se encargó de dirigir los procedimientos. En el exterior, respaldada por la burguesía y los funcionarios, se produjo en apoyo de la Asamblea una multitudinaria manifestación pacífica que fue disuelta a tiros por las tropas bolcheviques. Dentro, siguiendo el ejemplo de los jacobinos, quienes pagaban a los agitadores que actuaban a sus órdenes, las tribunas estaban llenas de soldados y marinos que interrumpían y abucheaban a los oradores opuestos al Gobierno. Diez horas más tarde la confusión reinaba en el interior del palacio Táuride. Los bolcheviques dieron por finalizada la sesión y abandonaron la sala. Poco después entraron las tropas, expulsaron a los parlamentarios y cerraron las puertas del edificio. Así terminó la Asamblea Constituyente y la esperanza de una constitución y de un gobierno representativo en Rusia. En el mes de marzo de 1918 el Gobierno soviético decidió trasladarse a Moscú, que pasó a ser de este modo la nueva capital, y adoptó el calendario gregoriano. El día 8 de marzo el Partido Socialdemócrata Ruso se convirtió en el Partido Comunista. Mientras tanto, los enemigos del nuevo régimen se habían ido "organizando" para tratar de oponer resistencia. Ante este peligro, Trotsky, tras representar a Rusia en Brest-Litovsk, cedió su puesto de comisario de Asuntos Exteriores a otro judío, Georgi Chicherin (Ornatsky), y en marzo pasó a ser comisario de Guerra, cargo que le permitió asumir el mando sobre todos los recursos militares y organizar el Ejército Rojo, que en 1921 acabaría ganando la guerra civil.

Los conspiradores utilizan la Cruz Roja

Este apartado tiene como fuente principal los capítulos quinto y sexto de *Wall Street and the Bolshevik Revolution,* en los cuales Anthony Sutton certifica que Wall Street, los bancos más representativos del cártel de la Reserva Federal, concretamente, utilizaron la Cruz Roja como tapadera para una misión de apoyo a los bolcheviques, a los que estaban financiando. El hombre escogido para esta tarea, William Boyce Thompson, era un representante de alto nivel de Morgan, Rockefeller y Guggenheim, los banqueros judíos que aspiraban a grandes negocios, los que más ambicionaban las enormes riquezas de Rusia, a las cuales pretendían acceder gracias a sus agentes judeo-bolcheviques

Ya en 1910, J. P. Morgan había hecho una serie de aportaciones de dinero a la Cruz Roja Americana que hacían de él uno de los principales "filántropos" que se escondían tras la entidad. Durante la Gran Guerra, la Cruz Roja Americana dependía mucho del Guaranty Trust de Morgan. John Foster Dulles reconoce que, ante la imposibilidad de hacer frente a las demandas de la guerra, la Cruz Roja acabó en manos de estos banqueros: "contemplada la Cruz Roja Americana como un brazo virtual del Gobierno, ellos concibieron efectuar una incalculable donación para la victoria en la guerra. Haciendo esto, se burlaban del lema de la Cruz Roja: Neutralidad y Humanidad." A cambio de aumentar la financiación, dichos banqueros solicitaron el Consejo de Guerra de la Cruz Roja, del cual fue nombrado presidente Henry P. Davison, socio de J. P. Morgan. En la lista de administradores de la Cruz Roja fueron figurando nombres que trabajaban en bancos y compañías de Guggenheim, Morgan y Rockefeller.

El asunto de la misión de la Cruz Roja en Rusia se presentó en una reunión del reconstruido Consejo de Guerra, presidido por el citado Davison, que se celebró en el edificio de la Cruz Roja en Washigton D. C. el 29 de mayo de 1917. En dicho encuentro se comisionó a Alexander Legge, de la International Harvester Company, empresa de maquinaria agrícola que pertenecía a Rockefeller, y al propio Henry Davison para que explorasen la idea. En una reunión posterior se anunció ya que William Boyce Thompson, director del Banco de la Reserva Federal de Nueva York se había ofrecido para pagar todos los gastos de la comisión. La aceptación de la oferta consta en un telegrama: "Su deseo de pagar los gastos de la comisión a Rusia es muy apreciado y desde nuestro punto de vista muy importante." La misión de la Cruz Roja Americana, integrada por quince hombres de negocios y abogados, siete doctores y siete enfermeras y celadores, llegó a Rusia a finales de julio de 1917. Ya en el mes de agosto los siete doctores, después de protestar indignados por las actividades políticas de Thompson, abandonaron la misión y regresaron a Estados Unidos.

En el mismo mes de agosto William B. Thompson almorzó en la Embajada de Estados Unidos en Petrogrado con Kerensky, Teréshchenho y el embajador Francis. Acabada la comida Thompson enseñó a sus invitados rusos un cablegrama que había enviado a la oficina de Nueva York de J. P. Morgan, en el que solicitaba una transferencia de 425.000 rublos para una suscripción personal al Préstamo para la Libertad de Rusia (Russian Liberty Loan), suma que fue enviada a una filial del National City Bank de Rockefeller. Además, según consta en los archivos de la Embajada estadounidense, La Cruz Roja entregó 10.000 rublos a Kerensky para asistencia a los refugiados políticos. Es en la asistencia a los bolcheviques donde se desvela realmente el alto significado histórico y político de la misión de la Cruz Roja Americana en Rusia. Thompson contribuyó personalmente a la causa bolchevique con un millón de dólares; pero, aparte de las aportaciones económicas, interesa conocer las connotaciones políticas del viaje de la delegación camuflada de Wall Street, que contrató enseguida los servicios de tres intérpretes rusos, uno de los cuales, Boris Reinstein, fue más tarde secretario de Lenin y jefe del "Bureau of International Revolutionary Propaganda", que dependía del "Press Bureau" de Karl Rádek.

William B. Thompson abandonó Rusia a principios de diciembre de 1917 y dejó como sustituto al frente de la "misión de la Cruz Roja" al coronel Raymond Robins, quien organizó con los bolcheviques la puesta en marcha de un plan sugerido por Thompson para difundir propaganda comunista a través de Europa. Documentos franceses confirman que el coronel Robins "fue capaz de enviar una misión subversiva de bolcheviques rusos a Alemania para empezar allí una revolución". El plan global incluía el lanzamiento de propaganda desde aviones y el contrabando de literatura bolchevique a través de Alemania. Poco después de la toma del poder por los bolcheviques, Robins recibió un telegrama en nombre del presidente Wilson en el que se le decía: "El presidente desea el mantenimiento de comunicaciones directas de representantes de Estados Unidos con el Gobierno bolchevique." Robins envió días después otro telegrama al presidente del Consejo de Guerra de la Cruz Roja, Henry Davison, en el que pedía: "Por favor, transmita al presidente la necesidad de nuestras relaciones con el Gobierno bolchevique."

Antes de abandonar Rusia, Thompson había hecho preparativos para vender la revolución bolchevique en Europa y en su propio país. Desde Petrogrado envió un telegrama a Thomas W. Lamont, socio de J. P. Morgan, que se encontraba en París con el coronel Edward Mandell House. Le pedía que viajase a Londres con el fin de coordinar allí sus actuaciones. Las ideas de Thompson sobre la necesidad de expandir la revolución trascendieron meses después a la opinión pública norteamericana a través del *Washington Post*. El 2 de febrero de 1918, el citado periódico informaba:

> "William B. Thompson, que estuvo en Petrogrado desde julio hasta el pasado diciembre, ha efectuado una contribución personal de 1.000.000 de dólares a los bolcheviques con la finalidad de que propaguen su doctrina en Alemania y Austria. El Sr. Thompson, como jefe de la misión de la Cruz Roja Americana, cuyos gastos ha sufragado personalmente, tuvo una oportunidad de estudiar la situación en Rusia. Opina que los bolcheviques constituyen el mayor poder contra el progermanismo en Rusia y que su propaganda ha estado socavando los regímenes militaristas de los imperios. El Sr. Thompson desprecia las críticas americanas contra los bolcheviques. Cree que han sido malinterpretados y ha hecho la contribución financiera a la causa convencido de que será dinero gastado por el futuro de Rusia y por la causa aliada."

En la biografía *The Magnate: William B. Thompson and His time (1869-1930)* Hermann Hagedorn reproduce el cablegrama enviado por J. P. Morgan a William B. Thompson, recibido el 8 de diciembre de 1917 en Petrogrado, en el que se lee: "Nueva York Y757/5 24W5 Nil -Su segundo cable recibido. Hemos pagado al National City Bank un millón de dólares según lo ordenado- Morgan." Puede añadirse aquí que la filial del National

City Bank en Petrogrado fue el único banco extranjero que quedó al margen del decreto de nacionalización de los bolcheviques.

William B. Thompson abandonó Petrogrado en diciembre de 1917 para regresar a Estados Unidos, cosa que hizo vía Londres, a donde llegó el día 10. Allí, en compañía de Thomas Lamont, socio de la firma J. P. Morgan que sería más tarde representante del Tesoro en la Conferencia de Paz y miembro del CFR (Council of Foreign Relations), organismo globalista emanado de la Round Table, visitaron a Lloyd George. Thompson y Lamont trataron de convencer al primer ministro británico de que el regimen bolchevique había llegado para quedarse, y de que la política británica debería dejar de ser antibolchevique, debería aceptar las nuevas realidades y debería respaldar a Lenin y a Trotsky. Lloyd George entendió perfectamente los consejos de Thompson y Lamont. Su ministro del Foreign Office acababa de hacer la *Declaración Balfour* y, tras un año como primer ministro, sabía muy bien quiénes estaban detrás de los acontecimientos internacionales. Además no era un hombre libre: se debía a quienes lo habían situado en el puesto, cuyo hombre en la sombra era Lord Milner, el agente de los Rothschild que había fundado en 1909 la Round Table. Alfred Milner formaba parte entonces del Gabinete de Guerra y era el director del London Joint Stock Bank (hoy Midland Bank), desde donde brindaba cobertura al tráfico de armas de Basil Zaharoff, un judío de origen griego que era el principal suministrador del bando bolchevique. Milner había rechazado en 1910 una fabulosa oferta para ocupar la vacante de J. P. Morgan junior, que regresaba a Nueva York junto a su padre, y convertirse así en uno de los tres socios del Morgan Bank de Londres. Finalmente el nuevo socio fue E. C. Grenfell y la filial de Londres pasó a ser Morgan Grenfell & Company. Lord Milner prefirió ser nombrado director de un grupo de bancos públicos, principalmente del Joint Stock Bank.

La figura de Basil Zaharoff merece unos párrafos, por lo menos. Zaharoff, Zedzed para los íntimos, fue un canalla de la peor especie. Su vida permanece envuelta en el misterio, ya que él mismo se encargó de quemar montones de papeles confidenciales. Quemó también un diario escrito a lo largo de medio siglo donde seguramente figuraban los episodios más sonados de su escandalosa carrera. Nacido en Anatolia, quizá en 1849, era hijo de un comerciante griego que importaba esencia de rosas. Su familia se trasladó a Odessa, donde rusificó su nombre. Se le atribuye la invención del "Sistema Zaharoff", que consistía en vender armas a todas las partes involucradas en conflictos que él ayudaba a provocar. Hizo una fortuna como vendedor de armas de Vickers, la mayor empresa de armamento británica, de ahí que fuera conocido como el "Mercader de la Muerte". Papeles de 1917 recientemente desclasificados demuestran que mantuvo negociaciones secretas con Grecia para que se uniese a los aliados y también con los turcos para que traicionasen a los alemanes. El momento culminante de este episodio fue su frustrado viaje a Suiza, provisto de diez millones de libras en oro y con autorización de Lloyd George, con el fin de comprar la salida de Turquía de la guerra y conseguir el establecimiento de lo que sería el Estado de Israel. Estas intrigas fracasaron estrepitosamente, toda vez que la policía de fronteras lo detuvo. Pese a todo, Zaharoff escribió al Gobierno británico con el fin de solicitar "chocolate para Zedzed". Dicho de otro modo, debió de chantajear a Lloyd George, quien a regañadientes lo recomendó para la Gran Cruz de Caballero, lo que le permitió pasar a ser "Sir Basil". Eustace Mullins escribe *en New History of the Jews* que los judíos no sólo controlaban a Lloyd George con sobornos, sino que Zaharoff le envió a una de sus antiguas mujeres para que tuviera un asunto con él. Mullins menciona entre los agentes de Zaharoff en Inglaterra a un judío húngaro llamado Trebitsch-Lincoln (en el próximo capítulo lo conoceremos mejor), que se convirtió en sacerdote de la iglesia anglicana y fue miembro del Parlamento mientras trabajaba para Zaharoff. Se calcula que sólo como resultado de sus negocios durante la Gran Guerra el Mercader de la Muerte amasó una fortuna de 1.2 billones de dólares.

En 1963 apareció un libro escrito por Donald McCormick, *The Mask of Merlin. A Critical Study of David Lloyd George,* donde se demuestra que Lloyd George se había empantanado profundamente en la ciénaga de las intrigas internacionales sobre la venta de armas y estaba comprometido con el traficante internacional Sir Basil Zaharoff. McCormick confirma que Zaharoff ejercía un enorme poder detrás del escenario y era consultado por los líderes aliados. Este autor asegura que en más de una ocasión Woodrow Wilson, Lloyd George y Georges Clemenceau se encontraron en París en la casa del judío Zaharoff, a quien "obligadamente debían consultar antes de planificar cualquier ataque". La inteligencia británica descubrió documentos que "incriminaban a servidores de la Corona como agentes secretos de Sir Basil Zaharoff con el conocimiento de Lloyd George." En 1917, Zaharoff estaba unido a sus correligionarios bolcheviques y había intervenido en Londres y París en su favor. Asimismo utilizaba todos sus recursos como traficante para que las armas no llegasen a los antibolcheviques.

Los "papeles secretos" del Gabinete de Guerra británico contienen el informe de Lloyd George sobre su conversación con Thompson y Lamont. Dado su interés, ofrecemos la transcripción de un párrafo significativo del fragmento que publica Anthony Sutton en su libro tantas veces mencionado:

> "El primer ministro informó sobre una conversación que había mantenido con Mr. Thompson -un viajante americano y un hombre de considerables medios- el cual acababa de regresar de Rusia y que le había dado en cierto modo impresiones diferentes de lo que generalmente se creía sobre los asuntos en aquel país. El punto esencial de sus comentarios fue en el sentido de que la revolución había llegado para quedarse, que los aliados no se habían mostrado suficientemente comprensivos con la revolución, y que los señores Trotsky y Lenin no eran agentes de Alemania, siendo el último un profesor bastante distinguido. El señor Thompson había

añadido que él consideraba que los aliados deberían dirigir una propaganda activa en Rusia llevada a cabo por una especie de Consejo Aliado compuesto por hombres especialmente seleccionados para tal fin; además, considerando la naturaleza del Gobierno ruso de facto, opinó que, en conjunto, los diferentes Gobiernos aliados no estaban adecuadamente representados en Petrogrado. Desde el punto de vista del Sr. Thompson, era necesario que los aliados se dieran cuenta de que el ejército y el pueblo ruso estaban fuera de la guerra, y que los aliados deberían escoger entre una Rusia amigable o neutral hostil."

Thompson, pues, dejó claro que Trostky y Lenin no eran agentes de Alemania, lo cual es evidente, puesto que eran agentes del MRM, organizado y financiado desde la creación de la Orden de los Iluminados de Baviera por los banqueros judíos internacionales, es decir, por los jefes directos del Sr. Thompson. Otra cosa es que se sirvieran de Alemania hasta que le llegase su hora un año más tarde. El Movimiento Revolucionario Mundial, a fin de que los conspiradores que lo sostenían pudieran robar más y mejor, pretendía valerse de la plataforma conseguida en Rusia para exportar la revolución comunista a todo el mundo. Se comprende que Thompson hubiera contribuido personalmente con un millón de dólares para la propagación del comunismo a Austria y Alemania, puesto que el MRM tenía como objetivo final el establecimiento de una república soviética mundial supuestamente basada en la dictadura del proletariado. El propio Zinóviev lo escribió en un artículo publicado en *Pravda* en noviembre de 1919: "Nuestra Tercera Internacional ya representa ahora uno de los grandes factores de la historia europea. Y en un año, en dos años, la Internacional Comunista gobernará el mundo entero."

Después de escuchar el informe de Lloyd George, el Gabinete de Guerra aceptó el planteamiento de William B. Thompson sobre los bolcheviques. Enseguida Lord Milner envió con instrucciones a Rusia a su agente, R. H. Bruce Lockhart, que había sido recientemente cónsul británico en Moscú, para que trabajase informalmente con los soviets. Maksim Litvínov (Meyer Hennokh Wallakh), el judío masón que en 1907 había asaltado con Stalin el Banco del Estado de Tiflis, ejercía extraoficialmente como representante de los bolcheviques en Gran Bretaña. Este atracador convertido en diplomático escribió para Bruce Lockhart una carta de presentación a Trotsky, en la cual se refería al agente británico como "un hombre totalmente honesto que entiende nuestra posición y simpatiza con nosotros." En los documentos del Gabinete de Guerra, figura uno con fecha de 24 de abril de 1918 en el que se denuncia la colaboración de Lockhart con los bolcheviques. El General Jan Smuts informa sobre una conversación con el general Nieffel, jefe de la Misión Militar Francesa recién regresado de Rusia, quien alude a Trotsky como "un bribón consumado que puede que no sea pro-germano, pero es absolutamente proTrotsky y prorrevolucionario y no se puede confiar en él de ninguna manera. Su influencia se demuestra por el modo como ha pasado a dominar a Lockhart, a Robins y a Sadoul, el representante francés. Él (Nieffel) aconseja mucha prudencia en las negociaciones con Trotsky, el cual, admite, es el único hombre realmente capaz en Rusia."

Cuando en enero de 1918 William B. Thompson regresó a Estados Unidos, realizó una gira para solicitar públicamente el reconocimiento de los soviets, lo cual debió de extrañar a más de uno si se tiene en cuenta que el propagandista era el director del Banco de la Reserva Federal de Nueva York. El 23 de enero Thompson recibió un telegrama de Raymond Robins en el que le decía: "El gobierno soviético, más fuerte que nunca. Su autoridad y poder enormemente consolidado tras disolución de Asamblea Constituyente." Robins resaltaba que era muy importante que se produjera pronto un reconocimiento. Entre los conspiradores que rodeaban a Wodroow Wilson, quien más insistía en este reconocimiento del Gobierno bolchevique era, naturalmente, el coronel Edward Mandell House, el consejero más cercano al presidente, el autor de *Philip Dru: Administrator*, una novela de fantasía política ambientada en Estados Unidos que acababa de hacerse realidad en Rusia.

Trosky y Lenin, enfrentados en Brest-Litovsk

En el apartado anterior se ha visto que la estrategia de los banqueros internacionales que apoyaban a los judeo-bolcheviques era exportar cuanto antes la revolución a Austria y Alemania. Si lo conseguían, como pretendían, la conspiración podía alcanzar todos sus objetivos a la vez. Primero habían obtenido la emisión y el control del dinero en Estados Unidos con el Sistema de la Reserva Federal. Luego, en el mes de noviembre de 1917, habían logrado dos objetivos largamente anhelados: la *Declaración Balfour,* que les reconocía el derecho a robar a los palestinos la "tierra prometida" y, por fin, el derrocamiento de la odiada monarquía cristiana de los Romanov, los cuales no les permitían apropiarse de los codiciados recursos del enorme imperio ruso. Ahora se trataba de imponer en Europa y luego en el mundo entero el sistema totalitario anunciado proféticamente con setenta y cinco años de antelación por Heinrich Heine: "Sólo existirá una patria, a saber, la Tierra." Es evidente que los banqueros judíos aspiraban a expandir la dictadura del proletariado, en realidad la dictadura sobre el proletariado, que les iba a permitir adueñarse de todas las riquezas del planeta. En este sentido, la paz firmada en la ciudad bielorrusa de Brest-Litovsk supuso un serio contratiempo para los propósitos de los internacionalistas, hoy globalistas.

La ofensiva de Kerensky en el mes de julio había terminado en un desastre, entre otras cosas debido a la deserción masiva de soldados, a quienes los revolucionarios prometían la paz sin que Rusia tuviera que ceder territorios ni pagar indemnizaciones de guerra. Todos sabían que éstas eran condiciones idílicas, alejadas de la realidad; pero, según lo prometido, cuando los bolcheviques llegaron al poder se iniciaron inmediatamente negociaciones para sacar al país de la guerra. Trotsky, comisario de Relaciones Exteriores del Gobierno bolchevique, fue el máximo representante de Rusia. Los contactos para la firma de un armisticio comenzaron el 1 de diciembre y la firma se produjo el 16 de diciembre. Se suspendieron desde este momento las operaciones bélicas en todo el frente oriental, desde Lituania hasta Transcaucasia.

En Moscú surgieron entonces serios desacuerdos entre los "camaradas". Estas divergencias, como se irá viendo, iban a provocar enfrentamientos feroces que se prolongaron a lo largo de treinta y cinco años, hasta el asesinato de Stalin y la ejecución de Beria en 1953. El atentado contra Lenin, el asesinato de Trotsky y las purgas stalinistas constituyen los episodios más conocidos de la lucha que comenzó en Brest-Litovsk. El mismo Trotsky y su colega en el periódico *Novy Mir* de Nueva York, Nikolai Bujarin (Dolgolevsky), que sería ejecutado por Stalin durante la Gran Purga, lideraban el sector del partido que pretendía utilizar las negociaciones para ganar tiempo hasta que el Ejército Rojo estuviera bien organizado. Sobre el masón Bujarin, que durante un tiempo se dijo que no era judío, hay que precisar que la *Jewish Chronicle* de 9 de octubre de 1953 lo reclama como judío. El discurso de Bujarin y Trotsky consistía en argumentar que el levantamiento de los obreros de las potencias centrales era cuestión de poco tiempo. Creían incompatible la paz con un Estado capitalista. Tanto él como Trotsky se oponían a cualquier tratado y lideraban el sector partidario de seguir la guerra. Por otro lado, Lenin, pese a reconocer que la revolución obrera en Alemania era inminente, no era partidario de continuar la guerra y sí de consolidar la revolución en Rusia. Lenin opinaba que si finalmente estallaban revoluciones socialistas en el resto de Europa habría entonces oportunidad de recuperar el terreno cedido a los alemanes. En cualquier caso, todos estaban de acuerdo en que convenía alargar las negociaciones el mayor tiempo posible.

El día 22 de diciembre de 1917 comenzaron en Brest-Litovsk las conversaciones. Trotsky tuvo como interlocutores a Richard von Kühlman, secretario de Relaciones Exteriores, y a Max Hoffman, comandante del frente oriental, en representación de Alemania. El máximo representante austro-húngaro fue el conde checo Ottokar Czernin, ministro de Relaciones Exteriores. El imperio turco estaba representado por el Gan Visir Mehemet Talat. Trotsky trató de ganar tiempo y en su estrategia estaba dispuesto a esperar el últimatum alemán, que pensaba rechazar. Los trotskystas tenían el convencimiento de que la negativa de Rusia a firmar el tratado provocaría el rechazo de los soldados y obreros alemanes a seguir luchando y de este modo la revolución se extendería a todo el Continente. Un millón de dolares para intensificar al máximo la propaganda acababa de ser donado por W. B. Thompson, representante de Wall Street, cuyos planteamientos eran coincidentes.

El 10 de febrero de 1918, la presión de las potencias centrales iba en aumento y Trotsky se retiró de la mesa de negociaciones después de rechazar las condiciones que le exigían. La lucha en Moscú entre los partidarios y los adversarios de la paz era enconada, tanto que hubo incluso planes para tratar de derribar a Lenin. Los internacionalistas conformaban un grupo influyente y poderoso dentro del partido. Todos aquellos que durante la Gran Purga fueron perseguidos y liquidados por Stalin: Rakovsky, Kámenev, Zinóviev, Rádek, Bujarin, etc. compartían con Trotsky la teoría de que el socialismo en un solo país, el nacionalcomunismo, era "oportunista". En febrero de 1918 se definieron ya en contra de una paz que consideraban un error y una traición a la revolución internacional. Lo que realmente pretendían era sentarse junto a los ganadores en la futura Conferencia de Paz, con un Ejército Rojo financiado y fortalecido por sus socios banqueros, con Alemania y Austria sometidas y en manos de sus correligionarios. En estas circunstancias el mapa surgido tras la guerra hubiera sido, naturalmente, el de una unión europea de repúblicas soviéticas, es decir, una Europa de color rojo y sin naciones independientes. Este era el escenario anhelado por los conspiradores que financiaban el comunismo internacional.

"Ni guerra ni paz" fue la sorprendente declaración que Trotsky se sacó de la chistera en su afán de demorar las conversaciones. Lógicamente, los alemanes no estaban dispuestos a aceptar más ambigüedades y, tras el desplante de Trotsky, llegó el esperado ultimátum: los alemanes informaron de que el armisticio finalizaría el 17 de febrero, lo cual implicaba que el día 18 se reiniciarían las hostilidades. Lenin insistió en la firma y Trotsky, en su negativa. En relación a su estrategia, en 1925 Trotsky escribió sarcásticamente: "Iniciamos las negociaciones de paz con la esperanza de que se alzasen los partidos obreros en Alemania y en el imperio austro-húngaro, así como en las naciones de la Triple Entente. Por este motivo fuimos obligados a retrasar las negociaciones lo más posible para que el obrero europeo tuviera tiempo para entender el principal objetivo de la revolución soviética y, particularmente, su política de paz."

El avance alemán se produjo súbitamente y cogió desprevenidos a los soldados rusos, que estaban confiados en que la guerra había terminado. El Comité Central Ejecutivo se reunió en San Petersburgo y Lenin, apoyado por Stalin y otros socialistas rusos se impusieron. El 24 de febrero, tras un debate enconado, el CCE aceptó las condiciones de Alemania por 112 votos a favor y 86 en contra. Hubo, no obstante, 25 abstenciones, una de ellas era estratégica, la de Trotsky, que durante la discusión se había recluido en su habitación. Sin haber convencido a los trotskystas, que insistían en continuar la guerra, se envió un telegrama a los alemanes en el que se aceptaban sus términos para la paz. La respuesta de Alemania se hizo esperar tres días. Por fin, informados de que la facción trotskysta disentía y quería continuar la guerra, los alemanes aceptaron el cese de las hostilidades, pero sin retroceder sus tropas, que habían realizado sustanciales avances y habían llegado a doscientos kilómetros de Petrogrado.

El tratado se firmó el 3 de marzo de 1918 y en él Rusia renunciaba a Ucrania, Polonia, Lituania, Estonia y Letonia, que quedaron bajo el dominio de los imperios centrales. Finlandia había declarado su independencia el 6 de diciembre de 1917 y logró consolidarla con ayuda de Alemania. Besarabia fue cedida a Rumanía. Al imperio otomano se le entregó Ardahan, Kars y Batumi. El artículo segundo del Tratado decía textualmente: "Los poderes firmantes suspenderán la propaganda contra el otro bando." La ratificación se produjo en Berlín el 15 de marzo. Tres días antes, un Congreso de todos los Soviets reunido en Moscú la había aprobado. El presidente Wilson, en su línea habitual de altruismo hipócrita, dirigió un mensaje al Congreso de los Soviets que pretedía ser solidario con el pueblo ruso. En él se refería al totalitarismo soviético como "la lucha por la libertad". En el fragmento final quedan en evidencia las prisas que tenía, presionado por su camarilla de judíos socialistas y sionistas, por reconocer la dictadura comunista: "Aunque el Gobierno de EE.UU. no está ahora, desgraciadamente, en posición de prestar la ayuda directa y efectiva que desearía, quiero asegurar al pueblo ruso a través del Congreso que aprovechará cada oportunidad para garantizar su soberanía e independencia en sus propios asuntos y la restauración plena de su gran papel en la vida europea y en el mundo moderno. El corazón del pueblo estadounidense está con el pueblo ruso en el intento de liberarse para siempre del gobierno autocrático y convertirse en dueños de su propia vida."

El Congreso recibió también un telegrama del presidente de la "American Federation of Labor", el judío Samuel Gompers, en el que pedía a los soviets que dijeran como podían ayudarlos. El texto acababa diciendo que "esperaban sus sugerencias", léase sus instrucciones. En Estados Unidos los judíos estaban llevando a cabo una ruidosa campaña de presión para que Wilson reconociera a Trotsky y a Lenin y le proponían que se convirtiera en el líder mundial de la Internacional. El rabino Judas Magnes, presidente del "Kahal" de Nueva York entre 1906 y 1922, en el transcurso de una conferencia en abril de 1918 declaró que el presidente Wilson pensaba convocar una Conferencia de Paz en la que iba a pedir "una paz inmediata sobre la base simple establecida por los bolcheviques en Rusia."

Tras la firma del Tratado, los bolcheviques anunciaron la formación de un nuevo Consejo Supremo de Guerra, del cual se nombró presidente a Trotsky, quien no asistió al Congreso de los Soviets, pues seguía en San Petersburgo (Petrogrado). El Tatado de Brest-Litovsk quedaría finalmente anulado ocho meses más tarde como consecuencia de la derrota de Alemania, ya que no fue reconocido por los Aliados en el Armisticio de Compiègne, firmado el 11 de noviembre de 1918.

Judíos talmudistas asesinan a la familia imperial

El asesinato a sangre fría de la familia imperial rusa fue una matanza deleznable, un crimen ejecutado por judíos que dejaron para la posteridad en el lugar del magnicidio diferentes textos en los que reivindicaban orgullosos su venganza talmúdica. En 1920 el corresponsal de *The Times*, Robert Wilton, fue el primero en denunciar los hechos en un libro histórico, *Los últimos días de los Romanov*, a través del cual el mundo supo con detalle cómo había ocurrido todo. Antes de examinar este acto brutal, presentaremos a Wilton, otro maestro del periodismo que, como Douglas Reed, trabajó en el periódico londinense en los días en que Lord Northcliffe, el propietario del rotativo que insistía en airear los *Protocolos de los sabios de Sión*, fue apartado de la circulación. Wilton, que había sido educado en Rusia, conocía bien el país y hablaba ruso a la perfección, fue testigo excepcional de lo acontecido desde la primavera de 1917 hasta que salió de Rusia en 1920. Comprendió la verdadera naturaleza de cuanto sucedía y quiso denunciar que un despótico régimen judío se había hecho con el poder en Rusia; pero no se le permitió informar a los lectores sobre ciertas cosas.

A lo largo de 1918 se recibieron en las cancillerías de Londres y París diversos informes que avisaban secretamente de lo mismo que Robert Wilton pretendía advertir en público a través de sus trabajos periodísticos y de sus obras. Así, por ejemplo, existe en la *Collection of Reports on Bolshevism* del Gobierno británico un informe enviado a Lord Balfour por el embajador de los Países Bajos en San Peretsburgo, Willem Jacob Oudendijk, en el que se lee textualmente: "El bolchevismo está organizado y manejado por judíos que no tienen nacionalidad cuyo único objetivo es destruir para sus propios fines el orden existente." También el embajador estadounidense, David R. Francis, informaba de manera similar: "A los líderes bolcheviques de aquí, la mayoría de los cuales son judíos y el noventa por ciento de ellos son exiliados que han regresado, les importa muy poco Rusia o cualquier otro país, pues son internacionalistas y tratan de poner en marcha una revolución mundial." Bertrand Russell, un socialista fabiano, reconocía la verdad en una carta privada recogida en *The Autobiography of Bertrand Russell* (Londres 1975). La epístola en cuestión, fechada el 25 de junio de 1920 en Estocolmo, está dirigida a Lady Ottoline Morell. Las palabras de B. Russell no tienen desperdicio:

"Mi queridísima O.
... Los días en Rusia fueron infinitamente dolorosos para mí, a parte de ser una de las cosas más interesantes que he hecho nunca. El bolchevismo es una burocracia tiránica cerrada, con un sistema de espionaje más elaborado y terrible que el del zar, y una aristocracia igual de insolente e insensible, compuesta de judíos americanizados. No queda ni rastro de libertad, ni de pensamiento, ni de palabra, ni de acción. Estuve reprimido

y oprimido por el peso de la máquina como si llevase una capa de plomo. Aun así, pienso que es el gobierno adecuado para Rusia en este momento."

Obviamente, la última oración descalifica a quien la escribe y desacredita a la Sociedad Fabiana ("Fabian Society"), fundada en 1883, cuyo emblema, elocuentemente, es un lobo con piel de cordero. ¿Cómo se puede afirmar que una burocracia tiránica impuesta por judíos extranjeros basada en la opresión y en el terror es lo adecuado para Rusia?[53] No obstante, este filósofo inglés que tanto bien deseaba al pueblo ruso se refiere en sus memorias a Lenin como la peor persona que había conocido y lo describe hablando de los campesinos que había colgado y riéndose como si hubiera contado un chiste.

Robert Wilton, a diferencia de Russell, no tenía duda de que cuanto ocurría en Rusia era nefasto para los rusos y para el mundo entero y trató de denunciarlo. No le fue fácil porque los conspiradores que utilizaban a los gobiernos títeres de Estados Unidos y de Gran Bretaña no querían que la opinión pública pudiera conocer la verdad. Reed, colega de Wilton, comenta que en la *Official History* del periódico *The Times*, publicada en 1952, pueden leerse alabanzas sobre el trabajo periodístico de Robert Wilton, muy bien apreciado hasta 1917. De repente, a partir de esta fecha cambia el tono de las referencias que valoran el trabajo del corresponsal en San Petersburgo, sobre quien se escribe que "no se hace acreedor a la confianza del periódico". En las páginas de la *Official History* constan las quejas del periodista por la censura y supresión de sus informaciones. A partir de este momento *The Times* empezó a publicar artículos sobre Rusia escritos por personas con escaso conocimiento del país. Los editoriales del periódico exasperaron a Wilton, que perdió definitivamente la confianza. Unas líneas explican por qué la perdió: "Fue poco afortunado por parte de Wilton que en círculos sionistas e incluso en el Foreign Office se propagase la idea de que sus informaciones mostraban que era un antisemita."

---

[53] La Sociedad Fabiana, entre cuyos primeros nombres figuran vacas sagradas como Bertrand Russell, H. G. Wells, Leonard y Virginia Wolf, George Bernard Shaw, William Morris y Annie Besant, sucesora de Helena Blavatsky en el liderazgo de la Sociedad Teosófica, tuvo como líder espiritual a John Ruskin. Los fabianos son, como reconocen en su emblema, lobos que se esconden bajo la piel de cordero de las consignas obreristas y humanitarias. La Sociedad Fabiana, relacionada con la Round Table, es un organismo integrado en el Comité de los 300, o sea, forma parte de las estructuras de la conspiración globalista. En 1895, la Sociedad Fabiana publicó un manifiesto en el que abogaba por un gobierno central. Los socialistas fabianos aparecen ante el mundo como un grupo de intelectuales independientes; pero en realidad son marionetas hipócritas cuyas cuerdas se mueven desde detrás de la escena. Sidney Webb definió a la Unión Soviética como "una democracia madura". Por su parte el dramaturgo Bernard Shaw, en la línea de Bertrand Russell, consideraba "un mal necesario" el terror judeo-bolchevique que eliminó a millones de personas inocentes.

Lo que en "círculos sionistas" se consideraba antisemitismo era en realidad la integridad de un periodista honesto, cuyo amor a la verdad evitó que se vendiera al mundo una mentira más, la mentira de que los Romanov habían acabado sus días bajo la custodia protectora de los bolcheviques. En las ediciones inglesa y americana de *Los últimos días de los Romanov* fueron suprimidas las listas con el número de miembros que integraban los distintos órganos revolucionarios. Sin embargo, en la edición francesa no se censuró esta información, según la cual el Comité Central del Partido Bolchevique (Partido Comunista a partir de marzo de 1918) estaba integrado por diez judíos y dos gentiles. El Comité Central de la Comisión Ejecutiva (Policía Secreta) lo formaban cuarenta y dos judíos y diecinueve rusos. El Consejo de Comisarios del Pueblo estaba compuesto de diecisiete judíos y otras cinco personas. La Cheka estaba casi totalmente controlada por judíos. En información oficial publicada en 1919 por los propios bolcheviques se admite que de los quinientos cincuenta y seis altos mandos del Estado, cuatrocientos cincuenta y ocho eran judíos y ciento ocho gentiles. Estas cifras son de 1920. Desde entonces ha ido sabiéndose que detrás de muchos nombres que pasaban por ser rusos se escondía un judío. Además, los pocos líderes que no eran judíos solían estar casados con judías.

Presentado el autor, pasemos a los hechos. El primero que investigó el asesinato perpetrado el 16 de julio de 1918, fue M. Namëtkine, un juez de instrucción de Ekaterinburgo. Comenzó el trabajo a finales de julio, poco después de la matanza; pero ante su incapacidad manifiesta fue destituido el 8 de agosto y remplazado por M. Sergueiev. Este magistrado condujo durante seis meses una investigación dubitativa, que aceptaba ciegamente las mentiras esparcidas por los bolcheviques, quienes decían que habían ejecutado al zar por traidor y divulgaban diversas historias que situaban a los hijos en uno u otro lugar. Sus procedimientos y su negligencia convirtieron la instrucción del sumario en una comedia macabra. Por fin el almirante Kolchak, nombrado en noviembre de 1918 Gobernante Supremo de Rusia por el Gobierno antibolchevique de Omsk, confió la investigación a Nilolai Sokolov. Las declaraciones prestadas ante este juez por testigos que convivieron con la familia real y los interrogatorios de algunos acusados y regicidas han permitido reconstruir los hechos desde que Nicolás II y su familia fueron arrestados por Kornílov tras el golpe de Estado de febrero/marzo de 1917. Entre estas declaraciones destacan la del coronel Kobylinsky, bajo cuya custodia estuvo la familia imperial desde el 3 de marzo de 1917 al 26 de abril de 1918. Otras dos declaraciones de interés son la de Pierre André Gilliard, profesor de francés de las hijas del zar y preceptor adjunto del zarévitch Alexis, y la de Sidney Gibbes, profesor de inglés y preceptor del zarévitch.

El 13 de agosto de 1917 la familia imperial, que seguía detenida en Tsárkoye Seló, fue trasladada por orden de Kerensky a Tobolsk, en Siberia. Robert Wilton afirma que durante su estancia en esta ciudad el embajador alemán, conde Mirbach, entabló negociaciones con Sverdlov (Yankel-Aaron Salomon), masón miembro de B'nai B'rith y brazo derecho de Lenin. Wilton supone que los alemanes pretendían trasladar a Nicolás II a Moscú para que firmase el Tratado de Brest-Litovsk. Si ello fuera cierto, invita a pensar que los alemanes no tenían claro que los bolcheviques hubieran llegado al poder para quedarse. La suposición de Wilton está a su vez basada en otra suposición, la del propio zar, quien según testigos comentó: "Es para hacerme aceptar un tratado del tipo de Brest-Litovsk, que se me conduce a Moscú. Preferiría antes que me cortasen la mano derecha." Por su parte la zarina, aludiendo a la abdicación del zar, hecha sin haberla consultado, añadió: "Se pretende separarlo de mí para hacerle suscribir una transacción vergonzosa." Es evidente que no se puede otorgar valor histórico a estas suposiciones. Si consideramos que la emperatriz Alejandra era prima hermana de Guillermo II, puede pensarse también que el Kaiser tuviera otras motivaciones. La persona escogida como enlace de esta misión ultrasecreta fue un antiguo oficial de la marina rusa, Vasili Yakovlev, que llegó de improviso a Tobolsk en plena noche el 23 de abril de 1918. Según declaró el coronel Kobylinski, se exigía la obediencia a sus órdenes bajo pena de muerte, pero nadie sabía por qué había ido a Tobolsk.

Yakovlev tuvo al día siguiente un enfrentamiento con el delegado en la ciudad del Soviet uraliano, un judío llamado Zaslavski, quien sospechó un engaño y trató de amotinar en su contra a los soldados. Zaslavski se dirigió enseguida a Ekaterinburgo, donde divulgó la noticia de que los Romanov pretendían escapar a Japón. Según los testigos citados, Yakovlev dijo que tenía órdenes del Comité Central de llevarse a toda la familia, pero al comprobar que el zarévitch Alexis, que tenía trece años y era hemofílico, estaba enfermo, quiso llevarse a Nicolás II. La zarina Alejandra, sin embargo, insistió en acompañar a su esposo y consintió en dejar a su hijo al cuidado de Tatiana, su hija preferida. Según declaró el profesor Gilliard ante el juez Sokolov, Yakovlev le causó al zar "una impresión favorable" y le confesó que "lo creía un hombre honesto, respetable". Gilliard declaró también que nadie sabía dónde debía ser conducido el emperador: "Su Majestad lo preguntó a Yakovlev, pero las respuestas de este no aclararon nada. Kobylinski nos dijo que primero le había informado que el destino era Moscú, luego dijo a continuación que ignoraba a dónde sería conducido el emperador." Estas palabras ratifican la idea de que la misión de Yakovlev era un misterio para todos.

En unos carros campesinos se produjo la salida de Tobolsk el 26 de abril. La tercera hija del matrimonio, María, acompañó a sus padres. Iban asimismo en la comitiva el Dr. Botkin, médico de la corte, el príncipe Dolgoruky, el ayudante Chemodurov, la doncella Ana Demidova, el ayudante de cámara Alexei Trupp y el niño Leonid Sednev, compañero de juegos del zarévitch. Tardaron dos días para llegar a Tiumén, ciudad situada a trescientos kilómetros en dirección suroeste. Allí esperaba un tren especial en el que Yakovlev se dirigió hacia el oeste saltándose las estaciones intermedias, pero a medio camino de Ekaterinburgo tuvo noticia de que el tren sería detenido por orden del Soviet de los Urales. Enseguida hizo marcha atrás con el fin de dirigirse a Ufa, pero las tropas del Soviet de Omsk detuvieron el tren. Yakovlev hizo desenganchar la locomotora y se presentó sólo en Omsk con el fin de comunicar con Sverdlov. Entonces recibió la orden de dirigirse a Ekaterinburgo. Durante cuatro días y cuatro noches Yakovlev no dejó que nadie hablara con el zar. Él monopolizó la conversación y es probable que le comunicara a Nicolás II las verdaderas razones de su misión. Más tarde Yakovlev, ya de vuelta en Moscú, declaró que los judíos rojos se habían burlado de él y se pasó al ejército de Kolchak. Este hecho fue conocido por el juez Sokolov, quien enseguida envió a un oficial de confianza para que lo buscase, pero Yakovlev había desaparecido sin dejar huella y nunca pudo prestar declaración.

En Ekaterinburgo la familia real fue alojada en la casa Ipatiev, requisada por el Soviet. Los prisioneros fueron conducidos a la casa por los judíos Golochtchekin y Diskovski, quienes los registraron sin miramientos. Isaías Golochtchekin dirigía el Soviet regional y fue el encargado de organizar todos los detalles de la matanza. Este individuo era un sádico depravado que disfrutaba oyendo relatar al detalle las torturas que se infligía a las víctimas de la Comisión extraordinaria. El príncipe Dolgoruki, que llevaba consigo todo el dinero, fue encarcelado por orden de Golochtchekin y más tarde murió víctima de su fidelidad al zar. El 23 de mayo los miembros de la familia real que seguían en Tobolsk fueron trasladados a Ekaterinburgo. Otro judío llamado Vilenski estaba al frente de la cocina soviética que alimentaba a los prisioneros y a sus guardianes.

Según Robert Wilton el único no judío entre los líderes del Soviet era Beloborodov, un joven obrero que había sido elegido presidente del Soviet regional en Ekaterinburgo por sus camaradas de fábrica. Jüri Lina, sin embargo, rectifica a Wilton y asegura que Beloborodov, cuyo verdadero nombre era Yankel Weisbart, también era judío y buen amigo de Trotsky. Concretamente era hijo de Isidor Weisbart, un comerciante de pieles. Los primeros guardianes de los Romanov sí eran rusos. Su trato inicial con la familia de Nicolás II fue muy desconsiderado, pero con el paso de los días fue suavizándose progresivamente. Anatole Yakímov, uno de los carceleros que cayó en manos del ejército blanco, dio a entender al juez Sokolov que la piedad, la dulzura y la simplicidad de los prisioneros produjo un acercamiento. Según Yakímov, las canciones obscenas, la brutalidad en el trato y en los modales fueron disminuyendo hasta que cesaron del todo.

Apenas dos semanas antes del magnicidio, el verdugo hizo su aparición en la casa Ipatiev. El 4 de julio Yankel Yurovski, el nuevo comandante, sustituyó al ruso Avdeiev, quien, acusado de robo, fue encarcelado. Yurovski, el jefe de los asesinos, hijo y nieto de judíos, era un hombre brutal y dominador, temido incluso por sus parientes. Tras diversos altercados con la policía se exilió a Alemania, donde tuvo relación con una alemana que no quiso casarse con él por motivos religiosos. Decidió entonces bautizarse en Berlín por la iglesia luterana. Hablando alemán y yidish, Yurovski regresó a Ekaterinburgo bien provisto de dinero doce meses antes de la guerra. Desde el inicio de la revolución había abandonado la ciudad, pero tras el golpe de Estado bolchevique reapareció y enseguida fue comisario en el Soviet regional. Con el nuevo comandante todo cambió. Los guardias rusos fueron utilizados para la guardia exterior y en su lugar entraron en la casa diez "letones", que procedían de la cheka, donde trabajaban como torturadores y verdugos. Entre ellos había varios judíos: las inscripciones escritas en lengua hebrea en el lugar del crimen desvelan su verdadera nacionalidad. Los rusos llamaban en general letones a los mercenarios enrolados en el Ejército Rojo porque constituían el elemento mayoritario. Estos "letones" en realidad eran judíos de origen húngaro y alemán, no hablaban ruso y se comunicaban con Yurovski en yidish o en alemán.

El lunes 15 de julio el niño Leonid Sednev fue alojado con los guardias rusos en la casa Popov, situada enfrente. Este mismo día Golochtchekin y Beloborodov llevaron a Yurovski en coche al lugar escogido para hacer desaparecer los cadáveres. A las cinco de la tarde regresaron y comenzaron a preparar el crimen. De toda la guardia rusa sólo se había confiado en Paul Medvedev, el único ruso que permanecía en la casa. Medvedev, que tenía en sus antecedentes judiciales una condena por violación de una niña, acabó siendo detenido. Sus declaraciones son de gran valor no sólo por su participación en el magnicidio, sobre el que precisó detalles que nunca se hubieran conococido, sino porque formó parte de la guardia desde el principio y estaba al corriente de cuanto sucedía.

Puesto que en aquellas latitudes anochece muy tarde en verano, se esperó hasta las dos de la madrugada del día 16 para poner manos a la obra. Yurovski entró en las habitaciones, despertó a los miembros de la familia imperial y les ordenó que se vistiesen para abandonar la casa. Aseados apresuradamente, bajaron detrás de Yurovski las escaleras que daban al patio y entraron en la planta baja. El zar llevaba a su hijo en brazos. Tras la familia seguían el Dr. Botkin y los servidores Haritonov, Trupp y Demidova. La habitación escogida para la matanza era un sótano con una sola ventana, al que bajaron sin temor las víctimas, pues pensaban que iban de viaje. Anastasia, la menor de las hijas de Nicolás II, llevaba en brazos a su pequeño Jemmy, un spaniel. El zar pidió unas sillas, pues Alexis no podía estar de pie, y se accedió a la petición. Todos esperaban la señal de partida. Antes de bajar habían oído el ruido de un motor delante de la puerta. Era el camión Fiat de cuatro toneladas sobre el que iban a transportar los cuerpos. Los verdugos hicieron entonces su entrada en la habitación. Tras Yurovski entraron tres rusos, Medvedev y otros dos, Ermakov y Vaganov, que irían en el camión para ayudar a deshacerse de los cadáveres; el asistente de

Yurovski, un desconocido llamado G. Nikulin que pertenecía a la Cheka; y siete "letones". En este momento las víctimas comprendieron, pero nadie se movió ni dijo nada. Avanzando hacia el zar Yurovski dijo fríamente: "Vuestros parientes os han querido salvar, pero no han tenido la posibilidad. Ahora, en un momento os vamos a matar." Asombrado, el zar apenas tuvo tiempo de murmurar: "¿Qué? ¿Qué?". Doce revólveres dispararon casi simultáneamente. Las salvas se sucedieron. El zar, la zarina y las tres hijas mayores, Olga, Tatiana y María, murieron al instante. El zarévitch agonizaba y la hija menor, Anastasia, seguía con vida. Yurovski remató con varios disparos a Alexis. Los verdugos mataron a la joven Anastasia, que se debatía gritando, con tiros de bayoneta. Haritonov y Demidova fueron liquidados aparte. Llaman especialmente la atención las palabras de Yurovski, las últimas que oyó el zar, sobre el intento de los parientes de Nicolás II por salvar su vida, pues invitan a pensar que la misión de Yakovlev podía estar relacionada con esta finalidad. No deja de ser sorprendente que Yurovski, que no tenía por qué explicar nada, las pronunciara en presencia del resto de personas presentes en el sótano.

Acabada la matanza, los cuerpos fueron cargados en el camión y Yurovski, Ermakov y Vaganov se apresuraron a salir de la ciudad antes del amanecer. Medvedev quedó encargado de la limpieza de la casa. El destino eran unas minas de hierro de la fábrica Verkh-Issetsk cuyos pozos habían sido abandonados desde hacía tiempo. El lugar estaba situado quince kilómetros al norte de Ekaterinburgo, cerca de la ciudad de Koptiaki. Durante los días 17, 18 y 19 cerca de ciento cuarenta litros de gasolina y otros ciento setenta de ácido sulfúrico fueron transportados al lugar. Antes de ser arrojados al pozo, los cuerpos fueron descuartizados e incinerados. Las partes más sólidas fueron sometidas a la acción del ácido. Durante este tiempo se mantuvo la guardia exterior de la casa Ipatiev para que los habitantes de la ciudad no sospechasen nada. En 1979 arqueólogos soviéticos anunciaron al mundo que habían hallado los restos de la familia imperial enterrados cerca de Koptiaki; aunque, según precisaron, faltaban los de María y Alexis. Ello pondría, pues, en entredicho la versión de Wilton, según la cual habían sido arrojados a un pozo.

El 20 de julio el Soviet de Ekaterinburgo anunció la ejecución de Nicolás "el sanguinario". El Soviet era presidido por Beloborodov, que al ser considerado ruso servía de pantalla ante los mineros refractarios al poder judío, pero en realidad estaba dirigido por los judíos Golochtchekin, Volkov, Syromolotov y Safarov, otro camarada próximo a Trotsky. Golochtchekin informó a la población a través de alocuciones y carteles, en los que se decía que bandas de checoslovacos amenazaban la ciudad y que "el verdugo coronado hubiera podido evitar el juicio del pueblo." El Gobierno al mismo tiempo dio la noticia para el extranjero a través de la radio. El texto oficial publicado por los periódicos es el siguiente:

"En la primera sesión (20 o 21 de julio) del Comité Central Ejecutivo, elegido por el quinto congreso de los Soviets, se dio lectura de un comunicado del Soviet regional de los Urales concerniente a la ejecución del zar Nicolás Romanov: 'Últimamente la capital de los Urales fue seriamente amenazada por la ofensiva de pandillas de checoslovacos. En este momento se descubrió un complot de contrarrevolucionarios que pretendían arrebatar por la fuerza al tirano de las manos de la autoridad soviética. Ante este estado de cosas, la presidencia del Soviet regional de los Urales decidió fusilar al zar Nicolás Romanov. La resolución fue ejecutada el 16 de julio. La mujer y los hijos de Romanov han sido enviados a un lugar seguro. Los documentos relacionados con el complot descubierto han sido enviados a Moscú por correo especial. Inicialmente se pensó presentar al zar ante un tribunal con el fin de juzgar sus crímenes contra el pueblo, pero la circunstancia mencionada obligó a suprimir el plan'.

La presidencia del C.C.E., habiendo estudiado las circunstancias que condujeron al Soviet regional de los Urales a la ejecución de Nicolás Romanov concluye que:

El C.C.E. en la persona de su presidente, considera la resolución del Soviet regional de los Uralesl como regular. A disposición del C.C.E. se encuentra una documentación importante relacionada con el asunto Romanov: el diario que escribió hasta el último día de su vida, el diario de su mujer y los de sus hijas, su correspondencia, que incluye las cartas de Grigori Rasputín a Romanov y a su familia. Todos estos documentos serán seleccionados y publicados sin demora."

Oficialmente se nombró un comité de investigación sobre la muerte del zar, el cual estaba integrado por diez personas y fue presidido por el propio Sverdlov. O sea, quien ordenó el crimen era el jefe de la investigación. Siete de los miembros de este comité eran judíos: Sverdlov, Sosnovski, Teodorovitch, Smidovitch, Rosenholtz, Rosine y Vladimirski (Hirshfeldt). Había dos rusos, Maximov y Mitrovanov, y un armenio llamado Avanessov.

En las paredes de la habitación donde fueron asesinados los Romanov y sus servidores más próximos se encontraron dos textos escritos. El más críptico o misterioso es una inscripción cabalística de tres letras y una raya. Las letras son una "L" escrita en tres lenguas diferentes: hebreo, samaritano y griego. Para descifrar el significado del mensaje se precisan conocimientos sobre la Cábala, en la que se otorga, según se ha dicho, valor numérico a las letras (guematria). Leslie Fry (Paquita de Shishmareff) ofrece en *Waters Flowing Eastwards* un estudio detallado de la inscripción. Para escribir dos páginas en las que comenta su paráfrasis sobre la interpretación del significado de las letras, Leslie Fry cita bibliografía sobre interpretación de dogmas y rituales de la alta magia, filosofía oculta, tarot e historia de la magia. Fry concluye en que se aprecia en el texto un principio pasivo, el cual indica que quienes mataron al zar no lo hicieron por voluntad propia, sino que lo hicieron obedeciendo una orden superior. Añade que la persona que realizó la inscripción estaba versada en los secretos del antiguo cabalismo judío contenidos en la Cábala y en el *Talmud*. Dicha persona, al ejecutar el hecho en obediencia a una orden superior, estaba llevando a cabo un ritual de magia negra. He aquí la razón, según esta autora, por la que conmemoró su acto mediante un mensaje codificado. Leslie Fry ofrece dos posibles traducciones del texto: "Aquí el rey fue golpeado en el corazón en castigo de su crímenes." o "Aquí el rey fue sacrificado para provocar la destrucción de su reino." En 1989 el número 169 del periódico *Konsomolskaya Pravda* de Vilna descifra el mensaje así: "El zar fue sacrificado aquí, por orden de las fuerzas secretas, para destruir el Estado. Esto se anuncia para todas las naciones."

El segundo texto es un pareado en alemán del poeta Heinrich Heine, el profeta del comunismo, el amigo de James Rothschild, de Moses Hess y de Karl Marx. La frase "la religión es el opio del pueblo" es atribuida generalmente a Marx, pero en realidad su autor es Heine. El contenido del dístico alude al cumplimiento de la Ley judía, o sea, la venganza judía tal como la entendían los levitas. El autor se permite una figura retórica, un calambur, al modificar el nombre de Belsasar[54] por Belsa**zar**. La traducción de los versos al español sería ésta: "Belsa**zar** fue en la misma noche / por sus mismos servidores ejecutado."

En 1924 la ciudad de Ekaterinburgo fue rebautizada con el nombre de Sverdlovsk. Se pretendía de esta manera dar fama eterna a este judío que presidía el Comité Central Ejecutivo, cargo desde el cual habría ordenado el asesinato de los Romanov. Hoy se sabe que la orden superior vino de más arriba, desde Nueva York, exactamente de Jacob Schiff. Una vez más es Jüri Lina quien se atreve a desvelar este hecho histórico, intencionadamente ocultado. Quizá sea esta la información más sensible aparecida en *Under the Sign of the Scorpion*. El 20 de julio de 2011 Henry Makow, escritor canadiense de origen judío que denuncia sin ambages el sionismo y a los banqueros illuminati, transcribió en su página web "henrymakow.com" el fragmento en cuestión (pp. 276-277). Makow considera que es a causa de esta información extremadamente peligrosa que tanto el libro como el autor están siendo suprimidos y que los escasos ejemplares que aún se encuentran en Norteamérica e Inglaterra tengan en "Amazon" precios prohibitivos. Según Lina, fue a partir de 1990 que comenzó a explicarse en Rusia el papel de Jacob Schiff en el asesinato de la familia imperial, aunque los hechos ya habían sido revelados en 1939 en *Tsarky Vestnik*, un periódico del exilio.

---

[54] Belsasar o Baltasar fue un príncipe babilónico que, según se narra en el *Libro de Daniel*, utilizó como servicio de mesa para sus cortesanos los vasos del templo de Jerusalén, traídos a Babilonia como botín. Esta profanación motivó que una mano invisible escribiera sobre la pared unas letras que ningún sabio de la corte pudo descifrar. Sólo el profeta Daniel supo entender el mensaje y anunció que la soberbia del rey sería castigada con la muerte de Belsasar y la caída de su reino.

El autor estonio asegura que Lenin tuvo muy poca implicación en el asesinato. Según explica, la salida apresurada de Ekaterinburgo ante la proximidad de los "blancos" fue el motivo de que no se destruyeran las tiras telegráficas, las cuales fueron incautadas por el juez Sokolov, quien se hizo con ellas sin poder descifrar los telegramas. Fue en 1922 cuando un grupo de expertos en París descifró las tiras y Sokolov descubrió que eran sumamente reveladoras, puesto que tenían que ver con el asesinato del zar y su familia. Constaba en ellas que el presidente del C.C.E., Yakov Sverdlov, envió un mensaje a Yakov Yurovsky en el que le transmitía que, después de haber informado a Jacob Schiff sobre la proximidad del ejército blanco, había recibido órdenes de que liquidase al zar y a toda su familia. Dichas órdenes fueron entregadas a Sverdlov por la Representación Americana que se encontraba en la ciudad de Vologda. A esta ciudad, a medio camino entre Moscú y Arcángel, se habían replegado todas las representaciones europeas. Sverdlov encargó a Yurovsky que cumpliera la orden, pero al día siguiente éste quiso confirmar si había que matar a toda la familia o sólo al zar. Sverdlov confirmó la orden de eliminar a todos y le hizo responsable de su cumplimiento. Jüri Lina rechaza la pretensión de Edward Radzinsky, un historiador judío que afirma que fue Lenin quien ordenó el asesinato. No hay un sólo documento que sirva de apoyo a esta tesis. En noviembre de 1924 Sokolov[55] contó a un amigo cercano que su editor tenía miedo de publicar

---

[55] En marzo de 1920 el juez Nicolás Sokolov y Pierre Gilliard, el profesor de francés de las hijas del zar, se encontraban en Kharbin (extremo oriente de Rusia) intentando sacar del país los dossiers de la investigación sobre el asesinato de los Romanov, contenidos en pesadas maletas. El propio Gillard contó esta peripecia en *Le tragique destin de Nicolas II et de sa famille* (1922). Pretendían llegar hasta el tren del general francés Maurice Janin, estacionado a poca distancia de los andenes, pero los espías bolcheviques pululaban por la estación y en sus alrededores. El relato de Gillard sigue así: "Vimos de repente salir de la sombra a algunos individuos que se nos acercaron gritando: '¿Dónde van? ¿Qué llevan en esas maletas?' Puesto que nosotros apretamos el paso sin responder, mostraron intención de detenernos y nos ordenaron que abriésemos las maletas. Afortunadamente la distancia a recorrer no era muy larga y nos lanzamos a correr. En unos instantes llegamos al vagón del general, cuyos centinelas acudieron a nuestro encuentro. Por fin todos los documentos de la instrucción estaban a salvo." El juez Sokolov se refiere a la misma situación y la califica como "una de las más difíciles." Sokolov aclara que, queriendo salvar los documentos a cualquier precio, había escrito en febrero de 1920 al embajador inglés en Pekín, Mr. Lampson, pidiéndole ayuda para pasarlos a Europa. La respuesta del Gobierno inglés fue negativa y el cónsul británico en Kharbin, Mr. Sley, fue el encargado de comunicársela al juez. La versión de Sokolov acaba así: "El mismo día, en compañía del general Diterichs, tenía que encontrar al general francés Janin. El nos respondió que consideraba la misión que le confiábamos como una deuda de honor hacia un aliado fiel. Gracias al general Janin los documentos fueron salvados y llevados a lugar seguro." El propio general Janin escribió más tarde un libro, *Mi misión en Siberia*, en el que explica que Sley, el cónsul de Inglaterra en Kharbin, "era un judío sobre el que se decía que su mujer tenía parentesco con Trotsky." El juez Sokolov hizo por motivos de seguridad varias copias del dossier de la investigación. Robert Wilton afirma que él tenía una de ellas.

estos hechos y los quería suprimir. El juez habría enseñado entonces a este amigo las tiras originales y las traducciones descifradas. Sokolov, que tenía cuarenta y dos años, murió súbitamente un mes más tarde. Tenía previsto viajar a Nueva York para declarar en favor de Henry Ford, contra quien se había querellado Kuhn Loeb & Co., la banca de Jacob Schiff, por la publicación del libro *El judío internacional*. El libro del juez Sokolov, *El asesinato de la familia del zar*, fue publicado en Berlín en 1925 sin la información en cuestión.

La voluntad de exterminar a la dinastía cristiana de los Romanov evidenció el odio de quienes la ordenaron. Entre junio de 1918 y enero de 1919 la venganza talmúdica de los judíos bolcheviques se cobró las vidas de dieciocho miembros de la familia imperial. Comentaremos únicamente el asesinato de Mijaíl Romanov, puesto que el zar había abdicado en él en 1917. El 12 de junio, un mes antes de la matanza de Ekaterinburgo, el hermano menor de Nicolás II fue asesinado junto a su secretario Brian Johnson por una banda de criminales a las órdenes del judío Markov. Los asesinos se presentaron en el hotel de Perm donde se alojaban. Con el pretexto de que iban a llevarlos a un lugar seguro, los sacaron de la ciudad y los mataron en una zona boscosa. Los cuerpos nunca fueron encontrados puesto que fueron incinerados. Durante muchos años uno de los asesinos llevó como recuerdo el reloj del inglés Johnson.

Trotsky y el intento de asesinato de Lenin

En todos los sentidos 1918 fue trascendental. Durante este año ambiguo e incierto se decidió, entre otras cosas, el rumbo de la revolución y el futuro de Rusia y de Alemania. Tras la firma del Tratado de Brest-Litovsk se produjo una lucha interna entre trotskystas y leninistas que ha sido ocultada por la historiografía oficial. En el verano de 1918, además de la matanza de la familia imperial, hubo una serie de asesinatos políticos que nunca han sido convenientemente explicados o entendidos. Entre el 20 de junio, fecha del asesinato de V. Volodarsky (Moisés Goldstein), y el 30 de agosto, día en que se intentó eliminar a Lenin, se produjo una lucha soterrada por el poder en Rusia que trataremos de comprender a continuación. El intento de asesinato de Lenin, sobre el que se fabricó una cortina de humo que no se ha desvanecido nunca, constituye uno de los episodios más oscuros de la revolución bolchevique. Frente a falsas versiones interesadas en ocultar la verdad y ciegos razonamientos partidistas, apuntamos en este apartado la tesis de que fue Trotsky quien, maniobrando en la sombra y utilizando a unos y a otros, pretendió matar a Lenin para hacerse con el liderazgo absoluto. Apoyaremos esta interpretación con hechos y argumentos cuya lógica podrá juzgar el lector.

A estas alturas de nuestro trabajo, consideramos que ha quedado demostrado que Trotsky fue un agente de la banca judía internacional. Con sólo veinticinco años, se había consagrado junto a Parvus como la figura más importante de la revolución de 1905, generada durante la guerra ruso-japonesa, que había financiado la banca Kuhn Loeb y Cía. de Jacob Schiff. Ya entonces estaba Trotsky emparentado con los grandes financieros, ya que se había casado con Natalia Sedova, la hija del banquero Givotovsky, ligado a los Warburg y a Jacob Schiff. Cuando en 1917 Trotsky llegó a Rusia con sus judíos revolucionarios de Nueva York traía dinero y poderosas ayudas internacionales. Lenin, que siempre había menospreciado su teoría de la "revolución permanente", mantenía una opinión crítica con respecto a él, pero Nadezhda Krúpskaya, su mujer judía, sabía muy bien lo que significaba Trotsky y jugó un papel decisivo para que Lenin lo aceptara pese a lo mal que se llevaban.

En 1911 Lenin, refiriéndose a la lucha interna dentro del partido, había aludido a Trotsky como un maestro en el uso de "frases resonantes, pero vacías" y lamentaba sus continuos cambios de bando. Entonces lo había considerado "un sinvergüenza que minimizaba al partido y se exaltaba a sí mismo." En distintas ocasiones Lenin se había quejado de los "virajes de Trotsky" y lamentaba que nunca pudiera saberse cuál era su posición. En un texto de 1914 sobre el derecho de las naciones a la autodeterminación afirmaba: "Trotsky nunca ha tenido una opinión firme sobre ninguna cuestión importante del marxismo." Todavía en febrero de 1917, en una carta escrita en febrero a Aleksandra Kollontái exclamaba: "¡Qué canalla es ese Trotsky!" Sin embargo, por mucho que le doliera a Lenin, cuya intransigencia era un obstáculo en muchas ocasiones, fue Trotsky quien tuvo la capacidad de aglutinar en torno a los bolcheviques a toda el ala izquierda revolucionaria, que incluía a los socialistas revolucionarios y a los anarquistas. En el fondo, el antiguo Bund de proletarios judíos era el verdadero partido de Trotsky. La gran mayoría de los jefes de los partidos revolucionarios procedían del Bund, que los había infiltrado a todos.

El hecho de que fuese el propio presidente Wilson quien proporcionara a Trotsky un pasaporte para que viajase a Rusia con el fin de hacer la revolución habla bien a las claras sobre los apoyos que tenía en Estados Unidos. También los británicos sabían que tenían que apostar por él y no por Lenin, el cual estaba, supuestamente, vinculado a los servicios secretos alemanes. Apenas el Gabinete de Guerra británico recibió el mensaje de William B. Thompson, el hombre de Wall Street, sobre la irreversibilidad de la revolución en Rusia, Alfred Milner, punta de lanza de la conspiración internacional en Gran Bretaña, envió junto a Trotsky a Robert Hamilton Bruce Lockhart. Este agente ha pasado a la historia por su presunta implicación en el atentado contra Lenin. Un complot que es conocido como "The Lockhart Plot". El problema es que las fuentes comunistas que relatan todo el embrollo afirman que lo que se pretendía era acabar con la revolución y no exclusivamente con Lenin. Es decir, un agente de Lord Milner, uno de los magnates que había propiciado el derrocamiento del zar y había financiado a los bolcheviques, quería meses después liquidar la revolución y deshacer todo el trabajo realizado. Se comprende sin dificultad que la interpretación que ofrecen estas fuentes no tiene sentido. Por supuesto, el Gobierno británico ha negado siempre cualquier vinculación en el intento de asesinar a Lenin; pero más de noventa años después, los documentos que podrían aclarar lo ocurrido siguen catalogados como Secretos Oficiales.

Un personaje considerado clave en el complot fue el famoso espía Sidney Reilly, un agente puesto al servicio de la conspiración que contactó en el mes de mayo de 1918 con Lockhart. Presumiblemente, Reilly, considerado el mejor espía del Servicio de Inteligencia británico, era el hombre detrás de quien se escondía el propio Trotsky, que de este modo desviaba sobre Inglaterra toda la atención y la responsabilidad del atentado contra Lenin. En 1932 Robert Bruce Lockhart escribió su propia versión de los hechos en *Memoirs of a British Agent*, donde, lógicamente, no dice nada que pueda involucrar ni a él ni a su país ni a Trotsky en la trama del complot. Precisamente por su aparente inocuidad esta interpretación fue muy difundida por los medios y la propaganda se apresuró a calificar el libro como "el mayor documento humano del siglo". Hollywood, concretamente Warner Brothers, llevó las memorias de Lockhart al cine en 1934. La carrera diplomática de Lockhart, sin embargo, quedó marcada como consecuencia de este asunto y, aconsejado por Lord Milner, abandonó el Foreign Office.

También su hijo Robin publicó en 1967 *Reilly Ace of Spies*, donde cuenta lo que quiere sobre la relación de su padre con el espía. Sin embargo, Robin Bruce Lockhart aporta de manera inconsciente una información muy significativa y valiosa, de suma importancia: dos días antes del estallido de la guerra, Sidney Reilly dejó temporalmente su trabajo para el SIS (Secret Inteligence Service) porque "recibió una proposición muy atractiva de los hermanos Givotovsky, que controlaban el Banco Ruso-Asiático." En otras palabras, Sidney Reilly trabajó durante más de dos años para los Givotovsky, los banqueros emparentados con Trotsky, que estaba casado con la hija de uno de ellos, Natalia Sedova. Los Givotovsky lo enviaron como representante del banco primero a Japón y posteriormente a Estados Unidos, a Nueva York, donde vivió hasta finales de 1916. De *Reilly Ace of Spies* surgió asimismo un serial televisivo. Ian Fleming se inspiró en Sidney Reilly para crear al famoso James Bond. Ciertamente la vida real de este espía supera con creces la ficción. Sus múltiples identidades han confundido a los investigadores y a los servicios de inteligencia. Según el capitán Mansfield Cumming, uno de sus jefes, Reilly fue "un hombre de coraje indómito, un genio como agente, pero un hombre siniestro a quien nunca pude entregar por completo mi confianza." En realidad era un judío bastardo llamado Salomón (Shlomo) Rosenblum, hijo ilegítimo de un mujer llamada Polina. Su padre fue el doctor Mijail Abramovich Rosenblum. Nació el 24 de marzo de 1873 en Kherson (Ucrania), aunque algunas fuentes sitúan su nacimiento en Odessa.

Robert Hamilton Bruce Lockhart, cuyo padre quizá era de origen judío (él mismo escribe que su primer castigo corporal lo recibió de su progenitor por jugar durante el "Sabbath" un partido de cricket), presume, no obstante, en *Memoirs of a British Agent* de la sangre escocesa de su madre. Su primer contacto con Alfred Milner se produjo tras el golpe de Estado de febrero/marzo, cuando Milner llegó a San Petersburgo comisionado por el Gobierno de Londres y abortó de manera infame cualquier esperanza de ayuda británica a su aliado ruso. Lockhart, que ejercía entonces como cónsul británico en Moscú, fue convocado por el embajador y viajó a San Petersburgo. Seguramente Milner había recibido de George Buchanan, su hermano masón, buenos informes del cónsul, quien miente con descaro al escribir que el embajador británico nada tuvo que ver con el derrocamiento del zar. Lockhart tiene sólo palabras de gratitud hacia Buchanan, a quien considera ejemplo de honestidad, sinceridad, etc., etc.. El contacto entre Lord Milner y el joven Lockhart se produjo en la embajada, donde tras el almuerzo mantuvieron "una larga conversación" que continuó por la noche: "cené solo con él en sus habitaciones del hotel Europa." Una semana más tarde Alfred Milner se desplazó a Moscú, donde Lockhart le había preparado una entrevista con el príncipe Lvov, otro hermano masón que confirmó a Milner que "si no se producía un cambio en la actitud del emperador habría una revolución en tres semanas." Así fue. Seis meses más tarde, en septiembre de 1917, Bruce Lockhart tuvo una aventura amorosa con una mujer judía. Según su propia versión, ello provocó que el embajador Buchanan aconsejara el regreso del cónsul a Londres.

El 19 de diciembre de 1917 Alfred Milner y Bruce Lockhart cenaron juntos en Londres en casa de Sir Arthur Steel-Maitland. Al día siguiente Lockhart fue requerido desde Downing Street, donde Lord Curzon le anunció que el Gabinete de Guerra había decidido establecer contacto con los bolcheviques. El 21 de diciembre Lord Milner presentó a su agente al primer ministro Lloyd George. Los preparativos para el viaje comenzaron enseguida. Lockhart debía embarcar en Bergen (Noruega) en el mismo crucero en que el embajador Buchanan regresaba a Londres. El plan era el siguiente: los ingleses darían a Maksim Litvínov, embajador extraoficial de los bolcheviques en Londres, los mismos privilegios que los bolcheviques concedieran a Lockhart. El encuentro entre Litvínov (Meyer Hennokh Moisevitch Wallack-Finkelstein) y Lockhart se produjo a través de otro judío, Theodore Rothstein, un trotskysta que trabajaba como traductor en el Ministerio de la Guerra. Inicialmente Trotsky había pensado en Rothstein como representante semioficial de los bolcheviques en Gran Bretaña, pero Rádek observó que su puesto en el Ministerio podía serles de mayor utilidad. Rothstein, escribe Lockhart, explicó que "la ambición de Trotsky no era una paz separada, sino una paz general. Señaló que si él fuera Lloyd George aceptaría la oferta de Trotsky de una conferencia sin condiciones, pues Inglaterra sería la principal beneficiaria." Litvínov y Rothstein por la parte bolchevique y Lockhart y Rex Leeper por la parte británica almorzaron juntos a principio de enero de 1918. Se acordó que, sin reconocimiento oficial de momento, tanto Litvínov como Lockhart gozarían de ciertos privilegios diplomáticos, que incluían el uso de claves o códigos y el derecho a correo diplomático. Fue en esta ocasión cuando Litvínov escribió para Lockhart la carta de presentación a Trotsky antes mencionada.

Cinco días antes del viaje, Lockhart mantuvo encuentros diarios con Lord Milner. En sus *Memoirs of a British Agent*, Lockhart aporta para quien sepa leerlos datos de extrema relevancia sobre estas entrevistas. Veamos algunos. Escribe, por ejemplo, que en el transcurso de una nueva cena en solitario Milner le expresó su amargura con respecto a la política del Foreign Office y se refirió a Lord Balfour como "un viejo caballero inofensivo". Alfred Milner le confesó a Lockhart que deseaba estar al frente del Foreign Office durante seis meses. Hubiera sido de sumo interés saber si le dijo para qué. Milner, como Mandell House y Jacob Schiff, formaba parte del grupo de presión que pedía un inmediato reconocimiento del Gobierno bolchevique. La idea de Trotsky con respecto a la necesidad de rechazar una paz separada con Alemania era compartida por Lord Milner y también por Lloyd George. Milner deseaba algo más: ver a los comunistas sentados en Versalles junto a los vencedores de la guerra, lo cual precisaba el reconocimiento del Gobierno de Lenin. Lockhart reconoce, lo cual es extremadamente significativo, que él tenía que hacer todo lo posible para "poner un palo en las ruedas de una posible negociacion de paz separada y debía reforzar en todo lo posible la resistencia bolchevique a las demandas alemanas." Sobre el pensamiento de Alfred Milner, escribe lo siguiente con absoluta impudicia: "Creía en un Estado sumamente organizado, en cuyo servicio la eficiencia y el trabajo duro eran más importantes que los títulos o el dinero. Tenía poco respeto por el aristócrata decadente, y ninguno por el financiero que había logrado su dinero mediante la manipulación del mercado." En su adulación servil, Bruce Lockhart resalta la "nobleza de pensamiento y el elevado idealismo" de Lord Milner. Lo que no menciona, por supuesto, es que era un masón del grado 33, un agente de los Rothschild, el principal artífice de la guerra de los bóeres, el fundador de la Round Table y el director del London Joint Stock Bank, que se lucraba con el tráfico de armas de Basil Zaharoff. Lord Milner autorizó a Lockhart a telegrafiar directamente con él en caso de dificultad.

Una vez en Rusia Bruce Lockhart contactó con el coronel Raymond Robins, su homólogo norteamericano que había quedado al frente de la misión de la Cruz Roja Americana tras la partida de William B. Thompson, y con el capitán Jacques Sadoul, un socialista francés de origen judío antiguo amigo de Trotsky que acabó pasándose a los bolcheviques. Sus misiones eran similares. Robins era el intermediario entre el Gobierno de Wilson y los bolcheviques. Ello los llevó a estar diariamente juntos durante cuatro meses. Anthony Sutton cita en *Wall Street and the Bolshevik Revolution* un documento sobre propaganda bolchevique leído en 1919 en una audiencia ante un subcomité del Senado. En él se citan estas palabras de Robins a Lockhart:

> "Oirás decir que yo soy un representante de Wall Street, que estoy al servicio de William B. Thompson para conseguir el cobre de Altai para él, que ya he obtenido 500.000 acres de bosques madereros en Rusia, que ya me he hecho con acciones del Trans-Siberiano, que me han concedido un monopolio del platino de Rusia, que esto explica mi trabajo para los soviets... Oirás todas estas cosas. Ahora bien, no creo que esto sea verdad, comisionado, pero asumamos que lo es. Aceptemos que estoy aquí para tomar Rusia para Wall Street y para los hombres de negocio norteamericanos. Asumamos que tú eres un lobo británico y yo soy un lobo americano, y que cuando esta guerra haya terminado nos vamos a devorar mutuamente por el mercado ruso. Hagamos esto de un modo franco. Pero aceptemos al mismo tiempo que somos lobos bastante inteligentes, y que sabemos que si no cazamos juntos en este momento el lobo alemán nos devorará a los dos, y entonces pongámonos a trabajar."

Fueron muchas las comidas que compartieron Robins y Lockhart. Éste destaca en sus *Memorias* la locuacidad del primero y recuerda una sobremesa en la que Robins se dedicó a descalificar a los políticos aliados que se oponían al reconocimiento de los comunistas y demolió la teoría ridícula de quienes sostenían que trabajaban para los alemanes. Siguió a continuación el elogio de Trotsky, de quien dijo que "era un espléndido hijo de puta, pero el judío más importante después de Cristo."

Tras la firma de Brest-Litovsk, a causa de la proximidad de las tropas alemanas, el Gobierno evacuó Petrogrado[56] y se instaló en Moscú, donde se iba a producir la ratificación formal del Tratado. Trotsky no quiso asistir y permaneció en la capital una semana más. Le propuso a Lockhart que se quedase y le ofreció llevarlo con él en su tren cuando viajara más tarde a Moscú, donde se encargó personalmente de encontrarle un confortable alojamiento. El agente británico, a quien Trotsky le dio su teléfono privado, escribe que aquellos días se vieron diariamente. Fue durante esta última semana en Petrogrado cuando apareció Moura Budberg en la vida de Bruce Lockhart. Esta mujer, conocida como la Mata-Hari de Rusia, tuvo posteriormente relaciones íntimas con Gorky y con el socialista fabiano H. G. Wells, autor de *La guerra de los mundos*. Es probable que Moura fuese ya entonces, con veintiséis años, agente del KGB: su biógrafa, Nina

---

[56] El cambio de nombre de San Petersburgo por el de Petrogrado se debió a que el zar consideró que el nombre era demasiado alemán. Por ello, decidió cambiarlo. Posteriormente, tras la muerte de Lenin en 1924, la ciudad pasó a llamarse Leningrado.

Berberova, apunta la posibilidad de que hubiera sido amante del chekista letón Yakov Peters. Si fue así, es improbable que Lockhart llegara a sospecharlo.

El 24 de abril, como consecuencia de la paz recien firmada, llegó a Moscú el nuevo embajador alemán, conde Mirbach, que había sido consejero de la Embajada alemana en San Petersburgo antes de la guerra. Presentó sus credenciales en el Kremlin el día 26, pero no fue recibido por Lenin, sino por Sverdlov, el presidente del Comité Central Ejecutivo. Durante los meses de las negociaciones de Brest Litovsk se había perdido la oportunidad de un entendimiento entre los bolcheviques y los Aliados y a principios de mayo la política de paz de Lenin había ido ganando adeptos. Sin embargo, Trotsky, nuevo comisario de Guerra, seguía hablando de guerra como algo inevitable y trataba de asegurar que los Aliados no intervendrían en los asuntos internos de Rusia, a menos que lo hicieran como aliados contra Alemania, como pretendían Robins, Mandell House y otros agentes que presionaban al presidente Wilson. En este sentido, Trotsky propuso a Londres a través de Bruce Lockhart que les ayudasen a reorganizar las flotas rusas y ofreció incluso poner a un inglés al frente de los ferrocarriles. Lockhart, que lamenta los desacuerdos entre el Foreign Office y el Gabinete de Guerra, no obtuvo respuesta. La ambigüedad en las decisiones y en las actuaciones de Gran Bretaña y Estados Unidos precisaría de un estudio monográfico, puesto que fue la consecuencia de serias divergencias internas.

Fue el 7 de mayo cuando apareció Sidney Reilly. La puesta en escena relatada por Lockhart es casi increíble. El agente escribe que, sin que él tuviera conocimiento de nada, Reilly llegó tranquilamente al Kremlin y pidió entrevistarse con Lenin. Al pedirle sus credenciales, dijo que había sido enviado personalmente por Lloyd George para obtener información de primera mano sobre las pretensiones y los ideales de los bolcheviques. Lockhart escribe que entendió que el Gobierno no estaba satisfecho con sus informes y había desplazado a otro agente. Evidentemente Reilly no vio a Lenin, pero se entrevistó con Bonch-Brouevitch, un amigo personal del líder soviético. Lockhart liquida el asunto diciendo que pidió explicaciones a Ernest Boyce, nuevo jefe del Servicio de Inteligencia en Petrogrado, y éste le dijo que se trataba de un nuevo agente recién llegado de Inglaterra. Lockhart se declara indignado y a la vez admirado por la audacia de Reilly, quien el día siguiente se presentó para darle explicaciones.

A partir del mes de junio la lucha interna entre los bolcheviques se recrudeció con una serie de asesinatos que han tenido diversas lecturas. Las más habituales atribuyen la autoría a los socialistas revolucionarios. El primero de ellos aconteció el 20 de junio, fecha en que Vladimir Volodarvsky (Moisés Goldstein), comisario de Prensa y Propaganda, recibió tres disparos en plena calle, uno de los cuales le alcanzó el corazón y lo mató al instante. Moisés Salomonovich Uritsky (Boretsky), jefe de la Cheka de Petrogrado, emprendió la investigación del atentado; pero, como veremos, también él fue eliminado dos meses más tarde, el 30 de agosto. Volodarvsky y Uritsky eran dos hombres de máxima confianza de Trotsky: formaban parte del grupo que había llegado con él de Nueva York a bordo del *Kristianiafjord*. Uritsky, conocido como el "carnicero de Petrogrado", estuvo junto a él en 1905 y ya entonces había liderado el Soviet de Krasnoyarsk. Asimismo había viajado con Trotsky desde Barcelona a Nueva York a bordo del *Montserrat*. El asesinato de Volodarvsky aconteció cuando regresaba de una reunión en la fábrica Obuchov. El coche en el que viajaba se detuvo sin gasolina en una calle de Petrogrado. Volodarvsky bajó junto a tres camaradas y se dispuso a completar a pie el trayecto hacia el cercano distrito del Soviet. En este momento apareció el terrorista y le disparó tres veces. Antes de huir arrojó una bomba para evitar que lo persiguieran. El hecho de que el coche se hubiera detenido justo en el punto donde esperaba el asesino con pistola y bomba despertó las sospechas de Uritsky, quien concluyó que el crimen había sido organizado en la Cheka de Moscú con el visto bueno de Lenin y de Félix Dzerzhinsky. Al día siguiente, Lenin acusó al sector derechista de los socialistas revolucionarios de estar detrás del atentado terrorista.

El 21 de junio, un día después del asesinato de Volodarvsky, fue fusilado el almirante Alexei Shchastny, comandante de la flota del Báltico encarcelado en el Kremlin. Este almirante se había negado a cumplir la orden de rendir a los alemanes cerca de doscientos barcos que se hallaban en Helsinki y, desobedeciendo las órdenes recibidas, trasladó la flota a Kronstadt. Los británicos habían pedido a los bolcheviques que no entregaran la flota, sino que la destruyeran. Trotsky ordenó entonces que los barcos fueran dinamitados de manera que sufrieran el menor daño posible. Ello hubiera permitido a los ingleses repararlos para los comunistas en caso de entendimiento, como deseaba Trotsky, el cual, como se ha visto antes, propuso a Lockhart que Inglaterra les ayudase a poner en funcionamiento las flotas rusas. El 28 de mayo Shchastny fue convocado al Kremlin y Trotsky le preguntó si deseaba o no servir a las órdenes del regimen soviético. La respuesta no debió de gustar y el almirante fue encarcelado. El 20 de junio, sólo dos horas después de haber conocido la imputación de alta traición, se produjo una farsa de juicio al que sólo se permitió la asistencia a la hermana del marino ruso. Trotsky, el único testigo, fue quien presentó la acusación oficial. La sentencia de muerte fue ejecutada al día siguiente.

Sólo dos semanas después, el 6 de julio de 1918, tuvo lugar el asesinato del Wilhelm von Mirbach, el embajador alemán que llevaba poco más de dos meses en el cargo. Este hecho fue el detonante del intento de Golpe de Estado atribuido a los socialistas revolucionarios liderados por María Spiridónova. Desde la entrada de Estados Unidos en el conflicto, diez mil soldados norteamericanos desembarcaban diariamente en Europa, lo cual permitía prever un desenlace acelerado de la guerra. Trotsky, en un nuevo intento de abortar el Tratado de Brest-Litovsk y reanudar la lucha contra

Alemania, lo cual hubiera permitido a la Rusia comunista sentarse junto a los vencedores en Versalles, ordenó a Yakov Blumkin que matase al conde Mirbach. La comunista finlandesa Aino Kuusinen confirma en sus memorias que Blumkin fue el asesino del embajador. Como de costumbre, se acusó del crimen a los socialistas revolucionarios; pero en realidad éstos estaban siendo utilizados por Trotsky.

Recordemos que en octubre de 1917 Trotsky había aglutinado al sector más extremista de los eseristas en torno a los bolcheviques, lo que significa que disponía de resortes y de influencia para manejarlos a conveniencia. Blumkin había empezado su carrera como rabino en una sinagoga de Odessa y como muchos extremistas judíos pidió un puesto en la Cheka tras la llegada al poder de los bolcheviques. Cuando asesinó a Mirbach era miembro del Partido Social Revolucionario, pero durante la guerra civil trabajaba ya como secretario militar de Trotsky. En el prefacio del primer volumen de los *Escritos Militares*, redactados entre marzo de 1918 y febrero de 1923, Trotsky dice lo siguiente: "El destino ha querido que el camarada Blumkin, antiguo SR de izquierda, que en julio de 1918 se jugara la vida combatiéndonos, y actualmente es miembro de nuestro partido, sea mi colaborador en la preparación de este tomo, una de cuyas partes refleja nuestro combate sin cuartel con el partido de los SR de izquierda. La revolución es maestra consumada en poner a cada uno en su puesto, y, si hace falta, en quitárselo. Todo lo que había de más viril y consecuente en el partido de los socialrevolucionarios de izquierda está hoy en nuestras filas." Opinamos que la alusión a que se "se jugara la vida combatiéndonos" forma parte de la estrategia descarada de desvincularse de Blumkin para seguir ocultando su implicación en el atentado de Mirbach y en el intento de golpe de los socialrevolucionarios. Otro crimen que hay que anotar en la cuenta del camarada Blumkin es el del poeta Sergei Yesenin, que en 1912, con diecisiete años, se había casado con la famosa bailarina Isadora Duncan[57].

---

[57] Serguéi Yesenin, considerado el poeta más destacado de Rusia en el siglo XX, oficialmente se suicidó. En *Under the sign of the scorpion* Jüri Lina comenta que difícilmente hubiera podido hacerlo con una brecha en la cabeza por la cual le salía el cerebro. La razón de su asesinato fue un poema, *Tierra de criminales*, en el cual describía a un tirano judío, Leibman Chekistov, que era un trasunto del propio Trotsky. Inicialmente Yesenin creyó en la revolución, pero pronto comprendió lo que pasaba. En el poema, que leyó ante sus amigos, describía cómo financieros norteamericanos se habían apoderado de Rusia con la ayuda de gangsters políticos. Informado sobre el poema, Trotsky no podía perdonar tal ofensa y ordenó a Blumkin, su brazo ejecutor, que eliminase al poeta. Un amigo de Yesenin, Alexei Ganin, fue arrestado el 25 de marzo de 1925 y ejecutado en aplicación de los arículos 172 y 176 del Código Penal de la Rusia comunista, que condenaba el antisemitismo con pena de muerte. Según la policía secreta, los poetas Oreshin, Klychkov, Ganin y Yesenin habían proclamado públicamente en un bar a finales de 1923 que en Rusia sólo los judíos tenían el poder. La noche del 28 de diciembre de 1925 Yakov Blumkin y uno de sus secuaces, Wolf Erlich, irrumpieron en la

Naturalmente, en *Memoirs of a British Agent,* el agente de Lord Milner ante Trotsky, Bruce Lockhart, señala a los socialistas revolucionarios como artífices exclusivos del asesinato del conde Mirbach; no obstante en su relato reconoce que, como la facción trotskysta, estos socialistas revolucionarios eran contrarios a la paz de Brest-Litovsk, que nunca habían aceptado. Con una "ingenuidad" que asombra, Lockhart escribe lo siguiente: "Los socialistas revolucionarios de izquierda comenzaron a preparar planes fantásticos para derribar al Gobierno bolchevique con el fin de reanudar su guerra con Alemania." Sólo lectores muy poco informados pueden tragarse que miembros del sector izquierdista de los eseristas pretendieran, por sí solos, hacerse con el poder en Rusia en un momento de máxima complejidad. Es mucho más lógico pensar que Trotsky trataba de apoyarse en esta coincidencia política e ideológica y que quería utilizarla para hacerse con el control del partido y del Gobierno. Muchos miembros del Bund judío habían penetrado a los socialistas revolucionarios y a través de estos enlaces Trotsky los había convencido en 1917 para que apoyasen a los bolcheviques, quienes los habían compensado con varios puestos en diferentes comisariados.

Donde los eseristas conservaban mayor representación era en los Soviets y por esta razón fue en el V Congreso de los Soviets, que abrió sus sesiones el 4 de julio, dos días antes del asesinato de Mirbach, donde se produjo el enfrentamiento. En cualquier caso nos parece evidente que no se "pretendía derribar al Gobierno bolchevique", como escribe Lockhart, sino al sector leninista del Partido, que había impuesto una línea de actuación en política internacional que no compartían ni los trotskystas ni los eseristas de izquierda. El Congreso se celebró en la Casa de la Ópera de Moscú. Cerca de ciento cincuenta miembros de C.C.E., casi todos ellos judíos, presidían las sesiones. A la derecha de Sverdlov se sentaban los socialistas revolucionarios: Cherepanov, los judíos Kamkov y Karelin, y en el extremo estaba María Spiridónova, quien se había hecho famosa en 1906 por haber asesinado a Luzhenovsky, inspector general de la Policía, a quien disparó en la cara en el andén de la estación de Borisogliebsk y luego trató de suicidarse, pero no lo logró. El día 5 de julio María Spirodónova tomó la palabra para atacar a Lenin con extremada dureza. "Te acuso -le dijo- de traición a los campesinos, de utilizarlos para tus fines y de no atender a sus intereses." Dirigiéndose a sus seguidores, gritó: "En la filosofía de Lenin sólo sois estiércol." A continuación siguió una amenaza. La Spiridónova advirtió a Lenin que si seguía humillando y oprimiendo a los campesinos encontraría todavía en su mano "la misma pistola y la misma bomba" que había usado en otra ocasión. Una salva de aplausos estalló con las últimas palabras, pero enseguida fue increpada desde la platea por un delegado bolchevique. Se

---

habitación del hotel *Angleterre* de Petrogrado. El poeta se resistió valientemente, pero los asesinos le golperaon violentamente en la cabeza y después lo colgaron.

produjo un gran alboroto y fornidos campesinos se levantaron enseñando los puños a los bolcheviques.

Lenin, mostrando una superioridad irritante, tomó por fin la palabra y con gran calma fue respondiendo a las acusaciones. En referencia a las pullas relativas a su servilismo hacia los alemanes y al deseo de los socialrevolucionarios de proseguir la guerra, los acusó a su vez de llevar a cabo la política de los aliados imperialistas y defendió el Tratado de Brest-Litovsk. El siguiente en tomar la palabra fue el socialrevolucionario Kamkov, quien dirigiéndose a Mirbach y a la delegación alemana que asistía al congreso rugió: "La dictadura del proletariado se ha transformado en la dictadura de Mirbach. A pesar de todas nuestras advertencias, la política de Lenin sigue siendo la misma y nos hemos convertido no en un poder independiente, sino en los lacayos de los imperialistas alemanes, que tienen la audacia de mostrar sus caras incluso en este teatro." Al instante los socialistas revolucionarios se pusieron en pie y mostrando los puños al palco alemán comenzaron a gritar: "Abajo con Mirbach, fuera los carniceros alemanes, fuera la horca del verdugo de Brest." Apresuradamente Sverdlov, tocando la campanilla, clausuró la sesión.

A las tres menos cuarto del sábado día 6, Yakov Blumkin y otro camarada llegaron en coche a la embajada alemana, custodiada por tropas bolcheviques. La entrada les fue permitida sin problema gracias a pases especiales firmados por Alexandrovitch, vicepresidente de la Cheka, de la cual era oficial el propio Blumkin. El esbirro de Trotsky le dijo al consejero de la embajada, Kurt Riezler, que debía ver personalmente a Mirbach, puesto que la Cheka había descubierto un complot de los Aliados para asesinar al embajador. A la vista de las credenciales de Blumkin y considerando la gravedad de la situación, Riezler lo introdujo ante el conde Mirbach. Cuando el embajador le preguntó cómo querían actuar los asesinos, el terrorista sacó una pistola Browning del bolsillo y respondió: "De este modo". Blumkin vació entonces el cargador en el cuerpo del diplomático. A continuación saltó por una ventana y, antes de escapar, arrojó una granada de mano para asegurar la muerte del embajador.

Al mismo tiempo los socialistas revolucionarios fueron reuniendo tropas en los cuarteles Pokrovsky. Dimitri Popov, otro agente de la Cheka, había traído una unidad de dos mil hombres. Se contaba asimismo con unos centenares de marinos de la flota del mar Negro y soldados desafectos de otros regimientos. Durante la primera hora pareció que el golpe podía tener éxito: arrestaron a Dzerzhinsky, a quien Lenin había encargado en 1917 la creación de la Cheka o Policía Secreta, de la que era el director, y capturaron la oficina de telégrafos, pero no supieron aprovecharla para enviar telegramas por todo el país anunciando el éxito del golpe de Estado. Cuando quisieron acercarse al Teatro de la Ópera para sorprender en él a Lenin y a los suyos, se encontraron con que tropas gubernamentales tenían ya rodeado el edificio. Visto que la intentona había fracasado, los insurgentes se apresuraron a regresar a sus cuarteles. Trotsky, comenta Lockhart, había llamado a dos regimientos de letones de los suburbios y tenía preparados los carros blindados. ¿Con qué finalidad? Lo más probable es que se mantuviera a la espera de acontecimientos.

La versión de lo que ocurría mientras tanto en el Teatro de la Ópera la ofrece el propio Bruce Lockhart, que estaba allí desde las cuatro. Según relata, "la tarde era sofocante y la atmósfera del teatro era como un baño turco." La platea estaba llena de delegados, pero en el estrado muchos asientos de los líderes bolcheviques estaban vacíos. A las cinco de la tarde la mayoría de los miembros del Comité Central Ejecutivo habían desaparecido. Tampoco había nadie en el palco asignado a los representantes de las potencias centrales. María Spiridónova permaneció con calma en el teatro. Lockhart, que se encontraba en su palco, explica sucintamente en las *Memorias* que a las seis de la tarde llegó Sidney Reilly y anunció que había habido lucha en las calles y que el teatro se hallaba rodeado por tropas que habían cerrado las salidas. Algo había ido mal. Reilly y un agente francés sacaron de sus bolsillos varios documentos, los rompieron en trozos muy pequeños y los introdujeron en el forro de las butacas. "Los más comprometedores -escribe Lockhart- se los tragaron". A las siete de la tarde Rádek fue el encargado de rescatarlos y les explicó que los socialrevolucionarios habían asesinado al embajador alemán con la intención de provocar a los alemanes a reanudar la guerra. Rádek, siempre según el relato del agente británico, contó que el asesinato del conde Mirbach era la señal para un alzamiento de los socialrevolucionarios, quienes, apoyados por disidentes bolcheviques, habían planeado arrestar a los líderes del partido durante el congreso. En otros términos, se había abortado un intento de golpe de Estado y los eseristas de izquierda, que habían sido utilizados, fueron los chivos expiatorios. Unos días después, un general del Ejército rojo, Muraviev, trató de mover sus tropas del Volga hacia Moscú, pero el fracaso del golpe era conocido y sus propios soldados lo arrestaron. Este general acabó pegándose un tiro en presencia del Soviet de Simbirsk. Spiridónova y Cherepanov fueron detenidos y encarcelados en el Kremlin.

Se produjo todavía una nueva provocación a los alemanes. Con la finalidad de empujarlos a reanudar la guerra, el 30 de julio fue asesinado en Kiev el mariscal de campo Hermann von Eichhorn, uno de los dos comandantes de las tropas alemanas que ocupaban Ucrania. El nuevo embajador de Alemania, Karl Helfferich, recientemente llegado a Moscú en sustitución del conde Mirbach, decidió abandonar Rusia y regresar a Berlín. Dzerzhinsky, el hombre de Lenin que dirigía la Cheka, respondió a este atentado con una ola de terror brutal: sin juicio previo hizo fusilar a más de mil personas en Petrogrado y a otras tantas en Moscú. Alemania, pese a los asesinatos de Mirbach y de Eichhorn, no cayó en la trampa y encontró la manera de coexistir con la Rusia bolchevique.

El 30 de agosto la lucha entre los chekistas alcanzó el cénit. Por la mañana Moisés Uritsky, que sospechaba que Lenin y Dzerzhinsky estaban implicados en el atentado de Volodarsky, fue asesinado. Era un día de visitas en el Comisariado de Asuntos Internos y había gente esperando en el recibidor. Un hombre joven que vestía una chaqueta de cuero había llegado en bicicleta e, incomprensiblemente, había entrado en el edificio sin ser registrado. Sentado junto a la puerta exterior esperaba la llegada de Uritsky, presidente de la Cheka. El "carnicero de Petrogrado", un trotskysta sanguinario que había asesinado a cinco mil oficiales, llegó a su oficina de Petrogrado a las diez de la mañana y se dirigió hacia el ascensor. Enseguida el joven de la chaqueta de cuero se aproximó a él y le disparó varias veces en la cabeza y en el cuerpo. El asesino corrió entonces hacia la calle, montó en su bicicleta y huyó tan rápido como pudo. Cuando los coches de sus perseguidores lo alcanzaban, abandonó la bicicleta y entró en la sede de la Representación británica. Poco después salió de ella vistiendo un abrigo largo. Al ver a los guardias rojos que aguardaban afuera, les disparó, pero pronto fue capturado. Según esta versión oficial, el terrorista era Leonid Kannegisser, un socialrevolucionario judío de veintidós años, estudiante en la Universidad de Petrogrado (Nina Berberova en *Histoire de la baronne Boudberg* desvela que Kannegisser escribía poemas sobre Kerensky, su héroe, al que representaba sobre un caballo blanco).

La mayoría de investigadores consideran "un cuento chino" la versión oficial del asesinato. No es creíble que un hombre armado pudiera entrar en el edificio sin ser registrado por los guardias ni que pudiera acercarse al presidente de la Cheka sin ningún obstáculo ni que lograra salir del edificio y escapar en bicicleta sin que los guardias de la puerta lo detuvieran. Personas desconocidas no podían hablar con Uritsky ni siquiera por teléfono. Lo más lógico es pensar que la organización central de la Policía Secreta, con Lenin y Dzerzhinsky a la cabeza, estaba detrás del asesinato de Uritsky, que era miembro del C.C.E. Parece claro que la Cheka no tuvo ningún interés en que se conociera la verdad. Kannegisser, que admitió ser el autor del crimen, declaró que había actuado sólo. Los socialistas revolucionarios negaron que fuera miembro del partido y rechazaron cualquier relación con él. Si realmente Kannegisser hubiera sido un socialista revolucionario, un juicio hubiera servido de propaganda para el régimen. Sin embargo, no se analizó ni el revólver ni la munición utilizada y tampoco se llevó a juicio a Kannegisser, a quien se dio muerte ilegalmente. De esta manera nunca se supo cuál había sido el motivo del asesinato de Uritsky.

La guerra que se libraba en el interior de la Cheka tuvo aquel mismo día 30 de agosto un segundo episodio, probablemente relacionado con el primero, que podría haber cambiado el curso de la revolución. Pasadas las diez de la noche, otra vez un terrorista judío, en este caso una mujer, Fanny Kaplan, también conocida como Dora Kaplan, aunque hasta los dieciséis años mantuvo el nombre judío de Feiga Roydman, disparó tres veces contra

Lenin. Si hubiera conseguido su propósito, este atentado habría sido, sin duda, el definitivo. Como de costumbre, se señaló a los eseristas. Pero la pregunta pertinente es, ahora sí, la que hacía Cicerón en estas circunstancias: "Cui Bono?". O sea, ¿para quién es bueno? ¿A quién aprovecha? Séneca ofrece una respuesta aseverativa a la frase exhortativa de su antecesor: "Cui prodest scelus, is fecit", es decir, a quien beneficia el delito, ese es su autor. Es incuestionable que Trotsky, según Raymond Robins "el judío más importante después de Cristo", el agente de la banca judía internacional que contaba con apoyos esenciales en Washington y Londres, se hubiera hecho con el poder en Rusia si Lenin hubiera muerto. Por las buenas o por las malas, Trotsky, a quien obedecía el Ejército Rojo que él mismo estaba creando con la financiación de los Warburg y compañía, hubiera impuesto su candidatura como sucesor. Stalin lo impidió en 1924; pero en 1918 no había otro líder con prestigio suficiente para poder sustituir a Lenin.

Los hechos, como siempre que se quiere ocultar la verdad, han permanecido envueltos en una maraña de mentiras, de tergiversaciones, de versiones contradictorias que impiden conocer con certeza lo ocurrido. La versión oficial explica que Lenin, tras finalizar un mitin en la fábrica Michelson de Moscú, había salido al patio y estaba conversando con los trabajadores cerca de su coche. Fue entonces cuando en la oscuridad de la noche sonaron tres disparos y Lenin cayó al suelo con dos balas en el cuerpo: una penetró en el pulmón izquierdo por encima del corazón, la otra se alojó en el cuello, muy cerca de la espina dorsal. La tercera pasó a través del abrigo e hirió ligeramente a una enfermera del hospital Petropavlovsk. El chófer judío de Lenin, Stepan Gil, que estaba sentado en el vehículo, declaró que una mujer con una pistola estaba a tres pasos de Lenin y que cuando salió del coche la mujer arrojó la pistola a sus pies y desapareció entre la muchedumbre. Inmediatamente se subió al herido en el coche y fue trasladado al Kremlin. Parece ser que Lenin temía una conspiración a gran escala y se negaba a salir de sus habitaciones para recibir atención médica. Ante la imposibilidad de extraer las balas, los médicos lo llevaron enseguida a un hospital. Pese a que salvó la vida, su salud nunca fue ya buena y seguramente el atentado influyó en los posteriores infartos que acabaron con su vida. De hecho, los derrames cerebrales fueron frecuentes a partir de mayo de 1922. El 7 de marzo de 1923 perdió para siempre la capacidad de hablar a causa de la penúltima apoplejía. Los médicos decidieron operarlo el 23 de abril para extraerle una bala que tenía alojada a tres milímetros de la arteria carótida desde el atentado de 1918, pues consideraban que podía ser una de las causas del peligroso estado de su circulación sanguínea.

La persona que capturó a Dora Kaplan fue S. Batulin, vicecomisario de la quinta división de infantería de Moscú, que había asistido al acto y persiguió a la mujer. Según esta versión, Batulin vio bajo un árbol a una mujer extraña que llevaba un maletín y un paraguas y le preguntó qué hacía allí. La respuesta fue: "¿Por qué lo quiere saber?". Entonces el vicecomisario le registró los bolsillos, le cogió el maletín y el paraguas y ordenó que lo siguiera. De camino, Batulin le preguntó por qué había disparado a Lenin. Otra vez Dora Kaplan contestó: "¿Por qué lo quiere saber?". El comisario le planteó directamente: "¿Eres tú quien ha disparado sobre Lenin?". Ella respondió afirmativamente. La investigación corrió a cargo del judío letón Yakov Peters, que además de vicepresidente de la Cheka era presidente del Tribunal Revolucionario. Peters en 1942 sería ejecutado por Stalin. Fanny Kaplan explicó, supuestamente, que el intento de asesinato era una acción personal. En la declaración registrada figuran estas palabras: "Mi nombre es Fanny Kaplan. Hoy disparé a Lenin. Lo hice con mis propios medios. No diré quién me proporcionó la pistola. No daré ningún detalle. Tomé la decisión de matar a Lenin hace ya mucho tiempo. Lo considero un traidor a la revolución." Kaplan, como Kannegisser, fue ejecutada sin juicio. En 1958, Pavel Malkov, comandante del Kremlin en 1918, declaró que él personalmente había matado a la terrorista el 3 de septiembre.

Las lagunas de la versión oficial son inexplicables. No es lógico que Dora Kaplan llevara un maletín y un paraguas en una mano mientras disparaba con la otra. Tampoco parece creíble que los trabajadores que estaban junto a Lenin permitieran su huida. ¿Por qué Fanny Kaplan, además de la pistola, no arrojó el maletín y el paraguas? ¿Dónde estaban los guardaespaldas de Lenin? El conductor Stepan Gil escribió en sus memorias que Lenin no llevaba guardaspaldas. En el Museo Lenin de Moscú se exhiben el abrigo y la americana que llevaba Lenin el día del atentado. Todos los disparos fueron hechos por la espalda. Pese a que la versión oficial habla de tres disparos, las prendas llevan marcados cuatro agujeros, dos de ellos rojos para indicar cuáles penetraron en su cuerpo.

A las tres y media de la madrugada del 31 de agosto Bruce Lockhart abrió los ojos y vio el cañón de un revólver apuntándolo. Diez hombres habían entrado en su habitación. Al pedir explicaciones por el ultraje, Mankov, el jefe del grupo, le dijo que no hiciera preguntas y que se vistiera enseguida. Moura Budberg, que vivía con el agente británico, también fue detenida. Una vez en la Lubianka nº 11, sede de la Cheka de Moscú, Lockhart compareció ante Yakov Peters, quien educadamente le advirtió que se trataba de un asunto muy serio. El británico le recordó que estaba en Moscú invitado por el Gobierno soviético y que le habían prometido privilegios diplomáticos. Hizo una protesta formal y pidió hablar con Chicherin, el comisario de Asuntos Exteriores. Peters ignoró sus palabras y preguntó: "¿Conoce a una mujer llamada Kaplan?". Aparentando calma, Lockhart le advirtió que no tenía derecho a interrogarlo. La siguiente pregunta fue: "¿Dónde está Reilly?". Tras aconsejarle que era mejor decir la verdad, dejó que se reuniera con uno de sus hombres, el capitán Hicks, arrestado también en la Lubianka. Moura, Lockhart y Hicks vivían juntos en el mismo apartamento. Los británicos comprendieron que era obvio que los involucraban con el atentado de Lenin.

Lockhart explica a continuación cómo se deshizo de una libreta embarazosa que llevaba en un bolsillo de su abrigo: "De repente sentí en el bolsillo interior de mi abrigo una libreta que contenía de manera codificada una explicación del dinero que había gastado. Los agentes de la Cheka habían registrado mi apartamento. Probablemente la estaban buscando en aquel momento, pero no habían pensado en cachear la ropa que nos habíamos puesto cuando fuimos arrestados. La libreta era ininteligible para cualquiera excepto para mí, pero contenía cifras y, si caía en manos de los bolcheviques, encontrarían la manera de interpretarlas de manera comprometedora." Pensando en la manera de deshacerse del cuadernillo, pidió permiso a los cuatro guardianes para ir al lavabo. Dos de ellos lo acompañaron y cuando iba a cerrar la puerta del excusado, movieron negativamente la cabeza y situándose frente a él le ordenaron: "Déjala abierta." Las condiciones antihigiénicas del lugar jugaron a favor del agente británico: no había papel y las paredes estaban manchadas con salpicaduras de excrementos: "Con toda la tranquilidad posible, tomé la libreta, arranqué las páginas en cuestión, las utilicé del modo que imponían las circunstancias y tiré de la cadena. Funcionó. Y estaba salvado." A las seis de la mañana los chekistas introdujeron a Fanny Kaplan en la habitación donde estaban Lockhart y Hicks. Trataban de comprobar, naturalmente, si la mujer reaccionaba de alguna manera que pudiera demostrar que conocía a los detenidos. La Kaplan se dirigió hacia la ventana y, sin moverse, sin decir nada, apoyó la barbilla en su mano y permaneció mirando la luz del amanecer. Lockhart confirma que Fanny Kaplan fue ejecutada sin juicio antes de que pudiera saber si su atentado había tenido éxito. A las nueve de la mañana Peters en persona entró para anunciarles que Chicherin había ordenado que los pusiera en libertad.

La medida fue momentánea. El día 3 de septiembre los periódicos informaban sobre el descubrimiento de una "conspiración sensacional para derribar al Gobierno soviético." Atribuían el complot a los Aliados, a quienes se acusaba de querer aplastar la revolución y restablecer el zarismo, y se señalaba como principal implicado a un diplomático británico. Con el titular "Complot de los aliados imperialistas contra la Rusia soviética", *Izvestia* publicó la noticia en estos términos:

> "Este 2 de septiembre ha sido liquidado un complot organizado por diplomáticos ingleses y franceses. Estaba dirigido por el jefe de la misión británica Lockhart, el cónsul general de Francia Lavergne y otros. Este complot, con ayuda de unidades sobornadas de los ejércitos de los soviets, pretendía el arresto del Consejo de Comisarios del Pueblo y la proclamación de una dictadura militar en Moscú. Toda la organización, de tipo estrictamente clandestino, con el uso de falsos documentos y de corrupción, ha sido desenmascarada.
> Particularmente han sido descubiertos documentos que indicaban que, en caso de éxito del golpe de Estado, una falsa correspondencia secreta del Gobierno ruso con el gobierno alemán debía ser publicada y que debían

ser fabricados falsos tratados con objeto de crear una atmósfera propicia a la reanudación de la guerra contra Alemania. Los conjurados actuaban bajo la cobertura de la inmunidad diplomática y sobre la base de certificados firmados por el jefe de la misión británica en Moscú, Mr. Lockhart, de los cuales la Cheka panrusa posee ahora numerosos ejemplares. Ha quedado demostrado que en el espacio de los últimos diez días 1.200.000 rublos han pasado por las manos de uno de los agentes de Lockhart, el oficial de los servicios secretos ingleses, Reilly, con fines de corrupción. El complot ha sido descubierto gracias a la firmeza demostrada por los comandantes de las unidades a quienes los conjurados habían dirigido sus ofertas de corrupción.

Un inglés ha sido arrestado en permanencia clandestina con los conjurados. Una vez conducido a la Cheka, ha declarado llamarse Lockhart, representante diplomático de Gran Bretaña. Después de verificar su identidad, el prisionero Lockhart ha sido puesto en libertad sin demora. La investigación prosigue enérgicamente."

Yakov Peters recibió el día 4 de septiembre la orden de arrestar por segunda vez a Bruce Lockhart, que permaneció un mes encarcelado. El día 8 fue trasladado de la Lubianka al Kremlin, donde sus condiciones de reclusión mejoraron claramente. La razón hay que buscarla en una acción de represalia adoptada enseguida por el Gobierno británico: Maksim Litvínov, el homólogo de Lockhart, el representante extraoficial de los bolcheviques en Londres, fue detenido y recluido en una prisión. Las negociaciones para un intercambio de prisioneros comenzaron de inmediato. Pronto se autorizaron las visitas de Moura, que llegaba en ocasiones acompañada por el propio Yakov Peters y traía productos como libros, café, ropa, tabaco, jamón. Estos "lujos" mejoraron su vida cotidiana. Moura Budberg había definido a su amante en estos términos: "Bastante inteligente, pero no suficientemente inteligente; bastante fuerte, pero no suficientemente fuerte; bastante débil, pero no suficientemente débil." El día 2 de octubre de 1918 Lockhart salió en tren de Moscú y llegó a la frontera finlandesa el jueves día 3 por la noche. Allí esperó tres días en la estación de Bieloostrov, hasta que se tuvo confirmación de que Litvínov había llegado a Bergen. Por otra parte Sidney Reilly (en Rusia se habló siempre del "Complot de Reilly") nunca fue detenido y meses más tarde ambos se reencontraron en Londres.

La conspiración de Lockhart, "The Lockhart Plot", cuyos documentos siguen siendo secretos, ha sido interpretada en el sentido expresado por los titulares de la prensa soviética, es decir, en el sentido de la propaganda emanada del régimen. Stalin, sin embargo, supo que Lockhart y Reilly habían sido utilizados y que detrás de ellos se escondía Trotsky. Como es sabido, Stalin sucedió a Lenin en detrimento de Trotsky. Tras la muerte de Lenin, el 21 de enero de 1924, Trotsky debía convertirse en líder indiscutible de la URSS y tenía en sus manos todo el poder necesario para lograrlo. Como se estudiará más adelante, Nadehzda Krúpskaya, la mujer de Lenin, trató por todos los medios de impedir que Stalin arrebatara el poder a la facción trotskysta. Fue entonces cuando se desató otra vez la lucha fratricida dentro del partido.

En 1938 se celebró el juicio de los veintiuno, uno de los celebérrimos procesos de Moscú que supusieron la purga del trotskysmo. Dedicaremos íntegramente la sexta parte del siguiente capítulo a su estudio. Ahora, a modo de colofón de estás páginas sobre la lucha por el poder entre trotskystas y leninistas, anticiparemos que en el juicio de 1938 Nikolai Bujarin fue acusado de ser el líder del bloque trotskysta, de haber conspirado para asesinar a Lenin tras la firma del Tratado de Brest-Litovsk y de haber organizado el atentado de agosto. Otra trotskysta, Varvara Nikolaevna Yakovleva, declaró en su contra. Acusado también de otros asesinatos, entre ellos el de Gorky, Bujarin fue declarado culpable y ejecutado. Durante el juicio cinco testigos afirmaron que Bujarin había propuesto repetidamente ideas y proyectos para arrestar a Lenin y destruirlo físicamente. El fiscal lamentó que Bujarin no hubiera siquiera tratado de refutar las acusaciones de quienes declararon en su contra. En su alegación final ante el tribunal que lo juzgó, Bujarin rechazó que no hubiera proporcionado argumentos en contra de las acusaciones y admitió ante los jueces que los trotskystas habían empleado "los más criminales métodos de lucha". Rechazó la acusación de haber conspirado para matar a Lenin. Sin embargo, reconoció: "mis cómplices contrarrevolucionarios y yo a su cabeza intentamos asesinar la causa de Lenin, la cual está siendo proseguida con enorme éxito por Stalin. La lógica de esta lucha nos condujo paso a paso al más oscuro lodazal." Bujarin, que trataba de salvar su vida, señaló repetidamente a Trotsky como la "principal fuerza motriz" que estaba detrás de "métodos muy desarrollados de espionaje y terrorismo."

4ª PARTE
LA REVOLUCIÓN SE EXPANDE A ALEMANIA Y A HUNGRÍA

Tras la firma del Tratado de Brest-Litovsk, Alemania trató de obtener una victoria decisiva en el frente occidental que pudiera darle el triunfo final en la guerra. Gran Bretaña, debido a su compromiso con el sionismo y en contra de la opinión de algunos de sus generales más prestigiosos, estaba comprometida en una campaña en Palestina que puso en peligro la estabilidad del frente francés. El 21 de marzo de 1918 los alemanes lanzaron la campaña de primavera, que podía ser decisiva. Los británicos pagaron cara su imprudencia y 175.000 soldados fueron hechos prisioneros. Vista la gravedad de la situación, las tropas de Palestina fueron reembarcadas con urgencia hacia Europa. El 15 de julio se dio una batalla trascendental, la segunda batalla del Marne, en la que participaron ya ochenta y cinco mil soldados norteamericanos. Los alemanes lograron cruzar el río Marne cerca de Dormans y llegaron a estar a poco más de cien kilómetros de París. El día 17 tropas francesas, inglesas, norteamericanas e italianas consiguieron detener el avance. El día 20 el general Erich Ludendorff ordenó la retirada y el día 3 de agosto los alemanes se encontraban en el punto donde había comenzado la ofensiva de primavera, entre los ríos Aisne y Vesle.

Mientras decenas de miles de soldados perdían la vida en el frente, se reeditaron en Alemania las tácticas derrotistas utlizadas en Rusia: las huelgas, que dejaban sin suministros a las tropas (en enero de 1918 medio millón de trabajadores, mayoritariamente en las fábricas de armamento, entraron en huelga); las campañas en la prensa judía, la misma que en 1914 había jaleado la guerra con entusiasmo; la propaganda en los cuarteles, donde se sembraban las semillas del derrotismo que alimentaban la insumisión y minaban la moral. Y otra vez, como en Rusia, casi todos los líderes comunistas que protagonizaron la revolución en Alemania y en Hungría eran judíos. Como se ha dicho, la propaganda bolchevique en Alemania estuvo financiada y organizada por William B. Thompson y Raymond Robins. Cuando Trotsky ocupó el Comisariado de Asuntos Exteriores, creó un Departamento de Prensa, al frente del cual estaba el judío polaco Karl Rádek (Tobías Sobelsohn), del cual dependía el Departamento de Propaganda Revolucionaria Internacional, cuyo jefe era otro judío, Boris Reinstein. A través de este Departamento se distribuía en los frentes el periódico en lengua alemana *Die Fackel* (*La Antorcha*), del cual se editaban diariamente medio millón de ejemplares. Tres agentes del Departamento de Propaganda, Robert Minor, Philip Price y el ya citado Jacques Sadoul fueron enviados a Alemania por orden del Comite Central Ejecutivo. Los servicios de inteligencia franceses, británicos y norteamericanos detectaron sus actividades y Scotland Yard informó que Price y Minor habían escrito también panfletos para las tropas inglesas y estadounidenses.

En otoño estaba ya claro que Alemania no podía ganar la guerra, pero tampo los aliados parecían en disposición de hacerlo. El frente oriental seguía inactivo y no había tropas extranjeras en suelo alemán. No las había habido en ningún momento. Cuando el 11 de noviembre se firmó el armisticio, las tropas alemanas estaban perfectamente atrincheradas en suelo francés y belga. Berlín se hallaba a mil cuatrocientos kilómetros del frente y los militares se consideraban capaces de defender el país ante una hipotética invasión de los aliados. El Kaiser, como había hecho ya en 1916, había vuelto a ofrecer una negociación para alcanzar una paz en términos aceptables por todas las partes. Pero la traición y la propaganda estaban minando el frente interno. Los sindicatos marxistas y los políticos socialistas, aliados con los magnates de la prensa sionista, aunaban esfuerzos para desmoralizar a la población y desestabilizar el país. Guillermo II, pese a que no se había pegado un sólo tiro en suelo alemán, fue forzado a abdicar.

La secuencia cronológica de los acontecimientos ayudará al lector a situar adecuadamente una serie de hechos históricos que se produjeron vertiginosamente. El primer nombre que aparece es el del general Ludendorff. Él fue quien convenció al mariscal Hindenburg sobre la necesidad de un armisticio que salvaría al Ejército, que en realidad no había sido derrotado. Ludendorff, a quien Hitler acusó de ser masón en 1927, año en que el general publicó la obra *Destrucción de la masonería mediante la revelación de sus secretos*, acordó con el secretario de Estado de Exteriores, von Hintze, una reforma de la Constitución y un plan que consistía en que una mayoría parlamentaria respaldase al Gobierno en la solicitud de un armisticio. Hindenburg se entrevistó con el emperador, que aceptó la propuesta el 29 de septiembre de 1918. En sustitución de Georg Hertling, el 3 de octubre fue nombrado canciller del imperio y primer ministro de Prusia el príncipe Maximiliano de Baden, quien se mantuvo en el cargo hasta el 9 de noviembre. El príncipe de Baden formó un gobierno con la participación de los principales partidos alemanes, incluidos los socialistas. Dos días después de su nombramiento, el 5 de octubre, el nuevo canciller, ingenuamente, pensando que podía apoyarse en el presidente Wilson para que gestionase una paz aceptable, se dirigió al Reichstag instándole a aceptar cualquier propuesta democrática emanada de la Casa Blanca. Al referirse a las aspiraciones de paz del Gobierno imperial, aludió a los famosos catorce puntos formulados el 8 de enero de 1918 por Wilson en su discurso ante el Congreso de Estados Unidos, concretamente al de autodeterminación de los pueblos, y propuso la creación de órganos representativos en las provincias bálticas y en Polonia. El príncipe Maximiliano aspiraba, pues, a una mediación de Woodrow Wilson para negociar la paz con las naciones aliadas. La respuesta fue la exigencia de una rendición sin condiciones. Pese a todo, el 28 de octubre Maximiliano de Baden consiguió aprobar una reforma constitucional que establecía una democracia plena.

Tras conocer la exigencia de rendición incondicional, los militares reaccionaron enfurecidos. El 26 de octubre Ludendorff pidió al príncipe de Baden que rompiera las negociaciones. Al no conseguirlo, dimitió. Dos días antes, a las diez de la noche del día 24, Hindenburg había firmado en el frente la siguiente orden para sus soldados:

> "Para la información de las tropas:
> Wilson dice en su respuesta que está dispuesto a proponer a sus aliados que deberían entrar en negociaciones para un armisticio, pero que el armisticio debe dejar a Alemania tan indefensa que no pueda volver a coger las armas. Sólo negociará la paz con Alemania si ésta accede a todas las demandas de los aliados de América sobre las disposiciones constitucionales internas de Alemania; de otro modo no hay otra opción que la rendición incondicional. La respuesta de Wilson es una petición de rendición incondicional. Es por tanto inaceptable para nosotros soldados. Demuestra que nuestro enemigo desea nuestra destrucción... Prueba además que nuestros enemigos usan la frase 'Paz y Justicia' sólo para engañarnos y romper nuestra resistencia. La respuesta de Wilson no puede significar nada para nosotros soldados más que el desafío a continuar nuestra resistencia con todas nuestras fuerzas. Cuando nuestros enemigos sepan que ningún sacrificio logrará la ruptura del frente alemán, entonces estarán listos para una paz que salvaguarde el futuro de nuestro país para la mayoría de nuestro pueblo."

Sublevación de los marinos en Kiel

Únicamente la Royal Navy superaba a la Marina Imperial, la segunda flota del mundo, aunque debido a la falta de puertos aliados no había mostrado todo su potencial. Sólo los submarinos habían burlado el bloqueo del mar del Norte que los británicos habían impuesto. En las costas de Sudamérica se había librado la batalla de las islas Malvinas, pero la única gran batalla naval había sido la batalla de Jutlandia en 1916, en la que los ingleses sufrieron mayores pérdidas. En el momento en que Wilson exigía la rendición incondicional, Alemania seguía teniendo el ejército más poderoso del mundo y el Estado Mayor se propuso lanzar una ofensiva naval contra los puertos británicos para demostrar su absoluto rechazo a la pretensión del presidente americano. Esta decisión brindó el pretexto idóneo para poner en marcha la rebelión de la marinería contra sus oficiales. Los líderes revolucionarios tenían ya mucha experiencia acumulada: en plena guerra contra Japón, en 1905, mencheviques y bolcheviques prepararon sublevaciones simultáneas en todos los buques de la flota del mar Negro. El fracaso se debió entonces a la impaciencia de los marinos del Potemkin. En 1917, sin embargo, la sublevación de la marinería había permitido a los revolucionarios hacerse con el control de la base de Cronstadt y de la flota del mar Báltico. Durante la guerra, la propaganda socialista y anarquista, repitiendo los métodos empleados en Rusia, había ido introduciéndose en las grandes bases navales alemanas y los marineros, imbuidos de ideas revolucionarias, sabían que sus colegas rusos habían sido determinantes en el triunfo de la revolución. También ellos aspiraban a serlo.

Todo comenzó en Wilhelmshaven, sede principal de la flota alemana, donde se estaban concentrando los barcos para el ataque. El 29 de octubre las tripulaciones de los buques *Thüringen* y *Helgoland* desobedecieron la orden de hacerse a la mar. En la noche del 29 al 30 la rebelión, perfectamente organizada, se puso en marcha. La marinería, después de arrestar a sus oficiales, se apoderó de varios barcos. El motín se propagó a los marinos que se hallaban en tierra, los cuales se negaron a embarcar en las unidades navales que debían hacerse a la mar. La sublevación pudo ser sofocada momentáneamente, pero el alto mando se vio obligado a postergar el ataque. Al mismo tiempo se había producido un amotinamiento en el seno de las unidades de la tercera escuadra, que se hallaba ya en alta mar. Esta sincronización en las acciones permite concluir que todo estaba planificado de antemano. Cerca de un millar de hombres fueron detenidos e iban a ser desembarcados para someterlos a un consejo de guerra. El 1 de noviembre se dio la orden de regresar a Kiel, donde una delegación solidaria con los detenidos pidió su liberación, la cual fue rechazada. El 2 de noviembre, en la casa sindical ("Gewerkschafsthaus"), asambleas de trabajadores de los astilleros y marinos trazaron el plan para futuras acciones. El alto mando de la "Kaiserliche Marine", sorprendido y desbordado por la situación, no supo reaccionar y en pocas horas la sublevación se había extendido a toda la flota del mar del Norte. El 3 de noviembre marinos y trabajadores abandonaron las asambleas y realizaron concentraciones conjuntas. Todas las fuentes atribuyen al teniente naval Steinhäuser la responsabilidad de haber encendido la mecha de la explosión que sobrevino. Según parece, ordenó abrir fuego contra los manifestantes y provocó la muerte de nueve de ellos. Un marino disparó contra el oficial y lo mató. Este hecho originó una revuelta generalizada que se concretó el día 4 de noviembre en un Consejo (Soviet) de soldados y trabajadores. Los oficiales fueron desarmados y el Consejo tomó bajo su control la base naval y la ciudad de Kiel. Se ocuparon los barcos, se izaron banderas rojas en la mayoría de ellos y se liberó a los presos amotinados que seguían detenidos en su interior. Por la tarde, los soldados del ejército que habían sido enviados para sofocar la rebelión se unieron a la sublevación. Cuarenta mil marinos, soldados y trabajadores insurrectos que exigían la abdicación del kaiser Guillermo II se habían convertido en los amos de la situación.

Por la noche el diputado del SPD (Partido Socialdemócrata Alemán) Gustav Noske se presentó en la ciudad en representación del Gobierno de Maximiliano de Baden. Noske presentó diversas propuestas que debieron de satisfacer al Consejo de trabajadores y soldados, puesto que fue nombrado gobernador de la ciudad. Lo acontecido en Kiel había mientras tanto corrido como la pólvora por todo el país y las manifestaciones de rechazo al régimen imperial y contra la continuación de la guerra se sucedieron en Berlín, en Baviera y en la cuenca del Ruhr. Los acontecimientos se produjeron a una velocidad desenfrenada. Los socialistas exigieron la abdicación de Guillermo II.

El día 6 de noviembre el príncipe Maximiliano de Baden no pudo convencer al emperador para que abdicara en su nieto con el fin de salvar la monarquía. El día 7 por la noche camiones enarbolando banderas rojas patrullaban la ciudad de Múnich y el 8 de noviembre un soviet de soldados obreros y campesinos dirigido por el judío Kurt Eisner proclamó la República de Baviera. El 9 de noviembre el canciller Maximiliano de Baden anunció por su cuenta la abdicación del emperador y del príncipe heredero. Acto seguido, convencido por los socialistas, presentó su dimisión y cedió el cargo de canciller al líder socialdemócrata Friedrich Ebert. El mismo día Philipp Scheidemann proclamó desde el Reichstag la que iba a ser conocida más tarde como República de Weimar. Dos horas después otro judío, Karl Liebknecht, proclamó a su vez desde el balcón del palacio imperial una segunda república: la República Libre y Socialista Alemana. Guillermo II aceptó la abdicación después de que el general Wilhelm Gröner sustituyera a Ludendorff, cuyo plan, a ojos del emperador, había provocado la debacle. Gröner anunció al Kaiser que el ejército obedecería las órdenes de Hindengurg, el cual, avergonzado, aconsejó al emperador que abdicara. El 10 de noviembre Guillermo II cruzó la frontera en tren y se exilió en Holanda. La Revolución de Noviembre había conseguido el primer objetivo: derrocar a la monarquía. El 11 de noviembre otro judío, el socialista Paul Hirsch, asumía el cargo de ministro-presidente de Prusia.

De la desmovilización al levantamiento espartaquista

Lo que en Rusia se había ido preparando durante años años, pretendía hacerse en cuestión de semanas en Alemania, donde, por cierto, no había un Kerensky dispuesto a entregar el poder a los comunistas cuando estos se lo reclamasen. Los socialdemócratas alemanes, como había ocurrido con el gobierno masónico en Rusia, estuvieron de acuerdo con los comunistas en que había que acabar con la monarquía; pero siendo el principal partido representante de la sociedad alemana, no podía de la noche a la mañana rendirse a las fuerzas revolucionarias. En las elecciones de 1912 el SPD había obtenido el 35% de los escaños del Reichstag y suya era la responsabilidad de liderar el proceso hacia una república democrática. Sin embargo, en abril de 1917 se había producido una ruptura interna: el ala izquierda del partido se escindió y formó el Partido Socialdemócrata Independiente de Alemania (USPD), conocido como los socialistas independientes. Éstos, como los mencheviques, aceptaban a la vez el parlamentarismo y los consejos revolucionarios que debían supervisarlo.

Más a la izquierda del USPD se situó la Liga Espartaquista, fundada por Rosa Luxemburgo y Karl Liebknecht. Al explicar el nombre de "Spartakusbund" o Liga de Espartaco, se alude siempre al líder de los esclavos sublevados contra Roma; pero Espartaco era asimismo el nombre secreto tras el que se escondía Adam Weishaupt, fundador de los Iluminados de Baviera, la secta que pretendía acabar con todas las monarquías y todas las religiones. Estos dos marxistas judíos habían optado por abandonar el USPD y formar un partido revolucionario que aspiraba a seguir el ejemplo de la revolución bolchevique y a establecer la dictadura del proletariado. El 30 de diciembre de 1918 la Liga se adhirió a la Comintern (Internacional Comunista) y pasó a ser el Partido Comunista de Alemania (KPD). En el congreso fundacional del KPD apareció como agente de la Comintern Karl Rádek, que se presentó vistiendo un uniforme soviético. El primer Comité Central lo encabezaron dirigentes judíos. Entre los más prominentes junto a Rosa Luxemburgo estaban Leo Jogiches, su colaborador intimísimo (eran amantes), August Thalheimer y Paul Levi. Este último declaró en su intervención que "el camino del proletariado a la victoria sólo podía pasar sobre el cadáver de la Asamblea Nacional." Otra prueba del control judío sobre el Partido Comunista Alemán es el hecho de que casi todas las secretarias de la cúpula directiva: Bertha Braunthal, Mathilde Jacob, Rosa Leviné, Rosi Wolfstein, Kathe Pohl (Lydia Rabinovich) eran judías.

Mientras Guillermo II abandonaba Alemania, los socialdemócratas decidieron el mismo día 10 de noviembre apoyarse en los socialistas independientes para formar un gobierno provisional, que se autodenominó Consejo de los Comisarios del Pueblo, compuesto de seis miembros, tres socialdemócratas y tres socialistas independientes. El 11 de noviembre, apenas tres semanas después de la orden de Hindenburg que pedía la resistencia a sus soldados, el Gobierno se acogió al Armisticio de Compiègne basándose en los catorce puntos de Wilson. El día 12 se creó un Consejo Ejecutivo provisional controlado por el SPD, que debía servir de nexo entre el Gobierno provisional y los Consejos populares. El 13 de noviembre, ignorando la exigencia de rendición incondicional, el Gobierno dirigió una nota diplomática al presidente estadounidense en la que, pese a todo, expresaba la fe en la gestión de Wilson ante los otros aliados para salvaguardar los intereses alemanes. El texto concluía de esta forma: "El pueblo alemán, por lo tanto, en esta hora fatídica, se dirige nuevamente al presidente con la solicitud de que use su influencia ante los poderes aliados con el fin de mitigar estas terribles condiciones."

El 15 de noviembre el Gobierno provisional alcanzó un pacto con los sindicatos y los trabajadores obtuvieron las siguientes garantías: jornada de ocho horas sin disminución de salarios, renuncia de la patronal a emprender acciones contra los sindicatos, reglamentación del trabajo mediante convenios colectivos. En imitación de los congresos panrusos de los Soviets, un Congreso Panalemán de Consejos fue convocado en Berlín del 16 al 20 de diciembre. Al Congreso asistieron cerca de quinientos delegados, de los cuales sólo diez eran espartaquistas, los cuales presionaron para que se destituyera al general Hindenburg y se procediera a la disolución del Ejército con el fin de crear una guardia cuyos oficiales serían elegidos por sus hombres. El Congreso, sin embargo, apoyó las tesis de los socialdemócratas, que abogaban por la convocatoria de elecciones generales para una Asamblea Nacional Constituyente, lo que implicaba la desaparición del Congreso de Consejos, que se disolvió.

Las "terribles condiciones" habían sido presentadas a Matthias Erzberger, quien encabezó la delegación alemana que en un vagón de tren firmó el 11 de noviembre el armisticio de Compiègne. Se exigía a Alemania la retirada de Francia, Bélgica, Luxemburgo y Alsacia Lorena, la eliminación de tropas del frente oriental, la renuncia del Tratado de Brest-Litovsk, la entrega de casi todo el material de guerra: aviones, cañones, ametralladoras, morteros, locomotoras, vagones de ferrocarril, además del internamiento de la flota alemana, lo cual conllevó su traslado a Scapa Flow. Meses más tarde, ya en dicha base británica, el almirante Ludwig von Reuter ordenó a sus oficiales que hundieran los buques para evitar que se los quedasen los ingleses. Debe considerarse que el armisticio no implicaba la rendición incondicional de Alemania, sino el cese inmediato de las hostilidades por ambas partes y la retirada de las tropas a las fronteras anteriores a la guerra como paso preliminar para negociar un tratado de paz. Sin embargo, incomprensiblemente, mientras las tropas alemanas se estaban retirando, el Gobierno provisional, presionado por los socialistas independientes y por los espartaquistas, ordenó la desmovilización general de las fuerzas armadas.

El 11 de noviembre Alemania seguía teniendo una poderosa máquina militar, un mes más tarde no tenía nada. Esta Alemania indefensa y postrada no pudo ya negociar sobre los catorce puntos de Wilson, sino asumir unas condiciones humillantes, propias de un Estado derrotado, que se plasmaron en el Tratado de Versalles, el cual, según declaró Lord Curzon, "no era un tratado de paz, sino una ruptura de hostilidades." Antes de la guerra Alemania era la primera potencia industrial de Europa y el país que más invertía en investigación científica, razón por la cual la ciencia alemana ocupaba el primer lugar mundial y el alemán era la lengua científica por excelencia. Muchos alemanes, estupefactos, no podían comprender cómo de la noche a la mañana, Alemania, cuyo potencial económico, industrial y científico seguía intacto, con un ejército cuyas tropas ocupaban aún partes del territorio enemigo y que había derrotado a Rusia, se había rendido repentinamente en los despachos. De ahí procede la tesis nacionalsocialista, según la cual Alemania no fue derrotada en el campo de batalla, sino apuñalada por la espalda por traidores comunistas liderados por judíos.

La conexión de los revolucionarios judíos alemanes con los judeo-bolcheviques era un hecho declarado que nadie se esforzaba en ocultar. Adolf Abrámovich Joffe, el embajador judío del Gobierno soviético en Berlín, un trotskysta acérrimo que junto a Kámenev y Rádek había formado parte la delegación bolchevique en Brest-Litovsk, estaba absolutamente convencido del triunfo de la revolución. El 2 de noviembre Joffe, tras tener noticia de la rebelión de los marinos en Kiel, le había anunciado a Karl Liebknecht que en una semana la bandera roja ondearía en el palacio de Berlín. En diciembre de 1918 Joffe recordó públicamente a Hugo Hasse, líder judío de los socialistas "independientes" del USPD, que había recibido su ayuda financiera. En la misma declaración desveló que había puesto diez millones de rublos a disposición del Dr. Oskar Kohn, otro judío del SPD que, además de ser miembro del Parlamento, fue nombrado el 11 de noviembre de 1918 subsecretario de Estado del Ministerio de Justicia. Joffe dijo textualmente que "había garantizado al Sr. Kohn el derecho a disponer de ellos en interés de la revolución alemana." Con absoluto descaro, Oskar Kohn admitió que la noche del 5 de noviembre había efectivamente recibido esta suma y que "había aceptado con mucho gusto" la ayuda financiera. Naturalmente Oskar Kohn, que era asesor jurídico de la Embajada rusa en Berlín, debía de considerar que la aceptación del cargo de subsecterario de Estado de Justicia era perfectamente compatible con recibir financiación del extranjero para hacer la revolución. El día 6 de noviembre, tras comprobar que desde la Embajada se proveía de armas, material de propaganda y dinero a gran escala a los espartaquistas, se expulsó a Joffe y a la delegación soviética, acusados de planear un alzamiento comunista. El mismo Joffe reconoció más tarde que la Embajada soviética en Berlín había sido "el cuartel general del Estado Mayor de la revolución alemana". Tras la expulsión de Joffe, Karl Rádek (Tobías Sobelsohn), jefe del Departamento de Propaganda Internacional creado por Trotsky, fue enviado a Alemania. Bajo la dirección de Rádek la propaganda comunista alcanzó su apogeo en Múnich.

La desorganización y el caos en el Ejército fueron la consecuencia inmediata de la orden inconcebible de desmovilización. Mientras los soldados regresaban como podían a sus casas, algunos desde puntos situados a dos mil kilómetros de distancia, en Berlín la situación iba tensándose. El 23 de diciembre la División de Marinos del Pueblo ("Volksmarinedivision"), recién formada en Kiel, tomó la cancillería del Reich y mantuvo retenido al canciller Ebert en su despacho hasta que se consiguió reconducir la situación. Fue sólo un anticipo de lo que se avecinaba. Tras la decisión de transferir el poder a una Asamblea Constituyente, se fijó el día 19 de enero de 1919 como fecha para la celebración de las elecciones. La Liga de Espartaco, convertida ya en el KPD (Partido Comunista de Alemania), consciente de que no tenía opciones en la disputa electoral, pidió la no participación en el proceso y trató de hacerse con el poder mediante un golpe de Estado. Los socialistas independientes, cuyo líder era el mencionado Hugo Hasse, convencidos tras la escaramuza del 23 de diciembre de la inminencia del triunfo del comunismo, retiraron a sus tres comisarios del Gobierno provisional, que de esta manera quedó exclusivamente en manos del SPD.

El 4 de enero de 1919 el canciller Ebert, tras la salida del Gobierno de los tres comisarios de los socialistas independientes, cesó a Emil Eichhorn como jefe del Departamento de Policía, cargo que ocupaba desde el 9 de noviembre de 1918. Eichhorn, que en abril de 1917 había sido uno de los izquierdistas que habían formado el USPD y que era desde agosto de 1918 director en Berlín de la ROSTA (Agencia Soviética de Noticias), no aceptó la decisión de Ebert y alegó que él había sido nombrado por los trabajadores de Berlín y que sólo ellos podían destituirlo. Protegido supuestamente por trabajadores armados que ocuparon el edificio, permaneció en su puesto. Junto a Eichhorn, cuatro socialistas judíos, Kurt Eisner (Kamonowsky) Karl Kautsky, Rudolf Hilferding y Paul Levi, habían encabezado el grupo que propició la escisión del SPD. El último, Levi, que se había pasado ya al Partido Comunista, fue el organizador de las protestas contra el cese de Eichhorn: además de imprimir folletos antigubernamentales, se convocó una manifestación en la que participaron conjuntamente socialistas independientes, el Partido Comunista y también militantes socialdemócratas. Las reivindicaciones eran: anulación de la destitución de Eichhorn, desarme de las fuerzas contrarrevolucionarias y armar al proletariado.

El 5 de enero la División de Marinos del Pueblo, a las órdenes de los comunistas y de los socialistas más radicales, ocupó la sede del periódico socialdemócrata *Vörwarts*, cuyas opiniones no gustaban a los comunistas. En este diario se había escrito, por ejemplo, que "un tal Levi y la bocona de Rosa Luxemburgo, que nunca han estado al lado de un tornillo de un banco o en un taller, están por arruinar todo lo que nuestros padres han soñado:" Una vez liberado de la ocupación mediante un asalto, el 12 de enero de 1919 *Vorwärts* se refirió a Luxemburgo, Trotsky y Rádek, a los que citó por sus nombres judíos de Bronstein y Sobelsohn, como "asiáticos y mongoles de Rusia".

La huelga general que paralizó Berlín el día 6 de enero de 1919 debía ser el pulso definitivo contra el Gobierno de Friedrich Ebert. Comunistas y socialistas independientes convirtieron la huelga en una insurrección armada. Se inició entonces una batalla en las calles de la capital y los revolucionarios consiguieron controlar el centro de la ciudad. Los socialdemócratas fracasaron en su intento de llegar a un acuerdo con los comunistas y Karl Liebknecht llamó a los obreros a tomar las armas para derribar al Gobierno. La desastrosa desmovilización de las fuerzas armadas había sido exigida por los espartaquistas, cuyas células en el seno del Gobierno provisional habían maniobrado con habilidad para lograr este objetivo. Berlín y Alemania se hallaban a merced de la insurrección. Ante la gravedad de la situación, Gustav Noske, ministro de Defensa, decidió acudir a lo que quedaba del Ejército, concretamente a la guarnición de Potsdam, que se mantenía fiel, y a los "Freikorps", organismos antirrepublicanos formados por antiguos soldados. Rosa Luxemburgo y Karl Liebknecht pidieron a los soldados de los soviets o consejos que se unieran con sus armas a los obreros. Las luchas urbanas que acontecieron se conocen como la "semana sangrienta". Finalmente, los Freikorps después de cinco días de combates aplastaron el levantamiento comunista y reconquistaron Berlín.

Sin embargo, la guera civil se prolongó durante varios meses en algunos lugares, ya que se había extendido a Bremen, Sarre, Baviera, Hamburgo, Magdeburgo y Sajonia. El intento de establecer la dictadura del proletariado en Alemania causó miles de muertos, entre los que hay que contar a Karl Liebknecht y Rosa Luxemburgo, que fueron asesinados. Rosa Leviné, que estuvo casada con dos dirigentes comunistas judíos, Eugen Leviné, editor entonces de *Rote Vorwärts*, y Ernst Meyer, estaba aquellos días internada en un hospital. Según escribió posteriormente, una edición extra anunció el asesinato de los dirigentes del KPD y la noticia fue acogida con alborozo: "todo el mundo gritó y bailó de alegría." Los dos líderes comunistas, detenidos en el hotel Eden, no fueron llevados ante un tribunal, sino que fueron ejecutados prácticamente en el acto la noche del 15 de enero de 1919. El cuerpo sin vida de Rosa Luxemburgo fue arrojado desde un puente a un canal. El 31 de mayo pudo ser encontrado junto a una esclusa y tras su identificación fue enterrado el 13 de junio.

Tras la muerte de Rosa Luxemburgo, su inseparable Leo Jogiches, cuyo nombre de guerra era Tyscha, se convirtió de facto en el nuevo líder del partido hasta que, detenido y encarcelado a principios de marzo, fue asesinado por la policía prusiana en la prisón de Moabit el 10 de marzo de 1919. Entonces Paul Levi, hijo de banqueros judíos, fue elegido sucesor de los líderes asesinados al frente del KPD. Levi convirtió al KPD en un partido de masas, pues ganó para la causa a muchos trabajadores socialdemócratas y consiguió que una parte importante del USPD se uniera a los comunistas. August Thalheimer, hijo de un fabricante judío de Würtenberg y hombre de confianza de Rádek, sucedió a Rosa Luxemburgo como jefe de redacción de *Rote Fahne* (*Bandera Roja*), lo que lo convirtió en el nuevo ideólogo del Partido Comunista Alemán. Jogiches fue sustituido por su ayudante Leo Flieg, que descendía de una familia judía de Berlín y ocupó el cargo de secretario de organización del Comité Central. Flieg fue asimismo enlace entre el Sevicio Secreto de la Comintern (OMS) y administró los fondos que fluían en dólares a Alemania desde Moscú. En *Antisemitismo, bolchevismo y judaísmo,* Johannes Rogalla von Bieberstein explica que los millones eran distribuidos por el "camarada Thomas", otro judío de máxima confianza de Trotsky, Rádek y Bujarin, que en realidad se llamaba Jacob Reich, aunque utilizó también el apellido Rubinstein. Este dinero sirvió para la formación de un Ejército Rojo, organizado en Centurias Proletarias, que supuestamente debía conquistar el poder en Alemania en un futuro muy próximo. Para sus contactos con Rusia, el "camarada Thomas" tenía dos aviones fletados a su disposición.

Pese a todo lo ocurrido, se celebraron las elecciones, en las que se produjo una participación de 82,8%. Los socialdemócratas del SPD obtuvieron el 37,9% de los sufragios y consiguieron 165 escaños. El segundo partido fue el ZP ("Zentrumspartei"), centristas católicos, que logró el 19,7% de los votos y 91 escaños. El DDP ("Deutsche Demokratische Partei"), demócratas de izquierda, obtuvo el 18.6% y 75 escaños. La cuarta fuerza política en número de votos fue el DVNP ("Deutsche Nationalen Volkspartei"), un partido conservador, antirrepublicano y pangermanista, que alcanzó el 10,3% de los sufragios y 44 escaños. Sólo en quinto lugar aparecen los socialistas independiendes del USPD, que, a diferencia de los comunistas del KPD, sí participaron en las elecciones y recogieron sólo el 7,8%, de los votos, lo que se tradujo en 33 escaños. Por último el DVP ("Deutsche Volkspartei") de Gustav Stresemann, liberales de derecha, logró el 4,4% y 19 escaños. El Partido Socialdemócrata pactó con los partidos de centro y se formó la llamada Coalición de Weimar. Friedrich Ebert fue elegido presidente de la República y Scheidemann fue nombrado jefe de Gobierno.

Vista la escasa representatividad de los socialistas independientes, es ridículo que los dirigentes del Partido Comunista se creyeran legitimados a servirse de las masas manipuladas que les seguían el cuento para dar un golpe de Estado e imponer a Alemania su dictadura del proletariado. En cualquier caso, como se demostró en Rusia, donde los bolcheviques disolvieron el Parlamento por la fuerza de las armas, la democracia les importaba poco. En sus famosas *Tesis de abril* Lenin había expresado con rotundidad su desprecio hacia la república parlamentaria y el proceso democrático. Se trataba más bien de exterminar al enemigo de clase. "Cualquiera que acepte la guerra de clases -escribió en 1916- debe aceptar la guerra civil, que en toda sociedad de clases representa la continuación, el desarrollo y la acentuación naturales de la guerra de clases."

La República Soviética de Baviera

Durante el año 1918, cuando la guerra en Francia se encontraba todavía en un punto álgido, Kurt Eisner (Salomon Kuchinsky), un masón de alto grado que se hacía llamar "Von Israelovitch" en las logias polacas y alemanas, se había dedicado a organizar huelgas en las fábricas de municiones y a promover la agitación, por lo que había sido encarcelado. Eisner frecuentaba el *Café Stefanie,* donde junto a Gustav Landauer, Ernst Toller, Erich Mühsam y Edgar Jaffé, todos ellos escritores o intelectuales judíos, preparaban su estrategia revolucionaria. En sus lucubraciones estos siniestros personajes contemplaban el sistema ruso de soviets de soldados y obreros como el modelo a seguir. El 7 de noviembre de 1918, ante una asamblea popular reunida en la Theresienwiese de Múnich, Kurt Esiner, encaramado en un camión, proclamó el Estado Libre de Baviera. El mismo día el último rey de Baviera, Luis III, renunció al trono. Ya convertido en ministro presidente de Baviera, el autoproclamado Eisner quiso llevar acabo una política exterior opuesta a la del Ministerio de Exteriores de Alemania y el 10 de noviembre hizo un llamamiento a todas las naciones, lo cual equivalía a una traición a su país. Entre las primeras decisiones de Eisner figura la designación de su secretario privado, cargó que otorgó al judío Félix Fechenbach.

En la noche del 6 al 7 de diciembre, Erich Mühsam, uno de los colegas de Eisner, ordenó a soldados revolucionarios la ocupación de cinco diarios burgueses y los declaró socializados. Unos días después, el 12 de diciembre, el nuevo ministro presidente de Bavaria rechazaba en un discurso cualquier poder que no fuera el de los soviets de soldados y obreros. Pese a todas estas demostraciones dictatoriales, las elecciones legislativas provinciales celebradas el 12 de enero de 1919 demostraron que quienes habían tomado el poder constituían una minoría, pues sólo lograron el 2,5 por ciento de los sufragios. La carrera de Kurt Eisner acabó bruscamente el 21 de enero al ser asesinado a tiros por Anton Graf Arco auf Valley. En *Antisemitismo, bolchevismo y Judaísmo* Rogalla von Bieberstein apunta la posibilidad de que el joven Graf estuviera relacionado con la contrarrevolucionaria y antisemita Sociedad de Thule. Según este autor, es posible que la Sociedad no lo aceptase como miembro por el hecho de que su madre provenía de la familia de banqueros judíos Oppenheim. Debido a este rechazo, Anton Graf habría querido demostrar su fe patriótica con un acto determinante.

La eliminación de Eisner radicalizó la situación. La Dieta bávara (Landtag) salida de las elecciones fue completamente marginada por los consejos o soviets. El 7 de abril el escritor judío Ernst Toller, otro de los contertulios del *Cafe Stefanie*, a instancias de la Rusia de Lenin y de la Hungría de Bela Kun, proclamó una república consejista o soviética. Junto a Toller, que fue presidente del Consejo Central de los soviets y comandante del Ejército Rojo, figuraban como dirigentes los anarquistas Gustav Landauer y Erich Mühsam. Enseguida la Comintern, a través del Partido Comunista Alemán (KPD), envió a Eugen Leviné (Nissen Berg), Tobías Axelrod y Max Levien, tres judíos revolucionarios de origen ruso, con el fin de reconducir y consolidar la situación. El tercero, Levien, era amigo personal de Trotsky y Lenin. Estos comisionados de la Comintern se hicieron rápidamente con el poder y el día 13 de abril la república proclamada por Toller adoptó el nombre de República Soviética de Bavaria. Dotada de un Ejército Rojo propio y de un Tribunal Revolucionario, la nueva república soviética rompió todos los lazos con la República de Weimar. Leviné se convirtió en el presidente del Consejo de Comisarios del Pueblo. En su discurso proclamó: "Hoy Baviera ha constituido por fin la dictadura del proletariado. ¡Viva la revolución mundial!".

La nueva dictadura exasperó los ánimos de la población, que veía como un grupo de dirigentes judíos, algunos de los cuales ni siquiera eran alemanes, se había hecho con el poder. Lógicamente, se avivó el odio hacia los judíos, a quienes se veía como causantes de cuanto ocurría, y estallaron enfrentamientos violentos en las calles y plazas más céntricas de la ciudad. La obra citada de Johannes Rogalla von Bieberstein es una valiosa fuente de información que recoge episodios poco conocidos sobre lo ocurrido en Múnich. Uno de ellos tuvo lugar el 18 de abril, día en que un grupo de guardias rojos armados con fusiles, pistolas y granadas asaltó la vivienda del nuncio apostólico Giovanni Pacelli, futuro papa Pío XII, y le pusieron una pistola en el pecho. Una vez detenido, fue trasladado a la residencia de Max Levien, quien erigido en capitoste supremo dominaba en la práctica la ciudad de Múnich. El nuncio describió posteriormente en un informe enviado al Vaticano el cuartel general de Levien, al que caracterizó como "ruso y judío". Giovanni Pacelli hace referencia a una "banda de mujeres de dudoso aspecto, judías, como todos ellos, de un comportamiento provocativo." Al frente de estas "secretarias" se hallaba la compañera de Levien, una joven judía divorciada.

El Gobierno de Berlín se decidió por fin a intervenir y entre el 30 de abril y el 8 de mayo de 1919 la república soviética fue derrocada. Treinta mil soldados del Ejército y los Freikorps fueron enviados a Múnich para someter a la minoría revolucionaria y restablecer la legalidad. En el transcurso de las operaciones murieron unas seiscientas personas. Entre los asesinatos llevados a cabo por los guardias rojos destaca el fusilamiento de siete miembros de la *Thule Gesellschaft* (Sociedad de Thule), cuyas oficinas fueron asaltadas. Entre ellos había cuatro aristócratas. Curiosamente, uno era Gustave von Thurn und Taxis; otro, la condesa Heila von Westarp, una bella joven que ejercía como secretaria de la Sociedad. Tomados como rehenes, estos nobles fueron ejecutados junto a otras personas en el *Luitpold Gymnasium*, que servía de cuartel al cuarto destacamento del Ejército Rojo de Múnich, cuyo comandante era Rudolf Egelhofer. Para tratar impedir la toma del edificio, dicho comandante ordenó el encierro de veintidós prisioneros y se vengó asesinando gratuitamente, puesto que se trataba de ciudadanos inocentes, a diez de ellos.

Los Freikorps, por su parte, protagonizaron asimismo sangrientos actos de venganza, el más aireado de ellos fue el asesinato de Gustav Landauer, que había ocupado el cargo de comisario de Educación. En el patio de la cárcel de Stadelheim, donde había sido llevado, un suboficial, envalentonado por los soldados que pedían la ejecución, disparó a Landauer en la cabeza. A pesar de la gravedad de la herida, Landauer seguía con vida, por lo que, ya en el suelo, fue rematado con otro disparo en la espalda. Martin Buber en una conferencia sionista se refirió a Gustav Landauer como "nuestro conductor secreto". Eugen Leviné, a quien se consideró "un intruso en Baviera", sí fue presentado ante una corte marcial bajo el gobierno del socialdemócrata Hoffman. Condenado a muerte por alta traición, fue ejecutado el 5 de junio de 1919. Ernst Toller y Erich Mühsam, sin embargo, fueron condenados a quince años de prisión, pero en 1924 estaban ya en libertad gracias a una amnistía para prisioneros políticos decretada por la República de Weimar, cuya Constitución, por cierto, fue sancionada el 11 de noviembre de 1919 sobre la base del proyecto redactado por el judío Hugo Preuss. En cuanto a Max Levien, consiguió escapar a Viena, donde fue detenido. Las autoridades alemanas reclamaron su extradición, pero no fue atendida y en 1920 Levien quedó libre.

La Hungría de Bela Kun

La desmembración del Imperio austro-húngaro comenzó tan pronto se tomó conciencia de que se había perdido la guerra. El 28 de octubre de 1918 se convocó una manifestación en Budapest para exigir la independencia y pocos días después nacería la República Popular de Hungría. Sólo iba a durar cuatro meses, puesto que el 21 de marzo de 1919 se convirtió en la República Soviética Húngara, la cual a su vez duró poco más de cuatro meses, exactamente ciento treinta y tres días, hasta el 4 de agosto. Durante este periodo militares, sacerdotes, hacendados, comerciantes y profesionales de todos los campos fueron impunemente asesinados. El terror se generalizó en Hungría, donde decenas de miles de personas, "enemigos del pueblo", perdieron la vida bajo el régimen de Bela Kun.

Bela Kun (Aaron Kohn) nacido en 1866 en una provincia húngara, era hijo de Mov Kohn y Rosalie Goldenberg. Utilizó su nombre judío hasta 1909, año en que lo transformó en Kun con el fin de hungarizarlo. Maestre masón de una logia de Decebren, fue también miembro de B'nai B'rith y de la selecta logia Shriner, en la que para ingresar se requería el grado 32. En 1916 cayó prisionero de los rusos, pero en febrero de 1917 fue liberado por su hermano masón Kerensky, con quien, cómo no, hizo buenas migas. En 1918 ya colaboraba en Petrogrado con los bolcheviques, que lo pusieron al frente de una escuela de propaganda en Moscú, desde la cual se encargó de hacer proselitismo entre los sodados húngaros detenidos en Rusia. Conoció personalmente a Lenin y a Rádek, con los que negoció la fundación del PCH (Partido Comunista Húngaro), el cual se fundó en Budapest el 4 de noviembre de 1918. Bela Kun tardó poco en convertirse en el líder de un Frente Popular.

José-Oriol Cuffi Canadell narra en español en *La sombra de Bela Kun* los hechos más relevantes acontecidos entre 1918 y 1919. Nos centraremos en la revolución comunista, en el régimen de terror impuesto por Bela Kun y la camarilla de judíos que tomaron el poder en marzo de 1919, pero antes comentaremos en unas líneas el asesinato del conde István Tisza, partidario de la unión con Austria, puesto que su eliminación supuso un indicio claro de lo que cabía esperar. Tras su último discurso en el Parlamento, pronunciado el 17 de octubre de 1918, su muerte fue decidida en una reunión secreta del Consejo Nacional de la oposición. Cuffi Canadell ofrece los nombres de los implicados en el magnicidio y explica cómo sucedieron los hechos.

Los acontecimientos comenzaron el 31 de octubre de 1918. Durante la madrugada Nathan Kraus, un periodista judío conocido como Göndor, dirigió a un nutrido grupo de asaltantes que lograron apoderarse del principal cuartel de la capital. Fue la señal para desencadenar los hechos, pues supuso la caída inmediata del primer ministro Sándor Wekerle y propició que el conde Károlyi, el Kerensky húngaro que lideraba la oposición, entrara en acción y asumiera el protagonismo. Al anochecer del mismo día 31 se produjo el segundo acto de la tragedia. Dos miembros del Consejo Nacional de la oposición, el capitán Cszerniak y los periodistas judíos Kéry y Fenyes habían ofrecido cien mil coronas a los criminales que aceptaron el encargo de asesinar al conde Tisza. Un soldado llamado Dobo, el marino Horvath Santa, el teniente Hüttner y otros dos judíos, Gärtner y Joseph Pogány, que posteriormente sería ministro de Educación, asaltaron por la noche el domicilio de Tisza armados con fusiles. Tres hombres penetraron hasta las habitaciones del conde y ante los ojos horrorizados de su esposa y de su sobrina, la condesa Almassy, le pegaron tres tiros. István Tisza había sido primer ministro de 1913 a 1916.

La táctica para hacerse con el poder en Hungría fue la habitual. El día 16 de noviembre se proclamó en Budapest la República y Károlyi se convirtió en primer ministro. A partir de este momento comenzó el proceso de creción de los soviets y siguió la convocatoria de un congreso de soviets para preparar la revolución comunista. A principios de 1919, ya con vistas a la toma del poder, cerca de trescientos agitadores profesionales y agentes secretos llegaron de Rusia con el fin de reforzar a los revolucionarios. Varias fuentes judías conceden que los comunistas húngaros dispusieron de "inagotables medios financieros" provenientes de Rusia. Gracias a estas ayudas se fundó el *Vörös Ujság* (*Diario Rojo*). Como en Múnich, también en Budapest los comunistas intentaron ocupar los diarios burgueses y socialistas para controlar la opinión. La policía consiguió impedirlo, pero en el asalto al periódico socialdemócrata *Nepzava* (*La voz del pueblo*) ocho personas, algunos de los cuales eran policías, perdieron la vida y cerca de un centenar resultaron heridas. Bela Kun y su estado mayor fueron detenidos e ingresaron en prisión, pese a la protesta de dos ministros judíos, Sigismund Kunfi, cuyo verdadero nombre era Kunstädter, y William Böhm, ambos socialistas. Mientras tanto, la continua entrada en Hungría de prisioneros liberados por los bolcheviques con el fin de que expandieran el evangelio del comunismo iba sumiendo al país en un estado de agitación extrema.

El primer ministro Mihály Károlyi, el nuevo Kerensky, dio todas las facilidades a Bela Kun para que desde la cácel pudiera fraguar con Kunfi y Böhm la unión de los partidos socialista y comunista, la cual se produjo el

21 de marzo y provocó la renuncia del gobierno del conde Károlyi, supuestamente desbordado por los acontecimientos. Inmediatamente Bela Kun fue liberado y se proclamó la República Soviética Húngara. Ya convertido en jefe del Gobierno y líder indiscutido de la nueva república, Bela Kun se vio a sí mismo como el hombre llamado a expandir en Europa la revolución mundial. De hecho proclamaba que era el máximo representante de Lenin en Europa central y occidental. Entre sus prioridades figuraba la propagación inmediata de la revolución a Eslovaquia y a Austria con el fin promover la "dictadura mundial del proletariado". Así, pues, el Ejército Rojo húngaro empezó por expandir el comunismo en Eslovaquia, que fue ocupada durante la primavera. El 16 de junio de 1919 sería proclamada la efímera República Soviética Eslovaca, donde pronto comenzó el saqueo antes de ser derrocada por el avance de los checos y los rumanos.

En la primera reunión de los comisarios comunistas en Hungría se suprimeron los tribunales de justicia y se crearon tribunales revolucionarios cuyos jueces debían ser elegidos por el pueblo. Stéphan Courtois y Jean-Louis Panné escriben en el *El libro negro del comunismo* que Bela Kun estuvo en contacto telegráfico permanente con Lenin a partir del 22 de marzo. Estos autores dan la cifra de doscientos dieciocho mensajes intercambiados. Lenin saludó a Bela Kun como jefe del proletariado mundial y le aconsejó fusilar a los socialdemócratas y a los pequeños burgueses. Una de las primeras medidas fue la liberación masiva de los presos condenados por delitos contra la propiedad. En un discurso pronunciado el 27 de marzo a los obreros húngaros, Bela Kun justificó la utilización del terror con estas palabras: "La dictadura del proletariado exige el ejercicio de una violencia implacable, pronta y decidida, con el fin de acabar con la oposicion de los explotadores, de los capitalistas, de los grandes hacendados y sus secuaces. Quien no haya compendido esto no es un revolucionario."

Una vez más, como en Rusia, como en Berlín, como en Baviera, la mayoría de los dirigentes de la Hungría soviética eran judíos. El Gobierno lo componía un directorio de cinco personajes, de los cuales cuatro eran judíos: Bela Kun; Bela Vago, uno de los jueces del Tribunal Revolucionario; Sigmund Kunfi, encargado de Asuntos Croatas; y Joseph Pogany, comisario de Educación. El comisario de Comercio, Mátyás Rákosi (Matthias Roth), también era judío. Capturado durante la guerra, Rákosi, como Bela Kun, había sido adoctrinado en Rusia y devuelto a Hungría. Eugen Varga, otro judío, era el comisario de Asuntos Económicos. Al frente del Departamento de Investigación Política figuraba un judío jorobado, Otto Korvin-Klein, un tipo vengativo responsable de miles de muertes que se divertía introduciendo un regla dentro de la garganta de sus víctimas en los interrogatorios. Jüri Lina cita la obra *Bela Kun and the Bolshevik Revolution in Hungary*, de A. Melsky, para denunciar los crímenes de otro comisario judío, Isidor Bergfeld, quien admitía que había quemado vivos a sesenta húngaros y presumía de haber matado a otros cien con sus propias manos.

Aparte del liderazgo judío en el comisariado, en *Roots of radicalism*, los norteamericanos Stanley Rothman y Robert Lichter apuntan que de doscientos funcionarios de primera línea, ciento sesenta y uno eran judíos. En 1919 *The Times* de Londres se refería al régimen de Bela Kun como una "mafia judía". Los criminales sanguinarios predominaban. Bela Vago explicaba la naturaleza del régimen de este modo: "Nada se obtiene sin sangre. Sin sangre no hay terror, y sin terror no hay dictadura." El propio Bela Kun corroboraba estas ideas: "Debemos inspirar la revolución con la sangre de los burgueses explotadores." Otro ejemplo de la ferocidad de estos siniestros comunistas judíos lo constituye el ministro de Educación, Joseph Pogany, a quien se atribuye la muerte de unas ciento cincuenta personas, la mayoría maestros y profesores, eliminados durante sus viajes de inspección educativa. Para el cargo de comisario de Cultura Bela Kun nombró a un intelectual judío que era hijo del gerente de la Banca Rothschild, el mitificado Georg Lukacs, a quien muchos sitúan entre los intelectuales marxistas más importantes del siglo XX. Lukacs fue también comisario político de la 5ª División e hizo que un tribunal de guerra ordenase el fusilamiento de ocho personas. Vestía un uniforme de cuero y algunos lo conocieron como el "Robespierre de Budapest".

La "democratización" del Ejército comenzó en mayo con una fórmula bien sencilla: los oficiales eran fusilados y remplazados por agentes de Moscú. La guerra inclemente y salvaje contra la cultura cristiana fue una de las características esenciales de la política de Bela Kun. Según el libro *Visegrader Straße* (*La calle Visegrad*), en la Casa Soviética de Budapest se razonaba en estos términos: "Nosotros los comunistas somos como Judas. Nuestro sangriento trabajo es crucificar a Cristo. Pero este trabajo pecaminoso es, al mismo tiempo, nuestra vocación." La religión fue ridiculizada y se asesinó a sacerdotes en las calles. En el terreno socieconómico las medidas no tardaron en arrastrar al país al desorden general. Pronto las empresas de más de veinte obreros fueron expropiadas, aunque enseguida se expropió también las de diez e incluso las de cinco o seis trabajadores. Muchas casas privadas fueron confiscadas y declaradas propiedad del Estado. Los cuartos de baño privados fueron nacionalizados y eran públicos los sábados por la noche, medida que sólo podía dañar gravemente el tono social y moral de la sociedad húngara. Los bancos no controlados por el cártel judío internacional fueron nacionalizados. Se embargaron los depósitos bancarios y se sacó del país más de un millón de libras esterlinas en moneda extranjera para que se empleara en propaganda. La cacería de los "goyim" que poseían riquezas fue constante. Enormes cantidades de oro fueron enviadas desde Hungría a bancos judíos en el extranjero. La pretensión de que los recursos de la industria y la agricultura fueran socializados provocó una hambruna en las ciudades y la ira del campesinado.

Párrafo aparte merece el terror desatado por el comisario de Agricultura, el judío Tibor Szamuely, quien, como tantos, había sido capturado durante la guerra y adiestrado en Rusia por el propio Bela Kun y los líderes comunistas. Szamuely, que había participado con Rosa Luxemburgo y Karl Liebknecht en la formación del Partido Comunista Alemán, fue uno de los dirigentes más destacados de la República Soviética Húngara, en la que ocupó diferentes cargos, el último de los cuales fue el de comisario de Asuntos Militares. Siendo comisario de Agricultura, se convirtió en uno de los mayores criminales del régimen. Para atemorizar a los campesinos que no se sometían a sus dictados de colectivización, viajaba en un tren pintado de rojo que se convirtió en una cheka móvil. Sus esbirros, después de torturar a las víctimas, las arrojaban por las ventanas a su paso por pueblos y ciudades. Obligaba a los payeses condenados a muerte a cavar su propia tumba delante de sus familiares y luego los obligaba a saltar en ella con una soga en el cuello. Szamuely se alió con József Czerny, el jefe de un comando de terroristas que han pasado a la historia como "muchachos de Lenin". Arthur Koestler, el autor de *The Thirteenth Tribe*, calcula que las víctimas de Czerny y sus secueces fueron unas quinientas; sin embargo otros autores estiman que la cifra fue muy superior.

Un Gobierno provisional de verdaderos húngaros fue constituido en Szeged. Los países aliados, incapaces, como en Rusia, de reaccionar contra el totalitarismo criminal del régimen comunista, aceptaron al menos la intervención de Rumanía. El 31 de julio Bela Kun emitió un manifiesto en el que pedía el apoyo de los trabajadores de todo mundo. El 1 de agosto, con la ciudad sumida en el caos y después de transferir cincuenta mil libras esterlinas a Basilea, abandonó Budapest con sus principales lugartenientes con destino a Viena. Antes de huir declaró que le hubiera gustado que los proletarios entregaran sus vidas en las barricadas para defender la causa de la revolución. Sus últimas palabras públicas fueron estas: "¿Hemos de montar nosotros mismos las barricadas sin masas que nos respalden? Felizmente nos hubiéramos sacrificado nosotros mismos, ¿pero beneficiaría este sacrificio la causa de la revolución internacional proletaria?". El de 6 de agosto de 1919 las tropas rumanas depusieron finalmente a los comunistas húngaros. Kun fue detenido en Austria, pero el judío masón Friedrich Adler, cuyo padre Víctor Adler había sido buen amigo de Trotsky, gestionó su liberación. Friedrich Adler había sido condenado a muerte en 1916 por el asesinato del primer ministro de Austria, conde Karl von Stürghk, pero se le conmutó la sentencia por 18 años de cárcel. En 1918 fue liberado gracias a la revolución, que también había estallado en Austria, y se convirtió en líder del Partido Comunista austríaco.

Bela Kun regresó a Rusia en 1920 y fue nombrado comisario político del Ejército Rojo en el frente sur, donde trabajó con otros dos judíos, Roza Zemlyachka (Rozalia Zalkind), conocida como la "furia del terror comunista", y Boris Feldman. Los tres dirigieron el terror rojo en una cheka de Crimea, donde se convirtieron en despiadados asesinos de masas. Zemlyachka y Kun, quien violaba con frecuencia a sus víctimas femeninas, eran tal para cual. Además de su sadismo y crueldad a la hora de matar, eran codiciosos y no perdían la oportunidad de acumular grandes riquezas. En Sebastopol, a la vez que se apropiaron de enormes cantidades de oro, asesinaron a más de ocho mil personas durante la primera semana de noviembre de 1920. Según fuentes oficiales, cincuenta mil "enemigos del pueblo" fueron ejecutados en Crimea, aunque algunas fuentes elevan la cifra hasta ciento veinte mil. Bela Kun fue enviado a Alemania en 1921, donde dirigió un intento de golpe de Estado, como se verá en el próximo capítulo. Antes de ser encarcelado por Stalin acusado de trotskysmo, Kun se desplazó en 1936 hasta Barcelona con el encargo de explorar el ambiente político y fomentar la agitación.

El carácter judío de la República Soviética Húngara era tan evidente como el de la Rusia bolchevique; pero mientras con respecto a Rusia se pretendió y se sigue pretendiendo encubrir y falsificar la realidad, en el caso húngaro todos coinciden en que Hungría tuvo "un gobierno de los judíos", "una república judía" o, como prefiere Nathaniel Katzburg, "en gran medida una empresa judía". Ciertamente, los húngaros así lo percibieron. Por ello, como era previsible, tras el colapso del gobierno de los judíos, se produjo una reacción violenta que algunos autores han calificado como "terror blanco". La propia comunidad judía de Pest trató de evitar el odio y las represalias del pueblo húngaro excluyendo a quienes se habían relacionado de una u otra forma con el régimen de Bela Kun. Según algunas fuentes, entre dos mil y tres mil ciudadanos judíos perdieron la vida como consecuencia de los numerosos actos de venganza.

ÍNDICE

Abaris, 120
Abd-al-Rahman ibn-Rabiah, 47
Abd-al-Rahman III, 38, 54, 55
Abdul Hamid II, 402
Abdulmecit I, 216
Abenamias, 206
Äbersold, 365
Abraham, 23, 43, 44, 56, 59, 75, 107, 138, 169, 171, 215, 256, 260, 262, 272, 294, 295, 299, 313, 314, 318
Abramovich, 493, 529
Abu-el-Afieh, 209, 211, 212, 214
Abulafia, 256
Adam-ko, 198
Adams, 349
Adler, 108, 479, 482, 565
Agénor, 328
Agranyants, 490
Agripa I, 32
Aguado, 181
Agustin, 154, 157
Ahlwardt, 120
Akrish, 59
Al-Bakri, 53
Albayuceto, 201
Alberg, 277
Alberto III, 82
Aldrich, 389, 395, 397, 398
Alejandra, 374, 518, 519
Alejandro I, 315

Alejandro II, 314, 315, 316, 317, 318, 324, 438, 439, 441, 448, 461, 467
Alejandro III, 445, 448
Alexeyev, 477
Alexinsky, 456, 496
Alfonso X, 201
Alfredo el Grande, 88
Alger, 155, 156, 158
Allen, 481
Allenby, 392, 426, 427
Allyn, 293
Almassy, 561
Al-Masudi, 53
al-Rashid, 53
Altotas, 105
Álvarez, 191
Amadeo I, 325
Amara, 209, 212, 214, 215, 224, 241
Amelio, 105, 120
Amery, 426
Amurath, 241
Anacarsis, 107, 148, 338
Anckarström, 109
Aníbal, 111
Anna, 109, 489
Anspacher, 301
Antebi, 211, 213
Antelman, 97, 99, 100, 101, 107, 151, 252, 266, 269, 270, 274, 287, 394
Antonelli, 300

Anzelin, 204
Arago, 284, 330, 359, 360
Aranda, 124
Arcesilas, 103
Arco auf Valley, 558
Arias, 202
Aristóteles, 265
Armand, 299, 366, 493
Arnim, 192
Arnold, 124, 243, 273, 286, 308, 341
Arnstein, 267
Aron, 302
Arsene, 368, 398, 437, 439, 441, 447, 456, 472
Artajerjes, 28, 198
Artamanov, 49, 50, 66
Aschberg, 95, 456, 485, 486, 493
Asenté, 23
Ashley, 245, 246, 249, 312
Asquith, 416, 420, 423, 424, 425
Astor, 311, 364
Astruc, 303
Asuero, 197, 198
Ataturk, 245, 402
Atila, 45
Atkinson, 343, 387, 414
Atzmon, 13
Auerbach, 219
Augusto, 264
Augusto III, 99
Avanessov, 523
Avdeiev, 520
Avigdor, 355
Ávila, 202, 206
Axelrod, 451, 494, 558

Ayllon, 266
Ayub, 235
Azef, 453, 459
Babeuf, 122, 144
Bakunin, 273, 287, 336, 337, 338, 340, 341, 342, 450
Balaban, 264
Balfour, 12, 356, 362, 366, 376, 388, 416, 424, 426, 431, 432, 433, 434, 435, 504, 508, 511, 515, 530
Balzac, 187
Bamberger, 285
Bar, 35, 79, 196
bar Ezra, 57
bar Isaac, 57
bar Nathan, 57
bar Shaprut, 57
Bar Simon, 81
Barbaroux, 145
Barcsay, 406
Barent Cohen, 169, 170
Barère, 142, 158
Baring, 170, 182, 188
Barmecidas, 61
Barnato, 383, 385
Barnave, 130, 131
Barnell, 54
Barnes, 408, 409, 411, 413
Baron, 79
Barras, 156, 158, 177
Barrot, 281
Barruel, 105, 113, 114, 120, 222
Barry, 99
Baruch, 12, 277, 302, 345, 360, 375, 389, 392, 401, 488
Basílides, 258

Basilio, 72
Bassus, 111
Báthory, 76
Batu, 73
Batulin, 541
Bauer, 95, 160, 161, 186, 254
Baumbarten, 368
Bazaine, 329, 333
Beaudin, 218, 235
Beauharnais, 151, 177
Beauregard, 313, 314
Bechade, 127
Bedford, 295
Begunov, 404, 484
Beik, 211
Beit, 383, 385
Bela, 484, 490, 558, 560, 562, 563, 564
Belmont, 292, 308, 312, 323
Beloborodov, 520, 521, 522
Belzunce, 128
ben Barzillai, 59
Ben Gurión, 377
Ben Mizram, 108
Benedetti, 327, 328
Benedicto XIV, 201
ben-Sharuk, 57
Bentham, 136, 137, 138, 139
Bentov, 349
Berberova, 532
Berchtold, 409
Berenson, 479
Berg, 558
Bergfeld, 563
Bergman, 333
Beria, 512

Bernstein, 356, 374, 376
Bertrand, 192, 516
Besant, 516
Besso, 192
Bethmann-Hollweg, 403, 409, 411, 429, 491, 493
Bey, 238, 240
Bidermann, 139
Bidwell, 219
Bieberstein, 556, 558, 559
Bien, 302, 472
Billaud, 140, 157
Billaud-Varenne, 157
Billaud-Varennes, 145
Bing, 304
Bismarck, 177, 325, 403
Blanc, 122, 279, 290
Blank, 489
Blankfort, 13
Blanqui, 275, 282
Blavatsky, 516
Bleichröder, 331, 335, 423, 446
Bloch, 414
Blumberg, 303
Blumkin, 535
Bobrinsky, 368
Bode, 105, 120
Bogrov, 467
Böhm, 562
Böhme, 253
Boissevain, 502
Boleslav, 75
Bonch-Brouevitch, 533
Borbón, 134
Borbones, 124, 325

Bord, 127
Börne, 188
Botkin, 519
Bottomley, 404
Boyce, 533
Boyd, 138
Brailovsky, 484
Brandeis, 172, 394, 423, 428, 429, 432
Branting, 493
Brasol, 353, 420
Braunthal, 552
Breckinridge, 307
Breidenstine, 297
Breitung, 485
Brenier, 271
Brenowsky, 347
Briggs, 237
Brilliant, 454
Brissot, 132
Brockdorff, 492
Brockdorff-Rantzau, 492
Broglie, 127
Bronstein, 482, 488
Broom, 300
Bruce, 21
Brunschvig, 365
Brunswick, 107, 134
Bruser, 455
Brusiloff, 420
Buchan, 88
Buchanan, 307, 314, 411, 413, 420, 476, 479, 529
Budberg, 542
Buderus, 161, 165
Bujarin, 413, 484, 490, 512, 513, 544, 556

Bulan, 54, 56, 57, 58, 61
Bulloch, 323
Bunich, 482
Burg, 13
Burke, 127
Burtsev, 367, 369, 372
Busche, 105
Butmi, 350
Buzot, 145
Byron, 188
Cabanes, 139
Cabrinovic, 405, 406, 407
Cadorna, 296
Cagliostro, 105
Cahen, 303
Caifás, 205
Calmer, 146
Calonne, 123
Calvin, 92
Cambon, 157
Cameron, 316, 353, 356
Camondo, 216
Campbell, 21
Cancrin, 191
Capper, 235
Cardozo, 260, 265
Carducci, 299
Carey, 320
Carlavilla, 486
Carlile, 293
Carlos I, 87, 89, 90, 303
Carlos II, 91, 246
Carlos III, 124, 300
Carlos V, 173
Carolina, 163, 306, 307, 310, 313, 314

Carpini, 73
Carra, 300
Carrier, 146, 147
Carvajal, 90
Carvallo, 303
Casimiro, 75
Casimirovic, 406
Cassel, 49
Cauin, 92
Caussidière, 280
Cavaignac, 283
Cawston, 386
Cecil, 376, 433
Céline, 151
Chabot, 150
Chakowicz, 497
Chamish, 99
Chaney, 21
Chase, 322
Chaumette, 148, 149
Chaunu, 144
Chayla, 366, 367, 370
Cheever, 312
Cheidze, 475, 494
Chekistov, 535
Chemodurov, 519
Chenier, 151
Cherepanov, 536
Cherep-Spiridovich, 154, 194
Cherevin, 349
Cherfils, 415, 416
Chicherin, 542
Chirac, 414
Chiyon, 266
Chomsky, 13

Chopin, 187
Chudnovsky, 484
Churchill, 91, 419, 490
Chusnovsky, 487
Cicerón, 540
Ciganovic, 406, 407
Cinnamus, 74
Cirilo, 61, 63
Ciro, 25, 26, 246
Clark, 384, 388
Clavière, 139
Clay, 314, 316, 317
Clemente IV, 76
Clemente XIV, 97
Clément-Thomas, 337
Clinton, 268, 276, 294, 388
Cloots, 107, 148, 338
Clot, 238, 240
Cobb, 307, 314
Cochelet, 217, 225, 231, 235, 238
Cohen, 169
Cohn, 216, 374
Cole, 13
Coleman, 161, 177, 331, 364, 388
Collins Piper, 161
Collot, 140, 147, 149, 153
Collot-d'Herbois, 145
Compton, 244
Conant, 306
Condorcet, 149
Constantino, 33, 43, 57, 62, 66, 67, 72, 315
Cook, 13
Copérnico, 84
Cordey, 128

Cordovero, 257
Corti, 160
Cosroes, 46
Cossandey, 108, 110, 111
Courtois, 440
Couthon, 145, 147, 157, 158
Cowan, 109
Cowper, 245
Crane, 479
Creel, 429
Crémieux, 208, 216, 220, 221, 237, 252, 279, 281, 282, 303, 304, 330, 345, 359
Crétineau-Joly, 222
Cristo, 15, 71, 107, 160, 201, 230, 243, 245, 294, 532, 540, 564
Cromwell, 15, 87, 88, 90, 169
Cross, 244, 420, 435, 457, 497
Cszerniak, 561
Cumming, 529
Cunningham, 107
Curtis, 459
Curzon, 457, 553
Custine, 142
Czernin, 404, 512
Czerny, 564
da Costa, 308, 310
Dairnvaell, 187
Dalacho, 310
Dana, 268, 294
Daniel, 26, 35, 101, 107, 108, 165, 186, 188, 266, 524
Danton, 114, 132, 135, 136, 137, 138, 140, 145, 149, 150, 151
Darboy, 339
Davidov, 485
Davidson, 312

Davis, 295, 307
Davison, 396, 505, 507
Day, 309
De Beers, 385
de Lavoisier, 151
de Leon, 292
Degayev, 324
Deguerry, 339
Delahante, 327
Delano, 268, 354, 484
Delgrasso, 211
Demidova, 519, 521
Denisov, 485
Denny, 398
Dentraygues, 343
Desmoulins, 126, 129, 135, 142, 148, 149, 150
Deutsch, 99, 455
Dillon, 133, 222, 436
Dimitrievich, 408
Diómedes, 117
Dios, 20, 24, 25, 27, 28, 29, 30, 32, 33, 37, 52, 53, 56, 60, 70, 71, 72, 92, 98, 100, 142, 152, 153, 156, 176, 193, 212, 215, 220, 228, 245, 246, 250, 254, 255, 256, 257, 258, 260, 264, 265, 294, 296, 298, 305, 377, 468, 481
Dir, 64
Diskovski, 520
Disraeli, 52, 94, 177, 182, 187, 188, 191, 192, 193, 278, 325, 331, 378, 414
Diterichs, 526
Dittenhöfer, 301
Dobo, 561
Dobrushka, 99, 107, 266
Dodge, 389
Dohm, 106

Dolgoruky, 315, 519

Domínguez, 327

Dommergue, 14

Dorislaus, 90

Douglas, 24, 26, 29, 41, 42, 89, 192, 307, 362, 363, 377, 421, 425, 515

Drach, 242

Drouyn, 319

Druthmar, 60

Du Barry, 149

Dubnov, 80

Ducrot, 338

Dulles, 505

Dumouriez, 141, 143

Duncan, 535

Dunlop, 42, 46, 51, 59

Dunnicker, 359

Dunvin, 366

Duplay, 152, 156

Dupont, 127

Dzerzhinsky, 534, 538, 539

Ebert, 550, 554, 555, 557

Eco, 345, 346

Eden, 556

Edilken, 455

Eduardo, 88

Efraín, 81

Egelhofer, 559

Ehrenpreis, 365

Eibeschutz, 266

Eichhorn, 539, 554

Einsenstaat, 355

Eisen, 13

Eisenhower, 17, 389

Eisenstein, 264

Eisner, 550, 555, 557, 558

el-Fattal, 210, 214

Elhaik, 80

Elysard, 273, 341

Énault, 339

Endem, 108

Endre, 74

Engel, 120

Engels, 247, 273, 274, 275, 276, 278, 280, 336, 343, 384

En-sof, 257, 258, 259, 260

Ephraïm, 146

Ephrasi, 279

Epstein, 355, 444

Erismann, 440

Erlich, 535

Ermakov, 521, 522

Ernesto, 111

Erzberger, 552

Escobar, 326

Esdras, 28

Esher, 388

Eskeles, 267

Espartaco, 110, 116, 117, 118, 222, 490, 551, 554

Esther, 197, 198

Estuardo, 88

Eudocia, 46

Eupling, 330

Ezequiel, 27, 254

Fabre d'Églantine, 135, 150

Fabre-Luce, 410

Falkenhayn, 427

Farhi, 210, 214

Fatis, 205

Faurisson, 5, 14

Favre, 330, 332, 333, 334, 335, 360

Fay, 408, 409

Fechenbach, 558

Federico, 162, 200, 233

Fedorovna, 454

Feif, 455

Felderer, 14

Feldman, 444, 565

Felipe, 79, 81, 104, 130, 132, 142, 143, 146, 448

Fenyes, 561

Ferguson, 109, 161, 163, 168, 171, 176, 185, 186, 187, 194, 195, 249, 250, 281, 284, 288, 329, 330, 334, 336, 385, 386, 415, 448, 480

Fermor, 368

Fernández, 88, 90

Fernando, 107, 134, 141, 404, 405, 408

Ferraris, 213

Ferrer, 83

Ferry, 311, 330

Fickler, 285

Figner, 324

Filón, 109, 117, 119

Finkelstein, 21, 23, 530

Fischer, 365, 372

Fischhof, 286

Fishelev, 487

Fita, 205

Fite, 430

Fitzmaurice, 431

Fleischhauer, 369, 370, 371

Flieg, 556

Flocon, 341

Floridablanca, 124

Floyd, 307

Foch, 415

Fofanova, 500

Forbes, 270

Ford, 322, 352, 353, 354, 356, 360, 375, 392, 401, 526

Foster, 505

Fouché, 147, 149, 151, 152, 153, 156, 157, 330

Fould, 229, 230

Foulon, 131

Fourier, 193

Foxman, 196

Francis, 171, 221, 449, 500, 506, 516

Francisco, 54, 73, 88, 143, 154, 183, 312, 318, 326, 352, 405, 408, 459

Franco, 206, 273, 303, 341

Frank, 97, 98, 99, 100, 107, 140, 150, 155, 244, 254, 256, 262, 263, 264, 265, 266, 267, 291, 297, 340, 389, 396, 472, 485

Frankel, 213, 215, 217, 219, 220, 223, 224, 228, 237, 238, 240

Frankenstein, 100, 354

Franklin, 14, 124, 125, 268, 354, 484

Franks, 308

Freedman, 12, 13, 41, 56, 86, 171, 393, 394, 425

Frey, 107, 150, 155

Friedländer, 101, 266

Friedrich Adler, 565

Fritsch, 353

Fry, 348, 349, 355, 356, 358, 367, 368, 371, 523

Fua, 216

Fürstenberg, 492, 496, 497, 500

Gabé, 129

Gacinovic, 404, 484

Gaetani, 238, 240

Gallatin, 294, 364
Gamaliel, 32
Gambetta, 279, 330, 360
Gandolfino d'Asti, 202
Gandor, 260
Ganin, 535
Gansl, 385
Gapón, 453
García, 52, 206
Gardiner, 413
Garibaldi, 280, 312
Garran, 139
Gärtner, 561
Gasser, 288
Gaudet, 143, 145
Geiger, 272
Geisenheimer, 108, 162, 247
Gengis, 73
Gentz, 187
Gerard, 428
Gerber, 202
Gerschunin, 459
Geymüller, 184
Gibbes, 518
Gibbon, 46
Giesl, 410
Gifford, 386
Gil, 540, 541
Gilliard, 518, 519, 525
Ginsberg, 355, 356, 371
Ginsburg, 13, 366
Gist, 307
Givotovsky, 485, 486, 529
Glatzer, 270
Glinka, 348, 349, 350
Globitchoff, 369
Goedsche, 345, 347, 370
Goethe, 36, 97
Gohier, 351
Goldberg, 455
Golden, 307, 309, 313, 318
Goldmark, 286
Goldsmid, 138, 169, 171, 181, 221, 233, 235
Goldstein, 41, 305, 484, 488, 490, 499, 527, 533
Golem, 100, 347
Golitzyn, 476
Golochtchekin, 520, 521, 522
Golowinsky, 366
Gómez, 52
Gompers, 514
Gomperz, 446
Gorchakov, 315, 316, 317
Gordon, 330
Gorky, 483, 532, 545
Goschen, 119
Goudchaux, 279, 281, 284
Gould, 294
Gout, 432, 433
Goutchkov, 414
Govorukhin, 476
Grabez, 405, 407
Graco, 122
Graetz, 31, 106
Graham, 431
Granados, 428
Granier, 139
Grant, 321, 323
Graves, 358
Greeley, 268, 294

Greenberg, 432
Grenfell, 409, 508
Grever, 455
Grey, 410, 411, 413, 418, 494
Griffin, 113, 290, 292
Grimes, 243
Gröner, 550
Grosschopf, 489
Grouchy, 180, 187
Gruet, 92
Grünberg, 110, 111
Grusd, 302
Guchkov, 455, 473, 480
Guevara, 206
Guggenheim, 485, 505
Guido, 76, 306, 395
Guillermo, 78, 90, 91, 108, 161, 162, 163, 164, 165, 166, 326, 327, 328, 330, 333, 334, 409, 411, 412, 423, 428, 491, 518, 547, 550, 552
Guillotin, 146
Guizot, 281, 284
Gunzberg, 449
Günzburg, 438
Gustavo, 109, 132, 340
Guy Carr, 88, 89, 95, 96, 105, 162, 179, 292, 294, 421
Gwynne, 351, 356
Habsburgo, 201, 402
Hagar, 23
Hagedon, 507
Hagg, 287
Haig, 425
Halevi, 59, 60
Halifax, 329, 487
Hall, 268, 293, 295, 478

Haller, 365
Halliday, 502
Haman, 197, 198
Hamilton, 365, 528, 529
Hanauer, 109, 485
Handler, 243
Hanna, 98, 263
Harari, 209, 210, 211, 214
Hardenberg, 176
Harding, 429
Haritonov, 521
Harmsworth, 357, 361
Harrach, 405
Hasse, 553, 554
Hastings, 408, 410
Hatkinson, 146
Hébert, 141, 146, 148, 149
Hecht, 301
Hecker, 285
Heine, 160, 187, 188, 189, 190, 191, 193, 271, 272, 273, 274, 275, 280, 283, 285, 287, 450, 511, 524
Heineman, 301
Held, 310
Helfferich, 539
Helphand, 451, 482, 483, 492, 496
Henckel, 335
Henricus, 82
Henrietta, 165
Henriques, 221
Heraclius, 46, 51
Hérault de Séchelles, 145
Hermann, 120, 345, 347, 374, 507, 539
Herries, 171
Hertling, 547
Herwegh, 285, 289

Herz, 101, 104

Herzen, 285, 286, 287, 288, 289, 292, 312, 324, 341, 437, 456

Herzl, 138, 356, 365, 423

Herzog, 20

Hess, 109, 168, 246, 247, 248, 269, 270, 271, 273, 274, 276, 280, 289, 303, 359, 460, 524

Hesse-Kassel, 107, 108, 161, 162, 163, 165, 166, 186

Hicks, 542

Higger, 185

Hilferding, 555

Hindenburg, 429, 547, 548, 552

Hinderbach, 204, 205

Hintze, 547

Hirsch, 109, 215, 216, 217, 243, 246, 247, 303, 551

Hirschel, 108

Hirsh, 301

Hitchcock, 175

Hitler, 17, 177, 320, 370, 430, 486, 547

Hodges, 221, 222, 234, 235, 236, 237

Hoffman, 493, 512, 560

Hofstadter, 306

Hoggan, 16, 305, 306, 417

Hohenzollern, 328, 402

Hohenzollern-Sigmaringen, 325, 327

Holbrook, 294, 295

Hönig, 266

Hoover, 354

Hopkins, 80

Horton, 394

Houblen, 92

Houston, 314, 390

Howard, 293, 389, 397

Huber, 283

Hughes, 419

Hunt, 120

Hüttner, 561

Hyamson, 90

Ibn Shaprut, 38, 54, 55, 56, 57, 58, 59, 60, 70

ibn-Ali, 60

Ignatieff, 368

Igor, 68, 70, 453, 482

Ilinitchna, 490

Inocencio, 73

Ipatiev, 520, 522

Irving, 14

Isaac, 44, 59

Isabel, 454

Isabel II, 325

Isaías, 186, 247, 520

Isemburgo, 265

Issakhar, 263

Istakhri, 44

Itzig, 101, 107, 108, 266

Izvolski, 410, 411, 413

Jabotinsky, 41, 356

Jacob, 22, 44

Jacobo, 91

Jacobson, 261

Jacoby, 285

Jafet, 58, 74

Jaffé, 557

Janin, 525

Jaurés, 412

Javits, 14

Jefferis, 392

Jefferson, 268, 364

Jeffries, 361

Jehová, 20, 22, 23, 24, 25, 26, 27, 30, 33, 37, 346

Jennings, 397, 417, 419, 430, 487

Jerjes, 197, 198

Jeroboam, 23

Jerome, 485

Jesús, 22, 25, 30, 31, 32, 35, 53, 85, 97, 103, 203

Jetró, 23

Jezierzany, 264

Joel, 359

Joffe, 553

Jogiches, 551, 556

Johnson, 295, 323, 401, 526

Johnston, 388

Joly, 347, 358, 359, 360, 370, 371, 374

Jones, 301

Jorge II, 162

Jorge III, 163

José, 22, 23, 31

José II, 98, 107

Josephson, 268

Joss, 266

Jouin, 351, 404, 406

Jovanovitch, 408

Jrushchov, 16

Juan, 32

Juan de la Cruz, 254

Judá, 19, 20, 22, 23, 24, 27, 28, 29, 30, 31, 32, 58, 193, 375, 392

Judah, 264, 266, 308, 310, 313, 321, 322, 323

Justiniano, 50, 51

Juta, 269

Kagan, 46, 47, 48, 49, 50, 54, 56, 57, 60, 61, 64, 70

Kaganóvich, 444

Kahane, 302

Kahn, 73, 390, 481, 485

Kahnberg, 286

Kalankatuk, 46

Kalisher, 109, 244, 247, 303

Kalyalev, 454

Kámenev, 16, 413, 485, 486, 490, 498, 499, 513, 553

Kameneva, 486

Kamenka, 449, 485

Kamkov, 536, 537

Kannegisser, 539, 541

Kaplan, 540, 541, 542

Kapner, 14

Karelin, 536

Karidach, 45

Károlyi, 561, 562

Kasper, 394

Kastein, 22, 23, 24, 27, 28, 33, 37, 39, 324

Katz, 107, 303, 306

Katzburg, 565

Kautsky, 555

Kelepovskii, 350

Kellermann, 141

Kennan, 478

Kennedy, 401

Keratry, 332, 333

Kerensky, 177, 302, 345, 350, 371, 376, 413, 460, 468, 470, 472, 475, 477, 479, 480, 481, 484, 494, 498, 499, 500, 502, 503, 504, 506, 512, 518, 539, 551, 560, 561, 562

Kerr, 138

Kéry, 561

Khabalov, 473, 476

Khan, 73

Kharítonov, 493
Khotimskaya, 453
Khrustalyev, 454
Kintz, 181
Kirbiz, 302, 350
Kiselev, 288
Kissinger, 388
Kitchener, 420, 421, 424, 425, 435
Kleber, 163
Klein, 13
Kling, 301
Klychkov, 535
Knigge, 101, 109, 117, 222
Knudsen, 442
Kobylinsky, 518
Koch, 275, 290
Koestler, 15, 41, 42, 43, 44, 45, 46, 48, 50, 51, 52, 53, 55, 56, 57, 58, 59, 60, 62, 63, 65, 66, 68, 70, 72, 73, 74, 75, 76, 77, 78, 79, 81, 82, 83, 84, 85, 564
Kohn, 553, 560
Kolb, 366
Kolchak, 518, 520
Kollontai, 498
Kölmer, 96, 105
Koon, 301
Kornílov, 499, 518
Korsakov, 467
Korvin-Klein, 563
Kossuth, 286, 292, 299, 300, 312
Kovalevsky, 413, 459
Kozlovsky, 496
Krasin, 456, 457
Kraus, 561
Kressel, 274
Kropotkin, 154, 155, 338, 343, 453, 460

Kruger, 383, 386
Krupp, 329
Krúpskaya, 451, 491, 493, 527, 544
Krustaleff, 459
Krymov, 499
Kühlman, 512
Kuhn, 396, 397, 398, 406, 485, 526, 527
Kun, 484, 490, 558, 560, 561, 562, 563, 564, 565, 566
Kunfi, 562, 563
Kürbis, 479
Kuskova, 470
Kutschera, 76, 81, 84
Kuusinen, 534
Kuzmin, 486
La Corrége, 127
La Guardia, 205, 206, 207
La Luzerne, 137
Labouchère, 182
Laclos, 105, 137
Lafargue, 343
Lafayette, 101, 133, 141
LaFollete, 397, 429
Lagrange, 164, 166
Lamartine, 279, 282, 284
Lambelle, 141
Lameth, 131
Lamont, 507, 509
Lamoricière, 283
Lampson, 526
Lamsdorf, 457
Landau, 377
Landauer, 557, 558, 559
Landman, 366, 431, 434
Landowski, 486, 487

Laniado, 209

Lansing, 430, 479

Lanz, 111

Laroche, 127

Larson, 430

Lassalle, 273

Laughlin, 20

Laurent, 208, 495, 497

Laurin, 217, 224, 225, 234, 235, 236

Lavergne, 543

Law, 268

Lazare, 101, 138

Lazowski, 139

Lebas, 147, 157, 158

Lebedia, 66

Lebrun, 143

Lecomte, 337

Ledru-Rollin, 280, 292

Lee, 308

Leeper, 530

Legge, 505

Lehman, 284

Lemche, 20, 21

Lemmi, 280, 290, 298, 299, 300, 301

Lemos, 104, 107

Lengerke, 459

Lenin, 95, 276, 413, 440, 451, 452, 453, 455, 456, 460, 466, 480, 481, 483, 488, 489, 490, 491, 492, 493, 494, 495, 496, 497, 498, 499, 500, 501, 502, 503, 504, 506, 508, 509, 510, 511, 512, 513, 514, 515, 517, 518, 525, 526, 527, 528, 531, 532, 533, 534, 536, 537, 538, 539, 540, 541, 542, 544, 557, 558, 560, 562, 564

Leo III, 51

Leo IV, 43, 51

Leónidas, 103

Leopoldo, 109, 325, 326, 327, 328

Lessovsky, 319

Leven, 303

Levi, 169, 170, 269, 270, 299, 310, 551, 555, 556

Levien, 558, 559, 560

Levin, 219

Leviné, 552, 556, 558, 560

Levy, 277, 304, 313, 345, 359, 360, 370

Liber, 271

Lichter, 563

Lieben, 310

Lieberman, 377

Liebknecht, 550, 551, 553, 555, 556, 564

Liebold, 352

Lieven, 183

Lilienblum, 355

Lilienthal, 13, 54

Limburger, 171

Lina, 104, 106, 109, 110, 111, 154, 274, 279, 286, 290, 404, 414, 453, 455, 470, 476, 482, 486, 487, 489, 491, 497, 520, 524, 525, 535, 563

Lincoln, 294, 295, 307, 310, 313, 314, 315, 316, 317, 318, 319, 320, 321, 322, 323, 324, 509

Lindbergh, 243, 397, 399

Lindhagen, 493

Lippman, 271

List, 184

Litvínov, 457, 510, 530, 544

Livingston, 311

Livingstone, 106

Lloyd, 177, 310, 416, 421, 424, 425, 426, 435, 436, 457, 488, 500, 507, 508, 509, 510, 530, 531, 533

Lobengula, 385

Lockhart, 510, 528, 529, 530, 531, 532, 533, 534, 536, 538, 542, 543, 544

Loeb, 396, 397, 398, 485, 526, 527

Lomov, 498

Loomis, 107, 128, 139, 140, 150, 153

Loosli, 368, 369, 371, 373

López, 308, 310, 327

Lorenzo, 342

Loria, 236

Lothar, 183, 326

Löw, 347

Löwe, 234, 240

Lucifer, 253, 254, 296, 298, 313

Ludendorff, 421, 433, 546, 547, 548, 550

Ludwig, 101, 188, 285, 553

Luis Felipe, 103, 104, 130, 226, 280, 281, 284

Luis III, 558

Luis XIV, 448

Luis XV, 122

Luis XVI, 101, 109, 122, 123, 126, 127, 132, 135, 142, 150

Luis XVIII, 152, 183

Lukacs, 563

Lunakarsky, 498

Luria, 97, 257, 258, 260, 298

Lutero, 198

Luttikhuizen, 255

Luxemburgo, 451, 455, 483, 490, 492, 551, 555, 556, 564

Luzhenovsky, 536

Lvov, 264, 470, 475, 480, 481, 495, 530

Lwow, 269

Lyons, 332

Maar, 57

Mac.Millan, 93

Macabeos, 32, 160

Macdonagh, 431

Machado, 91

Mac-Mahon, 329

Madelin, 151

Maggioro, 299

Magnes, 515

Mahler, 5

Mahoma, 42, 263

Maillard, 149

Maimónides, 200, 297

Maklakov, 460

Makow, 14, 524

Malcoln, 432

Malesherbes, 123, 142

Malkov, 541

Malta, 105, 300, 402

Malthus, 315

Manasseh, 88, 90

Mandel, 108

Mandell, 376, 390, 391, 392, 395, 398, 400, 417, 419, 425, 428, 429, 487, 507, 511, 531, 533

Manin, 286

Mankov, 542

Mansfield, 529

Manuilov, 367

Maquiavelo, 347, 358, 359, 360, 374

Mar, 19, 42, 57, 69, 409, 418

Marat, 114, 129, 131, 132, 133, 136, 137, 138, 139, 140, 143, 144, 145, 147, 148

Marchand, 154

Marcus, 365

Margiotta, 298

María Antonieta, 109, 132, 141, 145, 146

Mariana, 110

Marignane, 102

Mark, 430, 431, 432, 433

Marquart, 72

Marsden, 351, 357

Marshall, 351

Martínez, 106, 325

Martinowitz, 109

Mártov, 451, 452, 483, 494, 501

Marwan, 48, 53

Marx, 95, 112, 188, 189, 190, 222, 247, 268, 269, 270, 271, 273, 274, 275, 276, 278, 280, 281, 282, 283, 284, 287, 289, 290, 292, 296, 336, 338, 340, 341, 342, 343, 345, 359, 360, 375, 384, 390, 395, 450, 460, 481, 490, 524

Maslamah, 47

Maslenninkov, 503

Massari, 211, 214

Massena, 192

Mata, 532

Mathiez, 137

Matti, 14, 365

Matzelev, 455

Mauvillon, 103

Maxim, 459

Maximiliano, 173, 201, 547, 550

Maximov, 523

May, 312

Mayer, 165, 365

Mazerat, 336

Mazin, 303

Mazzini, 222, 273, 280, 286, 290, 291, 292, 294, 295, 296, 297, 298, 299, 300, 301, 304, 310, 312, 341

McAdoo, 398

McCaul, 245

McCormick, 509

Medem, 236

Medina, 91, 286

Medrano, 38

Medvedev, 521, 522

Meir, 214, 264, 269

Melchett, 433, 488

Melgunov, 501

Melichansky, 487

Meloizes, 226, 230, 235, 236, 242

Melsky, 563

Mencken, 331

Mendel, 104, 355

Mendelssohn, 101, 104, 106, 168, 266, 272, 286, 294

Mendizabal, 191

Mendizábal, 52, 191

Menéndez, 205, 206, 207

Mercader, 508

Mercier, 149

Mericourt, 130

Merlato, 211, 217, 234, 236

Mesías, 52, 53, 58, 59, 97, 108, 184, 185, 212, 215, 244, 247, 259, 260, 261, 262, 263, 272, 277, 360, 482, 489

Metodius, 61

Metternich, 183, 184, 187, 217, 223, 225, 226, 228, 231, 234, 250

Meyer, 165, 168, 247, 365, 366, 371, 372, 459, 510, 530, 556

Michaelis, 493

Mieses, 83, 84

Miguel III, 61

Milans, 326

Miller, 292, 293

Milner, 361, 383, 387, 388, 414, 434, 435, 436, 476, 508, 510, 528, 529, 530, 536

Milyukov, 470, 471, 474, 479, 480

Minor, 547

Mirabeau, 102, 103, 104, 105, 107, 130, 131, 132, 133, 154

Miranda, 143

Mirbach, 518, 532, 534, 535, 536, 537, 538, 539

Mitchell, 310

Mitrovanov, 523

Mocatta, 138, 169, 181

Mocenigo, 204

Mock, 430

Mohammed, 212, 223

Moisés, 20, 23, 24, 25, 50, 53

Molay, 286

Moll, 275

Mollien, 172

Moltke, 329, 330

Mond, 433

Money, 160, 164, 281

Monk, 90

Monnier, 102

Montagu, 93

Montefiore, 138, 169, 170, 216, 221, 233, 234, 237, 238, 239, 240, 241, 244, 248

Montesquieu, 142, 347, 358, 359, 360, 374

Montmorin, 137

Monus, 302

Moore, 140

Mordejai, 198, 270, 349, 461

Morell, 516

Morgan, 292, 293, 323, 365, 389, 390, 396, 397, 398, 494, 502, 505, 506, 507

Morgenthau, 389

Morice, 140

Morozov, 451

Morris, 516

Morse, 311, 314

Morton, 42, 160, 174, 175

Moscho, 198

Moshé, 257

Mouchy, 151

Muhammed, 209, 212, 216, 221, 223, 224, 225, 233, 235, 236, 237, 238, 239, 240, 241, 244

Mühsam, 557, 558, 560

Mukhin, 487

Müller, 351

Mullins, 91, 105, 108, 124, 137, 138, 146, 147, 243, 247, 305, 306, 314, 394, 395, 398, 399, 508

Munsey, 389

Münster, 448

Muraviev, 538

Murray, 426

Muza, 37

Myers, 344, 373, 374, 375, 376, 377

Nabucodonosor, 26

Namëtkine, 518

Napier, 318

Napoleón, 105, 114, 152, 154, 158, 163, 164, 166, 171, 172, 174, 175, 177, 178, 179, 180, 181, 187, 192, 217, 220, 241, 289, 318, 325, 326, 328, 329, 334, 359, 361, 375

Nathan de Gaza, 98, 259, 260, 261, 266

Necker, 123, 124, 126, 128, 138

Nehemías, 28, 29, 198, 199

Nekrasov, 413, 460, 470, 480, 503

Nelson, 389, 395, 397

Netchvolodow, 473, 485

Netter, 355
Nevins, 306
Nevsky, 502
Nicolai, 266, 489
Nicolás, 84, 288, 289, 341, 349, 411, 412, 415, 416, 440, 442, 445, 454, 457, 459, 462, 463, 472, 474, 476, 477, 478, 481, 518, 519, 520, 521, 522, 523, 525, 526
Nicolson, 412
Nieffel, 510
Nikitich, 456
Nikitin, 495
Nikolayevski, 470
Nikulin, 521
Niles, 184, 244
Nilus, 350, 366, 367, 368, 374
Nimrod, 265
Nina, 397, 532, 539
Noailles, 151
Noel, 235
Noravia, 204
Nordau, 356
Norris, 429
Northcliffe, 357, 360, 361, 362, 363, 364, 515
Norton, 396
Noske, 550, 555
Nubius, 222, 291
Obadiah, 54, 58, 61, 66, 493
obrero Albert, 281
Ocaña, 206
Ochs, 399
Offa, 88
Offir, 14
Offord, 289

Olga, 63, 68, 69, 70, 71, 436, 469, 486, 522
Olminsky, 498
Olózaga, 326
Oppenheim, 161, 165, 186, 188, 558
Oppenheimer, 108, 383, 385, 388
Orange, 88, 90, 91, 383
Oreshin, 535
Orgevsky, 349
Orleans, 101, 103, 105, 126, 129, 130, 131, 132, 137, 141, 142, 143, 146, 226, 280, 281, 313, 325
Ormsby, 431
Orsini, 312
Orwell, 87
Osiris, 96
Oskold, 64
Oster, 80
Oudendijk, 515
Ouvrard, 182
Ovseyenko, 502
Owen, 398
Pacelli, 559
Pache, 145
Palatinus, 406
Paléologue, 410, 411, 413
Paley, 436
Palmerston, 220, 221, 222, 223, 226, 228, 231, 234, 235, 236, 237, 245, 246, 249, 291, 292, 296, 299, 302, 305, 308, 312, 314, 318, 319, 324
Panis, 140, 157
Pankratov, 496
Panné, 562
Pappé, 13
Paré, 137
Parish, 183

Parvus, 451, 453, 454, 455, 480, 482, 483, 492, 496, 497, 498, 503, 527

Pascha, 286

Pasha, 209, 210, 211, 212, 213, 214, 218, 219, 223, 224, 227, 228, 229, 236, 238, 242

Pashitch, 408

Patkin, 438

Patrick, 408, 410

Patterson, 92

Paulus, 49

Pavía, 325

Payne, 502

Pecho, 202

Peel, 234, 235

Peixoto, 313

Peled, 14

Pelet, 178

Pelletan, 330

Peralta, 201

Perceval, 171

Pereira, 131, 148, 149, 446

Pereverzev, 497

Pérez, 262

Perkins, 389

Perrégaux, 137

Perry, 312

Pesaro, 286

Petachia de Ratisbona, 60

Petain, 423

Peters, 532, 541, 542, 543, 544

Peterson, 243, 430

Petion, 133, 135

Pettigrew, 321

Philippson, 266

Phillips, 309

Piast, 75

Piat, 396

Picciotto, 214, 224, 225

Piccolo, 222

Picot, 432, 433

Pieritz, 218, 234, 235, 245

Pike, 35, 253, 254, 290, 292, 294, 295, 296, 297, 298, 299, 300, 301, 304, 307, 313, 323

Pincherle, 286

Pinsker, 355

Pío, 300, 559

Pitirim, 368

Pitt, 127, 137

Platonov, 414, 490

Plejánov, 413, 451

Plevhe, 459

Pogány, 561

Pohl, 552

Poincaré, 409, 410, 411, 412, 415

Poliak, 43, 51, 75, 76, 77

Polina, 529

Polo de Bernabé, 326

Poncins, 244, 304, 406, 431

Ponsoby, 237

Popov, 319, 521, 537

Popper, 266

Potiorek, 405

Potrésov, 451

Pouget, 132, 138, 139, 157

Pound, 394

Pratt, 89, 90

Pressel, 402

Prestwich, 416

Preuss, 560

Priahin, 413, 470, 479

Price, 54, 547
Prim, 326, 332
Princip, 405, 406, 407
Prinzeff, 356
Priscus, 45
Prokownik, 75
Prossnitz, 266
Proudhon, 281, 286, 287, 336, 384
Pryde, 90
Puertas, 47
Pujade, 127
Pujo, 398
Pushkin, 467
Putnam, 351
Putsch, 300
Pyat, 300
Quigley, 361, 384, 386, 387, 400
Quincey, 398
Quitman, 313
Rabinovich, 552
Rádek, 404, 413, 490, 492, 493, 496, 506, 513, 530, 538, 546, 551, 553, 555, 556, 560
Radomylskaya, 493
Radzinsky, 525
Radziwill, 366, 367, 371
Ragnerstam, 286
Ragon, 144, 274
Rákosi, 563
Rakovsky, 486, 487, 513
Randall, 307
Raphael, 210, 214, 308
Rappaport, 264
Rasputín, 422, 523
Ratchkovsky, 367
Rathenau, 376, 378

Ratti-Menton, 209, 211, 213, 214, 215, 217, 218, 219, 223, 226, 227, 229, 230, 231, 232, 236, 242, 250, 251
Raynaldi, 211, 214
Reed, 24, 25, 26, 29, 32, 41, 192, 361, 362, 363, 377, 421, 502, 515, 517
Reeves, 160, 174, 331
Reichhorn, 346
Reilly, 528, 529, 533, 538, 542, 543, 544
Reina, 342
Reinstein, 506, 546
Renau, 301
Renier, 155
Renner, 108, 110
Retcliffe, 345, 346, 347
Reuter, 553
Reutern, 448
Reuther, 354
Rey, 60
Rhetor, 45
Rhodes, 269, 361, 366, 383, 384, 385, 386, 387, 388, 494
Riboli, 300
Ricardo, 315
Riezler, 537
Rifaat, 238, 239, 240
Rindskopf, 169
Robertson, 425, 426
Robespierre, 101, 107, 114, 131, 132, 136, 140, 145, 147, 148, 149, 150, 151, 152, 153, 154, 155, 156, 157, 158, 563
Robins, 506, 511, 531, 532, 533, 540, 546
Robison, 16, 103, 111, 113, 114, 115, 116, 117, 118, 119, 120, 130, 149, 222
Rochefoucauld-Liancourt, 127
Rockefeller, 389, 390, 396, 397, 505, 506

Rockland, 391

Rodacher, 301

Röder, 395

Rodrigo, 207

Rodzyanko, 414, 455, 475

Roeder, 306

Roederer, 135

Rohling, 185

Roland, 140

Rollin, 290

Romanenko, 487

Romanov, 402, 452, 454, 511, 515, 517, 519, 520, 523, 524, 525, 526

Romanus, 55

Roon, 330

Roosevelt, 13, 14, 117, 268, 276, 294, 354, 389, 484, 486

Root, 430, 459

Rosenblum, 493, 529

Rosenburg, 301

Rosenfeld, 498

Rosenholtz, 523

Rosenthal, 14, 141

Rosine, 523

Rossini, 187

Roth, 78, 563

Rother, 176

Rothermere, 364

Rothman, 563

Rothschild, 11, 13, 52, 87, 94, 95, 96, 97, 99, 105, 106, 108, 140, 152, 159, 160, 161, 162, 164, 165, 166, 167, 168, 169, 170, 171, 172, 173, 174, 175, 176, 177, 178, 179, 180, 181, 182, 183, 184, 185, 186, 187, 188, 189, 190, 191, 192, 193, 194, 195, 196, 197, 207, 208, 215, 216, 217, 220, 221, 223, 224, 225, 226, 227, 228, 231, 232, 233, 234, 235, 236, 237, 244, 247, 248, 249, 250, 251, 253, 266, 267, 270, 272, 276, 279, 280, 281, 284, 286, 287, 288, 289, 291, 292, 299, 302, 303, 310, 312, 313, 314, 320, 321, 322, 323, 324, 325, 327, 328, 330, 331, 332, 333, 334, 335, 336, 338, 339, 340, 343, 371, 376, 378, 382, 383, 385, 386, 387, 388, 390, 396, 397, 398, 400, 403, 414, 427, 435, 437, 446, 448, 449, 452, 458, 460, 480, 493, 503, 508, 524, 531, 563

Rothstein, 530

Rothworth, 175, 176

Rousseau, 122, 359, 375

Rudolf, 5, 555, 559

Ruef, 365, 367, 372

Ruge, 273, 286, 341

Ruiz, 326, 327

Rurik, 63, 64

Ruskin, 384, 516

Russell, 312, 314, 318, 319, 409, 516, 517

Rutenberg, 453, 480, 503

Ruzky, 414

Ryabushinsky, 470

Saadia, 297

Sachs, 169, 272

Sadoul, 511, 531, 547

Safarov, 522

Sagasta, 326

Saint Martín, 106

Saint-André, 132, 138, 139, 145, 157

Saint-Just, 145, 150, 157

Salazar, 326

Salina, 211

Salomón, 20, 22, 23

Salomons, 221

Salonicli, 209, 212

Samuel, 228, 416, 431, 488

San Martín, 253
Sánchez, 37, 62
Sand, 80, 285
Sanders, 308, 312
Santa Teresa, 254
Sapiro, 352
Sara, 98
Sassoon, 371
Satán, 255, 265, 298, 350
Satanás, 98, 257, 294, 297, 299
Savinkov, 453, 454
Sazónov, 410, 411, 412, 413, 414
Schäfer, 301
Schapper, 275
Scheidemann, 550, 557
Schieber, 13
Schiff, 95, 160, 266, 375, 376, 389, 390, 394, 397, 398, 399, 400, 435, 452, 456, 470, 476, 478, 480, 481, 485, 487, 524, 525, 527, 531
Schiller, 120
Schilling, 410
Schnapper, 161
Schnell, 365, 369, 372
Scholan, 497
Scholem, 98, 99, 254, 255, 256, 257, 258, 259, 260, 261, 262, 264, 265, 267, 271, 297, 394
Schönfeld, 107, 150
Schorst, 349
Schram, 82
Schramm, 203, 217
Schröder, 171
Schuessler, 243
Schwab, 301
Schweizer, 204
Schwigowsky, 482

Scott, 113, 114, 416, 431
Secher, 144
Sednev, 519, 521
Sedova, 485, 487, 527, 529
Segismundo, 203
Seligman, 162, 310, 323, 481
Selwyn, 391
Sem, 58, 74
Séneca, 540
Sepúlveda, 202
Sergey, 324
Sergueiev, 518
Serrano, 325, 326
Servet, 92
Service, 138, 364, 529
Seton-Watson, 404
Seward, 314, 316
Seyd, 323
Seymour, 390
Shabbetay, 97, 98, 99, 212, 244, 254, 259, 260, 261, 262, 263, 264, 266
Shahak, 13, 34, 36, 199
Shamir, 13, 196, 197, 203
Shanginyan, 489
Sharon, 377
Shavit, 349
Shaw, 516
Shchastny, 534
Shelburne, 124, 136, 137, 138, 143, 145, 364
Shelley, 100, 120
Sherif, 209, 210, 213, 214, 224, 236, 238, 242
Sherman, 312
Shishmareff, 348, 523
Shotwell, 429

Shumsky, 491
Sidonia, 52, 191, 378
Sieyès, 126, 130, 142
Silberner, 274
Simanovsky, 455
Simón, 113, 202, 205, 242, 279
Sixto, 204, 205
Skóbelev, 475, 494
Sley, 526
Slezkine, 208, 446, 490
Slidell, 313, 314, 323
Sliosberg, 449
Sliozberg, 302
Smidovitch, 523
Smirnova, 489
Smith, 138, 311, 315
Smuts, 426, 427, 510
Soelen, 215
Sokolov, 356, 423, 431, 518, 519, 520, 525
Sokolóvskaya, 485
Solanges, 127
Soliman, 209, 210
Solomon, 81, 331
Soloviev, 468
Sombart, 182, 340
Sosnovski, 523
Soule, 314
Soult, 180, 181, 192, 220, 250, 251
Sousa, 88
Soveral, 387
Speyer, 108
Spiridónova, 486, 534, 536, 538
Springmeier, 364
Spyagin, 459

Staël, 127
Stalin, 378, 440, 450, 457, 489, 490, 491, 492, 496, 498, 510, 512, 513, 514, 540, 541, 544, 545, 565
Stamboli, 227
Stambuli, 214
Stanley, 107, 128, 139, 140, 150, 153, 563
Stanojevic, 408
Stanton, 307, 317, 321, 322
Stapps, 179
Starr, 292
Stead, 388
Steed, 362, 363, 364, 433
Steel-Maitland, 530
Steinberg, 137, 138
Steinhauser, 479, 490
Steinhäuser, 550
Steinwachs, 494
Steklov, 472
Stepanov, 350
Stern, 41, 52, 108
Stevens, 293
Stimpson, 395
Stolypin, 374, 443, 456, 461, 462, 463, 464, 465, 466, 467, 468, 469, 488
Stolz, 5
Stopford, 239
Stowe, 309
Stradholder, 91
Stratz, 327
Strauch, 114
Stresemann, 557
Strobl, 109, 110, 112
Stróganov, 287
Strong, 396

Stürghk, 565
Stürmer, 217
Sukhotin, 349, 350
Suleiman, 241
Sullivan, 430
Sumenson, 496, 497, 498
Surrat, 323
Sutton, 364, 449, 456, 479, 484, 485, 487, 492, 502, 505, 509, 531
Svatikov, 367
Svenson, 496
Sverdlov, 490, 498, 504, 518, 519, 523, 525, 532, 536, 537
Svyatoslav, 68, 69, 70, 71, 72
Swedenborg, 253
Sydenham, 360
Sykes, 431, 432, 433
Szamuely, 564
Szapáry, 410
Szögyény, 409
Tabernier, 127
Taft, 389, 397, 445
Taine, 105
Taksony, 67, 74
Talat, 513
Talleyrand-Périgord, 105
Tallien, 140, 156
Tansill, 417
Tariq, 37
Tatiana, 368, 519, 522
Taylor, 320, 321
Temperley, 433
Teodorovitch, 523
Teodosio, 45
Teófanes, 46
Teófilo, 61

Teréshchenko, 413, 470, 480, 503
Thalheimer, 551, 556
Tharsi, 31
Thériot, 380
Thiers, 220, 225, 226, 227, 229, 230, 231, 232, 234, 236, 237, 238, 239, 249, 250, 251, 334, 335, 337, 343
Thirifocque, 339
Thompson, 22, 318, 323, 472, 505, 506, 507, 509, 510, 511, 513, 528, 531, 546
Thor, 391
Thureau, 145
Thurn, 173, 559
Tinville, 146
Tisza, 243, 410, 561
Tlass, 209
Toaff, 196, 203
Töben, 5
Tobías, 202, 546, 554, 558
Togarma, 58
Toller, 557, 558, 560
Tolstaya, 374
Tomaso, 197, 209, 210, 211, 212, 214, 218, 224, 226, 227, 231, 233, 235, 236, 241, 242, 245
Toombs, 314, 323
Toreno, 192, 216
Toussenel, 187
Toynbee, 62, 63, 65, 66, 68
Trebitsch, 509
Trèves, 79, 81, 216
Trochu, 329
Trotsky, 95, 160, 177, 271, 276, 376, 397, 404, 413, 451, 453, 454, 455, 460, 476, 480, 481, 482, 483, 484, 485, 486, 487, 488, 490, 491, 492, 494, 495, 496, 497, 498, 499, 500, 501, 502, 503, 505, 508, 509, 510, 512, 513, 514, 515, 520, 522, 526, 527, 528, 529, 530, 531, 532,

533, 534, 535, 536, 537, 538, 540, 544, 545, 546, 554, 555, 556, 558, 565

Trupp, 519, 521

Tsiganovitch, 408

Turgot, 123

Turner, 419

Uliánov, 488, 489

Ulrich, 369

Ulyanova, 489

Untermayer, 171, 393, 394, 398, 429

Uritsky, 484, 488, 504, 533, 539

Ursprung, 365

Utzschneider, 109, 111

Uzi, 35

Vadier, 157

Vaganov, 521, 522

Vago, 563

Val, 201

Valmont, 249

Van Valckert, 89

Vanderlip, 396

Vansittart, 171, 181

Vanunu, 349

Varela, 5

Varga, 563

Vassilii, 349

Vega, 205, 207

Veith, 219, 230, 245

Venedey, 275, 359, 360, 375

Ventimiglia, 204

Ventura, 236

Vernet, 150

Víctor Manuel, 296

Victoria
   reina, 246

Vidal, 114

Viereck, 390

Vilenski, 520

Vindex, 222

Vinoy, 338

Viviani, 410

Vladimirski, 523

Volkov, 522

Volodarsky, 484, 488, 499, 527, 539

Voltaire, 122, 380

Voss, 120

Vries de Heekelingen, 277, 373

Wadsworth, 294

Wagner, 236

Waldo, 311

Walewski, 238, 240

Walpurgis, 96

Walsh, 206

Warburg, 95, 112, 365, 390, 396, 397, 398, 399, 403, 423, 481, 485, 486, 487, 492, 497, 500, 527, 540

Warner, 528

Washington, 124, 331

Waxman, 247

Webb, 516

Webster, 106, 108, 109, 128, 149, 153

Wedgewood, 424

Wehle, 394

Weider, 181

Weinstein, 484

Weisbart, 520

Weishaupt, 11, 94, 96, 97, 99, 100, 101, 102, 104, 105, 106, 108, 109, 110, 112, 113, 114, 116, 117, 120, 122, 130, 131, 133, 149, 151, 154, 159, 217, 222, 261, 265, 268, 273, 275, 276, 291, 292, 294, 296, 309, 344, 345, 346, 364, 384, 402, 451, 452, 483, 490, 492,551

Weizmann, 356, 366, 376, 416, 423, 424, 431, 483

Wekerle, 561

Welhausen, 26

Wellington, 170, 171, 172, 174, 175, 180, 187

Wells, 516, 532

Werry, 219, 223

Wertheimer, 108, 267

Westarp, 559

Westenrieder, 109

Wexler, 85

Whalen, 293

Whistler, 315

White, 14

Whyte, 127

Wickham, 362, 363, 364, 433

Wiesner, 410

Wilkes, 321, 322

Williams, 185

Wilson, 117, 171, 352, 353, 375, 382, 389, 390, 391, 392, 393, 394, 395, 398, 400, 418, 419, 425, 426, 427, 428, 429, 430, 432, 433, 470, 487, 500, 506, 509, 511, 514, 515, 528, 531, 533, 547, 548, 549, 552, 553

Wilton, 361, 515, 517, 518, 520, 522, 526

Wiren, 476

Wise, 252, 391, 428, 487

Witte, 448, 453, 454

Wizniter, 308

Wolf, 161, 295, 321, 458, 516, 535

Wolfstein, 552

Wood, 319

Wright, 268

Yahvé, 96, 203

Yakímov, 520

Yakovlev, 444, 519, 522

Yakovleva, 544

Yemelyanov, 480

Yepes, 207

Yesenin, 535

Young, 246

Yurenev, 498

Yurovski, 520, 521, 522

Zaharoff, 508, 509, 531

Zander, 366

Zangwill, 358, 374, 376

Zaslavski, 519

Zasúlich, 455

Zemlyachka, 565

Zeví, 97, 98, 99, 212, 244, 247, 254, 256, 259, 260, 261, 262, 263, 264

Zhukovsky, 481

Zichy-Farrari, 217

Ziebel, 46

Zimmermann, 493

Zinóviev, 16, 404, 413, 490, 491, 493, 496, 498, 499, 510, 513

Zipporah, 23

Zlocisti, 274, 289

Zündel, 5, 14

Zunz, 271, 287

Zwack, 110, 111, 116, 118, 130

Zweig, 151

OTROS LIBROS PUBLICADO POR OMNIA VERITAS

Omnia Veritas Ltd presenta:

HISTORIA PROSCRITA
II
LA HISTORIA SILENCIADA DE ENTREGUERRAS

POR

VICTORIA FORNER

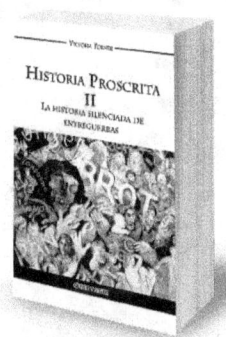

"El verdadero crimen es acabar una guerra con el fin de hacer inevitable la próxima."

EL TRATADO DE VERSALLES FUE "UN DICTADO DE ODIO Y DE LATROCINIO"

Omnia Veritas Ltd presenta:

HISTORIA PROSCRITA
III
LA II GUERRA MUNDIAL Y LA POSGUERRA

POR

VICTORIA FORNER

Distintas fuerzas trabajaban para la guerra en los países europeos

MUCHOS AGENTES SERVÍAN INTERESES DE UN PARTIDO BELICISTA TRANSNACIONAL

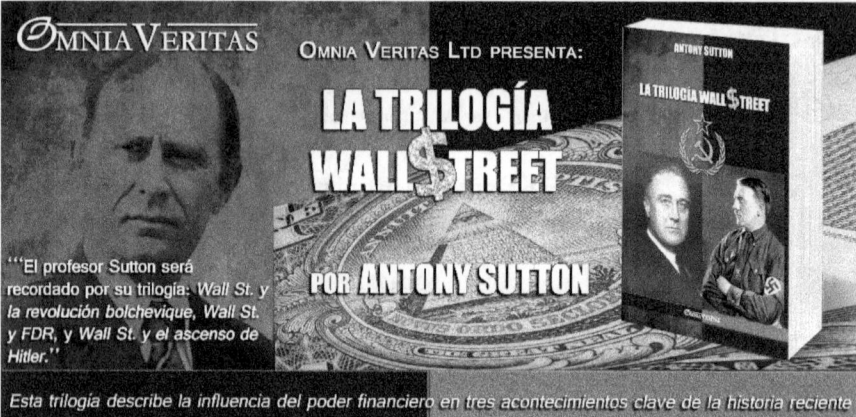

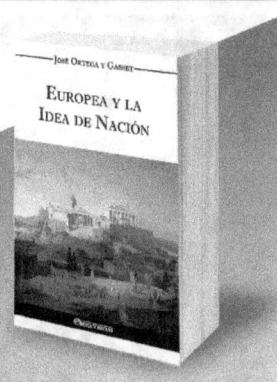
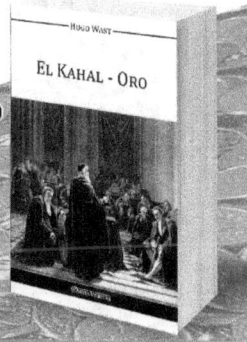

Omnia Veritas Ltd presenta:

JUANA TABOR 666

de HUGO WAST

El culto de Satanás había tenido desde el siglo XIX apasionados adeptos...

y para hacerla más accesible, hizo de ella una contrafigura de la Ley de Dios.

Omnia Veritas Ltd presenta:

Complot contra la Iglesia

de MAURICE PINAY

La profecía de un reinado Dios en la Tierra, la interpretaron los judíos como la promesa de un reino y dominio mundial de Israel

La autenticidad de estos documentos judiciales queda fuera de duda...

Omnia Veritas Ltd presente:

LA GUERRA OCULTA

de

Emmanuel Malynski

En esencia, **La Guerra Oculta** es una metafísica de la historia, es la concepción de la perenne **lucha entre dos opuestos** órdenes de fuerzas...

La Guerra Oculta es un libro que ha sido calificado de "maldito"

El análisis más anticonformista de los hechos históricos

Omnia Veritas Ltd presente:

El Judaísmo y la Cristiandad
de Léon de Poncins

La religión **judía** está basada en un equívoco... El judío moderno ya no es **mosaico**, es **talmudista**. Y entre el **Evangelio** y el **Talmud** existe un antagonismo irreductible...

La ruptura entre el Antiguo y el Nuevo Testamento

Omnia Veritas Ltd presenta:

MASONERÍA
de Francisco Franco

Son muchos los españoles que, dentro y fuera del país, anhelan conocer la verdad de la masonería...

Uno de los secretos menos investigados de la Edad Moderna...

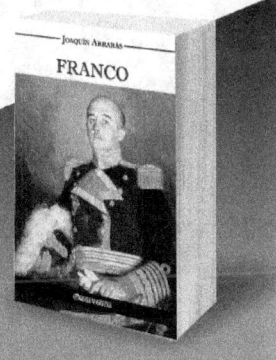

Omnia Veritas Ltd presenta:

FRANCO
por Joaquín Arrarás

"La alegría del alma está en la acción." De Marruecos sube un estruendo bélico, que pasa como un trueno sobre España.

Caudillo de la nueva Reconquista, Señor de España

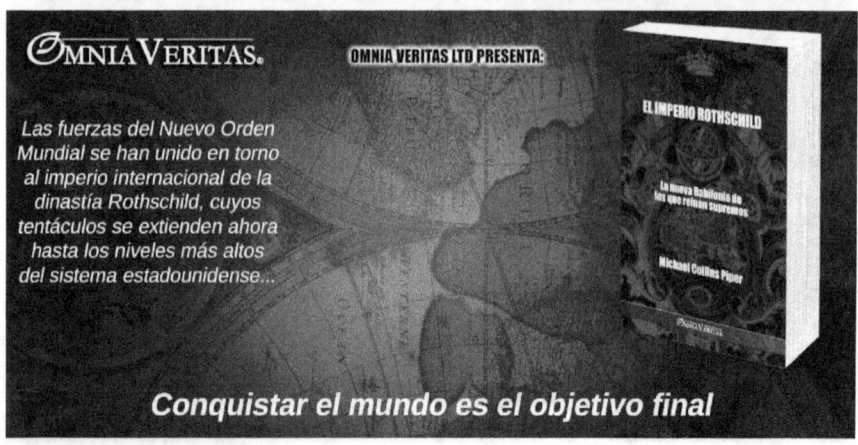

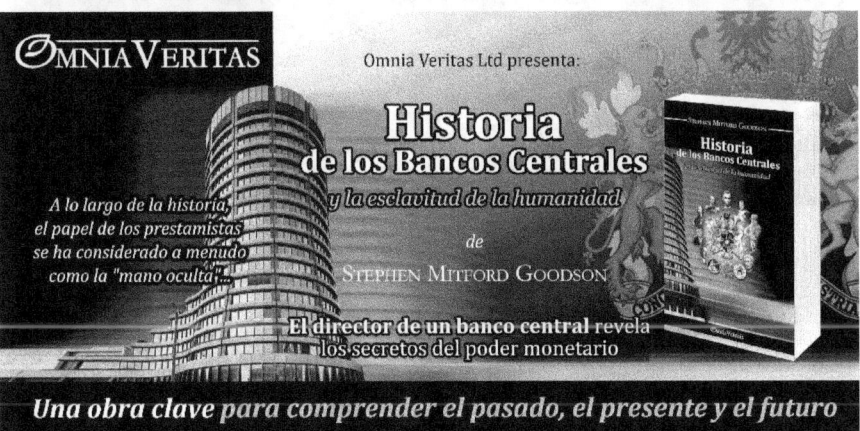

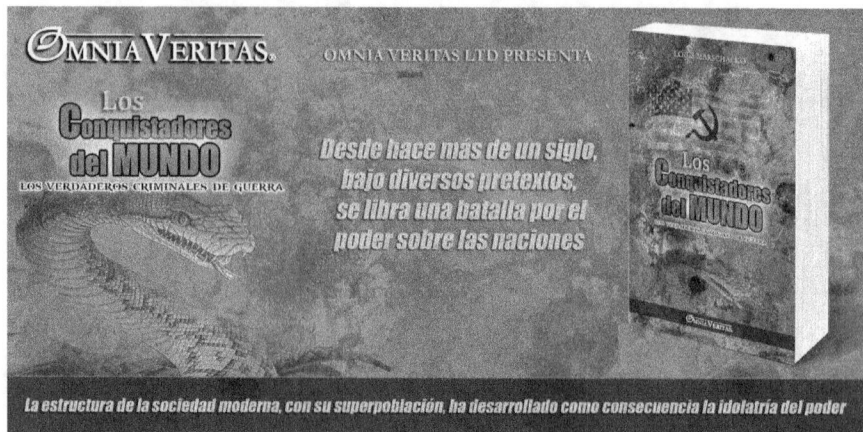

www.ingramcontent.com/pod-product-compliance
Lightning Source LLC
Chambersburg PA
CBHW052335230426
43664CB00041B/1478